역사의 원전

역사의 원전

역사의
목격자들이 직접 쓴
2500년
현장의 기록들

존 캐리 편저
해설·옮김 김기협

바다출판사

차례

해설의 덧칠이 없는 순수한 현장 기록서

1.

르포르타주(reportage) 선집을 편집하기 위해서는 르포르타주란 무엇인가를 결정해야 하고, 또 좋은 르포르타주를 선정하는 기준을 세워야 한다. 나는 진작부터 르포르타주란 목격자가 기록한 것이어야 한다는 기준을 세웠고, 최대한 이 기준에 따라 이 책을 편집했다. 그러나 때로는 목격자 자신의 기록이 아니라 목격자의 진술에 근거해 제3자가 기록한 글도 끼워 넣었다. 뉴버그의 윌리엄이 쓴 글, 12세기 중엽 어떤 다른 세상으로부터 지구에 온 것으로 보이는 초록색 아이들 이야기가 그런 예다. 목격자 원칙에 벗어나기는 하지만 버리기에 너무 아까운 이야기다. 잘못 전해진 점이 다소 있을지 모르지만 근거가 전혀 없는 이야기는 아니다.

목격자 기준의 첫 번째 장점은 신빙성이다. 과거에 관한 모든 지식, 추측이 아닌 확실한 지식이란 "내 눈으로 봤다"고 말할 수 있는 사람들로부터 나오는 것이다. 여기에 모아놓은 구경꾼, 여행가, 전사, 살인자, 희생자, 그리고 직업기자들이 그런 사람들이다. 다음 장점은 문체의 힘이다. 목격자의 기록은 숨이 빠르고 주관적이고 불완전하기 때문에 진실의 느낌을 준다. 정교하지만 생명이 없는, '객관적'으로 재현된 역사 서술과 다르다.

초점을 분명히 할 수 있다는 점에서 시점을 연, 월, 일로 명확히 포착할 수 있는 사건의 기록을 우선적으로 뽑았다. 먼 옛날이나 시간 의식이 불명확한 종류의 사건에 대해서는 이 기준을 접어두었다. 그러나 전체적으로는 시점 표시의 원칙을 지켰다. 기록자는 개인이라도 기록은 공공성을 가진 것이다. 때문에 기록의 대상은 의식이나 상상이 아닌 세계 표준시간의 시계 위에 딱 자리 잡은 것이어야 한다.

그렇다고 해서 기록의 대상이 '중요한' 사건이어야만 하는 것은 아니다. 이 일을 시작하면서 두 개의 원칙 사이에 갈등을 느꼈다. 하나는 주제 사건의 역사적 중요성을 따지는 것이고, 또 하나는 관찰과 서술의 수준을 우선적으로 살피는 것이었다. 나는 후자의 원칙을 택했다. 사건의 중요성이란 그 사건을 어떻게 인식하느냐에 달려 있다는 믿음에서였다.

물론 수록된 대부분의 기록은 역시 거대한 역사적 사건에 관한 것이다. 중요한 사건일수록 주변에 있던 사람들에게 기록하고자 하는 열의를 불러일으켜 주기 때문이다. 그러나 다른 예를 하나 들자면 조 애컬리의 〈토끼사냥〉은 누가 시비를 걸더라도 꼭 지키고 싶은 꼭지다. 이 글은 애컬리의 일기 중 하나인데, 어느 날 오후 아이와 함께 토끼를 잡으러 간 이야기다. 어찌 보면 시시한 이야기다. 그러나 한 사내아이가 살해의 행위에 길들여지는 과정은 매우 중요한 역사 현상이다. 애컬리의 집요한 눈길에 포착된 '순결의 상실' 이야기는 이 책에 가득한 학살과 잔혹의 기록들과 떼려야 뗄 수 없는 것이기도 하다.

르포르타주의 현장성을 고집하는 사람들도 있다. 기록자 자신이 다음에 일어날 일을 알지 못하는 상황에서 황급하게 간추려 적은 것이라야 진짜라는 것이다. 이 책에도 현장성의 힘을 잘 보여주는 기록들이 많이 있다. 그러나 현장 기록만으로 제한하는 것은 너무 답답한 노릇이다. 황급한 기록은 예리한 위기감을 전해줄 수 있지만 역시 너무 황급한 것이기 쉽다. 그래서 사건으로부터 한참 지나 작성된 자서전이나 여행기 등에서도 많이 선별해 실었다. 리처드 하딩 데이비스나 웨브 밀러 같은 기자들의 경우 하나의 사건에 관한 글을 신문기사로도 남기고 나중에 회고록으로도 남긴 것이 있는데, 보다 다듬어진 후자를 취한 예도 있다.

2.

　좋은 르포르타주를 판별하는 기준은 무엇인가? 스탕달의 『파르마의 수도원 La Chartreuse de Parme』에 그려진 파브리치오의 워털루 경험이 좋은 참고가 된다. 순진한 그는 전쟁터에 처음 나온 사람이다. 혼란 속에 당황한 그는 무엇을 어떻게 해야 하는지 알 수 없었기 때문에 주변 사람들의 동작을 그대로 따라 하기만 한다. 그러면서 마음속에는 네이 원수에 대한 아름다운 상상이 가득 차 있다. 그는 네이 원수가 호위병들과 함께 달려가는 것을 보았다.

　'갑자기 모두 전속력으로 말을 몰았다. 몇 분 후 파브리치오는 스무 발짝쯤 앞쪽에서 밭 한 자락을 아주 기묘한 방법으로 갈고 있는 것을 보았다. 고랑 바닥에는 물이 차 있었고 이랑의 축축한 흙은 시커먼 덩어리로 공중 서너 자 높이까지 마구 튀어오르고 있었다. 파브리치오는 지나가면서 이 기묘한 현상을 살펴보았다. 그리고는 다시 원수님과 그 영광에 관한 꿈속으로 빠져들었다. 곁에서 날카로운 비명소리가 들렸다. 두 명의 기병이 쓰러지고 있었다. 그가 돌아서서 바라볼 때 호위병들은 벌써 그들보다 스무 발짝이나 앞서 나가 있었다.

　"아, 나도 드디어 적의 공격을 받아 보는구나" 그가 속으로 되뇌었다. "사격도 보고!" 일종의 만족감을 느끼며 거듭 되뇌었다. "이제 나도 진짜 군인이야." 그때 호위병들이 맹렬한 기세로 달리기 시작했고, 우리의 주인공은 자기 주변에 흙덩이를 튀어오르게 하고 있는 대포들이 그 사격의 장본인이라는 것을 깨달았다.'

　여기서 스탕달은 언어와 현실 사이의 통상적인 관련성을 외면하고 있다. 파브리치오가 실제 보는 것(튀어오르는 흙덩이)을 우리에게 보여주고 나서 나중에야 그 현상의 정제된 표현(사격을 받고 있음)을 가르쳐주기 때문에, 우리는 무슨 일이 벌어지고 있는지 파브리치오와 함께 깨닫고 깜짝 놀라게 되는 것이다. 이런 방법으로 그는 정제된 언어 표현과 현실 사이에 어떤 거리가 있는지 일깨워 준다. 파브리치오가 정제된 표현을 거듭 속으로 되뇌는 것은 언어가 그의 경험에 의미를 부여하는 힘 때문이다. 그러나 바로 이런 과정을 통해 언어는 생생한 경험을 지식의 방대한 창고에 쌓인 생명 잃은 경험들 틈에 끼워 넣는다. 계속적인 사용을 통해 닳고 닳아 형체를 잃어버린 이 관념들이 우리의 일상을 채우는 것이다.

우리를 생생한 현실, 무서운 현실, 뜻밖의 현실과 대면시키는 언어의 힘은 바로 그 반대의 힘, 일체의 감동을 없애버리는 언어의 힘과 짝을 이룬다. 언어를 구사하는 사람에게는 두 가지 힘이 모두 주어지는데 후자의 힘만을 골라 쓰는 것이 나쁜 르포르타주다. 이런 종류의 선집을 편집하려면 예를 들어 전쟁 기록이라 하더라도 "우리 기병대가 적의 우익에 심대한 타격을 가했다"든가, "네 개 여단이 대검으로 혁혁한 전공을 세웠다"든가 따위 문장으로 가득한, 기록 같지 않은 기록을 수없이 뒤져보지 않을 수 없다. 복수를 애매하게 단수로 하고 살상의 구체적 표현을 철저히 피하는 이런 완곡한 서술은 필자들의 실제 경험을 그대로 표현할 경우 독자들이 읽기에 너무 끔찍하리라고 생각했거나, 군대의 기율을 지키기 위해 감출 필요가 있다고 판단한 결과다. 언어의 중요한 한 가지 기능이 현실을 감추는 데 있음을 단적으로 보여주는 사례다.

현실로부터 후퇴하려 하는 언어의 타고난 속성에 저항하는 노력이 훌륭한 르포르타주의 요건이다. 물론 아무리 뛰어난 르포르타주라 하더라도 언어의 울타리를 아주 벗어날 수는 없다. 르포르타주 역시 언어의 한 부분이다. '텍스트'만이 서로 뒤얽혀 있을 뿐, 접근할 수 있는 별도의 '현실'이 존재하지 않는다는 공리가 현대 비평론에 횡행하고 있다. 설령 이 공리를 받아들인다 하더라도 훌륭한 기록자는 이 공리에 대항하기 위해 할 수 있는 일을 모두 해야 한다. 자기 기록을 독자들이 현실적인 것으로 받아들일 수 있도록 사건의 특징을 잘 뽑아냄으로써 기록의 전달을 넘어 목격의 전달에 가까이 가도록 노력해야 한다.

별난 이야기든, 천박한 이야기든, 하찮은 이야기든, 독자들 마음의 눈에 그림자를 확실히 새길 만한 내용을 많이 담으려고 노력했다. 엘리자베스 1세 여왕 드레스 앞자락 속으로 가슴의 주름살을 눈여겨보는 외국 대사, 콧구멍이 쌍발식 엽총 총구처럼 생긴 조 루이스, 처형 날 아침 얇디얇은 비단 스타킹을 신고 있는 마타 하리, 쿠알라룸푸르 함락의 날 순백의 테니스공이 담긴 깡통을 줍게 된 약탈꾼, 한쪽 눈을 감고 자동차 바퀴 모양이 된 자기 입술을 보는 리처드 힐러리, 화산재를 가리려 베개로 머리를 덮은 사람들을 바라보는 플리니우스, 죽으면서 갑자기 늙어버린 스코틀랜드 메리 여왕과 그 옷자락에 숨어 있던 강아지, 풀만 먹어서 입이 파래진 아일랜드 사람들의 굶주림…….

이 기록들은 역사를 보여준다. 그러나 일반화를 겪지 않은 역사다. 필자들은 식견이 제한된 사람들이다. 해석의 덧칠이 가해지지 않았기 때문에 사람들의 원래 모습을 있는 그대로 볼 수 있다. 당시로서는 처음 보는 신기한 광경에 놀라 입을 벌리고 바라보는 모습을.

개인적인 기록이어야만 이런 효과를 불러올 수 있다. 훌륭한 기록자는 자신의 경험이 원래 가지고 있는 개별성을 닳고 닳은 언어의 추상화로부터 잘 지켜준다. 니체는 언어가 있기 전 모든 사물, 나무 한 그루, 돌멩이 하나, 바람 한 자락이 모두 개별성을 가지고 있던 현실, 그 넘실거리는 바다로부터 인류를 건져내기 위해 언어라는 것이 발명되었다고 갈파했다. 어지러운 다양성을 정돈하기 위해 나무면 나무, 돌이면 돌, 바람이면 바람, 언어가 제공해 준 포괄적 용어들을 이용해서 인간은 일반화를 할 수 있게 되었다. 이로써 얻은 것도 있지만, 사물 하나하나가 가진 개별성이 언어의 회색 담요 밑에 가려짐으로써 잃은 것도 있다.

훌륭한 기록자는 개별성을 희석시키는 언어와 기록의 일반적 특성에 저항해야 한다. 이 특성의 결과는 마이클 프레인의 『깡통 인간 The Tin Men』에 잘 그려져 있다. 이 소설에 그려진 연구소에서는 일간신문을 제작하는 컴퓨터 프로그램을 개발하고 있는데, 그 신문이란 진짜 기사와 똑같은 뉴스 감각을 가진 온갖 기사를 싣지만 실제 일어나는 일과는 아무 상관없는 것이다. 프로그래머들이 대규모 조사를 통해 사람들이 어떤 종류의 기사를 좋아하는지, 그런 사건이 얼마나 자주 일어나기를 바라는지, 세부 사항들이 어떻게 풀려가는 것을 좋아하는지 등등을 파악한다. 비행기 추락은 한 달에 한 번쯤이 좋을까? 추락 현장에 아이들 장난감이 널려 있는 것으로 하는 것이 좋을까? 살인 사건이라면 피해자를 어린 여자아이로 할까, 할머니로 할까, 아니면 임신한 미혼 여성으로 할까? 시체는 발가벗은 것으로 할까, 속옷만 걸친 것으로 할까? 컴퓨터로 이런 독자 요구를 모아 분석하면 실제 뉴스를 수집하는 데 드는 비용과 노력 없이도 인기 만점의 일간신문을 만들 수 있다는 것이다.

프레인의 풍자는 기자가 겪는 고민에 초점을 맞춘다. 표준화된 표현과 진부한 문체가 서서히 쌓여 기다리고 있다가 손끝이 닿기만 하면 종이 위로 튀어나온다. 사실 글 쓰는 사람 누구에게나 주어져 있는 문제이기도 하지만, 기자의 경우 특히 심각한 문제다. 현실에 충실해야 하면서 또한 언제나 친숙하지 않게 보이도록 만들어야 하는 것이 그의 직업이기 때문이다. 기자의 눈은 언제나 처음 보는 것처럼 보아야 하고, 기자의 입은 언제나 처음 말하는 것처럼 말해야 하는 것이다.

여기서 또 하나의 문제가 파생된다. 훌륭한 기록자는 순진한 눈을 가져야 하지만 순진한 마음을 가져서는 안 되는 것이다. 르포르타주에서 순진성은 어떤 의미를 가지는가. 『전쟁과 평화』에서 나타샤가 생전 처음 오페라 극장에 갔을 때, 그런 이상한 자리에 온 것을 부끄럽게 느끼는 장면을 톨스토이는 이렇게 그렸다.

'무대 중앙부는 매끈한 판자로 되어 있고, 옆으로는 나무를 그린 캔버스가 늘어뜨려져 있었다. 뒤쪽에는 판자 위에 천이 덮여 있었다. 무대 가운데 붉은 보디스에 흰 페티코트를 입은 여자들이 몇 앉아 있었다. 흰 비단 드레스를 입은 엄청 뚱뚱한 여자 하나가 낮은 벤치에 혼자 앉아 있었고, 벤치 뒤에는 초록색 마분지 조각 하나가 붙어 있었다. 모두 노래를 부르고 있었다. 합창이 끝나자 흰 드레스 입은 여자가 프롬프터 박스 쪽으로 나왔고, 모자에 깃털을 꽂고 허리에 단검을 찬, 통통한 다리에 비단 타이츠를 입은 남자 하나가 여자에게 다가와 팔을 마구 흔들며 노래를 부르기 시작했다.'

훌륭한 기록자는 나타샤처럼 인정사정없이 직설적으로 말할 줄 알아야 한다. 그리고 '보이려는 것이 무엇인가'보다 '있는 것이 무엇인가'를 볼 줄 알아야한다. 그러나 나타샤의 글이 오페라 평론으로는 통하지 못할 것이 분명하다. 나타샤는 무식해도 되지만, 기록자는 무식해서는 안 된다. 아는 것은 기록자의 책임이다. 순진성을 연출하는 경험자가 되어야 한다. 나타샤의 마음을 그리는 톨스토이의 역할과 같은 것이다.

3.

우리는 왜 르포르타주를 필요로 하는가? 헤아릴 수 없이 많은 분량의 르포르타주가 매일같이 생산되어 전 세계에 공급되고 있는 것을 보면 분명 필요하다. 그러나 이것은 비교적 근세에 기술 발전과 문자 보급의 결과로 빚어진 현상이다. 결정적 계기는 19세기 교육법 제정과 전신기술 발명이었다. 남북전쟁때 미국 기자들이 전신술을 처음 이용했고, 보불전쟁을 취재하러 그들이 유럽에 왔을 때 기사 송고에 전신을 쓰는 것을 보고 영국 대중지들이 바로 뒤를 따랐다.

1870년 9월, 크리미아 전쟁 이래의 고참 종군기자 윌리엄 하워드 러셀은 세당의 전쟁터에서 런던의 신문사까지 오는 동안 밤새워 기사를 써서 참혹한 전투를 그린 극적인 이야기를 《타임스》에 실었다. 전신술을 활용한 다른 런던 신문들이 독일의 승리를 보도한 지 이틀 뒤였다. 그때부터 시작해서 이 변화의 성과를 향수하는 독자는 계속해서 늘어났다. 1880년에서 1900년 사이에 신문의 수는 갑절로 불어났다.

매스컴의 등장은 유사 이래 인간의 의식에 최대의 변화를 가져온 사건이라고 말할 수 있다. 변화 전의 대부분 인간은 자기 눈에 보이는 사람들 외에 지구상의 다른 사람들이 어떻게들 지내고 있는지 알기는커녕 궁금해 하지도 않으면서 살았다. 변화 뒤에는 평범한 사람들의 정신공간에 전연 모르는 사람들에 관한 정확한 소식이 매일같이 채워지고, 이 소식의 충전이 잠시라도 끊어지면 어쩔 줄 몰라 하는 상황이 되었다. 불과 몇십 년 사이에 일어나 헤아릴 수 없는 효과를 일으킨 이 엄청난 변화는 가히 정신활동의 혁명이라 할 것이다.

근세 초기의 사람에게 오늘의 상황은 불가해하게 보였을 것이다. 1626년 초연된 벤 존슨의 희곡 『주요 뉴스 The Staple of News』에는 소식 모으기를 하나의 일거리로 삼는 것이 얼마나 우스꽝스러운 짓인지를 그려놓았다. 그러나 역사의 흐름은 존슨의 관점을 뒷받침하지 않았다. 매스컴 시대 이전 사람들이 무엇을 생각하며 살았는지 매스컴 시대의 사람으로서는 상상하기 힘들다. 그러나 르포르타주가 거의 모든 사람에게 공급되지 못하던 그 시절에 과연 무엇이 그 역할을 대신하고 있었는지 굳이 묻는다면, 가장 그럴싸한 대답은 종교다.

매스컴 시대 이전의 사회에서 대다수 사람들이 경건한 신앙심을 가지고 있었다고 추정할 일은 물론 아니다. 사실이 그렇지 않았다는 증거가 많이 있다. 그러나 매스컴이 현대인의 존재에 배경 노릇을 하는 것처럼 종교가 그 시절에는 인간 존재의 배경 노릇을 했다. 르포르타주는 현대인이 자기 눈으로 보지 못하는 영역에서 벌어지고 있는 일들을 파악하고 있다는 안도감을 지속적으로 제공해 준다(나쁜 일들이라도 괜찮다. 아니, 더 좋을 수도 있다. 독자 자신이 느끼고 있는 안전성과 대비되어 더 확실한 안도감을 주기 때문이다). 르포르타주는 또한 현대인에게 시시한 일상사에서 벗어날 기회와 함께 자신보다 더 큰 현실에 소통하고 있다는 환상을 부여한다. 이 모든 기능이 근세 이전 사람들에게는 종교가 제일 비슷하게 수행해 주던 것이었다. 적어도 서방사회에서는.

이처럼 르포르타주가 종교의 자연스러운 후계자라고 본다면, 왜 르포르타주가 죽음이라는 주제에 그토록 집착하는지 이해하는 데 도움이 된다. 살인, 학살, 사고, 재해, 전쟁 등 수많은 형태의 죽음은 르포르타주를 끌어들이는 자석과 같은 힘을 가진 것이어서, 이 책 같은 르포르타주 선집을 만들면서 '살인 선집'이 되지 않도록 하는 것이 여간 어려운 일이 아니다. 종교는 전통적으로 죽음에 대한 인간의 대응책으로서, 여러 형태의 영원성을 약속함으로써 죽음에 대한 혐오감과 공포심을 줄이거나 심지어 없애주는 역할을 해 왔다. 기독교의 영혼불멸 신앙이 명백하고도 단적인 예다. 종교의 역할을 넘겨받은 르포르타주는 다른 사람들의 죽음 이야기를 끊임없이 쏟아부어 줌으로써 독자가 늘 생존자의 입장을 확인하게 해준다. 다른 사람들이 겪는 참혹하고 불쌍한 죽음을 생생히 그려줌으로써 그런 죽음을 겪지 않은 독자의 입장을 대비시키는 것이다. 사람들이 자신의 불멸성에 안도감을 느끼게 해주는 하나의 길로서, 종교와 같은 역할을 맡는 것이다.

르포르타주가 이런 기능을 수행한다면 그 '사회적 가치'는 종교가 한 때 누리던 것과 대등한 것으로 인정할 수 있다. 그러나 그 '문화적 가치'는 대체로 낮게 평가되어 왔다. 마크 트웨인의 『철부지의 해외 여행기 The Innocents Abroad』처럼 예외적으로 문학 대접을 받은 책들도 있었지만, 이전부터 확고한 평가를 받아온 저자의 작품에만 해당되는 부분이다.

4.

과연 르포르타주를 '문학'으로 볼 수 있는지 여부는 재미도 없고 의미도 없는 문제다. '문학'이라는 것이 객관적으로 확인할 수 있는 범주로서 특정한 작품들이 거기에 당연히 소속되는 것이 아니라, 문화를 통제하는 여러 제도, 기관, 조직이 무슨 필요에서든 가치를 부여하고 싶은 범주의 글들을 높여주기 위해 붙인 이름일 뿐이라는 것을 오늘날의 우리는 알고 있다. 따라서 중요한 문제는 르포르타주가 문학이냐의 여부가 아니라 지식인 사회와 문화 제도권에서 전반적으로 르포르타주를 문학으로 인정하지 않으려 고집해 온 까닭이 무엇이냐 하는 것이다.

르포르타주의 소비자인 대중에 대한 경멸감이 이 편견의 배경에 깔려 있었던 것은 분명한 일이다. 그 경멸감의 표현에 쓰이는 용어에는 사회적 함의가 들어 있는 것이 많다. '고급' 문화는 르포르타주를 지칭하는 '천박성'과 대비된다. 그러나 르포르타주를 깎아내리는 경향은 또한 현실보다 상상을 더 받드는 태도에서도 비롯된다. '저널리즘'에는 없는 정신적 가치가 상상의 작품에는 들어 있기 때문에 본질적으로 우월하다는 견해다. 창조적 예술가는 현실보다 더 높은 차원의 진리에 접할 수 있으며 이를 통해 인간의 영혼에 다가갈 수 있는 독점권을 가진다는 것이다.

이런 믿음에는 마술적 사고의 찌꺼기가 남아 있는 것 같다. 승천(昇天)의 이미지 활용, 순수성의 강조, 현세적 감염의 배척, 영감(靈感)을 떠받드는 경향, 모두가 전통적 사제제도와 신비로운 의식 분위기에 이어지는 것이다. 문학에 대해 이런 견해를 가진 사람들은 작가의 작품과 인생을 관련시켜 보는 비평방법을 또한 극도로 싫어한다. 전기적 비평 방법은 문학을 현실로 환원시킴으로써 가치를 끌어내린다는 것이 그들의 주장이다. 작품을 작가로부터 해방시켜 순수하게 그 자체로 음미해야 한다는 것, 비교한다 하더라도 마찬가지로 순수하게 그 자체로 주어진 다른 작품과 사이에서만 비교해야 한다는 것이다.

이런 주장의 밑바닥에 깔려 있는 미신적 믿음은 원시시대의 문화적 흔적으로 흥미로운 것이지만 하나의 논설로서 심각하게 고려할 대상은 되지 못한다. 반면 순문학에 대한 르포르타주의 장점은 분명하다. 순문학의 효과는 통상 독자나 청중의 '불신감의 자발적 보류'에 의지해야 하는데, 이 때문에 유희(遊戲)나 공모(共謀), 또는 자기기만의 요소가 불가피하게 따른다. 이와 반대로 르포르타주는 현실의 힘을 곧바로 추구하는데, 순문학에서는 가상을 통해서만 현실에 접근할 수 있다.

이 점만을 이유로 순문학의 가치를 부정한다는 것은 물론 어리석은 일이다. 현실이 아니라는 사실, 그 안의 슬픔과 사랑과 죽음이 모두 꾸며진 것이라는 사실 자체가 독자에게 도움이 되는 한 가지 이유다. 독자가 원할 때 언제라도 깨어날 수 있는 꿈이기 때문에 실제 현실의 무자비한 강압에 짓눌려 있는 독자에게 자유의 귀중한 환상을 선물해주는 것이다. 고통과 슬픔의 현실에서만 느낄 수 있는 분노, 공포, 동정심 등 온갖 감정을 순문학의 독자들은 쾌락을 위해 일으킬 수 있다. 독자들의 정서 생활을 해방시키고 확장시켜 주는 길이다.

르포르타주의 상당 부분 내지 대부분이 독자들에게는 마치 픽션처럼 읽히는 것 같다. 그 안의 공포와 참상이 현실처럼 느껴지는 것이 아니라 독자들과는 무관한 그림자 세계 속의 일처럼 느껴져서 긴박한 현실감을 일으키지 않는 것이다. 이러한 까닭으로 르포르타주는 많은 사람들의 생활 속에서 순문학의 역할을 수행하게 되었다. 소설책 대신 신문을 보는 이런 사람들에게는 프레인의 소설에 나오는 것과 같은 가짜 신문이라도 아무 상관없을 것이다.

그런 식으로 신문 읽기가 아무리 재미있다 하더라도 현실을 도피한다는 점에서 순문학과 마찬가지이며, 훌륭한 르포르타주란 그런 도피를 불가능하게 만드는 것이다. 발자크, 디킨스, 톨스토이, 졸라 등 19세기의 위대한 사실주의 소설가들은 모두 르포르타주 기법을 원용했고, 소설의 사실감을 높이기 위해 목격자 증언이나 신문 기사를 끼워 넣기까지 했다. 그러나 그들이 추구한 표적은 언제나 그들의 손이 닿지 못하는 곳에 있었다. 르포르타주의 절대적 요건은 그 내용이 실제 일어난 것임을 독자가 알아야 한다는 간단한 사실이다.

아무리 철저한 사실주의 소설이라도 읽다가 너무 참혹하고 슬픈 내용에 빠졌을 때는 이것이 결국 그냥 이야기일 뿐이라는 사실을 스스로 일깨우고 벗어날 수 있다. 그러나 가장 뚜렷한 예로, 나치 대학살에 관한 생존자나 관찰자의 기록을 읽다가는 그렇게 벗어날 수 있는 길이 없다. 제기된 사실들은 우리의 인식을 강제하며 우리의 반응을 강요한다. 어떤 반응을 보여야 할지 우리가 알 수 없는 상황에서도…… 집단 무덤 앞에서 총알을 기다리는 유대인들, 아들을 달래며 하늘을 가리켜 보이는 아버지, 아기를 얼러주는 할머니 등 세세한 모습들을 보며 우리는 자신의 무력함을 뼈저리게 느끼며 도와주고 싶은 우스꽝스러운 충동과 억누를 길도 없고 펼칠 길도 없는 소용없는 동정심을 느끼게 된다.

아무 소용없는 것은 아닐지도 모른다. 이 단계에 이르면 르포르타주가 독자를 바꿔놓거나, 적어도 그런 희망을 가질 수 있다. 독자의 동정심을 키워줄 수 있고, 인간이란 어떠한 존재인가에 대한 생각을 (양쪽으로) 키워줄 수 있으며, 비인간적 행위를 저지를 가능성을 줄여줄 수 있다. 이런 이득이 순문학에서 얻을 수 있는 것이라는 주장이 전통적으로 있어 왔다. 그러나 르포르타주는 문학과 달리 현실을 가림 없이 보여주는 것이기 때문에 그 가르침도 더 설득력이 강할 수밖에 없다. 더구나 문학의 손이 닿지 않는 방대한 군중에게 접근하는 것이기 때문에 그 잠재적 영향력은 비교할 수도 없이 더 크다.

지난 4년 동안 친구들, 친지들만이 아니라 모르는 사람이라도 그럴 만한 사람에게라면 이 책에 넣을 만한 내용을 추천해 달라고 기회 있을 때마다 귀찮게 굴어 왔다. 그들의 인내심과 도움에 대해 한꺼번에 묶어서 올리는 것이지만, 진심으로 전하는 감사의 뜻을 그분들이 받아들여 주기 바란다. 크레이그 레인에게만은 따로 각별한 감사를 올린다. 이 책의 아이디어를 내준 것도 그였고, 그 이후 모든 단계에서 무한한 도움을 베풀어준 것도 그였다.

존 캐리

일러두기

- 이 책의 본문은 당시 사건을 직접 목격하고 쓴 기록자들의 원전입니다.
- 이 책의 편저자인 존 캐리의 설명은, 필요한 경우에만 꼭지 첫부분에 편저자 주로 달거나, 본문 중에는 [ ] 표시로 묶어 나타냈습니다.
- 각 꼭지의 말미에 들어가는 해설은 이 책의 번역 및 해설을 맡은 김기협이 쓴 역사적 배경 설명입니다. 내용상 시대적 배경 설명이 굳이 필요하지 않은 몇 개의 꼭지들은 해설을 생략하였습니다.
- 꼭지 제목 옆에 붙은 작은 숫자는 사건이 발발한 해당 연도를 가리킵니다.
- 각 기록자들 이름의 원어 표기는 각 꼭지 본문의 맨 끝에 있는 '출처'에 나와 있습니다.

1

아테네의 역병

BC 430

투키디데스

전해지는 말에 따르면 이 질병은 이집트 너머의 에티오피아에서 시작했고, 후에 이집트와 리비아로 내려와 (이집트)왕의 영토 태반이 그 침입을 받았다고 한다. 그러다가 갑자기 아테네 시에 들이닥쳤는데, 가장 먼저 피해를 입은 것은 페이레우스의 주민들이었다. 나는 이 병의 구체적인 진행 과정을 묘사하고 증세를 설명할 것이니, 이것을 읽는 사람들은 미리 알고 있음으로 해서 이 병이 행여라도 다시 터져 나올 경우 알아볼 수 있기 바란다. 나 자신이 이 병을 앓았으며 다른 사람들이 앓는 것을 목격한 바 있다.

그해에 이 병을 빼놓고 질병이 유난히 없었다는 사실은 모든 사람들이 동의하는 바다. 어떤 병이라도 걸린 사람은 모두 이 병으로 옮겨 갔다. 혹은 건강하던 사람도 아무런 분명한 이유 없이 갑자기 이 병에 걸렸다. 처음에는 머리에 몹시 열이 나고 눈에 충혈과 염증을 일으키며 입 안, 혀와 목구멍 양쪽 다 핏빛으로 붉게 변하고, 숨에서 부자연스럽고 고약한 냄새가 나게 된다. 다음 단계에서는 재채기가 나고 목소리가 쉬며, 조금 지나면 병이 가슴으로 내려와 걷잡을 수 없는 기침에 시달리게 된다. 배까지 내려오면 속이 온통 뒤집혀 의사들이 아는 모든 분비물까지 토해 내며 엄청난 고통을 겪는다. 많은 경우 심한 경

25

련을 일으키는 헛구역질이 뒤따르는데, 더러는 금방 멈추기도 하지만 꽤 오랫동안 시달리는 사람도 있다. 겉으로 보면 환자의 몸은 그리 뜨겁지 않다. 창백하지도 않고, 검푸른 납빛에 붉은 기가 돌며, 작은 물집과 종기가 돋아난다. 그러나 몸 안에는 열기가 넘쳐흘러서 환자는 홑이불 한 장 덮는 것도 견뎌내지 못하고, 아무리 물을 마셔도 가라앉지 않는 갈증에 시달려 찬물에 뛰어드는 것이 그저 소원이다. 실제로 돌봐주는 사람이 없는 환자들이 물통에 많이 뛰어들었다.

환자들은 또한 가라앉힐 수 없는 조울증과 불면증에 시달린다. 그리고 병세가 절정에 달할 때도 몸은 놀라울 만큼 잘 버텨내며 크게 축나지 않기 때문에 대부분의 환자가 발열 후 일곱 날에서 아홉 날째 사이에 목숨을 잃을 때까지 체력이 꽤 남아 있다. 이 고비를 넘긴 경우 병이 아랫배로 내려가면서 격심한 궤양과 지독한 설사를 일으키는데, 다시 대다수 환자가 이 단계에서 체력소모로 인해 목숨을 잃는다. 이 병은 머리에서 시작해 온 몸으로 퍼져나가는 것인지라, 마지막까지 버텨낸 환자의 경우 신체의 단말(端末)까지 쳐들어가 거기에 흔적을 남긴다. 가장 강인한 환자들은 손가락과 발가락, 그리고 국부에 이 병의 공격을 받고, 살아남을 경우에도 그 부위가 손상되는 사람이 많으며, 더러는 시력을 잃기도 한다. 회복 직후에 기억상실을 겪는 경우도 있는데, 모든 것이 망각의 대상이 되어 친구들도 알아보지 못하고 자기가 누구인지도 모르게 된다. 무엇보다 이 병이 무서운 점이 두 가지 있으니, 첫째는 환자를 자포자기로 몰고 가는 것이다. 환자가 이 병에 걸린 것을 알게 되면 곧바로 절망에 빠져 병에 대한 저항을 포기한다. 또 하나 무서운 점은 환자를 돌봐주던 사람들이 차례로 전염되어 양떼처럼 죽어가는 것이다.

아테네 사람들은 이미 겪고 있는 고생에 더해, 시골사람들이 시내로 밀려드는 바람에 더욱더 어려움을 겪었다. 어려움이라면 밀려 들어오는 사람들 쪽이 물론 더했다. 그들에게는 들어가 살 집이 없기 때문에 여름철에는 숨이 콱콱 막히는 오두막에서 살다가 무더기로 죽어갔다. 죽어가는 사람들이 여기저기 포개져 있었고, 반쯤 죽은 사람들이 길거리를 헤매었는데, 갈증에 시달리기 때

기원전 430년 아테네에서 역병이 돌았다. 대규모 역병은 복잡한 도시사회의 발생을 말해주는 것이었다. 그림: 마이클 스위어츠(1652~1654년)

문에 특히 샘 근처에 많이 모였다. 그들이 들어가 살던 신전들 또한 시체로 가득했다. 머리 위에 떨어진 재앙이 너무나 엄청난 것이어서 사람들은 절망적인 심정이 되어 법을 아랑곳하지 않게 되었으므로 신의 법과 세속의 법이 모두 무너졌다.

　그때까지 지켜오던 매장의 예법도 온통 혼란에 빠지고 사람들은 시체를 되는 대로 처리했다. 가족이 여럿 죽는 바람에 장례 재료가 다 떨어진 사람들이 민망스러운 방법으로 시체를 처리한 것은 어쩔 수 없는 일이었다. 남들이 만들어 놓은 장작더미를 새치기해서 자기네 시체를 올려놓고 불을 붙여 버리는 사람들도 있었고, 다른 시체를 태우고 있는 장작더미 위에 자기네 시체를 포개 올려놓고 가버리는 사람들도 있었다.

투키디데스는 펠로폰네소스 전쟁(BC 431~404)의 역사를 기록했다. 그는 전쟁 초기에 지휘관으로 참전했다가 패전의 책임으로 추방형을 받은 후 전쟁의 역사를 기록하는 데 몰두했다고 한다. 404년 아테네가 항복한 후 추방에서 돌아왔다가 오래지 않아 죽은 것으로 보인다. 패전 후의 혼란 속에서 피살된 것이 아닌가 하는 추측이 있다.

『펠로폰네소스 전쟁사』는 전쟁이 한창 진행 중이던 BC 411년 가을의 상황을 기록하다가 갑자기 끝난다. 저자가 비명(非命)에 세상을 뜬 것으로 추측하는 근거다. 저자는 이 책을 집필하는 데 세 개의 단계를 거친 것으로 보인다. 첫째는 단편적인 메모를 축적하는 것이고, 둘째는 메모를 합쳐 연속된 서술을 만드는 것이었으며, 마지막 단계는 저자의 관점을 적극적으로 펼쳐 보이는 완성된 작품을 만드는 마무리 작업이었다. 남아 있는 책의 뒤쪽은 마무리 작업을 끝내지 않은 상태로 보이고, BC 411년 가을 이후는 둘째의 통합 작업도 거치지 못한 것으로 보인다.

BC 430~429년의 역병은 전쟁 시작 단계에서 아테네의 전쟁 역량에 큰 타격을 주었다. 지도자 페리클레스를 비롯해서 많은 시민과 장병들이 역병에 희생됐다. 병이 발생할 당시 아테네는 스파르타 측의 우세한 육군과 교전을 회피하며 해군의 엄호 아래 농성하는 전략을 취하고 있었는데, 시내에 인구가 집중됨으로써 역병의 창궐에 유리한 조건이 만들어져 있었다. 이 역병을 세밀히 기록한 것 역시 투키디데스의 전쟁사 서술이 전투의 묘사를 넘어 전쟁을 포괄적 - 입체적으로 보여주는 것이었음을 보여주는 한 예다.

출처　Thucydides, *History*, tr. C. F. Smith, Loeb, 1919

2

페르시아에서 그리스 용병부대의 행군

BC 401

크세노폰

셋째 날 행군이 힘들었다. 무엇이든 칼날처럼 베어버릴 것 같은 바람, 사람을 그대로 뻣뻣하게 얼려버릴 것 같은 북풍을 거슬러 가야 했다. 주술사 한 사람이 바람에 제사를 지낼 것을 제안해서 그렇게 했다. 제사를 지내고 나자 사나웠던 바람이 꽤 잠잠해졌음을 모든 사람이 느낄 수 있었다. 눈이 여섯 자 높이로 쌓여서 많은 짐승과 노예들, 그리고 약 30명의 병사가 목숨을 잃었다. 야영지에 나무가 많아 밤새도록 모닥불을 피울 수 있었다. 그러나 늦게 도착한 자들은 나무를 얻을 수 없었다. 먼저 와서 불을 피운 자들은 늦게 온 자들에게 거저 불을 쬐게 해주지 않았다. 곡식이든 먹을 것이라면 무엇이든 가진 것을 떼어줘야 불을 쬐도록 해주었다. 그렇게 식량의 재분배가 이뤄졌다. 불을 피우자 불 밑의 눈이 녹아 땅바닥이 드러나는 큰 구덩이들이 생겼다. 그래서 눈의 깊이가 어느 정도인지 알아볼 수 있었……

설맹(雪盲)으로 시력을 잃은 병사들과 동상으로 발가락이 떨어져나간 병사들은 뒤에 남겨두었다. 행군 중에 뭐든 검은 물건을 눈앞에 들고 있으면 눈을 설맹으로부터 보호할 수 있었다. 동상을 막기 위해서는 발을 계속해서 움직여 가만히 있는 일이 없게 하고 밤에는 신발을 벗고 있는 편이 좋았다. 신발을 신

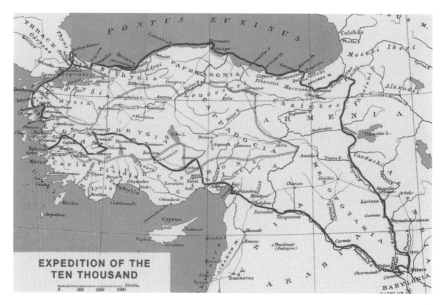

크세노폰 부대의 진로. 흑해 서해안의 리디아에서 출발해 키로스와 함께 메소포타미아까지 갔다가 북쪽으로 혈로를 뚫고 흑해에 이르렀다.

은 채로 잠이 들면 조여진 끈이 살을 파고들거나 발바닥에 깔창이 들러붙은 채로 얼기 십상이었다. 특히 낡고 해진 신발은 벗겨낸 소가죽을 무두질 없이 만든 생가죽신처럼 되기 때문에 그런 위험이 더 커졌다……

부대가 마을 안에 숙소를 잡아도 위험이 없을 것 같아 보였다. 키리소푸스는 그 마을에 머물렀고, 다른 장수들은 마을이 보일 때마다 제비를 뽑아서 하나씩 부하들을 이끌고 들어갔다.

이때 아테네 출신의 폴리크라테스가 따로 움직일 허락을 얻고는 발걸음이 빠른 부하들을 이끌고 크세노폰이 당첨된 마을로 달려가 촌장을 포함한 주민들을 불시에 덮쳤다. 담으로 둘러싸인 마을에는 왕에게 공물로 바칠 망아지 열일곱 마리가 있었다. 촌장의 딸은 결혼한 지 아흐레째의 신부였고, 신랑은 토끼 잡으러 나가 있어서 마을에서 붙잡히지 않았다.

이곳에는 집을 지하에 지었다. 입구는 우물처럼 좁고 내려가면 넓어진다. 땅속에 굴을 뚫어 가축을 두고 사람은 사다리로 오르내린다. 염소, 양, 소, 닭을 새끼들과 함께 집 안에 두었다. 동물들이 먹을 사료도 집 안에 보관했다. 그 밖에 밀과 보리가 있었고, 커다란 그릇에 보리술이 담겨 있었다. 그릇에 찰랑찰랑 채워진 보리술에는 보리 알갱이가 동동 떠 있었고, 매듭이 없는 여러 가지 크기의 갈대 마디가 꽂혀 있었다. 한 모금 생각이 나면 갈대 마디 하나를 집어 빨아먹을 수 있도록. 물을 섞어 마시지 않으면 대단히 독한 술인데, 맛을 들이면 아주 좋아하게 되는 술이다.

크세노폰은 촌장에게 함께 식사할 것을 청하고 마음을 놓으라고 말했다. 자식을 잃는 일은 없을 것이며, 부대가 다른 부족의 영역으로 넘어갈 때까지 잘 도와준다면 떠날 때 촌장의 집에 있는 모든 것을 도로 채워주겠다고 약속했다. 촌장은 도와줄 것을 약속했고, 성의를 표시하기 위해 술을 파묻어놓은 다른 곳을 알려주었다. 그렇게 해서 병사들은 그날 밤 그 마을에서 온갖 음식에 둘러싸여 잠을 자게 되었다. 촌장과 그 아이들을 지켜볼 보초병만 남겨두고.

이튿날 크세노폰은 키리소푸스를 만나러 가면서 촌장을 데려갔다. 마을을 지날 때마다 들러서 그곳에서 묵은 부대를 살펴보았다. 가는 곳마다 병사들은 잘 먹고 즐겁게 지내고 있었고, 크세노폰에게 뭐든 먹을 것을 권하지 않고는 보내주지 않으려 들었다. 식탁마다 양고기, 송아지고기, 돼지고기, 암소고기, 닭고기가 함께 놓여 있었고, 밀과 보리로 만든 빵이 수북하게 쌓여 있었다. 축배를 청할 때면 누구든 상대방을 술독으로 끌고 가, 소가 물 마시듯 그 위에 몸을 굽히고 술을 퍼마시게 했다. 촌장에게도 마음껏 먹으라고 권했지만 그는 사양했다. 다만 친척을 발견하면 데려가고 싶어 했다.

키리소푸스가 있는 곳에 도착해 보니 그곳도 잔치판이었다. 병사들은 건초 모자를 머리에 쓰고 있었고 토속 복장의 아르메니아 아이들이 시중을 들고 있었다. 아이들이 벙어리·귀머거리인 것처럼 손짓 발짓으로 심부름을 시키고 있었다.

인사를 나눈 후 키리소푸스와 크세노폰은 페르시아어를 아는 통역관을 통해 촌장에게 여러 가지를 물었다. 이곳이 어느 나라인지 물으니 아르메니아라고 대답했다. 누구를 위해 말을 키우는 것인지 묻자 왕에게 조공하는 것이라고 했다. 다음 나라는 칼뤼베스(Chalybes)[소아시아 동북부 흑해 연안에 살던 종족]의 나라라 하고, 그리로 가는 길을 가르쳐주었다.

크세노폰은 그곳을 떠나 촌장과 함께 자기 부하들이 있는 곳으로 돌아왔다. 그는 자신이 빼앗았던 촌장의 말(좀 더 늙은 쪽)을 돌려주고 살을 찌워서 제사에 쓰라고 일러주었다. 태양신이 좋아하는 것이라고 들었고, 다녀오는 길이 힘들어 말이 죽을까 걱정이 되었기 때문이었다. 그는 망아지 몇 마리를 차지하고 대장과 부장들에게도 한 마리씩 나눠주었다. 이 지방의 말은 페르시아 말보다 체격은 작지만 성질이 훨씬 더 좋았다. 촌장은 눈길을 지날 때 말과 짐 싣는 짐승의 발에 작은 주머니를 묶어주라고 일러주었다. 그러지 않으면 배까지 눈에 빠질 위험이 있다는 것이었다⋯⋯

칼뤼베스의 나라를 가로지르는 150마일 거리의 7일간 행군이 시작되었다. 마주친 중에 가장 호전적인 이 부족은 그리스 병사들과 접근전을 벌였다. 그들은 사타구니까지 내려오는 마직(麻織) 갑옷을 입었고, 아랫도리 옷자락 대신 굵게 꼰 노끈이 달려 있었다. 투구와 정강이 보호대를 착용하고 허리띠에는 스파르타 단검과 비슷한 크기의 칼을 꽂았다. 적병을 제압하면 이 칼로 목을 따서 죽이고, 그 뒤에는 잘라낸 머리를 가지고 행군하다가 적에게

보일 만한 곳에 이르면 춤을 추며 노래를 불렀다. 약 20피트 길이의 창도 갖고 다녔다. 부락 안에 들어가 지키고 있다가 그리스군이 지나간 뒤에 뒤를 따라오며 싸움을 걸어왔다. 부락은 요새화된 곳에 있었고 모든 물자를 그 안에 넣어두었기 때문에 그리스군은 그들로부터 아무것도 빼앗을 수 없었고, 타오키(Taochi)[캅카스의 카스피해 연안에 살던 종족. 싸움에 졌을 때 노예가 되는 길을 거부하기 위해 남녀노소 모두가 집단 자살을 행하는 모습이 크세노폰의 기록 앞부분에 그려져 있다]로부터 빼앗았던 물자로 버텨야 했다.

그리스군은 이어 폭이 400피트에 달하는 하르파소스강에 이르렀다. 그 후 스키타이인의 땅에 들어서서 마을이 나타날 때까지 나흘에 걸쳐 60마일을 행군했다. 그곳에서 사흘간 머물며 장비를 보충했다. 다시 나흘에 걸쳐 60마일을 행군하자 김니아스(Gymnias)라는 이름의 크고 번잡한 도시에 도착했다. 그 지

역의 총독이 안내인 하나를 보내주었는데, 내전이 벌어지고 있는 지역을 그리스군이 지나가게 하려는 뜻이었다. 부대에 도착한 안내인은 바다가 보이는 곳까지 닷새 안에 데려가 주겠다고, 약속을 지키지 못하면 자기 목숨을 걸어도 좋다고 했다. 그래서 그가 안내를 시작했는데, 적군 지역에 들어서자 모든 것을 불태우고 파괴하라는 요구를 하는 것 아닌가. 그제야 그가 온 목적이 다른 데 있다는 사실을 알아차릴 수 있었다.

닷새에 이르러 테케스(Thekes)[터키 동북부 흑해 연안에 있는 마두르산의 옛 이름]라는 이름의 산에 도착했다. 정상에 도착한 전위대의 눈에 바다가 들어오자 큰 함성이 일어났다. 크세노폰과 함께 있던 본대에서는 앞쪽에 적의 습격이 있는 것이 아닌가 생각했다. 뒤쪽에 달라붙는 현지 토착민들을 여러 차례 격퇴한 일이 있기 때문이었다. 후위대에서 그들 일부를 죽였고, 매복 작전으로 일부를 포로로 잡으면서 약 20개 털이 붙어 있는 생소가죽 방패를 노획한 일도 있었다. 그런데 함성이 더 높아지고 더 가까워지면서 꾸준히 걸어오던 병사들이 함성을 계속 지르는 전위대를 향해 달려가기 시작하고, 숫자가 늘어날수록 함성이 더 커지는 것을 보니 아주 중요한 일이 일어난 것이라는 생각이 들었다. 그래서 크세노폰은 말에 올라 리쿠스와 기병대를 이끌고 앞으로 달려 나가면서 곧 병사들이 지르는 소리를 알아듣게 되었다. "바다다, 바다다!" 하는 함성이 대오를 따라 뒤쪽으로 전해 내려오고 있었다. 본대와 후위대 모두 달음박질을 시작했고 짐 싣는 짐승과 말들을 최고 속도로 몰아 나갔다. 정상에 오른 병사들은 눈물을 글썽이며 서로 껴안고 지휘관들에게 포옹을 하러 달려들었다. 누군가의 제안에 따라 잠깐 사이에 돌을 모아 커다란 무더기를 만들었다. 그 꼭대기에 그동안 노획한 생소가죽과 몽둥이와 방패를 잔뜩 올려놓았다. 안내인이 나서서 방패를 찢어 조각을 내고는 병사들에게 따라하라고 했다. 그런 뒤에 그리스인들은 안내인을 돌려보내면서 공유재산에서 말 한 마리, 은배(銀杯) 하나, 페르시아 겉옷 한 벌과 금화 10다릭을 꺼내 사례로 주었다. 안내인은 병사들이 가진 반지를 특별히 얻고 싶어 해서 많은 병사들이 선물로 주었다. 그는 부대가 야영할 만한 마을을 가리켜 보이고, 마크로네 지방으로 향하는 길을 가르쳐주었다. 때는 저녁 무렵이었는데, 안내인은 밤길로 돌아가겠다며 우리와 헤어졌다.

———————◇———————

『소크라테스를 위한 변명』을 쓴 크세노폰(BC 430-354), 당대 아테네의 대표적 지성인이 적국 페르시아에 용병으로 나갔다가 패퇴한 부대를 끌고 혈로를 찾아 헤매는 모습을 어떻게 이해할 것인가?

고대그리스와 페르시아 사이의 관계를 단순한 적대관계로만 상상한 것은 유럽문명의 기원으로 그리스를 받들며 페르시아를 타자화(他者化)하는 유럽중심주의 관점이다. 실제 대륙 세력 페르시아와 해양 세력 그리스 사이는 복잡한 관계로 얽혀 있었다. 페르시아는 막강한 군사력을 갖고도 해상 활동 능력의 한계 때문에 그리스를 몰아내지 못했고, 그리스인들은 교역을 통해서든 용병 활동을 통해서든 페르시아에서 최고의 사업 기회를 찾을 수 있었다.

BC 404년 다리우스 2세가 죽은 후 소아시아 지역 총독으로 그리스 세력들과 밀접한 관계를 맺고 있던 키로스는 형인 아르타크세르크세스로부터 왕위를 빼앗고자 반란군을 일으킬 때 조정의 감시를 피하기 위해 그리스 용병을 대거 동원했다. BC 401년 메소포타미아로 진군한 키로스가 전사하자 그리스 용병대는 본래의 목적을 잃고 오갈 데 없는 신세가 되었다. 지휘관 다수가 페르시아의 유인책에 걸려든 후 부대원들의 선출로 지휘를 맡은 크세노폰 등에게는 '적지(敵地) 탈출'이 지상 과제였다.

메소포타미아까지 왔던 길은 페르시아의 통제력이 강한 지역이므로 이를 피해 북쪽으로 황무지를 지나 그리스 해상 세력이 닿는 흑해 연안으로 나가는 우회로를 선택했고, 흑해에 도착하는 과정이 발췌된 글에 그려져 있다.

크세노폰의 기록에는 그 자신이 3인칭으로 묘사되어 그 주변의 다른 사람이 쓴 글이 아닌가 하는 추측이 있었지만 대다수 연구자들은 플루타르크의 "크세노폰 자신이 기록의 객관화를 위해 일부러 3인칭을 쓴 것"이라는 주장에 동의한다.

출처   Xenophon, *The Persian Expedition*, tr. Rex Warner, Penguin Classics, 1949

3

소크라테스의 최후 모습

BC 399

플라톤

모든 것을 시작부터 설명해주겠네. 그 전의 여러 날 동안 우리는 선생님을 매일 찾아가고 있었다네. 동틀 무렵 재판이 열렸던 정원에서 만났지. 감옥에서 가까운 곳이었기 때문이었지. 감옥 문이 일찍 열리지 않기 때문에 우리는 매일 서로 이야기를 나누며 문이 열리기를 기다렸다네. 문이 열리면 우리는 선생님 계신 곳으로 들어가 거의 하루 종일 그분과 함께 있었지.

그 날은 모두 특별히 일찍 갔다네. 그 전날 저녁 때 떠나면서 델로스에서 돌아오는 배가 도착했다는 말을 들었기 때문이었지. 그래서 다음날 아침에는 가능한 한 이른 시간에 늘 모이던 장소에서 모이기로 했던 것일세.

우리가 갔더니 늘 문을 열어주던 간수(看守)가 나와서, 들어가라고 할 때까지는 들어가지 말고 기다리고 있도록 우리에게 일러주며 이렇게 말하더군. "열한 명의 위원들이 그분의 족쇄를 풀며 오늘 어떻게 죽을지 가르쳐주고 있습니다."

얼마 후 간수가 다시 나와서 우리에게 들어가도록 허락했다네. 그래서 우리가 들어가 보니 선생님은 막 족쇄에서 풀려 있었고, 그 옆에는 크산티페가(그분 알지?) 어린 아들을 안고 앉아 있더군. 크산티페가 우리를 보더니 울음을 터뜨리며 여자들이 늘 하는 그런 말을 늘어놓았지. "여보 소크라테스, 당신이 친구들에게 말하는 것도 친구들이 당신에게 말하는 것도 이제 마지막이 되겠어요." 그러자 선생님께서 크리토를 쳐다보고 말씀하셨다네. "크리토, 누구 시켜서 저 사람 좀 집으로 보내다오." 그러자 가슴을 치며 통곡하는 크산티페를 크리토의 하인 몇이 데리고 나갔지.

선생님께서는 의자 위에 몸을 일으켜 앉은 다음 다리를 구부리고 손으로 주무르면서 말씀하셨다네. "사람들이 '쾌락'이라고 부르는 것은 참으로 신기한 것이기도 하지. 그 반대의 것, '고통'이라고 하는 것과 어쩌면 그렇게 짝을 꼭 맞게 맺고 있는 것일까! 두 가지가 한 사람에게 동시에 찾아오는 것은 아니지만, 하나를 추구해서 손에 넣으면 또 하나가 피할 수 없이 따라오는 것이 마치 꼬리를 서로 묶어놓은 것 같다는 말일세. 이 점을 이솝이 생각했더라면 이런 우화를 쓰지 않았을까? 쾌락과 고통이 늘 서로 싸움질하는 것을 신께서 화해시키려 애쓰고 애쓰다가 정 안 되니까 꼬리를 서로 묶어놓았고, 그래서 하나가 누구를 찾아오면 다른 하나도 꼭 따라오는 것이라고. 내 경우도 그렇다네. 족쇄 때문에 고통을 겪고 나니 이제 거기서 풀려나는 쾌락이 따라온다는 말일세."

선생님이 말씀을 마치자 크리토가 말씀드렸다네. "저 선생님, 저희가 해드릴 만한 일이 있으면 말씀해 주십시오. 선생님 아이들 문제라든지 무슨 일이든지 선생님을 위해 저희가 해드릴 만한 일이 없습니까?"

선생님께서 대답하셨다네. "내가 늘 말하지 않던가, 크리토? 새로 말해줄 것이 없다네. 자네들이 무슨 일을 하더라도 스스로를 잘 돌보기만 한다면 지금 굳이 무슨 약속을 하지 않더라도 자네들 자신에 대해서나 나에 대해서나 좋은 일을 하는 것일세. 반대로 자네들이 자신을 소홀히 하고 우리가 그동안 나눈 대화를 통해 밝혀낸 길을 한 발짝 한 발짝 잘 찾아 디뎌 나가지 않는다면, 지금 이 자리에서 무슨 대단한 약속을 아무리 열렬하게 한다 하더라도 이룰 수 있는 것이 아무것도 없을 것일세."

"선생님 말씀대로 꼭 열심히 하겠습니다." 크리토가 대답하고 이어 물었다네. "그리고 선생님 장례는 어떤 식으로 할까요?"

"자네 하고 싶은 식으로 하게나. 자네가 나를 붙잡을 수 있고 내가 도망치지 못한다면 말일세." 이렇게 대답하고 가볍게 웃으신 다음 우리를 둘러보며 선생님께서 말씀하셨다네. "여보게들, 지금 자네들과 마주 앉아 이야기를 나누며 자기 주장을 다듬어 내놓고 있는 소크라테스가 바로 나라는 사실을 크리토에게 납득시킬 재주가 내게는 없구먼. 저 친구는 얼마 후 시체의 모습으로 보게 될 사람이 나일 것이라고 꼭 믿고 있으니 나를 어떻게 파묻을까 묻고 있는 것 아니겠는가. 독을 마신 뒤에는 내가 여러분 곁을 떠나 축복받은 자들의 기쁨이 있는 곳으로 갈 것이라고 늘 얘기해 왔는데도 저 친구는 그것이 자네들 마음이나 내 마음을 편하게 하기 위해 지어낸 이야기라고 생각하는 모양일세."

선생님께서 말씀을 이으셨다네. "그러니 나를 위해 크리토에게 증언을 좀 해주시게. 내 재판 때 저 친구가 재판관들에게 증언한 것과 반대쪽으로 말일세. 저 친구는 내가 떠나지 않을 것이라고 증언했지만, 자네들은 내가 죽으면 머물지 않고 떠나갈 것이라고 증언해 주어야 하네. 그래야만 저 친구가 견뎌내기에 더 나을 것이고, 내 몸이 태워지거나 묻히는 것을 보면서도 내가 엄청난 학대를 받는다고 생각하며 괴로워하지 않을 것이며, 내 장례식 동안에도 소크라테스를 눕히고 있다느니, 소크라테스를 무덤으로 보낸다느니, 소크라테스를 파묻는다느니 하는 소리를 하지 않을 것 아니겠는가. 여보게, 사랑하는 크리토, 그런 잘못된 말들은 말 자체로 좋지 않은 것일 뿐 아니라 영혼까지도 악으로 물들이는 것임을 믿어주게. 용기를 가지고 말하게, 소크라테스의 몸을 묻는 것이라고. 묻는 방법은 제일 합당한 방식이라고 자네 스스로 생각되는 대로만 하면 된다네."

여기까지 말씀하신 다음 선생님께서는 일어나 몸을 씻기 위해 다른 방으로 가셨다네. 크리토가 따라갔지만 선생님께서는 우리에게 기다리라 하셨지. 그래서 우리는 기다리며 서로 이야기를 나누고 지금 들은 말씀에 대해 의견을 나누다가, 우리에게 얼마나 큰 재난이 떨어진 것인지에 이야기가 미쳤다네. 선생님은 우리에게 아버이와 같은 존재로 느껴졌고, 그분이 우리를 떠나신 뒤의 우리 인생은 고아와 같은 것이 될 것이기 때문이었지.

기원전 399년 소크라테스가 독배를 마시기 직전의 모습. 소크라테스는 독을 마시는 시간을 최대한 늦추려 드는 여느 사람들과 달리 대낮에 독을 마셨다. 그림: 자크루이 다비드(1787년)

선생님께서 목욕을 마치시자 아이들, 작은 아이 둘과 큰 아이 하나를 그분께 데려왔고 집안의 여자들도 찾아와서 크리토가 있는 자리에서 그들과 이야기를 나누시고 그들이 할 일을 가르쳐주셨다네. 그런 다음 여자들에게 돌아가도록 이르시고 우리에게 건너오셨지. 안에서 시간을 많이 보내셨기 때문에 그때는 해질녘이 가까워져 있었다네.

선생님께서 목욕을 새로 하신 몸으로 우리에게 와 앉으신 후 얼마 더 이야기를 나누지도 않았을 때 11인 위원회 관리가 와 그분 곁에 서서 말했다네. "소크라테스여, 공공(公共)의 필요에 따라 독을 마시기를 요구할 때 화를 내고 나를 욕하는 다른 사람들에 대해서는 그 잘못을 비판하지만 그대에 대해서는 내가 비판하지 않겠소. 그동안 살펴본 바로, 지금까지 이곳에 온 누구보다도 그대가 고결하고 점잖으며 훌륭한 사람이라는 것을 알아볼 수 있었소. 그대는 책임이 누구에게 있는 것인지 알아보는 사람이므로 그대의 분노가 나 아닌 다른 사람들을 향한 것이라는 사실도 알아볼 수 있었소. 자, 내가 무슨 볼일로 그대에게 온 것인지 잘 아실 것이니, 잘 가시오, 그리고 안 겪을 수 없는 일을 가능한 한 쉽게 견뎌내시기 바라오." 그리고 눈물을 터뜨리고는 돌아서서 가버리더군.

선생님께서 그를 쳐다보며 말씀하셨다네. "당신도 잘 계시오. 나는 그대의 말대로 행동할 것이오." 그리고는 우리에게 말씀하셨지. "얼마나 멋진 사람인가! 내가 여기 있는 동안 그는 이따금씩 나를 보러 와서 이야기를 나누었는데 참으로 훌륭한 사람이더구나. 이제 나를 위해 흘리는 눈물 또한 고결하지 않은가! 자 크리토, 그 사람 말대로 하세. 독이 준비되어 있으면 누가 가져오도록 하고, 만약 준비되어 있지 않으면 준비를 시키도록 하세."

크리토가 말했다네. "하지만 선생님, 제가 보기에는 해가 아직 산 위에 걸려 있고 지려면 아직 시간이 있습니다. 그리고 다른 사람들은 명령이 온 뒤에도 한참 후에야 독을 마시는 것으로 저는 알고 있습니다. 그 사이에 먹기도 하고 마시기도 하고 사랑하는 사람들과 함께 있는 시간을 즐기기도 하지요. 시간이 많이 있으니 서두르지 마십시오."

그러자 선생님께서 말씀하셨다네. "크리토여, 그대가 이야기하는 그 사람들이 그렇게 행동하는 것은 옳은 일일세. 그렇게 행동하는 것이 이익이 된다고 그들이 믿기 때문이지. 그러나 내가 그들과 다르게 행동하는 것 또한 옳은 일이니, 나는 독 마시는 시간을 조금 늦춤으로써 얻는 것이 아무것도 없다고 생각하기 때문일세. 살아 있음으로 해서 얻을 것이 더 이상 아무것도 없게 된 상황에서 삶에 집착하고 매달린다면 나 자신이 보기에 내 꼴이 너무 우습게 될 것 아니겠는가?" 그리고 이어 말씀하셨다네. "자, 더 이상 버티지 말고 내가 시키는 대로 해주게나."

그 말씀을 들은 크리토는 곁에 서 있던 소년에게 고개를 끄덕였다네. 그 소년은 밖으로 나가 한참 있다가 독을 대접할 사람을 데리고 돌아오더군. 그 사람은 바로 마실 수 있도록 잔에 담은 독을 들고 들어왔지. 선생님이 그를 보자 말씀하셨다네. "자, 선량한 자여, 어떻게 하는 건지 그대는 잘 알지요? 내가 어떻게 하면 됩니까?" 그 사람이 대답하더군. "별 것 없습니다. 독을 마신 뒤에 걸음을 좀 걸으십시오. 그러다가 다리가 뻣뻣해질 때 누우시면 됩니다. 그러면 독이 알아서 제 할 일을 합니다."

그러면서 그가 선생님께 독배를 내밀었다네. 에케크라테스여, 선생님께서는 아주 점잖게 그 잔을 받아 드셨다네. 아무런 떨림도, 안색이나 표정의 변화도 없이, 늘 그러시듯 활짝 크게 뜨신 눈으로 그 사람을 쳐다보며 말씀하셨지. "이 잔에서 어느 신께든 고시레를 조금 올려도 되는가요? 그렇게 할 수 있습니까, 없습니까?" 그가 대답했지. "소크라테스여, 우리는 꼭 필요한 분량보다 더 많이 준비하지 않습니다." 그러자 선생님께서 말씀하셨다네. "알겠소. 그러나 이곳으로부터의 내 떠남이 좋은 떠남이 되도록 신들에게 기도 올리는 것은 허용되는 일이고, 꼭 해야 할 일일 것이오. 그러니 이 기도를 올리며 신들에게 가납(嘉納)되기를 바라오." 그렇게 말씀하시며 독배를 입술로 가져가 아주 쾌활한 신색으로 조용히 잔을 비우셨다네.

그 순간까지 우리들 대부분은 눈물을 썩 잘 참고 있었지만 그분께서 잔 비우시는 모습을 바라보고 다 드신 것을 알게 되자 더 이상 참을 수 없게 되어 눈물이 펑펑 쏟아져 나오는 것을 걷잡지 못하게 된 나는 외투로 얼굴을 감싸고 나 자신을 불쌍히 여기는 울음에 빠져들었다네. 그분을 위한 눈물이 아니라 그렇게 좋으신 분을 더 이상 모실 수 없게 된 나 자신을 위한 눈물이었지. 크리토는 나보다도 먼저 눈물을 참지 못해 일어나 자리를 피했었지. 그리고 아폴로도루스는 그 전부터 내내 눈물을 줄줄 흘리고 있다가 이제는 슬픔이 넘치는 대성통곡으로 그 자리에 있던 모두, 선생님만을 제외한 모두의 마음을 무너뜨렸다네.

그러자 선생님께서 말씀하셨다네. "이것이 도대체 무슨 행실인가, 이 사람들아! 내가 여자들을 돌려보낸 것이 무엇보다 바로 이런 꼴을 보일까 걱정해서였다네. 사람이 죽을 때는 조용한 가운데 죽는 것이 제일 좋다고 나는 알고 있다네. 용기를 가지고 조용한 태도를 지켜들 주시게나." 그 말씀에 우리는 부끄러워하며 눈물을 거두었지.

선생님께서는 걸음을 좀 걸으시다가 다리가 뻣뻣해진다 하시고는 집형인 (執刑人)이 권한 대로 반듯이 누우셨다네. 집형인이 그분 몸 위에 손을 얹어놓고 얼마 동안 있다가 발과 다리를 살펴보더니 발을 한 번 세게 꼬집으며 그분께 느껴지는지 여쭙더군. "아니," 대답하시니까 잠시 후에는 넓적다리를 꼬집어보았고, 그런 식으로 그분의 몸이 아래쪽에서부터 차츰 위쪽으로 차가워지고 굳어지는 것을 우리에게 보여주었지. 그분의 몸에 다시 손을 얹으며 그 차가움과 굳음이 심장에 이르면 세상을 떠나시는 것이라고 설명하더군.

이제 경직이 사타구니에 이르렀을 때, 그때까지 얼굴을 덮고 있던 이불을 치우며 그분께서 말씀하셨다네. 이 세상에서 남기신 마지막 말씀이셨지. "크리토여, 우리가 이스쿨라피우스에게 수탉 한 마리 값을 치르지 않은 것이 있다네. 잊지 않고 갚아주기 바라네." 크리토가 대답했지. "닭 값은 꼭 치르겠습니다. 또다른 하실 말씀은 없으신지요?" 이 물음에는 대답이 없으셨고, 한참 있다가 그분의 몸이 한 차례 꿈틀 움직였다네. 집형인이 이불을 벗기니 선생님의 눈길이 굳어져 있었지. 이것을 본 크리토가 그분의 입과 눈을 닫아드렸다네.

이것이, 에케크라테스여, 우리의 벗, 우리가 아는 이 시대의 모든 사람들 중에서 가장 훌륭하고 가장 지혜롭고 가장 정의로운 분이라고 우리가 말할 수 있었던 선생님의 최후였다네.

소크라테스(BC 470~399)의 업적을 한 마디로 요약하라고 한다면 '인간의 사고를 새로운 차원으로 고양시킨 것'이라고 말하고 싶다. 그는 생각하기보다 생각하는 방법을 고민했고, 개인적 실천 못지않게 다른 사람들을 가르치는 일을 중요하게 생각했다. 그래서 눈에 보이는 그 자신의 업적은 많지 않지만, 플라톤, 아리스토텔레스 등 그의 영향을 받은 사람들의 업적은 엄청나게 큰 것이다.

그가 독배를 순순히 받은 것을 놓고 "악법도 법"이라는 주장에 갖다대는 것은 피상적인 관점이다. 인간을 사회적 존재로 바라본 그는 주어진 사회적 조건을 긍정하는 것이 발전을 위한 기본조건이라고 인식했으며, 그 조건을 부정하는 것은 존재 자체를 부정하는 것이라고 보았던 것이다.

요즘 더러 들리는 바, 그가 민주주의에 반대하는 생각을 가지고 있었다고 하는 것은 더더욱 피상적인 관점이다. 가장 아끼는 대상에게 가장 날카로운 비판의 칼날을 들이대는 것이 그의 인문정신이었다. 당시 아테네의 제도와 조건에 의해 처형당했지만, 소크라테스만큼 그 제도와 조건을 알뜰하게 향유한 사람도 없었을 것이다.

출처   Plato, *Phaedo*, tr. H. N. Fowler, Loeb, 1914

4

불타는 로마

64

타키투스

이제 네로는 로마가 마치 자기가 좋아하는 처소인 것처럼 보이려 애썼다. 도시 전체가 자기 가정인 것처럼 공공장소에서 잔치를 베풀었다. 그러나 가장 흥청망청한 잔치로 악명 높았던 것은 티겔리누스였다. 낭비의 방식을 중복해서 묘사하지 않도록 그의 잔치를 흥청망청한 잔치의 대표로 예시하겠다. 잔치가 벌어진 장소는 마르쿠스 아그리파 호수 위에 만든 뗏목 위였다. 황금과 상아로 장식한 배들이 이 뗏목을 끌고 다녔다. 노잡이들은 연령과 범죄 종류에 따라 모아놓은 죄수들이었다. 티겔리누스는 또한 먼 나라의 새와 짐승들도 모아놓았는데, 그중에는 바다에서 온 것도 있었다. 부두에 있는 유곽에는 귀부인들이 가득 차 있었고, 그 반대편에는 발가벗은 창녀들이 야한 자세와 몸짓을 보이고 있었다.

해가 지면서 주변의 숲과 집들에 불이 휘황하게 켜지고 노랫소리가 울려 퍼졌다. 네로는 이미 자연적 욕망만이 아니라 모든 인위적 욕망까지 섭렵하고 있었다. 그런데도 그는 더 이상의 타락은 있을 수 없다는 말이 일체 나오지 못하게 했다. 며칠 후 그는 피타고라스라 불리는 도착자(倒錯者) 집단의 일원과 정식으로 결혼식을 올리기까지 했다. 증인들이 보는 앞에서 황제는 신부의 베일을 썼다. 지참금, 신방, 결혼횃불이 모두 갖춰진 결혼식이었다. 밤이면 어둠 속에 감춰지는 결혼한 부부의 모든 것을 공개적으로 보여줬다.

재앙이 뒤를 따랐다. 단순한 사고인지 황제의 범죄적 행위로 일어난 것인지는 확실치 않다. 양쪽 설에 모두 지지자가 있다. 로마 역사상 가장 참혹하고 가장 파괴적인 화재가 일어난 것이었다. 불이 난 곳은 원형광장이 팔라틴 언덕과 카엘 언덕에 접한 장소였다. 가연성(可燃性) 상품을 파는 가게들에서 시작된 불길은 바람을 받고 금세 자라나 원형광장을 끝에서 끝까지 휩쓸었다. 그곳에는 담을 친 저택이나 신전이 없었기 때문에 불길이 퍼져나가는 데 아무 장애물이 없었다. 불길은 먼저 평지 구역을 맹렬하게 태운 다음 언덕 위로 번져 올라갔다가 다시 평지로 되돌아왔다. 일체의 진화 노력이 수포로 돌아갔다. 옛 도시 구역의 좁고 꼬불꼬불한 길과 제멋대로인 동네 모양이 불길의 확산을 부추겼다.

겁에 질려 비명을 지르는 여인들, 어쩔 줄 몰라 하는 노인과 아이들, 자기 안전에만 골몰한 사람들, 제 몸 아끼지 않고 불편한 사람들을 돕거나 기다리는 사람들, 도망치는 사람들과 꾸물대는 사람들 모두가 혼란을 가중시켰다. 사람들이 돌아볼 때마다 위협적인 불길이 앞에서 옆에서 마구 솟아올랐다. 옆 동네로 도망치면 불길이 곧 뒤를 따라왔고, 멀리 떨어진 곳이라 생각했던 구역들까지 불길에 휩쓸렸다. 마침내 무엇을 피해 어디로 가야 할지 알 수 없게 된 사람들은 시골로 빠지는 길에 몰려들거나 밭 속에 누웠다. 모든 재산을 잃은 사람들, 그 날 먹을 양식까지 잃은 사람들은 도망칠 수 있는 길을 버리고 차라리 죽음을 택하기도 했다. 사랑하는 사람을 구해내지 못한 많은 사람들도 죽음을 택했다. 불길에 감히 대항하려는 사람은 아무도 없었다. 깡패들이 돌아다니며 불 끄려는 사람들을 가로막았다. 명령에 의한 것이라고 소리치면서 공공연히 횃불을 던져 넣는 자들도 있었다. 그런 명령이 있었을 법도 하다. 아니면 약탈의 기회를 만들려는 자들이었을 수도 있다.

네로는 안티움에 있었다. 미케나스 정원과 팔라틴 언덕을 연결하기 위해 그가 지은 저택에 불길이 접근할 무렵에야 도시로 돌아왔다. 그의 궁전을 비롯해 팔라틴 언덕 전체를 불길이 휩쓰는 것은 막을 수 없는 기세였다. 그럼에도 불구하고 그는 집 잃은 이재민들을 위해 마르스 광장을 개방했다. 아그리파의 공공 건물과 자기 정원들까지 포함하는 것이었다. 그는 또한 많은 난민들을 위해 긴급 수용시설도 만들었다. 오스티아와 인근 도시들로부터 식량을 운송해 왔고 곡식 가격은 1파운드에 4분의 1 세스테르스 이하로 묶였다. 그러나 이렇게 서민 위주의 정책을 취해도 그에게 감사하는 사람이 없었던 것은 하나의 풍문 때문이었다. 도시가 불타는 동안 네로가 자기 개인 무대에 올라가 현재의 재앙과 과거의 재앙을 비교하면서 트로이 멸망의 노래를 불렀다고 하는 풍문이었다.

여섯째 날이 되자 많은 건물을 허물었고, 타오르는 불길을 텅 빈 들판과 하늘 사이로 몰아넣어 에스퀼 언덕 아래에서 마침내 불길이 가라앉았다. 그러나 공포가 가라앉고 희망이 되살아나기도 전에 도시의 더 개방된 구역에서 불길이 다시 터져 나왔다. 이번에는 사상자가 적었지만 신전과 환락가의 파괴는 더 심했다. 두 번째 불이 아에밀 구역의 티겔리누스 저택에서 시작되었기 때문에 반감이 더 심해졌다. 네로가 자기 이름을 붙일 새 도시를 건설하고 싶어 한다고 사람들이 믿었기 때문이다.

로마의 열네 개 구역 중 다치지 않은 것은 넷뿐이었다. 셋은 깨끗이 불타 버렸고, 나머지 일곱은 불길에 그을리고 마구 부서진 폐허가 되어 있었다.

———————◇———————

역사상의 폭군은 후세 사람들의 정치적 필요에 의해 조작되거나 과장된 경우가 많다. 조선시대의 폭군으로 연산군과 광해군이 지목되어 왔지만, 광해군의 경우는 그를 축출한 세력에게 지속적이고 조직적인 명예훼손을 당해 왔다는 사실이 조선왕조가 끝난 이후 밝혀져 왔다. 중국의 경우도 진 시황이나 수 양제의 폭정이 그를 이어받은 왕조의 자기 정당화를 위해 극심하게 과장되었다는 관점이 정설이 되어 있다.

서양에서 폭군의 대명사로 통해 온 네로의 경우는 어떠한가. 네로의 언행에 점잖은 군주답지 못한 면모가 많았다는 것은 분명하다. 그러나 네로 당시에 '점잖은 군주'의 전형이 존재하지 않았다는 사실을 감안한다면 후세의 통념처럼 '미치광이'로만 볼

기독교도를 화형에 처하도록 지시하는 네로 황제의 모습. 그림: 헨릭 지미라즈키(1876년)

수는 없는 합리적 기준을 네로의 언행에서 찾아볼 수도 있다. 로마의 황제 제도가 초창기이던 시기에 네로는 "과연 황제가 할 수 있는 일이 무엇이며 할 수 없는 일이 무엇인가?" 하는 문제를 추구했던 것이다. 황제와 배우를 겸업으로 하려 하다가 반대가 심하자 황제를 그만둘 생각을 한 것이 대표적인 예다.

네로가 끈질긴 비방의 대상이 된 것은 기독교의 박해자, 적(敵)그리스도로 지목된 때문인 것으로 보인다. 네로의 기행은 수없이 전해지지만, 64년의 로마 대화재와 그 후의 기독교 탄압이 네로의 책임이라는 데는 연구자들이 의문을 표한다. 4세기 초 오랜 박해 끝에 공인을 받은 기독교 측이 그동안의 박해에 대한 책임자로 네로를 지목한 것으로 볼 수 있다. 네로의 재위가 기독교의 로마 전래 초기에 해당되고 그의 평판이 이미 좋지 않았기 때문일 것이다.

타키투스의 출생은 56년경으로 추정된다. 따라서 64년의 대화재를 그린 이 글은 화재 당시가 아니라 나중에 쓰인 것으로 보인다. 이 글이 실린 『연대기(年代記)』는 14년에서 68년까지를 다룬 것인데, 그의 다른 대표작으로 69년에서 96년까지를 다룬 『역사』보다 늦게 나온 책이다. 따라서 이 글이 발표를 위해 최종적으로 정리된 것은 약 50년 후의 일이라고 보아야 할 것이다. 타키투스의 사망은 120년경이었다.

기독교계가 총력 비방에 나서기 전에도 네로의 평판은 좋지 않았다. 황제의 위치를 새로 규정하려고 온갖 기행을 일삼다가 비참한 최후를 맞고 그 후의 내전(內戰)을 유발한 황제가 좋은 평판을 누렸을 리가 없다. 타키투스의 기록은 이 평판을 바탕으로 한 것이면서도 상황을 엄밀하게 전함으로써 후세 학자들이 대화재에 대한 네로의 책임을 새로 생각할 수 있는 근거를 마련해 준 것이다.

출처　Tacitus, *The Annals of Imperial Rome*, tr. Michael Grant, Penguin, 1956, 1959, 1971

5

예루살렘 포위

70

요세푸스

온 도시에서 사람들이 무더기로 굶어죽고 있었고 형언할 수 없는 고생을 하고 있었다. 어느 집에서나 음식 냄새가 조금만 나도 싸움이 벌어져 가까운 친척과 가족들이 변변찮은 먹을거리를 뺏고 빼앗기면서 주먹다짐을 벌이기 일쑤였다. 죽어가는 사람들에게도 사정을 봐주지 않았다.

폭도들은[로마에 대항하는 극렬분자들] 죽어가는 사람들이 옷에 음식을 감춰놓은 것은 없는지, 죽어가는 시늉을 하고 있는 것은 아닌지 확인하기 위해 그들의 몸을 뒤졌다. 무법자들은 배고픔 때문에 입을 헤 벌리고 미친개처럼 헐떡대며 길거리를 비틀대고 휘청대다가 주정뱅이처럼 남의 집에 쳐들어갔는데, 정신이 없기 때문에 한 시간 동안 같은 집에 두 번 세 번씩 들어가기도 했다.

굶주린 사람들은 손닿는 대로 뭐든지 씹어 먹으려 들었다. 짐승들도 쳐다보지 않을 쓰레기를 주워 음식으로 삼았다. 마지막에는 허리띠와 신발, 방패에서 벗겨낸 가죽까지 씹어 삼키고 있었다. 마른 풀포기까지 그들의 식량이 되어서 조그만 다발 하나에 4드라크마로 사고파는 사람들도 있었다.

그러나 내가 이제 적으려 하는 일에 비하면 굶주림에 몰린 사람들이 어떤 별난 것을 입에 넣느냐 하는 시시한 이야기로 시간을 끌 필요가 없다. 그리스인의 역사에도 야만인의 역사에도 유례가 없는 일이며, 귀에 담아도 믿기 어려운 것 못지않게 입에 담기에도 끔찍한 일이다. 지어내도 끔찍한 이야기를 지어낸다는 손가락질을 받고 싶지 않기 때문에 나 자신 이 이야기는 빼버리고 싶은 마음이 있다. 그러나 이 일을 목격한 사람들이 내 주변에 많다. 또한 우리나라가 겪은 고통을 감춰버린다는 것이 우리나라에 대한 내 도리도 아닐 것이다.

요단강 건너에 사는 한 여인이 있었다. 베테주바 마을('히솝의 집'이라는 뜻의 이름)의 엘레아자의 딸 마리아라는 이름의 여인이었다. 훌륭한 집안의 부유한 여인이었는데 친척들과 함께 예루살렘으로 피난 왔다가 농성을 겪게 되었다. 페레아에서 꾸려 가지고 온 재산의 대부분은 참주(僭主)들에게[유대인 항전의 지도자인 시몬과 요한] 빼앗겼고, 남은 재산과 겨우 확보해 놓은 식량을 참주들의 부하들이 빼앗아가고 있었다.

분하고 억울한 마음을 못 참은 여인은 약탈자들에게 욕설을 퍼부으며 대들어서 그들의 분노를 샀다. 그러나 체념 때문이든 동정심 때문이든 여인을 아무도 죽이지 않았다. 여인은 가족을 위해 식량 구하는 일을 단념하기에 이르렀다. 어차피 이때는 식량을 구하려 해도 구할 수 없게 되어 있었다.

굶주림이 여인의 인성을 갉아먹었고, 분노의 불길은 굶주림보다도 더 거세게 여인을 몰아세웠다. 분노와 필요에 몰린 여인은 자연에 어긋나는 범죄를 저지르기에 이르렀다. 젖먹이 아기를 붙잡고 여인은 외쳤다. "불쌍한 아가야, 전쟁과 기아로 가득한 이 세상에 너를 살려둬서 뭘 하겠니? 로마군이 들어올 때까지 살아남는다 해도 노예가 될 수밖에 없고, 어차피 노예가 되기도 전에 굶주림이 우리를 덮칠 거다. 그리고 반도(叛徒)들은 로마군이나 굶주림보다도 더 잔인하구나. 자 아가야, 내 식량이 되거라. 그래서 반도들에게 분노의 복수가 되고, 유대인의 처참한 수난을 완결짓는 공포의 이야기를 이 세상에 남기거라."

이렇게 말하며 여인은 아들을 죽이고 그 시체를 불에 구워 절반을 먹은 다음 남은 절반을 안전한 곳에 감춰놓았다. 그러자 고기 구운 냄새를 맡은 반도들이 즉각 여인에게 몰려와 고기를 내놓지 않으면 바로 죽여 버리겠다고 위협했다. 여인은 반도들 몫을 남겨 두었다고 말하면서 남아 있는 아기 시체를 꺼내 보였다. 이것을 본 반도들은 공포와 경악에 질려 꼼짝 못하고 서 있었다.

여인은 말했다. "내 손으로 구운 내 아기요. 자 드시오, 나도 벌써 먹었소. 여인보다 약한 시늉도 하지 말고 어미보다 어진 시늉도 하지 마시오. 그러나 당신들이 신앙심 때문에 인간 제물을 받아들이지 못한다면 내가 이미 먹은 것을 당신네 몫으로 치고 나머지도 내가 먹겠소." 이 말에 그들은 감히 먹으려 하지 못하고 부들부들 떨면서 비실비실 물러섰다. 마음속으로는 그 먹을거리마저 여인에게서 빼앗고 싶었겠지만.

이 해괴한 이야기는 잠깐 사이에 온 성내에 퍼졌다. 이야기를 들은 사람들은 마치 자기 손으로 저지른 일인 것처럼 몸을 떨었다.

◇

70년 로마군의 예루살렘 함락은 유대인의 디아스포라(이산, 유배)를 통시대적(通時代的) 현상으로 확정짓는 계기였다. 기원전 2세기 초부터 시작된 로마의 이 지역에 대한 영향력이 점차 강화되어 지배력으로 굳어져 가는 데 대한 반발로 66년에 항전이 시작되었고, 이를 진압한 로마는 직접 지배체제를 강화했다.

이 기록을 남긴 요세푸스는 이 전쟁의 역사와(75~79년 출판) 유대인의 옛 역사를(93년 출판) 남겨, 비록 동시대 유대인들에게는 반역자로 매도당했지만 유대인의 역사를 후세에 남기는 데 큰 공로를 세운 인물이다.

37년경 출생한 요세푸스는 바리새 교파에 속했는데, 그 교파는 종교의 자유만 보장된다면 로마의 지배에 반대하지 않는다는 입장이었다. 그는 64년 로마에 사절로 가서 네로 황제의 호의를 얻어 로마 거주 유대인에 대한 관용적 정책을 이끌어내기도 했다.

66년 그가 예루살렘에 돌아온 직후 항전이 시작되었는데, 개인적으로 전쟁에 반대하는 입장이었지만 갈릴리 지역 사령관으로 참전하지 않을 수 없었다. 67년 봄 방어지역이 로마군에 유린될 때 그는 투항했다. 그가 처형을 면한 것은 로마군 사령관 베스파시아누스가 황제가 될 것이라고 예언한 덕분이었다. 이듬해 네로가 죽은 뒤 그

로마군이 예루살렘을 포위하고 함락하는 장면. 유대인 디아스포라의 계기가 되었다. 그림: 데이비드 로 버트(1850년)

후의 혼란을 뚫고 69년 말 베스파시아누스가 황제로 즉위했다.

요세푸스의 기록 가운데 일부, 특히 자신의 향배에 관한 기록에서는 상당한 모순이 지적된다. 그의 서술이 자신의 이해관계에 좌우되었다는 의심을 받는 대목이다. 이 글이 들어 있는 '유대 전쟁의 역사' 자체가 유대인의 추가 반란을 막기 위해 로마 당국의 지원 아래 홍보용으로 집필된 것이 아닌가 하는 의심도 있다.

그러나 유대인, 그리고 바리새 교인으로서 요세푸스의 정체성에는 아무런 흔들림이 없었다는 것이 일반적 평가다. "가이사의 것은 가이사에게로" 하는 말대로 로마의 세속적인 힘에는 굴복하되 유대인의 영적(靈的) 정체성을 지키자는 입장에서 그가 극단주의자들에게 느낀 증오심, 그들로 인해 빚어진 참극 속에서 유대인의 고통에 대한 연민이 여기 수록된 것과 같은 글에는 넘쳐난다.

출처   Josephus, *The Jewish Wars*, in Works, Loeb Classical Library, 1926-81

6

베수비오 화산의 폭발

79. 8. 24

소(小) 플리니우스

    숙부는 함대를 직접 지휘하는 임무를 가지고 미세눔에 주재하고 있었다. 8월 24일, 이른 오후에 어머니가 숙부에게 크기와 모양이 심상치 않은 구름 하나를 보라고 했다. 숙부는 밖에서 햇볕 아래 있다가 찬물로 목욕을 한 다음 누운 채로 점심을 먹고 그때는 책 쓰는 일을 하고 있었다. 숙부는 신발을 가져오게 하고 그 구름을 제일 잘 볼 수 있는 높은 곳으로 올라갔다.

    그 거리에서는 구름이 어느 산에서 솟아올라가는 것인지 알아볼 수 없었다(그것이 베수비오산이었다는 사실은 나중에 알려졌다). 구름의 전체적인 모양은 우산소나무 같았다고 하는 것이 제일 적절하겠다. 줄기 같은 기둥으로 아주 높이까지 올라갔다가 가지가 갈라지듯 퍼져 나오는 모양이었다. 애초 폭발의 힘으로 솟구쳐 올라가다가 압력이 줄어들면서 위로 버텨 올리는 힘이 사라지고, 자체 무게로 내려오려다가 주변으로 흩어져 나가 차츰 희미해진 것이 아닌가 생각된다. 하얗게 보이는 곳도 있고, 얼룩이 져 더럽게 보이는 곳도 있었던 것은 흙과 재가 얼마나 담겨 있는가에 달려 있었다.

    숙부는 학자적 본능으로 이것이 세밀히 관찰할 가치가 있는 현상임을 바로 알아보았고, 배 한 척을 준비시키라고 명령을 내렸다. 내게도 원하면 같이 가자고 했지만 나는 공부를 계속해야 한다고 대답했다. 마침 바로 숙부 자신이 내게 작문 숙제를 내 준 것이었다.

그가 막 집을 나서려는 참에 타스쿠스의 부인 렉티나로부터 전갈이 왔다. 그들의 집은 바로 산기슭에 있어서 배가 아니면 빠져나올 길이 없었다. 렉티나는 닥쳐오는 위험에 겁을 집어먹고 숙부에게 자신을 운명으로부터 구출해 달라고 간청하는 것이었다. 숙부는 계획을 바꿨고, 탐구심으로 시작한 일을 영웅으로서 마무리짓게 된다.

그는 전함들의 닻을 올리라는 명령을 내리고 스스로 배에 올랐다. 이 아름다운 해안지대에는 인구가 조밀했기 때문에 렉티나 외에도 구출할 사람이 많다고 생각한 것이었다. 그는 위험지대로 뱃머리를 똑바로 향해, 다른 사람들이 피해 떠나는 곳을 일부러 찾아 들어갔다. 숙부는 아무런 두려움도 보이지 않고, 상황의 모든 변화와 양상을 관찰하는 대로 기록에 남기기 위해 하나하나 묘사하고 있었다.

재는 벌써부터 떨어지고 있었고, 배가 나아감에 따라 더욱 뜨거워지고 더욱 빽빽해졌다. 재의 뒤를 이어 화산석과 불길에 그을리고 금이 간 돌멩이가 떨어지기 시작했다. 그러다 보니 갑자기 배가 얕은 바다에 들어가 있었고, 해안은 산에서 쏟아져 나온 암석으로 막혀 있었다. 배를 돌려야 할지 숙부는 일순 망설였지만, 조타수가 건의하자 이를 물리치며 '행운의 여신은 용감한 자의 곁에 선다'고 말하고, 스타비에에 있는 폼포니아누스를 찾아가야 한다고 말했다.

폼포니아누스는 만의 건너편에 있었으므로 (해안선은 바닷물이 채워져 있는 분지를 둘러싸고 완만하게 돌아간다) 당장은 위험이 없지만, 위험이 확장됨에 따라 가까워질 것이 분명한 일이었다. 그래서 그는 이미 짐을 싸서 배에 실어 놓고, 역풍이 잦아들면 출항할 준비를 해놓고 있었다. 이 역풍은 당연히 숙부에게 순풍으로 작용하며 배가 들어갈 수 있었다. 숙부는 겁에 질린 친구를 얼싸안고 위로와 격려를 주었으며, 자신의 침착함을 가지고 친구의 두려움을 가라앉혀 주기 위해 목욕 준비 지시를 내렸다. 목욕 뒤에는 누워서 식사를 했다. 그는 매우 쾌활했다. 아니면 적어도 쾌활한 시늉을 했다. 시늉만 해도 대단히 용기 있는 태도였다.

　그동안 베수비오산의 여러 곳에서 불길이 넓게 퍼진 곳도 보이고 높이 솟아오르는 곳도 있었으며, 어두운 밤을 배경으로 강렬하게 드러난 곳도 있었다. 숙부는 같이 있는 사람들의 두려움을 진정시키기 위해 거듭해서 말하기를, 농부들이 겁에 질려 횃불을 남겨두고 간 것이라고, 아니면 사람들이 도망간 빈 집에 불이 난 것이라고 했다. 그리고는 쉬러 들어간다며 정말로 잠을 청하는 게 아닌가. 몸집이 땅땅한 숙부는 코고는 소리가 크고 우렁차서 문 앞을 지나다니는 사람들이 그 소리를 들었다. 그동안 방문 앞 마당에는 화산석이 섞인 재가 자꾸 쌓여서, 방 안에 더 있었다가는 나오지도 못할 뻔했다.

　숙부는 잠이 깨어 방에서 나와, 폼포니아누스를 비롯해 밤새 잠을 이루지 못하고 있던 사람들과 합류했다. 그들은 집 안에서 버티고 있을지, 도망을 쳐볼지 토론을 벌였다. 그때는 건물 자체도 거센 충격에 마구 흔들리고 있었고, 마치 기둥이 뽑힌 것처럼 앞뒤로 기우뚱기우뚱하고 있었다. 한편 바깥에는 구멍투성이로 가벼운 것이기는 하지만 화산석 덩어리가 마구 떨어지는 위험이 있었다. 양쪽 위험을 비교한 끝에 후자를 택하기로 했다. 숙부의 경우는 하나의 논리가 다른 논리보다 더 무게를 가진 것이었지만 다른 사람들에게는 하나의 두려움이 다른 두려움보다 더 가벼웠던 것이다. 떨어지는 물체로부터 몸을 보호하기 위해 머리에 베개를 하나씩 이고 천으로 묶었다.

　이 무렵 다른 곳에서는 날이 밝아 있었지만 그곳은 아직도 어둠 속이었다. 보통 밤보다도 더 깊고 짙은 어두움을 헤치기 위해 횃불과 온갖 종류의 등불이 동원되었다. 숙부는 해안으로 내려가 뱃길을 통한 탈출 가능성을 현장에서 가늠해 보기로 결정했지만 파도가 아직도 거칠고 위험했다. 그는 담요를 한 장 땅에 깔게 하여 그 위에 누워 있다가 여러 차례 찬물을 달라고 하여 마셨다.

　그때 불길의 접근을 예고하는 화염과 유황냄새가 덮쳐왔으므로 사람들은 일제히 피하기 시작했다. 숙부는 노예 두 명의 부축을 받아 몸을 일으키다가 갑자기 쓰러져 버렸다. 짐작컨대, 원래 기도(氣道)가 약하고 좁으며 염증을 잘 일으키던 그가 짙은 연기에 숨이 막혀 기도폐색을 일으킨 것이 아닌가 싶다.

이틀 뒤인 25일의 날이 밝았을 때 그의 몸은 상하거나 망가진 곳 없이 옷을 제대로 입은 채로, 죽은 것이 아니라 자고 있는 것 같은 모습으로 발견되었다.

그동안 어머니와 나는 미세눔에 있었다……(생략)…… 숙부가 떠난 그 날은 책을 붙잡고 지냈다. 따라가지 못한 이유도 거기 있었으니까. 늦게 목욕을 하고 식사 후 한참을 꾸벅꾸벅 졸았다. 그에 앞서 며칠 동안 땅의 진동이 있었지만 캄파니아 지방에서는 흔한 일이었으므로 특별한 경각심이 들지 않았다. 그런데 그날 밤은 진동이 유별나게 격심해서 모든 물건이 흔들리는 정도가 아니라 뒤집어져 버리는 것 같았다. 어머니가 내 방으로 달려왔을 때, 나도 어머니가 아직 주무시고 있으면 깨우려고 일어나는 참이었다.

우리는 가까운 바닷물과 건물들의 사이에 있는 앞마당에 가서 앉았다. 용기라 해야 할지 무신경이라 해야 할지, 나는 리비우스의 책을 하나 가져오라고 해서, 다른 할 일이 아무것도 없는 사람처럼 그것을 읽고 앉아 있었다. 해오고 있던 발췌작업까지 계속했다. 숙부의 친구 한 사람, 막 스페인으로부터 돌아와 숙부를 찾고 있던 사람이 우리에게 왔다. 우리가 그렇게 앉아 있고, 내가 책까지 읽고 있는 것을 보고 그는 우리 두 사람을 모두 질책했다. 나는 미련하다는 이유로, 어머니는 그 꼴을 그냥 방관했다는 이유로. 그러나 나는 책에서 눈을 떼지 않았다.

이제는 새벽녘이 되었지만 하늘빛은 여전히 흐리고 어두웠다. 주변의 건물들이 들썩대기 시작했는데, 우리가 앉아 있던 정원은 너무 작아서 건물이 무너질 경우 실질적인 위험을 피하기가 어려웠다. 그래서 결국 도시를 벗어나기로 결정했다. 공포에 몰린 사람들, 자기 결정보다 남의 결정에 따라 움직이려 드는 군중들이 (이 점에서는 겁 많은 사람들과 신중한 사람들이 서로 통한다) 우리 뒤를 따랐고, 빽빽한 군중에 밀려 우리는 발걸음을 더 재촉하지 않을 수 없었다.

건물이 있는 구역을 벗어나 걸음을 멈췄는데, 거기서 대단히 기이한 현상을 보고 다들 놀라지 않을 수 없었다. 우리가 몰고 오게 한 수레들이, 땅이 평평한 곳인데도, 이 방향 저 방향으로 제멋대로 굴러가는 것이었다. 돌로 고여 놓아도 소용이 없었다. 또한 바닷물도 지진의 힘에 밀려나듯, 쑤욱 빠져나가는 것이 보였다. 아무튼 바닷물이 해안에서 멀리 빠져나가자 많은 바다 동물들이 마른 모래밭에 널려 있었다. 육지 방향에서는 삼지창 모양으로 꿈틀대는 불길로부터 무시무시한 연기기둥이 솟아올랐다. 헤쳐질 때마다 거대한 혓바닥처럼 날름대는 불길을 드러내는 것이 마치 번갯불을 확대시켜 놓은 것 같았다.

이때 스페인에서 온 숙부 친구가 더욱 절박하게 다그쳤다. "부인의 동생이, 자네 숙부가, 만약 살아 있다면 두 사람이 구출되기를 바랄 것이고, 만약 그가 죽었다 해도 당신들이 살아남기를 바랄 것이오. 왜 탈출을 늦추는 것이오?" 숙부의 안전이 확실치 않은 상황에서 우리의 안전만을 고려할 여지가 없다고 우리는 대답했다. 그러자 그 친구는 더 이상 기다리지 않고 서둘러 우리를 떠나 힘닿는 대로 빨리 위험을 벗어나기 위해 달려갔다.

얼마 후 구름은 땅 위로 가라앉고 바다를 덮었다. 카프리 섬은 벌써부터 가려져 있었고, 미세눔 곶도 보이지 않았다. 그때 어머니가 내게 부탁하고 간청하고 명령하기를, 젊은 사람은 달아날 기운이 있지만, 늙고 동작이 느린 자신은 아들마저 따라 죽게 만들지 않아야만 평안한 마음으로 죽을 수 있다는 것이었다. 나는 혼자 도망가라는 이 명령을 거부하고 어머니의 손을 잡아 걸음을 재촉했다. 어머니는 마지못해 따라오면서도 내 걸음을 늦추는 자기 자신을 계속 책망했다.

벌써부터 재가 떨어지기 시작했지만 아직 그리 심하지 않았다. 몸을 돌려 바라보니 짙은 검은 구름이 우리 뒤를 덮쳐오고 있는데, 홍수가 대지를 휩쓸 듯 퍼져오고 있었다. 어머니에게 말했다. "아직 보일 때 길에서 벗어나 있도록 합시다. 캄캄해지면 따라오는 군중에게 밀려 넘어지고 짓밟히기 십상입니다."

우리가 막 자리를 잡고 앉아 쉬려 할 참에 어둠이 닥쳤는데, 별과 달이 없는 밤의 어둠이 아니라 막힌 방 안에 불을 끈 것과 같은 암흑이었다. 아낙네의 비명소리, 아이의 울음소리, 사내들의 고함소리가 들렸다. 부모를 찾고 자녀를 찾고, 남편을 찾고 아내를 찾는 목소리들이 서로를 확인하려 하고 있었다.

사람들은 자신의 운명을 통곡하고 자기 친척들의 운명을 통곡하였으며, 죽음의 공포를 못 이겨 오히려 죽음을 비는 사람들도 있었다. 신들의 도움을 청하는 사람들이 많았지만 신들이 더 이상 존재하지 않으며 우주가 영원한 암흑에 빠져버렸다고 생각하는 사람들이 더 많았다. 거짓된 위험을 만들어내서 현실의 난관을 더 부풀리는 사람들도 있었다. 미세눔이 무너져 버렸다고 하는 사람, 불타 버렸다고 하는 사람들이 있었는데, 거짓된 이야기인데도 사람들은 그것을 믿곤 했다.

빛 한 줄기가 내려왔지만 우리는 이것을 햇빛으로 생각하기보다는 불길이 닥쳐오는 것이라고 생각했다. 그러나 불길은 멀리 떨어진 곳에 머물러 있었다. 그리고는 암흑이 다시 덮치고 재가 다시 떨어지기 시작했는데, 이번에는 억센 소나기처럼 쏟아졌다. 우리는 이따금씩 몸을 일으켜 재를 털어냈다. 그러지 않았으면 그 밑에 파묻히고 짓눌려 으깨졌을 것이다. 그 난관 속에서 내 입으로부터 신음이나 비명이 한 마디도 나오지 않았다는 것을 자랑스럽게 말할 수 있다. 그러나 나 혼자 죽는 것이 아니라 온 세상이 함께 죽어가고 있다는 믿음에서 내 운명에 대한 초라한 위안이라도 얻었다는 사실을 고백한다.

연기나 구름이 걷히는 것처럼 마침내 암흑이 엷어지다가 스러졌다. 그리고 진짜 햇빛이 나타나 해를 볼 수 있게 되었지만, 마치 일식 때처럼 누런빛이었다. 모든 사물이 눈보라에 파묻히듯이 재 속에 깊숙이 파묻혀 온통 달라진 풍경을 보며 우리는 두려움에 떨었다.

우리는 미세눔으로 돌아와 형편 되는 대로 우리의 육체적 욕구를 만족시키고, 희망과 공포가 엇갈리는 하룻밤을 지냈다. 공포가 더 지배적이었다. 지진은 계속되었고, 몇몇 사람은 지금까지의 고난이 우습게 보일만한 끔찍한 예언을 쏟아내고 있었다. 그러나 그때까지 겪은 위험에도 불구하고, 또 그런 위험을 다시 겪을 것을 예상하면서도, 어머니와 나는 숙부의 소식을 들을 때까지 떠날 생각이 없었다.

물론 이런 구체적인 내용이 역사적으로 중요한 것이 아니며 그대가 이것을 읽더라도 기록에 남길 생각이 없으리라는 것을 안다. 편지에 적을 가치도 없는 내용이라고 생각한다면, 적어 달라고 요구한 그대 자신을 탓해야 할 것이다.

자연사(自然史) 기록에 새 경지를 열어 자연과학 부문에 대한 로마의 공헌을 대표하는 대(大) 플리니우스의 죽음이 그 조카의 기록 속에 나타나 있다.

출처   Pliny the Younger, *Letters*, tr. Betty Radice, Penguin Classics. 1963

7

셉티미우스 세베루스 황제의 승천식

211

헤로디언

　다른 어떤 일보다 먼저 카라칼라와 게타는 아버지 장례를 완전하게 치렀다. 황제가 황제 자리를 이어받을 아들을 두고 죽었을 때 신의 위상을 부여하는 것이 로마의 습속이다. 이 행사를 승천식이라 한다. 축제와 종교의 분위기가 뒤섞인 국상(國喪)이 선포되고 값비싼 장례식을 거쳐 황제의 시신이 통상적인 방법으로 매장된다. 그런 뒤 사람들은 시신의 정밀한 밀랍 복제품을 만들어 거대한 상아 침대에 올려놓는다. 금실로 수놓은 이불이 덮인 이 침대는 궁궐 입구의 높은 단 위에 놓여 있다. 죽음처럼 창백한 이 인형은 환자처럼 침대 위에 누워 있다. 침대 양쪽으로 거의 종일 사람들이 모시고 있는데, 왼쪽에는 원로원 의원 전원이 검은 옷을 입고 앉아 있고, 오른쪽에는 남편이나 아버지의 신분을 통해 특별한 영광을 얻은 여인들이 앉아 있다. 아무도 금붙이를 달거나 목걸이를 하지 않고 평범한 흰 옷을 입어서 애도의 분위기를 내고 있다.

　이런 상황이 이레 동안 계속되고, 그동안 의사들이 하루에 한 번씩 와서 침대에 다가가 인형 환자를 살펴보고 나서 용태가 그 전날보다 나빠진 것을 공표한다. 마침내 환자의 죽음이 공표되면 영구대 노릇을 하게 된 침대가 기마대의 가장 고귀한 대원들과 선발된 원로원 의원들의 어깨에 들려 '신성한 길'을 통해 옮겨져 로마 공회장에 안치된다. 로마 행정관들이 통상 사무를 보는 곳이다. 양쪽으로 좌석이 층층이 배열되어 있는데, 가장 고귀하고 가장 존경받는 집안의 아이들로 구성된 합창대가 한쪽 옆에 서 있고 그 맞은편에 덕행을 기준으로 선발된 여인 한 무리가 서 있다. 양쪽 합창대는 세상을 떠난 황제의 덕행을 찬양하고 감사하는 노래들을 부른다. 장엄하고 비장한 곡조들이다.

그런 뒤에 영구대가 다시 들려져 성벽 밖의 마르스 들판으로 옮겨진다. 들판의 가장 넓은 곳에 사각형 구조물이 세워져 있는데, 집 모양으로 된, 아주 큰 목재를 이어서 만든 것이다. 안에는 장작이 채워져 있고 밖은 황금색 천과 상아 조각, 그리고 풍성한 그림으로 덮여 있다. 그 위에 또 하나 구조물이 놓여 있는데, 모양과 장식은 같지만 크기가 작으며, 문이 달려 있고 판자벽으로 되어 있다. 올라갈수록 크기가 작아지는 3층과 4층이 있고 맨 꼭대기에는 제일 작은 5층이 있다. 전체 모양은 밤에 불빛으로 배들을 인도해 주는 등대와 비슷하다.

영구대를 2층으로 가져와 집 안에 넣은 다음에는 이 세상 모든 종류의 향기로운 약초와 향료가 향이 좋은 냄새로 뽑혀 온 온갖 꽃, 풀, 즙과 함께 무더기로 쌓인다. 모든 민족과 도시, 그리고 개인이 계급이나 신분의 구별 없이 앞 다투어 이 마지막 선물을 갖다놓는다. 향기로운 물건의 무더기가 빽빽하게 높이 쌓인 뒤에는 기마행렬이 구조물 주위를 돈다. 전 기마대가 말을 타고 전무(戰舞) 양식으로 잘 훈련된 원형을 그리며 돌아간다. 전차대(戰車隊) 역시 같은 대형으로 돌아간다. 전차수들은 자주색 옷을 입고 저명한 황제와 장군들의 초상 그림을 들고 있다.

행렬이 끝난 뒤 후임 황제가 횃불 하나를 집어 구조물에 불을 붙인다. 구경꾼 모두가 몰려들어 불길이 잘 일어나도록 거든다. 안에 들어 있는 장작과 향료 때문에 모든 것이 아주 쉽게 아주 빨리 탄다. 성가퀴 같은 모양의 맨 꼭대기 가장 작은 층에서 독수리 한 마리가 빠져나와 불길과 함께 하늘 높이 올라간다. 로마인들은 이 새가 황제의 영혼을 지상으로부터 천상으로 가져간다고 믿는다. 이제부터 죽은 황제는 다른 신들과 함께 경배의 대상이 되는 것이다.

로마의 황제 자리는 후세의 왕조들처럼 폐쇄된 것이 아니어서 확고한 것이 못 되었다. 황제가 공위(空位)가 되면 거의 언제나 경쟁이 있었고 때로는 내전에까지 이르기도 했다. 공위를 만들기 위해 황제를 시해하는 일도 종종 있었다.

셉티미우스 세베루스 역시 다뉴브 군단의 옹립을 받고 다른 군단들(시리아와 브리튼)과의 내전을 통해 황제 자리에 올랐다. 20년 가까운 재위기간(193~211) 동안 전국을 군사통치체제로 재편하고 로마 시와 이탈리아의 특권을 철폐한 그의 치적은 제국 체제에 가장 큰 변화를 도입한 황제의 하나로 꼽힌다. 따라서 그가 남긴 황위(皇位)는 심각한 외부 도전 없이 그 자손에게 이어져 '세베루스 왕조'라는 이름까지 남겼다.

황제의 아들이 황위를 이어받으면서 그 정당성을 확인하기 위해 치른 행사가 여기 묘사된 것과 같은 승천식(昇天式)이었다. 신의 반열에 들 만한 훌륭한 황제였다면 그 자손이 황위를 물려받아 마땅하다는 뜻을 강조하는 것이었다. 카라칼라는 그 후 유일한 경쟁자인 동생 게타를 죽이고 황위에 올랐다.

출처   Herodian, *Histories*, tr. in B. K. Workman, *They Saw It Happen in Classical Times*, Blackwell, 1964

8

아틸라의 만찬

450년경

프리스쿠스

아틸라는 양쪽 사람들을 모두 그 날 오후 세 시경 만찬에 초대했다. 초대 시간을 기다려 우리 모두 서로마 사람들과 함께 아틸라를 마주보는 문어귀에 모였다. 그 나라 풍속에 따라 잔 시중꾼들이 우리가 자리에 앉기 전에 헌주(獻酒)를 올리도록 술잔을 주었다. 헌주를 올리고 술을 입에 댄 뒤 우리는 만찬 좌석으로 가서 앉았다.

모든 좌석은 방 양쪽으로 벽 앞에 줄지어져 있었다. 중앙의 긴 의자에 아틸라가 앉아 있었고 그 뒤에 또 하나의 긴 의자가 있었다. 그 뒤로 계단 몇 발짝 위에 그의 침대가 있었는데, 장식효과를 위해 고운 아마포로 만든 정교한 휘장으로 덮여 있었다. 그리스와 로마에서 결혼식에 쓰는 것과 비슷한 휘장이었다.

특히 중요한 손님들을 아틸라의 오른쪽과 왼쪽 둘째 줄에 앉힌 것 같았는데, 우리가 앉은 왼쪽 둘째 줄에는 꽤 명성 있는 스키타이 사람 베리코스도 앉아 있었다. 오네게시오스는 아틸라의 오른쪽에 있었고, 그 맞은편에 왕의 두 아들이 의자에 앉아 있었다. 큰아들은 아틸라의 긴 의자에 함께 앉아 있었는데 끄트머리에 걸치고 앉아서 아버지에 대한 두려움 때문에 바닥에 눈길을 꽂아 놓고 있었다.

만찬 도중, 야만인 둘이 들어와 아틸라의 앞에서 노래를 부르고 있다. 전쟁의 기억이 되살아나 기뻐하는 사람이 있는 반면, 나이 든 사람들은 자신들의 나이 듦을 슬퍼하며 비탄에 잠겨 있다. 그림: 모르 탄 (1870년)

　주객 모두가 제자리에 앉은 뒤 잔 시중꾼 하나가 아틸라에게 담장이나무로 만든 술잔을 가져왔고, 아틸라는 그 잔을 받아 가장 서열이 높은 사람을 향해 경배를 들었다. 경배의 대상이 된 사람은 일어나 서서 아틸라가 잔의 술을 모두 마시든 조금 마시든 마신 뒤 시종에게 잔을 돌려줄 때까지 서 있어야 했다. 그런 뒤 손님들도 각자 잔을 들고 같은 식으로 그 사람에게 축배를 든 다음 술을 마셨다. 아틸라의 전용 잔 시중꾼이 물러난 뒤 시종 하나가 엄격한 순서에 따라 손님 한 사람 한 사람에게 술을 부어 주었다. 두 번째 손님 이하 모든 손님이 순서대로 경배를 받은 뒤 아틸라는 우리에게도 앉은 순서에 따라 같은 방식의 경배를 들었다.

　모든 사람에게 경배가 돌아가고 잔 시중꾼들이 물러난 뒤 아틸라 앞에 식탁 하나가 놓이고 다른 사람들 앞에도 서너 사람마다 하나씩 식탁이 놓였다. 그래서 손님 누구도 자기 자리에서 일어날 필요 없이 식탁 위의 무엇이든 집어 먹을 수 있었다. 아틸라의 하인이 먼저 고기가 가득 담긴 접시들을 가져왔고, 시중드는 자들이 모든 식탁에 빵과 조리된 음식을 올려놓았다.

우리와 다른 야만인들을 위해서는 은제 큰 접시에 풍성한 식사가 담겨 나왔지만, 아틸라 자신은 나무접시에 고기 약간만을 받았다. 그의 극기 자세의 한 단면이었다. 술잔만 해도 다른 사람들에게는 금제나 은제를 주면서 자기 자신은 목제만을 썼다. 옷 역시 매우 검소한 것이었으며 깨끗하다는 것 외에는 아무 공도 들이지 않은 것이었다. 옆구리의 칼, 신발의 걸쇠, 타는 말의 마구, 어디에도 다른 스키타이인들이 좋아하는 금이나 보석, 값진 장식이 전연 없었다.

첫 접시의 음식을 끝낸 뒤 우리는 모두 일어났고, 앞서와 마찬가지로 가득 채운 잔을 받아 아틸라의 건강을 위한 축배로 깨끗이 비운 뒤에야 도로 앉을 수 있었다. 이렇게 축배를 올린 뒤 우리는 다시 자리에 앉았고, 다른 음식을 담은 두 번째 접시가 들어왔다. 이 접시가 끝나고는 모두 다시 일어나 또 한 차례 축배를 올린 다음 자리에 다시 앉았다.

황혼이 짙어지면서 횃불을 붙였고, 야만인 둘이 아틸라 앞에 들어와 노래 몇 곡을 불렀다. 그들이 작곡한 것으로서, 아틸라의 승리와 싸움터에서의 용맹을 찬양한 노래들이었다. 손님들은 노래를 주의깊게 들었다. 그 내용에 기뻐하는 사람들도 있었고, 전쟁의 기억이 되살아나 흥분하는 사람들도 있었지만, 나이 때문에 체력이 약해져 전사의 정신을 되살릴 수 없게 된 사람들은 비탄에 잠겨 눈물을 흘렸다.

노래 다음에 스키타이인 하나가 들어왔는데, 미치광이 같은 이 작자는 매우 괴이한, 완전히 지어낸 이야기를 잔뜩 늘어놓았다. 진실이라고는 한 마디도 들어있지 않은 그 이야기에 사람들은 모두 웃음을 터뜨렸다. 그 뒤를 이어 생긴 모습과 복장, 목소리와 언어가 완전히 뒤죽박죽인 무어인 제르콘이 들어왔다. 이탈리아와 훈족, 고트족의 언어를 마구 섞어 쓰는 그의 재주에 모두들 경탄하고 웃음을 걷잡지 못했는데, 다만 아틸라만이 예외였다. 그는 아무런 표정 변화도 없이 가만히 앉아 있으면서 말로나 동작으로나 여흥을 즐기는 기색이 전혀 없었다. 막내아들 에르나스가 들어와 옆에 섰을 때만 그를 가까이 끌어당기고 부드러운 눈빛으로 바라보았다.

　이 아들 외의 다른 아들들에게 그가 전혀 관심을 보이지 않는 것이 나에게 는 놀라웠다. 내 곁에 앉아 있던 야만인은 이탈리아어를 알아듣는 사람이었는 데, 내가 그 아이에 대해 말하는 것을 듣고는 더 이야기하지 말라고 주의를 줬 다. 예언자들이 아틸라에게 말하기를 이 집안이 후에 몰락했다가 그 아이의 손 으로 회복될 것이라고 했다는 것을 그가 말해주었다. 밤을 거의 새운 다음, 술 을 조금도 더 마실 생각이 없게 된 뒤에 우리는 연회장을 떠났다.

<hr>

　'하늘의 재앙'이라는 별명으로 통할 만큼 무서운 정복자로 서양의 인구에 회자되 어 온 것이 '훈족(族)의 아틸라(Attila the Hun)'다. 453년까지 약 20년간 훈족을 지배한 것으로 보이는 아틸라는 동로마제국을 괴롭힌 일이 제일 많지만, 말년에 서로마제국 의 갈리아와 이탈리아 반도를 침공해 서유럽까지 전율에 빠뜨렸고, 니벨룽겐의 노래 에 '에첼' 왕의 모습으로 나타난 것도 이 서방 침공의 충격 덕분으로 보인다.

　395년경 로마 역사가인 마르켈리누스가 남긴 기록에 따르면, 370년대 이후 유럽 동남부에 모습을 나타낸 훈족은 농경을 하지 않고 목축만 하는 종족으로, 부족마다 족 장이 있지만 그 이상의 정치조직이 있었는지는 확실치 않다. 그 전투력에는 마르켈리 누스가 찬탄을 아끼지 않았다. 뛰어난 기마술, 마상(馬上) 활쏘기, 용맹, 신속성 등을 강점으로 꼽았다.

　기원전 3세기에서 1세기까지 중국을 압박하다가 그 후 쇠퇴한 흉노(匈奴)족에서 훈족이 파생된 것이 아닌가 하는 추측은 매우 그럴싸하다. 마르켈리누스가 그린 훈족 의 전투력이 흉노족에 대한 중국의 기록과 매우 비슷하고, 그 시대 다른 지역에서 그 런 전투기술이 발달한 흔적을 찾을 수 없기 때문이다. 그리고 동로마제국을 침략하지 않는 대가로 해마다 다량의 금을 받았다고 하는 것도 중국에서 행하던 세공(歲貢) 제 도를 방불케한다.

　기록자 프리스쿠스는 평화협정 체결을 위해 449년 아틸라의 진영을 찾아간 동로마제국 사절단의 일원으로서 당시의 아틸라 조정에 관한 상당량의 기록을 남겼다. 연회 여흥을 묘사하는 가운데 거짓말을 지어내는 스키타이인 이야기가 재미있다. 아틸라의 연회에 출연하는 이야기꾼이라면 중세문학의 영웅담으로 자라날 방면이 떠오르는데, 문화선진국을 자부하는 로마인에게는 그 장르의 가치가 아직 인식되지 못했던 모양이다.

출처   Priscus, in *Dindorf* (ed.), Historici Graeci Minores, tr. in B K Workman, *They Saw It Happen in Classical Times*, Blackwell, 1964

9

바이킹족의 장례

922

이븐 파들란

편저자 주 | 볼가강에서 스칸디나비아 상인들이 행한 장례식을 바그다드 칼리프의 사신이 관찰함.

자기네 우두머리가 죽었을 때 그들이 꼭 해주는 것이 시신을 불에 태워 없애는 것이라고 나는 들은 바 있다. 마침내 그들의 우두머리 한 사람이 죽었다는 소식을 들었을 때 나는 어떤 일이 벌어지는지 찾아가 보았다.

그들은 일단 시신을 지붕 씌운 무덤 안에 눕혀 놓고 열흘을 지냈는데, 그동안에 수의를 완전히 마르고 꿰매어 놓았다. 가난한 사람의 경우는 그냥 배 한 척을 만들어 주고 그 위에 눕힌 다음 불태워 버린다. 부유한 사람이 죽었을 때는 그의 재산을 모아놓고 세 몫으로 나눈다. 한 몫은 유족이 가지고, 한 몫은 수의를 만드는 데 쓰며, 마지막 한 몫으로는 독한 술을 사서 여자아이가 죽음을 응락하고 주인과 함께 불태워지는 그 날에 대비한다. 술을 소비하는 그들의 태도는 미치광이와 같아서 밤과 낮을 이어가며 퍼 마신다. 술잔을 손에 든 채 세상을 떠나는 것도 그리 드문 일이 아니다.

우두머리가 죽으면 가족들은 그의 하인과 하녀들을 모아놓고 묻는다. "너희

중 누가 그를 따라 가려는가?" 그러면 한 사람이 대답한다. "제가 가겠습니다."
이 대답이 떨어진 순간부터 그는 자유를 잃는다. 마음을 바꾸려 해도 허락되지
않는다. 대개의 경우 대답하고 나서는 것은 여자아이다.

그래서 내가 이야기하는 그 사람이 죽었을 때 그 가족들은 하녀들에게 물었
다. "누가 그를 따라 가려는가?" 한 아이가 대답했다. "제가 가겠습니다." 그러자
그 아이는 다른 두 하녀에게 맡겨졌는데, 그들의 임무는 그 아이를 감시하고,
어디에 가든 같이 가고, 때로는 그 발을 씻어주는 것이었다.

이제 사람들은 죽은 사람 일에 매달리기 시작했다. 수의를 비롯해서 필요한
모든 준비를 진행했다. 이 기간 동안 여자아이는 술 마시고 노래 부르는 데 열
중했으며 명랑하고 쾌활한 기분으로 지냈다.

드디어 죽은 사람과 여자아이가 불에 태워지기로 예정한 날이 되었다. 나는
그의 배가 매어져 있는 강가로 나갔는데, 가보니 배는 물 밖으로 끌어올려져
있었다. 자작나무와 다른 나무로 된 큰 나무토막이 배 놓을 자리의 네 모퉁이
에 박혀 있고, 사람 모습으로 깎은 나무기둥들이 둘러쳐져 있었다. 사람들은 배
를 그리로 가져와 그 목재들 위에 올려놓았다. 그동안 사람들은 왔다 갔다 하
며 내가 알아듣지 못하는 말을 중얼거렸다.

죽은 사람은 그때까지도 꽤 떨어진 곳의 무덤에 그대로 누워 있었다. 이제
사람들은 침대를 하나 가져와 배 위에 올려놓고 속을 넣어 누빈 금실로 짠 그
리스 천, 그리고 같은 재료로 만든 베개를 침대 위에 놓았다. 그들이 '죽음의 천
사'라 부르는 늙은 여자가 하나 나서서 침대를 천으로 덮고 베개를 자리에 맞
추어 놓았다. 수의 바느질을 비롯해 모든 준비를 주관해 온 여자였다. 또한 여
자아이의 살해를 맡은 여자였다. 나는 그 여자를 살펴보았다. 살결이 검고 몸이
실하고 인상이 음험한 여자였다.

사람들은 무덤으로 가서 나무지붕 위의 흙을 치우고 지붕을 젖혀놓은 다
음 시신을 꺼냈는데, 시신은 죽을 때 입고 있던 헐렁한 잠옷에 그대로 싸여 있
었다. 내가 보니 시신은 아주 까맣게 변해 있었는데, 그 지방의 추운 날씨 때문
일 것이다. 무덤 안 시신 가까이에 독한 술과 과일, 그리고 루트(현악기)를 넣어

두었는데, 그것들을 이제 꺼냈다. 피부색 외에는 살아 있을 때와 똑같은 시신이었다. 거기에 사람들은 바지를 입히고 각반을 채우고 장화를 신긴 다음 금실로 짠 천의 황금단추를 단 조끼와 저고리를 입혔다. 그리고 머리에도 금실로 짠 천에 담비 모피를 단 모자를 씌웠다.

이렇게 수의를 입힌 시신을 배 위의 천막 안으로 가져가 속을 넣어 누빈 침대덮개 위에 올려놓고 베개에 기대 앉혀 놓은 다음 독한 술, 과일, 베이설 향료를 가져와 그 옆에 늘어놓았다. 그런 다음 개 한 마리를 데려오더니 두 토막을 내어 배 안에 던져 넣고 죽은 사람의 무기를 모두 시신 옆에 가져다놓았다. 말 두 마리를 데려오더니 땀을 줄줄 흘릴 때까지 몰고 다니다가 잡아서는 여럿이 칼로 토막토막 내어 배 안에 던져 넣었다. 다음에는 소 두 마리를 데려와 역시 토막을 내어 배 안에 던져 넣었다. 마지막으로 암탉과 수탉 한 마리씩을 가져와 죽여서 역시 던져 넣었다.

죽음을 받아들이기로 했던 여자아이는 그동안 이리저리 돌아다니다가 사람들이 주변에 쳐 놓은 천막에 하나씩 들어갔다. 천막 안에 있던 사람은 여자아이를 안고 누우면서 말했다. "네 주인에게 전해다오. '나의 행위는 오직 당신에 대한 사랑 때문이었습니다' 하고."

금요일 오후가 되자 사람들은 여자아이를 한 곳으로 데려갔다. 그곳에는 사람들이 문틀 비슷하게 생긴 것을 하나 세워놓았다. 사람들이 뻗친 손 위에 여자아이가 발을 올려놓자 사람들이 아이를 틀 위로 들어올리고, 아이가 자기네 언어로 뭐라고 소리치자 도로 내려놓았다. 그리고 사람들이 다시 들어올리고, 아이는 앞서와 똑같은 행동을 했다. 사람들은 아이를 또 한 번 내려놓았다가 세 번째로 아이를 들어올렸고, 아이도 같은 행동을 세 번째 거듭했다. 이번에는 암탉 한 마리를 주자 여자아이는 닭의 목을 잘라 내버렸다. 닭의 몸통은 사람들이 배 안에 던져 넣었다.

나는 통역에게 여자아이를 들어올렸을 때 소리친 것이 무엇이었는지 물어보았다. 그는 대답했다. "첫 번째는 이렇게 말했습니다. '아! 아버지와 어머니가 여기 계셨구나!' 두 번째는 '아! 세상 떠난 친척들이 다 여기 있었구나!', 세 번째는 '야! 주인님이 여기, 극락에 앉아 계시구나! 참 아름답고 푸른 곳이구나! 부하들과 시동(侍童)들이 주인님을 모시고 있구나! 그분께서 부르시니 나를 어서 데려다줘요!'라고 했습니다." 이제 사람들은 여자아이를 배로 데리고 갔다.

배 곁으로 간 여자아이는 끼고 있던 팔찌 한 쌍을 벗어 '죽음의 천사'라 불리는 노파, 자기 목숨을 끊어줄 그 여자에게 건네주었다. 발목에 끼고 있던 고리 한 쌍은 벗어서 시중드는 두 여자, 소위 '죽음의 천사'의 딸들에게 주었다. 그러자 사람들은 여자아이를 배 위에 올려놓았지만, 아직 천막 안에 들여놓지는 않았다. 곧장 사람들은 방패와 몽둥이를 들고 몰려와 여자아이에게 독한 술을 한 잔 주었다.

여자아이는 잔을 들고 노래를 부른 다음 잔을 비웠다. 통역이 설명해 주었다. "저 아이가 자신의 소중한 사람들에게 작별을 하는 것입니다." 또 한 잔 술을 주자 역시 받아 들고 이번에는 좀 긴 노래를 부르기 시작했다. 노파가 잔을 지체 없이 비우라고, 그리고 주인님이 누워 있는 천막에 들어가라고 재촉했다.

이 무렵에는 내가 보건대 여자아이의 정신이 어질어질한 것 같았다. 여자아이가 천막에 들어가려는 자세를 취하고 머리를 천막 가까이 디밀었을 때 노파가 그 머리통을 쥐고 천막 안으로 끌어넣었다. 이 순간 사람들이 몽둥이로 방패를 두들기기 시작해서 여자아이의 비명소리를 덮어버렸다. 그 비명을 다른 하녀들이 들었다면 장차 주인을 따라 함께 죽으려는 마음을 일으키는 데 지장이 있을 것이다.

그리고는 여섯 남자가 천막 안에 따라 들어가 한 사람씩 여자아이와 몸을 섞었다. 그런 다음 여자아이를 주인님의 시신 옆에 눕히고 두 사람은 발을, 두 사람은 팔을 붙잡고 있었다. '죽음의 천사'로 알려진 노파는 여자아이의 목에 밧줄을 둘러 매듭짓고 양쪽 끝을 남은 두 사람에게 쥐어 주었다. 그리고는 날이 넓적한 단검을 여자아이의 갈비뼈 사이에 찔러 넣고 아래로 쭉 내리 그었으며, 그동안 밧줄을 쥔 두 사람은 숨이 끊어질 때까지 밧줄을 잡아당겼다.

이제 상주(喪主)가 나서서 나무 몽둥이 하나를 집어 불을 붙인 다음 한 손에 그것을 들고 다른 손을 궁둥이 위에 얹어놓은 채(옷을 하나도 걸치지 않았다) 뒷걸음질로 배에 다가가 배 밑에 있던 목재에 불을 옮겨 붙였다. 그러자 다른 사람들이 몽둥이와 장작을 들고 몰려들어, 하나씩 불을 붙여 목재더미 위에 마구 던져 올렸다. 오래지 않아 목재더미는 불덩이가 되었고, 배, 천막, 주인의 시신, 여자아이, 그리고 배 위에 있던 모든 것이 그 뒤를 따랐다. 이 때 강풍이 불기 시작해서 화염을 더 거세게 만드는 등 불길에 날개를 달아 주었다.

———————◇———————

바이킹의 시대는 9세기에서 11세기까지였다. 로마로부터 퍼져나가 게르만 민족이 동으로 확산된 유럽문명의 아득한 북쪽 지평선 너머에 있던 스칸디나비아 지역에서 뛰어난 항해술과 전투력, 조직력을 갖춘 바이킹이 나타나 유럽의 여러 곳을 휩쓸었다. 이슬람 세력의 대두로 인해 유럽인의 활동무대로서 지중해의 역할이 쇠퇴한 빈틈을 채운 것으로 이해된다.

스칸디나비아인의 활동 팽창은 서방 진출과 동방 진출로 구분된다. 흔히 알려진 정복자 바이킹의 이미지는 서방 진출에서 나타난 것이다. 동유럽을 거쳐 흑해 방면으로 뻗어간 동방 진출은 전투보다 교역에 중심을 둔 것이었다. 따라서 그들은 평화롭게 그 지역 주민들 속에 융화되어, 11세기 중엽 이후로는 동유럽에서 바이킹으로서의 정체성을 드러내지 않는다. 바그다드 칼리프의 사절로 볼가강 유역의 바이킹 사회를 관찰한 기록자가 그린 것은 이 동방 바이킹이다.

출처   Ibn Fadlan, from A. S. Cook, 'Ibn Fadlan's Account of Scandinavian Merchants on the Volga in 922', *Journal of English and Germanic Philology*, 1923

10

초록색 아이들

1150년경

(뉴버그의) 윌리엄

스티븐 왕 재위 중 잉글랜드에서 일어난 것으로 널리 알려져 있는 전대미문의 경이로운 사건 하나를 빠뜨리고 지나가는 것도 마땅치 않은 일로 생각된다. 많은 사람들이 증언하는 일임에도 나는 오랫동안 의심스럽게 생각해 왔고, 아무런 합리적 근거도 없는, 너무나 신비로운 이야기를 곧이듣는 것이 우스운 일이라고 생각해 왔다. 그러나 믿을 만한 많은 증인들이 이 이야기를 뒷받침해주기 때문에 결국 나 역시 믿지 않을 수 없게 되었고, 어떠한 지적 능력으로도 이해하거나 파헤칠 수 없는 이 일을 심각하게 생각하게 되었다.

이스트 앵글리아에 한 마을이 있는데, 축복받은 왕이자 순교자 에드먼드의 고귀한 수도원으로부터 4~5마일 떨어진 곳이라 한다. 마을 근처에 '울피트'라 불리는 오래된 동굴이 몇 있다. 영어로 '늑대굴'이라는 뜻이고 이웃의 마을 하나[울펫]는 여기서 이름이 나왔다. 추수철에 농부들이 들판에서 곡식 거둬들이는 일을 하고 있는데 이상한 사내아이 하나와 여자아이 하나가 동굴에서 나타났다. 몸이 완전히 초록색이었고 옷은 이상한 색깔이었는데 무슨 재료로 만든 것인지 알 수 없었다.

어리둥절해서 들판을 돌아다니고 있는 것을 농부들이 붙잡아 마을로 데려왔고, 그 희한한 모습을 구경하러 많은 사람들이 모여들었지만 아이들은 며칠 동안 음식을 먹지 못했다. 굶주림으로 탈진상태가 되어서도 주어지는 어떤 종류의 음식도 먹지 못하고 있는 상황에서 마침 거둬들인 콩이 그 옆으로 들어왔다. 아이들은 잽싸게 콩 줄기를 움켜잡고 콩대에서 콩알을 찾다가 콩대를 까도 콩알이 나오지 않자 서럽게 울었다. 옆에 있던 사람 하나가 이것을 보고 깍지에서 콩알을 꺼내주자 아이들이 얼른 받아서 맛있게 먹었다.

아이들은 몇 달 동안 콩만 먹고 지내다가 차츰 빵에도 익숙해졌다. 그리고 시간이 지남에 따라 우리 음식의 자연스러운 효과를 통해 색깔도 원래의 초록색에서 서서히 바뀌어 우리와 비슷해졌고, 우리 언어도 배웠다. 마을의 분별력 있는 사람들이 그들에게 세례 성사를 베풀어 주어야겠다고 생각했고, 그에 따라 세례도 받았다. 동생으로 보이는 사내아이는 세례 받은 후 얼마 되지 않아 죽었다. 그러나 여자아이는 건강을 잃지 않고 우리나라 여자들과 조금도 다름없이 자라났다. 전해지는 말로 나중에 린에서 결혼했고, 결혼 후 최소한 몇 년을 더 살았다고 한다.

우리말을 배운 뒤에 그들이 누구이며 어디서 온 것인지 묻자 이렇게 대답했다고 한다. "우리는 성 마틴의 나라 사람들입니다. 우리가 태어난 나라에서는 성 마틴을 대단히 높이 모십니다." 그 나라가 어디에 있는 것인지, 그곳에서 어떻게 이곳으로 오게 되었는지 계속 묻자 이렇게 대답했다고 한다. "우리도 모릅니다. 기억나는 것은 이것뿐입니다. 어느 날 들에서 가축들에게 먹이를 주고 있는데 굉장한 소리가 들려왔습니다. 지금의 성 에드먼드 수도원의 종소리와 비슷한 소리였습니다. 그 소리를 황홀하게 듣고 있는 사이에 갑자기 정신이 혼미해졌고, 정신을 차려 보니 여러분이 곡식을 거두고 있던 들판에 와 있었던 것입니다." 그 나라에서 예수님을 믿는지, 그리고 해가 뜨는지 묻자 자기네는 기독교 나라이며 교회가 있다고 대답했으나, 해에 대해서는 이렇게 대답했다. "우리나라는 해가 뜨지 않습니다. 햇빛이 아주 적은 나라입니다. 지금 이곳의 해뜨기 전이나 해진 후와 같은 어스름밖에 없습니다. 그리 멀지 않은 곳에 빛이 많은 나라가 하나 보이는데, 우리나라와 사이에 아주 큰 강이 가로막고 있습니다."

이런 이야기를 비롯해서 일일이 소개할 수 없을 만큼 여러 가지 일을 궁금해 하는 사람들에게 설명해 주었다고 한다. 누구든지 하고 싶은 대로 말을 하고, 각자 능력에 따라 이런 일에 관해 궁리하도록 하시라. 이처럼 특이하고 신기한 사건을 기록한 데 대해 나는 아무런 후회도 없다.

뉴버그의 윌리엄(1136~1198)은 아우구스티누스회 수사로서 1066~1198년의 기간을 포괄하는 연대기 『잉글랜드 풍물사 Historia rerum Anglicarum』를 남겼다. 구전 자료를 많이 활용했기 때문에 정확하지 못한 부분도 있지만 그 시대의 자료로는 이례적으로 내용이 풍부해서 높은 평가를 받는다.

출처　William of Newburgh, from J. Stevenson (ed.), *Church Historians of England*, 1856

11

토머스 베케트 살해사건

1170. 12. 29

헨리 2세의 명령에 따라 캔터베리 대성당에서

에드워드 그림

그 사람들, 기사(騎士)가 아니라 비열한 악당이라 할 자들은 이리하여 상륙하자마자 대주교에게 파문당한 왕의 관리들을 불러 모으고 왕의 명령에 따른 일이라고 거짓말을 하여 왕의 이름으로 일단(一團)의 추종자를 끌어모았다. 불경스러운 짓을 저지를 태세로 무리를 지은 그들은 성탄절 후 닷새째, 즉 무죄한 아기들의 순교 축일 다음날에 무죄한 사람들을 핍박하기 위해 모였다.

식사시간이 지나서 성인께서는 측근 몇 사람과 함께 군중을 떠나 볼일을 보러 안쪽 방으로 들어갔고, 밖의 홀에는 많은 사람들이 기다리고 있었다. 네 명의 기사가 시종 하나를 데리고 들어왔다. 잘 알려진 왕의 신하로서 그들은 정중한 환영을 받았다. 대주교를 시중들던 사람들이 이제 자기네 식사시간이 되었으므로 그들을 식탁으로 청했다. 피에 더 관심이 많은 그들은 음식을 거절했다.

그들은 대주교에게 왕을 대신해서 이야기를 하고자 네 사람이 도착했다고 알리게 했다. 대주교가 접견을 허락하자 그들이 들어왔다. 그들은 오랫동안 아무 말 없이 앉아 있으면서 대주교에게 경례를 올리거나 말을 걸지 않았다. 현명하신 분 또한 그들이 들어오는 대로 인사를 건네지 않았으니, 성서에 이른 대로 "너의 말이 너의 정당함을 증거하리라"는 말씀에 따라 그들의 질문으로부터 그들의 의도를 파악하려는 뜻이었다.

얼마의 시간이 지난 후 그분은 그들에게 몸을 돌리고 한 사람 한 사람의 얼굴을 세심히 살피며 친절한 인사를 건넸다. 그러나 죽음의 신과 약속을 맺고 온 악당들은 그 인사에 욕설로 대꾸하면서 대주교님께 하느님의 보우(保佑)가 있으라고 비꼬아 말했다. 심술과 악의가 가득한 대꾸에 접한 하느님의 심부름꾼은 그들이 자기를 해치러 온 것임을 이제 깨닫고 얼굴색이 짙게 붉어졌다.

그들 가운데 우두머리이며 죄를 저지를 열의가 가장 강한 것으로 보이는 피처스가 이에 분노의 숨결을 쏟아내며 이렇게 말했다. "왕의 명령으로 당신에게 전할 말이 있소. 여기 모든 사람이 듣는 앞에서 전해 주기를 바라는지 말하시오." 전해준다는 말이 어떤 것일지 알고 있던 대주교는 이렇게 대답했다. "그런 말씀은 은밀하게, 또는 밀실 안에서 전할 것이 아니라 공개적으로 전해야 할 것이오."

이제 악당들은 대주교에 대한 살의가 너무나 충만해서, 대주교가 앞서 나가게 했던 서기(書記)들을 문지기가 도로 불러들이지 않았더라면, 그 옆에 세워져 있던 십자가로 그 자리에서 때려죽였을 것이라고 그들 자신이 나중에 자백한 바 있다. 밖에 나갔던 사람들이 되돌아오자 앞서 대주교에게 욕설을 퍼붓던 자가 말했다. "왕은 그대와 화해하고 모든 논쟁이 마무리된 뒤 그대의 요구에 따라 그대를 그대의 교구로 자유롭게 돌려보내 주었노라. 그러나 그대는 반대로 앞서의 침해에 모욕을 덧붙이면서 평화를 깨뜨리고 그대의 임금에게 적대적인 태도를 취했노라."

도살자들은 말을 이어갔다. "이제 왕은 명령하노니 그대는 그대의 무리를 이끌고 이 나라와 왕이 다스리는 모든 땅을 떠나라. 이제 그대가 평화를 깨뜨린 이상, 이 날로부터 시작해 그대, 그리고 그대 무리와 나 사이에 더 이상 평화가 있을 수 없다."

그러자 대주교가 말했다. "협박을 그만두고 입씨름을 그치시오. 나는 십자가 위에서 스스로 수난하신 하늘나라의 임금님을 믿소. 오늘로부터 시작해 나와 내 교회 사이에 바다가 있게 되는 일은 없을 것이오. 나는 도망하기 위해 이

헨리 2세는 재판권을 국왕에게로 통일시키려고 했으나, 그 당시 성직자 재판권은 교회에서 독점하고 있었기에 가톨릭과 대립하게 된다. 이에 따라 헨리 2세는 캔터베리 대주교인 토머스 베케트를 살해하라고 지시한다.

곳에 온 사람이 아니오. 나를 보고자 하는 자는 이곳에서 나를 볼 것이오. 왕이 그런 명령을 내리는 것은 합당하지 않은 일이오. 더 이상 협박을 받지 않더라도 나와 내 사람들은 왕의 신하들에게 충분한 모욕을 받아 왔소."……(생략)……

이 말에 충격을 받은 기사들은 대주교의 군건한 태도를 더 이상 참을 수 없게 되어 벌떡 일어나 대주교에게 다가서며 말했다. "그대의 말로 인해 그대의 머리가 위험하게 되었다는 사실을 알려주겠소." 대주교가 대답했다. "나를 죽이겠다고? 나는 내 입장을 모든 사람의 판단에 맡겼소. 따라서 나는 협박에 흔들리지 않을 것이며, 그대들의 칼이 내리치려는 태세보다 순교자가 되려는 내 영혼의 태세가 더 잘 되어 있소. 그대들로부터 도망치려는 자는 다른 곳에 가서 찾아보시오. 나는 하느님의 성전에서 한 발짝도 물러서지 않을 것이오."

흥분해서 욕설을 쏟아내며 방을 나서는 그들 사이에서 제 꼴에 어울리는 어서스라는 이름을 가진 자가 짐승의 포효와 같은 소리로 외쳤다. "왕의 이름으로 너희에게 명령하노니, 서기건 수도사건 너희들은 왕의 심판이 완전히 이뤄지기 전에 저 사람이 도망치지 못하도록 붙잡아 놓도록 하여라." 이 말을 남기고 그들이 떠나갈 때 하느님의 심부름꾼은 문간으로 좇아나가 "여기, 바로 여기에 나는 있을 것이다" 하고 외치며 그들에게 칼날 떨어뜨릴 곳을 가르쳐주려는 듯 목 위에 손을 얹어 보였다.

그리고 나서 그는 앞서 앉아 있던 곳으로 돌아와 서기들을 위로해 주고 두려워하지 말라고 격려해 주었다. 그리고는 그곳에 있던 우리 눈에 보기로는 마치 결혼식 초대라도 받은 사람처럼 평온한 태도로 기다리고 있었다. 그들이 죽이고자 하는 것이 그 혼자뿐인데도……. 머지않아 도살자들은 칼과 도끼, 자루 달린 칼 등 그들이 저지르고자 하는 범죄에 적합한 무기들을 가지고 돌아왔다. 문이 잠겨 있고 두드려도 열어주지 않는 것을 보고 그들은 과수원을 가로지르는 샛길로 돌아가서 나무담장을 두들겨 부수고 들어왔다. 이 요란한 소리에 하인과 서기들은 혼비백산 놀라서 늑대 앞의 양떼처럼 이리 달아나고 저리 도망쳤다.

남아있는 사람들은 그에게 교회로 피신하라고 권했지만 그는 죽음이 두려워 살인자들로부터 도망가지 않겠다고 한 약속을 잊지 않고 피신을 거부했다……(생략)…… 그러나 그가 교회 안으로 피신하라는 권유와 애원에도 귀를 기울이지 않자 수도사들은 반항하는 그를 붙잡아 놓아달라는 그의 고함을 묵살한 채 밀고 당겨서 교회 안으로 데려갔다.

그러나 수도사 회랑으로 이어지는 문이 며칠 전에 잘 봉해놓은 것이어서 악한들이 코앞에 닥친 이제 피신의 희망이 모두 사라진 것 같았다. 그런데 수도사 한 사람이 앞으로 달려나가 자물통을 붙잡자, 놀랍게도 자물통은 마치 풀로 문에 붙여놓았던 것처럼 쉽게 떨어졌다.

수도사들이 교회에 들어설 때 네 명의 기사는 벌써 빠른 발걸음으로 따라오고 있었다. 그들과 똑같은 악의를 품은 하급 성직자 몇도 그들과 함께 있었다. 사악한 성질에 걸맞는 모클러크란 성을 가진 휴도 그 속에 있었는데, 그가 하느님에 대해서도 성인들에 대해서도 아무런 경의를 보이지 않은 것은 결과에서 나타난 사실이다.

성자 대주교께서 교회에 들어서자 그곳에 있던 수도사들은 올리던 저녁기도를 중단하고 그에게 달려와, 이미 죽었다고 듣고 있던 자기네 아버지가 건강하게 살아 있는 것을 뵙게 된 데 하느님께 감사드렸다. 그러나 대주교는 그들에게 돌아서서 교회 문을 모두 활짝 열어놓으라고 명하며 말했다. "기도 올리는 장소인 예수님의 교회를 요새로 만든다는 것은 옳지 않은 일이다. 문으로 적을 가로막지 않는다 해도 교회가 손상되는 일은 없다. 그리고 우리는 투쟁보다 수난 속에서 승리를 얻을 것이니, 우리의 본분은 저항이 아니라 수난에 있는 것이다." 그리고 곧이어 그들이 평화와 화해의 집에 들이닥쳤는데, 불경스럽게 칼을 뽑아 꼬나들고 들어오는 그들의 모습과 무기가 부딪치는 소리만으로도 보는 사람들은 겁에 질릴 지경이었다.

저녁기도 송가를 부르던 사람들도 이쪽의 두려운 광경으로 인해 흥분과 공포에 함께 휩싸였다.

편저자 주 | 이 부분에 대해 윌리엄 피츠스티븐의 기록을 덧붙인다.
'그가 계단을 내려와 문 쪽으로 향하는 동안 참사회원 로버트와 윌리엄 피츠스티븐, 그리고 그 곁으로 막 다가온 에드워드 그림을 제외하고는 솔즈베리의 존 등 다른 서기들은 그의 곁을 떠나 제단 뒤를 비롯해 숨을 곳을 찾아 피신했다. 그리고 사실 대주교는 원하기만 한다면 도망쳐서 쉽게 목숨을 건질 만한 시간과 공간을 가지고 있었다. 이 때는 저녁 무렵으로 기나긴 밤이 시작될 때였고, 어두운 모퉁이가 잔뜩 있는 지하실도 가까이 있었다. 그리고 문 하나만 나서면 교회의 다락과 지붕으로 통하는 나선계단도 있었다. 그런데 그는 이 어느 길도 택하지 않았다.'

분노에 찬 목소리로 기사들이 외쳤다. "왕과 왕국에 대한 반역자 토머스 베케트는 어디에 있는가?" 대답이 없자 더욱 거세게 소리쳤다. "대주교는 어디에 있는가?"

그러자 "정의로운 자는 용감한 사자처럼 두려움을 갖지 않는다"는 말대로 대주교는 용감하고 당당하게 수도사들이 기사들로부터 피신시키려 끌고 올라 갔던 계단을 내려오며 또렷한 목소리로 대답했다. "나는 여기에 있거니와 왕에 대한 반역자가 아니라 사제일 뿐이오. 왜 나를 찾는 것이오?" 그리고는 앞서 그들을 두려워하지 않는다고 말한 그대로 덧붙였다. "당신의 피로 나를 속죄해 주신 주님을 위해 수난할 준비가 되어 있소. 그대들의 칼날로부터 달아날 생각도, 정의로부터 떠날 생각도 전연 없소."

그렇게 말하고 그는 한 기둥 밑에서 오른쪽으로 돌아섰다. 그의 한쪽에는 성모 마리아의 제단, 다른 한쪽에는 고회사 성 베네딕트의 제단이 있었다. 온 세상의 욕망을 십자가 위에서 정화한 그들의 모범과 기도에 따라 대주교는 마치 이미 육신을 벗어난 사람처럼 영혼의 아무 흔들림 없이 살인자들이 저지른 모든 짓을 견뎌냈다.

살인자들이 그를 따라와서 외쳤다. "사면을 행하시오. 파문시킨 사람들을 해제하고 정권시킨 사람들을 복권시키시오." 그는 대답했다. "조건을 갖추지 않았으므로 사면을 행할 수 없소." 그들이 외쳤다. "그러면 당신은 죽음으로써 당신의 몫을 받을 것이오." 그가 대답했다. "나는 주님을 위해 죽을 각오가 되어 있고, 내 피를 통해 교회는 자유와 평화를 얻을 것이오. 그러나 전능하신 하느님의 이름으로 명하건대, 성직자건 평신도건 다른 사람을 죽여서는 아니 되오."

주변 사람들이 박해받거나 무고한 사람이 살해당하지 않도록 배려하는 경건하고 사려 깊은 이 말을 통해 고귀한 순교자는 주 그리스도를 향해 달려가는 길에서 자신의 영광이 흐려지는 일이 없게 하였다. 사악한 자들이 자신을 찾을 때 "너희가 나를 찾는다면 너희를 따라가리라"고 말씀하신 지도자이자 구세주의 뒤를 따르려는 순교자에게 어울리는 말이었다.

악당들은 불경스러운 손을 그의 몸에 대고 밀고 끌고 하여 교회 밖에서 죽이거나 포로로 데려가려 하였다고 나중에 자백한 바 있다. 그러나 그가 기둥에서 떨어지지 않자 그중 한 명이 바짝 달려들어 대주교의 몸을 끌어안았다. 대주교는 그를 '뚜쟁이'라 부르며 떠밀고는 말했다. "내 몸에 손대지 말게, 레지널드. 그대는 나에게 충성과 복종의 의무가 있네. 그대와 그대 동료들의 행동은 미친 사람과 같구려." 이 엄혹한 책망에 불길 같은 분노를 일으킨 그 기사는 성자의 머리 위로 칼을 휘두르며 외쳤다. "왕에 대한 충성과 배치되는 한 당신에게 아무런 믿음도 복종도 바칠 수 없소."

비참한 이승의 삶을 끝내고 주님께서 약속하신 불멸의 왕관으로 바로 달려갈 시간이 되었음을 깨달은 불굴의 순교자는 기도하는 자세로 목을 앞으로 늘이고 두 손을 마주잡아 들어올리며 자신의 대의와 교회의 대의를 하느님과 성모 마리아, 그리고 순교성인 데니스에게 바쳐 올렸다.

그의 말이 떨어지자마자 그가 다른 사람들에게 구출되어 살아 도망칠 것을 두려워한 사악한 기사는 갑자기 달려들어, 하느님에게 희생으로 바쳐진 그 양의 머리를 내리쳤고 성유식을 통해 하느님께 바쳐진 주교관의 꼭대기를 잘라 버렸다. 이 이야기를 전하는 화자의 팔도 이 일격에 맞아 다쳤다. 다른 수도승과 서기들이 모두 도망간 동안 화자는 시성된 대주교 곁에 붙어 있으면서 팔이 거의 잘려져 떨어질 만큼 다칠 때까지 그를 끌어안고 있었던 것이다.

이 순교자에게서 비둘기의 순진함과 뱀의 지혜를 보라. 자신의 영혼이자 교회인 머리를 다치지 않도록 피하지 않고 가해자에게 몸을 들이대고, 자기 몸을 파괴하는 자들을 피하려는 아무 꾀도 쓰지 않은 이 순교자에게서…… 이 훌륭한 양치기는 자기 양들이 다치지 않도록 자기 몸을 용감하게 늑대들에게 던진 것이다. 그가 이 세상을 버렸기 때문에 세상은 그를 망가뜨리려 드는 가운데 저도 모르게 그를 찬양하게 된 것이었다.

두 번째 칼이 그의 머리에 떨어졌지만 그는 의연하게 서 있었다. 세 번째 칼에 맞은 뒤 마치 살아있는 희생물처럼 쓰러져 엎드린 그는 나직한 소리로 말했다. "예수님의 이름을 위해, 그리고 교회의 보호를 위해 나는 목숨을 바치고자 합니다." 뒤이어 세 번째 기사가 누워 있는 그에게 치명적인 일격을 가하면서 칼이 바닥의 돌에 부딪쳐 부러지고 커다란 주교관이 머리에서 떨어져나갔다. 골수로 희끗희끗한 피와, 피로 불긋불긋한 골수가 그리하여 백합과 장미의 색깔로 동정녀 성모의 교회 바닥을 물들이며 고해자이며 순교자인 대주교의 생과 사를 기록하였다.

네 번째 기사는 다른 기사들이 마음 놓고 살인을 저지를 수 있도록 사람들을 가로막았다. 다섯 번째 사람은 기사가 아니라 함께 들어온 서기였는데, 머리 외에는 그리스도와 같은 모습이 된 순교자에게 또 한 차례 칼질이 필요한지 알아보기 위해 성스러운 사제이자 귀중한 순교자인 대주교의 목에 발을 올려놓고, 입에 담기에도 끔찍스럽게 대주교의 골수와 피를 돌바닥에 흐트려놓은 다음 다른 자들에게 말했다. "갑시다, 기사들이여. 그는 다시 일어나지 않을 것이오."

베케트 대주교(1118?~70)와 헨리 2세(1133~89) 사이의 불화는 중세 영국사에서 가장 드라마틱한 사건의 하나였고, 또한 교회와 왕권 사이의 대표적 충돌 사례이기도 하다.

각자 자기 분야에서 뛰어난 성취를 이룬 인물이라는 사실이 이 충돌을 더욱 드라마틱하게 만들어준다. 헨리 왕은 원래 노르망디 공작이었는데 모계를 통해 잉글랜드 왕위 계승권을 주장, 어머니의 사촌 스티븐 왕을 강박해 왕위를 계승했다. 또 결혼을 통해 아키텐 영지를 차지하고 스코틀랜드를 복속시켜 '앙쥬뱅 제국(Angevin Empire)'이라고도 불리는 거대한 영역의 통치권을 장악했다. 이 영역이 실제 하나의 국가체제로 통합된 것은 아니었고, 왕의 말년 아내와 아들들과의 불화 과정을 통해 성가(聲價)가 크게 떨어졌지만, 잉글랜드의 행정과 사법 체계를 정비한 그의 업적은 근세의 역사 연구를 통해 새로운 각광을 받고 있다.

베케트는 미천한 신분으로 출생하였으나 캔터베리 대주교 시어볼드의 눈에 들어 출세를 시작하고, 1154년 헨리 왕이 즉위하자 그의 조정에 들어가 심복 노릇을 했다. 교회를 압박하는 왕의 정책에 동조해 시어볼드와도 대립하다가 1161년 시어볼드가 죽자 왕의 지원으로 캔터베리 대주교가 되었다. 그런데 대주교가 되자마자 왕과의 대립을 시작한 것이었다.

대립의 발단은 성직자에 대한 사법관할권 문제였다. 당시 대륙의 교회에서 앞서 진행되어 온 그레고리 개혁의 방향은 성직자 재판권을 교회에서 독점하는 것이었고 베케트는 이를 지지하였는데, 헨리 왕의 국가조직 정비 정책은 전국의 재판권을 국왕에게 통일시키는 것이었으므로 충돌이 일어났다.

두 사람의 불화가 에스컬레이션을 일으키고 대립의 골이 깊어지자 대주교는 망명의 길에 올라 프랑스 왕에게 의탁했다. 1164년에서 1170년까지 망명기간 동안 대립은 극한을 넘어섰다. 교황의 중재로 두 사람이 화해하는 시늉을 하고 1170년 말 베케트가 캔터베리로 돌아왔지만 그로부터 한 달이 되지 못해 살해당하는 장면이 이 글에 그려져 있다.

베케트 대주교의 측근이 남긴 이 글은 당연히 베케트의 입장을 미화하려 노력한 것이다. 그럼에도 그의 속물스러운 겉치레 근성, 참을성 없는 성격, 다툼을 좋아하는 기질 등 그의 결함으로 지적되는 문제들이 모두 드러나 있다. 능력이 매우 뛰어나면서 인품은 그리 고매하지 못한 두 사람 사이의 갈등을 있는 그대로 보여준다는 점에서 매우 특이한 자료다.

출처   Edward Grim, from W. H. Hutton (ed.), *St. Thomas of Canterbury 1118-1220*, 1889

12

리처드 1세의 포로 학살

1191. 8. 2~20

사라센 사람이 본 십자군

베하 에드딘

　같은 날 잉글랜드인들과 같이 일하는 통역 호삼 아드딘 이븐 바리치가 잉글랜드 왕[리처드 1세]의 관리 두 명과 함께 아크레에서 나왔다. 그는 프랑스 왕이 티레를 향해 출발했다는 소식을 전해주고, 자기들이 온 목적은 포로 교환 가능성을 의논하는 것, 그리고 예수 수난의 원(原) 십자가가 무술만 진영에 그대로 있다면 그 십자가를 보고, 바그다드로 옮겨졌다면 그 사실을 확인하는 것이라고 했다. 그들에게 원 십자가를 보여주자 그들은 온 몸이 먼지에 덮이도록 땅바닥에 몸을 던지고 헌신의 뜻으로 정중한 절을 올리는 등 극진한 경의를 표했다. 조약에 명기된 모든 것을 한 달 간격으로 세 차례에 걸쳐 교환하자고 하는 술탄[살라딘]의 제안을 유럽의 군주들이 수락했다고 그 사절들은 말했다. 그러자 술탄은 많은 향수와 좋은 옷 등 풍성한 선물을 가진 사절을 티레로 보냈으니 모든 선물은 프랑스 왕에게 보내는 것이었다.

　라자브 월 10일[8월 3일] 아침 이븐 바리크와 그 동료들은 잉글랜드 왕에게 돌아갔다. 항구적 평화의 기초를 닦는다는 희망을 가지고 두 진영 사이에 사절들이 끊임없이 왕래했다. 조약에 따라 첫 번째 인도 대상으로 정해진 숫자의 포로와 정해진 금액의 돈을 우리 편에서 준비해 놓을 때까지 협상이 계속되었다. 첫 번째 인도에는 원 십자가와 10만 디나르의 돈, 그리고 1,600명의 포로가 포함되도록 약속되어 있었다. 검수(檢數)를 위해 기독교도들이 보낸 믿을 만한 사람들은 모든 사항이 충족되었음을 확인하였지만, 이름을 정해 요구한 포로들을 아직 다 모아 놓지 못한 일 하나가 남아있었다. 그래서 협상은 첫 번째 인도의 기한이 채워지는 날까지 계속되었다. 라자브 월 18일[8월 11일]인 그 날 적군은 약속 이행을 요구해 왔다.

술탄은 이렇게 대답했다. "두 가지 중 하나를 택하시오. 한 가지는 우리 동료들을 돌려보내 주고 이번 기한에 해당하는 우리가 보낼 것을 받는 것이오. 그 경우 우리는 미진한 내용을 충족시킬 보장으로서 인질을 맡길 것이오. 다른 한 가지는 우리가 보내는 것을 당신들이 받고, 대신 우리에게 인질을 보내 당신들이 포로로 잡고 있는 우리 동료들을 돌려보낼 때까지 맡겨놓는 것이오." 이에 대해 사절들은 이렇게 대답했다. "그렇게는 안 됩니다. 약속된 것을 우리에게 보내면 그 대신 당신네 사람들을 돌려보내겠다는 엄숙한 서약을 해 주겠소."

술탄은 이 제안을 거절했다. 만약 우리 사람들이 기독교도들에게 잡혀 있는 채로 돈과 원 십자가, 그리고 그쪽 포로들을 그가 돌려보낸다면 적의 배신을 막을 보장이 없을 것이며, 이것은 이슬람에게 커다란 재앙이 될 것임을 너무나 잘 알기 때문이었다.

그러자 잉글랜드 왕은 술탄 때문에 조약의 이행이 지연되는 것을 보고, 무슬만 포로들을 배신하는 행위를 저질렀다. 그들이 아크레 도시를 내놓을 때 왕은 그들을 죽이지 않는다는 약속을 했었다. 술탄이 거래에 응한다면 그들에게 자유를 주어 아내와 아이들을 데리고 떠날 수 있게 할 것이며, 술탄이 응하지 않을 경우 그들을 노예로 삼겠다는 것이었다. 이제 왕은 그들에게 했던 약속을 내던지고 지금까지 감춰뒀던 속셈을 드러내, 우리의 돈과 기독교도 포로들을 돌려받은 뒤에 이행하려고 획책하던 일을 미리 저질렀다. 이것은 그의 나라 사람들도 결국 인정한 일이다.

화요일인 라자브 월 27일[8월 20일] 오후 네 시경 왕은 기사와 보병, 성 요한 경기병을 포함하는 기독교군 전부를 이끌고 말을 타고 도시를 나섰다. 그들은 알 아야디예 언덕 아래 저지대로 나아갔는데, 왕은 그곳에 이미 텐트를 보내 놓았있다. 술탄의 진위부대는 케이산 언덕 부근으로 퇴각해 있었다. 알 아아디예 언덕과 케이산 언덕 사이에 펼쳐진 평야의 가운데에 이른 기독교도들은 신께서 순교의 날을 그 날로 정해 주신 무술만 포로들을 모두 앞으로 데려오게 했다. 그 숫자는 3,000명이 넘었고 모두 밧줄로 묶여 있었다.

그런 뒤 기독교도들은 갑자기 그들에게 달려들어, 칼과 창으로 냉혹한 학살을 시작했다. 우리의 전위부대는 적군의 움직임을 술탄에게 보고했고 술탄은 얼마간의 병력을 증파했지만, 그것은 학살이 끝난 뒤의 일이었다. 무술만 병사들은 그들이 포로에게 하는 짓을 보고 황급히 기독교도들을 쫓아갔고, 해가 저물 때까지 계속된 전투를 통해 양측에서 사상자가 여럿 나왔다. 다음날 아침 우리 사람들이 그 장소에 모여 보니 믿음의 순교자가 된 무술만 사람들이 땅위에 널려 있었다. 죽은 사람 중에서 아는 사람을 발견한 사람들도 있었는데, 그들에게 죽은 사람의 모습은 큰 고통이었다. 적군은 신분이 높은 포로와 일시키기 좋은 튼튼한 사람들만 남겨놓았다.

이 학살의 동기에 대해서는 여러 가지 이야기가 있다. 어떤 사람들은 무술만 사람들이 앞서 죽인 기독교도들의 복수를 위해 포로들을 죽였다고 말한다. 또 어떤 사람들은 잉글랜드 왕이 아스칼론 공격을 결정하면서 자기가 떠난 뒤너무 많은 포로를 그 도시에 남겨두는 것이 현명하지 못하다는 생각을 했다고 말하기도 한다. 진정한 이유가 무엇이었는지는 신만이 아실 것이다.

'사자심왕(Lionheart)'이라는 별명을 가진 리처드 1세(1157~99)는 당대부터 근세에 이르기까지 호쾌한 군주로서 대단히 훌륭한 평판을 누려 왔다. 월터 스코트의 소설에 이런 평판이 잘 비쳐져 있다. 그러나 실제로는 별로 좋은 임금이 못 되었다는 쪽으로 근세의 연구 결과가 밝히고 있다.

리처드 왕은 앞의 글 해설에 나온 헨리 2세의 셋째 아들이다. 그는 어머니 쪽으로 아키텐 영지를 물려받았으나 형들과 함께 아버지에게 대들다가 진압당하고(1173~74), 폭정으로 반란을 유발했다가 아버지의 도움으로 겨우 진압했지만(1183), 형들이 죽은 후 자기가 잉글랜드 왕위 계승자가 되자 아키텐 영지를 동생 존에게 넘겨주라는 아버지의 뜻에 거역해 프랑스 왕에게 충성을 맹세하고 그의 도움으로 아버지를 핍박해 왕위를 빼앗았다(1188~89).

리처드 왕이 왕위를 차지한 목적은 나라를 잘 다스리는 데 있지 않았다. 즉위하자마자 그가 한 일은 국고를 탕진하다 못해 지방관직까지 팔아 군대와 함대를 만들어 십자군에 출정하는 것이었다. 시실리와 키프로스를 거쳐 그가 성지(聖地)의 아크레(Acre, 또는 Akko)에 도착한 것은 1191년 6월. 이 글에 나오는 장면은 그 직후에 벌어진 것이다.

1192년 9월 살라딘과 휴전을 맺은 뒤 리처드 왕의 귀로는 오디세이의 질 나쁜 복사판이었다. 그는 사이 나쁜 왕들이 다스리는 땅을 피해 해로로 돌아오다가 배가 난파해 신성로마황제 하인리히 6세의 손에 떨어졌고, 1년 남짓 붙잡혀 있다가 엄청난 몸값과 함께 자기 나라를 신성로마제국에 신속(臣屬)시킨다는 조건으로 풀려났다. 은 15만 마르크라는 몸값이 정확히 얼마나 큰 액수인지 모르지만, 전문 연구자의 의견으로는 그만한 액수를 낸 것으로 보아 당시 잉글랜드의 상공업 발달수준을 높이 보아야겠다고 한다.

십자군운동은 현대 역사 인식에서 가장 큰 변화를 겪어 온 주제의 하나다. 교회의 권위가 무너지면서, 그리고 유럽 중심주의가 퇴조하면서, 월터 스콧 류의 중세적 관점이 사라지고 이슬람권과 기독교권의 관계사를 새로 바라보는 가운데 십자군운동을 바라보는 시각도 바뀌고 있다. 두 세계의 대립관계를 대표하는 십자군운동보다 이베리아반도 등지에서 진행된 번역 사업에서 평화적 교섭관계를 밝히는 연구가 늘어나고 있는 것이다.

출처   Beha-ed-Din, from T. A. Archer(sel. and arr.), *The Crusade of Richard I*, 1189-92, 1888

13

영국과 프랑스의 크레시 전투

1346. 9. 26

존 프루아사르 경

그날 밤 프랑스왕은 아비유에서 자기 휘하의 모든 군주와 영주에게 만찬을 대접했다. 전쟁에 관한 대화가 많이 있었다. 식사가 끝난 후 왕은 모두에게 서로간의 우호적 관계를 언제나 지켜 달라고 간청했다. "질투 없이 친구로 지내고 오만 없이 예절을 지켜달라"는 것이었다. 프랑스군에는 아직 도착하지 않은 부대도 있었다. 왕이 기다리고 있던 사보이 후작은 1,000명의 창병을 데리고 와 있을 예정이었다. 석 달 전에 샹펭의 트로와에서 봉급을 미리 지불해 놓은 부대였다.

같은 날 저녁 잉글랜드왕도 휘하의 후작과 남작들에게 식사를 대접했고, 식사가 끝난 후에는 기도실에 들어가 제단 앞에 무릎을 꿇고, 다음날 전투가 일어날 경우 명예롭게 전투를 끝낼 수 있게 해달라고 하느님께 빌었다. 자정 무렵 잠자리에 들었던 왕은 아침 일찍 일어나 태자와 함께 미사와 영성체를 올렸고, 휘하의 장병들도 대부분 함께했다. 미사가 끝난 후 왕은 장병들에게 무장을 갖추고 미리 정해놓았던 들판에 모이라고 했다.

부대의 뒤쪽 숲 가까이에 커다란 공원이 하나 있었는데 에드워드 왕은 그곳에 울타리를 치고 짐과 마차와 말을 그 안에 두었다. 병사와 궁수들을 도보로 싸우게 할 참이었다. 얼마 후 왕은 부대를 세 개의 대대로 나누도록 시종무관과 두 명의 원수를 통해 명령을 내렸다. 젊은 태자를 제1대대에 두고, 그 밑에 옥스퍼드 후작과 워릭 후작, 고드프리 드 하코트 경, 레지널드 코범 경, 토머스 홀란드 경, 스태포드 경, 몰리 경, 델라웨어 경, 존 챈도스 경, 바톨로뮤 버거시 경, 로버트 네빌 경, 토머스 클리포드 경, 부시어 경, 래티머 경을 비롯해 일일이 거명할 수 없는 많은 기사와 시종들을 붙여주었다. 이 대대에는 모두 800명의 기병, 2,000명의 궁수, 1,000명의 웨일스 병사가 속했던 것 같다. 이들 모두가 맡은 위치로 대오를 지어 나아가고 영주들은 각자 부하들의 가운데 깃발을 세우고 그 밑에 자리 잡았다. 제2대대에는 노댐튼 후작, 애런들 후작, 로스 경, 윌로비 경, 바셋 경, 세인트 올번스 경, 루이스 터프튼 경, 멀튼 경, 래설즈 경 등이 속하였고, 800명의 기병과 1,200명의 궁수가 있었다. 제3대대는 왕 자신이 지휘하는 것으로, 700명의 기병과 2,000명의 궁수로 되어 있었다.

손에 흰색 지휘봉을 들고 작은 승마용 말에 탄 왕은 두 명의 원수를 거느리고 각 부대의 구석구석을 돌며 장병들을 격려하고 자신의 명예와 권리를 지켜달라고 간청했다. 그의 명랑한 표정과 다정한 언사에 접한 사람들은 우울한 상태에 빠져 있다가도 그의 말을 들으며 기운을 회복했다. 모든 부대를 다 둘러보았을 때는 열 시 가까이 되어 있었다. 병사들이 음식을 충분히 먹은 다음 원수들의 명령에 따라 대오로 돌아오도록 명령을 내리고 나서 왕은 자기 대대로 돌아갔다. 대오에 돌아온 병사들은 활과 투구를 각자 앞에 놓고 땅 위에 앉아 휴식을 취하여 적이 도착할 때 기운찬 상태에 있도록 했다.

토요일인 그 날 프랑스왕 역시 제 시간에 일어나 숙소로 잡았던 아비유의 성 베드로 수도원에서 미사를 올렸다. 장병들도 미사를 올리도록 명령을 내린 다음 동튼 뒤에 마을을 떠났다. 아비유로부터 2리그(약 10킬로미터)가량 행군해 적군 가까이 왔을 때 전투대형을 갖추라는 건의와, 보병들이 말발굽에 밟히지 않도록 앞으로 내보내라는 건의를 받았다. 이들 조치를 취한 다음 왕은 바슬베르의 모앤 경, 누와이에 경, 보조 경, 오빈니 경, 네 명의 기사를 내보냈는데, 그들은 잉글랜드군의 배치를 확실히 알아볼 수 있을 만큼 가까이 다가왔다. 잉글랜드군은 그들이 정찰 온 것을 분명히 알았지만 공격하려 하지 않고 그대로 돌아가게 내버려두었다.

기사들이 돌아오는 것을 본 프랑스왕은 군대를 멈췄고, 그들이 대오를 뚫고 다가오자 물었다. "형편이 어떻던가요, 여러분?" 누구도 앞서서 입을 떼려 하지 않자 왕이 모앤 경에게 직접 질문을 던졌고, 그가 대답했다. "폐하, 제게 명령하시는 대로 말씀을 올리겠습니다만, 잘못된 점은 다른 분들이 고쳐주시기 바랍니다. 적군을 살펴볼 수 있을 만큼 깊이 들어가 보았습니다. 그들은 3개 대대로 나누어 포진하고 폐하를 기다리고 있습니다. 현명하신 폐하께서 판단하실 일이지만 제 소견을 말씀드린다면 이곳에 부대를 멈추고 밤을 지내게 하시는 것이 좋을 것 같습니다. 우리의 후미 부대까지 도착하여 대오를 정비하자면 시간이 매우 늦을 것이고, 적군이 대오를 잘 갖추고 휴식을 충분히 취한 데 비해 폐하의 장병들은 피로하고 무질서한 상태에 있을 것입니다. 내일이면 부대들도 폐하 마음껏 구사하기 좋은 상태가 되어 있을 것이며 어느 방향에서부터 공격하는 것이 제일 좋을지도 충분히 검토할 수 있을 것입니다. 그들이 이쪽의 공격을 기다리고 있으리라는 것은 확실한 일입니다." 그렇게 하도록 왕이 명령을 내리자 두 명의 원수가 전방과 후방으로 각각 말을 타고 가며 외쳤다. "주님과 데니스 성인의 이름으로 명하노니, 깃발을 멈추라!"

맨 앞의 장병들은 진군을 멈췄다. 그러나 뒤에 있던 장병들은 최전방에 도착한 뒤에 진군을 멈추려 들었다. 뒤에서 밀고 나오는 데 밀린 전방의 장병들은 다시 앞으로 나아가기 시작했다. 이 진군을 왕도 원수들도 멈출 수 없었기 때문에 그들은 아무 명령 없이 적군이 보이는 곳까지 진군을 계속했다.

맨 앞의 대오가 영국군을 보자 뒷걸음질을 시작하며 큰 혼란을 일으켰다. 이것을 보고 놀란 뒤 대열의 병사들은 전투가 시작된 줄로 알았다. 아비유에서 크레시에 이르는 길에는 적군이 3리그 안에만 들어와도 칼을 뽑아들고 "죽여, 죽여!" 소리 질러 대는 평민으로 가득 차 있었고, 용기를 과시하고 싶어 안달이 난 영주들도 그 속에 많이 끼어 있었다.

그 자리에 있던 사람이 아니고서는 그 날의 혼란, 특히 병력이 엄청나게 많

백년전쟁 초기에 일어난 크레시 전투는 잉글랜드와 프랑스 사이에서 잉글랜드군이 우세를 결정지은 전투였다. 그림: 장 프루아사르

았던 프랑스 측의 통제 실패와 무질서를 제대로 상상할 수도, 묘사할 수도 없을 것이다. 이 책에 기록하고자 하는 바 내가 아는 사실은 주로 잉글랜드군 측에서 들은 것과 프랑스왕 신변을 지키고 있던 에노의 존 경 부하들에게 들은 것이다. 앞서 말한 것처럼 세 개의 대대로 나뉘어 땅 위에 앉아 있던 영국군은 적군이 다가오는 것을 보자 용맹스럽게 떨치고 일어나 전투대형을 갖추었다. 쇠살 모양으로 배치되어 있던 태자 대대의 궁수들과 그 뒤의 기병들이 제일 먼저 움직였다. 제2대대를 지휘하는 노댐튼 후작과 애런들 후작은 필요할 경우 태자 대대를 지원할 태세를 갖추고 대기했다.

프랑스군의 진군이 제대로 된 대형을 전혀 갖추지 못한 것이었음을 아시

라. 게다가 그 왕이 영국군을 보자 피가 끓어올라 원수들에게 소리쳤다. "주님과 데니스 성인의 이름으로 명하노니 제노아 병사들을 앞으로 보내고 전투를 시작하라." 1만 5,000명가량의 제노아인 석궁 궁수가 있었다. 그러나 그들은 그날 완전군장에 석궁을 메고 6리그를 도보로 행군해 온 끝이라 매우 피로한 상태였고, 따라서 시종무관에게 자기네가 제대로 싸울 상태가 아님을 이야기했다. 이 말을 들은 알랑송 후작이 말했다. "그런 못돼먹은 놈들을 고용하면 이런 식이지. 필요로 할 때면 나자빠진단 말이야."

그동안 억센 비가 쏟아졌고, 뇌성(雷聲)과 함께 심한 일식도 일어났다. 비가 쏟아지기 전에는 수많은 까마귀 떼가 부대들 위 하늘을 덮고 시끄럽게 울어댔다. 잠시 후 비가 그치고 태양이 매우 밝게 빛났다. 그런데 프랑스군은 해를 정면으로 대하고 있었고 잉글랜드군은 등지고 있었다.

제노아인 부대가 어느 정도 대오를 갖추자 잉글랜드군 쪽으로 다가가 겁을 주기 위해 요란하게 고함을 질렀다. 그러나 잉글랜드군은 아주 조용한 상태를 유지하며 반응을 보이지 않았다. 제노아인들은 또 한 차례 고함을 지르며 약간 앞으로 나갔다. 잉글랜드군은 가만히 있었다. 제노아인들이 세 번째 고함과 함께 석궁을 겨눠 들고 나아가며 사격을 시작하자 잉글랜드 궁수들이 한 발짝 내딛으며 사격을 시작했는데, 힘차고 재빠르게 쏘아대는 화살은 마치 눈 오는 것 같았다. 화살이 제노아 병사들의 갑옷을 뚫고 들어가자 그들 중 더러는 석궁의 줄을 끊어 버리고, 더러는 석궁을 내던져 버리고, 모두 돌아서서 줄행랑을 치기 시작했다.

프랑스군에는 제노아 부대를 지원하는 많은 기병들이 있었는데, 제노아 병사들이 이렇게 무너지는 것을 본 왕이 소리쳤다. "저 악당들을 죽여 버리라! 아무 이유 없이 우리 길을 가로막고 있지 않은가!" 잉글랜드군이 계속 쏘는 화살이 기병들에게까지 떨어지기 시작하자 기병들은 제노아 병사들에게 달려들었고, 이로써 엄청난 혼란에 빠진 그들의 대오는 수습이 불가능할 정도로 무너져 버렸다.

잉글랜드군 속에는 큰 칼을 든 코널과 웨일스 보병들이 있었는데, 기병과 궁수들이 길을 내 주는 틈으로 진격해서 혼란에 빠져 있는 프랑스군을 덮쳐, 후작이고 남작이고 기사고 시종이고 가리지 않고 많은 사람을 베어 넘겼다.

보헤미아의 용맹한 샤를 왕이 여기서 죽었다. 그는 뤽상부르의 샤를라 불렸으니, 호쾌한 왕이자 뤽상부르의 앙리 황제의 아들이었던 것이다. 전투 명령을 들은 그는 아들 샤를 경이 어디 있는지 물었고, 주변 사람들이 잘 모르지만 싸우고 있으리라 믿는다고 대답했다. 그러자 그가 말했다. "여러분은 내 신하이자 친구이며 오늘은 내 전우입니다. 눈이 보이지 않는 나를 싸움터 깊숙이 이끌어 주어 적군에게 칼을 휘두를 수 있도록 해주기 바랍니다." 기사들은 이 부탁을 받아들여 혼란 속에 흩어지지 않도록 모든 말의 고삐를 함께 묶으면서, 왕이 소원대로 그를 맨 앞에 서도록 한 다음 적군을 향해 나아갔다. 그 아들 보헤미아의 샤를 경은 이미 게르마니아 왕으로 참전에 서명하고 깃발을 앞세워 제대로 싸움터에 도착했지만 프랑스군이 불리한 것으로 보이자 떠나갔다. 아버지인 왕은 적군 속에 뛰어들어 동행한 기사들과 함께 더할 수 없이 용감하게 싸웠다. 그러나 너무 깊이 들어갔기 때문에 모두 살해되었고, 다음날 쓰러져 있는 그들을 발견했을 때도 말들은 모두 서로 묶여 있었다.

알랑송 후작의 부대는 대오를 잘 갖추고 진격해 잉글랜드군과 교전에 들어갔고, 다른 방향에서 플랑드르 후작의 부대도 그렇게 했다. 두 영주가 거느린 부대들은 궁수의 저지선을 뚫고 잉글랜드 태자의 대대에 달려들어 상당시간 격전을 벌였다. 프랑스왕은 그들의 깃발이 보이는 곳까지 나아가고 싶어했지만 앞에 있는 궁수들의 울타리를 넘을 수 없었다.

그 날 왕은 에노의 존 경에게 멋진 흑마 한 마리를 선물로 주었는데, 존 경은 자기 깃발을 드는 기사 쟝 드 퓌셀 경을 그 말에 태웠다. 기사를 태운 흑마는 달려 나가 잉글랜드군 사이를 휘젓고 다니다가 발을 헛딛고 도랑에 빠지면서 기사에게 심한 부상을 입혔다. 그러나 그 날 잉글랜드군은 포로를 잡으러 대오를 떠나는 일이 없었기 때문에 그 기사에게 더 이상의 위협은 없었다. 종자가 그를 일으켜 주었지만 왔던 길이 너무 위험했기 때문에 다른 길로 돌아와야 했다.

라브루와와 크레시 사이에서 토요일에 치러진 이 전투는 험하고 잔혹한 싸움이었다. 수많은 용감한 행위가 전해지지 못한 채 이곳에 파묻혔다. 저녁 무렵이 되어갈 때 많은 프랑스 기시와 시종들은 영주를 잃고 들판을 오락가락하다가 작은 무리를 지어 잉글랜드군을 공격했지만 금세 격퇴당했다. 그 날의 잉글랜드군은 절대 물러서지 않을 것, 그리고 몸값 이야기도 일체 듣지 않을 것을 단단히 작정하고 있었다.

전투 초반에 프랑스, 게르마니아, 사보이의 일부 병력이 태자 대대의 궁수사선을 뚫고 들어가 기병들과 접전을 벌였다. 이에 제2대대가 지원하러 왔는데, 아주 적절한 지원이었다. 이 지원이 없었다면 태자 대대는 극심한 압박을 받았을 것이다.

상황의 위험을 판단한 태자 대대는 풍차 부근 고지 위에 자리 잡고 있던 잉글랜드왕에게 기사 하나를 급히 보냈다. 왕 앞에 이른 기사가 말했다. "폐하, 태자와 함께 있는 워릭 후작, 스태포드 경, 레지널드 코범 경을 비롯한 영주들이 프랑스군의 치열한 공격을 받고 있으며, 폐하께서 부대를 거느리고 지원해 주시기를 간청하고 있습니다. 적군이 더 늘어날 경우 감당할 수 없을까 걱정이 되기 때문입니다." 왕이 물었다. "내 아들이 죽었는가? 말에서 떨어졌는가? 아니면 일어서지 못할 정도로 큰 부상을 입었는가?" 기사가 대답했다. "다행히도 그런 일은 일어나지 않았습니다. 그러나 접전이 매우 치열하여 폐하의 지원을 절실하게 필요로 하고 있습니다." 그러자 왕이 대답했다. "자, 토머스 경, 자네를 보낸 사람들에게 돌아가게. 그리고 오늘은 더 이상 나를 부르지도 말고 내가 오리라 기대하지도 말라고 내 말을 전하게. 내 아들이 살아있는 한 무슨 일이든 견뎌내라고 하게. 그들 모두에게 태자가 공을 세우도록 도울 것을 명한다고 전하게. 오늘의 영광이 모두 그에게, 그리고 그를 돕도록 내가 맡긴 사람들에게 돌아가게 할 것을 나는 작정하였네." 기사가 영주들에게 돌아가 왕의 대답을 전하자 그들은 크게 고무되었고, 그런 전갈을 보낸 사실까지 후회하게 되었다.

태자 대대에 속해 있던 고드프리 드 하코트 경이 자기 부대를 공격하는 프랑스군 속에 자기 동생의 깃발이 보인다는 이야기를 듣고 동생을 구하려 무척애를 썼다고 하는 것은 확실한 사실이었다. 그러나 그의 손길이 미치기 전에 동생도, 조카인 오말 후작도 이미 목숨을 잃고 말았다. 한편 알랑송 후작과 플랑드르 후작은 각자의 부대를 이끌고 치열하게 싸움을 벌였다. 그러나 결국 잉글랜드군의 힘을 견뎌내지 못하고 시중들던, 그리고 함께 싸우던 많은 기사 및 시종들과 함께 죽음을 맞았다.

프랑스왕의 조카인 블루와 후작, 그리고 처남 매부 간인 로렌 공작은 자기 부대들을 이끌고 씩씩하게 방어에 나섰다. 그러나 잉글랜드와 웨일스 부대에 포위당해 뛰어난 용맹에도 불구하고 살해당했다. 생 폴 후작, 오제르 후작을 비롯해 많은 사람들이 역시 목숨을 잃었다.

초저녁이 지났을 때는 프랑스왕 주변에 둘러선 사람을 모두 헤아리려도 60명이 되지 않았다. 그 속에 들어 있던 에노의 존 경은 왕이 탄 말이 화살에 맞아 죽었을 때 말을 갈아 태워주기도 했다. 처해 있는 상황을 판단한 존 경이 왕에게 말했다. "폐하, 기회가 있을 때 퇴각하십시오. 자신을 이렇게 노출시켜서는 안 됩니다. 오늘의 싸움에 졌다 하더라도 다음 싸움에서 이기실 수 있는 것입니다." 이렇게 말하고는 왕의 말의 고삐를 잡고 힘으로 끌고 갔다. 앞서도 퇴각을 간청했지만 왕이 듣지 않았던 것이다.

왕은 라 브루와 성까지 달려갔지만 날이 캄캄해져 있고 성문이 닫혀 있었다. 왕은 수비대장을 불러오라고 명령했고, 한참 만에 나타난 수비대장은 이 늦은 시간에 찾아온 것이 누구냐고 물었다. 왕이 대답했다. "성문을 열게, 수비대장이여. 프랑스의 운명이 이곳에 왔다네." 왕의 목소리를 들은 수비대장은 즉각 내려와 성문을 열고 다리를 내렸다. 왕의 일행이 성에 들어섰지만 그 속에는 다섯 명의 남작이 있을 뿐이었다. 에노의 존 경, 몽모랑시의 샤를 경, 보조 영주, 오비니 영주, 그리고 몽포르 영주였다. 그러나 이런 곳에 파묻혀 있는 것이 왕의 뜻이 아니었으므로 음식을 먹고 쉰 후 자정 무렵 일행과 함께 다시 출발하였다. 이곳 지리를 잘 아는 안내인들의 도움을 받아 날이 샐 무렵 아미앙에 도착할 때까지 계속 달려갔다.

토요일인 이 날 잉글랜드군은 누구를 추격하기 위해서도 대오를 벗어나는 일 없이 각자의 위치를 지키면서 달려드는 상대에게만 맞서 싸웠다. 전투가 끝나자 저녁기도 시간에 잉글랜드왕은 태자를 껴안고 말했다. "장한 아들아, 주님께서 네게 시련을 주셨다. 너는 내 아들답게 더할 수 없이 잘 싸웠다. 네게는 임금 자격이 있다." 태자는 고개를 깊숙이 숙여 영광을 아버지인 왕에게 돌렸다. 잉글랜드군은 밤새도록 그 날의 승전에 대한 감사기도를 자주 올렸다. 그러나 왕이 일체의 소란을 금했기 때문에 시끄러운 소리는 전혀 없었다.

이튿날인 일요일에도 몇 차례 프랑스군과의 접촉이 있었지만 잉글랜드군에게 상대가 되지 않았기 때문에 얼마 안 있어 모두 도망가거나 죽임을 당했다. 프랑스군이 다시 집결해서 대항할 기미가 없다는 것을 확인한 에드워드 왕은 전사자의 신분과 숫자를 확인하게 했다. 이 일은 레지널드 코범 경과 스태포드 경이 맡았으며, 세 명의 전령이 문장을 검사하고 두 명의 서기가 이름을 기록했다. 그들은 하루 종일 싸움터를 누빈 결과 매우 상세한 목록을 작성했다. 그들의 보고에 따르면 80개의 깃발이 싸움터에 떨어져 있었고 11명의 군주와 1,200명의 기사, 그리고 3만 명의 평민이 싸움터에서 목숨을 잃었다.

◆

백년전쟁(1337~1453)은 영국과 프랑스에 국가의식이 확립되는 계기가 되었다고 평가된다. 그 시절 유럽에는 배타적 주권의 개념이 없어서, 잉글랜드왕이 노르망디 공작의 신분으로는 프랑스왕의 봉신(封臣) 위치가 되기도 하는 식으로 뒤얽혀 있었고, 잉글랜드왕이면서도 프랑스의 영지에 주로 있고 잉글랜드에서 지내는 시간은 그리 많지 않은 경우도 있었다. 그러면서 복잡한 결혼관계를 통해 영지를 바꿔 상속하는 일도 늘어나다 보니 잉글랜드왕이 프랑스 왕위 계승권을 주장하는 상황도 나오게 된 것이었다. 그러다가 백년전쟁을 겪으면서는 프랑스는 프랑스, 잉글랜드는 잉글랜드, 자기 나라에 대한 인식이 자라났다.

크레시 전투는 백년전쟁 초기 잉글랜드군의 우세를 결정지은 전투였다. 우세한 병력으로 참패를 겪은 프랑스 측은 이후 십여 년간 수세에 몰렸다. 그러나 이런 전투의 승리를 가지고 한 국가가 다른 국가를 병탄할 수는 없었던 당시의 상황이 이후의 진행으로 밝혀진다. 프랑스왕까지 포로로 잡을 만큼 더 극적인 승리를 거둔 푸아티에 전투(1356)로도 국가의 병탄은 불가능한 일이었다.

기록자 장 프루아사르(1333?~1400?)는 당대 최고의 문인으로 여러 나라 궁정에서 환대받았다. 크레시 전투를 전후해서 장기간 잉글랜드 궁정에 머물고 있었다.

출처   Sir John Froissart, *Chronicles of England, France and Spain*, tr. Lord Berners, 1523-5

14

흑사병

1348

헨리 나이튼

이 해에는 사람에게 치명적인 병이 온 세계에 떠돌았다. 인도에서 처음 시작되고 다음에는 타르시스에 나타났다가 이어 사라센 사람들 사이에, 그리고 마지막으로 기독교도와 유태인 사이에 퍼졌다. 그 결과 부활절에서 다음 부활절 사이의 1년 동안 기독교도를 제하고 먼 지역에서만 400만의 사람이 죽었다는 소문이 로마의 궁정에 널리 퍼졌다.

들어보지도 못한 괴질로 사람들이 그토록 빨리 죽어가는 데 놀란 타르시스 왕은 아비뇽으로 교황을 찾아가 스스로 세례를 받아 기독교인이 되려고 많은 수의 귀족을 거느리고 길을 떠났다. 신앙을 거부한 죄 때문에 하느님의 복수가 자기 백성에게 떨어진 것이라고 믿은 것이었다. 그러나 20일간 여행한 뒤에 길에서 그 병이 다른 나라들과 마찬가지로 기독교 세계까지 침범했다는 말을 듣고는 자기 나라로 돌아가기 위해 말머리를 돌렸다. 그러나 기독교도들은 타르시스인들을 뒤쫓아가 등 뒤에서 공격해 2,000명을 죽였다……(생략)……

그 무서운 병은 사우샘프턴을 통해 잉글랜드에 상륙한 다음 브리스톨로 퍼져 갔다. 브리스톨에서는 마치 도시가 통째로 급살을 맞은 것처럼 온 주민이 목숨을 잃었다. 병석에 누워 이틀 사흘을 견디는 사람이 별로 없었고, 반나절도

안 돼 죽어버리는 사람이 많았다.

그 후에는 이 잔악한 질병이 태양의 진행방향을 따라 모든 곳으로 퍼져나갔다. 레스터 주에서는 세인트 레너드의 작은 교구에서 380명 이상이 죽었고, 홀리 크로스 교구에서 400명, 세인트 마거릿 교구에서 700명 등 모든 교구에서 엄청나게 많은 사람들이 목숨을 잃었다. 이렇게 되자 런던 주교는 교구 내의 모든 신부, 본당 신부만이 아니라 교단과 수도원의 신부들까지 포함하는 모든 신부들이 모든 교인들을 위해 고해성사와 사죄를 행하는 완전한 교권(教權)을 부여해 주었다. 다만 빚에 대해서는 예외로 했다. 빚의 경우 채무자가 능력이 있을 경우 살아 있는 동안 빚을 갚아야 했고, 그렇지 않을 경우 채무자가 죽은 뒤 다른 사람들이 채무자의 재산으로 빚을 대신 갚아주도록 했다. 마찬가지로 교황도 죽음의 위험에 처한 교인이 사죄를 원할 경우 모든 죄를 완전히 사하는 것을 허용하고 그 조치의 기한을 다음 부활절까지로 정했다. 모든 교인이 자기가 원하는 고해 신부를 선택하는 것도 허용되었다.

같은 해에 양떼들에게도 전국 모든 곳에 큰 전염병이 돌아서 어떤 곳에서는 목장 한 군데에서만 5,000마리 이상의 양이 죽어나갔다. 죽은 양의 시체는 고약하게 썩어서 새도 짐승도 건드리려 하지 않았다. 죽음의 공포로 인해 모든 물가가 낮아졌다. 대부분의 사람들이 돈이나 어떤 재산에도 마음을 두지 않았기 때문이었다. 전에 40실링 값을 부르던 말 한 마리를 반 마크(6실링 8펜스)에 살 수 있었고, 살찐 황소 한 마리에 4실링, 암소 한 마리에 12펜스, 암송아지는 6펜스, 살찐 숫양은 4펜스, 암양은 3펜스, 새끼양은 2펜스, 큰 돼지 한 마리를 5펜스에 살 수 있었으며, 한 스톤(약 10킬로그램)의 양털은 값이 9펜스였다. 양과 소들이 들판을 쏘다녀도 모는 사람이 없고 밭의 작물을 밟고 다녀도 쫓는 사람이 없었다. 모든 구역에서 헤아릴 수 없이 많은 가축들이 구덩이에 빠져 죽었지만 어떻게 해야 할지 아는 사람이 없었다. 비드(Bede, 8세기 초에 활동한 잉글랜드의 신학자이자 역사가. 그의 『잉글랜드 교회사 Historia ecclesiastica gentis Anglorum』는 잉글랜드 초기중세사의 귀중한 자료다 – 역자 주)가 전하는바, 죽은 사람을 매장할 산 사람의 수가 모자랐다고 하는 브리튼 왕 보티건(Vortigen, 색슨족이 잉글랜

『데카메론』의 저자 지오반니 보카치오가 묘사한 플로렌스에 퍼진 흑사병의 모습. 1347년부터 1351년 동안 유럽 인구의 3분의 1이 흑사병으로 희생되었다고 추정된다.

드에 도착할 무렵의 브리튼 왕. 색슨족과의 네 차례 전쟁 후 브리튼 귀족의 대량 학살이 있었다고 전해진다 — 역자 주) 시절 이래 이토록 준엄하고 잔인한 죽음의 기억이 없었다.

가을이 오자 곡식을 거둬들이는 일손을 구하려면 식사를 제공해주고도 8펜스 아래로는 사람을 잡을 수 없었다. 풀 베는 사람에게는 식사와 함께 10펜스는 줘야 했다. 그 까닭으로 일손을 못 구한 밭에서는 온갖 작물이 거두지 못한 채 썩어버렸다. 그러나 역병이 돌던 그 해에는 앞에서 적은 것처럼 모든 곡식이 남아돌았기 때문에 아무도 신경 쓰는 사람이 없었다.

잉글랜드 사람들이 역병에 걸렸다는 소식을 들은 스코틀랜드 사람들은 이것이 하느님의 분노에 의한 것이 아닌가 생각하여 "잉글랜드 놈들처럼 더럽게 죽어라" 하고 욕을 하는 습관을 가지게 되었다고 모든 사람들이 전했다. 하느님의 저주가 잉글랜드에 내렸다고 믿은 그들은 잉글랜드를 침략할 목적으로 셀커크 숲에 모였는데, 그 때 역병이 그들에게도 엄습해서 잠깐 사이에 5,000명가량이 목숨을 잃었다. 그들이 건강한 자와 허약한 자가 뒤섞여 자기네 나라로 돌아갈 차비를 하고 있을 때 잉글랜드군이 그들을 뒤쫓아 와 공격해서 수없이 많은 사람을 죽였다.

브래드워딘의 토마스 주교는 교황에게 캔터베리 대주교로 축성(祝聖)받았으나 잉글랜드로 돌아와 런던에 들어온 지 이틀이 안 되어 세상을 떠났다……(생략)……

그 무렵 (잉글랜드) 왕은 포고문을 내려, 전국 어디에서나 곡식 거두기를 비롯한 모든 삯일 일꾼들이 보통 때 받던 삯보다 더 많이 받아서는 안 되고, 이를 어기면 법령에 따른 벌을 내릴 것이라고 선포했다. 그러나 일꾼들은 콧대가 높아지고 고집이 세어져서 국왕의 명령도 아랑곳하지 않았기 때문에 그들을 쓰려는 사람은 그들이 요구하는 대로 주어야 했다. 일꾼들의 탐욕스러운 요구에 응하거나, 아니면 그 해 농사를 버려야 하는 형편이었다.

지주들이 자기 명령을 지키지 않고 일꾼들에게 기준보다 많은 임금을 주었다는 사실을 나중에 알게 된 왕은 수도원의 원장과 부원장들, 높고 낮은 신분의 기사들, 그리고 크고 작은 지주들에게 무거운 벌금을 매겨, 100실링이건, 40실링이건, 20실링이건, 각자 납부할 수 있는 능력대로 징수했다. 그리고 나중에 왕은 많은 일꾼들을 체포해서 감옥으로 보냈다. 많은 일꾼들은 숲 속으로 도망했고, 붙잡힌 자들은 무거운 벌금을 맞았다. 그 우두머리들은 오랜 관습의 수준보다 많은 임금을 요구하지 않는다는 서약을 한 뒤에 감옥에서 풀려났다. 그리고 도시와 마을의 수공업자들에게도 이와 같은 조치가 취해졌다……(생략)……

앞서 말한 역병 이후에 모든 도시, 구역과 마을에 있는 많은 건물들은 사는 사람이 없어 폐가가 되었다. 주민이 모두 죽어 온 마을이 폐촌이 되는 크고 작은 마을도 많았다. 물론 그 중에는 다시 살아나지 못하는 것도 많을 것이다.

1347~51년의 흑사병 유행으로 유럽 인구의 3분의 1이 희생되었다고 당시 사람들이 기록해 놓았는데, 근세의 연구로도 이 기록에 큰 과장이 없었으리라고 추정된다.

이 참혹한 사태에 관한 근세의 연구에서 지적되는 재미있는 사실은 인구의 급격한 감소로 인해 광범위한 사회경제적 변화가 촉발되었다는 것이다. 이 글에도 나타나 있는 것처럼 인건비가 상승하고 임금노동이 발전한 것이다. 유럽의 근대화에 흑사병이 끼친 영향은 지금도 많은 연구의 대상이 되어 있다.

헨리 나이튼의 출생연도는 분명치 않지만 1396년경 사망한 것으로 알려져 있으므로 이 기록이 직접 관찰에 의거한 것이라고는 보기 힘들다. 그러나 그의 『연대기 Chronicles』 중 앞부분은 다른 사람의 기록을 편찬한 것으로 보이지만 1337년 이후의 뒷부분은 본인의 서술인 것으로 연구자들은 이해한다.

출처   Henry Knighton, *Chronicles*, tr. Edith Rickert, in Rickert(comp.), Clair C. Olson and Martin M. Crow (eds.), *Chaucer's World*, Oxford University Press, 1948

15

남자 흉내 내는 여자들

1348

헨리 나이튼

어느 곳에서든지 경마대회가 열릴 때마다 갖가지 멋진 남성의 복장을 입은 한 무리의 여성들이 마치 막간의 여흥 연기자들처럼 모습을 나타내는 것을 놓고 요즈음 소문도 분분하고 비판도 자자하다. 어떤 때는 40명, 어떤 때는 50명씩 되는데, 온 왕국을 통틀어 멋지고 잘생긴 여성들이 모인 것 같지만 훌륭한 성품의 여성들은 물론 아니다.

조그만 두건과 머리 주변에 끈처럼 휘날리는 리리파이프가 달린 짝짝이 튜닉, 이쪽저쪽이 서로 다른 종류로 된 튜닉을 입고 금은 장신구를 잔뜩 달았으며, 심지어 복부의 가운데 아래쪽으로 칼을 하나씩 걸치고 있는데, 저희들이 제 멋대로 '단검'이라 부르는 이 칼은 위쪽에 매달린 주머니에 들어 있다. 멋지게 치장한 훌륭한 군마나 다른 말들을 타고 이런 복장으로 대회 장소에 몰려온다. 이런 식으로 자기네 재산을 낭비하고 우스꽝스러운 허영심으로 몸을 멋대로 굴리는 것을 보며 사람들은 한결같은 목소리로 분개한다.

이렇게 그들은 모성의 순결이라는 굴레를 벗어던지고 하느님을 두려워하는 기색도, 사람들의 점잖은 비난에 부끄러워하는 기색도 보이지 않는다……
(생략)…… 그러나 주님께서는 다른 자들에게와 마찬가지로 이들에게도 다루

는 방법을 가지고 계시니, 그들이 허영심을 과시하려 계획하는 시간과 장소에 억수같은 비, 천둥, 번개, 그 밖의 여러 가지 이상한 날씨를 내려 주시어 그들의 경박함을 무색하게 만드시는 것이다.

출처　Henry Knighton, *Chronicles*, tr. Edith Rickert, in Rickert(comp.), Clair C. Olson and Martin M. Crow (eds.), *Chaucer's World*, Oxford University Press, 1948

16

긴느 성 탈취

1352. 1

(스윈브루크의) 제프리 르 베이커

1월 초순경 프랑스인들이 잉글랜드인에게 훼손된 긴느 시 성벽을 수리하기 바쁠 때, 머리가 잘 돌아가는 칼레의 기사 몇 사람은 긴느를 어떻게 해볼 수 없을까 궁리하고 있었다. 긴느 성에는 존 덩캐스터라는 이름의 궁수(弓手) 하나가 포로로 잡혀 있었는데, 자기 몸값을 낼 돈이 없던 그는 프랑스인들 사이에서 노역을 한다는 조건으로 풀려 있었다.

덩캐스터는 몸을 파는 표모(漂母) 한 사람과 눈이 맞았는데, 성벽에 숨겨진 통로가 하나 있다는 사실을 그 여자에게 들었다. 성의 해자 바닥에서부터 두 자 폭의 벽을 쌓아놓은 것이 있는데, 보이지 않을 만큼 물속에 잠겨 있지만, 그 위로 걸으면 물이 무릎까지밖에 올라오지 않는다는 것이었다. 어부들이 쓰도록 만들어 놓은 것이고 중간에는 두 자 넓이의 빈틈이 있다고 했다. 궁수는 그곳으로 여자를 따라가 성벽 높이를 실로 재어 보았다.

이런 사실을 알게 된 후 어느 날 그는 성벽을 미끄러져 내려가 숨겨진 벽 위를 걸어 해자를 건넌 다음, 해질 때까지 늪 속에 숨어 있다가 밤을 도와 칼레 부근까지 갔다. 그곳에서 해뜰 때까지 기다려 성으로 들어갔다……(생략)……

그는 그곳에서 약탈의 욕심 때문에 긴느 성을 노리는 사람들에게 성에 들어가는 방법을 가르쳐줬다. 그들은 궁수가 가르쳐주는 길이에 맞춰 사다리를 만들었다. 함께 모의한 30명이 광택 없는 검은 삽옷을 입고 넝캐스터의 안내를 따라 성으로 갔다. 사다리를 타고 성벽에 올라간 그들은 보초들을 죽여 성벽 밖으로 던져버렸다. 그런 다음에 그들은 공회당으로 가서 무장하지 않은 채 체스나 주사위 놀이를 즐기고 있던 많은 이들을 죽였다.

그리고 나서 그들은 침실과 탑옥(塔屋)에서 잠들어 있던 기사들과 귀부인들을 붙잡아 놓고, 성 안에 있는 모든 것의 주인이 되었다. 포로를 모두 감옥에 가둬놓고 무기를 빼앗은 다음 그 전 해에 붙잡혀 포로가 되어 있던 잉글랜드인들을 풀어주었다. 풀려난 포로들은 고기와 술을 양껏 먹고 마신 다음 자기들을 가둬놓고 있던 사람들의 간수가 되었다. 이렇게 해서 이 성의 모든 보루가 그들의 수중에 떨어졌다

……(생략)……

긴느 후작이 성으로 와서 다른 때와 마찬가지로 성 안의 사람들에게 누구의 이름으로 성을 지키고 있는 것이냐고 물었다. 그들이 한결같이 '존 덩캐스터의 이름으로 지키고 있는 것'이라고 대답하자 후작은 그 존이라는 사람이 잉글랜드 왕의 봉신(封臣)인가, 아니면 자기 말을 따를 것인가 물었고, 잉글랜드 왕의 직접 명령을 받는 위치가 아니라고 덩캐스터가 대답하자 후작은 성을 넘겨받기 위한 협상을 제안했다. 성 안에서 찾아낸 수천 크라운에 달하는 보물, 또는 그에 바꿔 줄 재산과 프랑스 왕과 사이의 항구적 평화를 보장하겠다는 것이었다.

이에 대해 성을 지키던 사람들은 대답하기를, 자기들은 이 성을 탈취하기 전에 잉글랜드 사람이었는데, 과오를 저질러 잉글랜드 왕의 평화를 위해 추방된 사람들이므로 자기네가 점령하고 있는 성을 기꺼이 팔거나 교환할 의사가 있다, 그러나 자기들의 원래 임금인 잉글랜드 왕과의 평화를 위해 성을 팔고자 하니, 다른 사람에게 먼저 팔 수는 없다고 말했다. 만약 잉글랜드 왕이 사려 하지 않을 경우에는 프랑스 왕이든 누구든 제일 높은 값을 부르는 사람에게 팔겠다고 말했다. 이렇게 후작을 따돌려 놓은 뒤에, 정말로 잉글랜드 왕은 자기가

몹시 가지고 싶어 하던 긴느 성을 사게 되었다.

출처   Geoffrey le Baker, *Chronicle*, tr. Edith Rickert, in Rickert(comp.), Clair C. Olson and Martin M. Crow (eds.), *Chaucer's World*, Oxford University Press, 1948

17

농민 반란

1381. 5~6

존 프루아사르 경

이 끔찍스러운 난동이 사람들에게 교훈을 주기 바라는 마음에서 당시 내가 보고 들은 바를 근거로 어떤 일이 일어났는지 이야기하려 한다. 다른 나라도 흔히 그렇지만 잉글랜드에서는 귀족이 평민에 대해 큰 특권을 가지는 풍속이 있다. 예를 들자면 낮은 신분의 사람들은 법률에 따라 신사(紳士)들의 농지를 갈고, 곡식을 거두고, 광으로 가져가고, 도리깨질과 키질을 할 의무를 가지고 있다. 건초를 거두어 광으로 가져가는 의무도 있다. 성직자와 신사들은 아랫사람들에게 이 모든 봉사를 요구한다. 특히 켄트, 에섹스, 서섹스, 베드포드 등의 주에서 왕국 내의 다른 지방에 비해 이런 봉사에 대한 요구가 더 가혹하다.

그런 이유로 하여 이들 지방에 있는 악한 인간들 사이에서 흘러나오기 시작한 이야기가 있었으니, 이 세상이 시작될 때는 노예라는 것이 없었으며, 따라서 루시퍼가 하느님에게 행한 것처럼 자기 영주에게 반역죄를 지은 경우가 아니라면 아무도 노예로 취급되어서는 안 된다는 것이었다. 평민이란 천사도 정령도 아니고, 자기네를 짐승처럼 부려먹는 영주들과 똑같은 모양으로 빚어진 인간이므로 그런 반역을 저지른 적도 없다는 것이었다. 이런 상태를 더 이상 참지 않겠으며, 앞으로 어떤 노동이든 할 경우 그에 대한 보상을 받아야겠다는 것이었다.

존 볼이라는 이름을 가진 켄트 주의 신부 한 사람이 엉터리 설교 때문에 세 차례나 캔터베리 대주교에 의해 감옥에 갇힌 일이 있는데, 이런 불온한 사상을 퍼뜨리는 데 매우 중요한 역할을 한 자였다. 일요일마다 미사가 끝난 후 사람들이 교회에서 나오고 있을 때 장바닥에서 사람들을 둘러 세우고 설교를 행하는 버릇이 존 볼이라는 자에게 있었다.

그런 자리에서 이런 이야기를 하곤 했다. "선량한 친구들이여, 잉글랜드에서 모든 것이 평등해지기 전에는 어떤 일도 제대로 될 수 없습니다. 노예도 없고 주인도 없어야 합니다. 영주들이 우리에게 주인 노릇을 하지 않게 되어야 합니다. 영주들이 우리를 얼마나 못살게 굽니까! 우리를 이렇게 부려먹을 권리가 어디서 나온 것이란 말입니까? 우리나 그들이나 같은 조상, 아담과 이브의 자손 아닙니까? 그런데 그들이 우리에게 주인 노릇을 할 이유가 뭐란 말입니까? 그들은 벨벳 같은 좋은 천에 담비 따위 모피를 붙여서 입는데, 우리는 험한 옷밖에 입지 못합니다. 그들이 와인과 향료, 부드러운 빵을 즐기는 동안 우리는 호밀과 주워온 낟알로 배를 채워야 하고 마실 것이라곤 물뿐이죠. 그들이 저택과 농장 안에서 편안히 쉬는 동안 우리는 들판에서 비바람을 맞으며 일을 해야 하지요. 그들이 호사를 뽐내는 밑천은 모두 우리의 노동으로 만들어지는 것입니다. 우리는 노예라 불리고, 시킨 일을 하지 않으면 매질을 당합니다. 우리에게는 찾아가 하소연을 해도 들어줄 임금님도 없습니다. 우리 모두 왕에게 가서 사정 이야기를 합시다. 그는 젊은 사람이니 우리 말을 들어줄지도 모르고, 들어주지 않을 경우 우리끼리 대책을 만들어 상황을 바로잡도록 합시다." 이런 이야기를 존 볼은 일요일마다 마을사람들에게 장황하게 늘어놓았다.

대주교가 이런 사실을 보고받고는 그를 체포해 두어 달 동안 감옥에 가두도록 했지만 그는 풀려나는 즉시 하던 일로 되돌아갔다. 런던 사람 중 부유하고 고귀한 사람들을 질투하던 자들이 존 볼의 설교를 듣고는 이 나라가 제대로 다스려지지 못하고 있으며 귀족이 모든 금과 은을 독차지하고 있다는 이야기를 저희들끼리 하기 시작했다.

그리하여 그 사악한 런던 사람들은 무리를 짓고 반란의 조짐을 보이기 시작했다. 그들은 또한 주변 지역 사람들 중 같은 생각을 가진 사람들은 모두 런던으로 오라고 불러들였다. 성문은 그들에게 열릴 것이며, 같은 방식으로 생각하는 사람들이 시내에도 있으니, 모두 함께 왕을 찾아가 잉글랜드에서 노예라는 것이 사라지도록 하자고 했다.

이렇게 해서 켄트 주, 에섹스 주, 서섹스 주, 베드포드 주와 그 인근 지역의 주민 약 6만 명이 런던으로 몰려오게 되었는데, 이것을 지휘한 것이 와트 타일러, 잭 스트로와 존 볼이었다. 셋 중에서도 우두머리인 와트 타일러라는 자는 원래 기와장이였는데, 사악한 인간이며 귀족의 맹렬한 적이었다.

이 악한들이 소란을 일으키기 시작하자 그에 동조하는 자들을 제외한 모든 런던 시민은 매우 놀라고 두려워했다. 시장과 부유한 시민들은 회의를 열고 성문을 닫아 그들의 입성을 가로막을지 여부를 의논했다. 결국 성문을 닫지 않기로 현명한 판단을 내렸다. 성밖을 불태워 버릴 위험 때문이었다.

그리하여 성문은 활짝 열렸고, 군중은 성 안에 들어와 저희들 마음대로 거처를 잡았다. 사실에 있어서 그 군중 가운데 셋 중 둘은 자기네가 무엇을 원하는 것인지, 무슨 목적으로 그렇게 떼 지어 온 것인지도 알지 못했다. 마치 양떼처럼 서로가 서로를 따라온 것이었다. 이런 식으로 온 가엾은 자들 중에는 런던까지 100리그, 60리그씩 걸어온 자들도 많았다. 그러나 대부분은 앞서 말한 가까운 지역에서 왔다.

그들은 도착하자 모두 왕을 만나겠다고 했다. 사람들이 이렇게 모여드는 것을 보고 신사와 기사(騎士), 시종들이 큰 경각심을 가지게 된 것은 당연한 일이었다. 그보다 경미한 상황이라도 공포심을 일으킬 수 있는 것이었다.

켄트주의 반도(叛徒)들이 런던을 향해 오는 길에 왕의 어머니인 웨일스 공녀가 캔터베리 순례에서 돌아오는 행차와 마주쳤다. 악당들은 공녀의 마차를 습격해 그분을 매우 놀라게 했지만 주님의 보살핌으로 폭행은 당하지 않았고, 공녀는 런던에 이르기까지 감히 멈출 생각을 못하고 곧장 달려왔다. 공녀가 도착했을 때 리처드 왕은 런던탑에 있었다. 공녀가 그곳으로 바로 가 보니 솔즈베리 후작, 캔터베리 대주교, 로버트 드 네이머 경 등 여러 명이 왕을 모시고 있었다. 반도들에 대한 걱정 때문에 왕의 신변을 지키고 있었던 것이다. 리처드 왕은 이 반란이 터져 나오기 오래 전부터 그 조짐을 잘 알고 있었고, 그가 아무런 처방도 시도하지 않은 것은 모든 사람에게 놀라운 일이었다.

신사들을 비롯한 독자들이 이와 같은 사악한 반란을 어떻게 다스려야 할지 알아볼 수 있는 표본을 삼기 위해 모든 일이 어떻게 진행되었는지 가능한 한 소상하게 기록하겠다. 1381년 성찬축제를 앞둔 월요일, 그들은 런던을 향해 집을 떠났다. 그들이 말한바 목적은 왕을 만나 하소연을 하고 자기네 자유를 요구하겠다는 것이었다.

그들은 캔터베리에서 존 볼과 와트 타일러, 존 스트로를 만났다. 캔터베리 성 주민들은 모두 그들과 같은 생각을 가지고 있었으므로 그들이 오자 음식을 잘 대접했다. 그곳에서 그들은 회의를 열어 런던까지 행진을 계속하기로 결의했다. 그들은 또한 템스강 건너 에섹스, 서퍽과 베드포드로 전령을 보내 그곳 사람들도 행진에 동참해서 런던을 완전히 둘러싸 버리자고 요청했다. 군중을 이끈 자들의 의도는 다음날 성찬축제에 맞춰 모든 무리들을 집결하게 하는 것이었다.

캔터베리에서 반도들은 성 도마 교회에 들어가 많은 파괴를 저질렀다. 그들은 또한 대주교 숙소를 노략질하고 여러 가지 물건을 들고 나오면서 이렇게 말했다. "영국 재무경은 이 가구를 아주 싸게 샀다. 이제 우리는 그에게 자기 수입 내역을 내놓을 것, 그리고 국왕 즉위 후 징수해 온 거액의 세금 명세를 내놓을 것을 요구한다." 세인트 빈센트 수도원을 노략질한 후 캔터베리를 떠난 그들은 로체스터 가는 길로 나섰다. 지나는 길의 이쪽저쪽 마을에서 사람들을 끌어 모으고, 태풍처럼 휩쓸고 지나가면서 법관과 왕의 대행관(代行官), 대주교에게 속하는 집들을 닥치는 대로 파괴했다.

로체스터에서 그들은 캔터베리에서와 같은 환영을 받았다. 사람들이 모두 대열에 합류하고 싶어 했기 때문이다. 여기서 그들은 곧바로 성으로 가서 수비 대장인 존 드 뉴턴 경이라는 기사를 붙잡고 자기들의 총사령관이 되어 자기네가 원하는 일을 해달라고 요청했다. 기사는 이 요청을 사양하려 애썼지만 그들은 이렇게 응수했다. "존 경, 이 요청을 거절하면 당신은 시체가 됩니다." 이 말을 듣고 군중이 자기를 죽일 태세임을 알게 된 그는 어쩔 수 없이 그들의 요청을 받아들였다.

잉글랜드의 다른 여러 주에서도 반도들은 비슷한 방식으로 움직여서, 맨리 경, 스티븐 헤일스 경, 토머스 코싱턴 경 등 명망 높은 영주와 기사들이 여럿 그들과 함께 행진하도록 강요당했다.

⋯⋯(생략)⋯⋯

로체스터에서 볼 일을 다 본 반도들은 그곳을 떠나 다트포드로 가면서 길 주변에 있는 법관과 대행관들의 집들을 계속해서 파괴했다. 그들은 다트포드를 거쳐 블랙히드로 가 숙영을 준비하면서 자기들이 무장한 것은 잉글랜드의 국왕과 평민들을 위한 것이라고 말했다. 반도들이 그렇게 가까운 곳에서 숙영한다는 사실을 안 런던의 지도층 시민들은 런던시장 윌리엄 월워드 경의 명령을 통해 런던교의 문을 닫고 경비병을 배치하도록 했다. 그러나 도시 안에는 봉기(蜂起)에 동조하는 세력이 이미 3만 명 이상 있었다.

자기들을 막기 위해 런던교를 봉쇄했다는 소식이 곧 블랙히드에 전해지자 반도들은 기사 하나를 보내, 왕에게 자기네 행동은 왕을 위한 것이라고 말하게 했다. 왕국은 여러 해 동안 엉망으로 통치되어 왔고, 그 결과 왕국의 명예가 형편없이 떨어지고 낮은 신분의 백성들은 왕의 삼촌들과 성직자들의 압제에 시달리게 되었다는 것이었다. 특히 국왕의 재무경인 캔터베리 대주교의 압제가 심하고, 백성은 대주교에게 실정의 책임을 물을 결심을 했다는 것이었다.

이 심부름을 맡은 기사는 어떻게든 맡지 않기를 바랐지만 감히 피할 길이 없었다. 그래서 런던탑 건너편 강가로 가서 배를 타고 템스강을 건넜다. 기사의 도착이 전해졌을 때, 런던탑에 있던 왕 일행은 극심한 위기감을 느끼고 있었고 어떤 정보든 얻기를 간절히 원하고 있었으므로 기사는 즉각 왕 앞으로 인도되었다. 이 때 왕과 함께 있던 것은 왕모(王母)인 공녀와 왕의 두 친동생 켄트 후작과 존 홀란드 경, 그리고 솔즈베리 후작, 워릭 후작, 서퍽 후작, 캔터베리 대주교, 템플 기사단 주석, 로버트 드 네이머 경, 런던 시장과 지도층 시민 몇 사람이었다.

방에 들어선 기사는 즉각 왕 앞에 무릎을 꿇고 말했다. "영명하신 폐하, 제가 이제 전달할 내용 때문에 저를 미워하시지 않기를 빕니다. 그것을 가지고 이곳에 온 것은 저의 뜻이 아닙니다." 왕이 말했다. "기사여, 그대를 결코 미워하지 않을 것이니 그대가 가져온 소식을 전하라. 그대에게 그 책임을 묻지 않을 것이노라."

기사가 말했다. "영명하신 폐하시여, 이 땅의 평민들이 나를 보낸 것은 폐하께서 블랙히드로 와서 그들의 이야기를 들어달라고 요청하기 위한 것입니다. 수행원 없이 혼자 오시기를 바랍니다. 폐하를 해칠 뜻이 없으니 신변의 안전을 걱정하실 필요가 없다고 합니다. 그들은 폐하를 언제나 왕으로 받들어 왔으며 앞으로도 그리하겠다고 합니다. 그러나 폐하께서 꼭 들으셔야 할 이야기를 해드리고 싶은 것이 많다고 합니다. 그러나 그 내용이 무엇인지에 대해서는 알려드릴 권한을 제게 맡기지 않았습니다. 그들을 만족시킬 수 있고, 또한 제가 폐하를 뵈었다는 사실을 그들에게 납득시킬 수 있는 대답을 내려주시기를 간절히 바라 마지않습니다. 그들은 내 아이들을 인질로 잡고 있고, 내가 돌아가지 않을 경우 아이들을 죽일 것이 분명하기 때문입니다." 왕은 이렇게만 대답했다. "그대는 지체 없이 내 대답을 받을 것이노라."

기사가 물러난 후 왕은 어떤 조치를 취하는 것이 좋을지 궁리하도록 신하들에게 분부했다. 얼마 동안의 토론 후 왕에게 올려진 건의는 폭도들에게 말씀을 보내, 목요일에 그들이 템스강가로 온다면 왕이 그들의 이야기를 들어주겠다는 것이었다. 이 회답을 받은 기사는 만족하고 왕과 신하들을 떠나 6만 명 이상의 사람들이 모여 있는 블랙히드로 돌아갔다.

기사는 그들에게 왕의 뜻을 전하고, 다음날 아침 대표들을 템스강가로 보내면 왕이 와서 그들이 하고 싶은 말을 들어줄 것이라고 했다. 이 회답은 만족스러운 것으로 받아들여졌고, 반도들은 형편 되는 대로 숙영에 접어들었거니와, 그중 4분의 1은 장비를 갖추지 못하고 있었다는 사실을 지적해야겠다.

성체축일의 날 리처드 왕은 런던탑에서 미사를 올린 다음 솔즈베리 후작, 워릭 후작, 서퍽 후작과 그 밖의 기사 몇 명을 거느리고 거룻배에 올라 로더라이드를 향해 템스강을 저어 내려갔다. 왕실 농장이 있는 그곳에는 1만 명 이상의 폭도들이 모여 있었다. 국왕의 거룻배가 다가오는 것을 보자마자 폭도들은 하계(下界)의 도깨비들이 모두 몰려온 듯 요란하게 외치고 소리 지르기 시작했다. 런던탑으로 왕에게 보냈던 기사도 그들과 함께 있었다. 만약 왕이 나타나지 않을 경우 그들은 위협했던 대로 기사를 찢어 죽일 셈이었던 것이다.

이렇게 많은 사람들이 모여 있고 그 행동이 사나운 것을 왕과 영주들이 보자 그중 가장 대담한 사람도 두려움을 느끼지 않을 수 없었다. 그래서 왕에게 배를 대지 말고 거룻배가 강 위를 오르락내리락하게 하라고 건의했다.

왕이 군중에게 소리쳐 물었다. "그대들은 무엇을 원하는가? 나는 그대들이 하고 싶은 말을 듣기 위해 이곳에 왔노라." 가까운 곳에 있던 자들이 소리쳤다. "폐하께서 땅에 내리시기 바랍니다. 그런 뒤에 저희가 원하는 바를 말씀드리겠습니다." 이에 솔즈베리 후작이 소리쳤다. "여러분, 당신들은 옷도 제대로 입지 않고 있소. 그리고 폐하와 이야기를 나눌 자세가 되어 있지 않소." 어느 쪽에서도 이야기는 더 나오지 못했다. 즉각 런던탑으로 돌아가야 한다는 신하들의 주장에 왕이 따랐기 때문이었다.

왕 일행이 이렇게 돌아가는 것을 본 사람들은 대단히 흥분해서 블랙히드로 돌아가 동료들에게 왕이 그들을 어떻게 대했는지 알려주었다. 이야기를 전해 들은 사람들은 외쳤다. "당장 런던으로 몰려갑시다!"

이리하여 그들은 즉각 길을 떠났고, 가는 길에 법관과 정신(廷臣)들의 집, 그리고 수도원들을 닥치는 대로 파괴했다. 경치 좋고 광대한 런던 교외에서 많은 아름다운 집이 헐렸다. 그들은 또한 마셜시라는 이름의 왕립 감옥을 무너뜨리고 갇혀 있던 죄수들을 풀어주었다. 나아가 다리 입구에 와서는 다리의 문을 닫아놓았다는 이유로 런던을 힘으로 점령한 다음 태우고 부숴 버리겠다고 런던 시민들을 위협했다.

런던에 사는 평민 중에는 그들과 같은 반역적 사상을 품고 있는 자들이 많

1381년, 배에 탄 리처드 2세에게 자신들의 요구 사항을 전달하는 농민군들의 모습. 흑사병에 의해 촉발된 사회경제적 변화가 원인이었다.

았으며, 그들은 다리로 몰려와 수비병들에게 말했다. "저 정직한 사람들을 들어오지 못하게 막는 까닭이 무엇이오? 저들은 우리의 친구이며 우리에게 좋은 일을 하고 있는 것이오." 그들의 말이 하도 간절했기 때문에 문을 열어주지 않을 수 없었고, 쏟아져 들어온 군중은 필요한 물품이 제일 잘 갖춰진 상점부터 점령했다. 실제로 그들이 어디에 가든 고기와 술이 그들 앞에 놓였으며, 그들의 비위를 거스르지 않기 위해 그들의 어떤 요구도 거절하는 일이 없었다.

뒤이어 지도자인 존 볼, 잭 스트로와 와트 타일러가 2만 명이 넘는 군중을 이끌고 시내를 가로질러 사보이 궁전으로 행진해 갔다. 랭카스터 공작의 소유로 웨스트민스터로 가는 길가, 템스강변에 있는 사보이 궁전에 도착한 그들은 바로 문지기들을 죽이고, 밀고 들어가 궁전에 불을 질렀다. 이 난동에 만족하지 않고 그들은 카멜산의 성 요한에게 봉헌된 템플 기사단의 로즈 구호소로 몰려가 교회 및 병원과 함께 불태워 버렸다.

그들은 길거리를 휩쓸고 다니며 집 안에든 교회 안에든 병원 안에든 플랑드르 사람이 있으면 눈에 띄는 대로 잡아 죽였다. 은행 점포 몇 곳을 부수고 들어가 손에 닿는 대로 돈을 집어가기도 했다. 리처드 라이언이라는 이름의 부유한 시민 한 사람을 살해했는데, 와트 타일러가 예전에 프랑스에서 그의 하인 노릇을 한 적이 있었다. 못된 하인은 옛 주인에게 매 맞은 적이 있던 것을 잊지 않고, 사람들을 이끌고 그의 집으로 몰려가 그의 목을 잘라 말뚝에 꽂고 런던 시내를 돌아다니게 했다.

그 사악한 인간들은 목요일인 그 날 런던 시내에 많은 손상을 입혔다. 저녁 무렵이 되어 그들은 런던탑 앞의 성 카트린 광장을 숙영지로 정하고, 그들이 원하는 모든 것을 왕으로부터 얻을 때, 잉글랜드 재무경이 그동안 징수한 막대한 세금을 어떻게 사용했는지 설명해서 그들을 납득시킬 때까지 떠나지 않을 것이라고 선포했다.

폭도들이 이미 저지른 짓들을 놓고 볼 때, 당시 왕과 주변의 신하들이 얼마나 딱한 처지에 놓여 있었는지 쉽게 상상이 갈 것이다. 그 날 저녁 왕은 신하들과 런던 시장, 그리고 지도적 시민 몇 사람과 런던탑에서 회의를 열었다. 이 자리에서 밤사이에 병력을 모아 술 취해 잠들어 있는 폭도들을 덮치자는 제안이 나왔다. 무기를 가진 자가 스무 명 중 하나도 되지 않으니 파리 잡듯 죽일 수 있으리라는 것이었다.

또한 시민들이 이런 일에 나설 준비가 되어 있었으니, 무기를 들고 나설 만한 친구들과 하인들을 몰래 집 안에 모아놓았던 것이었다. 예를 들어 로버트 놀즈 경은 120명이 넘는 완전무장한 동료들과 함께 자기 집을 지키고 있었는데 부르기만 하면 1분 내에 움직일 수 있었다. 이 시기에 퍼듀커스 델브레트 경도 런던에 있었는데, 당연히 큰 몫을 맡을 수 있는 사람이었다. 이렇게 모두 모으면 무장을 잘 갖춘 병력 8,000명 이상이 될 수 있었다.

그러나 아무 행동도 취해지지 않았다. 모두들 평민들을 너무 두려워했기 때문이었다. 솔즈베리 후작을 비롯한 왕의 고문들은 이렇게 말했다. "폐하께서 좋은 말씀으로 그들을 달랠 수 있다면 그 편이 더 좋을 것입니다. 일을 벌여 놓았다가 만약 제대로 마무리를 하지 못한다면 그 후과(後果)는 우리 모두와 우리 자손에게까지 미쳐, 잉글랜드가 사막과 같은 곳이 되어 버릴 것입니다." 이 건의가 받아들여졌고, 시장은 마땅한 도리대로 이에 복종해 어떤 도발행위도 일으키지 않도록 명령했다.

금요일 아침, 런던탑 앞의 성 카트린 광장에서 밤을 지낸 폭도들은 움직일 준비를 시작했다. 그들은 소리쳐 외치기를, 왕이 자기들을 만나지 않는다면 그들이 탑을 공격해 쳐들어가 점령하고, 안에 있는 사람들을 몽땅 죽여 버리겠다고 했다. 이 위협에 놀란 왕은 군중과 대화를 나누기로 결정하고 사람을 보내 그들에게 마일 엔드에 있는 아름다운 풀밭으로 물러가 있으면 자기가 그곳으로 가서 그들을 만나고 그들의 요구를 들어주겠다고 전했다.

마일 엔드의 풀밭은 여름이면 사람들이 놀러 가는 곳이다. 이런 취지의 포고가 국왕의 이름으로 발표되자 여러 마을에서 온 평민들은 이에 따라 그곳으로 행진해 가기 시작했다. 그러나 귀족들의 재물에 더 관심을 가지고 도시의 노략질에 뜻을 둔 많은 자들은 이에 아랑곳하지 않고 런던에 남아 있었다. 실제로 이 모든 소란의 주된 원인이 약탈의 욕망에 있었다는 사실은 폭도들의 행위를 통해 명백히 드러난 것이었다.

탑의 문이 열리고 두 동생과 여러 귀족들을 거느린 왕이 빠져나가자 와트 타일러, 잭 스트로와 존 볼은 400여 명의 군중을 이끌고 밀고 들어가 이 방 저 방을 뛰어다니다가 캔터베리 대주교, 사이먼이라는 이름의 용기 있고 현명한 사람을 찾아내자 붙잡아 목을 베었다. 성 요한 수도원의 원장과 랭카스터 공작 휘하의 내과 의사로 있던 프란체스코회 수도사 한 명, 그리고 존 레이지라는 이름의 기병 하사관 한 명도 같은 운명을 맞았다.

반도들은 네 사람의 목을 긴 말뚝에 꽂아 런던의 길거리를 이리저리 돌아다니며 실컷 모욕을 가한 뒤, 마치 국왕과 왕국에 대한 배반자의 목처럼 런던교 위에 걸어놓게 했다. 그 다음 악당들은 왕모의 거처에 들어가 왕모의 침대를 산산조각을 내는 바람에 왕모는 두려움을 이기지 못해 실신해 버렸고, 실신한 상태에서 시종과 귀부인들이 강변으로 모시고 가서 지붕 씌운 배에 태워 워드로브라는 이름의 저택으로 모셔갔다. 그곳에서 왕모는 매우 위중한 상태로 하루 밤낮을 지냈다.

왕이 마일 엔드로 향해 가는 동안 백성과의 대면을 두려워한 왕제 켄트 후작과 존 홀란드 경은 일행에서 빠져나가 도망쳤다. 그러나 왕 자신은 대단한 용기를 발휘해, 약속된 장소에 이르자 모여 있던 사람들의 한가운데로 곧장 들어가 더할 수 없이 온화한 태도로 말했다. "나의 착한 백성들이여, 나는 그대들의 왕이며 영주이노라. 그대들은 무엇을 원하는가? 내게 무슨 말을 하고 싶은가?"

그 말을 들은 사람들이 대답했다. "폐하께서 우리를 영원한 자유인으로 만들어 주시기 바랍니다. 더 이상 노예라고 불리지 않고 속박에 묶이지 않기를 바랍니다." 왕이 대답했다. "그대들의 청원을 윤허하노라. 그러니 이제 각자의 집으로 돌아가고, 마을마다 대표 두 사람이나 세 사람을 남겨 두라. 그대들의 모든 요구에 부응하는 문서를 만들어 옥새를 찍은 뒤 그들을 통해 보내줄 것이다. 그대들이 더욱더 만족할 수 있도록 나의 깃발을 모든 관청과 수비대, 그리고 단체에 보낼 것이다."

군중 가운데 온건한 축은 이 말씀에 대단히 만족해서 이렇게 말했다. "좋습니다. 우리는 더 바라는 것이 없습니다." 그러나 왕은 더 덧붙여 말했다. "너희들, 켄트 주에서 온 자들은 내 깃발 하나를 가져가거라. 마찬가지로 에섹스, 서섹스, 베드포드, 서픽, 케임브리지, 스태포드, 그리고 링컨에서 온 자들도 깃발하나씩 가져가거라. 지금까지의 모든 행위를 사면해 주겠으니 모두 내 깃발을 따라 내가 말한 방법대로 집에 돌아가도록 하라."

군중은 아무 이의 없이 그 말씀에 따르겠다고 했다. 그리하여 이 거대한 군중은 흩어졌다. 왕은 즉각 30명 이상의 서기를 동원하여 문서를 최대한 빨리 작성하게 했고, 만들어진 문서에 옥새를 찍어 넘겨주자 사람들은 각자의 지방을 향해 떠나갔다.

그러나 악당의 수괴들은 남아 있었다. 와트 타일러와 잭 스트로, 그리고 존 볼을 말하는 것이다. 그들은 말하기를, 사람들이 만족했다 하더라도 자기네는 전혀 만족하지 못했다고 하였고, 그와 같은 마음을 가진 3만 명가량이 그들과 함께 남았다. 그들은 왕의 문서나 옥새에는 관심도 없이 시내에 머물러 있으면서 도시를 엄청난 혼란에 빠뜨리기 위해 할 수 있는 짓을 다했다. 영주와 부호들이 살해당했고 그들의 저택이 약탈과 파괴의 대상이 되었다. 런던 시민들은 이에 대비해 집을 떠나지 않으면서 무장을 갖추고 자기 생명과 재산을 보호할 준비를 하고 있었다.

마일 엔드 풀밭에서 군중을 안무(按撫)한 리처드 왕은 극도로 놀란 상태에 있는 어머니를 위안하기 위해 워드로브로 갔다. 그러나 그에 앞서 스태포드 주에서 온 얼간이들과 그 지도자 윌리엄 리스터가 노리지 성 앞에서 겪은 일을 빼놓지 않고 적어야겠다.

사악한 반도 일당이 런던에서 사보이 궁전과 성 요한 교회와 저택, 그리고 템플 기사단 구호소를 불태우고 있을 때, 링컨셔와 노퍽, 서퍽에서는 많은 군중이 모여들어 접수한 지령에 따라 런던을 향해 행진해 오고 있었다. 그 길에 그들은 노리지 부근에 정지하고 마주치는 사람들을 모두 동참하라고 강요했다.

그들이 노리지 부근에서 정지한 까닭은 그곳의 수비대 사령관 로버트 셀 경 때문이었다. 그는 신사의 신분으로 출생한 사람이 아니었고, 자기 능력과 용기로 인해 에드워드 왕의 발탁을 받아 기사가 된 사람이었다. 더욱이 그는 잉글랜드에서 가장 잘생기고 강한 사람 중 하나였다. 리스터와 그 패거리는 이 사람을 자기네 사령관으로 모시려는 마음을 먹은 것이었다.

그들은 그에게 사람을 보내 들로 나와 자기네와 만나자고 청하고, 거절할 경우 도시를 공격해 불태워 버리겠다고 협박했다. 그런 악행을 저지르게 하기보다는 자기가 가보는 편이 낫겠다고 생각한 기사는 말을 타고 혼자 도시를 나가 그들이 하려는 말을 들으려 했다. 그가 다가오자 패거리들은 모두 갖은 방법으로 경의를 표하고 말에서 내려 이야기를 나누자고 공손하게 간청했다. 그는 그 말에 따라 말에서 내렸으니, 이것이 엄청나게 어리석은 짓이었다.

폭도들은 즉각 그를 둘러싸고, 처음에는 우호적인 태도로 이렇게 말했다. "로버트, 그대는 뛰어난 용기로 널리 알려진 기사이며 이 지방에서 대단히 무게 있는 인물이오. 그러나 그럼에도 불구하고 그대가 어떤 사람인지 우리는 알고 있소. 그대는 원래 신사가 아니라 가난한 석공의 아들로서, 우리와 똑같은 사람이오. 그러니 우리와 함께 가 우리의 대장이 되어 주시오. 그러면 우리는 그대를 잉글랜드의 4분의 1을 다스리는 위대한 인물로 만들어주겠소."

이 말을 들은 기사는 걷잡을 수 없이 화가 나서 성난 눈초리로 그들을 노려보며 말했다. "꺼져라, 더러운 거짓말쟁이들! 내가 타고난 영주님을 버리고 너희 같은 악당들과 한 패가 될 것 같으냐? 내가 스스로 내 명예에 먹칠을 할 것 같으냐? 목매달아 마땅한 놈들, 내 손으로 너희들을 목매달고 싶구나."

이렇게 말하고 그는 말에 올라타려 했다. 그러나 발이 등자에서 미끄러졌고 말이 겁을 먹었는데, 이것을 보고 폭도들이 소리쳤다. "저 놈을 죽여라!"

이 말을 들은 로버트 경은 말에서 손을 떼고 멋진 보르도 검을 뽑아 휘두르기 시작했다. 잠깐 사이에 훌륭한 솜씨로 폭도들을 주변에서 물리쳤다. 그에게 달려든 자들이 많았지만 칼을 한 번 휘두를 때마다 목이나 팔, 발, 다리가 떨어져 나갔기 때문에 아무리 용감한 자도 그에게 가까이 오기를 두려워했다.

4만이나 되는 폭도에 둘러싸인 기사는 열두 명을 죽이고 많은 자들에게 부상을 입혔지만 결국은 폭도들의 돌팔매질에 쓰러지고 말았다. 그가 쓰러지자 폭도들이 달려들어 팔과 다리를 자르고 몸을 토막냈다. 이것이 로버트 샐 경의 가엾은 최후였다.

토요일 아침 왕은 워드로브를 떠나 웨스트민스터로 가서 신하들과 함께 수도원에서 미사를 올렸다. 이 교회에는 성모 조상(彫像)이 하나 있는데, 잉글랜드 왕들은 이 조상을 높이 받들었다. 이 때를 맞아 리처드 왕과 그 밑의 귀족들은 경배를 올리고 예물을 바쳤다. 그리고 그들은 런던으로 향하는 길에 올랐다.

그러나 얼마쯤 가다가 리처드 왕은 시종 몇 명만을 거느리고 시내와 반대 방향인 왼쪽 길로 빠져나갔다.

이 날 폭도들은 와트 타일러, 잭 스트로와 존 볼의 지휘 아래 스미스필드라는 곳에 모였다. 금요일마다 말 시장이 열리는 곳이었다. 그곳에 약 2만 명이 있었고, 시내에도 많은 폭도가 남아 있어서 주막이나 은행 점포에서 돈도 내지 않고 아침을 먹고 라인강 포도주와 맘지 마데이라를 마시고 있었다. 모두들 그들의 비위를 맞추느라고 눈치를 살피고 있었다.

스미스필드에 모인 자들은 그 전날 저녁에 받은 국왕의 깃발을 가지고 있었다. 그런데도 그 악당들은 도시를 약탈하고 싶어 했고, 그 괴수들은 지금까지 한 것은 아무것도 아니라고 말했다. "왕이 내린 사면은 우리에게 적용이 되지 않을 것이오. 그러나 우리가 한 마음이 된다면 부유하고 강한 런던의 도시를 약탈할 수 있을 것이오. 에섹스, 서픽, 케임브리지, 베드포드, 워릭, 리딩, 랭커셔, 애런들, 길드포드, 코벤트리, 린, 링컨, 요크와 더램에서 오는 자들이 도착하기 전에 말이오. 그들은 행진 중이며, 배키어와 리스터가 그들을 이리로 이끌고 올 것을 우리는 확실히 알고 있소. 그러니 우리는 그에 앞서 도시의 부를 탈취해야 하오. 그들이 올 때까지 기다리고 있으면 그들의 것이 될 것이오."

이 주장에 모두 찬성하고 있을 때 60기(騎)의 인원을 거느린 왕이 그들의 시야에 들어왔다. 이 때 왕은 폭도들 생각을 하고 있는 것이 아니었고, 런던으로 들어가기 전에 말 타기를 더 하려는 것이었다. 그러나 스미스필드에 있는 성 바톨로뮤 수도원 앞에 도착해서 군중이 모여 있는 것을 보자 왕은 걸음을 멈추고 말하기를 그들이 원하는 것이 무엇인지 알아보고 그들을 만족시킬 길을 찾아봐야겠다고 했다.

왕과 그 일행을 본 와트 타일러가 사람들에게 말했다. "왕이 여기 왔소. 내가 가서 이야기를 할 테니 신호를 보내기 전에는 움직이지 마시오." 이렇게 말하고 타고 있는 말에 박차를 가해 왕에게 달려가, 자기 말의 머리가 왕이 탄 말의 궁둥이에 닿을 정도로 가까이 다가섰다.

그는 이렇게 말을 꺼내기 시작했다. "폐하, 폐하 눈에 여기 모인 사람들이 보입니까?" 왕이 대답했다. "보이노라. 그런데 왜 그것을 묻는가?" "그들은 모두 내 지휘 아래 있으며, 내 명령에 무엇이든 따르겠다고 서약을 한 사람들입니다." 왕이 말했다. "그런가? 그렇다면 그런 줄 알겠네."

어떻게든 트집을 잡고 싶었던 타일러는 이렇게 또 말했다. "이 많은 사람들, 그리고 역시 내 지휘를 받는 비슷한 숫자의 시내에 있는 사람들이 폐하의 문서 없이 떠날 수 있다고 생각하십니까? 안 됩니다, 문서를 가지고야 떠날 수 있습니다." 왕이 대답했다. "아니, 이미 명령을 내려놓았기 때문에 문서는 하나하나 전달될 것일세. 자네는 자네 친구들에게 돌아가 런던을 떠나라고 하게. 소란을 일으키지 말고 조심해서 행동하도록 하게. 우리가 합의한 대로 모든 도시와 마을 단위로 문서를 만들어주는 것이 우리의 결심이라네."

왕의 말이 끝날 때 타일러는 눈길을 굴리다가 왕의 신변에 붙어 있는 시종 하나가 칼을 들고 있는 것을 보았다. 이 시종에게 타일러는 극심한 혐오감을 품고 그를 보고 소리쳤다. "너는 무엇을 가지고 있는가? 네 단검을 내게 달라." 시종이 대답했다. "싫다. 왜 단검을 네게 준단 말인가?" 그러자 왕이 말했다. "그에게 주라. 그에게 주라." 시종은 마지못해 단검을 타일러에게 건네주었다.

단검을 받아든 타일러는 손에 쥐고 장난하면서 그 시종에게 다시 말했다. "그 칼도 내게 달라." 시종이 대답했다. "안 된다. 이 칼은 폐하의 칼이다. 일개 직공인 네게는 이 칼에 손댈 자격이 없다. 너와 나 단둘이 있는 자리에서라면 저 교회만큼 금덩이를 쌓아놓고 하라고 해도 네가 지금 한 것 같은 말을 내게 감히 할 수 없었을 것이다." 타일러가 말했다. "맹세하건대, 네 머리를 내 손에 넣기 전에는 내가 오늘 식사를 하지 않을 것이다."

이 말을 들은 런던 시장이 겉옷 아래 무기를 든 열두 명 정도의 부하를 거느리고 말을 몰아 앞으로 나와서 타일러가 노는 꼴을 보고 말했다. "이 나쁜 놈, 어찌 감히 폐하의 면전에서 이렇게 방자할 수 있는가?" 타일러의 무례한 언행에 역시 분노해 있던 왕이 시장에게 말했다. "그를 붙잡으라."

리처드 왕이 이 명령을 내릴 때 타일러는 시장에게 대꾸하고 있었다. "당신은 무슨 상관인가? 내 말에 못마땅한 거라도 있는가?" "있다마다!" 왕의 뜻도 자신과 같음을 확인한 시장이 대답하고 덧붙여 말했다. "너의 불경죄를 다스리지 않고는 하루도 더 살 생각이 없다."

이렇게 말하며 시장은 일종의 언월도 같은 무기로 타일러의 머리를 힘껏 후려쳐 말 아래 굴러 떨어지게 했다. 반도가 말에서 떨어지자 곧바로 사람들이 둘러싸 저멀리 폭도들이 보지 못하게 했다. 그리고 존 스탠위지라는 이름의 국왕 시종 하나가 얼른 말에서 뛰어내려 칼을 뽑아 반도의 배에 찔러 넣음으로써 그를 죽였다.

우두머리가 죽은 것을 안 폭도들은 각자 활을 당기고 일종의 전투대형을 만들었다. 이 때 왕은 분명히 매우 위험한 행동을 취했는데, 그것이 다행히 아주 좋은 결과를 가져왔다. 타일러가 쓰러지자마자 왕은 시종들에게 따라오지 말라 이르고, 우두머리의 복수를 위해 다가오고 있는 폭도들에게 말을 타고 달려가 말했다. "그대들은 어찌 이러는가? 나를 그대들의 우두머리로 삼으라. 내가 그대들의 왕이다. 소란을 일으키지 마라."

이 말을 들은 대부분의 사람은 큰 부끄러움을 느꼈고, 그 중에서 평화를 원하는 편인 자들은 빠져나가기 시작했다. 그러나 소란을 원하는 자들은 계속해서 자리를 지켰다. 왕은 신하들에게 돌아와 이제부터 어떤 행동을 취할지 의논했다. 그들은 들판으로 달려 나가자고 권했다. 그러나 시장은 후퇴하는 것이 좋은 방책이 아니라고 말했다. "지금까지 행동한 것과 똑같이 행동하는 것이 옳을 것입니다. 런던의 훌륭한 우리 동료들의 도움이 머지않아 도착할 것이라 생각합니다."

이러한 상황에 처해 있을 때 몇 사람이 런던으로 달려가 사람들에게 외쳤다. "그놈들이 우리 폐하와 우리 시장님을 죽이려 하고 있소!" 이 경보를 듣고 왕을 지키려는 자들이 모두 스미스필드를 향해 좇아 나갔는데, 그 숫자가 7,000~8,000가량 되었다. 제일 먼저 로버트 놀즈 경과 퍼듀커스 델브레트 경이 탄탄한 병력을 거느리고 도착했다. 뒤이어 시 참사회원 몇이 600명이 넘는 기병을 몰고 왔고, 왕의 포목상으로 시의 강력한 인물인 니콜라스 브램버라는 사람이 많은 수의 보병을 동원해 왔다. 그들 모두가 폭도들과 대치해서 대열을 지었다. 폭도들은 왕의 깃발을 가진 채로 전투를 불사하겠다는 태세였다.

이 때 왕은 세 사람을 기사로 임명했다. 윌리엄 월워드 경, 존 스탠위지 경, 그리고 니콜라스 브램버 경이었다. 로버트 놀즈 경은 스미스필드에 도착하자마자 곧바로 폭도들을 덮쳐서 무찔러 버리자고 건의했다. 그러나 리처드 왕은 이를 승낙하지 않고 이렇게 말했다. "그대들은 먼저 그들에게 가서 내 깃발을 내놓으라고 하시오. 그리고 그들이 어떻게 나오는지 봅시다. 좋은 방법이든 험한 방법이든 필요에 따라 쓸 것이오."

그리하여 새로 임명된 기사 셋이 파견되었고, 폭도들에게 가까이 간 그들은 이야기를 하고자 하니 활을 쏘지 말라고 신호를 보내고, 목소리가 들릴 만한 거리에 이르자 소리쳐 말했다. "자 들으라. 폐하께서는 그분의 깃발을 그대들로부터 거두고자 하신다. 그대들이 순순히 내놓는다면 그분께서도 최대한의 관용을 베푸실 것이다."

그러자 그들은 즉각 깃발을 갖다 바쳤고, 깃발은 왕에게 돌아왔다. 뒤이어 왕의 문서를 가지고 있는 자들이 문서를 반납하지 않을 경우 사형에 처하겠다는 명령이 있었다. 반납한 자들이 있었지만 모두는 아니었다. 문서를 돌려받은 왕은 모두가 보는 앞에서 북북 찢어버렸다.

왕의 깃발을 내놓을 때부터 폭도들의 대열이 모두 무너져버린 사실을 말해둔다. 대부분의 사람들은 활을 내던지고 런던을 향해 도망갔다. 로버트 놀즈 경은 반도들을 즉각 공격해서 모두 잡아 죽이지 않았던 것을 분하게 여겼다. 그러나 왕은 이를 허락하지 않고, 그런 방법이 아니라도 충분한 처벌이 가능하다고 말했다.

폭도들이 흩어진 후 왕과 그 신하들은 기쁨에 넘쳐 위풍당당하게 런던으로 돌아왔다. 런던에 도착한 왕은 곧장 워드로브로 가서 이틀 밤 이틀 낮 동안 극심한 걱정에 시달려 온 어머니 공녀를 만났다. 아들을 보고 훌륭하신 부인께서 무척 기뻐하며 말했다. "아, 아, 장한 아들이여, 오늘 그대를 위해 내가 겪지 않은 고통과 비탄이 없었도다!" 왕이 대답했다. "그러지 않으셨을 리가 있습니까. 그러나 이제 기뻐하시고 찬양해 마땅한 주님께 감사를 올리십시오. 오늘 이 날

나는 상속받았다가 잃어버렸던 잉글랜드 왕국을 되찾았습니다."

이 날 하루를 왕은 왕모와 함께 지냈다. 그리고 포고령을 내려 거리마다 붙여 놓았으니, 런던 주민이 아니고 1년 이상 거주하지 않은 사람은 즉각 도시를 떠나라는 것이었다. 일요일 아침 해 뜨는 시각 이후 이에 저촉되는 사람이 시내에서 발견될 경우, 왕에 대한 반역자로서 체포해 목을 베겠다는 것이었다. 누구도 감히 이 포고에 거스르려 하지 않았고, 모두들 황급히 고향을 향해 떠났다.

존 볼과 잭 스트로는 낡은 폐허에 숨어 있다가 발각되었다. 그들은 사태가 잠잠해진 뒤에 도망쳐 나가려는 계획이었는데, 자기편의 배신을 당해 그렇게 하지 못했다. 이 체포에 왕과 그 신하들은 매우 기뻐했으며, 두 사람의 목을 잘라 타일러의 목과 함께 런던교에 걸어놓았다. 그 악당들이 무고한 사람들의 목을 걸어놓았던 그 자리였다.

런던에서 폭도들이 완전히 진압된 소식은 이웃 지방으로 퍼져나갔고, 런던을 향해 행진해 오던 모든 사람들의 귀에 들어갔다. 소식을 들은 자들은 감히 행진을 계속하지 못하고 즉각 자기 집으로 돌아갔다.

<hr>

계급투쟁의 양상을 뚜렷이 띤 대규모 농민 봉기가 14세기 말 서유럽에서 처음으로 일어났다. 14세기 중엽 흑사병으로 촉발된 사회경제적 변화에 원인이 있는 것이었다. 봉기의 직접 원인은 새로 시행하려는 인두세(人頭稅)에 있었지만, 1451년의 노동법령(Statute of Labourers)으로 임금의 상승을 막아 근로계층에게만 변화의 부담을 지워 온 고식적 정책에 대한 불만이 쌓여 온 것이 그 근본 원인으로 지적된다.

출처 Sir John Froissart, *Chronicles of England, France and Spain*, tr. Lord Berners, 1523-5

18

아쟁쿠르 전투

1415. 10. 25

한 프랑스 기사의 기록

장 드 와브랭

다음날 잉글랜드 왕은 숙영지를 떠난 뒤 늘 그래온 것처럼 곧바로 칼레를 향해 행군을 계속했다. 그 날은 10월 24일, 성 크리스핀 축일의 전날이었는데, 출발한 지 얼마 안 되어 정찰병들이 보고하기를 대규모 프랑스 병력이 앞길을 가로막고 있으며, 내일 전투를 치르기 위해 루소비유와 아쟁쿠르에서 밤을 지낼 예정으로 보인다고 했다. 이 보고를 듣고 왕은 잘됐다고 했다.

이 보고를 받은 헨리 왕은 테르누와의 블랑지에서 강을 건너는 다리가 좁고 길기 때문에 건너기 전에 선발대의 여섯 명 기사로 하여금 미늘갑옷을 벗고 먼저 건너가 다리에 수비대가 없는지 확인하게 했다. 그들은 수비대도 없고 저항도 없다는 것을 확인했다. 그래서 잉글랜드 부대 전체가 매우 신속하게 다리를 건넜다. 강을 건너 행군을 다시 시작하고 얼마 안 되어 그들은 앞에 대규모 프랑스 병력이 있는 것을 보았다.

그러자 헨리 왕은 그 날 중에 전투가 벌어질 것으로 예상하고 모든 장병이 말에서 내려 전투대형을 갖추게 했다. 그리고 잉글랜드 전군은 경건한 예배를 올리며 자기편을 도와주시기를 주님께 빌고 해가 질 때까지 그 자리에 머물렀다.

잉글랜드군의 전투대형을 알아본 프랑스군 역시 전투가 벌어질 것을 예상,

대형을 갖추고 미늘갑옷을 입고 깃발을 내걸었으며, 몇 명의 기사를 새로 임명했다. 부시코 원수에 의해 새로 임명된 기사 중에는 네베르 백작 필립이 있었다. 아쟁쿠르 부근의 그 장소에 프랑스군 전체가 한 덩어리로 모여 있었다.

시간이 너무 늦은 것으로 판단한 잉글랜드 왕은 부근에 있는 메종셸로 군대를 퇴각시켰다. 그러나 잠자리에 들기 전에 왕은 부대에 끌고 다니던 귀족과 평민의 포로들을 풀어주었다. 포로들은 잉글랜드군이 승리를 거두고 자기들이 살아 있을 경우 왕과 자기 주인들에게 돌아올 것을 서약했다. 만일 잉글랜드군이 패전할 경우에는 몸값 없이 영원한 자유를 가지도록 왕이 허락했다.

이렇게 포로들을 풀어준 다음 잉글랜드 왕은 앞서 말한 메종셸에 숙소를 잡았다. 적군과 아주 가까운 곳이어서 최전방의 병사들은 적군을 환히 보고, 그들이 서로 이름을 부르고 이런저런 소리 내는 것을 다 들을 수 있었다. 그러나 잉글랜드군 쪽은 그렇게 조용할 수가 없었다. 말소리를 내거나 이야기 나누는 사람을 거의 볼 수 없었다.

잉글랜드 왕이 메종셸로 들어가는 것을 보고 그 날 전투가 없으리라는 것을 알게 된 프랑스군 쪽에서는 프랑스 왕과 총사령관의 이름으로 각자 자기 위치에서 밤을 지내도록 하라는 명령이 내려졌다.

그러자 깃발을 창에 감아 놓고, 미늘갑옷을 벗어 놓고, 당나귀 등짐과 궤짝을 풀어 놓고, 영주들이 하인과 심부름꾼을 부근 마을로 보내 깔고 잘 짚단을 가져오게 하는 광경을 여러분에게도 보여주고 싶다. 그들은 서 있던 자리에서 잠을 자게 되었는데, 땅바닥은 말굽에 밟혀 많이 평평해져 있었다. 그런데 거의 밤새도록 비가 그치지 않았고, 심부름꾼, 마부 등속의 사람들이 내는 시끄러운 소리가 계속되었다. 이 소리를 잉글랜드군 쪽에서는 똑똑히 들을 수 있었는데, 반대로 그쪽에서 나는 소리는 전혀 들리지 않았다.

잉글랜드군 진영에서 신부를 찾을 수 있는 자는 모두 고해성사를 올렸고, 기병들은 갑옷을 조이고 창날을 닦았으며, 궁수들은 활과 활줄을 매만지는 등 각자에게 필요한 일을 했다. 이른 아침이 되자 잉글랜드 왕은 미사를 올리기 시작했다. 하루에 세 차례 미사를 연이어 올리는 것이 그의 습관이었다. 미사를 올릴 때 왕은 투구만을 빼고 갑옷을 완전히 입고 있었다. 미사가 끝난 후 투구를 가져오게 했는데, 매우 화려한 것으로, 황제의 왕관처럼 아름다운 황금띠가 둘러진 것이었다.

이렇게 완전히 갖춰 입은 뒤 자그마한 회색 말을 탄 왕은 박차도 가하지 않고 나팔이나 어떤 악기도 소리를 내게 하지 않고 조용히 부대를 숙영지에서 떠나게 하여 어린 곡식이 자라는 아름다운 들판에서 대형을 갖추게 했다. 그리고 자기 짐과 부하들의 짐을 지키도록 기사 하나에게 창병 열 명과 궁수 스무 명을 붙여 남겨두었다. 전투에 도움이 되지 않는 명문 출신의 사동(使童)들과 환자들도 함께 남겨두었다.

왕은 전 병력을 하나의 덩어리로 최대한 밀집시켰다. 기병을 중앙에 두어 깃발들이 서로 이어지게 했다. 그 양쪽으로 궁수들을 배치했다. 전투능력이 있는 병력이 모두 해서 1만 명가량이었다. 잉글랜드 왕의 깃발로 말하자면 그 신변에 다섯 개의 깃발이 있었다. 성부-성자-성심의 깃발, 성모의 깃발, 성 조지의 깃발, 성 에드워드의 깃발, 그리고 왕실의 문장을 새긴 깃발이었다. 그 뒤에는 다음 귀족들, 글루스터 공작, 요크 공작, 마치 후작, 헌팅던 후작, 옥스퍼드 후작, 켄트 후작, 로스 영주, 코널 영주 외 몇 명의 깃발이 있었다.

대형이 이뤄진 뒤에 왕은 진영의 구석구석을 돌아보며 아쉬운 점이 없는지 살펴보았고, 다니는 길 곳곳에서 훌륭한 연설을 통해 잘 싸워줄 것을 당부하고 간청했다. 그가 프랑스에 온 것은 정당하게 상속받은 영지를 되찾기 위해서라는 것, 그 요구가 정당하고 타당하다는 것, 그러므로 시비에 거리낌 없이 당당하게 싸울 수 있다는 것을 이야기하고, 잉글랜드에서 태어나고 자라난 장병들은 보모형제와 처자가 살고 있는 그 땅으로 기쁘고 당당하게 돌아가기 위해 있는 힘을 다해 잘 싸워야 마땅하다고 말했다.

그리고 자기 조상인 잉글랜드 왕들이 프랑스군에 여러 차례 찬란한 승리를 거두어 그들을 비참한 궁지에 몰아넣은 사실을 이야기했다. 또, 그 날의 싸움에서 잉글랜드의 명예와 함께 자신과 자신의 왕관을 지키는 데 모두 도와달라고 간청했다. 그리고 프랑스군이 잉글랜드 궁수를 포로로 잡을 경우 다시는 프랑스 사람이나 말에게 활을 쏘지 못하도록 오른손 손가락 세 개를 자르겠다는 장담을 하고 있다고 말해주었다. 이런 이야기들을 비롯해서 여기에 다 담을 수 없는 많은 이야기를 잉글랜드 왕은 자기 부하들에게 해주었다.

이제 프랑스군의 상황을 설명하기로 하자. 앞서 말한 것처럼 프랑스군은 목요일 밤 아쟁쿠르와 트람쿠르 사이의 들판에서 야영을 했고, 다음날 아침 그곳에서 잉글랜드 왕과 그 군대에 맞서 싸울 채비를 했다. 목요일에 그들은 잉글랜드군과 싸울 장소로 그 야영지를 선택한 것이었다. 칼레로 곧바로 향하는 길목에 있기 때문에 잉글랜드군이 지나가지 않을 수 없는 장소였다.

모여 있던 위대한 영주들은 모두 기꺼이 자기네 깃발을 총사령관의 왕실 깃발 아래 합쳤다. 원수들, 장군들, 그리고 그 밖의 왕실 장교들이 있었다. 그날 밤 프랑스군은 자기네가 받들고 싸울 깃발을 둘러싸고 큰 모닥불을 여럿 피웠다. 프랑스군은 5만 명이 넘었고, 많은 마차와 짐, 대포, 그리고 상황이 필요로 하는 온갖 장비를 가지고 있었다. 악기는 별로 없었고, 밤새도록 말 울음소리 한 번 들리지 않았다.

이 글을 쓰고 있는 나는 프랑스군 쪽에 있었기 때문에 이 모든 사정을 사실대로 알고 있다.

다음날, 즉 1415년 10월 25일 금요일 성 크리스핀 축일 아침에 총사령관을 위시한 프랑스군 지휘관들은 무장을 갖추고 야영지를 나섰다. 오를레앙 공작, 부르봉 공작, 바르 공작, 알랑송 공작, 외 백작, 리슈몽 백작, 방돔 백작, 마를 백작, 보드몽 백작, 블로몽 백작, 살린 백작, 그랑프레 백작, 루시 백작, 당마르탱 백작을 비롯해 많은 귀족들과 기사들이 있었다. 그리고는 프랑스왕을 대신한 총사령관과 원수들의 명령으로 세 개의 대대를 편성하게 되었다.

……(생략)……

이렇게 세 개의 대대로 편성된 프랑스군의 위용은 참으로 장관이었다. 눈에 보이는 대로 판단해도 프랑스군의 수는 잉글랜드군의 여섯 배는 충분히 되었다. 대대가 편성된 후 프랑스군은 중대 단위로 각자의 깃발을 둘러싸고 앉아 잉글랜드군의 접근을 기다리면서 서로간의 우의를 다짐했다. 오래 전에 심

백년전쟁 중인 1415년 10월 25일 프랑스군이 잉글랜드군에게 대패한 전투이다. 아쟁쿠르는 북프랑스의 작은 마을로, 노르망디에 상륙해 칼레를 향해 북상해 온 헨리 5세의 잉글랜드군과 이를 저지하려는 프랑스군과의 전투이다. 병력은 잉글랜드군이 약 6,000명, 프랑스군이 약 2만 명으로 추정된다.

어졌던 많은 해묵은 반감이 이 때 해소되었다. 서로 키스하고 포옹하는 모습은 바라보기에도 감동스러웠다. 과거에 존재하던 갈등과 시비는 사라지고 위대하고 완전한 사랑이 그 자리를 채웠다.

　가지고 있는 것으로 아침 요기를 하는 사람들도 있었다. 이런 상태로 아홉 시, 열 시까지 지내면서 프랑스군은 병력의 우열로 볼 때 영국군을 놓칠 염려가 없다는 자신감을 가지고 있었다. 그러나 가장 현명한 사람들 중에는 잉글랜드군과의 정면 대결을 매우 걱정스러워 하는 사람도 없지 않았다.

　나중에 여러 뛰어난 기사들에게 들은 바에 따르면 프랑스군 측의 대비 중에 이런 것도 있었다. 크루와 영주 휘하의 기사 열여덟 명이 자원해서 서로를 한 덩어리로 묶어 놓고, 전투가 일어날 때 자기네는 전력을 다해 잉글랜드 왕에게 접근해서 왕의 머리에서 왕관을 떨어뜨리겠다고, 그렇게 하지 못하면 자기네는 전사하겠다고 맹세를 했다는 것이다.

그들은 후자를 실천했다. 그러나 그에 앞서 그들은 잉글랜드 왕에게 접근하는 데 성공해서 한 사람이 들고 있던 창으로 왕의 투구를 세게 쳐서 장식 한 조각을 떨어뜨렸다고 한다. 그러나 얼마 안 있어 열여덟 명 모두 산산조각의 시체가 되었으니 참으로 애석한 일이다. 모든 프랑스군이 그들처럼 힘들여 싸웠다면 그 날 전투의 결과는 그들에게 더 유리한 쪽으로 나왔을 것이기 때문이다. 이 결사대의 지도자는 루블레 드 마생앙과 가르노 드 부르누유였다……(생략)……

프랑스군은 주력부대를 두 개의 잡목 숲 사이에 배치해 놓았는데, 한쪽 숲은 아쟁쿠르 방향이었고 또 한쪽 숲은 트람쿠르 방향이었다. 그곳은 지형이 좁아서 잉글랜드군에게는 매우 유리했고, 거꾸로 프랑스군에게는 극히 불리한 지형이었다. 왜냐하면 프랑스군은 말 등 위에서 밤을 지냈고, 비가 왔는데 시동과 마부 등속이 말을 끌고 가면서 흙을 부숴 놓아 흙이 아주 부드러워져서 말이 걸음을 옮기기가 힘들었기 때문이다.

게다가 프랑스군의 갑옷이 너무 무거워서 똑바로 서기도 앞으로 나가기도 어려웠다. 우선 무릎이나 그 아래까지 내려가는 긴 철판 갑옷을 입고 있었는데, 이것이 매우 무거운 것이어서 다리를 심하게 짓눌렀다. 철판 갑옷 외에도 대부분 두건 달린 투구를 쓰고 있었고, 앞서 말한 것처럼 젖은 땅은 물러진데다 갑옷과 투구가 무거우니 거의 움직이지 못할 정도였다. 그래서 무기를 쳐들기도 힘든 형편에 또 하나 문제가 있었으니 대부분 사람들이 배고프고 잠이 모자라 고통을 받고 있었던 것이다.

대단히 많은 깃발이 있었고, 그 중 일부는 걷어 놓도록 명령을 내렸다. 또한 이들 프랑스군의 창은 모두 짧게 자르도록 했으니, 좁은 곳에서 싸울 때 힘을 제대로 받도록 하려는 것이었다. 궁수와 석궁수도 충분히 있었지만 쏘지 못하게 했다. 들판이 너무 좁아서 기병밖에는 움직일 자리가 없기 때문이었다.

이제 잉글랜드군 쪽으로 돌아가 보자. 두 군대 사이의 협상이 끝나고 사절들이 각자의 진영으로 돌아간 뒤 잉글랜드 왕은 토머스 어핑엄 경이라는 기사에게 궁수들을 전면의 양쪽 옆으로 배치하도록 맡겨놓고 그에게 전권을 주었다. 토머스 경은 모든 궁수에게 잘 싸울 것을 왕의 이름으로 당부하고, 각자의 목숨을 지키기 위해서라도 맹렬히 싸워 프랑스군을 물리쳐야 한다고 훈시했다.

그리하여 다른 두 명과 함께 부대 앞에서 말을 타고 있던 그 기사가 때가 된 것, 모든 것이 잘 준비되어 있는 것을 판단하고는 손에 들고 있던 막대기를 치켜들면서 "네스트로크!(지금 치라!)" 하고 외쳤다. 이것이 공격의 신호였다. 신호를 내린 기사는 말에서 내려 깃발을 앞세우고 서 있던 왕의 곁으로 갔다.

신호에 접한 잉글랜드군은 갑자기 행군을 시작하면서 큰 함성을 내질렀고, 이 함성에 프랑스군은 크게 놀랐다. 프랑스군이 자기들에게 달려 나오지 않는 것을 본 잉글랜드군은 매우 정연한 대오를 지키면서 프랑스군 쪽으로 달려왔고, 숨을 돌리기 위해 멈추면서 또 한 차례 큰 함성을 내질렀다.

그 때 앞서 말한 것처럼 양쪽 옆으로 배치되어 있던 잉글랜드 궁수들은 거리가 충분히 가까운 것을 보고 프랑스군을 향해 맹렬히 화살을 쏘아대기 시작했다. 그 궁수들은 대부분 몸에 꼭 끼는 윗도리를 입고 갑옷은 입지 않았으며, 바지자락을 무릎까지 걷어 올리고 허리띠에는 도끼나 큰 칼을 차고 있었다. 맨발에 맨머리인 자들도 있었고, 더러는 삶은 가죽으로 만드는 모자나 광주리에 천이나 가죽을 씌운 것을 머리에 쓰고 있었다.

이런 식으로 잉글랜드군이 닥쳐오는 것을 본 프랑스군은 그 때 투구를 머리에 쓰고 대오를 지키면서 모두 자기 깃발 아래 서 있었다. 총사령관, 원수, 장군들, 그리고 그밖의 영주들은 부하들에게 잉글랜드군을 맞아 용감하게 잘 싸워달라고 간곡하게 당부했다. 양군이 마주치는 시점이 되자 트럼펫과 클라리온 소리가 도처에서 울려 퍼졌다.

그러나 프랑스 병사들, 특히 방패를 가지지 않은 자들은 고개를 숙이기 시작했다. 잉글랜드군의 화살이 너무나 빽빽하게 떨어져서 아무도 감히 고개를 들 수 없었던 것이다. 이런 식으로 조금 앞으로 나아가다가 또 조금 물러서기를 거듭하고 있는 동안 많은 프랑스 병사들이 적군과 부딪치기도 전에 화살에 맞아 부상을 입고 쓰러졌다.

막상 양군이 부딪쳤을 때는 대오가 너무 빽빽해서 맨 앞줄의 병사들 외에는 무기를 쳐들 수도 없었다. 앞줄의 병사들만이 힘을 더 잘 받도록, 그리고 적군에 더 가까이 다가갈 수 있도록 짧게 자른 창을 맹렬히 내질렀다.

프랑스군이 세워 두었던 작전 하나를 설명하겠다. 총사령관과 원수는 1,000여 명의 기병을 선발해 놓고 한 무리는 아쟁쿠르 쪽 옆구리에서, 또 한 무리는 트람쿠르 쪽 옆구리에서 잉글랜드 궁수의 대열을 쳐부수도록 했다. 그러나 접전이 시작되자 트람쿠르 쪽 돌격을 맡은 클뤼녜 드 브라방 경의 무리에는 100여 기밖에 남아 있지 않았다.

아쟁쿠르 쪽을 맡은 대단히 용감한 기사 기욤 드 사뵈즈 경에게는 300기가량이 있었다. 그는 두 명만을 데리고 뒤를 따르는 기병들에 앞장서서 잉글랜드 궁수 대열을 덮쳤다. 궁수들은 앞에 말뚝 울타리를 세워놓고 있었지만 땅이 물러서 말뚝들은 쉽게 무너졌다. 그래서 기욤 경과 두 명의 기병은 씩씩하게 달려들었지만 말의 다리가 쓰러진 말뚝에 걸려 멈칫대는 사이에 궁수들이 달려들어 얼른 죽여 버렸다. 대단히 애석한 일이다. 뒤를 따르던 기병 대부분은 겁을 집어먹고 자기네 전위대 틈으로 퇴각해서 전위대의 전투에 큰 장애를 주었다.

전위대의 대오에 여러 곳 틈을 벌려야 했는데, 그로 인해 밀려 움직이다가 말발굽이 새로 씨 뿌린 곳을 디뎌 걸음이 흔들리는 병사들이 있었다. 말들도 화살에 상처를 많이 입어서 기수들의 통제대로 잘 움직여지지 않았다. 이런 사정으로 해서 프랑스군 전위대는 혼란에 빠지고 수없이 많은 기병들이 쓰러지기 시작했다. 날아오는 화살에 겁을 먹은 말들은 적군 앞에서 도망치기 시작했고, 병사들도 그 뒤를 따라 돌아서서 도망치기 시작했다.

잠시 후 프랑스군 전위대가 이렇게 무너진 것을 본 잉글랜드 궁수들은 말뚝 울타리 뒤에서 뛰쳐나와 활과 전통(箭筒)을 내던지고 칼, 도끼, 망치 등 무기를 휘두르며 달려와 프랑스군 대열이 벌어진 틈이 보이는 곳으로 짓쳐들어왔다. 프랑스 병사들을 사정없이 내리쳐 전투도 제대로 못해 본 전위대가 완전히 궤멸될 때까지 살상을 멈추지 않았다. 그들은 좌우를 후려치며 전위대 뒤에 있던 중군(中軍) 앞까지 달려들었는데, 그곳에는 프랑스 왕 자신이 기병들을 거느리고 전투 중이있다.

그곳에 갑자기 브라방의 안토니 공작이 나타났다. 프랑스 왕의 부름을 받은 그는 행여 늦을까봐 황급히 달려오느라고 따라오는 부하들을 기다리지 못하고 단신으로 와서 거느린 나팔수에게 깃발을 하나 받아, 가운데 구멍을 뚫어 갑옷을 입은 것처럼 걸치고 있었다. 그는 금세 잉글랜드 병사들에게 죽임을 당했다.

그리고는 전투가 다시 열을 띠고 프랑스 병사들의 학살이 다시 시작되었는데, 프랑스군은 제대로 방어도 하지 못했다. 앞서 말한 기병들 때문에 전투대형이 무너져 있기 때문이었다. 잉글랜드군은 프랑스군 속으로 더욱더 파고들어 앞의 두 대대를 여러 곳에서 토막내 놓고 잔인하고 무자비하게 프랑스군을 쓰러뜨리고 살육했다. 쓰러졌던 프랑스 병사들 일부는 마부들의 도움으로 다시 일어나 싸움터 밖으로 이끌려 나갔다. 잉글랜드 병사들은 죽이고 포로 잡는 데 열중해서 쫓아오려 하지 않았다.

그 때 아직도 말을 타고 있던 후위대는 앞의 두 대대가 처한 상황을 보고는 모두 말을 돌려 달아났다. 격패된 부대의 지휘관과 장교들만이 남았다. 그래서 후위대가 패주하는 동안 잉글랜드군은 신분 높은 포로들을 많이 잡을 수 있었다고 한다.

프랑스군이 잉글랜드군의 후방을 습격해서 왕의 짐과 다른 짐들을 탈취했다는 소식이 그 때 잉글랜드 왕에게 전해졌다. 이것은 로베르 드 부르누유라는 이름의 기사가 리플라르 드 플라마스, 이장바르 다쟁쿠르 등 몇 명의 기병을 거느리고 약 600명의 농민들과 함께 저지른 짓이었는데, 보관을 맡은 병력이 전투에 몰두해 있는 동안 영국군의 짐과 말을 가져간 것이었다. 이 소식을 들은 왕은 대단히 분노했지만 승리를 추구하는 일에서 눈길을 돌리지 않았다. 그 결과 그 부하들은 신분 높은 포로를 많이 붙잡아 그들 덕분에 부자가 될 희망에 들떠 있었으며, 포로들에게서 투구만을 빼앗았다.

잉글랜드군이 아무 두려움을 가지지 않고 있던 시각에 위험한 상황이 하나 닥쳤다. 프랑스군의 중군과 후위대의 많은 병력이 브리타니인, 가스코뉴인, 푸

와트뱅인을 주축으로 몇몇 깃발 아래 집결해서 정연한 대오를 짓고 들판을 차지한 자들을 향해 보무당당하게 행군해 온 것이다.

그들이 이렇게 다가오는 것을 안 잉글랜드 왕은 포로를 가진 사람들은 모두 포로를 당장 죽이라고 명령을 내렸다. 그러나 포로를 살려두었다가 큰 몸값을 받고자 하는 사람들은 이 명령에 따르려 하지 않았다. 이런 사정을 안 왕은 기사 하나를 지명하고 궁수 200명을 주어 이들을 거느리고 군중을 뒤져서 포로가 있으면 그 신분이 어떠하든 죽여 버리라고 명령했다.

그 기사는 임금의 명령을 그대로 따라 지체 없이 수행하였으니 참으로 안타까운 일이었다. 프랑스 귀족집단이 냉혹하게 목이 잘리고 비참하게 몸이 토막났던 것이다. 게다가 그 원인이 포로가 된 고귀한 기사들과 비교도 되지 않는 엉터리 군대의 진격에 있었으니 진정 애석한 일이었다. 진격해 오던 오합지졸들은 잉글랜드군이 맞서 싸울 태세가 되어 있는 것을 보고는 모두 즉각 돌아서서 각자 목숨을 건지기 위해 도망쳤다. 기병 중에는 살아서 도망친 자가 많았지만 보병들은 대부분 죽임을 당했다.

잉글랜드 왕은 자신이 싸움터의 주인이 되었고 적군을 이겨냈다는 사실을 확인하자 승리를 주신 분에게 공손히 감사를 올렸다. 그럴 만도 한 것이, 그의 휘하 중에서 그곳에서 죽은 사람이 모든 신분을 합쳐 약 1,600명에 불과했던 것이다. 다만 전사자 중에는 왕의 종조부 요크 공작이 있어서 왕이 특별히 애통해 했다.

뒤이어 왕은 그곳에 가장 측근의 신하들을 불러 모으고 그곳에서 제일 가까운 성이 어디인지 물었다. "아쟁쿠르입니다" 하고 그들이 대답했다. 그러자 왕이 말했다. "그렇다면 오늘의 우리 승리를 영원히 아쟁쿠르라는 이름으로 부르기로 한다. 모든 전투는 싸움터에서 제일 가까운 성곽의 이름을 따라 부르는 것이니까."

잉글랜드 왕과 그의 군대가 네 시간 동안 들판에서 승리의 명예를 지키며 기다리고 있다가 프랑스군이든 누구든 그들을 공격하러 오는 자가 없는 것을 확인한 뒤 비도 오고 날도 저물어 가므로 왕은 메종셸의 숙소로 돌아갔다.

잉글랜드 궁수들은 시체를 뒤집어보는 작업을 한참 동안 했는데, 그 밑에서 좋은 포로가 살아 있는 채로 발견되기도 하였으니 오를레앙 공작이 그 중 하나였다. 궁수들은 시체의 갑옷을 벗겨 말에 실어 숙영지로 옮기는 일도 했다. 그들은 요크 공작과 옥스퍼드 후작의 시체를 찾아내 각자의 영채로 옮겼다. 그 두 사람을 제외하고는 프랑스군이 잉글랜드군에 큰 피해를 입힌 것이 없었다.

저녁때가 되었을 때, 숙영지에 매우 많은 짐이 쌓이고 있다는 말을 들은 왕은 포고를 내리고 트럼펫 소리로 모든 곳에 전하게 했으니, 어느 누구도 자기 몸에 걸칠 것보다 더 많은 갑옷을 가지고 있어서는 안 된다는 것이었다. 아직도 프랑스 왕의 위협으로부터 완전히 벗어나지 못한 상황이기 때문이었다.

그 날 밤 요크 공작과 옥스퍼드 후작의 시체를 삶아 뼈를 추려 잉글랜드로 가져갔다. 이 일이 끝난 후 왕은 다시 명령을 내려, 모아 온 갑옷의 남는 것과 이쪽 편 전사자 시체를 광이나 집에 모아 넣고 함께 태우도록 했다. 이것은 왕의 명령대로 시행되었다.

토요일인 다음날 잉글랜드 왕과 그 휘하의 전군은 메종셀을 출발하여 살육의 현장을 지나가면서 아직 살아 있는 프랑스인의 일부를 포로로 데려가고 나머지는 모두 죽였다. 그리고 헨리 왕은 그곳에 서서 벌거벗은 시체들의 가련한 모습을 바라보았다. 밤사이에 잉글랜드 병사들만이 아니라 농민들도 시체의 옷을 벗겨 갔던 것이다.

출처 Jehan de Wavrin, *Chronicles*, 1399-1422, tr. Sir W. Hardy and E. Hardy, 1887

19

베니스 사람이 본 노르웨이 어민들

1432

크리스토포로 피오라반티

이 섬에는 열두 채의 작은 집이 있고 120명가량의 주민이 산다. 대부분은 어부이며, 배, 물동이, 물통, 바구니, 각종 그물 등 생활과 일에 필요한 온갖 물건 만드는 재주를 천성적으로 타고 난 사람들이다. 그리고 그들은 서로에게 매우 예절바르고 친절하며, 자신에게 돌아올 보답을 바라서가 아니라 상대방을 기쁘게 해 주고 싶은 마음이 사랑으로부터 저절로 우러나오는 사람들이다.

그들은 대구 말린 것을 돈고기(stock-fish)라 부르며, 모든 지불과 교환에 주조된 화폐 대신 이용한다. 그 고기는 사실 크기와 모양이 다 똑같으며, 수많은 분량이 바람 속에서 말려진다. 5월이 되면 이 고기로 짐을 싸서 전 덴마크 왕국, 즉 다키아 왕이 다스리는 스웨덴, 덴마크, 노르웨이의 각지를 다니며 이 고기를 가지고 가죽, 천, 철기, 곡식 등 자기들이 필요로 하는 온갖 물건을 바꿔 온다.

이곳 주민들은 노소를 불문하고 너무나 마음이 깨끗하고 하느님의 계율에 철저하게 순종하기 때문에, 간음이나 간통 같은 것이 도대체 어떤 것인지 이해하지도 못하고 또 어떤 식으로든 상상도 하지 않는다. 오직 하느님의 계율에 따른 혼인관계만이 남녀간에 존재할 뿐이다.

이 사실을 증명하기 위해 내가 겪은 바를 진술하려니와, 우리가 머물던 앞서 말한 십에서 우리는 모든 가족과 함께 같은 간에서 삶을 샀다. 주인 내외가 자는 침대 바로 옆의 침대에서 나이가 찬 아들딸들이 함께 잠을 잤고, 그 바로 옆 침대에서 우리가 잤는데, 거의 맞붙을 정도로 침대들이 가까이 있었다. 그들이 잠을 자거나 일어날 때, 또는 옷을 홀랑 벗었을 때, 그리고 우리가 그렇게 할 때, 우리는 서로를 어린아이처럼 순진한 마음으로 무심하게 바라보았다. 더 말해 준다면, 두 차례는 앞서 말한 주인이 가장 잠이 달콤할 시간에 일어나 큰 아들들을 데리고 고기잡이를 나갔는데, 아내와 딸들을 침대에 남겨두고 나가서 무려 여덟 시간이나 집을 떠나 있을 것이면서도, 마치 성모님의 품에 든든히 맡겨두고 가는 것처럼 편안하고 깨끗한 마음으로 집을 떠나는 것이었다.

그곳에서 5월이 시작될 때 우리는 크게 색다른 새로운 구경거리를 접했다. 무엇보다 여자들이 집 가까이 있는 편리한 목욕탕에 가는 것이었다. 몸을 깨끗하게 하기 위해서만이 아니라 자연에 적합한 것이라 여겨 그들이 지키는 관습에 따르는 것이었다.

여자들은 어머니 자궁에서 나올 때와 똑같이 아무것도 걸치지 않고 집을 나서서 아무 거리낌도 없이 목욕탕을 향해 걸어갔다. 들고 가는 물건이라면 오른손에 풀 한 묶음을 빗자루처럼 엮은 것을 들었을 뿐인데, 등의 땀을 씻어내는 데 쓰는 것이라 하며, 왼손은 엉덩이 뒤에 펴서 너무 드러내면 안 되는 뒷부분을 가리는 그림자를 만들었다. 우리는 그들을 두 차례 보았는데, 그곳 사람들과 다름없이 편안하게 지나갈 수 있었다. 그토록 추운 곳에서, 또 늘 보는 일이기 때문에, 우리에게도 특별한 감흥이 일어나지 않은 것이었다.

그런데 한편으로, 바로 그 여자들이 주일날 교회에 갈 때는 길고 점잖은 옷을 입는 것이었다. 그뿐 아니라 얼굴을 전연 볼 수 없도록 목가리개가 달린 투구 같이 생긴 물건을 머리에 쓰는데, 그 끝에는 피리 구멍같이 생긴 내다보는 구멍이 뚫려 있었다. 그 구멍의 크기 이상으로는 내다볼 수 없었고, 마치 입에 피리를 물고 있는 것처럼 보였다.

더욱 심한 것은, 상대방으로부터 1야드나 그 이상의 거리를 두지 않고는 상대방을 보거나 상대방에게 말을 할 수 없다는 것이었다. 두 가지 서로 대치되는 풍속이 내게는 무척 재미있게 보였고, 이해할 가치가 있는 일이라 생각되었다.

———————◇———————

바이킹의 시대(9~11세기)가 지난 뒤에도 덴마크를 제외한 스칸디나비아 지역의 사회정치적 조직은 미개한 상태에 머물러 있었다. '노르웨이의 황금시대'라 불리는 13세기, 하콘 왕(1217~63 재위)과 마그누스 6세(1263~80 재위) 치세 중에야 중세국가의 틀이 갖춰졌다. 르네상스 시대의 이탈리아에서 온 사람이 본 15세기 중엽의 노르웨이 어촌 모습은 얼마 후 신대륙에서 보게 될 원주민의 모습과도 크게 다르지 않았을 것이다.

말린 대구포가 스칸디나비아 지역에서 차지하고 있던 역할을 기록한 것이 흥미롭다. 보존식품으로서 대구포의 존재가 대항해시대를 가능하게 했다고 하는데, 그에 앞서 바이킹 시대 이래 스칸디나비아 사람들이 대서양을 횡행한 것 역시 대구포 덕분이었다.

출처   Cristoforo Fioravanti, tr. in *Purchas His Pilgrimes*, 1625

20

남아메리카, 그 신세계의 모습

1502. 1~2

아메리고 베스푸치

이곳은 매우 쾌적한 곳이다. 수없이 많은 키 큰 나무가 빽빽하게 들어차 있는데, 이 나무들은 잎이 지지 않으며, 일 년 내내 더할 수 없이 감미로운 향기를 내고 한없는 분량의 과일을 맺는데, 그중에는 맛있고 건강에 좋은 종류가 많이 있다. 들판에는 약초와 꽃이 많이 있고, 또 맛있고 영양가 높은 뿌리도 나온다.

나는 약초와 꽃의 향기로운 냄새, 그리고 과일과 뿌리의 탐스러운 맛에 취할 때, 내가 지상의 낙원에 가까이 있는 것이 아닌가 생각하기도 한다. 온갖 종류의 새, 그 깃털과 색깔과 노랫소리, 그렇게 많고 그렇게 아름다운 것을 놓고 무어라 말할 것인가? 그 묘사를 더 길게 해 봐야 사람들이 믿을 수 있을지 자신이 없으니 이 정도로 그치겠다.

온갖 종류의 야생동물에 대해서는 또 무어라 말할 것인가? 퓨마표범, 팬서표범, 스페인의 것과는 다른 종류의 살쾡이가 얼마든지 있고, 늑대, 붉은 사슴, 원숭이, 산고양이, 명주원숭이가 숲과 들에 가득하고 또 큰 뱀도 많이 있다. 이들을 비롯해 너무나 많은 종류의 동물을 보았기 때문에 노아의 방주에 이렇게 많은 종류를 실을 수 있었으리라고는 생각할 수 없다. 멧돼지, 염소, 사슴, 토끼

신세계 풍자화로 아메리고 베스푸치가 잠자고 있던 아메리카를 깨우고 있다.

등등을 보았지만 사람이 키우는 동물은 한 마리도 보지 못했다.

이제 이성을 가진 동물 이야기를 하겠다. 이곳에는 발가벗은 사람들이 살고 있다. 남자고 여자고 부끄러운 곳을 가린 사람이 없다. 신체는 민첩하고 균형이 잘 잡혀 있으며, 피부는 밝은 색깔이고 머리카락은 길지만 수염은 없거나 아주 짧다. 나는 그들의 행동과 관습을 이해하기 위해 많은 노력을 기울였다. 27일 간 나는 그들과 함께 먹고 자며 지냈고, 그 결과 알아낸 것이 다음과 같은 것들 이다.

여기에는 법률도 없고 종교도 없으며, 사람들은 자연 그대로 살아간다. 그 들은 영혼의 불멸을 전연 이해하지 못한다. 모든 물건은 공동의 것이며 사유 재산이라는 것이 없다. 국가니 구역이니 하는 경계선도 없다. 그들에게는 임금 이란 것이 없으며 아무에게도 복종하지 않는다. 각자가 우두머리인 셈이다. 지 배하는 사람이 없으니 재판이나 형벌이 필요하지도 않고, 따라서 존재하지 않 는다.

그들은 아주 큰 오두막집과 같은 모양의 공동주거에서 생활한다. 철은 물론 아무 금속도 사용하지 않는 사람들이 이런 집을 지을 수 있다는 것은 참으로 기적과 같다. 내가 본 집 중에는 길이가 220걸음(약 150미터), 폭이 30걸음(약 20미터)에 이르는 크기로 훌륭하게 지어놓은 것도 있다. 이런 집에서는 500~600명의 사람이 함께 산다.

그들은 면화 실로 짠 그물을 공중에 걸어놓고 아무 덮개 없이 잠을 잔다. 음식은 바닥에 쪼그려 앉아서 먹는다. 음식의 내용은 아주 좋다. 온갖 생선과 신 버찌, 새우, 굴, 바다가재, 게, 그 밖에도 여러 가지 해산물이 있다. 육류 중 그들이 제일 흔하게 먹는 것은 '인육 요리'라 할 수 있다. 짐승이든 새든 다른 고기가 있으면 그것도 마다하지 않지만 구하기가 어렵다. 그들에게는 개가 없고, 밀림 속에는 맹수가 우글거리기 때문이다. 많은 사람이 떼를 지었을 때가 아니면 밀림을 지나다니는 일이 없다.

이곳 사람들에게는 입술과 뺨에 구멍을 뚫어 뼈나 돌로 만든 장신구를 매다는 풍속이 있다. 장신구라 해서 조그만 것을 상상하지 말라. 구멍의 수는 최소한 셋, 어떤 사람은 일곱이나 아홉까지도 되는데, 거기에 매다는 녹색과 백색 설화석고 장신구는 보통 반 뼘 길이에 굵기는 카탈로니아 살구만큼 된다. 이 이단적 풍속에 대해서는 더 말하지 말자. 그들은 더 무섭게 보이기 위해 이 짓을 한다고 한다. 한 마디로 짐승 같은 짓거리다.

한 여자를 상대로 하는 결혼은 아예 없고, 아무건 꼴리는 대로 붙어먹으며 별 격식도 차리지 않는다. 내가 아는 사람 중에는 여자 열을 거느린 사람도 있다. 그는 질투심이 많아서 여자 하나가 서방질을 한 일이 있자 벌을 주고 쫓아버렸다.

그들은 생식능력이 뛰어나다. 사유재산이 없으니 상속이라는 것도 없다. 여자아이가 생식능력을 가지는 나이가 되면 제일 먼저 따먹는 사람이 친족 대신 그 아이의 아버지 행세를 한다. 이렇게 길을 터놓고 나중에 결혼을 한다.

이곳 여자들은 우리네와 달리 아이 낳는 일을 별스럽게 생각하지 않고, 분만 직전까지도 아무 음식이나 먹고 제 손으로 제 몸을 씻는다. 분만의 고통도 거의 느끼지 않는다.

이 사람들은 수명이 길다. 그들이 촌수 따지는 방법에 따르면 4대손까지 둔 사람이 많았다고 한다. 그들은 연-월-일로 시간을 계산하는 방법을 알지 못하고, 달의 주기만 알 뿐이다. 시간이 관계되는 이야기를 하고 싶은 것이 있으면 자갈돌 한 알을 놓아 한 달을 표시한다. 내가 본 어떤 노인은 자갈돌을 놓아 자기가 1,700번 보름달을 보았다고 내게 말했는데, 1년을 열세 달로 본다면 132년이 되는 셈이다.

그들은 또한 전쟁을 좋아하고 잔인한 성질을 가진 사람들이다. 그들이 쓰는 모든 무기는 페트랄카의 표현을 빌리면 "바람에 맡기는 것"이다. 활과 화살, 표창, 그리고 돌팔매가 쓰인다. 몸을 가리는 방패 없이 발가벗은 채로 싸움에 뛰어든다. 그들이 싸우는 방법은 자기네 나이 많은 사람들이 가르쳐주는 데 따르는 것밖에는 아무 규율이 없다. 싸울 때는 인정사정없이 적을 죽인다.

싸움터에 살아남은 자들은 자기편 사람들의 시체는 모두 매장하지만 적의 시체는 잘라서 먹는다. 포로로 잡은 자들은 집으로 데려와 노예로 삼는다. 여자들은 남자 포로와 잠자리를 같이 해봐서 정력이 좋을 경우 자기네 딸과 결혼시킨다.

어떤 때는 악마 같은 광기에 사로잡힌 자들이 친척들, 또는 부족 전체를 초대해 놓고 어머니 하나와 그에 딸린 자식들을 앞에 세워놓고 어떤 의식을 행하며 그들을 활로 쏘아 죽이고 잡아먹어 버린다. 그들은 이런 짓을 앞에 말한 노예, 그리고 노예가 낳은 아이들에게 행한다. 그들의 집에서 인육을, 그것도 많은 분량을, 연기에 쏘이도록 걸어 놓은 것을 우리 눈으로 보았으니, 이것은 틀림없는 사실이다. 그들이 이런 희생, 아니, 이런 죄악에 쓸까말까 고려하고 있던 남녀 노예 열 명을 우리가 산 일이 있다. 그들을 수없이 훈계하기는 했지만 그들이 그런 습속을 고쳤는지는 알 수 없다.

그들의 전쟁과 잔인성과 관련해 더욱 놀라운 일은 도대체 무슨 이유로 그렇게 서로 전쟁을 해대는지 이해할 수 없다는 사실이다. 내가 알기로 전쟁과 모든 난폭한 행동의 원인은 약탈과 지배욕인데, 사유재산도 없고 제국이나 왕국 같은 통치체제도 없으므로 그들은 소유를 위한 욕망을 알지 못한다. 싸우는 이유를 설명해 달라고 그들에게 요구하자 그들이 줄 수 있었던 유일한 대답은 이 저주가 그들에게 떨어진 것이 먼 옛날의 일이며, 그들은 자기네 조상들 대신 복수를 한다는 것이었다.

<hr />

"호랑이는 가죽을 남기고 사람은 이름을 남긴다"고 하거니와, 아메리고 베스푸치처럼 큰 이름을 남긴 사람도 별로 없다. 1492년 콜럼버스의 '아메리카 발견'도 종래 누려온 의미가 근년에는 많이 의심받게 되었는데, 그 발자취를 따른 베스푸치의 업적이 두 대륙의 이름으로 남은 것은 과분한 대접이 아니냐는 지적이 있어 왔다.

베스푸치의 최대 업적은 아메리카를 '신대륙'으로 인식한 것이다. 1501~2년의 항해로 그가 플라타 강구(江口) 남쪽까지 탐사하기 전까지 유럽인들은 아메리카를 아시아의 동부로 생각하고 있었다. 베스푸치는 직접 항해뿐만 아니라 오랫동안 스페인의 해양정책 실무를 총괄하는 자리에 있었으므로 이 인식 전환에 중요한 역할을 맡을 수 있었던 것이다.

출처   Amerigo Vespucci, from J. Pohl, *Amerigo Vespucci: Pilot Major*, Columbia University Press, 1944

21

서인도제도에서 스페인인의 만행

1513-20

바르톨로메 데 라스 카사스

　말을 탄 스페인인들은 길고 짧은 창을 들고 살인과 기괴한 잔혹행위를 저지르기 시작했다. 크고 작은 도시와 마을에 뛰어든 그들은 어린이도 노인도, 심지어 애를 밴 여자와 그 뱃속의 태아도 남겨두지 않았다. 마치 우리 안에 가둔 양떼를 잡듯이 배를 가르고 토막을 냈다. 한 칼에 얼마나 통쾌하게 배를 가르느냐, 얼마나 멋있게 목을 자르느냐, 얼마나 똑바르게 창을 꽂느냐를 놓고 서로 내기를 걸기도 했다.

　어미의 젖꼭지에서 떼어낸 아기의 뒤꿈치를 붙잡아 절벽에 머리통이 부딪치도록 태기질을 치기도 했다. 아기들을 물에 던져 빠지는 것을 보며 살고 싶으면 헤엄쳐 보라고 웃으며 놀려대기도 했다. 다른 아기들은 어미들과 함께 칼로 죽였다. 매달린 사람의 발끝이 겨우 땅에 닿을 정도로 낮고 긴 교수대를 만들어 한꺼번에 열세 명씩 매달고는 예수님과 12 성도를 기념한다며 매달려 있는 채로 태워죽이기도 했다. 산 채로 잡은 다른 자들은 두 손을 자르되 아주 떨어지지 않고 달랑거리도록 자른 다음 이렇게 말했다. "이 편지를 가지고 산 속에 숨은 자들에게 가서 소식을 전해 주거라."

　귀족과 영주들은 대개 별도의 방법을 써서 죽였다. 이를테면 화로의 쇠살대

같은 것을 만들어 그 위에 사람들을 올려놓고 밑에 작은 모닥불을 피워 오랜 고통 속에 소리 지르며 절망하다가 죽음에 이르도록 하는 것이었다.

나는 너댓 명의 중요한 영주들을 쇠살대 위에 그슬리고 굽는 것을 본 일이 있는데, 같은 모양으로 만든 쇠살대가 두 개나 세 개 있었다고 생각한다. 영주들의 비명소리가 너무 애처로워 대장이 잠자는 데 지장이 있었기 때문에 대장은 그들을 목 졸라 죽이라고 명령했다. 그런데 명령을 받은 하사관은 사람을 굽고 있던 망나니(나는 그의 이름과 세비유에 있는 그의 친구들도 안다)보다도 더 악질이어서, 그들을 목 졸라 죽이는 대신 입에다 콩을 한 줌씩 물려 비명을 못 지르게 만들고는 원하는 만큼 보들보들하게 익을 때까지 사람구이를 계속했다.

도망갈 수 있는 사람들은 산으로 도망가 인간성과 동정심을 모두 버리고 야수처럼 날뛰는 학살자들을 피했다. 스페인인들은 사나운 개를 풀어 그들이 보이는 대로 찢어발기게 했다. 개들은 눈 깜짝할 사이에 마치 돼지라도 잡듯이 인디언 한 명에게 달려들어 그를 잡아먹었다. 개들은 많은 재앙을 가져왔다.

드문 일이지만 인디언들이 정당한 권리와 정의의 법칙에 따라 스페인인을 죽이는 일이 있을 경우, 스페인인들은 스페인 사람 하나의 목숨을 인디언 100명의 목숨으로 바꾼다는 규칙을 자기들끼리 정해놓고 있었다……(생략)……

어느 때는 인디언들이 우리를 만나러 온 일이 있는데, 우리를 환영하기 위해 큰 도시로부터 10리그(약 50킬로미터) 떨어진 곳까지 온갖 음식을 가지고 찾아왔다. 많은 분량의 생선과 빵, 그리고 각종 육류를 비롯해 극진한 대접을 그들은 내놓았다. 그러나 절제를 모르는 악마는 스페인인의 모습으로 뒤집어쓰고 내가 보는 앞에서 그들을 모두 칼로 죽였다. 우리를 찾아온 남녀노소 3,000명을 아무 이유도 없이 죽여 버린 것이다. 내가 그곳에서 본 만행은 살아있는 사람이 본 적도 없고 다시 볼 일도 없는 끔찍한 것이었다.

또 한 번은, 이 일이 있은 며칠 후 내가 하바나 지역의 모든 영주들에게 사람을 보내 두려워할 필요 없이(그들은 내 평판을 들어 알고 있으므로) 피하려 하지 말고 우리를 영접하러 오라고, 그러면 좋지 않은 일이 없을 것이라고 전한 일이 있었다. 스페인인들이 저지른 만행과 살육의 소문이 퍼져서 모든 사람들이 두려워하고 있었는데, 나는 대장 자신의 요청에 따라 이런 전갈을 보낸 것이었다.

우리가 그 지역에 들어서자 21명의 영주와 추장들이 우리를 영접하러 나왔는데, 대장은 내가 한 안전보장 약속을 깨뜨리고 그들을 즉각 묶어놓고는 그 이튿날 그들을 산 채로 불에 태워 죽이겠다고 하는 것이었다. 그렇게 하는 것이 간편하고, 그렇게 하지 않으면 그 영주들이 언젠가 우리에게 앙갚음을 할 것이기 때문이라고 그는 말했다. 나는 그들을 불길로부터 구해내기 위해 여간 애를 쓰지 않으면 안 되었지만 다행히 결국 그들을 돌려보내는 데 성공했다.

그 후 이 섬[쿠바]의 인디언들은 이런 식으로 예속과 재난에 빠져들어 이스파니올라 섬 인디언들과 같은 운명에 떨어졌고, 아무런 대책 없이 무더기로 죽어가게 되었다. 산속으로 도망간 사람들도 있었지만 절망에 빠져 스스로 목을 매 죽은 사람들도 있었으니, 남편들이 아내와 함께 목을 매고, 그 옆에는 그들의 아이들이 목을 매고 있었다. 단 한 사람의 스페인인, 무지막지한 폭군이며 내가 아는 사람인 그 스페인인 때문에 200명도 넘는 인디언들이 스스로 목숨을 끊었다. 이런 식으로 수없이 많은 사람들이 죽어갔다.

이 섬에 국왕의 관리가 한 사람 있었는데, 그의 몫으로 300명의 인디언이 주어졌다. 그의 광산에서 3개월간 일하는 동안 그중 260명이 죽었다. 결국 남은 것은 원래의 10분의 1인 30명뿐이었다. 다시 300명을 받았지만 같은 식으로 죽여 내보내고, 또 더 주는 대로 받는 숫자만큼 죽이는 짓을, 자기 자신이 죽어 악마에게 끌려가는 날까지 계속했다.

서너 달 동안(내가 있는 동안) 6,000명 이상의 아이들이 죽었다. 그 부모들을 광산에 끌고 가는 바람에 버려진 때문이었다.

———◇———

1502년 군인의 몸으로 서인도제도에 발을 딛은 라스 카사스(1474~1566)는 1513년경 도밍고회 신부로 서품된 후 라틴 아메리카 원주민에 대한 유럽인의 억압에 반대하는 데 긴 일생을 바쳤다. 그는 원주민의 학대를 비판하는 신학적 관점을 제시하였고,

비록 원주민 학대의 관습과 제도를 막아내지는 못했지만 스페인 조정에 적지 않은 영향을 끼쳐 상당한 견제가 이루어지도록 하기는 했다.

그의 가장 중요한 저술은 85세 때 탈고한 『인디언의 역사 Historia de las Indias』였다. 그는 이 책의 서론만을 발표하고 책 자체는 40년 후에나 공개하라고 하며 이렇게 말했다. "만일 주님께서 스페인을 멸망시키기로 결정하신다면 그 까닭은 우리가 서인도에서 저지르는 만행 때문일 것이고, 그 때면 그분의 정당하신 이유가 분명하게 드러날 것이다."

유럽이 침략의 분위기에 빠져 있던 시대에도 라스 카사스는 인도주의의 한 등불로 남아 있었고, 19세기 초 시몬 볼리바르를 비롯한 라틴 아메리카의 독립운동가들이 그로부터 계시를 받았다. 20세기 후반 페루와 멕시코의 자주권 강화 운동도 마찬가지였다. 그의 인도주의가 단순한 도덕적 주장에 그치지 않고 정치 - 문화 - 경제의 여러 측면을 포괄하는 관점이었기 때문에 현대까지도 그 호소력이 살아 있는 것이다.

출처　Bartolomé de Las Casas, *Brief Report on the Destruction of the Indians*, 1542, tr. in Purchas His Pilgrimes, 1625

22

카이로 거리의 당나귀

1516

존 레오

편저자 주 | 그라나다 출생의 존 레오는 모로코에서 성장했고 젊은 시절 북아프리카 지역을 널리 여행했다.

뱁 엘로크라 부르는 교외지역은 카이로 성벽에서 1마일가량 떨어진 곳으로, 3천 가구 가까이 그곳에 거주한다. 상인들, 그리고 각종 장인들이 대부분이다. 이 지역의 한 곳에 커다란 궁전과 웅장한 학교가 있는데, 당시 술탄의 고문인 자스바크라는 이름의 귀족이 지은 것으로서 그의 이름에 따라 자스바키아라고 부른다.

마호메드의 가르침에 따른 설교와 기도가 끝난 뒤에는 카이로의 서민들, 그리고 갈보와 창녀들이 이곳으로 많이 놀러 온다. 광대패들도 많이 오는데, 그중에는 낙타, 당나귀나 개에게 춤을 추게 하는 자들도 있다. 이런 춤은 아주 보기좋은데, 그중에도 당나귀의 춤이 제일 좋다. 춤을 한바탕 춘 뒤에 당나귀 주인이 당나귀에게 다가와 큰 소리로 말한다. 술탄이 커다란 궁전을 막 지으려 하는데, 카이로의 모든 당나귀를 모아 석재(石材)와 회(灰) 등 필요한 재료를 옮기게 하려 한다고 말한다. 그러면 당나귀는 당장 바닥에 누워 네 발굽을 하늘로 향하고 배에 바람을 넣어 부풀리고 눈을 감아 죽은 시늉을 한다. 그동안 주인은 당나귀의 불행을 관중들에게 하소연하며 새 당나귀를 살 돈에 한 푼씩이라도 보태달라고 사정한다. 그리해서 돈을 모을 만큼 모은 뒤에 주인은 말하기를, 우리 당나귀가 죽었다고 생각한 나으리들은 홀딱 속으신 겁니다, 저 녀석이 배는 고픈데 주인 형편이 궁한 것을 아니까 자기 여물 살 돈을 얻으려고 저 재주를 피우는 겁니다, 라고 중얼대고는 당나귀에게 돌아서서 얼른 일어나라고 명령한다.

그러나 아무리 소리치고 두드려도 당나귀는 꼼짝 않고 누워있다. 그러자 주인은 관중들에게 돌아서서 말한다. 여러분 아시는지 모르겠습니다만, 내일 사람들이 모두 시내로 가서 개선행사를 구경하게 되어 있습죠, 거기서 가장 고귀하고 가장 아름다운 부인들이 가장 멋진 당나귀를 타고, 당나귀에게 좋은 귀리를 먹여주고 나일강의 깨끗한 물을 마시게 해준다면서요?

이 말이 다 끝나기도 전에 당나귀는 벌떡 일어나 기쁨에 넘쳐 펄쩍펄쩍 뛰었다. 주인은 관중에게 대사를 계속 읊었다. 우리 마을 촌장이 우리 착한 당나귀를 빌려서 늙고 불구인 자기 아내를 태우겠다는군요. 이 말을 들은 당나귀는 마치 사람의 이성을 가진 존재처럼 귀를 접고는 다리 하나가 부러진 것처럼 절룩거려 보였다.

그러자 주인이 당나귀에게 물었다. 아니, 나귀 씨, 당신은 아름다운 여자가 좋다는 거요? 당나귀가 그렇다는 것처럼 고개를 끄덕이자 주인이 말했다. 그렇다면 자네, 여기 둘러선 예쁜 아가씨들 중에 누가 제일 마음에 드는지 짚어 보게. 그러자 당나귀는 관중들 앞을 걸어가다가 비교적 예쁘고 멋진 여인을 찾아서는 곧바로 다가가 머리로 건드렸다.

구경하던 사람들이 모두 웃음을 터뜨리고 소리를 질렀다. 보라, 당나귀 같은 애인이요, 애인 같은 당나귀로다! 이때 이 여흥을 보여주던 자는 당나귀 등에 올라타고 다른 장소로 향했다.

출처   John Leo, *A Geographical Historie of Africa*, 1600

23

아즈텍인의 인간 제물

1520년경

호세 데 아코스타

편저자 주 | 이 글의 필자는 페루와 메히코에서 활동한 예수회 선교사였으며, 그가 지역 인디언 언어로 쓴 교리문답서는 페루에서 처음 출판된 책이었다.

사실에 있어서 메히코인은 포로 외의 다른 제물을 자기네 우상에게 바치지 않았으며, 대부분의 전쟁은 제물로 바칠 포로를 얻기 위한 것이었다. 따라서 그들은 전투를 할 때도 적을 죽이지 않고 산 채로 잡아서 제물로 삼을 수 있도록 주의를 기울였다……(생략)……

그들이 인간 제물을 바치는 방식은 이러했다. 먼저 죽은 자의 두골(頭骨)로 만든 울타리 안에 제물로 삼을 자들을 모아 놓는데, 울타리 밑에서 어떤 예식을 행하고는 지키는 사람을 많이 배치해 놓았다. 그런 뒤 신관(神官)이 술이 잔뜩 달린 제의를 입고 나타나는데, 우상을 들고 신전 꼭대기에서 내려왔다. 우상은 밀과 옥수수로 쑨 풀로 만든 것이며, 초록색 구슬로 눈을 해 박고 옥수수 알갱이로 이빨을 붙인 것이었다.

신전의 계단을 재빨리 내려온 신관은 정원 가운데 높은 대 위에 놓인 커다란 바위 위에 올라섰다. 이 돌을 콰우히칼리(Quauxicalli)라 부르는데, 독수리 바위라는 뜻이다. 신관은 대(臺)의 앞쪽에 놓인 작은 계단을 통해 바위 위에 올라 있다가 우상을 안은 채로 반대쪽에 있는 다른 계단을 통해 내려갔다. 그리고는 제물이 될 자들이 있는 곳으로 올라가 우상을 한 사람 한 사람에게 보여주며 말했다. 이 분이 너의 신이다. 모두에게 우상을 보여준 뒤 신관은 다른 쪽 계단으로 내려갔고, 죽임을 당할 자들은 줄을 지어 죽임을 당할 장소로 올라갔으며, 그곳에는 사제들이 희생(犧牲)을 올릴 준비를 하고 기다리고 있었다.

통상적인 희생 방법은 희생자의 배를 갈라 절반 살아 있는 심장을 뽑아낸 다음 몸을 신전 계단으로 굴려 내리는 것이었다. 계단은 희생자의 피로 온통 범벅이 되어 있었다. 이 일을 쉽게 하기 위해 여섯 명의 사제가 이 신성한 작업에 임명되어 희생의 장소에 들어와서는, 네 사람이 희생자의 팔다리를 붙잡고 다섯째 사람이 머리를 붙잡은 상태에서 마지막 사람이 배를 가르고 심장을 뽑아냈다. 이 사제들을 차찰무아(Chachalmua)라고 불렀으니, 우리말로 하자면 '성무(聖務)사제'라 할 것이며, 그들 사이에서 높은 권위를 가지고 대단한 존경을 받았고, 귀족이 영지를 세습하는 것처럼 그 신분을 세습했다.

배를 가르고 심장을 꺼내는 마지막 사제는 주교처럼 수석 사제로서 특출한 존경과 명예를 누렸으며, 시기에 따라, 그리고 의식의 종류에 따라 여러 가지 이름으로 불렸다. 희생에 임하는 그들의 복장에도 마찬가지로 시기에 따라 차이가 있었다. 수석 사제의 호칭은 파파와 토필신이었으며, 그 복장은 붉은 천으로 부제복(副祭服) 모양으로 만든 데 밑으로 술을 단 것이었고, 머리에는 녹색, 백색, 황색의 깃털로 화려하게 만든 관을 썼다. 귀에는 녹색 구슬을 박은 금귀고리를 걸었고, 입술 밑 수염 한가운데 담청색의 구슬 하나를 달았다.

사제들은 얼굴과 손에 윤기 나는 검은색 칠을 하고 나왔다. 다른 다섯 명은 곱슬거리도록 지진 머리카락을 머리 중간에 가죽 띠로 묶어놓았다. 이마에는 색색으로 칠한 조그만 둥근 종이조각을 붙여놓았고, 흰색 바탕에 검은색 무늬를 넣은 제복을 입었다. 이것은 악마의 형상을 나타내는 차림새였으며, 이렇게 무서운 모습으로 나타나는 것을 목격한 사람 모두의 마음에 두려움과 공포가 일어나게 했다.

수석 사제는 예리한 돌조각으로 된 커다란 칼을 손에 들고 있었고, 또 한 명 사제는 뱀 모양으로 구부러진 나무토막 하나를 들고 있었다. 여섯 명이 줄을 지어 앞서 말한바 우상의 신전 문 바로 맞은편에 있는 피라미드 모양의 바위를 둘러쌌다. 이 바위는 끝이 뾰족해서, 희생자를 그 위에 등을 대고 눕혀놓으면 칼이 배에 닿을 때 가운데가 쉽게 벌려지도록 몸이 휘어지게 되어 있었다.

이렇게 사제들이 준비를 한 뒤에 전쟁에서 포로로 잡혀 그 축제에서 희생이 될 자들이 끌려왔다. 홀랑 발가벗은 감시병들이 이들을 줄지어 커다란 계단을 올라가게 하여 사제들이 기다리고 있는 곳으로 데려왔다. 희생자들이 모두 정렬되자 여섯 명의 사제가 한 사람을 붙잡아, 한 사람은 발 하나를, 또 한 사람은 다른 발을, 또 한 사람은 손 하나를, 그리고 또 한 사람은 다른 손을 잡고 뾰족한 돌 위에 눕혀 놓자 다섯 번째 사제가 굽은 나무토막을 희생자의 목에 걸었고, 수석 사제가 신기하도록 정확하고 민첩한 동작으로 칼로 배를 열고 두 손으로 심장을 꺼내 김이 나는 채로 태양을 향해 들어올렸다.

심장의 열기와 정기는 이렇게 태양에게 바쳐지고, 잠시 후 수석 사제는 우상을 향해 돌아서서 심장을 우상의 얼굴에 던졌다. 그런 다음 사제들은 희생자의 몸을 밀쳐서 신전의 계단으로 굴려 떨어뜨렸다. 희생의 바위가 계단 끄트머리에서부터 두 자도 안 될 만큼 가까이 있었기 때문에 발끝으로 한 번 밀치기만 하면 시체가 계단 밑바닥까지 굴러 떨어지게 되어 있었다. 이런 식으로 정해져 있던 희생자 모두를 하나하나씩 처치했다. 이렇게 살해되어 굴러 떨어진 시체들은 그들을 포로로 잡았던 주인들이 와서 가져갔다. 가져간 시체는 서로 나누어 가지고 축제와 제사를 축하하는 뜻으로 음복(飮福)을 했다. 포로를 잡는 데 익숙했기 때문에 한 차례 축제의 희생자가 적어도 4, 50명은 되었다. 이웃의 종족들도 메히코인이 신을 받드는 풍속과 의식을 배워 같은 짓을 했다.

출처   José de Acosta, *Natural and moral History of the Indies*, 1590, tr. in *Purchas His Pilgrimes*, 1625

24

파라과이의 스페인 사람들

1537∼40

휠데리케 슈니르델

편저자 주 | 앤트워프 출생의 슈니르델은 1535년 페드로 데 멘도사의 남아메리카 원정에 참여했다. 1536년 부에노스아이레스 건설을 목격했고, 이 글에서 처럼 멘도사의 부관 환 데 아욜라스가 아순시온을 건설하는 것도 목격했다.

이들 카리오 사람들은 폭과 길이가 300리그(1리그는 약 5킬로미터 – 역자 주)씩 되는 큰 나라를 차지하고 있다. 키가 작고 땅땅한 체격으로, 휴식보다 노동을 더 좋아하는 사람들이다. 남자들은 입술에 작은 구멍을 뚫어 그 구멍에 황옥 막대를 꽂고 있는데(자기네 말로 '파라볼'이라 한다) 길이는 두 뼘에 깃촉이나 갈대 정도의 굵기다. 이 나라에서는 남자고 여자고 조물주께서 만들어주신 모습 그대로 발가벗고 다닌다.

이들 인디언 사이에서는 아버지가 딸을, 남편이 아내를 팔아먹는다. 오라비가 누이를 팔아먹거나 바꿔 가지는 일도 더러 있다. 여자 한 명의 값은 저고리 한 벌이나 칼 또는 도끼 같은 물건 하나와 맞먹는다.

이들 카리오 사람들은 또한 구할 수 있으면 사람의 고기도 먹는다. 그래서 전쟁에서 포로를 잡으면 남자건 여자건 노인이건 아이건 살을 찌운다. 우리가 돼지 키우는 것과 똑같다. 젊은 여자가 용모도 괜찮은 경우 여러 해 살려두기도 하지만, 자기네 요구를 충족시켜 주지 않을 경우 당장 죽여서 잡아먹어 버리는데, 우리가 결혼 피로연을 여는 것처럼 엄숙한 잔치를 벌인다. 그러나 나이 많은 여자는 저절로 죽을 때까지 살려둔다. 이들 카리오 사람들은 플라타강변에 사는 어느 다른 종족보다도 먼 여행을 하고, 전투에서도 용감하고 치열하게 싸운다. 마을과 도시들은 고원지대에 있는 파라나강 주변에 자리 잡고 있다.

수도는 자기들이 '람페레'라고 부르는 곳인데, 나무로 교묘하게 울타리처럼 쌓은 두 겹의 목책으로 둘러싸여 있다. 참호는 사람 하나가 꼭 들어갈 크기이며 보루와 참호가 열두 발짝 간격으로 배치되어 있다. 한 길 깊이로 판 참호는 땅 위로 높이 솟아 있어서 칼을 뻗쳐야 닿을 수 있는 높이다. 그들은 또한 목책에서 열다섯 발짝 거리에 구덩이와 굴을 파놓았는데, 사람 키의 세 배 깊이로 판 그 속에는 밖에서 보이지 않지만 송곳처럼 뾰족하게 깎은 말뚝들을 꽂아놓았다. 그들은 구덩이 위에 굵고 가는 나뭇가지와 짚을 걸쳐놓고 그 위에 흙을 뿌려놓아서 우리 기독교인들이 그들을 추격하거나 도시를 공격할 때 빠지도록 만들어놓았다.

그러나 그들은 저희가 파 놓은 구덩이에 결국은 저희가 빠졌다. 우리의 대장 환 에욜라스가 모두 해서 300명이 안 되는 군사를 모아(60명은 브리간틴족에 대비해 남겨두었다) 대오를 지어 람페레 도시를 향해 진군했을 때, 이 소식을 미리 들은 그들은 자기네식 활과 화살로 무장한 4,000명의 군대로 머스켓 사정거리 건너편에 진영을 펼쳤다. 그리고 우리에게 알려오기를, 우리에게 음식을 비롯해서 우리가 필요로 하는 물건들을 줄 것이니 우리의 배로 돌아가 달라는 것이었다. 가능한 한 빨리 떠나 준다면 싸움 없이 우리 동료들에게 돌아갈 수 있다는 것이었다.

그러나 이 요구에 응하는 것은 우리 대장도 우리들 자신도 원하지 않는 일이었다. 이 나라는 먹을 것이 많은 곳이었기 때문에 우리에게 가장 적합하고 편리한 지역이었다. 지난 4년 동안 빵 한 조각 구할 수 없어서 생선과 육류만으로 지내 오고, 그나마 없어서 굶주릴 때가 많았던 사정 때문에 더욱 그러했다.

카리오 사람들은 그리하여 활과 화살을 들고 그것으로 우리에게 인사와 대접을 보냈다. 그러니 그때끼지도 우리는 그들을 해칠 생각이 없어서 그들이 저항하지 않는다면 우리와 친구가 될 수 있다는 사실을 알렸다. 그럼에도 그들은 이에 응하지 않았으니, 우리의 총과 칼 맛을 아직 보지 않았기 때문이었다. 그래서 우리들은 그들에게 조금 더 다가가 그들에게 총알을 퍼부었다.

그 소리를 듣고, 또 많은 사람들이 쓰러져 죽었지만 탄환이나 화살이 보이지 않고 몸에 구멍만이 나는 것을 본 그들은 놀라고 신기해 하다가 대단히 겁을 집어먹고 떼를 지어 달아나기 시작했는데, 서로 밀치고 쓰러뜨리며 달아나는 것이 개떼와 같았다. 엄청난 두려움에 쫓겨 도시 안에 숨기 위해 황급하게 달려가다가 300명 이상이 앞서 말한바 자기네 손으로 판 구덩이 속에 빠지고 말았다.

그 뒤 우리는 도시로 가서 공격을 시작했지만 그들은 셋째 날까지 용감하게 방어했다. 그러나 더 이상 지킬 수 없게 되자, 그들과 함께 도시 안에 있던 처자의 안위를 걱정한 그들은 우리의 관용과 은혜를 애절하게 청원하며, 우리를 위해 우리를 기쁘게 할 수 있는 일을 무엇이든 하겠다는 약속과 함께 목숨을 살려달라고 애걸했다. 그들은 에욜라스 대장에게 여자 여섯을 갖다 바쳤는데 그 중 가장 나이 많은 것이 열여덟 살이었고, 또한 사슴 여섯 마리와 야생동물 한 마리를 바치면서 우리에게 머물러 달라고 간청했다. 병사들을 위해서는 여자 둘을 보내 빨래와 그 밖의 봉사를 하게 했다. 또한 음식을 비롯한 물건들을 보냈다. 그래서 그들과 우리 사이에 평화가 이뤄지게 되었다.

이런 일들이 이뤄진 뒤 우리는 카리오 사람들을 시켜 돌과 목재와 흙으로 커다란 집을 짓게 했다. 기독교인의 대피소로서, 장차 그들이 무슨 소란이라도 일으킬 경우 그 안에 들어가 우리 자신을 안전하게 보호하려는 것이었다. 우리가 이 도시를 공격해 장악한 것이 예수 기원 1537년 성모승천(聖母昇天) 축제 기간의 일이었으므로 도시에 성모승천(아순시온)이라는 이름을 붙였다. 우리는 그곳에 두 달 동안 머물렀다. 카리오족은 아이가이족으로부터 50리그 거리, 티엠부족이 사는 보나 스페란자섬으로부터는 334리그가량 떨어진 곳에 있다.

이렇게 카리오족과 연합을 하면서 그들은 우리가 전쟁을 치를 때 우리를 도울 것이며, 우리가 아이가이족을 정벌하러 나설 경우 1만 8,000명의 군대를 지원해 주겠다고 약속했다. 우리의 대장이 이 정벌을 결정하자 300명의 스페인인과 카리오 부대를 이끌고 파라볼강 강줄기를 따라 내려갔는데, 육로로 30리그를 행군하자 아이가이족이 거주하는 지역에 도달했다. 우리는 아이가이족과 헤어졌던 예전의 그 장소에서 이른 아침 세 시에서 네 시 사이에 집 안에서 아무것도 모르고 잠자고 있던 아이가이족을 (카리오족이 그들을 열심히 찾아주었다) 노소를 가리지 않고 살육했다. 카리오족은 전쟁에서 이겼을 때 아무 동정심도 자비도 없이 모두를 죽이는 풍속이 있기 때문이다.

그 뒤에 우리는 500척의 작은 배를 가져가면서 마을을 통째로 불질러 버리고 그밖에도 많은 파괴를 행했다. 한 달이 지나자 집에서 멀리 떠나 있어서 그 전투 당시 없었던 일부 아이가이 사람들이 우리를 찾아와 관용을 빌며 우리에게 굴복했다……(생략)……

이들로부터 떠난 뒤 아흐레 만에 우리는 셰르베족 지역에 도착했다. 이 나라는 인구가 매우 많지만 사람들이 진실하고 자연스럽지 못하며, 그 중에 왕이 있어 궁궐을 가지고 있지만 또한 종교의 신비에 정통한 신관(神官)을 두고 있다. 그들은 나무로 만든 귀고리를 달고 있고, 또 주사위와 크기와 모양이 비슷한 푸른 구슬을 입술에 달고 있으며, 젖꼭지에서 음부에 이르기까지 매우 보기 좋게 푸른색으로 칠을 해 놓았는데, 온 독일을 뒤져도 그만큼 섬세하고 정교하게 칠할 수 있는 화가를 찾지 못할 것 같다. 발가벗고 다니던 그들은 나름대로 아름다웠다.

그렇게 해서 그 셰르베 사람들과 하루를 지낸 후 우리는 길을 떠나 사흘 동안 14리그를 나아가서 왕이 사는 곳에 도착했다. 셰르베라는 이름은 그 도시의 이름에서 나온 것이다. 왕의 나라는 길이가 4리그밖에 되지 않는다. 그러나 그는 파라볼강변에 마을 하나를 세웠다. 그래서 우리는 배를 그곳에 남겨두고 스물네 명의 스페인인에게 지키게 해서 우리가 돌아올 때 방어에 쓸 수 있도록 했다. 우리는 또한 그곳에 사는 셰르베 사람들에게 우리가 없는 동안 기독교인들과 사이좋게 지내 달라고 매우 간곡하게 부탁을 했고, 그들은 이 부탁을 들이주었다.

우리는 여행에 필요한 물건을 가지고 파라볼강을 건너 왕의 궁궐이 있는 곳으로 갔다. 우리가 아직 1리그 가까이 떨어져 있을 때 왕이 우리를 만나러 나왔다. 1만 2,000의 군대가 그를 호위하고 있었지만 우호적이고 평화적인 태도였다. 그들이 행군해 온 길은 여덟 발짝 폭으로 온통 꽃과 잔디로 둘러싸여 있었고, 돌멩이나 나무토막, 지푸라기 하나 보이지 않을 만큼 깨끗했다. 왕은 악대도 대동하고 있었는데, 우리의 구부러진 트럼펫과 비슷한 모양의 악기들을 가지고 있었다.

왕은 병사들에게 행진하는 길 양쪽에서 야생동물을 잡으라고 명령해서 사슴 등 수십 마리의 짐승을 잡았다. 구경하기에 아주 즐거운 광경이었다. 우리가 도시에 들어가자 왕은 한 집에 기독교인 두 사람씩 묵게 해주었다. 그러나 우리 대장은 하인들과 함께 궁궐 안에서 묵었다.

왕은 식사 때나 사람을 만날 때나 기분이 내키면 음악 듣기를 좋아했다. 그러면 피리 종류 악기들을 연주하며 남자들이 매우 아름다운 여자들을 이끌어 춤을 추고 깡충깡충 뛰었는데, 그 춤과 뜀뛰기가 매우 신기한 것이어서 그것을 보고 있노라면 우리 자신을 잊어버릴 지경이었다.

그밖에는 셰르베 사람들도 우리가 전에 만나보았던 다른 사람들과 같았다. 여자들은 고운 무명으로 만든 겉옷이랄까 저고리랄까 하는 것을 입었는데, 그 천은 우리의 천 중 비단을 섞어서 만든, 아라스 또는 부르셰트라 부르는 천과 아주 비슷한 것이다. 그 천에는 사슴, 에스트리지, 또는 인디언 양 따위의 모습을 각자 재주껏 짜 넣는다.

날씨가 조금 선선할 때는 이 옷을 입은 채로 잠도 자고, 바닥에 깔아 그 위에 앉기도 하며, 내키는 대로 여러 용도로 쓴다. 그 여자들은 매우 아름답고 우아하다……(생략)……

이 여행을 하는 데 우리는 1년 반을 지냈으며, 다른 일은 하지 않고 끊임없이 싸움만 했다. 그리고 이 여행을 통해 우리는 1만 2,000의 남자, 여자와 아이들을 복속시켜 우리의 노예로 삼았다. 나 자신의 경우 50명 가량의 남자, 여자와 아이들을 소유하게 되었다.

출처 Hulderike Schnirdel, tr. in *Purchas His Pilgrimes*, 1625

25

크랜머 대주교의 처형

1556. 3. 21

한 목격자의 기록

우리들은 깊은 우정을 나누는 사이이며 오랫동안 서로 경애해 온 사이인 바, 당신은 여기에 적는 사건의 진실을 당신에게 알려주는 것을 내 의무로 지워 주었습니다. 그렇지 않다면 나는 죽은 캔터베리 주교 토머스 크랜머의 불행한 최후와 의혹에 싸인 비극을 지금 이렇게 기록하고 있지 않을 것입니다. 나는 그렇게 괴로운 장면을 목격하는 것을 즐겨하지 않으며, 그 일이 지난 뒤에도 다시 떠올리는 것을 좋아하지 않습니다. 내 괴로움을 되살려내고 슬픔을 두 배로 만들기 때문입니다.

내가 살았던 일생과 비참한 최후가 더 많은 동정을 받아야 하기는 하지만, (그가 받은 동정보다 더 많은 동정을 받는다는 것이 가능하다면) 하느님과 조국에 대한 그의 죄는 차치하고 과오를 떼어낸 그 사람만을 바라볼 때, 그토록 고귀한 성직자이고 근엄한 스승이며, 오랫동안 명예를 누리고 품위를 지켜 온 그가 만년에 와서 재산을 몰수당하고 사형을 판결받고 그토록 고통스러운 죽음으로 생을 마감하는 것을 보며 그의 처지를 동정하지 않은 사람도 없고 그의 운명을 한탄하지 않은 사람도 없었다고 생각합니다. 그 비탄을 더 늘리고 싶은 마음이 내게는 없습니다. 아아, 그토록 괴로운 처지가 인간에게 닥치고, 또 인간이 그

존 폭스의 『순교자 열전』에 묘사된 1556년 크랜머 대주교의 처형 모습. 크랜머 대주교는 잉글랜드 종교개혁의 상징적인 인물이었다.

런 처지를 당해야 한다는 사실 자체를 나는 견딜 수 없습니다.

그러나 사실로 들어가겠습니다. 지난 토요일 3월 21일이 그가 죽기로 정해진 날이었습니다. 그런데 그 날 아침 비가 많이 왔기 때문에 콜 신부가 기둥 옆에서 하기로 되어 있던 설교를 성모 마리아 교회로 옮겨서 했습니다. 시장과 참사회원들, 그리고 윌리엄스 경이 크랜머 신부를 그리로 데려왔습니다. T. A. 브리지즈 경, 존 브라운 경 등 지방의 여러 신사들도 그들과 함께 왔습니다. 교회 안에는 설교단 건너편에 그를 위한 높은 자리를 만들어 모든 사람이 그를 볼 수 있게 해 놓았습니다. 그 자리에 올라간 그는 무릎을 꿇고 기도를 올리며 소리 없이 눈물을 흘렸습니다. 많은 사람이 이 모습에 감동해 눈물을 흘렸고, 그가 개종하고 회개하리라는 희망을 굳게 가지게 되었습니다……(생략)……

기도를 끝내고 그가 일어나 발언 허락을 얻은 뒤 말했습니다. "선하신 여러

분, 여러분이 저를 위해 기도해 주시기를 진정으로 바랐습니다. 신부님께서 그 것을 권해 주시고 또 여러분이 이미 그에 따라 주신 데 충심으로 감사드립니 다. 이제 저도 저 자신을 위해 기도를 올리고자 합니다. 저 자신의 평안을 위해 능력을 다해 만든 기도문을 적어 온 대로 한 자 한 자 또박또박 올리고 싶습니 다." 그리고는 선 채로 기도문을 읽고, 그런 다음 무릎을 꿇고 주기도문을 외 웠습니다. 모든 사람이 무릎을 꿇고 경건하게 그를 따라 기도했습니다……(생 략)……

그리고 나서 일어나며 그가 말했다. "선하신 여러분, 어떤 사람이든지 죽음 에 임하면 좋은 충고를 남기고 싶어 한다고 합니다. 죽은 뒤에 사람들이 그것 을 기억하여 그에 대해 좋게 생각할 것이기 때문입니다. 따라서 저는 주님께 간청하오니, 제가 떠나는 이 시점에서 무엇인가 말함으로써 주님에게 영광을 더하고 여러분께 도움이 될 수 있기 바랍니다."……(생략)……

"제가 평생 말하거나 행동한 어떤 것보다도 제 양심을 괴롭히는 중요한 사 실 하나를 이제 말씀드리겠습니다. 진실과 어긋나는 글을 퍼뜨린 일입니다. 그 글이 제 손으로 쓴 것이라 하더라도 제가 진심으로 생각하는 진실과 배치되는 것이며, 죽음이 두려워 목숨을 건질 길이 있다면 건지기 위해 쓴 것임을 지금 이 자리에서 밝히고 취소합니다. 그 글이란 제가 탄핵받은 후 제 손으로 쓰거 나 서명한 모든 문서들을 말하는 것으로, 그 안에는 거짓된 내용이 많이 적혀 있습니다. 제 양심에 어긋나는 글을 쓰는 데 제 손이 가장 죄가 크므로 제일 먼 저 벌을 받아야 합니다. 화형을 당할 때 손이 제일 먼저 불탈 것입니다. 저는 교 황을 거부합니다. 거짓된 교리를 가진 교황은 그리스도의 적이며 반(反) 그리스 도입니다."

여기서 변심과 위장에 대한 질책을 받은 그가 계속 말했습니다. "아아, 주님 이시여, 저는 평생 꾸밈을 모르는 사람이었고, 이 상황에 이르기 전에는 진실을 감춘 적이 없는 사람입니다. 참으로 애통한 일입니다." 이에 덧붙여, 성서에 관 해서는 윈체스터 주교를 비판한 자기 책 내용을 그대로 믿는다고 말했습니다. 여기서 그의 발언이 제지되었습니다……(생략)……

그리고는 그가 끌려 나갔습니다. 그가 그런 사악한 태도로 죽음을 맞는 것을 원하지 않는 많은 사람들이 그 뒤를 따라가며 늦기 전에 자기 자신을 되찾으라고 열심히 타일렀습니다. 특히 존이라는 수도사는 경건하고 학식 높은 분인데, 끝까지 따라가며 설득하려 노력했습니다. 그러나 아무 소용없었습니다. 그들이 구체적으로 무슨 말을 했는지는 내가 알 수 없지만, 그 효과는 결국 나타난 대로였습니다. 기둥 옆에서 그는 말하기를, 자기는 전에 가르쳐 온 바와 같은 믿음을 가진 채로 죽으며, 변절했던 사실을 매우 후회한다고 했습니다.

쾌활한 기색과 기꺼운 마음으로 기둥까지 온 그는 서둘러 옷을 벗어놓고 셔츠바람으로 꼿꼿이 섰습니다. 엘리라는 이름의 낯 두꺼운 신학 학사가 그를 과거의 변절자로 되돌리려고 두 명의 스페인인 수도사와 함께 끈질기게 노력했습니다. 그가 마음을 돌리지 않는 것을 본 수도사들은 라틴어로 서로에게 말했습니다. "우리 그에게서 떨어집시다. 그에게 더 가까이 해서는 안 됩니다. 그에게는 악마가 붙어 있습니다." 그러나 신학 학사는 그들보다 끈질겼습니다. 그러나 그가 얻은 대답인즉, 앞서의 변절이 진실에 어긋나는 것임을 알았기 때문에 쓰라리게 후회한다는 것뿐이었습니다. 그리고 다른 말도 더 있었습니다.

이에 윌리엄스 경이 소리쳤습니다. "짧게 하시오, 짧게 하시오." 그러자 주교가 친구 몇 사람과 악수를 했습니다. 그러나 신학 학사는 악수를 거절하고 악수한 다른 사람들을 욕하면서 말하기를, 자기는 저런 사람과 알게 된 것을 후회한다고 했습니다. 그러고도 또 다시 과거의 변절자로 돌아가라고 요구했습니다. 이에 주교가 (자기 손을 내밀어 보이며) 말했습니다. "이 손이 그 변절에 앞장섰던 놈이오. 그러니 이 놈이 제일 먼저 벌을 받을 것이오."

이제 불이 붙여지자 그는 오른손을 불길 속으로 뻗쳐 불이 온 몸을 휩쌀 때까지 꽤 오랫동안 버티고 있었습니다. 손이 불타고 있는 것이 모두에게 뚜렷이 보일 때 그가 소리쳤습니다. "죄 많은 손이로다!" 불길이 거세게 일어나자 그는 곧 숨이 끊어져 더 움직이지도 않고 더 소리치지도 않았습니다.

고통에 대한 그의 인내심과 죽음에 대한 그의 용기가 사실에 있어서는 치명적인 과오와 진정한 종교의 전복을 향한 것이었지만, 만일 그것이 신의 영광이

나 국가의 이익, 또는 진리의 증언을 위한 것이었다면, 나는 이것을 높이 칭송하고 그 옛날 어느 교부(敎父)의 명성과도 나란히 놓았을 것입니다. 그러나 수난자에 대한 평가는 죽음 그 자체보다 그에 관련된 명분과 시비에 달려 있는 것을 알기 때문에 그토록 사악한 명분에 바쳐진 그의 죽음에 대해서는 그 굳센 완고함을 많이 깎아서 평할 수밖에 없습니다.

그의 죽음은 분명히 모든 사람에게 슬픔을 일으켰지만 그 슬픔이 모두 같은 것은 아닙니다. 그의 어리석음에 대해 책임이 없는 가엾은 육신이 불길에 시달리면서 그의 몸이 겪는 고통을 동정한 사람들이 있었습니다. 육신에 관심이 적은 다른 사람들은 그의 불쌍한 영혼이 구제받을 길도 없이 영원한 고통 속으로 쏟아지는 것을 한탄하기도 했습니다. 그의 친구들은 사랑 때문에, 그의 적들은 연민 때문에, 관계없는 사람들은 우리 모두를 이어 주는 공유의 인간성 때문에 슬퍼했습니다.

이렇게 해서 나 자신 원하지 않는 이 괴로운 이야기를 당신을 위해 억지로 적어 놓았습니다. 이제 몹시 피곤하여 글을 짧게 맺으려 합니다. 당신의 삶은 명예가 적더라도 평안하시고, 당신의 죽음에는 편안하면서도 칭송이 많이 따르시기 빕니다.

잉글랜드 종교개혁의 상징적 인물이며 신교도로서 첫 캔터베리 대주교를 지낸 토머스 크랜머(1489~1556)는 실제로 매우 비정치적이고 비투쟁적인 인물이었다. 그는 케임브리지 대학의 신학교수로 있으면서 학구적인 면에서 종교개혁을 탐구하고 있었는데, 마침 이혼 문제로 교황청과 갈등관계에 빠져 있던 헨리 2세와 1529년 여름 우연히 휴양지에서 마주친 것을 계기로 정치에 관여하게 되었다.

헨리 2세의 종교정책을 뒷받침해 주면서 출세를 거듭한 그의 행적을 놓고 반대파에게는 '곡학아세(曲學阿世)'라는 비판을 받았지만, 학문적 소신을 내버린 적이 없으며 성질 급하기로 소문난 헨리 왕 앞에서 그이만큼 바른말을 제대로 한 사람도 없었다는 것이 후세의 일반적 평가다. 이 글에서 언급되는바 심문 과정에서 한 때 종교개혁의 대의(大義)에 어긋난 진술을 했다는 것도, 구명을 위해 소신을 굽힌 것이 아니라 그의 고지식한 성격을 이용해 함정을 만든 데 빠졌던 것으로 이해된다.

출처   Anon., in Strype, *Memorials of Archbishop Cranmer*, 1854

26

종교재판의 죄수들

1568∼75

멕시코에서 잉글랜드 선원들의 수난

마일스 필립스

편저자 주 | 존 호킨스는 두 차례 노예무역 항해에 성공했으나 1568년의 세 번째 항해에서 재난을 당해 선원의 일부를 남겨두고 돌아올 수밖에 없었다. 기록자 필립스는 1583년에야 잉글랜드에 돌아왔다.

그 다음날(9월 25일) 폭풍이 그치고 날씨가 좋아졌다. 우리는 닻을 올리고 돛을 펼쳤다. 사람은 많은데 식량의 비축은 오래 견딜 만큼 충분하지 못했다. 그 때문에 우리는 굶주림으로 쓰러지리라는 절망과 공포에 휩싸여서, 우리 중에는 스페인 사람들에게 투항하려는 마음을 가진 사람들도 있었고 야만인이나 이교도들에게 몸을 맡기고자 하는 사람들도 있었다.

이렇게 여러 날 미지의 바다를 헤매면서 우리는 배고픔 때문에 가죽이고, 고양이고, 개고, 쥐고, 앵무새고, 원숭이고 먹지 않은 것이 없었다. 한 마디로 너무나 배가 고파서, 입에 넣을 수 있는 것이면 무엇이든 맛있고 달콤하게 느껴질 정도였다.

그러다가 10월 8일에 우리 배는 메히코만의 깊숙한 곳에서 다시 뭍에 대었다. 그곳에서 주민을 찾아 식량을 조금이라도 보충할 수 있기 바랐고, 또 배를 수리할 필요가 있었다. 배는 너무나 많이 파손되어 있어서 우리의 지친 팔로는 운항이 거의 불가능한 상태였다.

한편으로는 기아에 의해, 다른 한편으로는 난파의 위험에 의해 이렇게 짓눌린 상황에서 구원의 길도 보이지 않는 가운데 우리는 극도의 절망에 빠지고 서로 다른 생각을 가지게 되었다. 우리 중에는 대장이(존 호킨스 경) 상륙을 허가해 주기 바라는 사람들도 많았다. 바다 위의 위험 속에 계속 있기보다는 차라리 야만인이든 이교도든 육지의 사람들 손에 자기 운명을 맡기겠다는 선택을 한 사람들이었다.

일리가 있는 의견이었으니, 바다 위에 모두 같이 있다가는 물에 빠져 죽지 않더라도 굶주림 때문에 서로가 서로를 잡아먹는 지경을 피할 수 없는 상황이었다. 이 요청에 대장은 흔쾌히 동의했다. 그 자신 생각해도, 그 자신의 안전을 위해서나 다른 사람들의 안전을 위해서나, 일행의 숫자를 줄일 필요가 있었기 때문이었다.

그래서 그는 살아남은 사람들 중 절반을 상륙시키기로 결심했다. 그런데 사람의 마음이란 얼마나 쉽게 변하는 것인지! 조금 아까까지도 상륙 허가를 요구하던 사람들이 지금은 마음이 바뀌어 배에 남겠다고 하는 것이었다.

이런 이유 때문에 대장은 사람들의 마음을 최대한 만족시키고 갈등을 최소화하기 위해 이런 조치를 취하지 않을 수 없었다. 우선 그는 기능과 역할로 보아 남아 있을 필요가 있는 사람들을 골랐다. 다음에는 떠나고자 하는 사람들 가운데 남겨두는 편이 좋을 사람들을 정했다. 이렇게 정해진 사람들은 보트를 타고 해안으로 향하도록 했다. 대장은 우리에게 약속하기를, 명년에는 자기 자신이 우리를 데리러 오거나 아니면 다른 사람들을 보내겠다고 했다.

여기서 또, 남겨지는 사람들이 내는 애달픈 신음소리를 들은 사람이라면 돌로 만든 심장이라도 녹아내렸을 것이다. 그들은 배를 떠나기를 죽기보다도 싫어했다. 그 때 날씨는 폭풍의 기미가 있어서 상륙에도 큰 위험이 따르게 되어 있었다. 그럼에도 떠나도록 정해진 사람들은 떠나는 수밖에 다른 도리가 없었다.

첫 보트에 탄 사람들은 무사히 해안에 도착했다. 그러나 내가 있던 두 번째 보트는 파도가 너무 높아서 해안까지 갈 수가 없었다. 이런 상황에서 미니언 호 선장 존 햄튼, 시저스 호 갑판장 존 샌더즈와 항해사 토머스 폴라드가 의논해서 보트를 버리고 바다에 뛰어들기로 결정을 내렸다. 해안에서 1마일 넘게 떨어진 곳에서 빠져죽든 헤엄쳐 나가든 각자에게 맡겨진 것이었다. 이렇게 바다 속에 내던져진 사람들 가운데 둘이 빠져죽었다. 블랜드 선장의 부하들이었다.

그 날 1568년 10월 8일 금요일 저녁, 우리 모두가 상륙을 끝낸 후 맑은 물을 찾아냈다. 이 물을 너무 많이 마셔서 거의 버려질 뻔한 사람들이 있었다. 두 시간, 세 시간이 지나도 깨워 일으킬 수 없기 때문이었다. 또 어떤 사람들은 형편 없이 부어오른 사람들도 있었는데, 소금물을 너무 마신데다 카풀레라는 이름의 아몬드 같은 씨가 든 과일을 너무 많이 먹은 사람들이 모두 위중한 상태에 빠졌다. 이런 식으로 우리 모두는 기운 없고 지치고 연약한 상태였다.

다음날인 10월 9일 토요일, 사람이 사는 곳을 찾기 위해서는 해안을 따라 가는 것이 좋겠다고 우리는 결정했다. 기독교도이든 야만인이든 상관없이, 우리의 허기진 뱃속을 채울 음식을 줄 사람들을 찾았다.

그래서 우리는 하룻밤을 지낸 언덕을 떠났는데, 우리가 걸친 옷에는 실오라기 하나 젖지 않은 것이 없었다. 바다에 빠져 옷이 젖지 않은 사람들도 밤새도록 지독하게 퍼부은 비에 홈빡 젖어 있었다.

언덕을 떠나 평지로 내려오니 앞으로 나가기가 몹시 힘들었다. 사람 키를 넘게 자란 풀과 덤불 때문이었다. 오른쪽으로는 바다가 있고 왼쪽으로는 울창한 숲이 있어서, 서쪽으로 가기 위해서는 이 늪지대를 지나가지 않을 수 없었다.

이렇게 가는 도중에 갑자기 인디언의 습격을 받았다. 호전적인 종족으로 비록 사람 고기를 먹지는 않지만 식인종과 아주 비슷한 놈들이었다. 치체미크라 불리는 그들은 머리를 길게 길러서 무릎까지 닿기도 한다. 또 얼굴에 초록색, 노란색, 붉은색, 푸른색으로 칠을 해서 보기에 매우 흉하고 무섭다.

이 사람들은 스페인인에 대항해서 싸우기도 한다. 스페인 사람들은 이들을 잔인하게 다루는 일이 많았는데, 그들에게는 사정이라는 것이 없었다.

우리가 상륙하는 것을 본 그들은 우리가 그들의 적, 바로 스페인 사람들이라고 생각했다. 정찰병을 통해 우리 숫자가 얼마나 되고, 갑옷이나 무기도 없이 얼마나 지치고 약한 상태인지 알아낸 그들은 갑자기 무시무시한 큰 고함을 질렀다(그들의 관습으로 싸움 상대와 마주칠 때 지르는 고함이다). 그리고 우리에게 맹렬하게 달려오며 우박처럼 빽빽하게 화살을 쏘아댔다.

우리는 그들의 손에 목숨을 맡길 수밖에 없었다. 갑옷도 없고 녹슨 칼 두어 개밖에 없는 우리에게 저항이란 것은 불가능했다. 우리가 그들에게 바라는 것이 은혜와 자비뿐이라는 것, 우리가 그들의 적인 스페인인이 아니라는 것을 알아챈 그들은 우리에게 동정심을 일으키고 우리에게 와서 모두 앉으라고 했다. 한참 동안 우리를 관찰한 뒤에 그들은 색깔 있는 옷을 입은 사람들을 불러내 옷을 홀랑 벗게 해서 가져갔다. 검은색 옷을 입은 사람들은 건드리지 않았다. 그리고는 우리를 더 이상 괴롭히는 일 없이 우리를 두고 떠나갔다. 첫 번째 공격에서 우리 중 여덟 사람이 죽은 것만이 우리의 피해였다.

그들이 떠날 때 우리가 얼마나 취약한 상황인지 알아보고는, 어느 방향으로 가면 스페인 사람들의 도시에 갈 수 있는지(나중에 알고 보니 그곳으로부터 10리그도 되지 않는 거리였다) 손가락으로 가리켜주며 "탐페코! 탐페코 크리스티아노! 탐페코 크리스티아노!" 하고 말했다. "저쪽으로 가면 기독교도들을 만날 수 있다" 정도의 뜻으로 이해했다. 그들이 쓰는 무기는 활과 화살뿐이었는데, 솜씨가 아주 좋아서 목표한 대상을 맞추지 못하는 일이 별로 없었다.

앞에 말한 것처럼 그들이 우리를 발가벗겨 놓고 떠난 얼마 후 우리는 두 패로 갈라지는 것이 좋겠다는 결정을 내렸다. 한 패는 앤터니 고다드를(생존한 사람으로 지금 플리머스에 살고 있다) 대장으로 했는데, 그는 앞서 우리 모두의 대장으로 뽑혔던 사람이었다. 나, 마일즈 필립스도 속해 있던 그 패는 서쪽으로, 앞서 인디언들이 가리켜주던 방향으로 나아갔다. 또 한 패는 존 후퍼라는 사람을 대장으로 뽑아 그 지휘 아래 (이 패거리에는 데이비드 잉그램이 들어 있었다) 북쪽으로 나아갔다. 그런데 이틀이 지난 후 이 패는 야만인들과 다시 마주쳐 대장인 후퍼와 그 밖의 두 명이 목숨을 잃었다.

이 일이 있은 뒤 그들은 또 한 차례 패를 나누었다. 한 패는 계속해서 북쪽으로 나아갔고 또 한 패는 서쪽으로 온 우리를 뒤쫓아 왔다. 실제에 있어서 다시 나흘이 시난 뒤 우리에게 합류한 그 패에는 25명인가 26명인가가 있었다.

그 때 우리는 우리 머릿수를 헤아리기 시작했다. 배에서 내린 사람이 114명이었는데, 두 명이 바다에 빠져 죽고 여덟 명이 인디언과 처음 마주쳤을 때 죽었다. 그래서 104명이 남았는데 그 중 25명이(52명의 착오인 듯 - 역자 주) 우리와 함께 서쪽으로 왔고 52명이 후퍼 및 잉그램과 함께 북쪽으로 갔다. 그런데 잉그램이 그 후 여러 차례 내게 말해 준 바로는, 자기네 패에서 세 명만이 살해당했다고 하면서, 우리에게 다시 합류한 것이 26명뿐이었다. 그러므로 북쪽을 향했던 패 가운데 23명은 돌아오지도 않았고 소식도 들리지가 않았다. 그들 중 아직 살아서 그 고장 시볼라에서 결혼해 살고 있는 사람도 있으리라고 나는 믿어 마지 않는다. 하느님의 허락 덕분에 이제부터 내가 진술하고자 하는바 사정과 이유 때문에 사라진 사람들에 대해 그렇게 생각하는 것이다. 데이비드 잉그램, 트와이드, 브라운을 비롯해 이름을 기억하지 못하는 여러 사람들이 그 속에 들어 있다.

그렇게 다시 합류한 후 우리는 계속해서 서쪽으로 나아갔다. 때로는 빽빽한 숲을 지나가면서 가시나무와 덤불에 몸이 찢기지 않도록 몽둥이로 후려쳐 헤치며 나아가야 했다. 또 어떤 때는 서로 보이지 않을 정도로 풀이 높이 자란 들판을 지나가야 했다. 어떤 곳에서는 우리들 중 살해되어 갑자기 쓰러지는 사람이 있었다. 인디언들이 나무나 덤불 뒤 보이지 않는 곳에 숨어 있다가 지나가는 우리에게 화살을 쏜 것이었다. 우리가 과일을 찾아 먹기 위해 흩어진 상태에서 걸어가고 있었기 때문이었다.

그리고 우리는 또한 일종의 날벌레에게 시달릴 때가 많았다. 인디언 말로는 '테쿠아니'라 하는데, 스페인 사람들은 '무스케타(모기)'라 부르는 것이다.

그 지방에는 많은 종류의 날벌레가 있었지만 그 중 가장 성가신 것이 테쿠아니였다. 너무 작아서 거의 눈에 보이지도 않는 놈이다. 각다귀보다도 작다. 사람 피를 잘 빨아먹는 놈인데, 피를 빨고 있을 때 죽이면 어찌나 독한지 그 자리가 땅벌이나 말벌에 쏘인 것처럼 마구 부어오른다. 그러나 실컷 빨아먹고 제풀에 가도록 놓아두면 다른 해코지는 하지 않고 빨간 자국만을 남겨놓는데, 벼룩이 문 자국보다 조금 크다. 처음에 우리는 이런 날벌레들의 성질을 잘 몰라서 몹시 괴로움을 당했다. 벌거벗은 몸이니 막을 길도 없었다. 그 고장은 언제나 따뜻한 곳이라 추위에 대해서는 걱정할 일이 없었다.

그렇게 열흘 남짓 나아가는 동안 우리 대장은 이따금씩 부하들에게 높은 나무에 올라가서 마을이나 사람 사는 집을 찾아보게 했다. 그러나 아무것도 찾을 수 없었다.

그런 식으로 높은 나무 위에 올라 내다보다가 마침내 커다란 강이 보이는 곳까지 왔다. 북서쪽으로부터 바다로 흘러들어가는 강이었다. 조금 있다가 총 쏘는 소리가 들렸다. 이 소리는 우리 용기를 크게 북돋아주었다. 멀지 않은 곳에 기독교인들이 있다는 증거이며 오래지 않아 구조받을 수 있다는 희망을 주었기 때문이다.

한 시간가량 더 나아가다가 이번에는 닭 우는 소리를 들었다. 이것도 우리에게 큰 기쁨을 주었다.

그렇게 해서 우리는 파누코강의 북쪽 기슭에 도달했다. 스페인 사람들은 그곳에 염전을 가지고 있었고, 앞서 우리가 들은 총소리도 그곳에서 난 것이었다. 그러나 우리는 염전으로 바로 간 것이 아니라 우리 왼쪽으로 활 한 바탕 거리를 두고 지나쳐 나아갔었다.

강에 도착한 우리는 강물을 실컷 마셨다. 지난 엿새 동안 물을 보지 못하고 지냈던 것이다.

우리가 닭이 울던 곳, 총소리가 났던 곳으로 가기를 갈망하면서 강가에서 쉬고 있을 때, 강 건너편에서는 많은 스페인 사람들이 말을 타고 강을 따라 오르락내리락하는 것이 보였다. 저쪽에서도 우리가 있는 것을 보고는 자기네 이웃의 적, 치체미크족 인디언으로 생각했던 모양이다. 강의 폭은 활 반 바탕 거리를 넘지 않았다.

잠시 후 스페인 사람 하나가 '카누'라 부르는 인디언 배를 타고 두 명의 인디언에게 노를 젓게 하여 건너왔다. 우리를 잠깐 바라본 후 그는 곧 건너편의 스페인 사람들에게 돌아갔다. 그들은 얼마 후 스무 명가량이 모이고, 카누를 타고 건너오면서 말의 고삐를 잡아 그 뒤로 물속을 걸어오게 했다. 우리가 있던 이쪽에 도착하자 말에 안장을 얹고 올라 타 창을 꼬나들고는 우리를 향해 맹렬히 돌진해 왔다.

그들이 그런 모습으로 달려오는 것을 본 우리 대장 앤터니 고다드는 꼼짝 말고 그들에게 항복하자고 우리를 설득했다. 무기도 없는 벌거벗은 몸으로는 피할 길도 저항할 길도 없었으므로 우리는 그의 설득에 따를 수밖에 없었다.

우리가 항복하자 그들은 우리가 기독교인임을 알아보았고, 카누를 더 불러와서 우리를 네 명씩 태워 강을 건넜다. 우리가 오래도록 굶주려 있다는 대장의 뜻을 알아들은 그들은 두 사람에 빵 하나씩을 나눠주었다. 옥수수라고 하는 그 지방 곡식으로 만든 빵으로 우리의 반 페니짜리 빵 크기인데, 인디언 말로는 '클라샤칼리'라고 하는 것이다.

오랫동안 음식을 먹지 못하고 있던 우리는 그 빵을 아주 달고 맛있게 먹었다. 굶주림이 맛있게 만들어 주지 못하는 음식이 어디 있단 말인가?

우리에게 빵을 나눠준 후 그들은 도시로 우리를 데려갔다. 쇠약한 사람들은 말을 타고있는 자기들 뒤에 태웠다. 마을은 우리가 강을 건넌 위치에서 1마일 가까운 거리에 있었다.

그 도시는[탐피코] 위치가 좋고 오렌지, 레몬, 살구, 복숭아를 비롯해 온갖 과일이 나는 곳이다. 순화된 인디언, 즉 메히코인이 그곳에 많이 살고, 당시 남녀노소 200명가량의 스페인인이 살고 있으며, 흑인도 있었다.

도시로부터 1마일 떨어진 곳 강의 서쪽 기슭에 있는 염전에서는 막대한 이익이 나온다. 소금은 그곳에서 극히 중요한 상품이다. 인디언들은 많은 소금을 사서 내륙으로 들어가 자기네 동족들에게 곱절의 값으로 판다.

우리가 모두 도착하자 도시 장관(長官)이 나타나 우리에게 매우 엄한 태도를 보이고, 우리를 모두 목매달아 죽이겠다고 위협했다. 그리고는 "돈을 가진 것이 있는가?" 하고 물었는데, 우리에게는 돈이 거의 없었다. 인디언들이 우리 가진 것을 거의 다 빼앗아갔고, 남은 것 중 상당 부분은 우리를 데려오는 도중 스페인 사람들이 가져갔다. 그러나 장관은 앤터니 고다드로부터 금 목걸이를 하나 빼앗았는데, 카르타제나에서 그곳 총독에게 받은 것이었다. 그밖의 사람들이 조금씩 가지고 있던 돈도 모두 거두었다. 그래서 우리 모두로부터 그가 거둔 돈은 금 목걸이 외에 500페소가 되었다.

우리가 가진 것을 모두 빼앗고 마음이 흡족해진 장관은 우리를 돼지우리 같은 작은 집에 몰아넣게 했다. 그곳에서 우리는 숨이 막혀 죽을 뻔했다.

그 작은 오두막에 우리를 몰아넣기 전에 그들은 옥수수라고 하는 그곳 곡식을 물에 불린 것을 우리에게 주었는데, 이는 돼지 먹이로 사용되는 것이었다. 그런데 우리 중에는 처음 상륙한 뒤 인디언들과 마주쳤을 때 입은 상처가 덧나 매우 아프고 괴로운 사람들이 있어서 그곳 의사의 치료를 받고 싶어 했다. 그러나 장관을 비롯한 대부분의 사람들은 이렇게 대답할 뿐이었다. "너희에게 필요한 것은 의사가 아니라 교수형 집행인이야. 그 사람만 있으면 모든 문제가 해결되지."

이런 대접을 받고 "잉글랜드 똥개!", "루터 미치광이!" 같은 욕설을 들으면서 우리의 운명이 어찌될지 모르는 이 비참한 상태로 우리는 사흘 동안 지냈다. 언제 목숨을 빼앗길지 모르는 상황이었다.

그곳에 도착한 지 넷째 날, 비참한 처지에 놓여 있는 채로 언제 죽임을 당할지 기다리고 있을 때였다. 많은 인디언과 스페인인이 무기를 가지고 와서 우리를 집 밖으로 끌어냈다. 그들 가운데 밧줄을 많이 가지고 있는 사람이 눈에 띄었다. 그것을 보고 놀란 우리는 이제 곧 교수형을 당하게 되었다고밖에 생각할 수 없었다. 그래서 소리쳐 하느님의 자비를 빌고 우리 죄를 용서해 주시기 빌며 죽을 각오를 하고 있었다.

그러나 결국 일어난 일을 보면 그들의 뜻은 그것이 아니었다. 우리가 집 밖으로 나오자 그들은 그 밧줄로 우리 팔을 뒤로 묶고 둘씩 짝지어 묶었다. 그리고는 우리에게 걸어가라고 명령하는 것이었다. 우리는 도시를 뚫고 나와 들판을 가로질러 이곳저곳을 전전하며 메히코 도시로 향하는 길에 올랐다.

메히코는 파누코[탐피코]에서 서쪽보다 약간 남쪽으로 60리그 거리에 있다.

우리를 호송하는 스페인인은 둘뿐이었다. 그외에는 많은 인디언이 있어서 활과 회살을 기지고 양쪽을 지키면서 우리가 도망치지 못하게 감시했다.

이런 식으로 걸어가 둘째 날 밤 우리는 한 도시에 도착했는데, 인디언들은 '노엘레'라 부르고 스페인인들은 '산타 마리아'라 부르는 곳이다. 그 도시에는 백의(白衣) 수사(修士) 수도원이 있었고, 우리는 그곳에서 아주 좋은 대접을 받았다. 양고기와 국 같은 더운 음식을 주었고, 흰 베이즈 천으로 만든 옷도 주었다. 우리는 게걸스럽게 식사를 하고 '노촐레'라는 이름의 인디언 과일도 많이 먹었다. 길고 작은 과일인데 작은 오이 같은 모양의 과일이다. 너무 많이 먹은 결과 우리 모두 복통을 겪게 되었다.

그리고 우리 중 토머스 베이커라는 사람이 이곳에서 상처 때문에 죽었다. 인디언과 처음 마주쳤을 때 목에 화살을 맞은 사람이었다.

다음날 열 시경 우리는 다시 둘씩 묶여 앞서와 같이 감시를 받으면서 그곳을 떠났다. 메히코를 향해 가다가 메히코에서 40리그 거리에 있는 메스티클란이라는 도시에 도착했다. 흑의(黑衣) 수사 수도원이 있는 이 도시에는 남녀노소 합해 300명가량의 스페인 사람들이 살고 있다. 수사들은 수도원으로부터 조리 준비가 된 고기를 우리에게 보내주었다. 그리고 수사들과 다른 사람들이 셔츠를 비롯해 우리에게 없는 물건들을 주었다. 여기서 인디언 말로 '기아코'라 부르는 또 다른 과일을 먹고 우리는 역시나 매우 심한 복통에 시달렸다.

다음날 아침 우리는 스페인인 두 명, 그리고 인디언 감시인들과 함께 그곳을 출발했다.

스페인 사람 하나는 나이든 사람으로, 가는 동안 내내 우리에게 친절하게 대해 주었다. 세심하게 일행보다 앞서 가서 힘닿는 대로 음식과 그 밖의 필요한 물건들을 확보해놓았다. 또 하나는 젊은 놈이었는데, 우리와 늘 함께 가면서 우리 곁을 떠나지 않았다. 아주 잔인하고 비열한 놈이었다. 그는 창을 손에 들고 가다가, 우리 중 너무 쇠약하고 어지러워서 그가 요구하는 대로 빨리 걷지 못하는 사람이 있을 때면 그 창을 두 손으로 잡고 목과 어깨 사이를 쓰러질 정도로 세게 후려치곤 했다. 그러면서 고함을 질렀다. "걸어, 이 잉글랜드 똥개들!

루터쟁이들! 하느님의 적들!"

다음날 우리는 파추카라는 도시에 도착했다. 파추카라는 도시는 두 곳에 있는데, 은광이 있는 도시 파추카는 이 파추카에서 북서쪽으로 6리그 가량 떨어진 곳에 있다.

그 도시에서 우리의 관리자인 나이든 착한 사람은 우리 중 앓는 사람과 약한 사람들을 위해 이틀 밤 이틀 낮을 쉬게 해 주었다. 그의 동료인 젊은 사람은 이 때문에 무척 약올라 했다.

그곳으로부터 다시 길에 오른 우리는 나흘, 닷새 동안 걸어가면서 조그만 마을들과 '스탄티아'라 부르는 스페인인 낙농 목장들을 지나갔다. 나이든 착한 사람은 어디에서나 우리가 필요로 하는 고기와 과일과 물을 충분히 구해 주었다.

닷새째가 저물 무렵 우리는 메히코에서 5리그 거리에 있는 코글릴리칸이라는 도시에 도착했다. 그곳에서 우리는 다시 하루 낮과 이틀 밤을 쉬었다. 회의(灰衣) 수사의 훌륭한 수도원이 있는 곳인데, 정작 수사는 하나도 보지 못했다.

거기서 도시의 스페인 사람들에게 들으니 메히코까지 거리가 잉글랜드 거리로 15마일이 되지 않는다고 했다. 이것을 알고 우리는 모두 매우 기뻤다. 그곳에 가면 우리가 구속을 벗어나 풀려나든지, 아니면 서둘러 이승을 하직하게 되든지 양단 간에 결정이 나리라는 희망 때문이었다. 묶인 채 이곳저곳으로 끌려 다니는 동안 우리에게 예절 바르게 대해주는 사람들도 없지는 않았지만, 그 구속 상태에서 우리 몸이 풀려나기 전에는 진심으로 기뻐할 수도 즐거워할 수도 없었다. 죽음을 통해서 풀려나든, 다른 길을 통해 풀려나든.

다음날 아침 우리는 그곳을 떠나 메히코로 향했다. 메히코에서 2리그 떨어진 곳에 오니 스페인 사람들이 지은 아주 아름다운 교회가 있었는데, 성모교회라는 이름이었다. 그곳에는 은과 금박으로 만든 성모상이 하나 있는데, 키 큰 여자와 같은 높이에 같은 크기다. 교회 안, 성모상 앞에는 1년의 날 수와 같은 숫자의 은으로 만든 등이 있는데, 축일이면 이 등 모두에 불을 붙인다.

스페인 사람이 이 교회 앞을 지나갈 때는 말을 타고 있다가도 내려서 교회에 들어가 성모상 앞에 무릎 꿇고 모든 악으로부터 보호해 주실 것을 성모님에게 기도드린다. 말을 탄 사람이든 걸어가는 사람이든 모두 이렇게 교회에 들어가 기도를 드리지 않고는 지나가지 않는다. 만약 그렇게 하지 않는다면 일이 잘 될 수가 없다고 그곳 사람들은 생각하고, 또 믿는다. 스페인 말로 이 성모상을 '노스트라 세뇨라 데 과달루페(과달루페 성모님)'라 부른다.

그곳에는 찬물이 솟아나오는 샘이 몇 있는데, 물이 끓는 것처럼 마구 솟아오른다. 물맛은 찝찔하지만 상처든 종기든 그 물로 씻으면 아주 잘 낫기 때문에 많은 사람들이 이 물로 치료를 받는다. 해마다 성모절이면 사람들이 그곳으로 와서 성모상 앞에 예물을 바치고 기도를 올린다. 그리고 과달루페 성모님은 많은 기적을 일으킨다고 그들은 말한다. 이 교회 주변에는 스페인 사람들이 사는 마을이 없고, 인디언들만이 자기네 식으로 지은 집에서 살 뿐이다.

그곳에서 우리는 말 탄 많은 사람들과 마주쳤는데, 그들은 우리를 보기 위해 메히코에서 온 사람들로, 그중에는 신사도 있고 직업인도 있었다. 그들은 우리를 구경거리로 보러 온 것이었다. 우리는 계속해서 나아가도록 명령받았고, 그 결과 그 날 오후 네 시쯤 해서 메히코 도시에 들어섰다. 우리가 들어선 길은 산타 카타리나라는 이름의 가로였다. 우리는 어디에도 들르지 않고 곧바로 총독 돈 마르틴 데 엔리케스의 관저인지 궁전인지로 끌려갔다. 도시 중앙의 시장(市場) 광장 바로 옆에 있는 곳이었다.

그곳에 도착하고 얼마 안 있어 스페인 사람들이 시장에서부터 많은 양의 고기를 가져다줬다. 우리 숫자보다 다섯 배 많은 사람이라도 배를 불릴 분량이었다. 모자를 주는 사람도 있고 돈을 주는 사람도 있었다. 그곳에 우리는 두 시간 동안 있었다.

그곳으로부터 커다란 카누를 타고 물길로 해서 병원으로 갔는데, 그곳에는 전에 산 후안 데 울루아 전투에서 포로가 된 우리 동포들이 모여 있었다. 우리는 성모병원으로 갔어야 했다. 그러나 그곳에는 그 전투에서 잡혀온 우리 동포들이 너무 많이 있어서 우리가 들어갈 자리가 없었다.

파누코에서 열나흘 동안 있었는데, 이곳에 같이 온 사람 여럿이 그 사이에 죽었다. 그 다음에 우리는 그곳으로부터 옮겨져 성모병원에 들어갔다. 거기서 우리는 좋은 대접을 받았고, 그 도시의 훌륭한 신사 숙녀들의 방문도 많이 받았다. 그들은 설탕절임이나 잼 같은 물건을 가져와서 우리를 즐겁게 해줬으며 그밖에도 많은 물건을 아주 너그럽게 갖다주었다.

그 병원에서 우리는 몸이 모두 건강하게 회복될 때까지 여섯 달 동안 지냈다.

그 뒤에 총독의 명령에 의해 메히코에서 서남쪽으로 8리그 거리에 있는 테스쿠초로 옮겨졌다. 그곳에는 감옥이 있어서 '오브라체'라 불리는 사람들이 수용된다. 이곳 런던의 브라이드웰 같은 곳이다. 그곳에는 많은 인디언들이 10년 또는 12년의 기간으로 팔려왔다.

그곳으로 옮겨지고 노예로 사역당하게 된 것을 알고 우리 모두는 매우 낙담했다. 차라리 죽고 싶은 심정이었다.

그러나 다른 방도가 없었으므로 어쩔 수 없이 우리는 테스쿠초로 옮겨졌다. 그곳에서 노역은 하지 않았지만 관리가 매우 엄격해서 거의 굶어죽을 지경이었다.

그러나 자비로우신 주님의 은혜 덕분에 그곳에서 로버트 스위팅이라는 사람을 만났는데, 잉글랜드 남자와 스페인 여자 사이에 태어난 사람이었다. 그 사람은 영어를 아주 잘했고, 그의 덕분으로 우리는 인디언들에게서 양고기, 닭고기, 빵 등 음식을 구할 수 있었다. 그 사람의 도움이 없었더라면 우리는 모두 그곳에서 굶어죽었을 것이다. 하지만 그렇게 구할 수 있는 음식은 넉넉할 수가 없었다. 엄격한 관리를 받으며 감옥에서 두 달을 지낸 뒤, 우리는 마침내 결과가 어찌 되든, 감옥에서 도망쳐 나가기로 결론을 내렸다. 이런 비참한 상태로 더 지내기보다는 차라리 죽음을 당하겠다는 결심이 선 것이었다.

그리하여 감옥을 뛰쳐나왔지만 우리는 어느 쪽으로 도망가야 안전할지 알 수 없었다. 캄캄한 밤 억수같은 빗속에 안내자도 없는 우리는 어디로 가는지도 모르고 달려갔다.

아침이 되어 날이 밝아지면서 보니 우리는 테스쿠초에서 24마일 떨어진 메히코에 가까이 와 있었다.

날이 밝아지자 우리는 스페인 사람들의 눈에 띄었고, 결국 잡히고 말았다.

우리는 총독과 최고재판관들 앞으로 끌려갔는데, 그들은 왕의 감옥에서 도망친 죄로 우리를 목매달아 죽이겠다고 위협했다.

그러나 결국 우리는 총독 소유의 한 농장으로 보내졌다. 그곳에 가니 앞서 말한 것처럼 우리 대장이 산 후안 데 울루아에서 배반당했을 때 포로로 넘겨진 우리 잉글랜드 신사분들이 거기 있었다. 지저스 호 선장 로버트 배리트도 그들과 함께 있었다.

그 농장에서 우리는 노역과 심부름을 하며 네 달 동안 지냈다. 하루에 양 두 마리씩 주어졌으므로 백 명 가까운 인원에게도 부족하지 않았다. 빵은 한 사람이 매일 두 덩어리씩 받았는데, 반 펜스짜리 빵 하나의 분량이었다.

그렇게 네 달이 지난 뒤, 포로 신사들과 지저스 호 선장이 총독 관저의 감옥으로 옮겨지고 나서 총독이 포고문을 내걸게 했다. 스페인 신사 중 누구라도 잉글랜드인을 데려다가 사역시키고 싶은 마음이 있고, 통지가 있을 때 한 달 이내로 그 잉글랜드인을 재판관 앞에 출두시킬 책임을 질 용의가 있는 사람은 우리가 있던 농장으로 와서 사람을 골라 가라는 것이었다.

이 포고문이 나붙자마자 신사들이 떼거리로 농장에 몰려왔고, 먼저 우리 중 하나를 데려갈 수 있는 사람들은 모두 좋아했다.

우리를 하인이나 노예로 데려간 사람들은 우리에게 완전히 새 옷을 입혀주었다. 우리는 그들과 함께 살면서 그들이 시키는 일을 했는데, 대개는 식탁의 시중드는 일, 시종 노릇, 그리고 외출할 때 수행하는 것 등이었다. 이것을 그들은 대단히 자랑스러워했다. 그 나라에서는 스페인 사람이 남의 하인 노릇을 하는 일이 없기 때문이었다. 그들은 모두 인디언들에게 주급(週給)을 주면서 시중을 받거나 노예인 검둥이들에게 평생 시중을 받았다.

이런 상태로 메히코 도시와 그 부근에서 일하며 1년 조금 넘는 기간을 지냈다……(생략)……

이제 우리가 서인도제도에 처음 온 지 만 6년이 지났고, 그동안에 우리는 앞서 진실대로 기록한 것처럼 그 나라에 붙잡혀 하인 노릇을 하고 있었다. 공원 1574년에 종교재판이 서인도 지역에 설치되기 시작했는데, 대부분 스페인 사람들 자신도 원하지 않는 일이었다. 서인도 지역을 처음 정복하고 정착한 이래 종교재판처럼 처참하고 잔인한 제도를 그들이 겪어본 일이 없었던 것이다.

종교재판의 주심관은 돈 페드로 모야 데 콘트레레스라는 이름이었고, 그 동료의 이름은 후안 데 부이야였다. 재무관은 후안 산치스였고 서기는 페드로 데라 리오스였다.

백의수사 수도원 가까이 매우 아름다운 집에 자리 잡은 재판관들은 (그 가공스러운 종교재판을 그곳 메히코에까지 끌어들여 온 나라를 공포의 도가니에 몰아넣을 사명이 자기네에게 있다는 생각으로) 제일 먼저 우리 잉글랜드사람들을 불러들여 심문하는 것이 좋겠다고 결정했다. 이렇게 수배된 우리는 그 나라 구석구석에서 색출되었고, 잉글랜드인이나 잉글랜드인의 짐을 숨겨주는 사람에게는 재산 몰수와 파문을 위협하는 포고문이 나붙었다.

이리하여 우리는 모두 체포되었고 우리 짐은 모두 압수되어 종교재판소로 보내졌다. 각지에 있던 사람들이 모두 죄수로 메히코에 압송되었다. 우리가 들어간 메히코의 감옥은 캄캄한 땅굴로, 촛불 없이는 아무것도 보이지 않는 곳이었다. 그리고 우리를 두 명 이상 같이 두는 일이 없었기 때문에 서로를 볼 수가 없었고, 다른 사람들에게 어떤 일이 일어나고 있는지 아무도 알 수 없었다.

그렇게 엄격한 감금 속에 우리는 1년 반이란 시간을 지냈다. 그보다 조금 감금기간이 짧았던 사람도 있다. 체포되는 대로 감옥에 보내졌기 때문이다.

이 감금기간의 시작부분에서 우리는 자주 한 명씩 재판관 앞에 불려나가 신앙에 대한 혹독한 검증을 받았다. 주기도문, 성모송, 사도신경을 라틴어로 외우라는 것이었다. 하느님 맙소사! 우리 중에는 영어 외에 다른 말을 한 마디도 못하는 사람들이 많았다. 테스쿠초에서 우리 친구였던 로버트 스위팅이 그런 사람들의 심문에 늘 배석했고, 우리가 우리나라 말로는 모두 완벽하게 외울 수 있지만 라틴어로는 외우지 못한다고 우리를 위해 해명해 주었다.

그리고 나서 우리에게 서약 아래 대답하도록 질문을 던졌다. "성체(聖體)에 대해 어떤 믿음을 가지고 있는가?", "축성(祝聖)의 말씀 뒤에 빵과 포도주가 남아 있었는가?" "사제가 머리 위로 치켜든 빵덩어리와 성배(聖杯)에 들어 있던 포도주가 구세주 그리스도의 진정하고 완벽한 살과 피였다는 사실을 믿는가?"
등등이었다.

그런 질문에 "옳습니다!" 대답을 하지 않으면 죽음밖에 다른 길이 없었다.

그러면 그들이 물었다. "잉글랜드에 있을 때 이것과 어긋나는 어떠한 생각을 가지고 있었거나 배운 바 있었던 것을 기억하는 것이 있는가?"

그러면 우리는 목숨을 지키기 위해 이렇게 대답할 수밖에 없었다. "앞서 말한 것과 다른 어떤 믿음도 가진 적이 없으며 어떤 가르침도 받은 적이 없습니다."

그러면 그들이 우리를 다그치곤 했다. "너는 진실을 말하지 않았다. 우리는 그 반대로 알고 있으니, 너는 기억을 잘 되살려서 다음번 심문에서는 제대로 대답해야 할 것이다. 그렇게 하지 않으면 고문대에 올려 네가 원하든 원치 않든 진실을 말하게 할 것이다."

그리하여 다음에 또 그들 앞에 끌려나와 "잉글랜드에 있을 때 어떤 믿음을 가지고 어떤 가르침을 받았는지" 다시 질문을 받았다. 또 우리 동료 중 그들이 지목하는 사람들에 관해 우리가 알거나 생각하는 바를 말하라는 요구도 받았다. 이런 요구를 우리는 끊임없이 받았다.

그리고 어떤 때는 우리가 진실을 말할 경우 가상히 여겨 풀어주겠다는 약속을 하기도 했다. 그러나 그들의 말이 친절한 것일수록 우리를 함정에 빠뜨려 목숨을 빼앗으려는 술수에 불과한 것임을 우리는 너무나 잘 알고 있었다. 그러나 주님께서 신비로운 수단을 통해 우리를 은혜롭게 이끌어 주신 덕분으로 우리는 최초의 대답을 흔들리지 않고 지킬 수 있었다.

"우리는 진실을 말했으며, 지금까지 선언한 것과 다른 내용을 우리 자신도 알지 못하고 우리 동료들도 알지 못합니다. 잉글랜드에 있을 때 우리가 주님과 성모님, 그리고 성인들께 저지른 죄와 과오에 대해서는 마땅히 통절한 반성을 하며, 주님의 용서를 빌 뿐입니다." 그리고 재판관들에게 간청했다. "우리가 이 나라에 온 것이 우리 뜻에서가 아니라 날씨 때문이었음을 제발 살펴 주십시오. 그리고 우리가 평생을 통해 주님과 성모님, 성자들의 법칙에 어긋나는 말도 행동도 한 바 없음을 살펴 주십시오. 그분들도 우리를 가엾이 여길 것입니다." 그러나 아무 말도 그들에게는 통하지 않았다.

그들이 가혹한 판결을 진행시키기 석 달가량 전[즉 1575년 1월 중] 우리는 모두 고문대에 올랐다. 강압에 못 이겨 마음에 없는 말을 한 사람도 있었고, 그들은 이 때문에 나중에 목숨을 잃었다.

그렇게 해서 우리 자신의 입으로부터 우리를 판결할 증거를 충분히 확보한 그들은 메히코 시장 광장의 한가운데, 중앙 성당의 바로 건너편에 커다란 가설무대를 세우게 했다. 그리고 판결을 보름가량 앞두었을 때 나팔소리와 북소리로 온 메히코 사람들을 모아놓고 그 앞에서 엄숙하게 포고했다. "어느어느 날 시장 광장에 오는 사람들은 잉글랜드 이단자들, 루터의 졸개들에 대한 신성한 재판의 판결을 들을 것이고 그들의 처형을 볼 것이오."

이런 포고가 있고 나서 잔인한 판결의 날이 다가오고 있던 중, 판결 전날 밤 우리가 갇혀 있던 감옥으로 그들이 왔다. 신성한 지옥의 집, 종교재판소 직원들이 우리에게 입히려고 만든, 자기네 말로 '산 베니토'라고 부르는 죄수복을 가지고 온 것이다. 황색 무명으로 지은 그 저고리에는 등과 가슴에 붉은색 십자가가 찍혀 있었다.

우리에게 그 저고리를 입히고 다음날 심판의 장소인 가설무대로 갈 때 행진의 대열 속에서 각자의 위치를 정해 주기에 바빠서 그들은 밤새도록 우리에게 잠잘 시간을 주지 않았다.

아침이 되자 그들은 아침식사로 한 사람에 포도주 한 잔과 꿀에 튀긴 빵 한 조각씩을 주었다. 여덟 시경이 되어 우리는 감옥을 출발했다. 노란 저고리를 입고 목에 밧줄을 걸었으며, 손에는 불을 붙이지 않은 커다란 초록색 초를 들고 있었다. 우리 한 사람마다 양쪽에 스페인사람 하나씩 붙어 있었다.

이런 대형으로 활 한 바탕거리가량 떨어진 시장 광장의 가설무대로 행진해 가면서 보니 사람들이 길에 가득했고, 사람들이 너무 빽빽하게 몰려 있어서 말에 탄 종교재판소 직원들이 길을 내느라고 힘을 들여야 했다.

이렇게 무대 앞에까지 와서 두 계단을 올라서니 우리가 앉을 자리가 마련되어 있었다. 한 사람 한 사람씩 각자가 선고를 받을 순서대로 배열한 것이다.

우리가 이렇게 지정된 위치대로 자리 잡자 곧 종교재판관들이 다른 계단으로 올라왔다. 총독과 일반재판관들도 그들과 함께 올라왔다.

그들이 휘장 아래 각자의 직책과 신분에 따라 자리 잡자 백의, 흑의, 회의의 많은 수도사들이 올라왔다. 300명가량의 수도사들이 정해진 장소에 자리 잡았다.

그런 뒤 한 차례 엄숙한 "오예스(Oyez, 법정 등에서 '조용히' 하라는 일종의 경고어 – 편집자 주)!" 소리가 있고는 침묵이 흘렀다.

그리고 곧 가혹하고 잔인한 판결이 나오기 시작했다.

제일 먼저 불린 것은 로저라는 이름의 지저스 호 병기(兵器) 담당자였다. 300대의 마상(馬上) 채찍질, 그리고 10년간 갤리선 노역이라는 판결이었다.

뒤를 이어 존 그레이, 존 브라운, 존 라이더, 존 문, 제임스 콜리어, 그리고 토머스 브라운의 이름이 불렸다. 그들의 판결은 각자 마상 채찍질 200대에 갤리선 8년이었다.

그 다음에 불린 것은 존 키스로, 마상 채찍질 100대에 갤리선 6년의 판결을 받았다.

뒤이어 같은 식으로 53명이 차례로 이름을 불리고 각자의 판결을 받았다. 보통 마상 채찍질이 100~200대, 갤리선 노역이 6년, 8년, 아니면 10년이었다.

그런 뒤 나, 마일즈 필립스의 이름이 불렸다. 채찍질 없이 수도원에서 5년간 복무하라는 판결이었다. 그 기간 중 산 베니토 죄수복을 계속 입고 있어야 한다고 했다.

뒤를 이어 존 스토리, 리처드 윌리엄스, 데이비드 알렉산더, 로버트 쿠크, 폴 호스웰, 그리고 토머스 헐의 이름이 불렸다. 이들 여섯 사람은 채찍질 없이 수도원에서 3년 또는 4년의 복무를 판결받았다. 산 베니토를 내내 입는 것이었다.

판결이 이만큼 진행되었을 때는 날이 어두워지고 있었는데, 이 때 조지 리블리, 피터 몸프리, 그리고 아일랜드 사람 하나의 이름이 불렸다. 그들의 판결은 태워서 재로 만드는 것이었다. 그들은 곧 무대에서 조금 떨어져 시장 광장 안에 만들어져 있던 처형장으로 옮겨져 신속하게 불태워졌다.

화형 이외의 판결을 받은 우리 일행 68명은 그날 밤 다시 감옥으로 끌려 돌아왔다.

공원 1575년의 예수 수난 금요일인 다음날 아침 우리는 모두 종교재판소의 어느 마당으로 끌려갔다. 그곳에는 마상 채찍질과 갤리선 노역 판결을 받은 사람 하나에 말 하나씩이 준비되어 있었다. 그 숫자는 61명이었다.

그들은 허리 위로 옷을 벗긴 채 말에 태워져 온 도시의 주요 가로를 돌아다니며 사람들의 구경거리가 되었다. 그렇게 돌아다니는 동안 판결받은 숫자의 채찍질이 행형자(行刑者)로 지명된 수많은 사람들의 손에 의해 그들의 벌거벗은 등 위로 떨어졌다. 그들의 행진 앞으로 벽제꾼 둘이 달려가며 소리쳤다. "보시오! 저 잉글랜드 개새끼들! 루터 미치광이들! 주님의 배반자들을!" 그리고 행진 내내 재판소 직원들과 광신적 교단의 졸개들이 따라다니며 행형자들에게 외쳤다. "때리라! 저 잉글랜드 이단자들! 루터쟁이들! 주님의 역적들을!"

이렇게 참혹한 꼴을 온 시내를 돌아다니며 보이고 종교재판소로 돌아온 그들의 등에는 핏덩이가 엉겨 있었고 채찍자국이 부풀어 올랐다. 그들은 말에서 내려져 다시 감옥으로 끌려갔다. 그리고 갤리선을 타고 수난의 나머지를 채우기 위해 스페인으로 보내질 때까지 그곳에 있어야만 했다.

수도원 복무를 판결받은 나와 다른 여섯 사람은 얼마 후 그 목적을 위해 지정된 종교시설로 끌려갔다.

———◇———

존 호킨스는 1562년 아프리카에서 사들인 노예를 서인도 지역에 싣고 가 팔고 그곳 산품을 잉글랜드로 싣고 오는 항해로 큰 이익을 얻었다. 1564년 그의 두 번째 항해에는 엘리자베스 여왕을 비롯해 지도층 귀족들이 투자자로 참여했으므로 잉글랜드의 준 공식적 해외활동이 여기서 시작된 것이라 할 수 있다.

1567~8년의 세 번째 항해도 순조롭게 진행되고 있었는데, 메히코의 산 후안 데 울루아항에서 수리를 위해 정박하던 중에 스페인 함대의 공격을 받았다. 독점적 이권을 침해당했다고 생각한 메히코 총독이 함대를 보낸 것이었고, 공격할 뜻이 없다고 거

짓말을 해서 호킨스 선단에 접근한 비신사적 행위도 있었다고 호킨스 측은 불평했다.

두 척의 잉글랜드 배가 싸움터를 도망쳐 나왔지만 이 글 앞머리에 보이는 것처럼 항해 준비가 되어 있지 않았기 때문에 선원의 절반을 내려놓아야 했고, 호킨스가 탄 미니언 호가 이듬해 1월 플리머스 항에 입항했을 때 선상의 생존자는 겨우 열다섯 명이었다.

호킨스와 함께 탈출한 또 한 명의 선장이 프랜시스 드레이크였다. 열렬한 신교도이기도 했던 드레이크는 이 사건을 계기로 스페인을 불구대천의 원수로 규정하고 노골적인 해적 행각에 나섰다.

1572년부터 1580년까지 드레이크 함대가 막강한 스페인 해상제국의 영역을 종횡무진 유린하고 다닌 것은 여러 가지 여건으로 볼 때 불가사의로 보일 만큼 대단한 활약이었으며, 잉글랜드 사람들에게 스페인에 맞설 자신감을 불어넣어 주었다. 그 전까지 잉글랜드 사람들은 스페인을 엄청난 강대국으로 보며 두려워했고, 특히 바다 위에서 스페인과 맞선다는 것은 꿈도 꾸지 못할 일이었다.

1570년대는 스페인과 잉글랜드의 관계가 악화하고 있던 시기였다. 특히 1577~80년 드레이크의 세계일주 항해가 끝날 무렵 아일랜드 반란을 둘러싸고 두 나라 사이에 적대감이 높아졌기 때문에 드레이크가 '국가적 영웅'으로 떠오를 수 있었다.

출처　Miles Phillips, in Hakluyt, *Voyages*, 1589

27

스페인 군대의 앤트워프 약탈

1576. 11. 4

조지 개스코인

　나는 잉글랜드 관(館)에 머물고 있었는데, 그 날은 할 일이 많이 있어서 아침에 나가지 않고 있었다. 식사시간에[점심] 시내에서 나와 내 방에서 함께 식사하던 동포 상인이 말해 주기를, 캐슬야드에서 치열한 전투가 벌어졌고, 갈수록 더 치열해지고 있다고 했다. 식사 중간에 들어온 소식으로는 사격이 너무 맹렬해서 연기 때문에 땅도 집도 사람도 알아볼 수 없을 지경이라 했고, 식사가 끝난 뒤에는 스페인군이 해자를 탈취한 것 같다는 소식이 들어왔다.

　그 소식을 듣고 나는 서둘러 식탁을 떠나 잉글랜드 관의 높은 탑으로 올라갔다. 그곳에서 보니 캐슬야드 방향으로 시내 너댓 군데에 불길이 보였다. 그래서 스페인군이 정말 해자 안으로 들어가 있다는 것을 확실히 알 수 있었다.

　탑에서 내려온 나는 직접 확인해 보기 위해 외투를 걸치고 칼을 찼다. 거래소를 향해 가는 동안 같은 방향으로 가는 사람은 없이 마주 오는 사람들만 있었고, 그들은 시민이 아니라 군인들이었다. 그리고 제대로 길을 가는 것이 아니라 겁에 질려 달려가고 있었다.

　그것을 보고 마음이 좀 안됐는데, 시민들은 모두 뭐든 무기를 들고 자기 집 문 앞에 서 있었다. 어떻게 된 일인지 그 중 한 사람에게 물어보았다.

그가 프랑스어로 대답했다. "아이고 선생님, 질서가 다 없어졌어요. 도시가 다 무너지고 있시 않습니까!"

"용기를 가지시오, 친구여!" 그렇게 말해주고 다시 거래소를 향해 걸어갔다. 더욱 더 많은 사람들이 걸음을 재촉하며 지나쳐 갔다.

가다 보니 말을 탄 앳된 왈론군 나팔수 하나가 칼을 뽑아 쳐들고 소리치고 있었다. "어디로 도망가는가, 이 바보들아! 조국의 명예를 위해 고개를 들라!" 그 말에 오륙십 명이 고개를 돌리고 거래소 방향으로 돌아갔다. 나는 동행이 생겼으므로 더 기운이 나서 나아갔다.

그러나 아깝게도 이 편안함은 오래 가지 못했다. 거래소 건너편까지 갔을 때 많은 사람들이 황급히 달려오고 있었는데, 모두들 고개를 움츠린 꼴이 꼬마 아이들이나 양떼 같았다. 거래소 건너편 시장 광장 방향에서 그들과 마주쳤는데, 맨 앞에 선 지휘자들이(투창, 격창, 곤봉 등을 가진 것으로 알아볼 수 있다) 나를 자빠뜨리고는 내 배와 얼굴을 밟으며 달려가는 바람에 한참 뒤에야 다시 일어설 수 있었다.

마침내 몸을 일으키고 둘러보니 사방에서 그들이 정신없이 달려가고 있는지라 이런 생각이 들기 시작했다. '도대체 내가 여기서 무얼 하고 있는 거지? 이 전쟁의 당사자도 아닌 내가. 이 도시를 지키겠다고 온 자들은 미련 없이 떼를 지어 떠나가고 있는데.'

이런 생각을 굴리고 있는 동안 또 한 패거리 도망자들이 다급하게 달려와 나를 엎어뜨리고는 등을 밟고 지나갔다. 마침내 몸을 다시 일으킨 나는 그들과 동행이 되려고 달려갔다. 그러나 그들이 얼마나 급하게 달려가는지, 잉글랜드관과 거래소 중간에 있는 큰 네거리에 도달할 때까지 그들을 따라잡을 수 없었다.

네거리에 와서야 땅에 엎드려 숨을 헐떡이고 있는 몇 사람을 따라잡을 수 있었다. 또 몇 사람은 돌아서서 스페인군의 뜨문뜨문 퍼붓는 머스켓 사격을 피하고 있었다. 스페인군은 큰 길의 저쪽 끝까지 나와서 길 양쪽으로 벌려 서 있었다. 나는 그곳에 얼마 동안 서 있다가 사격이 늘어나는 것을 보며 행여 불미

1576년에 발생한 앤트워프 약탈 장면. 네덜란드에 주둔해 있던 스페인군이 급료 체불 등의 문제로 앤트워프 도시를 약탈한 사건이다. 유럽에서 가장 부유한 도시 중 하나였던 앤트워프시는 약탈로 인해 무고한 시민 7,000명 이상이 희생되었다고 한다.

스러운 일이라도 당하지 않을까 걱정이 들면서 그 네거리를 가로지르는 모험을 감행했다. 허풍 섞지 않고, 잉글랜드 관에 들어설 때까지 500발의 탄환이 내 옆을 스쳐갔다.

도착해 보니 많은 상인들이 대문 앞에 몰려 서 있었다. 나는 그들이 놀라거나 당황하지 않도록, 스페인군이 도시에 들어왔다가 도로 나가지 않았을까 생각한다고 말해주었다.

그러나 나는 관장을 찾아가 사람들을 불러들이고 대문을 잠그도록 조용히 권했다. 관장은 여기에 동의하고, 다른 상인들보다 내가 이런 일에 밝은 편이니 열쇠를 맡아달라고 부탁했다.

나는 열쇠를 기꺼이 맡았으나, 문을 제대로 닫고 잠그기도 전에 스페인군이 우리 앞길에 나타나, 문 앞을 지나가다가 들어오려 했다. 그들이 대문에 몇 방을 쏘았고 나도 응사했는데, 한 방이 내 코 앞을 지나 대문을 뚫고는 상인 한 사람의 머리를 맞췄다. 다행히 큰 부상은 아니었다. 그러나 추격의 열기가 아직 뜨거워서 그들이 노략질에 매달려 있을 때가 아니었다. 그들은 신도시 방면으로 달려가 수없이 많은 사람들을 그곳에서 살상하고는 세 시가 좀 안 되어 승리자로 돌아왔다. 그들의 적은 모두 죽거나 도망쳐 버렸다.

약속한 대로 이제 공평하게 말하자면, 스페인군의 승리는 우리 시대의 전투 중 본 바도, 읽은 바도, 들은 바도 없는 가장 위대하고 완전한 승리였다. 보병과 기병 모두가 그렇게 높은 해자에 들어가, 건너가고, 탈취할 수 있었다는 것은 참으로 기적과 같은 일이었다.

보병이 들어간 뒤 기병들도 따라 들어갈 길을 찾았고, 대부분 능숙한 기병인 그들은 길에서 자기네 보병들을 앞질러 나갔다. 그래서 왈론군의 퇴각은 더욱 황급해졌고, 더욱 신속한 작전 수행이 가능하게 되었던 것이다.

그러나 스페인군의 용맹과 기율을 아무리 칭송하는 사람일지라도 이 도시에 정당한 징벌을 내리고자 하는 주님의 뜻이 함께 작용했음을 말하지 않으면 안 된다. 그러지 않고는 어떤 인간의 힘으로도 상상할 수 있는 범위를 넘어서는 사태였기 때문이다.

그리고 또한 왈론군 측의 무질서와 무능도 스페인군의 영광과 자랑을 보태주는 데 큰 도움이 되었다.

정리를 해 보자. 도버스텡 백작은 신도시 전투 중 물에 빠져 죽었다. 다브리 후작과 샹파니 후작은 신도시를 탈출해 오렌지 공의 함대로 돌아갔다. 그러나 젊은 에그몽 백작은 성 미카엘 교회 옆에서 싸우다가 포로가 되었다. 드 카프르 씨와 드 고진느 씨도 역시 포로가 되었다. 그러나 에그몽 백작 외에는 제대로 싸운 이야기를 듣지 못했다. 에그몽 백작의 목숨을 구한 것은 베르두고 대령이었다. 고귀한 동정심과 훌륭한 성품의 스페인 군인 베르두고 대령은 백작을 구하면서 자기 자신은 큰 위험을 겪었다.

이 전투에서 목숨을 잃은 스페인군은 600명 전후였다. 그런데 그 뒤의 목요일[11월 8일] 시내의 시체를 모아 점검하니 남녀노소 1만 7,000명에 달했다. 주님께서 스페인군에 부여하신 승리이기는 하지만 처참한 살육이었다.

스페인군의 용맹은 물론 찬양해 마땅하지만, 여러 면에서 그들의 야만스러운 잔인성도 비판하지 않을 수 없다. 주님께서 누군가를 큰 부자로 만들어주신다면 부자가 된 사람은 그 재물을 어떻게 쓸 것인지 조심해야 한다는 것이 내 생각이다. 마찬가지로 주님께서 기적적인 승리를 만들어주신다면 승리자는 패자를 처형하는 데 조심해야 할 것이다.

스페인 편을 드는 사람 중에는 이와 반대되는 온갖 이유를 지적할 사람도 있겠지만, 피가 식고 열기가 지나간 뒤에는 승리에 만족하고 무고한 사람의 피를 흘리게 함으로써 하느님의 분노를 불러일으키는 일이 없도록 하는 것이 진정한 기독교인의 마음이라고 나는 생각한다.

이런 이야기를 내가 하는 것은 그들의 살육에서 나이도, 성별도, 시간도, 장소도, 신분도, 국적도 가리지 않았으며 노소, 빈부, 강약을 전혀 살피지 않았기 때문이다. 아무도 저항하지 않고 저항할 힘도 없는 상황에서 그들은 무자비하게 승리를 구가했다.

성별과 노소로 말하자면, 그들은 많은 수의 어린아이를 죽였다. 그리고 80세가 넘은 노파들까지도 죽였다.

시간과 장소로 말하자면, 그들의 열기는 승리로부터 열흘이 지나도 처음 입성할 때보다 조금도 식지 않았다. 그리고 가톨릭 신앙을 그토록 내세우는 그들이 교회당을 존중하는 마음이란 백정이 도살장을 존중하는 바로 그 수준이었다.

신분과 국적으로 말하자면, 그들의 살육은 친구와 적을 가리지 않았으며, 포르투갈인과 터키인도 함께 죽임을 당했다.

교파와 종교로 말하자면, 예수회는 현금을 내놓아야 했고, 다른 교단들은 현금과 헌금접시를 함께 내놓아야 했다. 가치가 있고 가져갈 수 있는 것은 무엇이든 함께 내놓아야 했다.

부유한 자는 재산이 있어서 목숨을 잃었고, 가난한 자는 재산이 없어서 목숨을 빼앗겼다. 힘이 있는 자도 저항에 쓸 수 없었고, 힘이 없는 자도 동정심을 얻을 수 없었다.

공격의 열기가 뜨거울 때만 있었던 일이 아니었다. 앞서 말한 것처럼, 피가 식은 뒤 저항 없는 승리자가 된 뒤까지도 계속된 일이었다.

구덩이마다 던져져 쌓인 죽은 자들의 시체 이야기를 일일이 하지 않겠다. 어떤 구덩이에는 시체가 쌓인 높이가 사람의 키보다 더 높을 정도였다.

신도시에서 물에 빠져 죽은 수많은 사람들 이야기도 일일이 하지 않겠다. 그곳에서는 사람이 죽는 온갖 자세와 모습을 미켈란젤로가 〈최후의 심판〉에서 그린 것보다 더 다양하게 구경할 수 있다.

갑옷 속에서 타 죽은 수없이 많은 독일인들 이야기도 일일이 하지 않겠다. 창자가 터져 그슬린 시체가 있는가 하면 머리와 어깨가 불타 떨어져 나간 시체도 있다. 목으로 들여다보면 자연의 신비가 그대로 눈에 들어온다. 다리가 타 없어져서 허리 위만 서 있는 시체도 있다. 머리통의 맨 꼭대기만이 불이 붙어 형언할 수 없는 고통을 겪었을 시체도 있다.

말의 시체와 핏덩이로 엉망진창이 된 길거리의 추하고 더러움도 기록하지 않겠다. 매장하지 않은 시체가 썩어가면서 뿜는 독기가 공기에 가득 차 살아남은 자들을 괴롭히는 상황에 대해서도 불평하지 않겠다.

전쟁이 벌어지는 곳이라면 성곽에서건 들판에서건 으레 벌어지는 보기 흉한 광경들을 세세히 그려낼 필요가 어디에 있단 말인가?

그러나 웅장한 시청 건물을 그 안에 든 모든 문서, 기록과 함께 일부러 불태워 없앤 일에 대해서는 아무 말 없이 지나갈 수가 없다. 또한 점잖은 부인과 처녀들에게 행해진 파렴치한 강간과 폭력에 대해서도 말하지 않을 수 없다.

남의 집 일을 하는 가난한 영국 상인 하나가 주인의 물건을 되찾기 위해 300크라운을 바쳤지만 더 요구하는 200크라운을 바치지 못해 숨이 반쯤 끊어질 때까지 목이 매달린 일도 처참한 기억으로 남아 있다. 밧줄이 풀리고 정신을 되찾은 상인은 무릎을 꿇고 눈물을 흘리며 그들의 무리한 요구를 채우기 위해 친구들에게 돈을 빌리러 가게 해달라고 사정했다. 돈을 구할 수 없었으므로 빨리 돌아오지 못했던 그가 돌아오자 그들은 그를 바로 목매달아 죽여 버렸다. 나중에 그를 매장하도록 프란체스코 수도사들에게 맡긴 것은 극진한 예절이었다.

정리를 해 보자. 목요일에 확인된 1만 7,000구 유해 중 승리 뒤에 학살된 숫자가 5,000에서 크게 떨어지지는 않을 것이다. 약탈자들이 제멋대로 정해주는 물건값을 바로 낼 수 없었던 사람들이다. 나만이 아니라 온 세상이 함께 목격한 일이거니와, 함락 열흘 후까지도 누구든 왈론군이라고 지목되기만 하면 아무런 심문도 재판도 없이 즉각 살해당했다.

나 자신으로 말하자면 왈론군으로 지목되어 죽을 고비를 아슬아슬하게 넘긴 것이 여러 번이었음이 잘 알려져 있다. 일요일인 열하루째 날, 내가 도시를 빠져나오기 전날에도 불쌍한 사람 셋이 왈론군으로 지목되어 내가 있는 자리에서 살해당하는 것을 목격했다. 그들이 죽은 직후 바로 확인된 바로, 그 중 한 사람은 그 도시에서 8년째 살고 있던 가난한 직공이며 한 번도 무기를 만져본 일 없이 생업에만 충실했던 사람이라고 한다.

이런 따위의 야만스러운 행위들이 씨앗이 되어 맺어진 결과란 유럽에서 가장 부유한 도시의 하나이던 앤트워프가 단 사흘 동안에 빈털터리 도시가 되어 버린 것이다. 돈이나 보물을 가진 것은 학살자들과 매춘부들뿐이었다. 거리를 활보하는 스페인 병사들은 저마다 금붙이로 휘감은 매춘부 하나씩을 옆에 끼고 있었다. 상인들과 정직한 모든 직업에 종사하는 사람들의 안전한 회합장소이던 이름 높은 앤트워프 거래소에는, 이제 다른 것은 아무것도 없이 주사위판만이 빽빽하게 놓여 하루 종일 병사들이 흥청거리는 곳이 되었다.

───◇───

네덜란드는 스페인 왕의 영토였지만 펠리페 2세는 엄격한 직접 통치 대신 누이 마르가리타를 섭정으로 임명하여 스페인보다 폭넓은 자치권을 허락하고 있었다. 그런데 네덜란드 전역에서 개신교가 확산되고 1566년 성상파괴 운동이 널리 일어나자 이를 진압하기 위해 이듬해 봄 스페인 군대를 네덜란드로 보내 무력통치를 시작했다.

　　네덜란드 신교 세력은 오라녜 공 빌렘을 중심으로 저항을 계속했고, 이것이 스페인에게는 큰 부담이 되었다. 1576년 가을 네덜란드 주둔 스페인군은 급료 체불로 군기가 무너져 철군을 요구하기에 이르고, 심지어는 반란군으로 돌아섬으로써 철군을 재촉하려는 움직임까지 일어났다. 앤트워프 약탈은 이런 무질서 속에서 벌어졌고, 그 결과 네덜란드 주둔 스페인군이 모두 철수하게 되었다.

출처　George Gascoigne, *The Spoyle of Antwerpe*, 1576

28

캠피언 신부 일당을 체포하다

1581. 7. 17

정부 첩자의 보고

임무를 부여받은 후 우리는 먼저 어떤 행동을 취해야 할지 우리끼리 토론을 벌였습니다. 앞서 말한 캠피언, 또는 그 패거리를 어느 곳에서 찾을 수 있을지 우리는 알아낼 길이 없었습니다. 우리의 토론은 오래지 않아 끝이 났습니다. 이 사업을 위한 우리의 노력과 공작의 가장 중요한 부분이 내 결정에 달려 있는 것은 이런 분야에 내가 가진 지식과 연줄 때문에 어쩔 수 없는 일이었기 때문입니다.

그 때 갑자기 내 기억에 떠오른 사람이 토머스 쿠퍼라는 요리사였는데, 2년 전[1578] 11월에 켄트주[오핑턴]의 토머스 로퍼 씨의 일을 하고 있는 자였습니다. 그 때 나도 같은 곳에서 일하고 있었습니다. 우리 둘 다 같은 무렵에 로퍼 씨 일을 그만두고 떠나, 나는 에섹스로 오고 쿠퍼는 버크셔 주 라이포드의 예이트 씨에게 갔습니다. 그로부터 반년쯤 지났을 때 그 요리사가 그곳에서 일자리를 얻었고, 그 예이트 씨가 독실한 교황주의자이며 같은 교파 사람들을 매우 잘 대접하는 사람이라는 소문을 들었습니다.

내가 이 사업에 착수하기 2년 전 에섹스에서 들었던 이 이야기가, 출발하기 바로 전날 떠오른 것은 하느님의 은혜일 뿐입니다. 나는 앞서 말한 사업 동료 데이비드 젠킨스에게 이 이야기를 해주고, 그곳으로 먼저 가는 것이 좋겠다고 말했습니다. 그렇게 하면 아무 데로나 가는 것이 아니라 아는 사람이 있거나, 우리가 가서 아는 사람을 만들어낼 수 있는 길이기 때문이었습니다.

그리고 나는 우리가 일요일 아침 여덟 시 무렵에 예이트 씨 저택에 도착하도록 일정을 짜는 것이 좋겠다고 말했습니다. 나는 이렇게 말했습니다. "그곳에서 우리가 그 요리사를 찾으면 그 집에서 그 날 미사를 올리는지, 미사 올릴 신부가 그 집에 있는지 알아낼 수 있을 것이다. 그 요리사는 안 지 오래되는 사람이고, 그 때 생각을 하면 내가 교황주의자인 줄로 알 것이고 나를 미사 장소에 데려다줄 것이다."

이런 결정에 따라 우리는 작년 7월 14일에 런던을 출발해 일요일인 같은 달 16일, 앞서 말한 시간 무렵에 예이트 씨 저택에 도착했습니다.

그 집 대문 밖에 하인 하나가 있는데, 하는 일 없이 누워 있는 것으로 보아 집안의 사람들이 행하는 비밀스러운 일을 안전하게 하기 위해 세워 놓은 보초임에 틀림없었습니다.

나는 그 하인을 불러 앞서 말한 요리사 토머스 쿠퍼에 대해 물어보았습니다. 하인은 요리사가 안에 있는지 어쩐지 알지 못하겠다고 대답했습니다. 나는 그에게 쿠퍼가 있는지 알아봐 달라고 간청하고 내 이름을 가르쳐주었습니다.

그 하인은 부탁 받은 대로 한 모양이었습니다. 잠시 후 요리사가 나와 우리가 그대로 말 위에 앉아 있는 곳으로 다가왔습니다. 그리고 오랜만에 친구들 사이에 오갈 만한 그렇고 그런 말 몇 마디를 주고받은 뒤, 나는 아직도 말 등에 앉아 있는 채로 그에게 말했습니다. 그동안 보고 싶었다고, 그리고 더비셔 주에 친구들을 만나러 가는 길에 한번 만나볼까 해서 길을 둘러 왔다고. 그리고는 말했습니다. "이제 자네 얼굴을 봤으니 내 마음이 기쁘네. 이제 그만 작별하세."

그가 말했습니다. "그래서 되는가. 식사는 하고 가야지."

나는 떠나야 한다고 고집을 부렸습니다. 그는 나를 붙잡으려고 더욱 고집을 부렸습니다. 사실에 있어서는 머물게 되기를 그보다도 내가 더 간절하게 바라고 있었는데도.

그래서 결국 우리는 어쩔 수 없이 머물러 있게 되었습니다. 우리는 말에서

순교자 에드먼드 캠피언의 초상. 에드먼드 캠피언 신부는 엘리자베스 1세 치하에 종교적 탄압을 받고 체포되어 타이번 형장에서 처형되었다.

내린 뒤 요리사를 따라 집 안으로 들어가 식품저장실에 자리 잡고 마시기 시작했습니다. 조금 후에 요리사가 와서 속삭이는 말로, 내 친구(젠킨스를 말하는 것입니다)가 교회에 소속된 사람인지 아닌지 물었습니다. 교황주의자인지 아닌지를 묻는 뜻이었습니다.

거기에 나는 대답했습니다. "교회에 속한 사람은 아닐세. 그러나 매우 정직한 사람이고, 교회가 잘 되기를 마음으로 바라는 사람일세."

그러자 요리사가 내게 말했습니다. "올라가 보지 않겠나?" 이 말이 나를 미사에 데려가겠다는 뜻임을 나는 알았습니다.

그래서 나는 이렇게 대답했습니다. "그래, 제발 나를 데려가 주게나. 어차피 시간이 지체되는데, 그동안에 좋은 일을 하는 것이 좋지."

이리하여 우리는 젠킨스를 식품저장실에 남겨두었고, 나는 요리사를 따라 대청과 식당, 그리고 두어 개 작은 방을 지나 꽤 큰 방으로 들어갔습니다. 그 방에서 바로 그 때 새트웰이라는 이름의 신부가 미사를 집전하고 있었습니다. 그 옆에 무릎 꿇고 있던 두 명의 신부 중 하나가 캠피언이었고 또 하나는 피터스 또는 콜링턴이라 부르는 사람이었습니다. 그리고 세 명의 수녀와 37명의 다른

196

사람들이 있었습니다.

새트웰이 자기 미사를 끝내자 캠피언이 나서서 또 한 차례 사정하고 미사를 올렸습니다. 그 끝머리에는 성찬을 만들어 성수와 함께 거기 있던 모든 사람에게 나눠주었습니다. 나도 조금 얻었습니다.

그러고 나서는 성단 조금 아래쪽 자리에 의자가 하나 놓이고 캠피언이 거기 앉아서 거의 한 시간 동안 설교를 했습니다. 내가 기억하는바 설교의 내용은 "예수님이 예루살렘을 위해 눈물을 흘리셨다" 운운 하는 대목을 놓고 이것을 우리 잉글랜드에 비유하여 교황의 권위와 가르침이 이곳에서 캠피언 자신이 바라는 만큼 받들어지지 않는다는 것이었습니다.

이 설교가 끝난 뒤 나는 될 수 있는 대로 빨리 젠킨스에게 돌아갔습니다. 미사와 설교가 진행되는 동안 아래층 식품저장고에 머물러 있던 젠킨스는 내가 본 것을 말해 줄 때까지 그런 사실을 전혀 모르는 채로 있었습니다.

그리하여 우리는 할 수 있는 대로 빨리 그곳을 떠나 그 주 치안판사의 한 사람인 페티플레이스 씨를 찾아갔습니다. 그리고 그에게 우리 임무의 긴박함에 비추어 충분한 인원을 동원해 우리와 함께 그곳으로 가자고 요구했습니다. 이에 그 치안판사는 15분도 안 되는 사이에 무장을 잘 갖춘 40명을 집합시켜 준비를 갖추고, 우리와 함께 예이트 씨 저택으로 출발했습니다.

같은 날 오후 한 시경 우리가 그곳에 갑자기 들이닥쳤을 때 대문은 꽉 잠겨 있었습니다(저택 둘레에는 해자가 둘러져 있고 그 안에 과일나무와 다른 나무들로 빽빽한 나무 담이 쳐져 있는 것으로 볼 때, 앞서 말한 캠피언과 그 일당을 빼앗길까봐 두려워하는 것이 아닌가 더욱 의심이 갔습니다). 우리는 먼저 사람들을 해자 주변에 적당히 배치해 저택을 둘러싸게 한 다음 문을 두드렸습니다. 안에서는 금세 두드리는 소리를 듣고 내다보는 기척이 있었지만 반 시간이 지나서야 우리를 들여보내 주었습니다.

얼마 안 있어 우리 앞에 나타난 것은 그 저택의 안주인인 예이트 부인과 다섯 명의 신사, 한 명의 숙녀, 그리고 세 명의 수녀였습니다. 수녀들은 미사 올릴 때 입던 것과 다른 옷을 입고 숙녀들처럼 가장하고 있었습니다. 나는 같은 날 아침, 앞서 말한 미사와 설교 때의 일을 빠짐없이 잘 기억하고 있었으나, 그 사람들은 한결같이 그 사실들을 부인했습니다. 특히 예이트 부인은 미사와 신부들이 있었던 사실을 그냥 부인하는 데 만족하지 않고, 만약 그런 사실이 있었다면 자기가 지옥에 빠질 것이라는 등 엄청나고 끔찍한 맹세를 서슴지 않았습니다. 만약 내 눈으로 본 사실이 아니었다면 나 자신 그녀의 말을 믿지 않을 수 없을 정도였습니다.

그러나 그 말들이 헛된 거짓말일 뿐이며 우리가 잘 수색하기만 하면 캠피언과 그 일당을 찾을 수 있다는 것을 분명히 알고 있던 나는 페티플레이스 씨에게 우리의 임무를 다시 상기시켰습니다. 그리하여 페티플레이스 씨와 나, 그리고 여왕 폐하의 심부름꾼인 젠킨스, 세 사람은 가택수색을 시작했습니다. 집 안에는 비밀스러운 모퉁이가 많이 있었습니다.

건물 내부뿐만이 아니라 해자 안까지 포함하여 과수원, 나무 담, 수로까지 모두 수색하는 데는 적지 않은 수고가 필요했습니다. 마침내 우리는 집 주인의 동생 에드워드 예이트 씨와 웨블린과 맨스필드라는 두 사람이 비둘기장에 숨겨져 있는 것을 찾아냈습니다. 그러나 우리가 특별히 찾고 있던 캠피언과 다른 두 명의 신부는 그 때까지 찾을 수 없었습니다.

이 때 시간은 저녁 무렵이 가까워지고 있었고, 우리는 우리 인원이 충분한지 걱정이 되었습니다. 그래서 심부름꾼을 버크셔 주 행정관 포스터 씨와 같은 주 치안판사 와이즈먼 씨에게 보내 사람을 더 보내달라고 요청했습니다.

와이즈먼 씨는 같은 날 저녁 중에 여남은 명의 매우 유능한 사람들을 끌고 왔습니다. 그러나 포스터 씨는 찾을 수가 없었다고 심부름꾼이 돌아와서 전했습니다. 그래서 그 날 밤에는 무장을 잘 갖춘 사람 60명 이상이 그 저택을 둘러싸고 잘 감시할 수 있었습니다.

월요일인 다음날 이른 새벽에 같은 주 치안판사인 크리스토퍼 라이드코트 씨가 특별 선발한 부하들을 많이 데리고 왔습니다. 라이드코트 씨와 그 부하들이 이 일에 보여준 열성적이고 자발적인 협조는 그곳에 있던 사람들에게 적지 않은 위안과 격려가 되었으며, 여왕 폐하의 훌륭하신 뜻을 제대로 밝히는 것이었습니다.

같은 날 아침 앞서 밀한 신부들의 수색이 새로 시작되어 오진 얼 시까지 매우 공들인 수색이 계속되었으나 신부들은 발견되지 않았고, 혹시 그들이 그곳에 없는 것은 아닌가 모든 사람들이 생각하기 시작했습니다.

수색이 계속되면서도 그들을 찾아낼 희망이 실제로 사라져가고 있을 때, 앞서 말한 데이비드 젠킨스가 하느님의 도움으로 비밀장소를 하나 찾아냈습니다. 벽 안에 빈 공간이 있는 것을 알아낸 그는 가지고 있던 쇠꼬챙이로 찌르고 비틀어 구멍을 냈습니다. 그러자 곧 그 안의 침대에 앞서 말한 신부 셋이 뭉쳐서 누워 있는 것을 알아볼 수 있었습니다. 그곳에는 침대 외에도 그들이 며칠 지내기에 충분한 분량의 빵과 고기와 물이 들어 있었습니다.

이에 젠킨스가 큰 소리를 지르고 말했습니다. "반역자들이 여기 있다!" 그러자 금방 사람들이 모여들어 신부들을 보았고, 신부들은 얌전하게 붙잡히는 것밖에 다른 수가 없게 되었습니다. 잠시 후 같은 주의 또 다른 치안판사 리드 씨가 도착해서 도움을 주었습니다.

세 명의 신부가 발견된 데 따른 흥분과 소란이 얼마간 진정되고, 신부들의 모습이 거기 있는 사람들에게 더 이상 신기한 구경거리가 아니게 되었을 때 그때까지도 현장에 모습을 나타내지 않고 있던 주 행정관에게 다시 사람을 보냈습니다. 이번에는 행정관이 와서 신부들과 그 밖의 몇 사람의 신병을 인수받아 다음 목요일까지 책임을 맡았습니다.

우리가 런던탑으로 데려간 네 번째 신부는 윌리엄 필비라는 이름이었는데, 그는 캠피언 등과 함께 그 집에서 체포된 것이 아니었습니다. 그는 앞서 말한 피터스를 만나러 그 집으로 오다가 우리의 감시에 우연히 걸려들었고, 다른 사람들과 함께 행정관에게 신병이 인도되었습니다.

작년 7월 20일 목요일에 우리는 앞서 말한 죄수들을 데리고 예이트 씨의 집을 떠나 궁정으로 향했습니다. 라이드코트 씨와 와이즈먼 씨가 많은 부하들을 데리고 우리를 호위해 런던탑에 닿을 때까지 우리 곁을 떠나지 않았습니다. 우리를 호위한 것은 그밖에도 5, 60명의 매우 유능한 기병들도 있었는데, 행정관이 붙여준 것이었습니다. 우리는 그 날 헨리 어폰 템스에까지 와서 하룻밤을 묵었습니다.

그날 밤 자정 무렵 우리는 앞서 말한 필비가 자다가 엄청난 소리를 지르는 바람에 깜짝 놀랐습니다. 그 소리에 그 집에 있던 사람들이 대부분 깨어났는데, 죄수들 중에 도망친 자가 있는 것이 아닌가 걱정할 정도로 큰 소리였습니다. 집 안팎에 든든한 보초를 세워 탈주를 막도록 배치해 놓았는데도 그런 걱정이 들 정도였습니다. 앞서 말한 라이드코트 씨가 제일 먼저 그들에게 달려왔고, 진상을 알아보니 필비가 꿈을 꾸었는데, 누군가가 그의 몸을 찢어발기고 그의 창자를 끄집어내는 꿈이었다고 했습니다.

◇

엘리자베스 1세(1533~1603, 재위 1558~1603)는 이복언니 메리(1세)의 뒤를 이어 즉위했다. 기구한 운명으로 뒤얽힌 자매 간이었다. 헨리 8세는 교황과 대립하여 잉글랜드 국교회를 세우면서까지 스페인 출신인 메리의 어머니 캐서린과 이혼하고, 그 결혼을 원천무효로 선언하면서 메리까지 공주 신분을 박탈해 궁에서 쫓아냈다. 그렇게 해서 결혼한 상대 앤 볼린으로부터 엘리자베스를 얻었으나 나중에는 극도로 미워하게 되어 처형해 버렸다.

앤 볼린은 메리에게 생명의 위협을 느낄 정도로 핍박을 가했으나 그가 처형당한 후 부왕(父王)은 메리와 화해를 맺었다. 그 후 남동생 에드워드가 부왕을 계승했다가 일찍 죽자(1553) 메리가 즉위했고, 이번에는 엘리자베스가 신변의 위협을 느끼는 상황이 되었다. 그러나 메리가 42세의 나이로 5년 만에 세상을 떠나고 엘리자베스가 즉위하게 되었다.

메리는 가톨릭으로 회귀하는 정책을 취해 앞서 나왔던 크랜머 대주교를 비롯한 300여 명이 그 치하에서 이단으로 화형당하는 등 많은 탄압이 있었다. 그래서 메리에게는 '피투성이 메리 Bloody Mary'라는 별명이 붙었다.

엘리자베스는 종교적 대립을 완화하는 관용정책을 펼쳤다. 1570년 교황에게 파문을 당하면서 가톨릭 신앙은 여왕에 대한 불복종과 등치될 수 있는 정치문제가 되었지만 메리보다 얼 배나 긴 재위기간 중 종교로 인한 저형자 수는 메리 시대의 절반에 불과했다. 가톨릭 탄압 법령이 엄격하게 집행되는 것을 늘 반대했고 궁정에서도 가톨릭을 많이 보호했기 때문에 청교도 등 극단적 개신교파의 비난을 받을 정도였다.

엘리자베스의 관용정책은 가톨릭의 점진적 고사(枯死)를 바라본 것이었다. 가톨릭에 대한 제도적 지원이 사라짐에 따라 성직자의 수가 줄어든 것이 그 가장 뚜렷한 지표였다. 그런데 추방된 신학자 윌리엄 앨런이 1568년 해협 건너의 두에에 신학교를 만들고 그곳에서 양성된 영국인 사제들이 1574년부터 잉글랜드에 '선교사'로 들어오게 되자 정부가 경각심을 일으켜 본격적 탄압이 시작되었다.

1581년 7월에 체포되어 12월 타이번 형장에서 처형된 에드먼드 캠피언(1540~1581)은 이 탄압정책의 희생자였다. 1573년 예수회에 가입해 1580년 영국으로 파견된 캠피언은 원래 옥스퍼드의 신학자였고, 국교회를 비판하는 문서를 발표해 주목받은 인물이었다.

캠피언은 심문 중에도 정치와의 관련을 시종 부인했고 처형대 위에서도 여왕을 위해 감동적인 기도를 올렸기 때문에 가톨릭 탄압이 잉글랜드에서 극단으로 흐르는 것을 어느 정도 막을 수 있었다고 한다. 가톨릭 국가가 잉글랜드를 공격해 올 때 어느 편을 들겠냐는 것이 체포된 가톨릭교도의 심문 과정에서 가장 중요한 질문이었다.

캠피언의 경우는 잉글랜드로 파견되기 전 교황 그레고리 13세(1572~85 재위)로부터 가톨릭교도가 당시 상황에서는 여왕에게 충성을 바쳐도 된다는 해석을 확인한 바 있었다. 그러나 비슷한 때 교황청은 여왕을 죽이는 것이 죄악이 될지 묻는 한 영국인에게 "성무(聖務)를 행하는 경건한 의도에서 그 죄 많은 여인을 이 세상에서 떠나보내는 사람은 죄를 짓는 것이 아니라 덕을 실천하는 것"이라는 답변을 낸 바 있다. 그리고 잉글랜드에는 가톨릭 세력에 의탁해 여왕에게 저항하려는 자들이 있었기 때문에 종교와 정치 문제가 계속해서 얽히지 않을 수 없었다.

캠피언은 1886년에 이 글 뒤쪽에 나오는 필비와 함께 시성(諡聖)되었다.

출처   Anon., George Elliot, in Arber, *English Garner*, 1877

29

모잠비크 앞바다의 파선

1585. 8

얀 하위헌 판 린스호턴

1586년 5월, 소팔라와 모잠비크의 장관이 고아의 총독과 대주교에게 서류를 보내 그 전 해, 공원 1585년에 포르투갈을 출항한 기함(旗艦) 산하고 호의 난파를 확인해 주었다.

난파의 과정은 이러했다. 그 배는 좋은 날씨와 바람 속에 희망봉을 돌아 모잠비크로 왔다. 위험한 항로는 다 지나갔다고 생각하고 두려울 것이 이제 없다고 그들은 생각했다. 그러나 항해사를 비롯한 선원들은 자기 꾀만 믿고 자만심에 빠지지 말아야 하며 늘 조심스럽게 살펴보아야 한다. 그들은 이 잘못을 범했다. 그것이 난파의 첫 번째 원인이었다.

세인트로렌스 섬과 육지 사이, 남위 22.5도 지점에 '인디아'라 불리는 얕은 바다가 있다. 모잠비크 해안에서 90마일 거리다. 이 해역의 바다은 흑색, 백색과 녹색의 투명한 산호초로 되어 있어 대단히 위험하다. 따라서 이 해역은 피해 가는 것이 좋고, 도선사는 큰 주의를 기울여야 마땅하다. 특히 인도 노선의 배에서는 배 전체의 안전이 온통 그들의 손에 달려 있기 때문이다. 도선사의 결정에 아무도 거슬리지 못하도록 왕의 명령으로 못박혀 있다.

이렇게 두 육지 사이, 모든 선원들의 판단으로 '인디아 여울' 가까이 왔을 때, 도선사(導船士)는 태양의 높이를 측정하고 계산을 통해 여울목을 지나왔다고 반난했다. 그래서 항해사에게 돛을 모두 올리고 머뭇거릴 필요 없이 마음 놓고 모잠비크로 항해하도록 명령했다.

위치 판단하는 방법을 아는 선원들은 많이 있었다. 배우기 위해 공부하는 사람도 있었고 재미로 해보는 사람도 있었다. 항해사와 갑판장을 비롯해 여러 간부들이 아직 여울을 지나가지 않은 것 같으니 조심하는 것이 좋겠다, 특히 야간에는 더욱 조심해서 항해하는 것이 좋겠다, 망 보는 인원을 충분히 배치해야겠다고 말했다.

그러나 도선사는 그렇지 않다고 말하며, 자기만이 판단할 능력과 권한을 가진 사람이라고 우겼다. 포르투갈 사람들은 자존심 때문에 난파당하는 일이 많으니, 자기네가 권한을 가지고 있을 때는 다른 사람의 명령은커녕 충고조차 받아들이려 하지 않기 때문이다. 이 도선사의 경우도 다른 사람의 말은 일체 들으려 하지 않고 자기 의견 외의 다른 의견은 모두 묵살했다. 그래서 모두들 자기가 시키는 대로만 하게 했다.

그리하여 그들은 돛을 모두 올리고 좋은 날씨와 좋은 바람 속에 자정 무렵까지 그대로 항해를 계속했다. 그러나 달도 없는 밤에 여울에서 암초에 부딪쳤는데, 순백색의 산호초가 너무나 예리한 것이어서 바람과 물의 힘을 받은 배가 부딪치자 톱질을 한 것처럼 잘라져버렸다. 용골과 갑판 두 층은 바닥에 걸려 있는 채로 배 윗부분은 조금 더 밀려나가다가 멈춰 섰다. 돛대도 역시 부러졌다.

그러자 사람들이 들어본 적이 없을 큰 비명과 고함이 터져 나와 공기를 채웠다. 기함급(旗艦級)의 배였기 때문에 최소한 500명의 사람이 타고 있었기 때문이다. 그중에는 여자가 30명 있었고 예수회사와 수사들도 많이 있었다. 그래서 당시 사람들이 할 수 있는 일은 각자 고해를 하고 서로에게 작별을 하고 모든 인간의 용서를 기도하는 것뿐이었다. 울음도 눈물도 많았을 것은 충분히 짐작이 가는 일이다.

페르난도 데 멘도사라는 이름의 선장은 항해사, 도선사를 비롯해 여남은 명의 사람과 함께 작은 보트에 타고 칼을 뽑아 휘두르며 더 이상 사람들이 타지 못하게 했다. 그의 말인즉, "여울목 안에서 마른 땅을 찾아 그곳에서 부서진 배의 목재로 보트를 만들어 그것을 타고 모두 육지로 갈 수 있도록 하겠다"는 것이었다. 그 말이 남아있는 사람들에게 일말의 위안을 주었지만 큰 위안은 되지 못했다.

그러나 그들은 노를 저어 떠난 뒤 마른 땅을 찾지 못하자 감히 배로 돌아오지 못했다. 너무 많이 타려 해서 보트마저 가라앉을 위험이 있을 뿐, 배에서 그들이 받을 도움은 없기 때문이었다. 그래서 결국 그들은 육지를 향해 곧장 노 저어 가기로 했다. 보트에는 황급하게 던져 넣어놓은 잼 열두 상자, 비스킷 약간 그리고 포도주 한 통이 있었다. 이것을 나누어 가지고 운명을 주님의 손에 맡긴 채 해안을 향해 노를 저어 갔다. 바다 위에서 17일간 지내며 배고픔과 목마름, 그리고 피로에 시달린 끝에 그들은 육지에 도착하여 목숨을 건졌다.

배에 남아있던 사람들은 보트가 돌아오지 않는 것을 보고 자기네 처지를 알게 되었다. 그러다가 배 윗부분의 한쪽 면이 부서지면서 그쪽에 실어두었던 큰 보트가 절반쯤 부서진 채 삐져나오기 시작했다. 그러나 사람들은 모두 희망을 잃어버리고 있었기 때문에 힘이나 재주를 써 볼 생각도 없이 서로 얼굴만 쳐다보고 있었다.

마침내 키프리안 그리모알도라는 이름의 이탈리아 사람이 용기를 끌어 모으고 일어나 말했다. "우리가 왜 이렇게 맥을 놓고 있습니까? 우리 스스로 우리 자신을 도울 방법을 찾아봅시다. 그래서 살아날 길이 있는지 알아봅시다." 그리고는 바로 보트에 뛰어올라가 손에 든 연장으로 보트를 고치기 시작했다. 그러자 몇 사람이 용기를 얻어 손에 닿는 대로 연장을 들고 각자 일을 돕기 시작했다.

그래서 결국 최소한 90명이 보트에 타고, 더 많은 사람들이 보트 가에 손으로 매달려 헤엄치며 따라가게 되었는데 그중에는 여자들도 있었다. 그러나 사람이 너무 많아 보트가 가라앉을 것을 걱정한 사람들이 매달린 사람들의 손가락, 손, 팔을 마구 잘라 버렸다. 보트 위에 타고 있던 사람들 중에도 자신을 보호할 능력이 없는 사람들은 보트 밖으로 던져졌다.

그러고 난 뒤 그들은 운명을 주님에게 맡기고 보트를 움직이기 시작했다. 보트가 떠날 때 배에 남아있던 사람들이 터뜨린 외침은 하늘과 땅이 합쳐질 때에나 들릴 만한, 크고 애절한 것이었다. 이렇게 난파선을 떠난 그들은 여러 날동안 노를 저어 갔으나 사람은 많은데 음식은 넉넉지 못하고 보트에도 새는 곳이 많아 버티기가 갈수록 어려워졌다. 결국 그들은 자기들 사이에서 대장을 한 사람 뽑아 모두 그 명령을 따르기로 했다. 그래서 그들은 인도의 메스티소[중간 카스트] 신분의 신사 한 사람을 대장으로 뽑고 그에게 복종을 맹세했다.

그가 곧 내린 명령은 그 시점에서 항해에 도움이 될 능력이나 재주가 없는 사람 몇을 바다에 던져버리자는 것이었다. 그렇게 던져질 사람 중에는 보트 수리를 도왔던 목수 한 사람도 있었는데, 자기 운명이 결판난 것을 안 그는 잼 한 조각과 포도주 한 잔을 부탁했다. 사람들이 그 소원을 들어주자 그는 자진해서 바다에 뛰어들고, 결국 빠져죽었다.

포르투갈에서 '신교도'라 부르는 사람이 하나 있었다. 그가 바다에 던져지기로 지목되었는데 같은 보트에 타고 있던 그의 동생이 갑자기 일어나 대장에게 형 대신 자기를 바다에 던져달라고 탄원하며 이렇게 말했다. "형님은 나보다 나이가 많고 세상을 더 잘 아는 분입니다. 그러므로 그분이 살아남으면 누이들이나 친구들에게 도움이 필요할 때 힘이 되어 줄 수 있습니다. 따라서 형님이 죽고 내가 살아남기보다는 내가 형님 대신 죽기를 원합니다."

이 탄원이 받아들여져 형은 풀려나고 동생이 소원대로 바다에 던져졌다. 그는 적어도 여섯 시간 동안 보트를 헤엄쳐 따라왔다. 사람들이 칼을 뽑아 들고 그가 보트에 손을 올리지 못하게 했지만 그가 마침내 뱃전에 손을 올리자 칼을 휘둘러 손을 거의 두 조각을 내버렸다. 그런데도 그가 끝내 손을 놓지 않고 매달리자 결국 도로 보트 안에 끌어들이지 않을 수 없었다. 그 형제 모두 내가 아는 사람들로, 그 이후 가까이 지내 오고 있다.

이런 참상과 고통 속에 그들은 20일간 바다 위를 헤매다가 마침내 육지를 찾았다. 그곳에서 그들은 선장을 비롯해 다른 보트에 타고 있던 사람들을 만났다.

배에 남아 있던 사람들은 판자고 각목이고 나무토막이고 끌어모아 묶어서 뗏목을 만들어 재주껏 목숨을 건지려고 노력했다. 그러나 그 중 육지에 도착해 목숨을 건진 사람은 둘뿐이었다.

보트를 타고 상륙한 사람들은 한 가지 위험을 벗어나자 또 한 가지 위험에 마주쳤다. 그들이 해안에 발을 올리자마자 카피르라 부르는 그곳 주민들이 달려들어 옷을 모두 벗겨가 버렸다. 그래서 그들은 배고픔을 비롯해 수많은 고난을 겪어야 했지만, 그것을 여기에 모두 옮겨놓는 것은 너무 지루한 일일 것이다.

마침내 그들은 소팔라와 모잠비크 장관의 관원이 있는 곳에 도착했고, 그 관원은 힘닿는 대로 그들을 도와주었다. 그리고 그들을 모잠비크로 보내는 방법을 찾아주었다. 그런 뒤 그들은 인도로 보내졌으며, 그곳에서 나는 그들 중 많은 사람들과 알게 되었고 이야기를 자주 나누게 되었다.

육지에 도착한 사람들 중에도 모잠비크에 도착하기 전에 죽은 자들도 많아 결국 60명가량이 살아남았다. 나머지는 모두 물에 빠져 죽거나 배 안에서 질식해 죽었다. 그리고는 지금까지 알려진 외에 그 배에 관한 소식이 전해진 것은 없다.

출처   John Huyghen Van Linschoten, *Discourse of Voyages into the East and West Indies*, 1598

30

카이로의 런던 상인

1586

존 샌더슨

    1586년 4월 스무여드렛날 나는 피라미드와 미라를 구경하러 갔다. 독일 신사 세 분이 간청해서 함께 가게 되어 그 다음날 돌아왔다. 그 피라미드들의(7대 불가사의의 하나인) 크기는 각기 달랐지만, 그중 두 개는 바닥의 길이가 각각 1,000보(步)가량으로 크기가 비슷했다. 그중 하나는 열려 있어서 우리는 촛불을 켜서 들고 들어가 보았다.

    꼭대기까지 올라가니 정방형의 방이 있는데, 검은색 대리석인지 흑석(黑石)인지로 만든 능실(陵室)이었다. 이스라엘의 자손들을 뒤쫓았던 파라오가 이곳에 묻혔으리라고 사람들이 말한다. 흑석으로 만든 관을 보니 사람 키보다 길고 뚜껑이 없었다. 이제 말한 피라미드의 지붕은 다섯 개의 돌로 되어 있는데 하나의 길이가 25피트에 폭이 5피트다. 양쪽 바깥의 돌이 특히 커서, 그 높은 곳까지 어떤 방법으로 옮겨 왔는지 상상할 길이 없다. 엄청나게 큰 기둥들 위에 놓여 있는 바닥도 놀라운 것이어서, 7대 불가사의의 하나로 꼽히는 것이 전혀 이상한 일이 아니다. 마찬가지로 거대한 동물 석상의 머리가 모래 속으로부터 목까지 솟아나와 있다.

    5, 6마일 더 나가서 있는 미라는 방부 처리를 한 수천 구의 시신이다. 수천

년 전에 한 모래동굴에 묻혀 있는데, 그곳에는 옛날에 도시가 하나 있었던 모양이다. 우리는 우물에 들어가는 것처럼 손에 촛불을 들고 밧줄을 타고 내려가 시체들을 밟고 돌아다녔다. 온갖 종류와 크기의 시체들이 있었고, 작은 토기 항아리 안에 처리되어 들어 있는 것도 있었다. 항아리들은 큰 시체들의 발치에 놓여 있었다.

시체에서 역겨운 냄새는 전연 나지 않았고, 역청으로 만든 물건처럼 쉽게 부러졌다. 나는 인간의 신체가 어떻게 그런 물질로 변해 있는지 살펴보기 위해 온갖 부위를 다 부러뜨려 보았고, 구경거리로 삼기 위해 여러 개의 머리와 손, 팔, 그리고 발을 집에 가져왔다. 우리는 터키 회사에 갖다 주기 위해 600파운드 무게의 시체 조각들을 가지고 나와 헤라클레스호 편으로 잉글랜드에 보냈다. 온전한 시체 하나도 보냈는데, 시체를 감싼 백 겹이나 되는 천이 삭고 닳아서 새까만 색으로 단단하게 굳어진 피부와 근육, 손가락과 손톱이 드러나 보였다. 조그만 손 하나는 구경거리로 잉글랜드에 가져와서 형(또는 동생)에게 선물로 주었는데, 그것을 그는 옥스퍼드의 한 교수에게 주었다.

9월 스무사흘날 캐러밴 대장인 에미르 하게가 메카를 향해 카이로를 떠나는 것이 굉장한 구경거리였다. 온 시민이 모두 나와 그의 모습과 예언자 마호메드의 묘를 덮을 호화로운 덮개의 장엄한 전시를 보았다. 카이로의 무뢰한들(사람들이 '성인'이라고 부르는) 전원 또는 대부분이 대단한 정성으로 이 예식에 참여했고, 그중에는 메디나까지 캐러밴을 따라가는 자들도 있다. 그곳에 두세 번 다녀오는 사람들은 가장 숭고한 인간으로 대접받는다.

회색 수염을 길게 기른 엄숙한 신색(身色)의 노인 하나가 그 때 대단히 엄숙한 시중을 받으며 카이로를 떠나는 것을 보았는데, 눈이 하나밖에 없는 노인이었다. 그런데 나중에 그 노인이 앞서 말한 에미르와 함께 돌아오는 것을 볼 때는 눈이 하나도 없었다. 예언자의 묘소를 본 뒤에는 더 이상의 죄악을 목격하지 않겠다는 뜻에서 나머지 눈을 뽑아 그곳에 두고 온 것이었다. 터키인과 무어인 여자들을 비롯해 많은 사람들이 그에게 다가가 환영의 뜻을 표하고 그가 카이로에 돌아온 것을 기뻐했다. 노인의 손이나 팔, 아니면 옷이라도 입술을 댄 사람들은 매우 행복해 했다.

문화재보호법 같은 것이 없던 시절인 모양이지만 참 해도 너무했다.

출처   John Sanderson, *Personal Voyages*, in *Purchas His Pilgrimes*, 1625

31

스코틀랜드 여왕 메리의 처형

1586. 2. 8

로버트 윙크필드

여왕의 기도가 끝나자 형리(刑吏)들은 무릎을 꿇고 여왕 폐하에게 자기들의 역할을 용서해 달라고 간청했다. 여왕은 대답했다. "나는 진심으로 그대들을 용서하노라. 이제 자네들이 나의 모든 괴로움을 끝내 줄 것으로 기대하기 때문이다." 그러자 그들은 여왕의 시녀 두 사람과 함께 여왕을 부축해 일으키고 여왕의 겉옷을 벗기기 시작했다. 여왕이 십자가를 걸상에 놓을 때 형리 하나가 그 목에서 예수의 상징인 어린 양의 상(像)을 벗겨내자 여왕은 그 손을 떼게 하고 시녀 하나에게 주면서 형리에게는 그 대신 돈을 받으라고 말했다. 그리고는 형리와 시녀들이 향목 염주부터 시작해 모든 겉옷을 벗기도록 몸을 맡겼는데, 그 흔쾌한 태도는 슬픔보다 기쁨을 느끼는 사람 같았다. 옷을 벗기는 데 협조적인 동작을 취했고, 벗겼던 토시를 손수 도로 꿰는 데는 그 서두르는 품이 마치 어서 떠나기를 바라는 사람 같았다.

옷을 벗기는 동안 내내 여왕의 신색(身色)에는 아무런 변화도 없었고, 즐거운 미소까지 지으며 이런 말을 했다. "이렇게 옷을 벗겨 주는 서방도 가진 적이 없었고, 이렇게 여러 사람이 보는 앞에서 옷을 벗어본 적도 없었다"는 것이었다.

여왕이 속옷과 가운만을 남기고 모든 옷을 벗자 시녀들은 그를 바라보며 커

210

다란 슬픔 속에 눈물을 흘리며 성호(聖號)를 긋고 라틴어로 기도를 올렸다. 여왕은 그들에게 몸을 돌려 품에 안으며 프랑스어로 말했다. "울지 말거라. 너희를 위해 내가 기도했다." 그리고 그들에게 성호를 그어 주고 키스한 다음, 자신을 위해 기도하되 울지 말고 기뻐해 달라고 부탁했다. 이제 주인인 자신이 고통을 벗어나는 모습을 보게 되는 것이라고 말했다.

그런 뒤 여왕은 멜빈을 비롯한 남자 시종들에게 웃음 띤 얼굴을 보여줬다. 처형대 가까이 있는 벤치 위에 서 있던 시종들은 눈물을 흘리다가 소리내 울기도 하면서 끊임없이 성호를 그으며 라틴어로 기도를 올리고 있었다. 여왕은 손을 들어 그들에게 성호를 그어주고 작별인사를 전한 다음 마지막 순간까지 자신을 위해 기도해 달라고 당부했다.

그러고 나서 세 모퉁이를 접은 성체 보자기를 들고 있던 시녀 하나가 보자기에 키스를 한 다음 스코틀랜드 여왕의 머리에 씌우고 핀으로 고정시켰다. 이제 두 시녀가 물러나자 여왕은 더 없이 결연한 태도로 방석 위에 무릎을 꿇고 죽음에 대한 아무런 두려움의 표시도 없이 라틴어로 찬송가를 소리내 읊었다. "In Te Domine confido, non confundar in eternam……" 그런 다음 도마를 더듬어 찾아 머리를 올려놓았는데, 도마 밖으로 걸친 턱을 두 손으로 잡고 있어서 만약 형리들이 눈치 채지 못했다면 턱을 잡고 있는 채로 손이 잘렸을 것이다. 아주 조용히 도마 위에 엎드려 있던 여왕은 두 팔을 뻗치며 "In manus tuas, Domine……" 소리를 서너 차례 외쳤다.

그런 뒤 형리 하나가 한 손으로 여왕의 몸을 살짝 잡고 있는 상태에서 여왕은 도마 위에 잠잠히 엎드려 있는 채로 다른 형리가 휘두르는 도끼날을 맞았는데, 아주 조그만 소리를 냈거나 아무 소리도 내지 않았고, 몸의 어느 부위도 엎드려 있던 위치에서 움직이지 않았다. 이렇게 여왕의 머리는 형리의 도끼날로 몸에서 잘렸고, 물렁뼈 한 조각만이 이어져 있던 것을 마저 잘라낸 형리는 그 머리를 치켜들어 모여 있던 사람들에게 보여주며 "주님이여 여왕을 보우하소서!" 하고 외쳤다. 그때 여왕의 머리에서 천 조각이 벗겨져 떨어지자 짧게 자른 머리카락은 70세 노파의 머리카락처럼 잿빛으로 보였고, 그 얼굴은 살아 있을

종교 문제로 스코틀랜드에서 배제된 메리 여왕은 왕위에서 쫓겨나고 잉글랜드로 망명하게 된다. 그러다 잉글랜드의 여왕 엘리자베스 1세와의 왕위 계승권 문제로 갈등을 겪다 처형되었다.

때의 표정과 너무나 다르게 순식간에 변해 버려서 죽은 얼굴을 보고 원래의 얼굴을 기억해 내기가 어려울 정도였다. 그 입술은 머리가 잘린 지 15분 후까지 아래위로 실룩거렸다.

그러자 수석 사제[피터보로 수석 사제인 플레처 박사]가 큰 소리로 말했다. "여왕의 적들은 이렇게 사라지도다." 그 뒤에 켄트 후작이 시체 옆으로 다가와 시체를 굽어보며 큰 소리로 말했다. "여왕과 복음의 모든 적들에게 이런 최후가 있을지어다."

그런 뒤 형리 하나가 여왕 다리의 대님을 풀고 옷 속에 웅크리고 있던 작은 강아지를 찾아냈는데, 시체에서 떨어지려고 하지 않아 힘으로 겨우 떼어냈다. 그러나 나중에 다시 돌아와 시체 곁을 떠나려 하지 않았다. 머리와 목 사이에

드러누워서 여왕의 피로 범벅이 되었기 때문에 누군가 끌고 가서 씻어 줬다. 다른 모든 것도 피가 묻은 것은 태워버리거나 깨끗이 씻었다. 형리들은 여왕이 지녔던 물건을 하나도 가지지 못하고, 수고비로 돈을 받고 돌아갔다. 그리하여 치안관과 그 부하들을 제외한 모든 사람을 형장에서 떠나게 한 뒤 그들은 여왕의 시체를 커다란 방으로 옮겨 보존 작업을 위해 그곳에서 대기하고 있던 의사들에게 넘겨주었다.

스코틀랜드의 메리(1542~87)는 출생 6일 만에 부왕 제임스 5세의 사거로 스코틀랜드 여왕이 되었다. 섭정을 맡은 프랑스 출신의 어머니는 메리를 다섯 살 때 프랑스로 보냈고, 그곳에서 자란 메리는 1558년 프랑수아 프랑스 왕세자와 결혼하여 이듬해 프랑수아의 왕위 즉위로 프랑스 왕비가 되었으나 다시 그 이듬해 프랑수아가 죽었다.

메리의 결혼 몇 달 후 잉글랜드에서 엘리자베스 여왕이 즉위할 때 계승권 문제가 일각에서 제기되었다. 메리의 할머니가 엘리자베스의 아버지 헨리 8세의 누이였는데, 이 관계로 메리는 잉글랜드의 튜더 왕조에서도 엘리자베스 다음의 계승권을 가진 위치로 인정받았다. 그런데 가톨릭 세력에서는 엘리자베스의 어머니 앤 불린과 헨리 8세의 결혼을 원천무효로 보는 관점에서 진정한 계승권자는 엘리자베스가 아니라 메리라는 주장을 펴기도 했다. 앙리 2세는 이런 주장을 이용해 잉글랜드를 넘보려는 뜻으로 메리를 며느리로 맞아들인 것이었으나 일찍 죽는 바람에 그렇게 하고 나서지는 못했다.

1561년 메리는 스코틀랜드로 돌아와 진짜 여왕 노릇을 시작했는데, 이것이 쉽지 않았다. 무엇보다도 메리는 가톨릭이었는데, 그가 프랑스에 있는 동안 스코틀랜드의 공식 종교가 개신교로 바뀌어 있었다. 스코틀랜드 귀족들에게 메리는 이방인이었다. 1567년 왕위에서 쫓겨나고 2년 후 잉글랜드로 망명할 때까지 메리의 행적은 한 마디로 어지럽기 짝이 없다. 상황을 험하게 만드는 쪽으로 일로매진했다고 할 수 있을 정도다.

프랑스 왕실에 기대어 계승권 시비를 일으켰던 일로 메리를 좋아하지 않게 되었던 엘리자베스는 메리를 가둬 넣을 꼬투리를 메리의 행적 중에서 얼마든지 찾을 수 있었다. 메리는 유폐를 벗어나기 위해 처음에는 애원에 몰두하다가 통하지 않자 음모에 매달리기 시작했다. 엘리자베스 여왕에게 불만을 품은 여러 세력은 메리의 계승권에서 반란의 실마리를 찾으려 거듭거듭 획책했다.

십여 년간의 유폐 상태 동안 치명적이 될 만한 음모 발각이 여러 차례 있었음에도 엘리자베스가 메리의 처단을 회피하려 매우 애쓴 것은 두 가지 이유로 설명된다. 그 하나는 프랑스와 스페인과의 극한 대립을 피하려는 것이었고, 또 하나는 군주에 대한 형사적 책임 추궁이 군주의 근본적 권위를 손상시킨다고 본 것이었다.

마침내 메리가 반역죄로 잉글랜드 법정의 재판을 받게 된 것은 프랑스의 내전에 스페인이 개입하고 있어서 두 나라 반응에 잉글랜드가 신경 쓸 필요가 많지 않을 때였다. 스코틀랜드 왕으로 있던 메리의 아들 제임스 6세(1566~1625, 1603년 잉글랜드 왕으로 즉위한 후에는 제임스 1세)조차 자기 어머니를 적극적으로 보호하려 하지 않았다.

원서에 메리의 처형을 1586년 2월 8일의 일로 표시한 것은 착오다.

출처　Robert Wynkfielde, in H. Ellis, *Original Letters*, 1824-46

32

리벤지호의 마지막 전투

1591. 9. 13

얀 하위헌 판 린스호턴

8월 25일 스페인 왕의 아르마다가 페롤에서 떠나 테르체이라에 도착했는데, 비스케이, 포르투갈, 스페인의 배를 모두 합해 30척으로 구성되어 있었다. 리스본에서 나포되어 징발된 홀란드 쾌속선 열 척도 함께 있었다. 그밖에 큰 배 사이를 다니며 연락을 취하고 정찰에 쓰이는 '파타호'라는 조그만 배들이 있었다.

9월 13일에 그 함대는 코르보섬에 도착했는데, 그곳에는 잉글랜드인들이 열여섯 척의 배를 가지고 스페인의 [서인도]함대를 기다리고 있었다. 스페인 함대의 일부, 또는 그 대부분이 도착했을 때까지도 영국인들은 자기네가 이길 수 있으리라고 생각하고 있었다.

그러나 스페인 함대가 강한 것을 알아챈 뒤 사령관인 토머스 하워드 경은 함대에게 적을 공격하지 말 것이며, 별도의 명령이 있기 전에는 기함 곁을 떠나지 말라고 명령을 내렸다.

그럼에도 불구하고 '리벤지'라는 이름의 배에 타고 있던 부사령관 리처드 그렌빌 경은 스페인 함대 속으로 달려 들어가 대포를 쏘아대며 그들에게 많은 피해를 입혔다. 그는 다른 배들도 자기 뒤를 따를 것으로 생각했으나 다른 배

엘리자베스 여왕 즉위(1558) 이후 종교 문제로 불편해진 스페인과 잉글랜드의 관계는 1580년대 이후 정면 대결로 치달았다. 이 대결을 통해 잉글랜드가 스페인의 해상제국에 대한 유력한 도전자로 떠오르게 되었다.

들은 그렇게 하지 않고 그를 버려둔 채 돛을 올리고 떠나갔다. 어째서 그렇게 되었는지 이유는 밝혀지지 않았다. 상황을 알아챈 스페인인들은 여러 척의 배로 리벤지호를 포위했다. 리벤지호는 그들 모두를 상대로 최소한 열두 시간 이상 전투를 벌여 두 척을 침몰시켰는데, 그중 하나는 1,200톤급의 이중 쾌속선이었고 또 하나는 비스케이 배였다. 그러나 결국 중과부적으로 리벤지호는 막심한 피해를 입고 탈취되었다. 전투 중에 죽거나 물에 빠져 죽은 사람이 400명이 넘었다. 영국인만도 100명가량이 목숨을 잃었다. 리처드 그렌빌 경 자신도 머리에 부상을 입고 결국 그 부상으로 인해 죽었다.

그는 스페인 사령관 알론소 데 바산 경의 기함인 산파올로호로 옮겨져 스페인 의사들의 치료를 받았다. 알론소 경은 그를 만나지도 않고 이야기도 하지 않았지만 그밖의 선장들과 신사들은 그를 찾아가 그의 불운을 위로하면서 그의 용기와 기백에 혀를 내둘렀다.

그는 현기증의 기색도 보이시 않았고 얼굴색도 변하지 않았으나, 죽음의 시각이 다가오는 것을 느끼자 스페인어로 다음과 같이 말했다. "나, 리처드 그렌빌은 이곳에서 기쁘고 평안한 마음으로 죽을 것이니, 내 조국과 여왕 폐하, 내 종교와 명예를 위해 싸운 진정한 군인이 죽는 방법으로 삶을 마감하기 때문이다. 내 영혼은 더 없는 기쁨 속에 이 육신을 떠날 것이며, 그 뒤에는 마땅히 해야 할 것처럼 자기 의무를 다한 용감하고 진정한 군인의 영원한 명예가 남을 것이다."

이 말, 또는 이런 뜻의 말을 끝낸 뒤 그는 거대하고도 완강한 용기를 가지고 세상을 떠났다. 어느 누구도 그가 괴로워하는 기색을 느끼지 못했다.

이 리처드 그렌빌 경은 잉글랜드에서 대단히 부유한 신사로서, 상속받은 재산으로부터 많은 수입을 얻는 사람이었다. 그러나 그는 마음속에 평온이 없어 전쟁을 매우 좋아했기 때문에 자진해서 여왕 폐하의 해군에 복무한 사람이었다. 그는 용감한 무공을 많이 세웠고, 이 섬(아조레스 군도)에서도 대단한 공포의 대상으로 모르는 사람이 없었다. 그러나 그는 타고난 성격이 난폭해서 그 부하들도 그의 흉포를 싫어했기 때문에 그를 매우 나쁘게 이야기했다.

그들이 처음 스페인 함대 속으로 뛰어들 때 그 배의 큰 돛을 이제 막 올릴 참이었다. 따라서 잉글랜드에서 제일 빠른 이 배는 얼마든지 싸움터를 떠나갈 수 있었다. 다른 배들이 자기네 뒤를 따르지 않고 떠나가는 것을 알아챈 갑판장이 자기네도 떠날 수 있도록 돛을 올리라고 명령했으나, 리처드 그렌빌 경은 그와 다른 선원들을 위협하기를, 누구든 돛에 손을 대기만 하면 교수형에 처하겠다고 했다. 그래서 그들은 싸우지 않을 수 없었고 결국 포로가 된 것이었다.

그는 기질이 워낙 강인한 사람이어서 스페인 선장들과 어울릴 때 와인을 서너 잔씩 들이키고는 용기를 뽐내기 위해 유리잔을 입에 물고 이빨로 깨뜨려 유리조각을 꿀떡꿀떡 삼키고는 했다. 입에서 피가 줄줄 흐를 때도 많이 있었지만 그는 끄떡없는 기색이었다. 이 이야기는 그와 함께 있으면서 그를 직접 본 여러 명의 믿을 만한 사람들에게 들은 것이다.

━━━━━◇━━━━━

메리 여왕(1553~58 재위)의 잉글랜드 가톨릭 부활 시도가 엘리자베스 여왕
(1558~1603 재위) 즉위로 중단된 후 스페인과 잉글랜드는 오랜 긴장관계에 빠져들었
다가 1580년대 들어서는 노골적 적대관계가 확대되기 시작했다. 가장 격렬한 충돌은
1588년 스페인 무적함대의 출동이었다.

당시 스페인의 국력과 군사력은 잉글랜드와 비교도 되지 않게 압도하는 것으로
평가되고 있었다. 특히 해상 군사력은 대항해시대를 주도한 (항해활동의 최대 경쟁자 포
르투갈까지 병합한) 스페인에게 잉글랜드는커녕 전 유럽의 힘을 모아도 상대하지 못할
위세가 있었다. 그런 스페인이 국력을 기울여 조성한 무적함대를 잉글랜드가 퇴치한
것은 어느 쪽에서 보나 기적적인 일이었다. 이 기적을 일군 공로자로 앞서 다른 글에
('종교재판의 죄수들') 나온 존 호킨스와 프랜시스 드레이크가 꼽힌다.

1588년 스페인 주력함대를 무너뜨린 후 두 나라 함대는 크고 작은 원정과 교전을
여러 해 동안 거듭했고, 이 글에 나오는 교전은 그 중의 하나였다. 당시 잉글랜드 함
대는 국가의 완전한 통제를 받는 해군이라기보다 해적의 성격도 아울러 가지고 있어
서, 스페인 해군을 공격하는 것보다 스페인 상선을 약탈하는 데 더 열중해 전략에 차
질을 가져오는 일이 자주 있었다. 그런 상황에서 이 글에 나오는 리처드 그렌빌 경
(1542~1591)처럼 적군 공격에 몰두한 사람은 전설적 용사로 추앙받게 된 것이다.

해군과 해적의 경계선에 있던 제도가 '프라이버티어(privateer)'였다. ('사략선(私掠
船)'으로 번역하기도 한다.) 민간 선박에게 적국 선박을 공격하고 약탈할 수 있도록 정
부가 나포인허증(letter of marque)을 발부해주던 제도인데, 대항해시대부터 19세기 초
까지 널리 활용되었다. 유럽의 국가제도가 질서 유지보다 이익 추구의 주체에 머물러
있던 단계를 보여준다.

이 글에서는 그렌빌 경이 퇴각 명령을 무시하고 전투를 벌인 것처럼 그려져 있는
데, 일반적으로는 퇴각이 늦어 부득이하게 교전에 들어간 것으로 이해한다.

출처   John Huyghen Van Linschoten, *Discourse of Voyages into the East and West Indies*, 1598

33

북극 얼음에 갇힌 탐험대

1596

홀랜드 선원들의 수난기

헤릿 더 페이르

(9월) 11일. 날씨가 잠잠해지자 우리 중 여덟 명 모두 무장을 갖추고 상륙했다. 다른 동료 세 사람이 말한 것처럼 강 근처에 숲이 있는지 알아보기 위해서였다. 얼음에 갇히기도 하다가 풀려나기도 하면서 길을 이리 돌리고 저리 돌리고 하다 보니 항로를 바꾸지 않을 수 없었으며, 이제 얼음에서 빠져나갈 길이 없고 오히려 얼음이 더 바짝 조여 와서 다른 때 하던 것처럼 배를 얼음에서 빼낼 수가 없었다. 게다가 겨울은 닥쳐오고 있었다.

우리는 그 시점에서 어떤 행동을 취하는 것이 제일 좋을지 토론을 한 결과, 그곳에서 겨울을 나면서 하느님이 정해 주시는 대로 모험을 겪어 나가기로 했다. 이 결정을 내린 뒤 (우리 스스로를 추위와 야수들 양쪽으로부터 보호하기 위해) 육지에 집을 짓고 그 안에 들어가 살면서 하느님의 가르침에 따르기로 결정했다.

그래서 집을 짓기에 적당하다고 판단되는 지점을 찾기 위해 육지의 더 안쪽으로 들어가 보았지만, 그곳에는 나무가 자라지 않기 때문에 집 지을 재료가 아쉬웠다. 그러나 우리는 조그만 기회라도 놓치지 않기 위해 무슨 좋은 수라도 있지 않을까 열심히 주변을 뒤져보았는데, 마침내 예상하지 못했던 행운이 찾아왔다. 기슭에 밀려올라와 있는 나무들을 발견한 것이다.

뿌리째로 밀려와 있는 이 나무들이 타타르에서 온 것인지, 러시아에서 온 것인지, 어디서 온 것인지 우리는 알 길이 없었다. 나무는커녕 아무것도 자라지 않는 이곳에서 하느님께서 일부러 보내주신 것 같은 이 선물에 우리는 큰 위안을 받았으며, 그분께서 다른 은혜도 더 베풀어주시지 않을까 하는 희망을 가지게 되었다. 나무는 집 지을 재료만이 아니라 겨우내 땔 땔감도 되는 것이었으니, 이것이 없었다면 우리 모두는 혹심한 추위 속에서 비참하게 죽어갔을 것이다.

……(생략)……

26일. 서풍이 불고 바다가 열렸으나 우리 배는 꼼짝도 할 수 없어서 우리는 크게 낙심했다. 그러나 이것은 우리가 인내심을 가지고 견뎌내야 할 하느님의 뜻인 것이므로 우리는 집짓는 일을 시작했다. 일부는 나무를 가져와 불을 때고 일부는 목수 노릇을 하면서 우리 모두는 바쁘게 지냈다. 우리의 목수가 죽었기 때문에 당시 인원은 열여섯 명이었으며, 그중에도 병든 사람이 있었다.

27일에는 동북풍이 강하게 불고 어찌나 추위가 심한지, (목수가 하는 것처럼) 못을 입에 물고 있다가 꺼내면 얼음이 얼어붙어 있고, 때로는 피가 나기도 했다.

같은 날 우리가 집 쪽으로 가려는 참에 큰 곰 한 마리와 작은 곰 한 마리가 우리 쪽으로 다가왔는데, 모두 같이 있던 우리가 (우리는 혼자 돌아다닐 엄두를 내지 못한다) 총을 쏘려 하자 그냥 떠나갔다.

이 때 얼음이 바다로부터 밀고 들어왔고, 햇볕이 좋은 날이라도 너무나 추워서 일하기 힘든 날씨였지만 다급한 사정 때문에 일을 하지 않을 수 없었다.

28일. 좋은 날씨로, 햇볕도 비추고 바람은 조용한 서풍이었으며 바다도 열렸으나 우리 배는 꽁꽁 얼어붙어서 꼼짝도 하지 않았다. 같은 날 곰 한 마리가 배 쪽으로 오다가 우리를 발견하자 도망쳤으며 우리는 집 짓는 일을 힘닿는 대로 서둘렀다.

29일에는 아침에 서풍이었다가 오후에 북풍으로 바뀌었는데, 그 때 우리는 집과 우리 사이에 세 마리 곰이 있는 것을 보았다. 큰 곰 한 마리와 새끼곰 두 마리였다. 우리는 상관하지 않고 배에서 집으로 짐을 옮겨가기 위해 곰들 앞에 오니 우리를 따라왔다. 우리는 곰을 피하려 하지 않고 힘껏 소리를 질러 곰들이 떠나가기를 바랐으나 곰들은 자기 길을 떠나려 하지 않고 우리 앞으로 다가왔다. 집에 있던 사람들과 우리들이 함께 큰 소리를 지르니까 다행히도 그제야 곰들은 도망가기 시작했다.

30일에는 동풍 내지 동남동풍이었고 하루 종일 눈이 와 이튿날까지 계속되었다. 나무가 너무 빽빽하게 쌓여 있어서 눈보라 속에서 옮겨올 수 없었다. 우리는 집 곁에 큰 모닥불을 만들어 땅을 녹이고 나무를 가까이로 옮겨올까 생각했지만 헛수고였다. 땅이 너무 단단하고 깊게 얼어붙어 있어서 좀체 녹지 않았고 나무가 너무 소모되었기 때문에 우리는 그 일을 포기하지 않을 수 없었다.

10월 1일. 동북풍이 세게 불다가 오후에 북풍으로 바뀌었다. 눈보라가 심하게 쳐서 거의 밖에 나가 움직일 수가 없었다. 얼굴에 몰아치는 눈 때문에 숨도 쉬기 어려웠고, 배 두 척 거리 밖도 바라볼 수가 없었다. 정오 무렵에 해가 잠깐 나다가 오후에 도로 구름이 끼고 눈이 왔지만 바람은 북풍이 되었다가 남풍이 되면서 잠잠해졌다. 우리는 집을 완성하고 그 위에 얼어붙은 눈으로 오월제 기둥을 세웠다.

……(생략)……

13일. 북풍과 북서풍인데 바람이 다시 거세졌다. 세 사람이 배에 가서 맥주를 내려 썰매에 실었는데, 다 싣고 집으로 출발하려는 참에 갑자기 미친 듯한 바람이 불어오고 추워지는 바람에 밖에 서 있을 수가 없어서 배 안으로 피했고, 맥주는 치울 틈이 없어서 썰매 위에 그대로 두었다. 배 안에는 옷이 많지 않아서 극심한 추위를 견뎌내야 했다.

14일. 배에서 나와 보니 맥주통이 썰매 위에 그대로 놓여 있었다. 구멍 언저리는 꽁꽁 얼어붙어 있었지만 워낙 춥다 보니 삐져나온 맥주가 통 옆에 풀로 붙여놓은 것처럼 얼어붙어 있었다. 그런 모양대로 집에 가져와 통을 세워놓고 떠먹어 보았지만, 맥주를 녹이지 않을 수 없었다. 얼지 않은 맥주는 아주 조금뿐이었는데, 주정이 모두 그 속에 몰려 있어서 그대로 마시기에 너무 독했다. 얼었던 부분은 물맛만 날 뿐이라 두 가지를 섞어 마셨지만 취하지도 않고 맛도 신통치 않았다.

……(생략)……

(11월) 7일. 어두운 날씨에 잔잔한 서풍. 우리는 밤인지 낮인지를 판별하기가 어려웠다. 우리의 시계도 고장 나서 도움이 되지 않았다. 낮이었지만 우리는 용변 외에 침상을 떠나지 않고 하루 종일 지냈다. 바깥의 어슴푸레한 빛이 햇빛인지 달빛인지도 판별하기 어려웠다. 우리 사이에 시간을 놓고 의견이 분분했는데, 차분히 따져보니 한낮 열두 시경이었다.

……(생략)……

20일. 대략 동풍에 밝고 조용한 날씨였다. 이불을 빨았는데 너무 날씨가 추워서 널어놓기만 하면 꽁꽁 얼어붙었다. 불을 크게 피우고 그 곁에 널었지만 불 쪽은 녹아도 반대쪽은 얼어붙은 채로 있어서, 우리가 그것을 펴려고 하면 부스러질 지경이었다. 할 수 없이 끓는 물에 도로 넣어 녹여야 했다. 정말 지독한 추위다.

……(생략)……

29일. 대략 북풍에 맑고 좋은 날씨였다. 우리는 문밖의 눈을 치우고 문을 여는 방법을 찾아내 문 하나를 열고 밖으로 나갔다. 나가 보니 덫이 모두 눈에 덮여 있으므로 모두 꺼내 새로 장치해 놓고 여우를 기다렸다. 그 날 한 마리가 잡혔는데, 그 고기만이 반가운 것이 아니라 가죽으로 모자를 만들어 심한 추위로부터 우리 머리를 보호할 수 있었다.

……(생략)……

12월 1일. 서남풍에 엄청난 눈이 내린 고약한 날씨였다. 우리는 다시 한 번 집 안에 갇혀 지냈는데, 연기가 집 안에서 빠지지 않아 불을 거의 피우지 못하고 침대 속에서 하루를 보냈다. 요리사만이 요리를 위해 부득이하게 불을 피웠다.

……(생략)……

3일. 날씨는 그대로였다. 침대에 누워 있는데 바다에서 얼음 갈라지는 소리가 들렸다. 적어도 반 마일 이상의 거리일 텐데 아주 큰 소리로 들렸다. 여름철에 우리가 보았던 거대한 얼음산들이 서로 갈라지는 것이 아닌가 우리는 생각했다. 2~3일 동안 심한 연기 때문에 보통 때처럼 불을 넉넉히 피우지 못하다

보니 집 안까지 얼어붙고 있었다. 벽과 천장은 한 치 두께의 얼음으로 덮였고, 밖에 나가지 못하는 동안 우리가 내내 누워 있던 침대에까지 얼음이 매달렸다. 고약한 날씨로 시간을 알기도 어려워 열두 시간짜리 모래시계를 세워 놓고 다 떨어지면 바로 뒤집어 놓으면서 시간을 쟀다. 심한 추위 때문에 시계가 얼어붙어 전보다 추를 더 달아놓아도 움직이지를 않았다.

……(생략)……

7일. 날씨는 계속 고약한 채로 거센 동북풍이 불어오면서 혹심한 추위를 몰고 왔다. 우리는 어찌할 바를 모르고 모여 앉아 대책을 의논했는데, 배에서 가져온 항해용 석탄을 조금 때면 열도 많이 나고 불이 오래 가지 않겠냐는 의견을 동료 한 사람이 제안했다. 그래서 저녁때 석탄을 잔뜩 피웠더니 과연 열이 많이 났다. 그 열이 너무 반가웠기 때문에 열이 도망가지 않도록 모든 문과 굴뚝을 꽁꽁 틀어막기로 우리는 합의했고, 그런 뒤에 온기를 즐기며 잠자리에 들어 누운 채로 한동안 이야기를 나누고 있었다.

그런데 한참 후 머리가 멍하고 심한 어지러움을 느끼기 시작했는데, 좀 더 심한 사람도 있었고 덜한 사람도 있었다. 처음 알아챈 것은 몸이 아픈 사람이었는데, 견딜 힘이 적었기 때문이었을 것이다. 그러고 보니 모두가 심한 불편을 느끼고 있었고, 우리 중 가장 덜 아팠던 사람들이 침대에서 뛰쳐나와 먼저 굴뚝을 열고 이어서 문을 열었다. 문을 연 사람이 기절해 쓰러지면서 눈 위에 엎어졌는데, 문 옆의 침대에 누워 있던 내가 그 소리를 듣고 벌떡 일어나 식초를 그의 얼굴에 뿌려 주니 정신을 되찾고 일어났다.

문을 열어 놓자 찬바람 덕분에 우리 모두 정신이 들었다. 우리 모두가 최대의 적으로 여기던 찬바람이 이제 우리의 유일한 구원이 되었으니, 그 덕분이 아니었다면 우리 모두 기절해 쓰러졌다가 정신을 되찾을 때는 우리 주님께서 우리를 위로하기 위해 한 잔씩 내 주시는 포도주잔을 받게 되었을 것이 틀림없다.

……(생략)……

11일. 갠 날씨에 공기가 깨끗했지만 추위가 몹시 심했다. 직접 겪어보지 않은 사람은 설명해 주어도 믿기 어려운 추위다. 우리 신발이 꽁꽁 얼어서 뿔로 만든 것 같이 단단했고, 속은 하얗게 얼어붙어 있어서 신을 수가 없었다. 그래서 우리는 대단한 특허품을 발명해야 했다. 서너 겹의 양말 위에 양가죽을 대고 묶어서 발을 보호하는 것이었다.

……(생략)……

13일. 맑게 갠 날씨에 동풍이 불었다. 여우 한 마리를 또 잡았다. 덫을 놓고 바로잡아 놓는 것도 여간 수고로운 일이 아니었다. 집 밖에 너무 길게 있으면 얼굴과 귀에 물집이 금세 잡히기 때문이었다.

……(생략)……

25일. 크리스마스 날은 궂은 날씨에 북서풍이 불었다. 궂은 날씨인데도 집 위로 여우들이 뛰어다니는 소리가 들렸는데, 어떤 사람은 이것이 좋지 않은 징조라고 말했다. 왜 좋지 않은 징조인가를 한참 토론하는데, 어떤 사람은 주장하기를, 우리가 여우를 잡았을 때는 삶아 먹든지 구워 먹든지 했기 때문에 대단히 좋은 징조였는데, 지금은 잡을 수가 없으니 좋지 않은 징조라고 말했다.

26일. 궂은 날씨에 북서풍이 계속 불었다. 너무나 추워서 어떻게 해도 추위를 막을 수가 없었다. 우리는 불을 크게 피우고, 옷을 잔뜩 껴입고, 뜨거운 돌맹이와 몽둥이를 침상 안에 넣고 누웠지만, 아침에 보니 집 안에까지 서리가 내려 있어서 서로를 서글픈 표정으로 바라볼 수밖에 없었다.

그래도 우리는 최대한 마음의 위안을 삼기 위해 태양의 고도가 최저로 떨어졌으니 이제 더 높아질 일밖에 없다는 이야기를 나누었다. 그리고 사실이 그러했다. 날이 길어지기 시작하면서 추위는 더 심해졌지만, 희망이 우리에게 위안을 주었고 고통을 덜어 주었다.

27일. 계속 궂은 날씨에 북서풍이 불었다. 연 사흘째 밖에 나가기는커녕 문 밖에 고개도 감히 내밀지 못하고 있었으며, 집 안도 몹시 추워서 큰 모닥불을 피우고 있어도 불을 쬐이는 면은 탈 듯이 뜨겁지만 열이 닿지 않는 등 쪽은 얼어붙는 것 같았다. 그리고 얼굴빛이 모두 창백한 것이 마치 고향 홀란드에서 밤새 썰매를 타고 와 아침에 성문을 들어오는 사람들을 보는 것 같았다.

28일. 역시 궂은 날씨에 서풍이 불다가 저녁 무렵에 개기 시작해서 한 사람이 문 밖에 구멍을 뚫고 세상이 어떻게 변했는지 구경하러 나가보았다. 그러나 추위가 너무 지독해서 금방 도로 들어왔는데, 우리에게 말해주기를 눈이 많이 와서 우리 집보다 더 높이 쌓였고, 날씨가 너무 추워서 조금만 더 밖에 있었으면 귀가 얼어서 떨어졌을 것이라고 했다.

29일. 잔잔한 날씨에 남풍이 불면서 공기가 상쾌했다. 이 날 당번을 맡은 사람이 문을 열고 구멍을 냈으며, 우리 모두 계단을 밟아 집밖으로 나갔는데, 마치 지하실에서 기어나오는 것 같았다. 한 자 넘는 높이의 계단이 일고여덟 개가 넘었다. 여우 덫을 바로잡아 놓았는데, 여러 날 동안 잡힌 것이 거의 없고 한 마리 잡혀 있는 것은 돌덩어리처럼 얼어붙어 있었다. 그 여우덩어리를 가지고 들어와 불 앞에서 녹인 다음 껍질을 벗겨 몇 사람이 먹었다.

30일. 도로 궂은 날씨에 거센 서풍이 몰아치고 눈이 엄청나게 쏟아지는 바람에 그 전날 계단을 만들고 덫을 바로잡아 놓은 것이 더 깊은 눈에 파묻혀 모두 헛수고가 되었다.

31일. 여전히 궂은 날씨에 북서풍이 거세게 몰아쳐 우리는 집 안에 죄수처럼 꽁꽁 갇혀 있었다. 너무나 추워서 불을 쬐어도 온기를 느낄 수 없었기 때문에 발을 불가에 뻗치고 있다가 뜨거운 줄도 모르는 채로 양말을 태워 먹기가 일쑤였다. 그래서 바느질 일거리가 많이 생겼다. 더 심한 것은, 양말이 타도 뜨거운 것을 느끼는 대신 냄새로 알아챌 정도라서, 냄새를 빨리 맡지 못하면 몽땅 태우고도 모르는 채로 앉아 있었을 것이다.

……(생략)……

(1월) 5일. 비교적 잠잠하고 포근한 날씨였다. 우리는 드나들 수 있도록 입구를 다시 파낸 다음, 집 안에 갇혀 있는 동안 쌓인 오물을 내다버리고 모든 것을 깔끔하게 청소하고 나서 쪼갠 장작을 집 안에 들여놓았다. 하루 동안에 해내기가 벅찬 일이었지만 다시 갇히게 될 경우를 대비해서 열심히 해냈다. 그리고 집에 문이 세 개 있는 중 하나를 떼어내고 마치 벽금고 모양으로 집 밖의 눈속에 굴을 하나 파서, 집이 눈에 파묻혀 있을 때는 그 안에 들어가 용변을 보고 쓰레기도 버릴 수 있도록 했다.

하루 종일 일을 한 뒤 그 날이 열두 날째 저녁임을 기억해 낸 우리는 그 날 저녁 즐겁게 놀 것을 주님께 기도드리고, 또한 하루 걸러 한 번씩 마시게 되어 있는 포도주를 여러 날 동안 마시지 않고 있었는데 그것을 마시겠다고 말했다. 그 날 밤 우리는 즐겁게 놀고, 세 임금을 위해 술을 마셨으며, 그에 곁들여 귀리 가루 두 파운드를 가지고 팬케이크와 흰 비스킷을 만들어 포도주에 담가 먹었다. 마치 우리나라에서 친구들과 어울려 있는 듯한 기분이었고, 바로 우리 집에서 대단한 성찬을 먹은 것과 같이 만족스러웠다.

그리고 우리는 티켓 놀이도 했는데, 우리의 포수(砲手)가 노바 젬블라의 왕으로 뽑혔다. 노바 젬블라는 두 바다 사이에 있는, 길이가 최소한 200마일에 달하는 나라다.

16세기 말 홀랜드의 해상활동은 비약적으로 자라나고 있었다. 빌렘 바렌츠 (1550~97)는 1594년 이후 북동쪽으로 북극해를 거쳐 아시아에 이르는 항로 탐사에 나섰다. 1596년의 세 번째 항해에서 스피츠베르겐까지 도달했으나 배가 얼음에 갇혀 그 자리에서 겨울을 지나지 않을 수 없게 되었다. 이듬해 6월 일행은 두 대의 보트로 그곳을 떠나 유럽으로 생환했지만 바렌츠 자신은 귀로에서 죽었다.

출처   Gerrit de Veer, *The Three Voyages of Barents*, 1598

34

런던탑에서 고문당한 예수회사

1597. 4. 14~15

존 제러드

셋째 날 간수가 식사 후 곧바로 내 방에 왔다. 그가 미안한 표정을 지으며 말하기를 감독관들이 여왕 폐하의 검찰총장과 함께 도착했으니 내가 바로 내려가 그들을 만나야 한다고 했다.

나는 말했다. "나는 준비가 되어 있소. 다만 아래층에서 내가 '우리 주님'과 '성모 만세' 기도를 올리도록 허락해주기 바라오."

그는 허락해 주었고, 잠시 후 우리는 함께 런던탑 성벽 안에 있는 소장(所長) 사무실로 갔다. 다섯 사람이 나를 기다리고 있었는데, 그중 웨이드 외에는 나를 심문했던 사람이 없었다. 그는 나를 기소하는 역할을 맡고 있었다.

검찰총장이 종이 한 장을 꺼내 사법심문의 양식을 근엄하게 작성하기 시작했다. 그들은 가톨릭 신도 개개인에 대한 질문을 하지 않았고 (모두 정치적 문제에 관한 질문이었다) 나는 늘 해온 대로 일반적 노선에 따라 답변했다.

나는 답변하기를 국가의 중대사는 예수회사(耶蘇會士)들에게 알려주는 것이 금지되어 있으므로 나는 그런 일에 전혀 관련된 바가 없으며, 그 사실을 확인하고 싶다면 얼마든지 확인해 주겠다고 말했다. 나는 그때까지 3년 동안 갇혀 있으면서 거듭거듭 심문을 받았지만, 내가 어떠한 반정부활동에라도 가담했다는 문서 한 조각도, 믿을 만한 증인 한 사람도 나온 것이 없었다.

그러자 그들은 내가 국외의 신부님들로부터 근래에 받은 편지들에 대해 물었다. 이 때 나는 내가 왜 런던탑으로 옮겨졌는지 비로소 깨달았다. 나는 대답했다. "내가 언제고 국외로부터 받은 편지는 정치와 일체 관계가 없는 것입니다. 그 편지들은 대륙에 사는 가톨릭 교도들의 재정지원에 관한 것일 뿐입니다."

웨이드가 물었다. "얼마 전 소포 하나를 받아서 헨리 가네트에게 전하라고 아무개에게 넘겨준 일이 있지 않소?"

"그런 소포를 내가 받아서 전달한 일이 있다 하더라도 내가 마땅히 해야 할 일을 한 것일 뿐입니다. 거듭 말하거니와, 내가 받거나 전달한 편지는 앞서 말한 것처럼 대륙에 있는 성직자와 학자들에게 돈을 보내는 데 관한 것뿐입니다."

그들이 말했다. "알겠소. 그렇다면 당신이 편지를 넘겨준 사람의 이름과 주소를 말해 주시오."

"모릅니다. 설령 안다고 해도 말해 줄 수도 없고 말해 줄 뜻도 없습니다." 그리고는 이 대답에 늘 붙이는 이유를 말해 주었다.

검찰총장이 말했다. "당신은 정부의 공무를 방해할 뜻이 없다고 말합니다. 그렇다면 가네트 신부가 어디 있는지 말해 주시오. 그는 국가의 공적(公敵)이며 당신은 그런 사람에 관해 신고할 의무가 있습니다."

나는 말했다. "그는 국가의 공적이 아니오. 반대로 나는 확신하오. 그가 여왕폐하와 조국을 위해 목숨을 바칠 기회가 있다면 그는 기쁘게 그 기회를 받아들일 사람이오. 아무튼 그가 어디 사는지 나는 모르고, 설령 알더라도 말해 줄 뜻이 없소."

"우리가 이곳을 떠나기 전에 당신의 대답을 듣고야 말겠소."

"무슨 수로도 내 대답을 얻지 못할 것이오." 나는 말했다.

그러자 그들은 고문 영장을 꺼냈다. 그들은 준비된 서류를 가지고 있다가 내게 넘겨주고 읽어보라고 했다(이 감옥에서는 고문을 하는 데 특별한 영장이 필요하다).

나는 영장이 제대로 작성되고 서명된 것을 확인한 다음 대답했다. "하느님께서 도와주신다면 나는 어떤 옳지 않은 일도 하지 않을 것이며 내 양심이나 가톨릭 신앙에 위배되는 짓도 하지 않을 것입니다. 나는 당신들의 권력에 붙잡혀 있습니다. 하느님께서 당신들에게 허락하시는 일을 내게 행하시오. 그 이상 해서는 안 됩니다."

그러자 그들은 자기들도 하고 싶지 않은 일을 하지 않을 수 없게 만들지 말아 달라고 내게 간청했다. 그들이 원하는 정보를 내가 내놓지 않으면 내 목숨이 부지할 때까지 매일같이 고문을 내게 가하지 않을 수 없을 것이라고 그들은 말했다.

나는 다시 대답했다. "나는 하느님의 선하심을 믿으므로 내가 이런 죄악, 무고한 사람을 핍박하는 죄악을 범하지 않도록 그분께서 막아 주실 것을 믿습니다. 우리 모두가 하느님의 손 안에 들어 있는 존재인 이상, 당신들이 내게 어떤 짓을 행하든 나는 두려워하지 않습니다."

지금 기억할 수 있는 한도 내에서 이것이 내가 대답한 취지였다.

우리들은 엄숙한 행진과 같은 모습으로 고문실로 향했다. 종자(從者)들이 촛불을 들고 앞장섰다.

고문실은 지하에 있는 어두운 방이었다. 특히 입구 쪽이 어두웠다. 인간을 고문하는 온갖 장치와 설비가 넓은 방 안에 들어 있었다. 그들은 그중 몇 가지를 가리켜 보이며 내게 사용될 것이라고 했다. 그리고는 자백하지 않겠냐고 다시 한 번 물었다.

"나는 할 수 없소." 나는 말했다.

나는 잠시 무릎을 꿇고 기도를 올렸다. 그러고 나서 그들은 나를 커다란 기둥으로 데려갔는데, 이 거대한 지하실의 천장을 떠받치는 나무기둥의 하나였다. 기둥에는 무거운 것을 매달 수 있는 꺾쇠가 꼭대기까지 박혀 있었다.

그들은 내 팔목에 쇠로 만든 토시 같은 것을 채운 다음 받침 두어 개 위로 올라가게 했다. 그리고 쇠막대기를 한쪽 토시에 달린 구멍에 꿰고 꺾쇠를 지난 다음 다른 쪽 토시의 구멍에 꿰었다. 그리고 막대가 미끄러지지 않도록 핀으로 고정시킨 다음 내 발 밑의 받침을 하나씩 빼내, 머리 위로 뻗친 팔에 온 몸이 매달려 있게 만들었다. 그러나 내 발가락 끝이 아직 바닥에 닿고 있어서 그들은 밑의 흙을 파내야 했다. 그들은 나를 맨 꼭대기 꺾쇠에 매달아 놓았기 때문에 꺾쇠를 새로 박아 넣지 않고서는 나를 더 높이 끌어올릴 수 없었던 것이다.

이렇게 매달린 채로 나는 기도를 시작했다. 둘러싼 신사들은 내게 이제 자백하지 않겠냐고 다시 물었다.

"나는 자백할 수도 없고 자백할 뜻도 없습니다." 나는 대답했다.

그러나 끔찍한 고통이 나를 덮쳐오고 있었기 때문에 이 말을 뱉어내는 것도 몹시 힘들었다. 가장 심한 부위는 가슴과 배, 그리고 손과 팔이었다. 온 몸의 피가 팔과 손으로 뻗쳐 올라가는 것 같았고, 손가락 끝과 피부를 통해 피가 스며나가는 것처럼 느껴졌다. 이것은 손목을 묶고 있는 쇠토시 위의 살이 부어오르기 때문에 느껴지는 감각이었다. 고통이 너무 극심해서 과연 내가 견뎌낼 수 있을지 걱정이 되었고, 이에 더해 용변의 필요가 나를 괴롭혔다.

그러나 나는 그들이 요구하는 정보를 내주고 싶은 마음이 전연 들지 않았다. 주님께서는 내 연약한 모습을 그 자비로운 눈으로 내려다보시고, 내 인내력을 넘어 유혹당하는 일이 없도록 해주셨다. 그분께서는 유혹과 함께 위안을 보내주셨다. 내 마음속에 이어지는 고민과 갈등을 보신 그분께서는 이러한 은혜로운 생각을 내게 보내주셨다. '그들이 내게 할 수 있는 제일 나쁜 일이라는 것이 나를 죽이는 것이 아니겠는가, 그런데 그것이야말로 내가 주님을 위해 늘 하고 싶어하던 일이 아닌가? 주님께서는 내 고난을 모두 내려다보시고, 또 그분께서는 어떤 일도 하실 수 있는 분이니, 나는 그분의 보살핌 안에 있는 것이다.'

이런 생각들을 통해 무한히 선하시고 무한히 은혜로우신 주님께서는 체념이라는 은총을 내게 보내주셨고, 죽음을 바라는 마음과 죽음을 얻으리라는 (고백하건대) 희망 속에서 그분께서 뜻하시는 바에 나 자신을 맡겼다. 그 순간부터 내 영혼의 갈등이 멈추었으며, 또한 육신의 고통까지도 훨씬 견딜 만한 것처럼 느껴졌다. 사실에 있어서는 내 몸의 긴장과 피로가 쌓이는 데 따라 고통이 분명히 늘어나고 있었을 텐데도 견뎌내기가 쉬워졌다.

거기 있던 신사들은 내가 질문에 대답하지 않으리라는 것을 알자 소장 사무실로 물러가 그곳에 있으면서 이따금씩 사람을 보내 내 형편이 어떤지 살펴보게 했다.

서너 명의 건장한 사내가 남아서 나의 고문을 감시하였는데, 나의 간수도 남아 있었다. 간수는 내 얼굴과 온몸에 줄줄 흐르는 땀을 이따금씩 수건으로 닦아 주었는데, 이로 보아 그는 측은한 심정으로 인해 남아 있었던 것으로 생각된다. 그것은 내게 다소 도움이 되었지만, 그가 말을 하기 시작하자 오히려 더 큰 고통이 되었다. 그는 끝도 없이 내게 사정사정하기를, 제발 나 자신을 가엾이 여겨 그 신사들이 요구하는 이야기를 해주라는 것이었다.

이 주장을 뒷받침하는 인간적 도리를 그가 너무 많이 들먹였기 때문에, 악마가 그에게 이 짓을 시키는 것이 아닌가, 아니면 고문자들이 나를 속이기 위해 일부러 그를 남겨둔 것이 아닌가 하는 생각까지 들었다. 그러나 적들의 이런 유혹은 내게 먼 곳을 지나가는 바람처럼 느껴졌고, 내 영혼을 흔들거나 내 행동에 영향을 끼치지 못했다. 나는 여러 번 간수의 말을 가로막으며 이렇게 말했다. "그런 말씀 제발 그만두시오. 당신은 내가 육신을 살리기 위해 영혼을 버릴 사람이라고 생각하시오? 말도 안 되는 일입니다."

그러나 그는 충고를 계속했다. 다른 사람들도 여러 번 가세했다.

"당신은 살아남더라도 평생 불구의 몸이 될 것이오. 그리고 자백할 때까지 고문은 매일 계속될 것이오."

그러나 나는 힘이 닿는 대로 낮은 목소리로 예수님과 성모님의 이름을 부르며 기도를 계속했다.

내가 기절한 것은 한 시 좀 지나서였다고 생각한다. 얼마 동안 정신을 잃고 있었는지 모르지만, 길지는 않았을 것이다. 내가 깨어날 때까지 사람들이 내 몸을 받쳐 들고 있던가 발밑에 받침을 대 놓았던가 했다. 내가 기도하는 소리를 다시 내자 그들은 즉각 나를 도로 매달아 놓았다. 다섯 시 종이 울릴 때까지 여덟 번인가 아홉 번인가 내가 기절할 때마다 같은 일이 반복되었다.

네 시에서 다섯 시 사이에 웨이드가 다시 왔다. 그가 내게 다가와 물었다. "이제 여왕 폐하와 그 정부의 명령에 따를 마음이 되었소?"

나는 대답했다. "당신은 내게 죄를 짓기를 요구합니다. 나는 그 요구를 거부합니다."

웨이드는 말했다. "당신은 폐하의 장관인 세실 경을 만나겠다고 말하기만 하면 됩니다."

나는 말했다. "당신에게 이미 말한 것 외에 그에게 말해 줄 것이 아무것도 없소. 내가 그를 만나겠다고 한다면 사람들이 괴이하게 여길 것이오. 내가 굴복했다고, 내가 말하면 안 되는 것을 마침내 내가 말하려 한다고 그들은 생각할 것이오."

그는 갑자기 화가 나서 내게 등을 돌리고 방에서 걸어 나가며 큰 소리로 외쳤다. "그렇다면 썩어 문드러질 때까지 기둥에 매달려 있구려!"

그는 떠났다. 감독관들이 모두 그때 탑을 떠났으리라고 나는 생각한다. 왜냐하면 다섯 시에 탑의 종이 울리는데, 이것은 탑문을 곧 잠그겠다는 신호이기 때문이다. 잠시 후 사람들이 내 몸을 내려놓았다. 다리에도 팔에도 다친 데가 없었지만 똑바로 서기가 몹시 힘들었다.

그들은 나를 내 방으로 도로 데려갔다. 도중에 사역(使役)을 맡은 죄수들과 마주쳤는데, 나는 그들도 들을 수 있는 목소리로 간수에게 말했다. "가네트 신부의 집이 어디인지 말해 달라고 감독관들이 요구하는 것이 내게는 뜻밖의 일이오. 결백한 사람을 배신하는 것이 죄악이라는 것을 그들도 알 것이 아니오? 나는 죽는 한이 있더라도 말하지 않을 것이오."

내가 거기서 그런 말을 한 것은 그들이 흔히 하는 것처럼 내가 무언가 자백을 했다고 헛소문 퍼뜨리는 것을 막기 위해서였다. 또한 다른 죄수들을 통해 내 심문의 핵심이 가네트 신부에 있다는 말이 돌게 하여 그가 이 말을 전해 들을 경우 자신의 안전에 더 힘쓸 수 있기를 바라는 뜻이 있었다. 다른 죄수들 듣는 데서 그런 말 한 것을 간수가 좋아하지 않는 기색을 알아볼 수 있었지만 나는 개의치 않았다.

감방에 도착했을 때 간수는 진심으로 나를 걱정해 주는 것 같았다. 그는 불을 피워주었고, 식사시간 가까이 되어 있었으므로 음식도 갖다주었다. 그러나 나는 아주 조금밖에 먹을 수 없었고, 곧 침대에 누워 아침까지 조용히 쉬었다.

아침에 탑의 문이 열린 뒤 간수가 찾아와 웨이드 씨가 도착했으니 내가 내려가 만나야 한다고 말했다. 손목이 부어서 다른 저고리는 입을 수 없었기 때문에 소매가 넓은 가운을 걸치고 나는 내려갔다.

내가 소장 사무실에 들어가자 웨이드가 말했다. "나는 여왕 폐하와 그 장관 세실 경의 명령에 따라 이곳에 온 것이오. 그분들은 가네트가 정치에 관여한다는 것, 그리고 그가 국가에 대한 위협요소라는 것을 분명히 알고 있다고 군주의 위엄과 신사의 명예를 걸고 말합니다. 당신이 가네트를 넘겨주는 데 동의하지 않는다면 두 분의 위엄과 명예를 짓밟는 것입니다."

나는 대답했다. "두 분의 그런 견해는 경험에 입각한 것도 아니고 믿을 만한 정보에 의지한 것도 아닙니다. 그분들은 그 사람을 모릅니다. 나는 그 사람과 함께 살아보아 그 사람을 잘 알며, 그가 그런 사람이 아니라는 것을 분명히 말할 수 있습니다."

웨이드가 말했다. "여보시오, 왜 진실을 인정하고 우리 질문에 대답하지 않는 것이오?"

나는 말했다. "그렇게 할 수도 없고 할 뜻도 없습니다."

"그렇게 하는 것이 당신 자신에게도 좋을 텐데" 이렇게 말하며 그는 옆방에서 기다리고 있던 신사를 불러왔다. 건장한 체격의 그 사람을 웨이드는 "고문의 대가"라고 불렀다. 그런 직책이 있다는 것을 나는 알고 있었지만, 나중에 알고 보니 그 사람은 그런 직책이 아니었다. 그는 포병의 대가였다. 웨이드가 내게 겁을 주려고 그렇게 말한 것이었다.

그는 그 신사에게 말했다. "여왕 폐하와 정부의 명령에 의하여 이 사람을 그대에게 인도하니, 그대는 이 사람을 오늘 두 차례 고문하고, 그가 자백할 때까지 매일 두 차례씩 고문하시오."

그 사람이 나를 넘겨받고 웨이드는 떠났다. 전날과 같은 방식으로 우리는 고문실로 향했다.

쇠토시는 전날과 같은 부위에 채워졌다. 그 아래위가 모두 퉁퉁 부어올라 있어서 채웠던 부위만이 이랑과 이랑 사이의 고랑처럼 가라앉아 있었기 때문에 그곳이 아니고는 토시에 맞지가 않았다. 토시를 채울 때 몹시 예리한 통증을 느꼈다.

그러나 주님께서 나를 도와주셨으며, 나는 기꺼이 그분께 내 손과 내 가슴을 바쳤다. 전과 같은 자세로 매달렸을 때, 손의 통증은 전보다 심했지만 가슴과 배는 덜 괴로웠다. 그 날 아침 아무것도 먹지 않았던 덕분이었던 것 같다.

나는 매달린 채로 때로는 소리 내어, 때로는 마음속으로 계속 기도하며 나 자신을 우리 주 예수님과 그분의 거룩하신 성모님 손에 맡겼다. 이번에는 기절하기까지 시간이 더 많이 걸렸다. 그러나 한 번 기절하자 쉽게 깨어나지를 못해, 그들은 내가 이미 죽었거나 죽어가고 있다고 생각해서 소장을 불러왔다.

소장이 와 있은 시간이 얼마나 되는지, 내가 까무러쳐 있던 시간이 얼마나 되는지 나는 모른다. 그러나 깨어나 보니 나는 매달려 있는 것이 아니라 걸상 위에 양쪽으로 사람들의 부축을 받고 앉아 있었다. 많은 사람들이 주변에 둘러서 있었고 못인지 무슨 쇠붙이로 내 이빨 틈을 벌려서 더운 물을 흘려 넣고 있었다.

내가 말할 수 있게 된 것을 보고 소장이 말했다. "이런 식으로 죽는 것보다 여왕 폐하에게 항복하는 것이 자신을 위해 얼마나 더 좋은 일인지 알 수 있지 않습니까?"

이때까지 스스로 느끼고 있던 것보다 더 기운찬 대답을 할 수 있었던 것은 주님의 도움 덕분이었다. 나는 말했다. "아니오, 그렇지 않소. 나는 1천 번을 거듭 죽을지언정 그들의 말에 따르지 않을 것이오."

"그렇다면 자백하지 않겠다는 것이오?"

나는 대답했다. "내 몸에 숨이 붙어 있는 한 자백하는 일은 없을 것이오."

"그렇다면 할 수 없지요. 당신을 또 매달아 놓아야 하겠습니다. 그리고 식사 후에도 다시 매달아야겠습니다." 자기 명령이 시행되는 것을 미안해하는 시늉으로 그가 말했다.

나는 말했다. "주님의 이름에 영광이 있을 지어다. 내게 목숨이 하나뿐이지만, 여러 개 있다 하더라도 같은 믿음을 위해 그 모두를 바칠 것입니다."

나는 힘들여 몸을 일으켜 기둥을 향해 걸어가려 했지만 부축을 받아야 했다. 이때 나는 극히 쇠약해 있었고, 조금이라도 가지고 있던 기운은 주님이 보내주신 것이었다. 하잘 것 없는 존재지만 예수회에 속한 몸이라 하여 그분께서 보내주신 것이었다.

내 몸은 다시 매달렸다. 고통은 극심했지만 이제 나는 영혼의 큰 위안을 느꼈다. 그 위안은 죽음을 바라는 마음에서 나오는 것으로 느껴졌다. 이 마음이 예수님을 위한 고통을 진정으로 사랑한 것이었는지, 아니면 예수님과 함께 하기 위한 이기적인 욕심이었는지는 그분께서 제일 잘 아실 것이다. 아무튼 그때 나는 내가 죽을 것이라고 확신하고 있었다. 그리고 인간의 뜻을 거부하면서 주님의 뜻과 보살피심에 나 자신을 맡기는 데 대한 커다란 기쁨이 내 마음속을 채웠다. 아! 주님께서 이와 같은 정신을 내게 늘 허락해 주셨으면!

물론 주님의 눈으로 보기에 이 정신도 완벽한 것이 되지 못했다는 것은 당시의 내 예상보다 내가 더 오래 살게 되었다는 사실로 보아 확실한 일이다. 주님께서 그분의 눈으로 보기에 내 정신을 더욱 완벽하게 다듬도록 시간을 주신 것은 당시 내가 충분히 준비가 되어 있지 않았기 때문이었을 것으로 생각된다.

런던탑 소장은 나를 더 이상 고문함으로써 얻을 것이 없다는 것을 깨달았던 모양이다. 그의 식사시간이 되었기 때문이었는지도 모르고, 나에게 진정한 연민을 느꼈는지도 모른다. 이유야 무엇이든 그는 나를 내려놓으라고 명령했다. 그 날의 두 번째 고문에서 나는 한 시간밖에 매달려 있지 않았던 것 같다.

개인적인 생각으로는 그가 연민을 일으킨 것이라고 믿는다. 탈옥 얼마 후 신분 있는 한 신사가 내게 말해준 바로는, 바로 그 소장 리처드 버클리 경이 무고한 사람을 고문하는 데 이용되는 것이 싫었기 때문에 자진해서 사표를 제출했다고 자기에게 말했다고 한다.

경위야 어떠하든 그가 사직한 것은 사실이고, 그것도 임명된 후 불과 서너 달 만의 일이었다. 그 자리는 다른 신사가 넘겨받았고, 나는 바뀐 소장 때 탑을 벗어났다.

내 간수가 나를 방으로 데려갔다. 그의 눈은 눈물 때문에 부어오른 것 같았다. 나를 본 적도 없는 자기 아내가 나를 위해 그동안 내내 울고 기도해 주었다고 그는 말했다.

그는 음식을 조금 갖다주었다. 나는 아주 조금밖에 먹지 못했고, 그것도 그가 잘게 잘라주어서야 먹을 수 있었다. 그 후 여러 날 동안 나는 손에 나이프를 들 수 없었다. 바로 그 날은 손가락 하나 까딱하지 못할 정도로 몸을 가눌 수 없었다. 그가 모든 것을 보살펴주어야 했다.

그러나 친절한 그로서도 명령에 따라 내 칼과 가위, 면도날 따위를 모두 거두어 가야 했다. 내가 자살을 저지를까봐 그들이 걱정하는 것이라고 나는 생각했는데, 나중에 알고 보니 런던탑에서 고문 영장이 나와 있는 모든 죄수에게 일률적으로 취하는 조치였다.

나는 그들이 위협했던 대로 다시 데려가 고문을 가할 것을 예상하고 있었다. 그러나 주님께서는 자기 병사의 연약함을 알아보시고, 행여 쓰러지는 일이 없도록 짧은 투쟁만을 내려 주셨던가보다. 나보다 굳센 분들, 월폴 신부님이나 사우스웰 신부님 같은 이들에게는 그분들이 승리를 거둘 정말 힘든 싸움을 내려 주셨다.

그분들은 '짧은 동안에 먼 길을 갔다.' 그러나 나는 그분들과 같은 상을 받을 자격이 없음이 분명하여, 더 긴 세월을 살아가며 내 부족한 점을 채우고 내 피로 일거에 씻어낼 자격을 인정받지 못한 하나의 영혼을 수많은 눈물로 씻어내도록 남겨졌다. 이것은 주님의 기쁨을 위한 것이니, 그분의 눈에 좋으신 것이라면 그대로 이루어지기를 바랄 뿐이다.

———————◇———————

16세기 초반 종교개혁의 열풍에 적절한 대응을 하지 못해 갈팡질팡하던 가톨릭교회는 트렌트 공의회(1545~63)를 계기로 보다 능동적이고 체계적인 대응을 시작했다. 이렇게 시작된 가톨릭교회의 움직임을 '가톨릭 개혁'이라 부르는 사람도 있고 '반동

(反動) 종교개혁'이라 부르는 사람도 있었다. 종교개혁으로 인해 상실한 성세(聲勢)를 회복하는 데 목적을 두었다고 보면 '반동 종교개혁'이고, 깊이 있는 반성을 통해 종교개혁가들이 제기한 문제들까지도 상당 수준 포괄하는 폭넓은 개혁에 이르렀다는 점을 보면 '가톨릭 개혁'이라 할 수 있겠다.

예수회는 가톨릭 개혁에서 중요한 역할을 맡은 주체였다. 1534년 세워져 1540년 교황의 인가를 받은 예수회는 신학 연구, 교육, 선교 등 교회의 질서와 세력 회복을 위한 핵심적 분야에서 주도적인 역할을 맡았다. 1570년대 엘리자베스 여왕과 교황청의 사이가 벌어지면서 잉글랜드에 가톨릭교회를 부활시키는 과업에서도 예수회의 역할이 늘어났다.

이 글에 나오는 헨리 가네트(1555~1606)는 1575년 예수회에 가입, 1586년부터 잉글랜드에서 선교활동을 하다가 1605년 제임스 1세와 의회를 폭파하려 한 음모에 연루되어 이듬해 체포되어 처형당했다. 1597년에 이미 잉글랜드 선교단장으로 당국의 주목을 받고 있던 사실이 이 글에 나타나 있다. 이 글을 남긴 제러드 신부는 1597년 10월 런던탑에서 해자 밖으로 연결한 밧줄을 타고 탈옥했다.

16세기 말의 잉글랜드에서 고문은 줄어드는 추세에 있었다. 특히 국사범에 대한 고문은 원칙적으로 금지되어 있었고, 특별한 경우에만 영장을 통해 시행할 수 있었다. 엘리자베스 1세 치세에 이런 영장을 통해 고문당한 죄수가 100명이 안 되었다.

출처 John Gerard, *The Autobiography of an Elizabethan*, tr. Philip Caraman, Longmans, 1951

35

자바 섬의 영국 상인들

1602년경

중국인들과의 갈등

에드먼드 스코트

우리 이웃에 중국 태생으로 자바인이 된 사람이 살았는데, 식당을 하면서 아라케를 빚는 사람이었다. 아라케는 그 지역에서 포도주 대신 마시는 독한 술이다. 그는 손님들을 앉히는 별채 두 개를 가지고 있었고, 우리 집 남쪽으로 울타리에 붙여 지은 또 하나의 별채는 그가 술을 빚는 곳이었다.

그런데 그가 이제 또 하나의 사업을 시작했으니, 광부 여덟 명을 구해 채광업을 벌인 것인데, 그 목적은 오로지 우리 집에 불을 지르는 것이었다. 아홉 명의 일꾼이 별채 하나 안에 구덩이를 파고 구덩이 바닥에서부터 우리 집 밑으로 갱도를 파 들어왔다. 그러나 우리 창고 마룻장 밑까지 와서는 일단 정지되었다.

그들이 이 갱도를 파기 위해서는 먼저 매우 깊은 구덩이를 파야 했는데, 이 구덩이에서 우물처럼 물이 많이 나왔기 때문에 물을 퍼내야 했다. 그들은 우리 의심을 사지 않기 위해 구덩이에 바짝 붙여서 담배를 비롯해 여러 가지 작물을 심어놓고 매일같이 거기에 물을 주었다. 물 퍼내는 소리도 들렸을 텐데, 그가 양조업자였으므로 물통이나 술통을 씻을 것, 채울 것이 많으리라고 생각해서 우리는 아무 의심도 하지 않았다.

앞서 말한 마룻장 밑까지 왔을 때, 그들은 함부로 마룻장을 잘라내지 못했다. 밤이고 낮이고 우리 중에 누군가 그 위로 다니는 사람이 늘 있기 때문이었다. 두 달 동안이나 마룻장 뚫을 기회를 잡지 못하자 그들은 어떻게 하면 들어올 수 있을지 못된 머리를 짜내기 시작했다.

그러나 악마가 그들을 잘못 인도한 것이었으니, 그들이 계속 파 들어와서 창고의 반대편 끝까지 왔다면 그들이 찾던 보물을 손에 넣었을 것이다. 우리가 화재의 위험에 대비해 3만 리알의 돈을 여덟 개의 항아리에 담아 묻어 놓은 것이 그곳에 있었다. 더구나 그 방에는 마룻장도 깔려 있지 않았으므로 그 방을 통해 창고로 쉽게 들어와 무엇이든 원하는 것을 가져갈 수 있었을 것이다.

이 악당 패거리 중에 금 세공사가 하나 있었는데, 불을 가지고 일하는 데 익숙한 그는 불로 마룻장을 그슬린다면 우리가 보지도 듣지도 못하는 사이에 마룻장을 뚫을 수 있다고 제안했다. 그래서 5월 28일 밤 10시 경, 그들은 촛불로 마룻장을 그슬려 동그란 구멍을 하나 뚫었다.

그런데 불꽃이 구멍을 뚫고 올라오자 우리 짐을 싼 멍석에 불이 붙고 퍼져 타오르기 시작했다. 이런 일이 벌어지고 있는 동안 우리는 아무것도 알지도 느끼지도 못하고 있었으니, 밖으로부터의 화재에 대비해 창문을 모두 회로 막아 놓아 창고가 완전히 봉쇄되어 있기 때문이었다.

나 자신이 속해 있는 첫 경비조가 나간 뒤 두 번째 경비조에서 불 냄새를 맡았다. 그때는 불이 이미 상당히 퍼져 있었기 때문이었다. 그러나 불이 어디에 난 것인지 알 수가 없어서 모든 방, 모든 구석을 살펴보고 있었다. 그러다 그중 한 사람이 자기 트렁크 뒤의 쥐구멍을 생각해 냈는데, 과연 그 구멍에서 연기가 새 나오는 것을 확인할 수 있었다.

그는 바로 내 방으로 와서 옷감 창고에 불이 났다고 알려주었고, 나는 깊은 잠이 들어 있었지만 이 소리를 듣자 누가 일어나라는 소리를 할 틈도 없이 벌떡 일어나 옷도 제대로 꿰어 입지 않은 채 뛰어 내려가 창고 문을 열었다. 문을 열자 질식할 정도로 독한 연기가 쏟아져 나왔다. 연기가 너무 짙어서 불이 어느 곳에 있는지도 알아볼 수 없었고, 창고 안에는 화약이 든 큰 항아리 두 개가 있었기 때문에 우리는 그것이 폭발할까봐 무척 겁이 났다.

우리는 모든 두려움을 떨치고 화약 항아리에 달려들어 그 위에 놓인 물건들을 걷어 치웠는데, 손을 대니 몹시 뜨거웠다. 화약을 가지고 나와 뒤뜰에 갖다 놓은 다음 대담하게 불을 찾아 나서서 찾아냈다. 촛불을 켜도 너무 짙은 연기 때문에 금방 꺼져 버렸기 때문에 우리는 열두 개의 굵은 양초를 묶어 한꺼번에 켰으나 꺼지지 않았다.

우리는 짐을 가능한 한 서둘러 밖으로 꺼냈지만, 숨 막히는 열기와 연기 속에서 모자라는 일손으로 한계가 있었다. 그래서 중국인들을 불러들였는데, 일을 저지른 놈들도 훔쳐갈 것이 있나 하고 다른 사람들 틈에 끼어 들어왔다. 나는 그 망할 놈의 중국 놈들이 도움이 되기보다는 해가 되리라는 것을 깨닫고 절망에 빠졌다. 그 때 나는 윗층 책상 서랍 안에 힘스케르케 장군에게 후추 값으로 받은 1,000파운드의 금화를 가지고 있었기 때문에 이것을 꺼내 뒤뜰의 연못 속에 던져 둘 생각으로 뛰어 올라갔다.

그러나 사무실 문 앞에 왔을 때 마음이 바뀌어 어떻게 하는 것이 좋을지 다시 한 번 살펴보기로 하고 대청을 지나갈 때, 식당에 중국인들이 들어와 있는 것이 우연히 눈에 띄었다. 식당은 불난 곳의 바로 위에 있었는데, 중국인들은 식탁을 치워놓고 바닥의 벽돌을 떼어내고 있었다. 그리고 그 중에는 사건의 주범인 우리의 못된 이웃이 끼어 있었다. 나는 그들에게 놔두고 내려가라고 요구했지만 그들은 말을 듣지 않다가 내가 완력을 쓰려 하자 비로소 이에 따랐다.

그들을 아래층으로 몰아낸 뒤 그 뒤를 따라 내려온 나는 곁에 서 있던 상인들 중 우리와 거래가 있는 사람들에게 부탁했다. 다른 중국인들을 시켜 우리가 짐 꺼내놓는 것을 도와달라고 부탁하며 수고에 대한 대가를 잘 지불하겠다고 약속했다. 그들이 그 날 밤처럼 일을 잘해준 것은 그 전에도 그 후에도 없었던 일이니, 나는 하느님께서 그들에게 착한 마음을 불러일으켜 주신 것이라고 생각한다.

모두들 열심히 일해 준 결과 얼마 안 있어 짐을 모두 옮겨놓았는데, 50여 개의 짐 덩어리가 그 방에서 나왔고, 그 중 열여섯 개가 조금씩 불에 타 있었다. 이렇게 그들의 도움으로 화재가 진압되자 이것을 안 그들은 더 이상 일하려 하

1600년대 인도네시아 자바 바타비아성의 모습. 1602년 홀란드 동인도회사가 설립되면서, 식민지 경영의 새로운 형태가 나타나게 된다.

지 않았고, 다음날 그들은 수고비를 받았다. 자기들이 훔쳐간 것에 보태서.

우리는 화재의 원인이 매우 궁금했고, 포르투갈인들이 말레이인들을 시켜한 짓이 아닌가 의심했다. 그런데 홀란드 상관(商館)에서 일하는 중국인 벽돌공하나가 그곳에서 오래 지낸 한 홀란드인에게 그 짓을 벌인 것이 어떤 중국인들이고, 그들은 모두 도망갔으며, 불이 난 방을 잘 살펴보면 화재의 원인을 알아낼 수 있을 것이라고 그 날 아침 말해 주었다. 그 홀란드인은 한 잉글랜드인 의사에게 자기가 들은 이야기를 말해 주면서 우리에게 그 이야기를 전해 달라고 부탁하고, 자기가 이곳 말에도 능통하니 조사를 맡아줄 수도 있다고 말했다.

의사는 나를 찾아와서 불이 난 방을 둘러보고 싶다고 했고, 나는 촛불을 가져오라고 해서 그를 그 방으로 데리고 갔다. 그는 한 구석으로 가더니 마룻장하나에 뚫려 있는 동그란 구멍을 찾아냈다. 내가 가지고 있던 막대기를 그 구멍 안으로 넣어보니 바닥이 닿지 않았다. 도끼를 가져오라고 해서 가능한 한 조심스럽게 마룻장을 뜯어내고 보니 그 밑에는 우리 짐 덩어리 중 제일 큰 것도 충분히 지나갈 만한 굴이 뚫려 있었다.

이 굴을 본 나는 가능한 한 비밀히 우리 사람 셋을 불러 무기를 들고 굴의 저편에 있는 집으로 갔다. 한 명을 문 앞에 세워놓고 누구든 집에서 나가지 못하도록 지키라고 해놓고 나머지 두 사람과 함께 집으로 들어가 한 방에서 세 사람을 찾아냈다. 다른 방에도 두 사람이 있다가 우리 소리를 듣고 뒷문으로 도망쳤는데, 우리는 뒤늦게 이것을 알아챘다.

세 사람을 몇 대씩 쥐어팬 뒤 끌고 왔는데, 하나는 그 집에 사는 사람이었지만 다른 둘에 대해서는 혐의를 잡을 길이 전연 없었다. 나는 그들을 철창에 집어넣은 뒤 타워슨 씨를 치안관에게 보내 사건 내용을 설명하고 범인들을 찾아내 처벌해 줄 것을 요구했다. 치안관은 그렇게 하겠다고 약속은 했지만 약속을 이행하는 데 그렇게 열심은 아니었다.

우리가 중국인 몇을 체포했다는 말을 들은 홀란드 상인들은 중국인들이 우리에게 대항해 일어날까봐 걱정해서 매우 친절하게도 무기를 가지고 우리를 찾아와 우리와 생사를 같이 하겠다고 말해주었다.

우리는 물에 젖어 말릴 필요가 있는 상품을 내다 널어놓은 뒤 옆집에 살던 놈을 취조했는데, 그는 달아난 여섯 명의 이름은 불었지만 사건 자체에 대해서는 아무것도 아는 것이 없다고 잡아뗐다. 그리고 또 그는 함께 붙잡힌 다른 두 사람은 정말로 아무것도, 도망친 사람들이 있는지도 알지 못하는 사람이라고 말했다.

불에 달군 쇠꼬챙이로 그를 위협하자, 실제로 그를 건드리지는 않았지만, 일의 전모와 자기도 거기에 협력한 사실을 자백했다. 그의 말에 따르면 두 개의 별채도 애초 그 목적을 위해 지은 것이었고, 우리 의심을 사지 않기 위해 다른 용도로 사용했던 것이라고 했다. 또한 그 갱도는 두 달 전에 판 것이고, 그동안 우리 집으로 뚫고 들어가기 위해 여러 번 시도했으나 성공하지 못하고 있었다는 사실도 자백했다.

우리가 쇠꼬챙이를 내려놓자 그가 모든 것을 도로 부인했기 때문에 우리는 그에게 고문을 가했다. 고문을 받자 그는 잘못을 다시 인정했다.

다음날 아침 우리는 그를 처형장으로 보냈다. 그가 우리 대문을 나서자 자바인들이 몰려들어 그에게 욕설을 퍼부었지만(자바인들은 중국인이 처형을 당할 때 무척 좋아한다. 자바인이 처형당할 때 중국인들도 마찬가지다) 그는 대꾸하기를, 잉글랜드인들은 부자이고 중국인들은 가난하니 훔칠 수 있으면 훔쳐야 하지 않느냐고 했다.

그 다음날 제독(提督)이 또 한 명을 붙잡아 나에게 보내주었는데, 그 자는 죽음을 면할 수 없다는 사실을 알고 있어서 우리에게 아무것도 자백하지 않기로 결심을 굳히고 있었다. 그는 은밀한 곳에 숨어 있다가 잡혔는데, 그가 바로 우리 집에 불을 낸 장본인이었다.

금 세공사인 그는 금화에서 금을 갉아낸 사실과 가짜 금화를 만든 사실을 제독에게 자백하였고, 우리 사건과 관련된 사실도 어느 정도 제독에게 자백하였는데, 우리에게는 아무것도 자백하려 하지 않았다.

그가 자백을 하려 하지 않고, 또 불을 낸 장본인이었기 때문에 나는 그의 손톱과 발톱 밑에 불에 달군 날카로운 쇳조각을 끼워 넣어 손톱과 발톱을 갈라뜨렸다. 여기에 그가 끄떡하는 기색을 보이지 않았기 때문에 우리는 그의 팔다리가 오랫동안 묶여 있어서 감각이 없어진 것으로 생각하고 이번에는 손과 팔, 어깨, 목을 불로 지졌지만 그에게는 모두 한 가지였다. 그래서 우리는 그의 손을 태워 구멍을 내고 쇠톱으로 살과 힘줄을 썰어냈다. 그 다음에 나는 그의 정강이뼈 모서리를 불에 달군 쇠꼬챙이로 지지게 했다. 다음에는 그의 팔뼈에 나사못을 박았다가 갑자기 잡아채 뽑아내도록 했다. 또 다음에는 그의 손가락과 발가락 뼈마디를 모두 펜치로 으스러뜨리게 했다.

이 모든 것에 그는 눈물을 흘리지도 않고 고개 한 번 돌리지 않았으며, 손이나 발을 움찔거리는 일조차 없었다. 다만 우리가 질문을 던질 때 자기 혓바닥을 이빨 사이에 끼워 넣고 턱을 무릎에 부딪쳐 혀를 잘라내려 했을 뿐이다.

우리가 쓸 수 있는 모든 극단적 방법도 효과가 없자 나는 그를 다시 철창 속에 묶어놓고 이곳에 우글거리는 개미가 그의 상처에 파고 들어가게 했는데, 우리가 그때까지 한 것보다 더 큰 고통을 개미들이 일으켜 준 것을 그의 몸짓으로 충분히 알아볼 수 있었다.

왕의 관리들은 그를 총살하라고 요구했다. 나는 그들에게 이런 악당에게 그런 죽음은 너무 과분한 것이라고 대꾸했다. 우리나라에서 신사(紳士)나 군인이 죽음에 합당한 죄를 지었을 때 총으로 쏘아 죽이더라도 사람대접을 하면서 죽인다, 그러나 이런 놈들에게는 가장 잔인하고 가장 비참한 죽음이 합당하다고 덧붙여 말했다. 그러나 관리들의 요구가 너무 끈질겼기 때문에 저녁때 그를 들판으로 끌고 가 말뚝에 묶었다.

첫 번째 총알은 그의 팔 하나를 뼈째로 날려버렸다. 두 번째 총알이 그의 가슴 위쪽 어깨 가까운 곳을 뚫고 지나가자 그는 고개를 숙여 상처를 바라보았다. 세 번째 총알은 우리 사람 하나가 탄환을 세 토막으로 쪼개놓은 것이었는데, 그의 가슴 위에 삼각형을 만들었다. 이 총알을 맞고는 그의 몸이 말뚝에 묶인 채로 늘어질 수 있는 데까지 늘어졌다. 그러나 우리 사람들과 홀란드인들은 번갈아가며 그를 쏘아 거의 산산조각을 만들어놓은 뒤에야 그곳을 떠났다.

1511년 포르투갈인 들이 말라카를 점령하면서부터 동인도제도, 즉 인도네시아 지역이 유럽인의 활동영역에 편입되었지만, 이 지역에서 유럽인의 활동은 해상교역에 머물러 있으면서 직접 지배에는 이르지 않고 있었다. 홀란드 동인도회사(Vereenigde Oostindische Compagnie)가 설립된(1602) 후 이 회사를 중심으로 유럽인 지배체제가 형성되어 나갔다.

1600년 설립된 영국의 동인도회사(East India Company)와 홀란드의 동인도회사는 식민지 경영의 새로운 형태라 할 수 있다. 기존 정치사회 조직이 상당한 수준에 올라 있는 지역에 진출하면서 군사적 정복을 서두르는 대신 상업 활동의 확장에 주력한 것이다. 그리하여 배타적 경제권을 확보해 나가는 데 따라 군사조직과 행정조직을 점진적으로 확장, 실질적인 식민지가 완성된 다음 국가에게 경영권을 넘겨준 것이었다.

영국 동인도회사가 인도 경영에 주력하는 동안 홀란드 동인도회사는 인도네시아 교역의 독점적 지위를 확보하는 데 주력했다. 동인도회사 설립 시점에서 영국인과 홀란드인 사이의 협력관계를 이 글에서 알아볼 수 있다. 향료의 가치가 중시되던 당시에는 인도보다 인도네시아 쪽이 더 중요한 지역으로서 영국에 대한 홀란드의 우위를 보장해주고 있었다.

16세기 이전의 'England'는 '잉글랜드'로 옮긴 반면 17세기 이후는 '영국'으로 옮긴다. 스코틀랜드 왕 제임스 1세가 1603년 잉글랜드 왕으로 즉위하면서 두 나라의 통합성이 강해졌고, 또 엘리자베스 1세 시대부터 잉글랜드의 해외 활동이 근대 영국의 면모를 보여주기 시작했기 때문이다.

출처   Edmund Scot, *A Discourse on Java*, 1606

36

버킹엄 공작 암살

1620. 8. 23

더들리 칼턴 경

오늘 아침 아홉 시에서 열 시 사이, 버킹엄 공작이 저택의 응접실에서 회랑으로 나오다가 (우리 육군의 중위였던) 펠턴이라는 사람에게 단검 한 방을 맞고 목숨을 잃었다. 공작은 그때 (4마일 거리에 있던) 왕을 만나기 위해 마차를 타러 나가는 길이었고, 그 주변에는 여러 귀족들, 대령들, 대위들, 그리고 꽤 많은 그의 하인들이 둘러싸고 있었다.

공작은 비틀거리며 몸을 돌리고 "악당 놈!" 한 마디를 내뱉고는 다른 아무 말도 하지 못했고, 곧 자기 몸에 박힌 칼을 뽑은 다음 쓰러지기 전에 배신자를 향해 두어 발짝 걸음을 옮기다가 주변 사람들의 부축을 받고 있으면서도 한 테이블 위로 쓰러졌다. 바로 옆의 사람들도 그가 습격을 받은 줄 모르고, 뇌일혈이라도 일으켜 어지러워하는 것으로 생각했다가 공작의 입과 상처에서 피가 쏟아져 나오는 것을 보았다. 출혈은 매우 빨랐고, 공작은 금세 숨이 끊어졌다.

그곳에 있던 우리들 지휘관과 장교들이 눈 깜짝할 사이에 공작이 죽는 것을 보고, 누가 흉수(兇手)인지도 모르는 상황에서 얼마나 놀라고 당황했는지는 누구라도 쉽게 상상할 수 있을 것이다. 공작을 죽인 자가 누구인지는 공작 자신만 알고 있었던 것 같았고, 그 순간 그의 주변에 사람들이 복잡하게 밀려 있었기 때문에 우리는 알 수도 없었고 알지도 못했다.

병사들은 범인을 놓치면 큰일이라 생각하고 저택과 정원 등을 수색했고, 그곳에 있던 모든 사람들이 공작의 시체를 살펴보려 했다. 그러는 동안 펠턴은 눈여겨보는 사람도 없고 뒤쫓는 사람도 없는 가운데 복잡하게 몰려든 인파를 벗어났다. 범인이 누구인지 어디 있는지 모르는 상황에서 대문을 지키러 가는 사람들도 있었고 성문으로 달려가는 사람도 있었다.

범인은 그동안 바로 그 집 부엌에 서 있다가 많은 장교들과 신사들이 저택과 정원으로 몰려 들어오며 "누가 악당인가? 누가 살인자인가?" 외쳐대자 더할 수 없이 대담하고 결연한 태도로 칼을 앞으로 받쳐 들고 나서서 그들 사이에 끼어들며 당당하게 말했다. "내가 범인이요. 여기에 있소."

이 말이 떨어지자 여러 사람이 그에게 달려들어 그 자리에서 죽여버리려고 했다. 그러나 토머스 모튼 경과 나, 그리고 몇몇 사람이 곡절 끝에 (몹시 힘들고 어려운 과정 끝에) 그들의 손아귀에서 그를 빼냈다. 그리고는 수상 각하의 명령에 따라 우리가 책임지고 그를 다른 사람들로부터 지키고 있다가 소총 1개 소대가 와서 그 호위를 받으며 장관의 청사까지 데려간 뒤에 우리의 임무를 벗어났다.

수상 각하와 쿠크 장관이 장관 청사에 있다가 그때까지 알려지지 않은 사실에 대해 범인을 심문했다. 범인이 우리 보호 아래 있는 동안 내가 몇 가지를 물어보았고, 그가 대답을 했다. 그는 자신의 종교는 프로테스탄트라 했다. 또 봉급 80파운드를 받지 못하고 있다는 사실이 불만의 일부 원인이라고 했다. 또한 자기가 중위로서 보병 중대를 지휘하고 있었는데 그 중대를 다른 사람에게 줘버린 사실도 있다고 했다. 그러나 그런 사실들 때문에 이런 행동을 하게 된 것은 아니라고 했다. 의회의 항의서를 읽으면서 공작을 살해하는 것이 국가를 위해 큰 공헌이 될 것이라는 생각이 들게 되었다고 했다.

그리고 그는 다음날 런던에서 자신을 위한 기도가 있을 것이라고 말했다. 그래서 어느 교회에서 무슨 의미의 기도가 있을 것이냐고 내가 묻자, 플리트가 운하 곁의 교회에서 마음이 채워지지 않은 자로서 기도할 것이라고 그가 대답했다. 이런 식으로 그의 정신이 휘황해지는 것을 본 우리는 그에게 더 이상 질문을 던지지 않았다. 장관들께서 그를 심문하여 그의 사악한 행위를 사주하거나 방조한 자가 있었는지를 알아내는 것이 좋겠다고 생각한 것이었다.

다시금 암살 현장의 혼란으로 잠깐 되돌아가 본다. 버킹엄 공작부인과 앵글시 백작부인이 한 낭하(廊下)로 나왔었는데, 그들이 친애해 마지않는 공작의 피가 쏟아져 나오고 있는 회랑을 바라볼 수 있는 곳이었다. 그들의 비명과 눈물과 상심, 그 전까지 그렇게 심한 것을 본 적이 없던 그들에게 앞으로도 볼 일이 다시 없기를 바란다. 국왕 폐하가 공작을 잃은 슬픔이 "크다"는 표현을 넘어선다는 것은 그분이 흘린 눈물의 양으로 드러난다는 이야기를 끝으로 이 불시의 슬픈 소식을 마무리하고자 한다.

펠턴은 그 잔인한 행위를 저지르는 이유를 적어서 모자 꼭대기 안쪽에 절반이 안감 안에 들어가도록 바느질해 놓았었다. 자신이 그 자리에서 목숨을 잃을 것에 대비한 것이었다. 이런 내용이었다.

"내가 죽임을 당하더라도 사람들이 나를 비난하기보다 스스로를 비난하기 바란다. 우리의 죄로 인하여 우리의 심장이 굳어져 신경이 마비되었다. 그렇지 않다면 그가 그토록 오래 벌을 받지 않고 견딜 수 없었을 것이다. 존 펠턴."

"하느님의 영광을 위해서도, 국왕과 조국을 위해서도, 목숨을 바치기를 두려워하는 자라면 신사라고도 군인이라고도 불릴 자격이 없는 자라는 것이 내 생각이다. 존 펠턴."

◇

영국 내전(1642~1651)을 초래하고 의회파에 패해 처형당한 찰스 1세(1625~49 재위)의 정치를 망친 첫째 장본인으로 꼽히는 것이 버킹엄 초대 공작 조지 빌리어스(1592~1628)였다. 제임스 1세의 총애를 받아 22세 때부터 출세를 시작한 빌리어스가 스페인과 쓸데없는 전쟁을 일으키고 전쟁 수행도 엉망으로 해서 의회의 탄핵을 받게 되자 찰스 왕이 그 탄핵을 피하게 해주고자 의회를 해산했고(1626), 왕과 의회의 불화가 이로부터 격화되었다.

출처   Sir Dudley Carleton, in H. Ellis, *Original Letters*, 1824-46

37

뉴잉글랜드 상륙

1620. 11

윌리엄 브래드퍼드

10시쯤 우리가 도착한 한 깊은 골짜기에는 덤불과 우드게일, 그리고 긴 풀이 가득 자라는 곳이었는데, 그 사이로 오솔길이 뻗어 있었다. 우리는 사슴 한 마리를 보았고, 맑은 물이 나오는 샘을 찾았다. 우리는 매우 기뻐서 그곳에 앉아 뉴잉글랜드의 물을 처음으로 마셨는데, 그 즐거움은 평생 마시는 데서 얻은 바 최고의 즐거움이었다.

휴식을 취한 뒤 우리는 해안으로 나가기 위해 정남쪽으로 방향을 잡았고, 얼마 후 과연 해안에 도착한 우리는 (정해 놓은 지침대로) 불을 피워 배에 있는 사람들에게 우리 위치를 알린 다음, 강이 있으리라고 추측된 곳을 향해 계속 나아갔다. 또 하나의 골짜기에 들어가니 맑은 물을 담은 멋진 호수가 하나 있었는데, 폭은 머스킷 사정거리쯤 되었고 길이는 그 곱절쯤 되었다. 그곳에도 작은 포도가 많이 자랐고 새와 노루가 보였다. 숲에는 사사프라스 나무가 많았다.

그곳에서 더 나아가자 경작에 적합한 50에이커 정도의 넓은 평지가 나왔는데, 인디언들이 자기네 곡식을 심었던 흔적도 볼 수 있었다. 그 뒤로, 강을 찾기 위해서는 해안으로 내려가 모래밭을 따라 가는 것이 제일 좋지 않겠냐는 의견도 있었지만, 우리 대원들 중 지쳐서 뒤에 처지는 사람들이 있었기 때문에 기다려서 모두 모인 다음 다시 내륙으로 향했다.

오솔길 하나를 따라가 보니 모래 무더기 몇 개가 있었는데, 그중 하나는 낡은 돗자리로 덮여 있고 꼭대기에 나무로 만든 절구 같은 것이 놓여 있었다. 그 꼭대기의 조그만 구멍 안에는 토기 하나가 놓여 있었다. 이것이 무엇일까 궁금해 하며 파 보자 활이 하나 나오고, 또 생각했던 것처럼 화살도 나왔지만 모두 썩어 있었다. 다른 물건도 많이 있으리라고 생각되었지만 우리는 이것이 무덤이라고 판단했기 때문에 활을 도로 집어넣고 원래대로 묻어 놓았으며 다른 것은 건드리지 않았다. 자기네 무덤을 훼손하는 것이 인디언의 증오심을 불러일으킬 것이라고 우리는 생각했다.

더 나아가 보니 금년에 곡식을 거둔 새 그루터기가 있었고 열매가 잔뜩 열린 호두나무가 많이 있었으며, 딸기와 포도도 많이 있었다. 그리 크지 않은 들판 한두 개를 지나 역시 최근에 경작했던 또 하나의 들판에 나오니 집이 있던 터가 하나 있었다. 낡은 판자 너댓 장이 나란히 놓인 것이 있었고, 커다란 솥이 하나 있었는데, 유럽에서 가져온, 배에서 쓰던 솥으로 보였다.

앞서 본 것과 같은 모래 무더기도 하나 있었는데, 이것은 만든 사람들의 손자국을 알아볼 수 있을 만큼 새로 만든 것이었다. 이것을 파 보니 훌륭한 옥수수가 가득 든 오래된 바구니가 하나 나왔고, 더 파 보니 금년에 거둔 매우 훌륭한 옥수수가 가득 든, 훨씬 큰 새 바구니가 나왔다. 서른여섯 개의 먹음직한 옥수수인데 노란색도 있고 붉은색도 있고 어떤 것은 푸른색도 섞여 있어서 보기가 아주 좋았다. 바구니는 둥근 모양에 위쪽이 좁게 생겼고, 서너 부셸의 용량이어서 두 사람이 힘을 합쳐야 들어 올릴 수 있는 정도로, 아주 정교하고 보기 좋게 만든 것이었다.

이런 작업을 하는 동안 옥수수를 파낸 두어 명 외에는 모두 동그라미 모양으로 배치되어 보초를 섰다. 우리는 옥수수와 솥을 어떻게 할지 몰라서 한참 동안 의논을 한 끝에 솥은 가져가고, 옥수수도 우리가 가져갈 수 있는 만큼 가져가기로 결론을 내렸다. 작은 배를 타고 올 때 그 사람들을 만나게 되어 그들과 협상할 일이 있으면 그때 솥을 돌려주고 옥수수도 보상을 해줄 수 있을 것이었다……(생략)……

숲 속으로 5~6마일 들어가도 사람의 흔적을 찾을 수 없자 우리는 다른 길로 돌아 나왔다. 평지에 나와 보니 무덤 같은 것이 또 하나 있었는데, 지금까지 본 것들보다 훨씬 크고 길었으며 판자로 덮여 있었다. 이것은 무엇일까, 우리는 궁금해 하다가 파 보기로 했다.

파 보니 멍석이 하나 나오고 그 밑에 좋은 활이 하나 나왔다. 그 밑에 멍석 또 하나가 있었고 그 아래에서는 4분의 3야드 길이의 판자 하나가 나왔는데, 조각과 채색이 화려했고 한쪽 끝에는 왕관처럼 세 개의 뿔이 돋아 있었다. 멍석 사이에는 대접, 접시 등 각종 그릇과 장신구 같은 것들도 들어 있었다.

파 내려가다 보니 훌륭한 새 멍석 하나가 나왔고, 그 아래 하나는 크고 하나는 작은 두 개의 보따리가 들어 있었다. 큰 보따리를 풀어 보니 아주 고운 붉은색 가루가 가득 들었고, 그 속에 남자의 뼈와 두개골이 들어 있었다. 두개골에는 고운 노란색 머리카락과 약간의 살이 아직도 붙어 있었다. 칼 하나와 큰 바늘 하나, 그리고 두어 개의 오래된 철제품을 함께 싸서 넣어 둔 것도 있었다. 돛천으로 만든 선원용 주머니에 들어 있었고 짧은 바지도 한 벌 있었다. 붉은색 가루는 일종의 방부제인 듯, 강하면서도 역지 않은 냄새가 났으며 어느 꽃향기에 못지않았다.

같은 식으로 작은 보따리를 풀어 보니 같은 가루로 채워져 있고 조그만 아이의 뼈와 두개골이 들어 있었다. 다리뼈와 다른 몇 곳에 끈이 묶여 있었고 아름다운 흰 구슬로 만든 팔찌를 차고 있었다. 옆에는 4분의 3야드 길이의 작은 활과 몇 가지 물건이 있었다. 우리는 제일 예쁜 물건 몇 가지는 가져가기로 하고 유해를 다시 묻었다……(생략)……

우리는 이리저리 돌아다니다가 해가 기울기 시작하자 우리의 작은 배로 돌아가기 위해 서둘러 숲을 빠져나왔다. 우리가 내려오고 작은 배가 우리를 태우러 왔을 때는 날이 어두워져 있었다.

우리는 가지고 있던 음식으로 요기를 한 다음 보초를 세워 놓고 잠자리에 들었다. 자정쯤 소름끼치는 큰 외침소리가 들려왔고, 보초가 "경계! 경계!" 하고 소리쳤다. 그래서 우리가 일어나 머스켓을 두어 방 쏘니까 소리가 그쳤다. 우리는 늑대나 여우떼 소리였다고 결론지었다. 뉴펀들랜드에서 그런 소리를 들은 적이 있다고 말한 사람이 있었다.

새벽 다섯 시쯤 우리는 다시 일어나게 되었다……(생략)…… 갑자기 괴이한 외침소리가 크게 들려왔는데, 음정에 차이가 있지만 같은 목소리임을 알 수 있었다. 갑판에 나가 있던 대원 하나가 뛰어 들어오며 소리쳤다. "사람이다, 인디언, 인디언!" 그와 동시에 화살이 우리에게 날아들기 시작했고, 우리 대원들은 무장을 갖추러 힘껏 달려갔다……(생략)……

우리 적들의 외침소리는 소름끼치는 느낌이었다. 특히 우리 대원들이 무장을 갖추러 달려갈 때 곡조가 그랬다. "워아트 워아츠 하 하 하츠 워아츠." 우리 대원들이 무장을 겨우 갖출 때 적은 이미 공격할 태세가 되어 있었다.

체격이 건장할 뿐 아니라 용맹해 보이는, 두목으로 생각되는 한 사내가 우리로부터 머스켓 사정거리 절반쯤 거리에 있는 나무 뒤에 서서 우리에게 화살을 날리고 있었다. 그는 머스켓을 세 발 쏠 때까지도 버티고 있었는데 마침내 누가 그를 잔뜩 조준해서 쏘자 이상한 외침을 남기고 모두 물러갔다. 우리는 그들을 4분의 1마일가량 추격했지만 안전을 기하기 위해 작은 배에도 여섯 명을 남겨두었다……(생략)……

우리는 그들의 화살 열여덟 개를 주워 존스 씨 편에 영국으로 보냈는데, 화살촉 몇 개는 놋쇠였고, 그밖에 사슴뿔이나 독수리발톱으로 만든 것도 있었다. 우리가 찾은 것들도 낙엽에 파묻혀 거의 보이지 않을 정도였으니 그들이 쏜 화살은 물론 훨씬 더 많았을 것이다. 그런데도 주님의 특별한 은총으로 우리 중 맞거나 다친 사람은 아무도 없었다……(생략)……

월요일, 우리는 배를 대기에 아주 좋은 포구를 발견했다. 내륙으로 들어가 보니 여러 가지 곡식의 밭과 조그만 시내들이 있는, 자리 잡기에 아주 적합한 장소가 있었다. 그래서 배에 돌아와 남아 있던 사람들에게 그 좋은 소식을 알리자 모두의 마음에 큰 위안이 되었다.

1620년 9월 16일 영국 사우샘프턴항을 떠나 신대륙으로 향한 메이플라워호는 180톤 무게에 27미터 길이의 범선으로 추정된다. 승객 102명 중 35명이 청교도였다.

종교의 자유를 찾아 홀랜드로 망명했던 청교도 일단이 협상을 통해 신대륙 이주를 허가받아 다른 이주자들과 함께 메이플라워호에 승선한 것이었다. 이 항해가 후세에 큰 상징성을 가지게 된 데는 두 가지 이유가 있다.

첫째 이유는 풍랑으로 인해 원래의 목적지 버지니아보다 훨씬 북쪽, 지금의 매사추세츠 주 플리머스 부근에 도착하게 된 것이었다. 승선자들은 식민지로 자리잡혀 있던 버지니아 대신 이곳에 자리잡고 뉴잉글랜드 식민지를 새로 개척했다. 또 하나 이유는 아메리카 도착에 앞서 선상에서 '메이플라워 협약'을 작성한 것이다. 이주자들이 뿔뿔이 흩어지는 것을 막기 위해 맺어진 이 협약이 새 식민지를 조직해 나가는 자율적 원리의 출발점이 되었고, 이것이 '아메리카 정신'의 상징으로 후세에 받아들여진 것이다.

1609년 홀랜드로 이주했다가 메이플라워호에 탄 윌리엄 브래드퍼드(1590~1657)는 메이플라워 협약 작성을 주도했고, 이듬해 새 정착지의 총독으로 선출된 후 30회의 재선을 통해 뉴잉글랜드 식민지의 초창기를 이끈 인물이다. 후세에 남겨진 '필그림 파더스'라는 이름도 19세기 초 발견된 그의 글에서 '필그림'이란 말을 쓴 것이 주목되어 1820년 메이플라워 200주년 때부터 쓰이게 된 것이다.

출처   William Bradford, *A Relation of the English Plantation at Plymouth*, 1622

38

남편을 따라 죽는 인도 여인들
1650년경

장-바티스트 타베르니에

인도의 우상숭배자들 사이에서는 남편을 잃은 여인을 다시 결혼하지 못하게 하는 것이 또한 오래된 풍습이다. 따라서 남편이 죽자마자 그 부인은 틀어박혀 애도를 하고, 며칠 후에는 머리를 삭발하고 몸을 꾸미던 장신구를 모두 없애버린다. 인도의 남편은 결혼할 때 부인에게 예속의 상징으로 팔찌와 발찌를 주는데, 남편을 잃은 부인은 이것들을 벗어 버리고, 그 후로는 누구의 보살핌도 받지 못한 채 살아간다. 자기가 주인이었던 집에서 노예보다도 못한 신세가 되는 것이다.

이 끔찍한 처지에 빠질 것을 생각하면 세상이 싫어져서 차라리 장례의 장작더미에 올라가 남편의 시신과 함께 산 채로 불타 버리는 편이 남은 인생을 치욕과 불명예 속에 사는 편보다 낫다고 생각하게 된다. 이에 더해 브라만들은 아내가 순사(殉死)할 경우 남편과 함께 환생하여 지금까지보다 더 영화롭고 편안한 삶을 살 길이 열리게 된다고 여인들에게 가르친다.

이 두 가지가 그 불쌍한 여인들로 하여금 남편의 시체와 함께 장작더미에 올라갈 결심을 하게 만드는 요인이다. 그 밖에도 브라만들은 순사를 장려하고 순사자를 격려하기 위해, 순사자가 불 속에 있고 아직 영혼이 떠나지 않은 동안에 람 신(神)께서 순사자에게 놀라운 계시를 내려 주실 것이며, 이렇게 육신을 몇 개 거친 뒤에 영혼이 최고 불멸의 경지에 도달하게 된다고 가르친다.

그러나 한 가지 분명히 할 것은 거주 지역 지사(知事)의 허락 없이 남편의 시체와 함께 장작더미에 올라갈 수는 없다는 점이다. 지사들은 이슬람교도로서, 자기 파괴의 이 끔찍한 풍속을 싫어하기 때문에 좀처럼 허가를 내 주려 하지 않는다.

한편으로, 남편을 뒤따라 불길에 뛰어들 용기가 없다고 하여 남편을 사랑하지 않았다는 비난을 죽을 때까지 받게 되는 것은 자식 없는 부인들뿐이다. 자식이 딸린 여인들은 어떤 상황에서도 남편을 따라 죽을 허가를 받지 못하기 때문이다. 그들은 풍습과 관계없이 살아남아서 자식들의 교육을 책임져야 하는 것이다.

지사에게 끝내 불타 죽을 허가를 얻지 못한 여인들은 엄격한 고행과 적선을 행하며 여생을 보낸다. 큰 길에 나와서 야채를 물에 끓이며 행인에게 음료로 제공하는 사람이 있는가 하면, 불씨를 늘 준비해 놓고 있다가 담배 피우고 싶어 하는 사람에게 불을 붙여 주는 사람도 있다. 다른 것은 아무것도 먹지 않고, 소의 배설물에서 소화가 덜 된 것만을 주워 먹고 살겠다는 서약을 하는 사람도 있고, 별의별 고행이 다 있다고 한다.

지사들은 여인들에게 그리도 참혹한 방법으로 죽겠다는 통탄할 결심을 되돌리게 하려고 설득하다가 도저히 듣지를 않고, 그 비서가 뇌물을 받았다는 신호를 보내면, 끝내 하고 싶은 대로 하라는 허가를 내리고 만다. 그리고는 화가 나서 그 자리에 온 모든 우상숭배자들에게 대고 "마귀한테나 잡혀가라!" 하고 욕을 한다.

허가를 취득하면 즉각 온갖 종류의 음악을 듣게 된다. 북, 피리 등등의 소리 속에 모두들 죽은 사람의 집으로 몰려가서, 앞서 말한 것처럼 시신을 화장터인 강변이나 연못가로 모셔 간다.

불에 타 죽게 된 여인의 친척과 친구들은 그녀가 저 세상에서 누릴 행복을 미리 축하하고 그녀의 숭고한 결정이 계급 전체에 가져올 영광을 치하한다. 여인은 결혼식 때와 똑같이 차려 입고 불에 태워질 장소로 깍듯하게 모셔진다. 악기 소리와 함께 따라가는 아낙네들이 이제 곧 죽을 불쌍한 여인의 영광을 찬양하는 노랫소리로 엄청나게 시끄럽다.

함께 가는 브라만들은 여인에게 결단과 용기를 보이도록 권면(勸勉)하는데, 많은 유럽인들은 인간의 자연스러운 본능인 죽음에 대한 두려움을 없애기 위해 무슨 약을 마시게 할 것이라고 믿는다. 그 약을 마시면 신경이 마비되어 죽음의 준비 과정에서 일어날 수 있는 두려움과 걱정을 막아 준다는 것이다.

불행한 여인들이 불에 타 죽겠다는 결심을 끝까지 지켜내느냐 여부는 브라만들의 이해(利害)관계에 직결되는 일이기도 하다. 팔과 다리에 끼고 있던 팔찌와 발찌, 귀걸이와 반지 등은 화장 후 재를 뒤질 브라만들에게 소유의 권한이 돌아가기 때문이다. 여인의 신분과 재산수준에 따라 이런 장신구들은 금제(金製)가 아니면 은제(銀製)다. 아무리 가난한 사람도 구리나 주석으로 만든 장신구를 걸친다. 보석의 경우는 패용(佩用)한 채 화장하는 일이 없다.

나라에 따라 풍습의 차이가 있기 때문에 나는 세 가지 서로 다른 방법으로 남편을 잃은 여인을 불태우는 것을 보았다. 구자라트 왕국으로부터 아그라와 델리에 이르는 지역에서는 이런 식이다. 강변이나 호숫가에 약 12피트 사방의 조그만 오두막집 같은 것을 갈대와 섶으로 짓고, 더 빨리 타도록 기름단지와 다른 약품들을 넣어 둔다. 여인은 방 한가운데 반쯤 기대어 앉는다. 머리를 목침 같은 것에 갖다대고 등을 기둥에 기대는데, 브라만이 여인의 허리를 그 기둥에 묶어놓는다. 불길을 느낄 때 도망치려 할까봐 대비하는 것이다.

남편의 시신을 무릎 위에 안고 후추나무 잎을 끊임없이 씹으면서 이런 자세로 약 30분간 앉아 있다가 곁에 있던 브라만이 오두막 밖으로 나가면 여인이 사제들에게 불을 붙이라고 청한다. 그러면 브라만과 여인의 친척, 친구들이 바로 불을 붙이고 불이 빨리 타서 여인의 고통이 짧아지도록 기름 몇 단지를 쏟아 붓는다. 두 사람의 몸이 재로 변한 후 브라만들은 여인의 장신구가 녹은 금, 은 등 귀금속을 찾아 챙긴다. 앞서 말한 것처럼 이 물건들의 소유권이 브라만들에게 귀속되는 것이다.

벵골 왕국에서는 이와 다른 방식으로 여자들을 불태운다. 극도로 빈한한 사람이 아니라면 벵골의 남편을 잃은 여인은 남편의 시신을 갠지스강변까지 모셔와 씻겨주고 자기 몸도 씻은 다음 화장을 받아야 한다. 20일 이상 여행해서 강변에 도달하는 사람들도 본 일이 있는데, 시체는 썩을 대로 썩어서 견딜 수 없는 악취를 풍기고 있었다.

북쪽 지방, 부탄 왕국과의 국경 부근에서 온 여자를 보았는데, 남편의 시신은 수레에 싣고 오면서 자기는 십오륙 일간 아무것도 먹지 않으면서 자기 발로 걸어왔다고 했다. 갠지스강에 도착해 악취가 코를 찌르는 시체를 강물에 씻고 자기 몸도 씻은 다음 화장을 받아들이는 그녀의 결연한 태도는 보는 사람들을 놀라게 했다. 나는 그때 그곳에 있었다.

갠지스강 유역 어디에나, 그리고 벵골 왕국 어디에나 연료가 귀하기 때문에 가난한 여인들은 남편과 자기 몸을 태울 나무를 동냥으로 얻기도 한다. 이곳에서는 화장용 장작더미를 침대 모양으로 만들고 나무토막이나 갈대로 베개까지 만들어 놓고 빨리 타도록 기름과 약품들을 갖춰 놓는다.

화장을 당할 여인은 가장 아름다운 보석으로 치장하고 북, 피리, 오보에 등의 악대를 앞세워 춤을 추며 장작더미로 향한다. 그 위에 올라가서는 반쯤 앉고 반쯤 눕는 자세를 취하고 무릎 위에 남편의 시신을 올려놓는다. 그러면 죽은 사람의 친척과 친구들이 몰려와 우리 아저씨에게 전해 달라, 우리 형님에게 전해 달라, 내 친구에게 전해 달라 하면서 어떤 사람은 편지를, 어떤 사람은 선물을, 어떤 사람은 꽃을 건네준다.

더 이상 맡기는 사람이 없는 것 같으면 여인이 공개적으로 세 차례 묻는다. 자기가 심부름할 것이 더 없느냐고. 여기에 아무 대답이 없으면 부탁받은 물건들을 태피터 천에 싸서 자기 무릎과 시신의 등 사이에 끼워 넣는다. 그리고 사제들에게 불붙일 것을 청한다. 그러면 브라만들과 친척들이 즉각 불을 붙인다. 앞서 말한 것처럼 벵골 왕국에는 나무가 귀하기 때문에 불쌍한 여인의 숨이 끊어지고 몸이 반쯤 타면 남편의 시신과 함께 갠지스강에 던져져 악어 밥이 되도록 한다.

같은 벵골 왕국의 우상숭배자들 사이에 행해지는 사악한 관습 한 가지를 빠뜨리지 않고 적어 두어야겠다. 여자가 아이를 낳았을 때 아기가 엄마 젖을 잘 빨려 하지 않는 것은 더러 있는 일이다. 그럴 때 이 사람들은 아기를 마을 밖으로 가져가 보자기에 싸서 나뭇가지에 걸어놓고 아침부터 저녁까지 놓아둔다. 불쌍한 아기들은 까마귀에게 시달리고 더러는 눈알을 뽑히기도 한다. 벵골의 우상숭배자들 중에 외눈박이나 소경이 많은 것은 그 까닭이다.

저녁 때 아기를 도로 가져와 다시 한 번 밤 동안 엄마 젖을 빨려 본다. 이번에도 잘 빨지 않으면 다음날 아침 도로 나무에 매달아놓는다. 이렇게 사흘을 내리 매달리고도 젖을 잘 빨려 하지 않으면 그 아기가 마귀의 화신이라는 믿음을 가지고 갠지스강이나 가까운 다른 하천 또는 연못에 던져 버린다.

원숭이가 많은 고장에서는 이 불쌍한 아기들의 까마귀로부터 받는 위협이 덜하다. 원숭이는 새둥지가 눈에 띄기만 하면 올라가서 둥지는 이쪽으로 알은 저쪽으로 던져버리기 때문이다. 더러 자비심 많은 영국인, 화란인이나 포르투갈인이 이렇게 나무에 매달려 위험에 노출되어 있는 아기를 보고 연민을 일으켜 아기를 데려다가 키워주는 경우도 있다. 휴글리에서 그런 사례를 본 일이 있다. 그들이 사는 공장 부근에서도 흔히 행해지는 일이다.

이제 코로만델 해안지방에서 죽은 남편의 시체와 함께 남편을 잃은 여인을 불태우는 방법이 어떤 것인지 살펴보기로 하자. 9~10피트 깊이에 25~30피트 사방의 네모난 구덩이를 파고 그 안에 넉넉한 장작과 함께 불이 빨리 타게 하는 약품을 집어넣는다. 구덩이 안이 뜨거워졌을 때 남편의 시체를 구덩이 가에 가져다 놓고, 여인은 북소리와 징소리 속에 후추나무 잎을 씹고 춤을 추며 친척과 친구들을 모두 몰고 다가온다. 그리고 여인은 구덩이 주위를 세 차례 도는데, 한 차례 돌 때마다 모든 친척, 친구와 포옹을 나눈다. 세 차례를 다 돌고 나면 브라만은 남편의 시체를 불 속에 던져 넣고, 여인은 구덩이를 등진 채 브라만에게 떠밀려 뒤로 떨어진다. 그러면 친척들은 불이 빨리 타게 하는 약품을 던져 넣는다.

같은 코로만델 해안의 더 많은 지역에서는 여자를 죽은 남편의 시신과 함께 불태우는 것이 아니라 땅에 묻어 죽이기도 한다. 브라만들이 사람 키보다 1 피트쯤 깊게 파 놓은 구멍에 죽은 남자와 산 여자를 함께 파묻는 것이다. 보통 모래땅을 택하는데, 시체와 여자가 구멍에 들어간 뒤 친척과 친구들이 모두 한 동이씩 퍼부어 구멍이 채워지고 지면 위로 1피트가량 쌓이게 되면 여자가 숨이 끊겼다는 것이 확실해질 때까지 그 위에서 뛰고 춤추는 것이다.

출처　Jean-Baptiste Tavernier, *Travels in India*, V Ball(tr. and ed.), 1889

39

런던 대화재

1666. 9. 2

새뮤얼 피프스

1666년 9월 2일 주일날이었다. 하녀 몇이 오늘 잔치를 준비하기 위해 어젯 밤 늦게까지 자지 않고 있었는데, 제인이 새벽 세 시쯤 우리를 깨워 시내에 큰 불이 났다고 알려주었다. 그래서 일어나 가운을 걸치고 제인의 방 창가로 가 보았더니 불은 마클레인 저 끝의 뒤쪽에 있는 것으로 생각되었지만, 그런 화재 에 익숙하지 않기 때문에 충분히 멀리 떨어진 곳이라 생각하며 도로 잠자리에 들었다.

일곱 시에 일어나 옷을 입고 창문 밖을 내다보니 불은 밤에 볼 때보다 작아 보였고 더 멀어 보였다. 그래서 서재에 들어가 어제의 청소 때 제자리를 벗어 난 물건들을 바로잡아 놓고 있었다. 얼마 후 제인이 와서 어제 밤 우리가 본 불 로 300채 이상의 집이 탔고, 지금 런던교 곁의 피시 스트리트를 몽땅 태워 내려 가고 있다더라고 알려주었다.

그래서 나는 금방 나갈 채비를 하고 런던탑까지 걸어가 높은 곳으로 올라가 보았다. J. 로빈슨즈 경의 어린 아들이 나와 함께 올라갔다. 올라가 보니 과연 다리 이쪽의 집들이 모두 불타고 있는 것이 보였고, 끝없는 거대한 불길이 다 리의 이쪽과 저쪽 끝에서 타오르고 있었다. 다른 누구보다도 다리 가까이 사는 가엾은 미첼과 우리 사라가 걱정되었다.

내려와서 무거운 마음으로 런던탑 소장을 만났더니 불은 오늘 아침 푸딩 레인에 있는 킹스 빵집에서 시작되었다는 것, 그리고 이미 성 마그네스 교회와 피시 스트리트 대부분이 불타버렸다는 것을 말해주었다. 강가로 내려와서 배를 타고 다리를 지나가니 어마어마한 불길이 보였다. 가엾은 미첼네 집이 있는 쪽으로는 올드 스윈에 이르기까지 이미 타버렸고, 내가 바라보고 있는 짧은 시간 중에도 불길은 더 나아가 제철소 언저리까지 닿았다.

모두들 물건을 옮겨 강물에 던져 넣거나 대기하고 있는 나룻배에 싣느라고 정신이 없다. 불쌍한 사람들은 불길이 닿을 때까지 집에 있다가 달려 나와 배에 타기도 하고 강변의 이 계단에서 저 계단으로 뛰어다니기도 한다. 불쌍한 비둘기들도 눈에 띈다. 집을 떠나기 싫어서 창문과 발코니 주변을 날아다니다가 날개가 불에 타서 떨어지곤 한다.

한 시간 동안 배에서 바라보면서 불이 모든 방향으로 퍼져나가고 있다는 것, 불 끄려는 사람은 보이지 않고 모두들 물건 챙기기에만 바쁘다는 것, 불이 제철소까지 퍼져 갔고, 거센 바람이 시내 쪽으로 불길을 몰고 가고 있다는 것, 오랜 가뭄 뒤인지라 모든 것, 심지어 교회 건물의 돌까지도 불에 탈 수 있는 상황이라는 것을 알았다. 다른 것보다 어여쁜 호슬리 부인 집 옆의 교회, 내 동창인 엘보로가 맡고 있는 교회의 가엾은 첨탑까지 꼭대기에 불이 붙어 타오르다가 무너져 내렸다.

나는 화이트홀로 달려갔다. 런던탑에서 만나 내 배에서 같이 불을 보려고 동행했던 신사 한 분과 같이 갔다. 화이트홀에 가서 예배당의 어용 서재에 들어서니 사람들이 내게 몰려왔고, 내가 상황을 설명해 주자 모두 어쩔 줄 몰라 했다.

내가 왔다는 소식을 들은 폐하께 불려 들어가 폐하와 요크 공작에게 내가 본 바를 말씀드리고, 집들을 허물도록 폐하께서 명령을 내리지 않으신다면 불을 막을 길이 없다고 말씀드렸다. 두 분은 매우 걱정되는 기색이었고, 폐하는 내게 시장을 찾아가 불길 앞의 모든 방향에 있는 집들을 허물어 버리라는 명령을 대신 전해달라고 명했다. 요크 공작은 시장에게 군대가 더 필요할 경우 보내주겠다는 말을 전해달라고 부탁했다. 큰 비밀이지만, 우리 알링턴 경은 나중에 그렇게 했다.

여기서 만난 코크 선장이 자기 마차를 빌려주어 그것을 타고 크리드와 함께 바오로 광장으로 갔다. 거기서 와틀링 스트리트를 최대한 빨리 걸어갔는데, 건져낸 물건들을 짊어진 사람들이 가득했고 들것으로 옮겨가는 환자들도 여기저기 있었다. 대단히 훌륭한 물건들이 수레에 실리거나 등짐으로 옮겨지고 있었다.

마침내 캐닝 스트리트에서 시장을 만났는데, 목수건을 두른 그는 탈진한 모습이었다. 폐하의 전갈을 전하자 그는 막 기절하려는 아낙네처럼 울음을 터뜨렸다. "나더러 어쩌라는 말씀입니까? 나는 기력이 다했습니다. 사람들이 이제 내 말을 듣지도 않아요. 나는 집을 허물어 왔지만, 우리가 집 허무는 것보다 불길 닥쳐오는 것이 더 빠른 걸요." 군인들은 더 필요 없으며 밤을 꼴딱 샌 자신은 이제 좀 쉬어야겠다고 했다.

그래서 우리는 헤어졌고, 나는 걸어서 집으로 돌아오면서 사람들이 전부 넋이 나간 것처럼 되어 불길을 잡으려는 아무 노력도 하지 않고 있는 것을 보았다. 그 일대에는 집들도 빽빽한데다 템스 스트리트에는 피치와 타르 같은 가연(可燃)물질이 잔뜩 있었고, 기름, 와인, 브랜디 등등이 들어 있는 창고들도 있었다.

여기서 그 잘생긴 사내 아이자크 휴블런 씨를 보았다. 훌륭하게 차려 입고 더러운 몰골이 된 그는 다우게이트의 자기 집 앞에서 집을 태워버린 자기 형제들의 짐 일부를 받아 넣고 있었다. 그 짐은 벌써 두 번째 옮기는 것이며 얼마 후에 세 번째 옮기게 되는 것은 아닐까 (결국 그렇게 되듯이) 걱정된다고 말했다. 딱한 전망이었다. 교회에 짐들이 들어차고, 그 시간에 그곳에 조용히 앉아 예배를 드리고 있어야 할 사람들이 피난 와 있는 것을 보는 것도 딱한 일이었다……(생략)……

식사를 마치자마자 문과 함께 집을 나서 시내를 걸어 다녔다. 거리에 가득한 것은 물건을 옮기는 사람들, 말들, 수레들이었고, 서로를 짓밟을 듯이 필사

1666년에 발생한 런던 대화재의 모습. 16세기 후반 대도시로 성장한 런던은 대화재 당시 인구가 50만 명이 넘었다고 추정된다. 하지만 4일간 계속된 대화재로 도시 전체의 5분의 4가 소실되었다.

적인 기세였다. 불탄 집에서 안 탄 집으로 옮기는 것이었다. 아침까지도 짐을 받아들이고 있던 캐닝 스트리트에서 지금은 짐이 실려 나가 럼바드 스트리트와 더 먼 곳으로 옮겨지고 있었다. 작달막한 우리 금 세공사 스토크스가 친구들의 짐을 받아들이는 것을 보았는데, 그의 집이 그 다음날 타버렸다.

우리는 바오로 광장에서 헤어져서 그는 집으로 가고 나는 배를 예약해 둔 바오로 부두로 갔다. 길에서 만난 카카스 씨 형제를 함께 태우고 다리 위쪽과 아래쪽을 오락가락하며 불을 살펴보았는데, 위쪽이나 아래쪽이나 더 멀리까지 퍼져 있어서 불길을 잡을 방도가 없어 보였다. 왕실 바지선을 타고 있는 폐하와 요크 공작을 만나 그들과 함께 퀸히드까지 가서 리처드 브라운 경을 그리로 불러왔다. 그들의 명령은 다만 집들을 빨리 허물라는 것이었는데, 다리 하류의 강변 쪽에서 작업을 하고 있었지만 불길이 너무 빨리 덮쳐오기 때문에 지금까지도 일이 잘 되지 않았고 지금도 잘 되지 않고 있었다.

잘하면 상류에서는 스리 크레인스에서, 하류에서는 버톨프스 부두에서 불길을 막을 희망이 있었다. 그러나 바람은 불길을 시내 쪽으로 몰고 가고 있었고, 강변에 있는 우리로서는 그쪽 상황을 알 수 없었다. 강 위에는 짐을 나르는 크고 작은 배들이 가득했고, 훌륭한 물건들이 떠다니고 있었다. 그리고 짐을 실은 거룻배나 보트 세 척 중 한 척에는 하프시코드가 실려 있는 것을 나는 눈여겨보았다.

약속에 맞춰 화이트홀로 갔다가 거기서 걸어서 세인트 제임스 공원으로 가 아내와 크리드, 우드, 우드의 아내를 만나 함께 내 배로 왔다. 다시 강 위로 나가 상류와 하류의 불을 살펴보았는데, 바람은 거세고 불길은 자라나고 있었다. 불길이 하도 가까워 담뱃불을 붙일 수 있을 정도였다. 템스강 위 어느 곳에서도 바람을 향하고 있으면 소나기처럼 떨어지는 불똥 때문에 화상을 입을 정도였다. 그래서 집들도 이 불똥 때문에 서너 채, 아니 대여섯 채가 한꺼번에 불이 붙곤 했다.

강 위에서 더 견디기 어렵게 되자 우리는 스리 크레인스 건너편 강둑에 있는 조그만 맥주집에 들어가 거의 저물 무렵까지 앉아 있으면서 불길이 더욱 자라나는 것을 바라보았다. 어두워짐에 따라 더 많은 불길이 나타났고, 시내의 언덕 위로 우리 눈길이 닿는 데까지 휩싸고 있는 불길은 보통의 불과 같은 고운 색깔이 아니라 무시무시한 핏빛이었다.

바버리와 그 남편은 먼저 떠나고, 우리는 어둠 속에서 다리 이쪽에서 저쪽까지 불길이 하나의 아치를 그리고, 또 언덕 위쪽으로 활 모양을 그려 1마일이 넘는 불의 아치를 이루는 것을 바라보았다. 그 모습을 바라보는 내 눈에서는 눈물이 흘러내렸다. 교회와 집들이 한꺼번에 불타고 있었고 쓰러지는 집들의 부서지는 소리가 불길 속에서 쏟아져 나오며 사람의 마음을 괴롭혔다.

1530년까지 인구가 10만이 안 되던 런던은 16세기 후반을 통해 대도시로 성장했다. 1666년 대화재 당시의 인구는 50만을 넘었을 것으로 추정된다. 9월 2일에서 5일까지 계속된 화재로 도시 전체의 5분의 4가 소실되었다.

도시의 재건에는 목조건물 건축이 금지되어 런던 중심부가 오늘의 모습을 갖추게 되었다. 수학자이며 천문학자였던 크리스토퍼 렌(1632~1723)이 그 과정에서 성 바오로 교회를 비롯한 50여 개 교회의 설계와 시공 감독을 맡아 건축가로서 불멸의 명성을 가지게 되었다.

이 글을 남긴 새뮤얼 피프스(1633~1703)는 영국 문예사와 해군사에 특이한 업적을 남긴 인물이다. 1660년 해군 행정의 상당한 요직을 차지한 것이 한미한 출신의 피프스로서는 대단한 행운이었다. 이 행운을 지키기 위해 그는 두 가지 일을 했다. 하나는 열심히, 그리고 적극적으로 업무를 수행하는 것이었고, 하나는 철저한 기록을 남기는 일이었다.

1689년까지 해군 행정에 관여하면서 피프스는 대영제국 해군의 기초를 닦은 것으로 평가된다. 정치적 격변 속에서 30년 가까이 지내는 동안 철저한 기록 덕분에 정치적 위기를 넘긴 것이 한두 번이 아니었다. 문예 부문에서 그의 대표작으로 꼽히는 『일기』는 1660~1669년까지, 해군 경력 초기에 작성한 것이었다.

피프스의 『일기』는 평범한 사물에서 내면의 의미를 포착하는 통찰력과 소박한 문체로도 효과적 묘사를 하는 표현력으로 높이 평가받는다. 특히 자기 자신의 결함까지도 거침없이 드러내는 솔직함을 통해 17세기 영국 사회의 실상을 이해하는 데 극히 중요한 자료로 후세에 평가받게 되었다.

출처   Samuel Pepys, *Diary*, R. Latham and W. Matthews (eds.), vol. VII, G. Bell & Sons, 1970-83

40

격투를 좋아하는 영국인들
1695

미송 드 발부르

    싸움 비슷한 것만 보면 영국인은 흥이 난다. 어린 아이 둘이 길거리에서 말다툼을 하고 있으면 행인들이 발걸음을 멈추고 잠깐 사이에 둥그렇게 둘러서서 서로 주먹다짐을 하도록 기다리고 부추긴다.

    싸움판이 벌어지게 되면 쌍방은 넥타이를 풀고 저고리를 벗어 구경꾼 아무에게나 들고 있으라고 맡긴다. 그리고는 공중에 주먹을 휘둘러보기 시작한다. 주먹은 모두 상대의 얼굴을 표적으로 한다. 서로 정강이를 걷어차기도 하고 머리카락을 붙잡기도 한다. 상대방을 쓰러뜨렸을 때는 일어나기 전에 한 대나 두 대 때릴 수 있지만 그 이상은 안 된다. 쓰러졌던 상대가 일어나 도전을 계속하면 몇 차례고 응해 주어야 한다.

    싸움이 진행되는 동안 둘러선 구경꾼들은 진심으로 즐거워하며 선수들을 격려해 주고, 규칙에 따라 싸움이 진행되고 있는 한 뜯어말리려 하지 않는다. 구경꾼들은 아이들, 하인들, 건달들만이 아니다. 온갖 멋쟁이 신사들도 무리들에 끼어 잘 보려고 서로 밀쳐대기도 하고 걸상을 가져다가 올라서서 구경하기도 한다. 관람대를 즉석에서 만들어주는 사람이 있으면 자릿값을 내고 올라가겠다는 사람들이 얼마든지 있다. 싸우는 아이의 부모도 다른 사람들과 같이 구경하고, 질 때는 위로와 격려를 베푼다.

아이들에 비해 어른들의 싸움이 적기는 하지만, 희귀한 것은 아니다. 마차꾼과 손님 사이에 요금 시비가 있을 때 손님이 주먹으로 결판을 내자고 하면 마차꾼은 기꺼이 받아들인다. 신사 손님은 칼을 풀어 지팡이, 장갑, 모자와 함께 옆의 가게에다 맡겨놓고 위에 적은 것과 같은 방식으로 싸움을 한다. 마차꾼이 꼼짝 못하게 얻어맞으면, 거의 모든 경우의 결과이지만, 그것으로 계산은 끝난 것이 된다. 하지만 마차꾼 주먹이 더 세다고 판명되면 손님은 마차꾼이 요구했던 요금을 지불해야 한다. 죽은 그래프턴 공작이 대로상에서 그런 작자와 붙는 것을 본 일이 있는데, 지독하게 두들겨 팼었다.

프랑스에서 그런 놈들과 마주치면 지팡이로 혼내주거나 더러 칼등을 쓰기도 하는데, 영국에서는 그런 경우가 없다. 무기를 가지지 않은 사람에게 칼이나 몽둥이를 쓰지 않는 것이다. 어떤 운 나쁜 외국인이(영국인들은 상대방이 외국인이라는 것을 상상하는 일이 없다) 칼이 없는 사람을 상대로 칼을 빼는 일이 있다면 그 순간 백 명의 사람이 그를 덮칠 것이다.

◆

같은 시대 이웃나라 사람들에게 영국인은 호전적인 민족으로 비쳐진 모양이다. 영국을 흔히 '신사의 나라'로 인식하거니와, 그 '신사(紳士)'라는 것도 '투사(鬪士)'의 모습을 겸했을 때 완성되는 것이다. 힘을 가졌으면서 절제할 줄 아는 사자(獅子)의 이미지가 영국인에게는 이상적 신사의 모습이다.

출처   Misson de Valbourg, *Mr Misson's Memoirs & Observations in England*, tr. J. Ozell, 1719

41

프랑스 갤리선상의 생활조건

1703~4

존 바이언

'라 쉬페르브'라는 이름의 갤리선(船) 한 척에 종군신부(從軍神父)로 몇 번 타 보면서 아래 서술의 진실성을 확인할 충분한 기회를 가졌다. 갤리선에 탄 불쌍한 인간들이 어떤 고난과 참상 속에서 노동하는지 소개하기에 앞서 그 선박에 대해 간단히 설명하겠다.

갤리선은 길고 납작한, 돛대는 둘이지만 갑판은 하나뿐인 배다. 돛보다는 보통 노를 쓴다. 험한 바다를 견뎌내지 못하도록 만들어진 배이기 때문이다. 돛은 거의 쓰는 일이 없고, 육지가 보이지 않는 먼 바다에서 순항할 때만 올린다. 그럴 때는 날씨가 나빠지기 전에 육지 가까이 돌아가기 위해 모든 추진력을 다 동원하기 때문이다.

노 하나에 노예 다섯이 붙는데, 그중 하나는 터키인이다. 터키인은 일반적으로 기독교인보다 힘이 좋기 때문에 가장 힘이 많이 들어가는 위쪽 끝을 맡는다. 한 배에 노예는 모두 300명이다. 사람은 150명인데, 장교, 사병, 선원, 하인들이 있다.

선미(船尾)에는 방 하나가 밖에서 보면 요람 모양으로 생긴 것이 있는데, 선장의 방이다. 밤중이나 날씨가 나쁠 때는 선장 혼자만의 것이다. 그러나 낮에는 장교들과 신부도 같이 쓴다. 다른 승선자들은 (편리한 장소를 알아서 찾아들어갈 수 있는 하사관들을 제외하고) 갑판 위에서 낮으로는 이글거리는 햇볕에, 밤으로는 습기와 냉기에 노출되어 있다. 사실 선두(船頭)에서 선미까지 쳐 있는 밧줄에 일종의 천막을 걸어놓는 것이 있어서 약간의 보호가 되기는 한다. 그러나 유감스럽게도 이 천막은 비교적 덜 요긴할 때, 즉 날씨가 좋을 때만 칠 수 있는 것이다. 폭풍이 아니라 바람만 조금 불어도 천막을 걷어야 한다. 갤리선 구조가 뒤집어지기 쉽게 되어 있기 때문이다.

1703년과 1704년 두 해 겨울을 우리는 모나코, 니스와 앙티브 해안에서 지냈다. 그 불쌍한 노예들은 힘든 노 젓기가 끝난 뒤에도 하루의 노동과 피로에서 벗어날 수 있는 밤의 혜택을 누릴 수 없었다. 겨울 날씨의 좋지 않은 요소들, 바람과 눈, 우박 따위를 고스란히 맞아야 했다. 그들이 갈망하는 유일한 위안은 담배 피울 자유였다. 그러나 흡연은 금지되어 있었고, 어길 경우 그곳의 통상적 처벌방법인 곤장을 맞아야 했다.

승선 인원에 비해 배의 크기가 작으니 사람이 밀집되어 있고, 노를 젓는 동안 땀은 계속해서 흘러내리는데 내복은 부족하니 해충이 득실거릴 것을 가히 짐작할 수 있다. 그러니 어떤 수단을 쓰더라도 갤리선에서 이와 벼룩 따위를 몰아낼 수 없다. 옷의 주름과 틈새에 보금자리를 잡은 벌레들은 밤이면 기어나와 낮 동안 자기들을 때리고 괴롭히고 죽이던 자들에게 복수를 가한다.

노예 하나에게 1년간 지급되는 의류는 극히 거친 천으로 만든 셔츠 두 벌과 붉은색 서지 천으로 만든 짧은 윗도리 하나다. 윗도리는 옆구리가 겨드랑이 밑에까지 열려 있고, 소매도 열려 있으며 팔꿈치에도 미치지 못하는 길이다. 그리고 3년마다 엉성한 겉옷 하나와 작은 모자 하나를 준다. 머리는 죄수의 신분을 나타내기 위해 빡빡 깎고 있어야 한다.

침대 대신 노예에게 주어지는 것은 몸이 성할 때든 아플 때든 한 자 반 폭의 판자 한 장이다. 불운하게도 장교들 가까운 곳에 누울 영광을 차지한 자들은 벌레들한테 아무리 시달리더라도 손을 움직여 긁을 엄두를 내지 못한다. 쇠사슬 덜걱거리는 소리가 나서 장교 하나가 잠을 깨기라도 하는 날에는 벌레들

271

의 괴롭힘보다 훨씬 더 혹독한 처벌을 각오해야 하기 때문이다.

배가 바다에 나갔을 때, 특히 장기간의 출동에 나섰을 때 노예들이 겪는 고통과 고난은 정확하게 묘사하기가 어렵다. 노를 젓는 것은 엄청나게 고된 노동이다. 노를 당기기 위해 완전히 몸을 일으켰다가 등이 바닥에 닿을 정도까지 드러눕는 동작을 끝없이 되풀이해야 한다. 어떤 계절, 어떤 날씨에서든 이 격렬한 동작을 반복하는 동안 혹사당하는 그들의 몸에서는 땀이 줄줄 흘러내리지 않을 수 없다.

노예 중에 정신이 혼미해져 제 몫을 못하게 되는 일이 더러 있는데, 이런 경우에 대비해 배의 중앙을 따라 널판을 다리 모양으로 높이 깔아 놓은 것이 있다. 이 통로 위에 코미트 셋을 늘 배치해 둔다. 코미트란 영국 해군의 갑판장과 비슷한 역할의 장교로, 노예들의 동작을 감시한다. 박자를 맞추지 못한 노가 있으면 힘이 달려서 그런 것인지 게으름을 피운 것인지 따져보지도 않고 문제가 된 것으로 보이는 자를 장대로 모질게 후려친다. 장대가 길어서 옆에 있던 애매한 자들까지 덤으로 얻어맞기 일쑤다. 노를 저을 때는 발가벗고 있기 때문에 매를 맞기만 하면 때린 자의 잔인성이 맞은 자의 피부에 당장 흔적을 남긴다.

그들의 비참한 신세를 더욱더 비참하게 만드는 것은 불평불만의 기색을 조금이라도 드러내서는 안 된다는 사실이다. 비참한 자의 그 조그만 최후의 위안마저! 그들은 있는 힘을 다해, 남아 있는 조그만 기력을 다 쏟아내서, 열성적인 복종의 태도를 보임으로써 인정사정없는 맹수의 분노를 달래야 하는 것이다. 그 맹수의 습격은 욕설과 저주로 시작해서 욕설과 저주로 끝나는 것이 보통이다.

어느 항구에든 들어가게 되면 그들의 노동은 끝나는 것이 아니라 더 늘어난다. 닻을 내리기 전에 보통 배와 달리 매우 고된 일거리 몇 가지가 그들에게 떨어지기 때문이다. 코미트의 기술은 무엇보다 닻을 얼마나 잘 내리느냐로 드러나는데, 그들은 매질을 잘하는 것이 자기 일을 잘하는 것으로 생각한다. 얼마 동안 들리는 것이 오직 비명과 한탄뿐이다. 불쌍한 노예들의 팔이 노를 젓느라 바쁜 동안 코미트의 팔은 매를 휘두르느라 바쁘다.

이렇게 힘든 노동을 하는 노예들의 체력은 무엇으로 뒷받침되는가? 출동 중에는 매일 아침 여덟 시에 비스킷을 준다. 비스킷만은 분량도 넉넉하고 품질도 괜찮다. 열 시에는 기름으로 만든 국 한 그릇을 주는데 거기 들어가는 콩은 썩은 것일 때가 많고 곰팡이가 안 핀 적이 없다. 노예들이 국이라 알고 먹으니까 나도 국이라 하지만, 사실은 뜨거운 물 위에 콩이 여남은 개 떠 있는 것이 고작이다. 작업 중에는 아침저녁으로 포도주 한 피숀씩을 준다. 피숀이란 영국 파인트의 약 3분의 2에 해당하는 용량이다.

항구에 정박해 있을 때는 돈 있는 자는 고기를 사 먹는 것이 허용된다. 각각의 노를 지휘하는 터키인은 사슬에 묶여 있지 않기 때문에 이 일을 담당하고, 또 주방에 가서 조리하는 일도 맡는다. 그러나 선장의 요리사가 성질이 고약하고 다혈질인 사람일 때, 방해가 된다는 이유로 그 불쌍한 사람들의 냄비를 부숴 버리거나 갑판 밖으로 던져 버리는 것을 자주 봤다. 가엾은 노예들은 그 보잘것없는 음식이나마 먹고 싶어서 까무라칠 지경인데도 웅얼대는 소리 하나 내지 못한다. 이것은 참으로 정상적인 일이라 할 수 없는 것인데, 요리사가 고약한 사람으로 걸리면 어쩔 수 없는 일이고, 갤리선에는 실제로 그런 종류 인간이 많다.

장교들의 식탁은 질에 있어서나 양에 있어서나 매우 훌륭하다. 이 때문에 노예들은 자신의 비참함을 더욱 예민하게 느끼게 되는 것이니, 그들의 가난과 굶주림을 더더욱 짓밟는 사실이라 할 것이다.

우리는 1704년의 사육제(謝肉祭)를 모나코 항구에서 지냈다. 우리 장교들은 그곳 군주를 자주 갤리선으로 초대했다. 그 대접은 대단했다. 음악을 비롯해 즐거움을 얻을 수 있는 모든 수단이 동원되었다. 그러나 즐거움이란 그림의 떡일 뿐인 저 불쌍한 군상(群像)들, 남들이 편안하게 즐기고 있는 동안 쇠사슬에 파묻혀 굶주림에 시달리며 버려진 영혼에 위안이 될 것을 아무것도 가지지 못한 저 군상들의 마음을 누가 표현할 수 있을 것인가.

누구도 표현하지 못한다. 더 딱한 것은 장교들을 찾아오는 높으신 분들에게 경의를 표하고 허영심을 채워주는 데 이들이 사용된다는 것이다. 그런 돼먹지 못한 격식에 익숙지 않은 사람이라면 누구라도 동정심을 일으키지 않을 수 없는 광경이다. 주빈(主賓)이 배에 오르면 코미트는 호루라기를 두 차례 불어 신호를 보낸다. 첫 번째 신호에 노예들은 모두 차렷 자세를 취하고, 두 번째 신호에는 그들이 '경례'라고 하는 것을 세 차례 해야 한다. 영국 전함에서처럼 신나는 만세소리가 아니다. 불만에 찬 처절한 고함소리를 측은한 가닥으로 뱉어내는 것이다.

날씨가 나빠 출항하지 못할 때 기술을 가진 자들은 배 위에서 일을 한다. 기술이 없는 자들은 엉성한 양말 짜는 일 같은 것을 배운다. 그 작업에서 이득을 얻는 코미트가 재료를 대 주고 보통 가격의 절반 정도만을 지불한다. 그러나 그나마 돈으로 주는 것이 아니라 식품이나 포도주로 주고, 포도주는 코미트가 관리하는 선내(船內) 저장고에서 나오는 것이다. 대개 질이 나쁘고 물이 섞인 것이다. 노예들은 아무리 돈이 많다고 해도 곤장을 맞고 싶지 않으면 제멋대로 육지에서 포도주를 사올 수 없다.

더욱 가련한 것은 기술조차 없는 불쌍한 노예들이다. 그들은 동료들의 옷도 빨아 주고 벌레도 잡아 준다. 그 대가로 일하는 자들이 벌어들이는 초라한 음식의 한 귀퉁이를 얻어먹는다.

이처럼 가혹한 노동조건과 빈약한 식사, 그리고 불결한 생활환경이라면 병자가 많이 생길 것을 누구라도 짐작할 수 있다. 병자의 처리는 아래와 같은 방식으로 한다.

선창(船艙) 속에 좁고 어두운 방이 하나 있다. 바람이 통하는 길은 두 자 사방의 창문 하나뿐이며, 그 창문은 사람이 드나드는 유일한 통로이기도 하다. 방 양쪽 끝에 '톨라르'라 하는 침상이 설치되어 있는데, 그 위에 환자들을 마구잡이로 눕혀 놓는다. 침대도 없고 깔것도 없다. 톨라르가 다 찼는데 병자가 더 있으면 옆의 바닥에 눕힌다. 1703년 겨울 이탈리아 해안에서는 한꺼번에 60명 이상의 환자가 있었던 때도 있다.

이 지옥 같은 장소가 온갖 종류의 해충에게는 천국이다. 아무 방해도 없이 불쌍한 노예들을 마음껏 빨아먹고 뜯어먹을 수 있는 곳이다.

274

나는 직무에 따라 고해를 받거나 조언이나 위안을 주기 위해 그곳에 하루 두 차례씩 들어갔다. 들어가는 순간 나는 벌레들로 뒤덮이지 않을 수 없었다. 그렇게 벌레로 꽉 찬 곳에서 이를 피할 수 있는 길은 없다. 유일한 방도는 긴 가운을 입고 들어갔다가 나오는 길로 벗어버리고 원래의 옷을 입는 것이었다.

병실에 들어가 있을 때는 문자 그대로 죽음의 그늘을 거니는 기분이었다. 그렇지만 죽음이 임박한 자들의 고해를 들어주기 위해 오래 지체해야 할 때가 많았다. 톨라르 바닥에서 천장까지 높이가 석 자밖에 되지 않았기 때문에 고해를 듣기 위해서는 그들 옆에 나란히 누워야 했다. 한 사람의 고해를 듣고 있는 동안 옆에서 다른 사람이 먼저 죽어버리는 일도 많았다.

병실의 악취는 형언할 수 없는 것이었다. 노예들은 몸이 아프더라도 그 끔찍한 병실에 틀어박히느니 노에 매달려 있다가 그 자리에서 죽는 편을 택할 정도였다……(생략)……

이제 어떤 종류의 인간들이 갤리선 노예로 들어가는지 설명하겠다. 선원이나 병사가 아닌 노예에는 다섯 가지 부류가 있다. 터키인, '포소니에 Faussoniers', 탈주병, 범죄자, 그리고 개신교도다.

앞에서 말한 것처럼 노를 지휘하는 역할을 맡기기 위해 터키인을 국왕이 사 오는데, 그들을 '보가방 Vogueavants'이라 부른다. 그들은 '방뒤카르티에 banc du quartier', '들라코니유 de la Conille', '레제스팔리에 les espaliers' 등과 함께 병사와 같은 급료를 받는다. 그들은 보통 건장하고 힘센 자들이며 노예 중에서는 제일 괜찮은 팔자다. 쇠사슬로 묶이지도 않으며, 노예라는 표지로 발에 고리를 하나 찰 뿐이다.

'포소니에'란 '속인 자'라는 뜻인데, 가난한 농부가 소금을 전매(專賣)구역 밖에 나가 부르고뉴나 동브처럼 값이 싼 곳에서 사다가 붙잡힌 자들이다. 프랑스에서는 소금 한 파인트라고 하는 것이 4파운드 무게인데, 값이 3실링 6펜스나 한다.

가난한 농민들 중에는 소금이 없어서 가장 기본적인 음식인 수프를 한 주일 내내 만들어 먹지 못할 때가 있는 사람들이 있다. 그런 처지에 있는 농민은 처자가 굶주리는 상황을 견딜 수 없어서 전매구역 밖으로 나가 소금 값이 4분의 1밖에 하지 않는 곳에 가서 소금을 사려 한다. 그러다가 붙잡히면 갤리선 신세가 된다. 쇠사슬에 묶여 돌아올 길이 없게 된 가장을 그 아내와 자식들이 그리워하는 것은 불쌍한 정경이다. 그 죄라는 것이 다른 것도 아니고 자기 가족들에게 생활의 맨 밑바닥 조건을 마련해 주려는 것이었는데.

탈주병의 경우는 종신형을 받는다. 전에는 귀와 코를 베곤 했는데, 상처가 썩어 다른 승선자들에게 전염되는 일이 많아서 지금은 칼자국만 내고 만다.

범죄자라는 것은 대개 소매치기나 사기꾼, 도박꾼, 노상강도 따위다. 못된 악당일수록 갤리선에서도 기세를 잃지 않고 적응을 잘한다. 그들은 동류(同類)끼리 어울려 패거리도 금방 만든다. 지난날의 악행을 서로 이야기하고 범죄를 자랑하는 그들 사이에서는 최고의 악당이 최고의 영웅으로 통한다. 개신교도가 갤리선에 끌려온 이유는 오직 인간에 복종하기보다 하느님에게 복종하는 길을 택하고 세속의 이득을 위해 자기들의 영혼을 팔려 하지 않았기 때문이다.

출처 John Bion, *An Account of the Torments the French Protestants Endure Aboard the Galleys*, 1708

42

셸렌베르크 전투

1704. 7. 2

M. 드 라 콜로니

명령에 주의를 기울일 필요성, 그리고 작전 중 어떤 조치에도 용기와 질서를 가지고 즉각 복종해야 할 필요성을 나는 부하들의 마음에 강조해서 새겨주었다. 그것이 바로 우리의 안전, 나아가 승리를 위해 필요한 열쇠라고 다짐해주었다.

내 말이 끝나자마자 적군 포대가 우리에게 사격을 시작해서 우리 대열을 살살이 훑었다. 포격은 우리에게 집중되어 있었고, 나와 이야기를 나누고 있던 우리 중대 부관(副官) 드 라 바스티드 백작을 첫 방에 날려버리고 병사 열두 명을 줄줄이 쓰러뜨렸다. 그 바람에 내 겉옷이 골수와 피로 범벅이 되어버렸다. 포격이 너무 정확해서 한 방 터질 때마다 내 부하들 중 누군가가 쓰러졌다. 그 용감한 사내들이 자기 몸을 지키려 애써 보지도 못하고 쓰러져 가는 것이 참으로 애통한 일이었지만, 그들이 자기 위치를 지키고 있어야 하는 것은 절대적으로 필요한 일이었다.

그 포격은 적군이 준비하고 있는 돌격의 전주곡일 뿐이었으며, 나는 어느 순간이라도 적군이 우리 참호의 어느 모퉁이든 엄습해 올 것을 기다리고 있었으며, 재빠른 동작이 필요할 그 순간이 닥쳐왔을 때 부대가 혼란에 빠지게 될 것을 염려해서 이 폭풍 같은 포격 앞에서도 병사들이 고개조차 숙이지 못하게 하지 않을 수 없었다. 마침내 적군 부대들이 돌격을 위해 움직이기 시작했을 때, 나는 이미 다섯 명의 장교와 80명의 병사를 총 한 방 쏘아보지 못한 채로 그 자리에서 잃었으면서도, 더 큰 재난을 피하기 위해서는 그 희생을 계속 감수하고 있어야만 했다.

우리 앞의 비탈은 경사가 심해서 적군 대오가 움직이기 시작하자마자 우리 시야에서 사라졌다가 우리 참호 앞 200보 지점에서 다시 모습을 나타냈다. 그들이 가급적 도시 쪽의 비탈을 멀리하고 숲 가까운 쪽으로 붙어 있는 것이 내 주의를 끌었는데, 숲 속으로도 다른 대오가 우리 참호의 그쪽 면을 바라보고 진격하고 있는지는 알아볼 수 없었고, 이 불확실성 때문에 내 행동이 늦어졌다. 돌격지점으로 우리 참호의 어느 지점이 다른 지점보다 낫다는 판단을 할 만큼 적군이 우리 진형(陣形)을 잘 알고 있다고 생각할 근거가 아무것도 없었다.

그 하사놈, 우리를 배신한 그 역적 놈이 적군 대열을 안내하고 있다는 것을 알았다면 이런 고민을 할 필요도 없었고, 그 많은 용사들을 대포밥으로 만들 필요도 없었을 것이다. 그러나 오후 두 시에 제국 깃발의 한 모서리가 내 눈에 보이면서 의혹은 매듭을 지었고, 나는 더 이상 망설이지 않았다. 나는 최대한 신속하게 전선을 바꿔서 적군이 진격하고 있는 것을 파악한 숲 쪽을 마주보는 방향으로 병사들을 옮겨놓았다.

이제 부대는 포격에 극히 불리하던 위치를 벗어나게 되었지만, 형편이 별로 좋아진 것이 아니라는 사실을 금세 깨닫게 되었다. 우리 병사들이 조그만 흙벽을 따라 자리 잡자마자 적군이 돌격을 시작해 목청껏 고함을 지르면서 우리 참호로 달려든 것이었다.

적군의 신속한 동작과 우렁찬 고함은 참으로 두려운 것이었고, 나는 그 고함을 듣자마자 그 소리를 파묻기 위해 고수들에게 '진격'의 북을 두들기게 했다. 고함소리가 부하들에게 나쁜 영향을 끼치지 않도록 하기 위해서였다. 그렇게 해서 나는 내 병사들의 사기를 돋우고, 그들에게 정신없는 두려움을 불러일으키고 있던 적군의 함성을 듣지 못하게 했다.

셸렌베르크 전투 모습. 1704년 7월 2일 스페인 왕위 계승전쟁 기간 중 일어난 전투 중 하나이다. 루이 14세가 이끈 프랑스는 영국과 홀란드, 신성로마제국의 연합군에 맞서 싸웠다.

영국 보병들은 놀라운 용맹을 보이며 바로 우리 흙벽까지 달려들었지만, 그곳에서 그에 못지않은 용맹을 보이는 우리 병사들에게 격퇴당했다. 그 분노, 그 투지, 그 열정, 공격자와 방어자 모두 이 세상에서 가장 용감한 군인들이었을 것이다. 두 군대를 가로막은 흙벽은 인간이 상상할 수 있는 가장 처참한 전투의 현장이 되었다. 선제후(選帝侯) 근위대에 속하는 700명, 내 지휘를 받는 600명, 1,300명의 병사가 바바리아 보병대의 최전방에서 적군의 예봉에 맞서고 있었다.

한 시간가량 계속된 이 첫 번째 돌격으로 빚어진 격렬한 전투를 묘사할 수 있는 강렬한 언어를 찾을 수 없다. 우리는 모두 흙벽에 달라붙는 적군을 손발을 다 써서 떨쳐내고 있었다. 살상의 연속이었다. 적군의 창자를 꿰뚫은 총구와 대검(帶劍)을 뽑아내기 바빴다. 발로는 부상당한 전우의 몸을 짓밟고 있었고, 육박전이 뒤얽혀 피차 무기를 휘두를 틈이 없을 때는 손톱으로 상대방의 눈알을 후벼내기도 했다. 이 전투에서 쌍방이 보인 잔인성보다 지옥 그 자체를 더 비슷하게 보여주는 광경은 없으리라고 믿는다.

마침내 적군은 이 첫 번째 충돌에서 8,000명 이상의 병력을 잃은 후 공세를 늦출 수밖에 없게 되어 우리 공격이 미치지 않는 경사면의 꺼진 곳으로 물러가 몸을 감췄다. 갑자기 정적이 펼쳐지면서 숨을 고르는 우리 병사들은 전투 전보다도 더욱 결연한 자세를 보이는 것 같았다. 흙벽 주위의 땅은 죽은 자와 죽어 가는 자로 덮여 있었고, 시체의 무더기가 흙벽을 받치는 나뭇단 높이만큼 되기도 하였다. 그러나 우리의 주의(注意)는 적군과 그 움직임에 못 박혀 있었다.

적군 군기의 꼭대기가 그들이 첫 번째 돌격을 시작할 때 위치 어림에 보이고 있었으므로 그들이 또 한 차례 돌격을 앞두고 대오를 정비하고 있다는 데 의문의 여지가 없었다. 우리는 최대한 빠른 동작으로 그들의 접근이 앞서보다 더 어렵게 되도록 하는 준비에 몰두했고, 그들의 진격 대열을 열화 같은 사격과 수없이 많은 수류탄 투척으로 휩쓸었다. 우리는 진형 뒤쪽에 수류탄을 가득 실은 마차 몇 대를 가지고 있었다. 땅의 경사 때문에 수류탄은 적군의 대열 속으로 바로 굴러가 그들을 괴롭혔고, 두 번째 돌격을 망설이게 하는 데 적지 않은 공헌을 했을 것이 틀림없다. 적군은 첫 돌격의 좌절로 사기가 크게 떨어져 있었기 때문에 그 지휘관들은 병사들을 다시 돌격에 나서게 하는 데 크게 힘이 들었을 것이다. 만약 지휘관 자신들이 말에서 내려 대열에 앞장섬으로써 솔선수범을 하지 않았다면 다른 어떤 방법으로도 병사들을 다시 일어나게 할 수 없었을 것이다.

그들의 헌신적인 솔선수범은 큰 희생을 불러왔다. 스타이럼 장군을 위시해 많은 장군과 장교들이 목숨을 잃었다. 이렇게 그들은 두 번째 돌격에 나섰지만 그 성과는 앞서에 비해 형편없는 것이었다. 그들의 돌격에는 기백(氣魄)이 없었으며, 우리 병사들은 적군을 맹렬하게 격퇴한 뒤 대검을 휘두르며 참호에서 무려 80보 밖까지 추격해 나갔다가 피해 없이 돌아왔다.

이 두 번째 시도 다음에도 적군 장군들은 온갖 노력을 기울였지만 끝내 자기네 병사들을 세 번째 돌격에 나서게 하는 데 실패했다……(생략)……

그런데 갑자기 우리 병사들 사이에 이상한 움직임이 눈에 띠었다. 몸을 일으키고 사격을 중지하는 것이었다. 이 이상한 행동의 이유가 무엇인지 사방을 둘러보니 우리 왼쪽 측면으로 회백색 군복을 입은 보병 몇 줄이 보이는 것이었다. 그들의 복장과 모습으로 보나, 움직임이 없다는 점으로 보나, 나는 우리 편 지원군이 도착한 것으로 믿어 의심하지 않았다. 누구라도 똑같이 믿었을 것이다. 적군이 돌파에 성공했다는 소식도 전혀 없었고, 그런 일이 가능할 것 같지도 않았기 때문에 나는 착각에서 벗어나지 못한 채로 병사들에게 소리쳐, 우군인 프랑스군이 현재 나타났으니 당장 흙벽 뒤의 원래 위치로 돌아가라고 명령했다.

그런데 더 자세히 살펴보니 그들의 깃발에 지푸라기와 잎사귀가 무더기로 붙어 있었다. 전투시에 이런 것을 붙이는 풍습이 적군에게 있었다. 바로 그 순간 탄환이 오른쪽 아래턱에 맞았는데 그 부상과 충격으로 턱이 으깨져 버린 줄 알았다. 얼른 손가락 끝으로 상처를 만져보아 턱이 그대로 있는 것을 알고는 부상을 입은 내색을 하지 않았다. 그러나 저고리 앞섶이 상처에서 흐른 피로 범벅이 되었기 때문에 주변에 있던 우리 장교 몇 사람은 내가 대단한 부상을 입은 줄로 알았다. 나는 그들을 안심시키고, 부하들과 함께 굳세게 버텨 달라고 당부했다. 그들에게 말하기를 우리 보병대가 잘 뭉쳐 있으면 위험은 그리 크지 않으며, 만약 결연한 태도로 움직인다면 우리에게 감히 달려들지는 않을 것이며, 거리를 두고 공격하고 있는 적군이 우리를 후퇴하게 내버려두고 별로 추격하려 들지 않을 것이라고 했다.

사실에 있어서 적군의 태도를 보면 우리와 한판 붙기보다는 우리가 후퇴해 주기를 바라는 눈치가 역력했다. 그래서 나는 곧 최대한 목청을 높여 아무도 대오를 떠나지 말라고 명령하고, 숲에 면해 있는 참호를 따라 반대쪽 날개를 향해 부하들을 정렬시켰다. 그쪽이 퇴각할 방향이었다. 그렇게 하면 버틸 필요가 있을 때마다 부하들을 돌려세우기만 하면 되었고, 어느 순간이라도 다시 퇴각을 계속할 수 있었기 때문에 우리는 질서 있게 퇴각을 진행했다. 건너쪽 날개의 참호를 건널 때까지 이렇게 퇴각을 진행했고, 거기서부터는 공격이 없었다. 그러나 이 퇴각에도 손실이 없었던 것은 아니다. 적군이 우리에게 달려들지는 않았지만, 우리가 퇴각을 위해 대열을 정비하는 것을 보고는 근거리에서 일제사격을 퍼부어 우리에게 많은 피해를 입혔다.

　내 부하들은 참호를 벗어나자마자 내리막길로 접어드는 것을 보고 대열을 헤치고 달리기 시작했다. 적군 기병대가 달려들기 전에 앞에 있는 평지까지 도착하기 위해서였다. 건너편에 가서 대열을 다시 짤 생각으로 모두 전력을 다해서 돌아보지도 않고 달려가니, 잠깐 사이에 그들은 번갯불처럼 사라져버렸다. 그런데 나는 필요할 경우 적군에 대항하는 방어선을 치기 위해 후미(後尾)와 함께 있었는데, 참호 위로 기어 올라가 보니 나 혼자만이 고지 위에 남아 있었다. 무거운 장화 때문에 나는 달음박질을 칠 수 없었다.

　나는 고수(鼓手)를 찾아 사방을 둘러보았다. 고수에게 내 말을 데리고 가까이 대기하라고 명령해 두었었다. 그런데 그는 자기 자신을 돌보는 쪽이 좋다고 판단했던 모양이고, 나는 혼자서 장래가 어찌될지 모르는 채 기막힌 심정으로 적군을 기다리고 있었다. 그 곤경을 벗어나기 위해 머리를 짜내어 보았지만 뾰족한 생각이 떠오르지 않았다.

　앞에 있는 평원은 커다란 장화를 신고 필요한 속력으로 가로지르기에 너무 넓었고, 더군다나 옥수수밭으로 덮여 있었다. 아직까지는 적군 기병들이 이 들판에 나타나지 않고 있었지만 모든 상황으로 보아 그들이 나타나는 것은 시간 문제였다. 이런 장화를 신고 꾸물대고 있다가는 누가 오더라도 나를 잡는 것이 누워서 떡 먹기일 것이니, 그들이 나타날 시각에 들판에 나가 있는 것은 말도 안 되는 어리석은 짓일 것이었다.

　그러나 나는 다뉴브강이 그리 멀지 않은 것을 보고, 모든 위험을 무릅쓰고 강 쪽으로 향했다. 이제 부하들과 합류하는 것이 불가능하게 된 이상, 그쪽에서 오솔길이나 숨을 장소를 찾는 것이 목숨을 건지는 길이라고 판단한 것이었다. 사실에 있어서 강둑을 따라 좋은 오솔길을 찾기는 했다. 그러나 내게는 큰 도움이 되지 못했다. 거기까지 오는 동안 옥수수밭 몇 개를 가로지르면서 기력이 탈진되어 엉금엉금 기어가는 꼴이 되었기 때문이다.

　가는 길에 바바리아 병사의 아내 하나를 만났다. 우느라고 넋을 잃어서 길 가는 속도가 나보다 빠르지 못했다. 그 여자에게 내 장화를 벗겨달라고 했다.

다리에 너무 꽉 끼어서 내 손으로는 도저히 벗을 수 없었다. 그 여자는 이 일을 해내는 데 엄청난 시간을 들였다. 이 작업이 내게는 영원히 끝나지 못할 것 같았다. 마침내 장화에서 벗어난 뒤 이 해방을 가장 잘 활용할 길을 마음속으로 찾고 있는데, 길가의 옥수수대 너머로 살펴보니 많은 수의 적군 기마병이 들판에 널려 우리 병사들이 혹시 밭에 숨어 있는지 뒤지고 있었다. 찾으면 잡아 죽이고 물건을 빼앗으려는 것이었다. 이 끔찍한 정황 앞에 나의 모든 희망은 사라지고 장화에서 해방된 기쁨은 일어나는 순간 스러져 버렸다.

나는 최악의 상황에 빠져 있었다. 그럼에도 나는 옥수수대로 감춰진 상황에서 기병들의 움직임을 검토하며 곤경을 빠져나갈 길을 궁리했다. 한 생각이 머릿속에 떠올랐는데, 만약 그 생각대로 행동했더라면 기묘한 결말에 이르렀을지도 모른다. 기병 하나가 내 쪽으로 온다면, 그리고 그 동료들이 충분히 먼 거리에 있다면, 나는 숨어서 기다리다가 충분히 가까운 거리까지 왔을 때 피스톨로 쏘아 죽인다는 것이었다. 나는 허리띠에 피스톨 두 대를 차고 있었다. 그런 다음 기병의 옷으로 바꿔 입고 그의 말을 타고서 변장한 채로 도망한다는 것이었다. 날이 어두워지고 있다는 점이 이 계획에 유리했다.

그러나 적군의 동작으로 보아 이 계획을 실천할 기회가 없음을 확인하고는 다른 생각을 떠올렸다. 강물에 들어가 덤불 밑에 몸을 숨기고 턱까지 물에 잠겨 있다가 밤이 되어 기병들이 부대로 돌아가면 그 뒤에 야음을 틈타 도망한다는 것이었다. 그러나 이 방법에도 앞서의 계획 못지않게 위험과 곤란이 많이 따를 것이었으므로 마지막 방법을 생각하지 않을 수 없었다.

다뉴브강을 헤엄쳐 건넌다는 것이었다. 다뉴브강의 폭이 넓고 흐름이 빠르기 때문에 매우 위험한 일이기는 했지만, 다행히 나는 헤엄을 칠 줄 알았다. 시간이 갈수록 많은 적군이 내 쪽에 가까워지는 것을 보며 나는 서둘러 이 계획을 결정했다. 그들은 옥수수밭에 숨어 있던 불쌍한 우리 부상병들을 인정사정 없이 죽여 버렸다. 몸수색을 쉽게 하기 위해서였다. 그들이 나라고 해서 특별히 자비롭게 대할 이유가 없었다. 더구나 일반 병사들에 비해 내게서는 약탈할 것이 훨씬 더 많았다.

결심하는 데 더 지체할 시간이 없었으므로 나는 그 자리에서 당장 강을 헤엄쳐 건너기로 결정을 내렸다. 물에 들어가기 전에 나는 일부러 신경을 써서 내 군복을, 최근의 상황으로 더럽혀지기는 했지만 화려하게 장식된 내 군복을 강둑 위에 벗어놓았다. 마찬가지로 모자, 가발, 피스톨, 군도(軍刀) 따위를 여기저기 늘어놓아, 내가 충분히 멀리 가기 전에 적군이 도착할 경우 이 물건들 챙기기에 바빠 강물 쪽을 바라보지 않도록 했다. 이 예상은 바로 적중했다.

나는 스타킹과 셔츠, 속바지를 입은 채로 물에 들어갔고, 안전을 위해 셔츠 소매단추를 잠그고 속바지 주머니를 챙겨 넣었다. 그리고는 강물의 흐름에 몸을 맡겼다. 내가 얼마 가기도 전에 기병들이 도착했는데, 내가 바랐던 대로 그들은 널려 있는 물건들을 줍기 위해 황급히 말에서 내렸다. 그들은 심지어 이 물건들을 놓고 서로 다투기까지 하였으니, 그들이 소리치고 욕하는 소리를 들으며 나는 그렇게 기분이 좋을 수가 없었다. 몫을 얻지 못한 놈들은 강물에 대고 총질을 하기도 했지만, 나를 환송하는 인사에 불과했을 뿐, 강물의 흐름은 나를 금세 사정거리 밖으로 실어 갔다. 그리고 오래고 고된 헤엄 끝에 나는 강물의 거센 흐름을 이겨내고 건너편 강둑에 도착할 수 있었다.

스페인 계승전쟁(1701~14)에서 루이 14세(1643~1715 재위)의 프랑스는 영국, 홀란드, 신성로마제국의 연합군에 맞서 싸웠다. 1704년 프랑스와 바바리아 연합군의 독일 방면 진공이 블렌하임에서 좌절되면서 프랑스군의 열세가 몇 년 동안 계속되었는데, 셸렌베르크 전투는 그 한 장면이었다.

출처   M. de la Colonie, *The Chronicles of an Old Campaigner*, tr. W. C. Horsley, 1904

43

영국식 투우(鬪牛) 관전기

1710

차하리아스 콘라트 폰 우펜바흐

저녁 무렵이 되어 우리는 불베이팅(Bull-baiting)을 구경하러 마차를 몰았다. 거의 매주 월요일에 두 장소에서 열리는 행사다. 행사가 있는 날 아침에는 소를 비롯해 싸움을 붙일 동물들을 몰고 돌아다닌다. 넓은 광장이나 정원에서 열리는 것인데, 두 면으로는 구경꾼들을 위해 높은 좌석을 만들어놓았다.

먼저 젊은 암소나 수소를 몰고 들어와 마당 가운데 있는 고리에 기다란 줄로 묶어놓았다. 그리고 서른 마리가량의 개를 한꺼번에 두어 마리씩 달려들도록 풀어놓는데, 소는 이것들을 간단하게 해치웠다. 들이받아서 1층 지붕을 넘는 높이로 튕겨 올렸다. 그러자 관중들의 고함소리 속에 개 주인인 백정들이 달려 나가 개가 다치지 않도록 받아 주었다. 개 주인들은 개가 짖지 않는 채로 소에게 다시 달려드는 것을 막기 위해 꼭 붙잡아야 했다. 몇 마리는 소의 목이나 귀를 얼마나 야무지게 물고 매달리는지 막대기로 주둥이를 벌려서 떼어내야 했다.

소가 웬만한 시간을 버텨내자 이번에는 조그만 곰을 데리고 나와 같은 방식으로 묶어놓았다. 개들이 달려들자마자 곰은 뒷다리를 딛고 일어서서 모질게 후려치기 시작했다. 그러다가 매달리는 놈이 있으면 재빨리 몸을 땅바닥에 굴려서 매달려 있는 놈을 깔아뭉개 버렸다.

그러나 그중 재미있고도 악랄한 것은 당나귀였다. 조그만 보통 당나귀 한 마리가 안장 위에 원숭이를 태우고 나왔다. 개 두 마리를 풀어놓자 다른 짐승처럼 묶어놓지 않은 당나귀는 가로 뛰고 세로 뛰면서 개들을 짓밟고 물었다. 원숭이는 떨어질까봐 무서워서 끔찍한 비명을 지르기 시작했다. 개가 가까이 오면 입으로 물어서 모질게 휘둘러대는 바람에 개가 정신없는 비명을 울렸다.

마지막으로 소가 또 한 마리 들어왔는데, 소의 몸에는 폭죽이 몇 개 매달려 있었다. 폭죽에 불을 붙이고 개 몇 마리를 갑자기 풀어놓으니 굉장한 소동이 벌어졌다. 이렇게 해서 진정한 영국식 여흥은 끝을 맺었다. 이 나라 사람들은 이것에 사족을 못 쓰지만 내가 보기에는 그리 별스러운 것이 못 된다.

출처   Zacharias Conrad Von Uffenbach, *Travels*, W. H. Quarrell and M. Mare(tr. and ed.), Faber, 1934

44

터키의 목욕탕

1717. 4. 1

메리 워틀리 몬터규

열 시쯤 바그니오로 갔다. 벌써 여자들이 가득 차 있었다. 돔 모양으로 지은 건물인데 창문이 지붕으로만 있고 그리로 빛이 충분히 들어왔다. 다섯 개의 돔이 이어져 있는데, 가장 바깥의 돔은 다른 돔들보다 작은 것으로, 접대원이 그곳 문가에 서 있었다. 지체 높은 부인들은 이 접대원에게 보통 1파운드나 10실링에 해당되는 돈을 주는데, 나도 이 격식을 잊지 않고 지켰다.

다음번 방은 매우 큰 것으로 대리석이 깔려 있으며 가를 따라 빙 둘러서 두 층으로 대리석 의자가 만들어져 있다. 이 방에 있는 네 개의 분수에서 뿜는 찬물은 먼저 대리석 욕조에 떨어졌다가 바닥에 파놓은 홈을 따라 옆방으로 흘러간다. 그 방은 조금 작고 같은 식의 대리석 의자가 만들어져 있는데, 그 방은 이어진 방에서 뿜어 나오는 유황 증기 때문에 너무 더워서 옷을 입고 있을 수가 없다. 나머지 두 방이 열탕인데, 그중 하나에는 찬물 꼭지가 설치되어 있어서 욕객(浴客)이 적당한 온도로 조절할 수 있게 되어 있다.

나는 여행 복장인 승마복을 입고 있었고, 그 모습이 별나게 보였을 것이 틀림없는데도, 그들은 아무도 놀라움이나 쓸데없는 호기심을 보이지 않고 더할 나위 없이 친절하고 정중한 태도로 나를 맞았다. 부인들이 외국인을 이처럼 점

터키 옷을 입은 메리 워틀리 몬터규의 모습.
1716~1718년간 주 터키 대사로 근무한 남편 곁
에서 겪은 다양한 터키 문화를 영국에 소개했다.

잖은 태도로 대하는 곳이 유럽의 궁정 가운데는 없다.

모두 200명가량의 여자들이 있었지만, 깔보는 미소를 짓거나 심술궂은 귓속말을 나누는 사람이 하나도 없었다고 나는 확신한다. 우리나라에서 복장이 조금이라도 다른 사람이 나타났다면 그런 미소나 귓속말을 피할 수 없다. 그들은 내게 "우젤레, 페크 우젤레" 하는 말을 거듭했다. "고와요, 너무 고와요" 하는 뜻이다.

의자의 첫 단(段)에는 쿠션과 두터운 양탄자가 깔려 귀부인들이 거기에 앉았고 둘째 단에는 하녀들이 주인 뒤에 앉아 있었지만 신분을 나타내는 복장의 차이는 없었다. 모두 천연 복장, 쉬운 말로 '홀랑 벗고' 있었으니까. 어떤 아름다움도 어떤 결함도 남김없이 드러내고 있었지만 점잖지 못한 미소나 부적절한 행동은 조금도 보이지 않았다.

그들의 걸음걸이와 움직임에서는 밀튼이 말한바 '인류의 어머니'의 위엄 있는 우아함이 배어나왔다. 기도나 티티안이 그린 어떤 여신에 못지않게 완벽한 몸매를 가진 사람들이 많았고, 대부분 빛을 뿜듯 흰 피부를 가지고 있었다. 그 피부를 장식한 것은 여러 갈래로 땋아 어깨에 늘어뜨린 머리카락뿐으로, 여기 매달린 진주나 리본은 부인들의 신분을 정확하게 나타내는 것이었다.

사람들이 모두 벌거벗고 다닌다면 얼굴의 아름다움이 그리 중요하지 않게 될 것이라고 나는 평소에 생각하곤 했는데, 그 생각이 맞다는 것을 그곳에서 확인했다. 얼굴이 그리 예쁘지 않더라도 피부가 곱고 몸매가 우아한 부인들에게 더 많은 찬탄을 나 자신이 보내고 있었던 것이다. 사실을 말한다면 나는 그때 저버스 씨가 보이지 않는 인간이 되어 그 자리에 있었으면 하는 짓궂은 생각을 몰래 하고 있었다.

그렇게 많은 훌륭한 여인들이 벌거벗은 상태로 어떤 사람은 이야기를 나누고, 어떤 사람은 일을 하고, 어떤 사람은 셔벗이나 커피를 들고, 또 많은 사람은 하녀가(보통 17~18세의 예쁜 아가씨들) 몇 가지 예쁜 모양으로 머리를 땋아주는 동안 쿠션 위에 무심히 누워 있는 등 여러 가지 자세를 취하고 있는 것을 본다면 그의 예술에 큰 도움이 되리라 생각한다. 한 마디로 여성용 커피하우스, 모든 소문이 전파되고 추문이 만들어지는 곳이라고 생각하면 된다. 그들은 보통 일주일에 한 번 이곳을 찾아 너댓 시간 이상씩 있는데, 열탕에서 나와 바로 냉탕으로 들어가면서도 감기에 걸리지 않는 것이 내게는 놀라운 일이었다.

사려 깊어 보이는 한 부인이 나를 옆에 앉도록 청하고는 나도 옷을 벗고 함께 목욕을 하기 바란다고 했다. 모두 적극적으로 권하는 바람에 사양하기가 꽤 힘들었다. 끝내는 치마를 열어 코르셋을 보여주니 모두들 납득했다. 내가 묶여 있는 그 장치는 내 손으로 열 수 없는 것이라고, 그 장치는 우리 남편이 설치해 놓은 것이라고 모두 믿었던 것이다.

───────◇───────

몬터규 부인(1689~1762)은 당대의 재녀(才女)로 이름 높은 인물이었다. 1716~18년간 남편이 주 터키 대사로 근무할 때 쓴 52편의 편지가 다양한 장르에 걸친 그의 작품 중에서도 가장 널리 알려져 있다.

출처 Lady Mary Wortley Montagu, *Letters*, R. Halsband (ed.), Oxford University Press, 1965

45

일식

1724. 5. 10

윌리엄 스투클리

약속했던 대로 일식을 관찰한 기록을 보냅니다만, 당신에게 별로 쓸모없는 것이 아닐까 걱정됩니다. 나는 시간을 측정하는 장비나 유사한 장비를 준비하지 못했기 때문에 이 놀라운 기회에 자연스레 나의 맨눈에 보여주는 것만을 관찰하기로 마음먹었습니다. 이 놀라운 현상을 대부분의 사람은 모르고 지나치거나 대충 바라볼 뿐입니다.

내가 관측장소로 택한 곳은 앰스베리 동쪽으로 2마일 거리에 있는 해러던 산인데, 관측의 기준점이 되는 스톤헨지 애비뉴 입구에서 정동 방향입니다. 내 앞에는 명성 높은 유적이 자리 잡은 평원이 펼쳐져 있고, 일식은 유적 바로 위에서 일어날 것을 나는 알고 있었습니다. 그뿐 아니라 이 산이 부근에서 제일 높은 곳이고 식심(蝕甚)에서 제일 가까운 곳이기 때문에 사방으로 시야가 트여 있다는 이점이 있었습니다.

여기서 정서 방향으로 스톤헨지 저 건너편에 예쁜 뿔 모양의 산 하나가 지평선 위에 원뿔을 얹어 놓은 것 같이 서 있습니다. 워민스터 부근의 클레이산으로, 여기서 20마일 거리인데 식심의 궤적에 가까이 있어서 그림자가 그리로부터 옵니다. 그래서 그림자가 다가오는 것을 일찍 알아보기에 좋습니다.

나와 동행한 에이브러햄 스터기스와 스티븐 이웜스는 둘 다 이 지방 사람으로 양식 있는 사람들이었습니다. 구름이 많은 날씨였지만 이따금 햇빛이 나왔는데, 부근의 어느 곳보다도 햇빛이 많은 편이었습니다. 내가 원주기(圓周機)로 주변의 방위를 재고 있는 동안 두 사람은 그을린 유리로 해를 보고 있었는데 일식이 시작되었다고 두 사람이 같이 확언했습니다. 손목시계를 보니 꼭 다섯 시 반이었습니다.

그로부터 일식의 진행이 보이기 시작했는데, 때로는 옅은 구름이 그을린 유리 노릇을 해주어서 맨눈으로도 볼 수 있었습니다. 태양의 몸이 절반 이상 가려지게 되자 그 주위로 동그랗고 매우 뚜렷한, 색깔이 완벽한 홍채(虹彩)가 나타났습니다. 어두움이 덮쳐 오면서 모든 방향에서 양치기들이 양떼를 서둘러 몰고 들어가는 모습이 보였습니다. 한 시간 15분간의 개기일식이 예보되어 있었기 때문입니다.

태양이 초승달처럼 아주 가늘게 되었을 때 그 방향에는 구름이 없었습니다. 그러나 곧 두터운 구름이 해를 가렸고 그 때 홍채도 사라졌고, 앞서 말한 뿔 모양의 산이 아주 어두워졌으며, 양쪽 즉 북쪽과 남쪽의 지평선도 함께 어두워지면서 푸른색을 띠었습니다. 해질 무렵에 동쪽 방향에서 보이는 것과 같은 것이었습니다. 언제 그렇게 되었는지 모르는 동안에 6마일 남쪽에 있는 솔즈베리 첨탑이 아주 새까매졌습니다. 뿔 모양의 산은 보이지 않게 되었고, 칠흑 같은 밤이 순식간에 닥쳐왔습니다.

이 순간 태양이 보이지 않게 되었는데, 그때까지는 구름 속 어디쯤 있다는 것을 알 수 있었던 것이 이제 아무 흔적도 보이지 않게 된 것입니다. 태양이라는 것이 없는 것이나 마찬가지였습니다. 손목시계를 보는 데도 북쪽에서 흘러 들어오는 미미한 빛에 비추어 겨우 보니 6시 35분이었습니다. 그 직전에는 하늘과 땅을 빙 둘러 검은색과 푸른색만이 가득해서 으스스한 느낌이었습니다. 땅 위의 지평선에만 푸른색이 더 강했습니다. 하늘 위에도 마찬가지로 구름 사이에 초록색이 많이 번져 있어서 아주 공포스러운 느낌을 주었습니다. 자연스레 병드는 기색처럼 보이기도 했습니다.

1724년 스위스에서 본 일식 모습. 그림: 요한 멜키오르 피슬리

이제 우리 모두가 완전한 어둠, 손에 만져질 것 같다고 할 만한 어둠에 싸여 있는 것을 알았습니다. 어둠이 덮쳐 온 속도가 빨랐지만 주의 깊게 살펴보고 있었기 때문에 그 진행과정을 알아볼 수 있었고, 어둠이 (서쪽을 향하고 있는) 우리의 오른쪽 어깨에 떨어지는 것처럼 느낄 수 있었습니다. 마치 검은 외투나 이불을 씌우는 것, 또는 커튼을 그쪽부터 닫아 오는 것 같았습니다. 우리가 고삐를 잡고 있던 말들도 이것을 예민하게 느껴서 매우 놀라는 기색으로 우리에게 바짝 다가들었습니다. 옆에 있는 사람들의 얼굴에도 어렴풋하게 두려운 기색이 떠올랐습니다.

이 순간 나는 탄성을 금하지 못하면서 주위를 둘러보았습니다. 하늘에서는 색깔을 알아볼 수 있었지만 땅은 푸른색도 사라지고 새까맣게 되어 버렸습니다. 얼마 동안 구름 사이로 약간의 빛줄기가 태양의 위치를 중심으로 뻗치는 것이 보였지만 잠시 후에는 온 하늘과 온 땅이 남김없이 검은색이 되었습니다.

내가 평생 본 것만이 아니라 상상으로 그려낼 수 있는 것 중에 이만큼 장엄한 광경은 없었습니다.

———◇———

'과학혁명'은 유럽의 근대화를 이끈 중요한 연원이다. 과학혁명의 출발점으로는 코페르니쿠스의 지동설(1543)을 꼽지만, 뉴턴의 만유인력 이론(1687)이 그 결정적 고비로 지목된다. 뉴턴의 업적이 나올 수 있었던 것은 1660년 설립된 왕립학회(Royal Society)를 중심으로 자연 탐구가 영국 지식층에 유행하던 분위기에 힘입은 것으로 이해되는데, 여기 실린 스투클리의 글이 그런 분위기를 단적으로 보여준다. 윌리엄 스투클리(1687~1765)는 스톤헨지 연구로 명성을 남긴 사람인데, 다른 연구자의 부탁으로 일식 관찰을 행한 것이다.

출처   William Stukeley, *Itinerarium Curiosum*, 1776

46

프랑스인이 본 런던 무언극

1728. 2

세자르 드 소쉬르

링컨스 인 필드에 있는 극장은 희극 뒤를 따르는 무언극으로 유명하다. 공연은 심각한 막과 우스운 막, 두 개의 막으로 구성된다. 심각한 막은 신화의 이야기에서 따온 것으로, 신, 여신, 영웅들이 각자의 역할을 노래로 연기한다. 장식이 매우 훌륭하고 기계장치도 뛰어나다. 우스운 막에는 할리퀸, 콜럼바인, 스카라무슈, 그리고 피에로가 등장하는데, 연기만 있고 대사가 없지만 몸짓과 기계장치를 통해 줄거리를 따라가는 데 어려움이 없으며, 대개 매우 희극적인 것이다.

이 극장 지배인 리치 씨는 이런 연극에 아주 많은 돈을 쓴다. 그중 잘 알려진 작품으로 〈에우로페의 강간(强姦)〉과 〈하계(下界)의 오르페우스〉가 있다. 〈에우로페의 강간〉에는 무대의 일부가 지옥을 나타내고 그 안에 신과 여신들이 앉아 있는 장면이 있다. 이 지옥이 서서히 구름 속으로 올라간다. 같은 순간 땅속에서 또 하나의 무대가 올라온다. 농장 하나가 있고, 그 앞에 똥무더기 하나와 타조 알 크기의 알 하나가 있다. 이 알이 햇볕을 받으면서 차츰차츰 커지다가 아주 크게 된 뒤에 깨지면서 작은 할레킨 하나가 나온다. 할레킨은 처음에 서너 살 아이의 몸집이지만 차츰차츰 커져서 정상적인 키가 된다.

리치 씨가 오르페우스에 4,000파운드가 넘는 돈을 썼다고 이야기들 한다. 에우리디케를 죽이는 뱀은 엄청난 크기이며, 온통 황금색과 녹색의 비늘, 그리고 붉은색 반점으로 뒤덮여 있다. 뱀의 눈은 횃불처럼 번쩍이고, 고개를 쳐든 채 극장 안을 꿈틀거리면서 무시무시하면서도 아주 자연스러운 "쉿, 쉿!" 소리를 낸다.

이 무언극의 첫 상연에는 국왕도 관람하러 왔고, 나도 운 좋게 관객석에 들어가 있었다. 근위병 둘을 무대 양쪽에 배우들을 등지고 서 있게 배치해 놓았었는데, 그중 하나의 발을 뱀이 건드렸다. 이 파충류가 너무 그럴싸해 보였기 때문에 놀란 근위병은 총을 내려놓고 칼을 뽑아 괴물을 두 토막으로 벨 듯이 치켜들었다. 그 병사가 정말 놀란 것이었는지, 아니면 짐짓 연기를 한 것인지 나는 모르겠지만, 연기라면 대단히 훌륭한 연기였다. 관객들은 웃고 또 웃었다.

이 작품에는 기막힌 기계장치가 수없이 사용되었다. 사랑하는 아내가 죽었다는 사실을 안 오르페우스는 무대 깊숙한 곳으로 물러나 칠현금(七絃琴)을 연주한다. 그러자 곧 바위로부터 작은 덤불이 돋아나오고 차츰차츰 자라 큰 나무가 되면서 무대 위는 숲 속과 같은 모습이 된다. 그 나무들에 꽃이 피었다가 지고, 그 자리에 여러 가지 과일이 매달려 자라나고 익어가는 것이 관객들의 눈에 보인다. 사자, 곰, 호랑이 등 야수들이 오르페우스와 그 칠현금 연주에 이끌려 숲 속으로부터 기어 나온다. 상상하기도 어려울 만큼 놀랍고 매력적인 장면이다.

리치 씨는 할레킨 역을 매우 기민하고 솜씨 있게 연기하며, 유럽의 이 방면에서는 최고의 배우로 평판을 누린다. 무언극에 출연하는 훌륭한 남녀 무용수들은 대개 파리에서 온 프랑스 사람들이다. 이런 연극에는 많은 부인들이 관람하러 오고, 모두들 아름답게 차려입는다.

검투에 대해서도 호기심을 많이 느껴서 구경하러 갔었는데, 어떤 식으로 진행되는 것인지 설명하겠다.

검투장 무대는 둥근 모양이고 관중은 회랑에 앉는다. 공연은 대개 건달 몇이 버드나무 막대기를 들고 싸우는 것으로 시작한다. 서로 봐주는 기색이 없고,

머리통을 후려치는 데 매우 솜씨가 좋다. 맞아서 피를 흘리는 선수가 나오면 이긴 자에게 동전을 던져주는 사람들이 있다. 관중이 충분히 도착할 때까지 이런 장난으로 시간을 보낸다.

내가 검투를 보러 간 날에는 아주 신기한 경기를 구경했다. 여자 둘이 선수로 나온 것이었다. 그들은 무대 위에 올라서자마자 관중들에게 정중한 인사를 올리고는 서로 인사를 나눈 다음 아주 활기차고 재미있는 대화를 나누었다. 둘다 자기가 얼마나 용감하고 강하며 두려움이 없는지 자랑했다. 한 사람은 남자로 태어나지 못한 것을 한탄하며, 남자라면 자기 힘으로 큰 돈을 벌었을 것이라고 했다. 또 한 사람은 아침마다 연습 삼아 남편을 두들겨 팬다고 말했다.

아주 단출한 복장이었다. 작은 보디스에 흰 리넨의 짧은 페티코트만을 입고 있었다. 여걸 한 사람은 탄탄한 체격의 아일랜드인으로, 보기에도 힘이 세고 유연해 보였으며, 또 한 사람은 몸집이 작은 영국인으로, 투지가 강하고 민첩해 보였다. 아일랜드 여자는 머리와 허리, 그리고 오른팔에 푸른색 리본을 맸고, 영국 여자는 붉은색 리본을 맸다. 두 사람의 무기는 3피트나 3피트 반 길이의 두 손으로 드는 칼이었는데, 날밑은 덮여 있었고, 칼날은 약 3인치 폭으로 예리하지 않았다. 반 피트가량만이 예리했는데, 그 부분은 면도날처럼 날카로웠다.

관중들이 많은 돈을 걸었는데, 특히 그곳에 있던 다른 검투사들은 매우 큰 액수를 걸었다. 두 여걸의 양쪽에는 한 사람씩 긴 장대를 들고 있으면서 피가 흐르면 바로 떼어놓을 태세를 갖추고 있었다. 얼마 지나자 격투가 매우 치열해져서 대단한 힘과 투지로 칼날을 휘두르고 있었다. 칼끝으로 찌르는 공격은 없었다.

얼마 후 아일랜드 여자의 이마에 큰 생채기 하나가 나고, 그것으로 격투의 1회전이 끝났다. 영국 여자를 응원하는 사람들은 크고 작은 동전을 던져주며 격려했다. 그동안에 부상당한 여자는 무대 위에서 상처를 꿰맸다. 그 위에 고약을 바르고는 투지를 되살리기 위해 독한 술을 큼직한 잔으로 한 잔 하고 싸움이 다시 계속되었다. 이번에는 검사들이 상대방의 가격을 막아내기 위한 단검을 왼손에 들고 있었다. 아일랜드 여자가 또 한 차례 부상을 당하고, 그 상대방은 응원자들로부터 동전과 갈채 세례를 받았다.

상처를 꿰맨 다음 3회전이 시작되었다. 이번에는 방어용으로 버드나무 방패를 들고 있었다. 3회전은 결판나지 않은 채로 한참 진행되었지만, 아일랜드 여자가 패배의 운명을 지고 있었다. 그의 목에 길고 깊은 상처가 났고 의사가 꿰매주기는 했지만 더 이상 싸우기에 너무 큰 상처였고, 싸움을 그칠 때도 되었다. 두 여자 모두 땀을 줄줄 흘리고 있었고, 아일랜드 여자는 피까지 흘리고 있었다. 패자에게도 위로의 뜻으로 약간의 동전이 던져졌지만 그 격투에서 짭짤한 수입을 올린 것은 역시 승자였다. 여자 검투사 숫자가 많지 않은 것은 다행스러운 일이다.

출처 César de Saussure, *A Foreign View of England*, tr. Mme Van Muyden, 1902

47

왕세자빈의 공주 출산

1737. 7. 31

허비 경

    지금부터 대단히 이상한 한 사태에 관한 기록을 할 것인바, 최대한 세밀하게 기록할 것이다. 왕세자빈이 런던에서 해산하기를 웨일스 공(왕세자 – 역자 주)이 바란다는 말이 오랫동안 있어 왔다. 그런데 왕과 왕비는 그렇게 해서는 안 된다고 마음을 먹고 있어서, 왕세자빈의 런던 출산을 가로막기 위해 여러 조치를 취하고 있었다.

    마침내 이렇게 결정되었다. 결정되었다는 것은 왕과 왕비, 그리고 로버트 월폴 경 사이에 합의가 되었다는 뜻이다. 왕이 왕세자 전하에게 전갈을 보내 왕세자빈이 햄튼 코트에서 해산하도록 하게 한다는 것이었다.

    허비 경은 왕비와 캐롤라인 공주에게 말하기를, 이런 전갈을 보내더라도 세자빈이 왕과 왕비가 거처하는 곳에서 출산하지 않을 것이 분명하다고 했다. 왕비가 허비 경에게 묻기를 아무리 세자가 제멋대로라 하더라도 이 시점에서 국왕의 명백한 명령을 감히 어길 것을 어떻게 상상할 수 있느냐 했다.

    허비 경은 세자가 우연히 그렇게 된 것처럼 의도할 거라고 말했다. 홀링스 의사와 캐넌스 부인이 세자빈의 건강 상태를 생각하면 운동을 하는 게 좋을 거라고 말하게 만든 뒤 세자빈이 일주일에 한두 번씩 큐나 런던에 다니게 만들고, 세자빈에게 병이 났다고 거짓말을 시킨 다음, 둘 중 한 곳에서 산달이 오기까지 약 한 달가량 지내게 할 것이라는 말이었다. 세자빈이 아프다고 하는 것에 대해 아무도 반증할 수는 없을 테니 왕과 왕비가 세자빈의 거처를 차마 강제로 옮길 수는 없을 테고, 당연히 세자빈이 그곳에서 출산을 할 수 있으리라 했다.

그러자 여왕이 대답했다. "정말 그렇게 된다면 어쩔 수 없는 일이지요. 그러나 출산을 어디에서 하는지 내가 꼭 참관할 것이오. 세자빈을 침상으로 데려가는 일이 코 푸는 것처럼 쉬운 일은 아닐 테지만, 그렇게 해서라도 세자빈의 아이가 틀림없다는 것을 확인할 것이오. 내가 보기엔 세자빈의 몸이 불어난 것 같지 않소. 그런데 다들 그렇다고들 하니 그런 모양이다 하는 것이지. 아마 내가 장님인 모양이오."

왕비는 매일같이 로버트 경에게, 전갈을 세자에게 보내라고 재촉하며 이렇게 말했다. "잘못하면 늦습니다, 로버트 경. 세자빈이 여기에서 출산하게 하라는 명령을 받기 전에 세자가 세자빈을 옮겨 보내버리고, 나중에는 자기 의사를 그만큼 공개적으로 발표해 놓았으니 왕에게 승인하지 않는 뜻이 있었다면 자기에게 알리지 않았을 리가 없다고 우길 것이오." 로버트 경은 대답하기를 세자빈의 출산이 10월 초순으로 잡혀 있으니 시간이 충분하다고 했다.

이렇게 하루하루 미뤄지던 이 전갈은 결국 전해지지 않고 말기에 이르렀다. 어찌된 일인가 하면 7월 31일 일요일, 세자빈이 국왕 내외와 함께 공식적인 식사를 한 뒤 저녁때 몸겨누웠는데, 실제 출산과 똑같은 증상을 보였다.

그러자 세자는 세자빈을 런던으로 데려갈 마차를 즉각 준비시켰다. 세자빈의 진통은 매우 빠르고 강해서, 집 밖으로 데리고 나가기도 전에 양수가 터져버렸다. 그러나 이런 상황에서 댄스교사 뒤놔이예 씨가 세자빈의 한 팔을 잡고, 세자의 시종무관 블러드워드 씨가 다른 팔을 잡고, 세자가 그 뒤를 받쳐주면서 계단과 낭하를 지나 곡절 끝에 세자빈을 마차에 실었다.

아치볼드 해밀턴 부인과 타운센드 씨가 이 난폭한 조치에 강력히 항의했고, 세자빈 역시 세자에게 자기를 제발 가만히 있게 좀 해 달라고 간청했다. 진통이 너무 심해 발걸음도 떼기 어렵고, 몸을 억지로 움직이니 고문대에 올라간 것처럼 괴롭다고 했다. 그러나 세자의 완고함은 그 어리석음에 못지않았고, 그 어리석음은 그 잔인함에 못지않았다. 그는 "용기를 내, 용기를! 이만한 일쯤!" 하고 거듭 외치며 세자빈을 몰아세웠고, 이빨 빼는 의사가 환자 얼리듯, 사형집행자가 사형수 놀리듯, 이제 금방 끝날 것이라는 말만 거듭했다.

이렇게 소란을 떨고는 하인 모두에게 이 일을 입 밖에 내지 말라고 명령한 뒤에 마차에 올랐다. 세자빈의 상황이 건물 저쪽에 알려져 못 가도록 막을까봐서였다. 마차 안에는 세자 부부 외에 아치볼드 해밀턴 부인과 세자빈의 시녀 두 사람, 클래버링 부인과 페인 부인이 타고 있었다. 세자의 시종(侍從)이며 외과의사이자 산파인 브레이드는 마부석 옆에 앉았고, 블러드워드 씨를 비롯해 서너 사람이 마차 뒤에 매달려 있었다. 이렇게 가득 태운 다음 세자는 마부에게 전속력으로 런던을 향해 달리라고 명령했다.

열 시경 마차가 시내에 도착했다. 마차 안에서 손수건을 있는 대로 하나씩 세자빈의 페티코트 밑에 쑤셔 넣었지만, 이런 상황에 따르는 넘쳐나는 지저분한 물로 세자빈의 옷이 워낙 엉망이 되었기 때문에, 마차가 세인트제임스 병원 앞에 멈췄을 때 세자는 불을 모두 끄게 했다. 자신의 어리석음과 아내의 고통이 드러나 보이는 광경을 사람들의 눈으로부터 감추기 위해서였다.

그들이 세인트제임스 병원에 도착했을 때 세자빈을 받아들이기 위한 준비가 아무것도 되어 있지 않았다. 산파는 몇 분 후에 들어왔고, 냅킨과 냄비 등 필요한 물건들을 구하기 위해 여러 사람들이 부근 일대를 사방으로 돌아다녀야 했다. 침대 시트도 없어서 세자빈은 식탁보를 깔고 덮어야 했다.

11시 15분 전에 세자빈은 쥐새끼 같은 딸을 낳았는데, 큼직한 이쑤시개통과 같은 크기였다. 추밀원 의원 중 그곳에 온 것은 의장(議長) 윌밍턴 경과 옥새장관(玉璽長官) 고돌핀 경뿐이었다. 윌밍턴 경은 세자가 햄튼 코트를 떠나면서 치스위크에 있는 저택으로 사람을 보내 불러온 것이었고 고돌핀 경은 집이 세인트제임스 병원 바로 옆이었기 때문에 도착하자마자 불러온 것이었다. 세자는 수상(首相)과 대주교도 불러오려 사람을 보냈지만 수상은 시골에 가 있었고,

대주교는 아이가 태어난 15분 뒤에야 도착했다.

그동안, 그날 저녁 햄튼 코트에서 평소처럼 왕은 아래층에서 코머스 놀이를 하고 왕비는 위층에서 콰드릴 놀이를 했다. 에밀리 공주는 코머스를, 캐롤라인 공주와 허비 경은 크리비지를 하였으며, 열 시에 모두 헤어졌다. 그리고 참으로 믿기 어려운 일이지만, 열한 시에 모두 잠자리에 들 때까지 세자빈이 진통을 시작했다는 사실이나 그 궁전을 떠났다는 사실에 대해 한 마디도 소식을 듣지 못했다.

새벽 한 시 반, 세자빈이 병원 침대에 누운 지 두 시간 너머 지났을 때 출산 소식을 전하는 첫 심부름꾼이 햄튼 코트에 도착했다. 침전상궁(寢殿尙宮) 티치번 부인이 왕과 왕비를 깨우러 침실에 들어가자 왕비는 이런 별난 시간에 깨우는 까닭이 뭐냐고 물었다. 그리고는 너무나 자연스러운 질문이지만, 집에 불이라도 났냐고 물었다.

세자빈께서 해산 중임을 세자께서 알려 왔다고 티치번 부인이 말하자 왕비가 즉각 소리쳤다. "어머나! 내 가운을 주게. 지금 바로 가 봐야겠네." 티치번 부인이 대답했다. "가운도 준비했고요, 왕비마마, 마차도 대령했습니다. 세자빈께서는 세인트제임스 병원에 계십니다." 왕비가 티치번 부인의 말을 끊었다. "자네 미쳤는가, 내 사랑하는 티치번? 아니면 잠을 자고 있는가? 꿈을 꾸고 있는 모양일세."

이것이 확실한 사실임을 티치번 부인이 거듭 확언하자 왕은 불 같은 분노를 터뜨리고 독일어로(나중에 왕비가 내게 말해 주었다) 왕비를 나무라며 이렇게 말했다고 한다. "이것 보시오. 그렇게 똑똑한 척하더니 이렇게 당할 수가 있소? 이것은 전적으로 당신 잘못이오. 이제 가짜 아이 하나를 떠맡게 되었는데, 아이들한테 뭐라고 한단 말이오?"

◆

하노버 왕조의 두 번째 왕인 조지 2세(1727~60 재위)는 왕조를 안정시키고 프랑스와의 7년전쟁(1756~63)을 통해 대영제국을 출범시킨 업적을 남겼지만, 왕으로서 개인적 성취는 높은 평가를 받지 못한다. 즉위 전에는 아버지 조지 1세와의 불화로, 즉위 후에는 이 글에 보이는 것처럼 아들과의 불화로 정치를 불안하게 만들었다. 대외정책의 성공은 그가 극구 싫어하면서도 의회와 각료들의 강압 때문에 마지못해 등용한 피트 수상의 업적으로 평가된다. 그 치하의 영국은 '왕 덕분에' 발전한 것이 아니라 '왕을 무릅쓰고' 발전했다는 것이다.

존 허비 남작(1696~1743)은 왕실 가족들과 가까운 사이로 옥새장관을 지낸 일도 있기는 하지만 정치에는 별로 뜻을 두지 않았고, 사후에 출간된 『비망록』을 남겼는데, 거침없는 필치로 당대 상류사회의 실상을 생생하게 전했다는 평가를 받는다.

출처   Lord Hervey, *Memoirs of the Reign of King George II*, Romney Sedgwick (ed.), William Kimber, 1952

48

괴혈병

1741

리처드 워커

르 메르 해협을 지난 얼마 후부터 선상(船上)에 하나둘씩 괴혈병이 나타나기 시작했다. 오래 계속된 항해기간 때문이기도 하거니와 선원들에게 쌓인 피로, 그리고 여러 가지 좋지 않은 여건으로 인해 괴혈병은 매우 급속히 퍼져서, 4월 말까지는 이 병에 조금도 감염되지 않은 사람이 거의 없다시피 했고, 4월 한 달 동안 센추리언 함상(艦上)에서 무려 마흔세 명이 목숨을 잃었다.

당시 우리는 그 질병이 최악의 상태에 와 있었고 북쪽으로 올라옴에 따라 기세가 수그러들 것이라는 희망을 가지고 있었는데, 사실에 있어서는 5월에 목숨을 잃은 사람이 4월보다 곱절 가까이 되었다. 그리고 우리는 6월 중순에나 상륙할 수 있었기 때문에 희생자는 계속해서 늘어났고, 200명 이상이 죽은 뒤에는 앞 돛대 당번으로 근무능력 있는 사람을 여섯 명밖에 배치할 수 없었다.

모든 장기(長期) 항해에는 빠짐없이 발생하는데다가 우리 배에 특별히 참혹한 결과를 가져온 이 병은 인간의 몸에 일어나는 모든 질병 가운데 가장 특이하고 이해하기 어려운 것임에 틀림없다. 이 병의 증상(症狀)은 헤아릴 수 없이 여러 종류가 있으며 그 진행과정과 결과도 극히 다양하다. 두 사람이 같은 증세를 보이는 일이 거의 없으며, 공통된 증상 몇 가지가 밝혀져 있기는 하지만 그 증상들이 나타나는 순서는 환자들 각각의 경우 제멋대로다.

　다른 여러 가지 병의 증세를 나타내는 일이 많기 때문에 이 병을 판별할 수 있는 확고한 기준이 없기는 하지만, 몇 가지 비교적 보편적인 증상이 있어서 가장 많은 환자들에게 나타나기 때문에 특별히 설명할 필요가 있다. 전신의 피부에 변색된 큼직한 반점이 나타나는 것, 다리가 붓는 것, 잇몸이 허물어지는 것, 그리고 무엇보다 온 몸에 피로감을 느끼는 것이 있다. 아무리 조금이라도 운동을 하면 심한 피로감을 느끼게 되는데, 이것이 심해지면 조금만 힘을 쓰거나 심지어 몸을 움직이기만 해도 정신을 잃는 정도에까지도 이른다.

　이 병은 정신적으로도 마찬가지로 이상한 우울증을 가져오는 일이 많다. 몸서리를 치거나 몸을 떨고, 조그만 사고에도 최악의 공포심에 사로잡히는 경향을 보이는 것이다.

　실제로 이 병을 거듭거듭 관찰하는 데서 가장 주목할 만한 점은 우리 선원들을 어느 시점에선가 좌절시키거나 실망시킨 일이 반드시 이 병에 새로운 힘을 일으킨다는 것이었다. 이 병의 마지막 단계에 이른 사람들은 목숨을 잃게 되지만, 그에 앞서 일할 능력이 있던 사람들을 그물침대 안에 묶어놓는데, 그 무자비한 파괴력 앞에서는 명민한 마음도 쾌활한 생각도 사람을 지켜주지 못하는 것이다.

　이 병의 부수적인 증세를 나열하자면 끝이 없다. 악성의 열병, 늑막염, 황달 등을 일으키는 일이 많고, 때로는 심한 변비와 함께 호흡장애를 일으키기도 하는데, 이것이 괴혈병의 모든 증상 가운데 가장 치명적인 것으로 꼽힌다. 온 몸, 특히 다리에 악성 종기가 생겨 뼈까지 썩고 온 몸의 피부에 곰팡이가 피기도 한다.

　가장 특이한 현상은 단 하나의 사례만 가지고는 도저히 믿기 어려운 것인데, 여러 해 전에 아물었던 상처가 이 지독한 병에 걸리면 도로 터져 버린다는 것이다. 센추리언 호에 탄 노약자 한 사람에게 가장 놀라운 사례가 나타났다. 그는 50여 년 전 보인 전투에서 부상당한 일이 있고 바로 치유되어 그 긴 세월 동안 아무 일 없었는데, 그가 괴혈병에 걸려 병이 진행됨에 따라 옛 상처가 도로 터져버린 것이다. 마치 아물었던 일이 없는 것처럼 된 경우다.

아니, 이보다 더 놀라운 일도 있었다. 부러졌던 뼈가 이어져 오랫동안 굳어져 있던 것이 괴혈병 앞에서 풀어져 버려 접골(接骨)이 안 된 상태로 되돌아간 경우도 있었다.

참으로 이 병이 일으키는 증상은 놀랍지 않은 경우가 거의 없다. 많은 선원들이 그물침대 밖으로 나오지 못하면서도 잘 먹고 잘 마시는 것, 쾌활한 태도로 이야기도 열성적으로 하고 목소리도 크고 힘이 있는 것을 보면 아주 건강한 사람처럼 보인다. 그런데도 조금만 움직이면, 심지어 그물침대에 든 채로 배 안의 다른 곳으로 옮겨놓기만 해도 금방 탈진해 버린다.

어떤 사람들은 자신이 건강한 것처럼 보이는 데 자신감을 얻어 그물침대 밖으로 나가보겠다는 마음을 먹었다가 갑판에 닿기도 전에 숨이 끊어지고 말았다. 갑판을 걸어다니고 약간의 일도 할 수 있던 사람이 힘을 바짝 쓰는 일을 하려다가 한순간에 쓰러져 죽는 일도 적지 않았다. 이 항해 동안 많은 우리 선원들이 이런 식으로 목숨을 잃었다.

———————◇———————

비타민 C 결핍증인 괴혈병이 영양상의 문제에서 일어나는 질병이라는 사실은 1753년에야 밝혀졌다. 신선한 채소를 먹을 수 있는 상황에서는 별로 나타나는 일이 없는 병이기 때문에 15세기 이후 대항해시대에 접어들면서 비로소 심각한 문제로 떠오른 것이었다.

출처 Richard Walker, in George Anson, *A Voyage Round the World in the Years*, 1740-44, 1748

49

캘커타의 블랙홀

1756. 6. 21

J. Z. 홀웰

친구여, 상상할 수 있다면 상상해 보게나. 벵골의 바람기 없는 무더운 밤에 몹시 지친 146명의 불쌍한 인간들을 18피트 크기 정육면체 속에 몰아넣어 놓은 상황을. 그 정육면체의 동쪽과 남쪽 면은 (바람이 우리에게 불어올 수 있는 방향들) 꽉 막힌 벽이고, 북쪽은 문 하나가 달려 있는 벽이며, 서쪽으로만 창문이 두 개 뚫려 있는데, 튼튼한 쇠창살로 막힌 이 창문들이 그나마 바깥 공기를 받아들일 수 있는 유일한 길이라네.

방의 크기와 상황을 한 차례 휘 둘러보는 순간 어떤 일이 벌어질지 내 머릿속에 생생하고 끔찍한 모습으로 떠올랐다네. 사람들은 문을 열려고 몇 차례 힘을 써 보았지만 헛수고였지. 아무 연장 없는 맨손인데다가, 안쪽으로 열리는 문이었으니 힘을 제대로 쓸 수가 있었겠는가……(생략)……

갇힌 지 몇 분 안 되어 모두 땀을 줄줄 흘리게 되었는데, 그 모습은 자네가 상상할 길이 없을 것일세. 그 결과 몸 안의 수분이 줄어들면서 심한 갈증을 일으키게 되었지.

공간과 공기를 조금이라도 더 확보하기 위해 여러 가지 방안이 제기되었다네. 공간을 더 넉넉하게 하기 위해 모두 옷을 벗기로 하자는 제의가 나왔는데 이것이 채택되어 몇 분 후에는 옷을 벗지 않은 사람이 (나와 코트 씨, 그리고 내 곁의 두 젊은 신사를 제외하고) 없었다고 생각하네. 잠깐 동안은 대단한 개량(改良)이 되었다고 좋아들 했지. 공기를 돌게 하느라고 모자는 있는 대로 흔들어 대고.

그런데 베일리 씨가 모두 쪼그려 앉자고 제안을 했다네. 이것을 몇 차례 실시했는데, 한 번 실시할 때마다 많은 사람이 목숨을 잃었다네. 타고난 힘이 남들보다 약한 사람들, 너무 지쳐서 일어서라는 구령이 떨어졌을 때 남들처럼 바로 일어서지 못한 사람들은 쓰러져서 영영 다시 일어서지 못한 것이지. 즉각 밟혀 죽거나 질식해서 죽었으니까. 모두가 앉았을 때는 너무나 꽉꽉 끼게 되었기 때문에 다시 일어설 때는 여간 힘드는 것이 아니었다네.

아홉 시도 안 되어서 모두들 갈증이 참을 수 없는 지경에 이르고 호흡에도 곤란을 느끼고 있었다네. 문을 부수려고 다시 애를 써 보았지만 또 실패. 감시병들을 도발해서 우리에게 달려들도록 만드느라고 온갖 욕설도 퍼부어 봤지. 나로 말하자면 그때까지는 다른 고통이나 불편은 별로 없었고, 다만 그곳에 있던 사람들의 고난에 대한 걱정뿐이었다네. 땀을 심하게 흘리고 갈증을 느끼기 시작하고 있었지만 얼굴을 창살 사이에 대고 있어서 호흡에 불편이 없을 만큼 맑은 공기를 쐬고 있었으니까. 가끔 감옥 쪽에서 진짜 지독한 지린내가 풍겨 와서 몇 초 동안씩 그쪽으로 고개를 돌리지 못하는 정도였지.

이제 사람들이, 창문 가까이 있는 사람들을 제외하고, 차츰 난폭해지기 시작했고 광란 상태에 빠지는 사람들도 많이 생겨났지. "물, 물!" 모두 외치고 있었지. 앞에 말한 관리가 우리를 불쌍히 여겨 부하들에게 물 몇 통을 가져오라고 시켰다네. 내가 두려워했던 일이지. 물을 가져오게 되면 우리가 살아남을 많지 않던 희망이나마 망가져 버리게 될 것을 나는 예견했고, 물을 가져오지 못하게 해 달라고 그에게 얘기하려 여러 차례 시도했지만 주변이 너무 소란해서 뜻을 전할 수 없었다네.

물이 나타났지. 물을 보고 사람들이 모두 어떻게 흥분하고 어떻게 날뛰었는지는 말로 도저히 형용할 수가 없다네. 마음의 평정을 유지하는 사람들은 그 밤에 살아남을 수 있을 것이라고 나는 희망적으로 생각하고 있었는데, 이제 보니 이 끔찍한 상황을 밖에 전할 사람이 아무도 없겠다는 생각이 내 마음을 제일 괴롭혔지.

물이 나타나기 전까지는 나 자신도 갈증이 그리 심하지 않았었는데, 이제 도저히 참을 수 없게 되었다네. 감방 안으로 물을 넣는 방법은 창살 사이로 모자에 담아 오는 길밖에 없었고, 나는 콜 씨, 스코트 씨와 함께 (그들은 부상 때문에 괴로운 형편이었는데도) 부지런히 물을 안으로 전해 주었지. 심한 갈증을 겪어 본 사람들이나 갈증의 원인과 성격을 이해하는 사람들은 그런 상태에서 물을 마신다 해도 일시적인 만족밖에 얻을 수 없다는 것을 잘 알지. 원인이 그대로 있으니까. 우리가 물을 가득 담은 모자를 안으로 보내도 먼저 마시려고 다투는 쟁탈전이 치열하다 보니 누구의 입에도 닿기 전에 다 쏟아져 버리고 한 잔 분량밖에 남지 않는 형편이었다네. 큰 불에 물을 조금 끼얹으면 오히려 불길을 더 키워주는 것과 마찬가지였지.

아, 경애하는 친구여! 감방의 제일 먼 구석에 있는 사람들의 고함과 난동이 내게 어떤 감정을 불러일으켰는지 어떻게 형언할 수 있으리오! 한 방울 차례가 올 희망을 가질 수 없는 입장인데도 부질없는 희망을 버릴 수 없었던 사람들! 우정과 사랑의 이름으로 물 보내주기를 부탁하는 그 사람들은 내가 자기들을 얼마나 아끼는지 알고 있는데! 그 사람들의 고통을 눈으로 보고 귀로 들으면서도 그 고통을 덜어줄 능력을 가지지 못한 상황이 얼마나 내 마음을 괴롭혔을지 상상이 가는가.

혼란은 이제 감방 전체에 퍼져 무서운 결과를 가져오기 시작했다네. 몇 사람이 저쪽 창문을 떠나 (살아남을 길을 버리고) 물을 향해 억지로 밀고 오면서 이쪽 창문을 향해 떠미는 사람들의 압력이 견딜 수 없게 늘어났지. 방 저쪽에서 억지로 길을 헤쳐 오려는 사람들은 거치적대는 힘없는 사람들을 내리눌러서 밟아 죽이는 상황이 되었다네.

아홉 시에서 열한 시 가까이까지 나는 이 잔인한 장면과 고통스러운 상황을 견뎌내며 계속해서 물을 전달해 주고 있었다네. 그들이 누르는 압력에 버티느라고 다리가 거의 부러질 지경이 되었는데도. 이제 나는 압사 직전의 상황이었고, 내 곁의 동료 두 사람과 (창틀 속에 우겨 들어가 있던) 윌리엄 파커 씨는 이미 압사 이후의 상황이었지……(생략)……

상당한 시간 동안 사람들은 내게 경의와 배려를 지켜 주었다네. 처해 있던 상황을 감안한다면 정말 내가 기대할 수 있는 것 이상이었지. 그러나 이제 신분 같은 것은 사라져버렸다네. 내 친구 베일리를 비롯해서 젱크스 씨, 레블리 씨, 로 씨, 뷰캐넌 씨, 심슨 씨, 그리고 그밖에도 여러 명, 내가 진심으로 존경하고 사랑하는 사람들이 이미 내 발밑에 죽어 있었다네. 아무 사병이나 체력이 좋은 자들은 그들의 시체를 짓밟으며 창가로 밀고 들어와 내 머리 위로 창살에 매달렸기 때문에 나는 그 밑에 깔려 꼼짝도 못하는 지경이 되었다네.

이제 모든 것을 포기하기로 마음먹은 나는 그들에게 통사정을 했다네. 마지막으로 내 체면을 보아서, 내가 창가를 떠나 조용한 죽음을 맞을 수 있도록 길을 좀 열어달라고. 길이 열려서 나는 어렵사리 방 가운데로 들어갔는데, 거기는 그렇게까지 사람들이 빽빽하지는 않더군. 죽은 사람들이 많았고 (그때까지 3분의 1 정도가 죽었다고 보였음) 사람들이 창 쪽으로 몰려 있었으니까. 그때는 양쪽 창에서 다 물을 주고 있었지.

블랙홀에는 군대 막사의 침상과 비슷한 단이 있다네. 나는 죽은 사람들의 몸을 넘어 그 끝, 내가 있던 창문 말고 다른 창문을 마주 보는 곳으로 가서 자리 잡았지. 이리로 가엾은 친구 에드워드 아이어 씨가 비틀거리며 시체를 넘어 다가오더니 평소와 같이 침착하고 기분 좋은 말투로 내가 어떠한가 묻더니 내가 대답할 틈도 없이 바로 쓰러져 숨을 거두었다네. 나는 단 위의 시체 위에 몸을 눕히고 하늘나라로 갈 마음을 먹으니 이 고생이 오래 가지 않으리라는 생각으로 마음이 편안해지더군.

이제 갈증은 견딜 수 없는 지경이 되었고 호흡의 곤란도 많이 심해졌다네. 그런 상태로 있은 시간이 10분이 안 될 것 같은데 갑자기 가슴에 예리한 통증이 느껴지고 심장이 마구 뛰기 시작하더군. 격렬한 고통을 이기지 못해 몸을 일으켰지만 통증도, 심장 난박동(亂搏動)도, 갈증도, 호흡 곤란도 더욱 심해지기만 했다네.

그래도 나는 정신을 잃지 않고 가만 생각해 보니 죽음은 내 희망처럼 가깝지가 않은 모양이고, 당장의 고통을 벗어나기 위한 노력을 하지 않고는 배기지 못하겠더군. 그 길은 맑은 공기를 쐬는 것뿐이었지. 나는 젖 먹던 힘까지 다해서 마주 보이는 창문 셋째 줄까지 밀고 들어가고, 한 손으로 창살을 잡아 그 힘으로 둘째 줄에 끼어들었다네. 창문 앞에는 사람들이 예닐곱 겹으로 몰려 있었던 것 같았다네.

몇 초 안 있어 가슴의 통증과 심장 난박동, 그리고 호흡 곤란은 사라졌으나 갈증만은 여전히 참을 수 없는 지경이었지. 내 입에서 "제발 물 좀" 소리가 흘러나왔다네. 사람들은 내가 죽었다고 생각하고 있었던 모양인데, 자기들 틈에 끼어 있는 것을 보고는 그래도 경의와 친절을 보이더군. 그들은 "그에게 물을, 그에게 물을!" 외쳤고, 창가에 있던 사람들은 내가 마실 때까지 물에 손을 대지 않아 주었다네.

그러나 물을 마셔도 갈증이 가시지 않더군. 오히려 더 심해졌지. 그래서 더 이상 물을 마시지 않고 그냥 결말을 기다리기로 결심했네. 이따금씩 셔츠 소맷자락의 땀을 빨거나 머리와 얼굴에서 굵은 비처럼 쏟아지는 땀을 받아먹으면서 입에 물기만을 유지했다네. 입에 들어오지 않고 놓치는 땀방울이 얼마나 아깝던지.

나는 감방에 들어올 때 저고리도 조끼도 입지 않고 있었다네. 저고리는 입을 계절이 아니었고, 조끼는 베란다 밑에 있을 때 감시병 한 놈이 탐이 났는지 빼앗아 갔지. 내가 이 두 번째 창문가에 있을 때 내 오른쪽에 있던 불쌍한 친구 하나가 셔츠 소매를 빨아 갈증을 달래는 내 모습을 보았지. 그는 여기서 꾀를 얻어 수시로 내 땀을 꽤 많이 슬쩍해 갔다네. 내가 눈치를 채고는 저수량(貯水量)이 웬만큼 되었을 때 그쪽 소매부터 시작하는 방법으로 대응했는데도 막무가내더군. 그러다 보니 한 소매를 놓고 경쟁하다가 입과 코가 서로 부딪치는 사고도 자주 있었고.

이 땀 도둑놈이 나중에 알고 보니 러싱턴 씨라는 훌륭한 젊은이로, 많지 않은 생존자 중에 끼어 있었지. 그 뒤로 나를 보면 내 소맷자락 덕분에 목숨을 건졌다고 치하해 마지않는다네. 이 멋진 해갈법(解渴法)을 발명하기 전에 도저히 참을 수 없는 갈증의 발작 때문에 내 오줌을 내가 마실 생각까지 했다네. 그러나 맛을 보니 어찌 지독하게 쓴지, 두 번 다시 입에 댈 수가 없더군. 그에 비하면 땀방울은 브리스톨 광천수도 저리 가라 할 정도로 부드럽고 상쾌했지……
(생략)……

　오른쪽과 왼쪽의 많은 사람들이 다른 사람들에 눌려 밑으로 들어가서는 금세 질식해 버렸다네. 이제 죽은 사람에게서나 산 사람에게서나 김이 서려 나왔기 때문인데, 탄산암모니아 원액이 든 그릇에 얼굴을 처박고 있는 것처럼 그 영향에서 벗어날 수 없었다네. 이 사람 몸의 냄새와 저 사람 몸의 냄새를 구별할 수도 없었지. 나는 창문 가까이 있었는데도 머리와 어깨를 눌려 고개를 숙이게 되었을 때는 질식을 면하기 위해 기를 쓰고 바로 고개를 다시 들지 않을 수 없었다네……(생략)……

　동이 텄을 때, 문을 열어 달라는 간청이 어떻게 해도 통하지 않자 누군가 (서기 쿠크 씨라고 생각함) 나를 찾을 생각을 했다네. 내가 나서면 이 참혹한 장면에서 벗어날 길을 찾아줄 수 있지 않을까 하는 생각을 한 것이지. 그래서 러싱턴 씨와 월코트 씨가 나서서 나를 찾았는데, 단 위에서 시체에 깔려 있는 나를 셔츠를 보고 찾아냈다고 하더군. 그들이 나를 거기서 꺼내 아직 죽지 않은 것을 확인하고는 내가 제일 처음에 있었던 창문으로 나를 데려갔다네.

　그러나 목숨은 누구에게나 귀중한 것이기 때문에 (그리고 이제 시체에서 나는 악취가 견딜 수 없을 만큼 심해졌기 때문에) 창문 가까이 있던 사람들이 자리를 내주려 하지 않았다네. 그래서 나를 도로 안으로 데려갈 수밖에 없었지. 그런데 잠시 후 밀스 선장(船長)이 (지금은 회사 요트의 선장임) 창가에 자리를 지키고 있다가 고맙게도 나에게 자리를 양보해 주었다네. 선장이 나를 창가로 데려다가 자리 잡아 주었다네.

　이 단계에서 수바[벵골 총독]가 우리에게 어떤 참혹한 일이 일어나고 있는지 듣고 책임자가 살아 있는지 알아보라고 관리 한 사람을 보냈다네. 사람들은 그에게 나를 보여주고, 아직은 목숨이 붙어 있으며 만약 문을 열어준다면 살아날 수 있을 것이라고 말했지. 이 대답을 전해들은 수바는 우리를 풀어주라는 명령을 즉각 보냈는데, 그 때가 아침 여섯 시 조금 안 되어서였다네.

문은 안으로 열리는 것이었는데 문 위에 시체가 포개져 있었고 온 바닥에 시체가 깔려 있었기 때문에 밖에서는 아무리 해도 열 수가 없었다네. 따라서 안에 있는 사람들이 시체를 치워야 했는데, 모두들 너무나 쇠약해져 있어서 목숨이 걸린 작업인데도 불구하고 여간 힘든 일이 아니었다네. 문이 겨우 열린 것은 명령이 도달하고서도 20분이 지난 뒤였지.

아침 6시 15분경, 들어갔던 146명 가운데 겨우 스물세 명이 블랙홀에서 살아 나왔지만, 그 처참한 몰골은 그들이 다음날 아침까지도 과연 살아남을 수 있을지 의심스러울 정도였다네. 케리 부인은 생존자 속에 있었지만 가엾은 리치는 죽은 자들 틈에 있었지. 시체들은 병사들의 손으로 감방에서 끌려나와 건축 중인 보루의 구덩이에 마구잡이로 던져졌다네. 그 구덩이는 나중에 흙으로 메워졌지.

———————◇———————

1750년대에 영국은 인도 각지에서 프랑스와 경쟁을 벌이고 있었으며, 우세지역인 벵골에서는 실제로 임금 역할을 하는 무갈 제국의 벵골 총독과 협조관계를 맺고 있었다. 그러다가 클라이브 장군의 주력부대가 프랑스와의 임박한 대결을 위해 마드라스로 떠난 사이, 1756년 4월 알리 바르디 칸 총독이 죽고 그 손자 시라지 우드 다울라가 계승한 뒤에 갈등이 일어났다. 나흘간의 포위 끝에 캘커타가 함락된 날 밤 영국인 포로의 다수가 감방에서 질식사했다. 이 사건은 영국이 벵골 지배를 강화하는 계기가 되었다.

출처   J. Z. Holwell, in *Annual Register*, 1758

50

에티오피아 왕의 분노

1770. 12. 23

제임스 브루스

곤다르 바로 아래 모게치강변에 숙영지를 잡은 날은 12월 23일이었다. 이 행위는 매우 두드러진 것이었기 때문에 텐트를 치자마자 (11시경이었는데) 모두들 식사도 하지 않고 몇 사람씩 무리지어 곤다르로 도망가 버렸다. 그리고 얼마 후 소문이 떠돌았는데, 왕과 그 장군들이 도시를 불태우고 모든 주민을 죽여 버리기로 마음을 먹고 왔다는 것이었다. 사람들은 매우 놀라고 당황했으며, 파실로 도망간 사람들도 많았다.

나로서는 왕의 행동을 볼 때 무언가가 잘못되었다는 것이 분명했으며 그동안 있었던 우연한 일 하나에서 그 사실을 확인할 수 있었다. 자기 앞에서 파실에서 입수한 말을 타는 것을 보여 달라고 왕이 청한 일이 있었다. 그 말은 당시 매우 아름답고 훌륭한 상태였는데, 왕을 위해 내가 그 상태를 만들어 놓은 것이었다. 깊게 파인 하상(河床)을 따라 달리는데, 칸투파 나무 하나가 하상을 가로지르고 있었다.

내 어깨에 걸치고 있던 흰색 염소 가죽은 이 나무에 걸리지 않았다. 그런데 왕은 평상복 차림에 얇은 무명으로 만든 겉옷으로 몸을 감싸고 긴 머리카락이 얼굴을 뒤덮어서 눈만 보이는 상태였는데, 말에 신경 쓰느라 나뭇가지를 살피지 못했다. 처음에 머리카락에 걸리더니 이어 머리를 덮고 있던 겉옷 주름에 걸리고 나중에는 어깨 부위가 온통 나뭇가지에 걸렸다.

내가 나뭇가지를 칼로 잘라버리는 등 옆에서 아무리 도와주어도 겉옷을 벗어버리는 것밖에는 방책이 없었다. 그래서 그는 밑에 입고 있던 조끼바람으로, 머리와 얼굴을 가리지 못한 채 사람들 앞에 나타나야 했다.

사람들 앞에 나설 때 몸을 잘 가려야 하는 왕에게 이것은 대단히 불명예스러운 일이었다. 그러나 그는 크게 기분을 상한 것 같지 않아 보였고, 태도도 대단히 침착해서 전과 달라진 것이 아무것도 없었다. 다만 나직한 목소리로 "이 구역의 촌장이 누구인가?" 두 차례 물었을 뿐이다.

불운하게도 그는 멀지 않은 곳에 있었다. 60세가량의 노인이 30세가량의 아들과 함께 그들의 풍습대로 띠 하나 외에는 벌거벗은 채 달려와, 이제 옷을 제대로 입은 왕 앞에 섰다. 왕의 마음에 어떤 생각이 떠올라 있었는지 나는 알 수 없지만, 그는 웃으면서 내 말 옆을 지나갔고, 기분이 썩 좋아 보였다. 왕은 파괴에 임했을 때 다른 어느 때보다도 자신만만하고 마음이 편해지는 그런 부류의 사람에 속한다고밖에는 생각할 수가 없었다. 왕이 노인에게 이곳의 촌장이냐고 묻자 노인은 그렇다고 대답하고, 묻지 않았는데도 옆에 있는 사람이 자기 아들이라고 말했다.

왕이 어디든 다닐 때 그 신변에는 카니츠 키체라라 불리는 처형관(處刑官)이 늘 수행한다. 그의 안장 모서리에는 많은 분량의 소가죽 밧줄이 잘 감겨서 걸려 있는데, 이것을 타라드라 한다. 왕은 아무 말 없이 한 차례는 머리로, 한 차례는 손으로 신호를 보냈다. 그러자 두 가닥의 타라드가 노인과 아들의 목에 걸리고 두 사람은 같은 나무에 매달렸으며 잘라진 타라드 끄트머리는 나뭇가지에 묶였다. 두 사람이 매달려 있을 때 나는 미련하게도, 그들이 몇 분 동안은 죽지 않을 것이니 누군가 나서서 밧줄을 자르고 그들을 살려낼 수 있을 것이라 생각하고 있었다. 그러나 왕을 따라 티그르에 가지 않았던 사람들은 모두 두려움에 질려 있었다.

1763년 이래 알지에 주재 영국 영사를 지낸 제임스 브루스(1730~94)는 지중해 연안지역을 널리 탐사하고 그 기록을 남겼다. 이 글에 그려진 장면의 몇 주일 전(1770. 11. 14) 청나일강의 수원지 타나 호수를 찾아낸 것으로 탐험가로서도 성과를 올렸다.

출처 James Bruce, *Travels to Discover the Sources of the Nile*, 1790

51

옥스퍼드 뉴 칼리지의 크리스마스
1773

제임스 우드포드

선임교수 열네 명과 함께 대식당에서 정찬(正餐)을 했다. 학장도 이 날에 늘 하는 것처럼 같이 식사하자고 청했지만 그 누이가 와 있어서 응하지 못했다. 매우 멋진 정찬 내용은 내가 정해 놓은 것이었다. 매일 정찬 내용을 정하는 것이 부학장으로서 나의 임무다.

정찬의 첫 코스는 삶은 대구 두 마리를 튀긴 가자미로 두르고 굴 소스를 곁들인 것, 등심구이, 콩을 넣은 수프와 오렌지 푸딩으로 되어 있었고, 둘째 코스는 들오리 구이에 양 옆구리살, 샐러드와 다진 고기 파이로 되어 있었다.

둘째 코스에 앞서 축배가 있었다. 집사(執事)가 식당 주임 애덤스 교수에게 술병을 가져오자 애덤스 교수는 자리에서 일어나 내게 와서 술을 부어 주며 즐거운 크리스마스를 빌어 주었다. 나는 잔을 받아 마시며 그에게 같은 기원을 해 주고, 그 뒤에는 돌아가며 한 번에 세 사람씩 일어나 축배를 들었다. 하이테이블을 한 차례 돈 축배는 대학원생과 학생들에게 건너갔다.

둘째 코스가 끝난 뒤에는 이 날의 관습대로 자두 케이크가 교수 식탁에 올라왔고, 뒤이어 대학원생 식탁에도 올라갔다. 기도 후 또 한잔 축배가 있었는데, '옴니부스 위카미시스 Omnibus Wickhamisis'를 내거는 이 축배는 앞서의 축배와 같은 식으로 드는 것이지만 식당 주임이 나서지 않는다는 차이가 있다.

정찬은 세 시에 시작해 한 시간 반 걸렸다. 그 뒤에 모두 교수 휴게실로 갔는데, 학장도 그리로 와서 예배시간까지 함께 앉아 있었다. 여기서 교수들이 마시는 와인 값은 칼리지 부담이다. 여섯 시에야 시작한 예배에 나는 학장과 함께 참석했다. 저녁식사 등등을 체커 식당에서 했다. 저녁 식탁에는 이 날의 관습대로 토끼구이가 올랐다. 부학장과 주임교수들은 한 사람에 한 마리씩, 선임 교수들은 두 사람에 한 마리씩, 평교수들은 세 사람에 한 마리씩이었다.

N.B. 새 양복과 조끼를 처음으로 입었다.

출처   James Woodforde, *Diary of a Country Parson*, John Beresford (ed.), Oxford University Press, 1924

52

개릭의 햄릿 연기

1775. 9

게오르크 크리스토프 리히텐베르크

여보게, 친애하는 B여, 지금까지 내가 말한 것으로부터 개릭의 모습을 실제와 다르게 자네 마음속에 그리고 있는지 모르겠네. 그렇다면 지금부터 내 눈을 통해 몇 개의 장면을 보게나. 그런 취지에서 오늘은 〈햄릿〉 중 유령이 나타나는 장면을 보여주겠네……(생략)……

햄릿은 검은 상복을 입고 나오네. 그 불쌍한 아버지가 죽은 지 두 달밖에 되지 않았는데도 궁중에서 아직까지 상복을 입고 있는 것은 그 하나뿐이라네. 제복을 입은 호레이쇼와 마셀러스가 햄릿과 함께 있고, 그들은 유령을 기다리고 있다네.

햄릿은 겉옷 안에 팔짱을 끼고 있고, 모자를 눈이 가릴 만큼 눌러쓰고 있네. 추운 밤, 시간은 자정일세. 극장 안은 어두웠고, 숨을 죽인 수천 명 관객의 움직이지 않는 얼굴들은 마치 극장 벽에 그려 붙여 놓은 그림과 같았다네.

갑자기 햄릿이 무대 안쪽 약간 왼쪽으로 움직이며 관객에게 등을 돌리고 있을 때, 호레이쇼가 흠칫 놀라며 말하지. "보세요, 왕자님, 옵니다." 그러면서 오른쪽을 가리키는데, 관객들이 알아차리지 못하는 사이에 유령이 그곳에 와서 움직이지 않고 서 있다네.

그 말에 개릭이 몸을 홱 돌리고, 같은 순간에 두어 발짝 힘을 잃은 다리로 비틀거리며 물러선다네. 모자는 바닥으로 굴러 떨어지고, 두 팔, 특히 왼쪽 팔을 앞으로 쭉 뻗치는데, 손의 높이가 머리와 같고, 오른팔이 조금 굽어져 있고 손이 왼손보다 처져 있으며 손가락은 펼쳐져 있다네. 입은 벌려져 있고. 그렇게 다리를 약간 벌린 채 땅에 뿌리가 박힌 듯이 서 있으나 위엄은 잃지 않은 모습이고, 유령과 앞서 만난 적이 있는 두 친구는 그가 쓰러질까봐 걱정하며 그를 부축해 주고 있다네.

그가 온몸으로 그려내는 모습이 너무나 여실(如實)하게 공포심을 보여주기 때문에 그가 입을 떼기도 전에 내 살갗에는 소름이 돋아났다네. 이 장면에 앞서 관객들을 휩싸고 있던 거의 공포에 짓눌린 듯한 침묵이 어떤 불안감을 이미 심어주었기 때문에 효과가 더욱 강렬했던 것 같기도 하다네.

마침내 햄릿이 입을 떼는데, 그 떨리는 목소리는 숨을 내쉬면서 내는 소리가 아니라 들이쉬면서 내는 소리라네. "천사들이여, 은혜를 펼치는 자들이여, 우리를 보우(保佑)하소서." 이 장면에서 아쉬운 모든 것을 채워주는 이 대사로 인해 무대 위에서 펼쳐질 수 있는 가장 위대하고 가장 무시무시한 장면이 완성되는 것일세.

유령이 그를 부르는 손짓을 하네. 정말 여기서 그의 모습을 자네에게 보여주고 싶네. 그의 눈길은 유령에게 못 박혀 있지. 따라가지 말라고 붙잡는 친구들의 손길을 뿌리치면서 말은 그들에게 하고 있으면서도.

그러나 마침내, 친구들의 만류가 그의 인내심의 한계를 넘어서자 얼굴을 그들에게 돌리고 매우 거친 동작으로 그들의 손길을 뿌리치고는 섬뜩할 만큼 재빠르게 칼을 뽑으며 말하지. "하늘에 맹세코! 나를 가로막는 자를 유령으로 만들리라."

친구들은 더 이상 어쩔 수가 없었다네. 그런 뒤 그는 유령을 향해 칼로 방어 자세를 취하고 말한다네. "앞장서시라, 내가 뒤를 따르리라." 그러자 유령이 무대 밖으로 걸어 나가지.

햄릿은 칼을 앞으로 뻗쳐 거리를 유지하는 자세로 움직이지 않고 있다가,

얼마 후 유령이 관객들의 시야 밖으로 사라진 뒤 그 뒤를 천천히 따라가기 시작하는데, 멈춰 섰다가 다시 나아가면서, 칼은 방어자세로 유지하면서 눈길은 유령에게 고정시키고, 헝클어진 머리카락에 숨가쁜 모습으로 서서히 그 자신 시야 밖으로 사라진다네.

이 퇴장 장면에 얼마나 요란한 갈채가 쏟아지는지 상상이 갈 것일세. 유령이 무대 밖으로 나가면서 시작한 갈채가 햄릿이 그 뒤를 따라 사라질 때까지 계속된다네. 아, 정말로 놀라운 승리일세.

<hr>

데이비드 개릭(1717~79)은 영국 연극사의 신화적 명(名) 연기자였다. 24세의 나이에야 무대에 처음 올랐는데, 즉각 관중들의 열광적 호응을 불러일으켰다. 그 전까지 프랑스에서 배워 온 정형화된 연기 방식에 식상해 있었기 때문에 그 독창적 스타일에 대한 반응이 더욱 열광적이었다고 한다.

연극계에 대한 개릭의 공헌은 연기자의 역할에 그치지 않았다. 극작(劇作)과 연출을 통해, 그리고 당시 영국 코벤트 가든과 함께 양대(兩大) 극장의 하나였던 드루리 레인 극장의 운영을 통해 영국 연극의 발전에 지대한 공헌을 했고, 무엇보다 셰익스피어의 재해석으로 영국 연극계의 줄기를 튼튼히 만든 공로가 높이 평가된다.

리히텐베르크(1742~99)는 독일의 물리학자이면서 풍자작가로 이름을 날린 인물이다. 물리학자로서는 제록스 복사의 원리를 1777년 발견한 업적이 있다. 1769년과 1775년 영국에 체류할 때 쓴 편지 모음『영국에서 쓴 편지』가 그의 작품 중 가장 매력적인 것으로 꼽힌다.

출처   Georg Christoph Lichtenberg, *Lichtenberg's Visits to England as Described in his Diaries*, M. L. Mare and W. H. Quarrell(tr.), 1938

53

고든 폭동

1780. 6. 8

조지 크래브

어제 내 일을 마무리한 뒤 오후 세 시경 웨스트민스터에 갔는데, 의원들이 의사당으로 향하고 있었다. 폭도들이 많은 사람을 멈추게 했지만 내가 본 사람들은 모두 통과시켰고, 다만 샌위지 경의 경우만은 험한 태도로 대하면서 그의 마차 창문을 깨뜨리고 그의 얼굴에 생채기를 낸 다음 되돌려 보냈다. 보병과 기병 근위대가 바로 불려 왔지만, 폭도들이 늘어나면서 당해낼 수가 없게 되어 별 역할을 하지 못했다.

입장이 허용된 의원들이 모두 의사당에 들어간 뒤 나는 웨스트민스터를 떠나 집으로 갔다. 집으로 가는 길에 고약하게 생긴 놈들 한 패거리와 마주쳤는데, 거칠고 더럽고 건방진 태도로 몽둥이를 들고 동패들과 어울리러 가는 길이었다. 나중에 들으니 시내 곳곳에 그런 패거리가 여덟 갠지 열 개인가 있었다고 한다.

저녁 일곱 시경에 다시 나가 보았다. 웨스트민스터에는 폭도들이 많지 않았고 거기 있는 자들은 조용했으며 행동거지도 얌전해 보였다. 나는 텅 비어 있는 세인트 조지 풀밭을 가로지르고 블랙프라이어스 다리로 해서 집에 다시 돌아왔다.

고든 폭동은 그 당시 의회 안에서 힘이 없던 조지 고든이 대중의 반 가톨릭 정서에 편승해 가톨릭 구호법 철폐를 주장하며 소동을 일으킨 사건이다. 그림: 찰스 그린

다리에서 거래소로 가는 길에 올드 베일리 감옥을 지나간다. 내 눈으로 폭력과 난동의 현장을 본 것은 그곳이 처음이었다. 새 감옥은 대단히 크고 튼튼하고 아름다운 건물이며, 두 개의 부속건물이 양쪽으로 붙어 있는데, 부속건물의 용도를 생각한다면 그 크기를 짐작할 수 있을 것이다. 그 외에 소장(애커먼씨) 사택이 있는데, 중간 크기의 튼튼한 건물이고 조그만 부속건물이 여럿 있지만 자세한 설명은 할 수 없다.

애커먼 씨는 난동 중 체포된 폭도 네 사람을 수감하고 있었는데, 폭도들이 그의 집으로 가서 그들을 내놓으라고 요구하고 있었다. 그는 경찰을 불러달라고 간청했지만 거절당했다. 그가 어떻게 그 자리를 빠져나오고 어디로 갔는지 나는 알지 못한다. 그러나 내가 말하는 바로 그 순간 폭도들이 그의 집에 불을 지르고 집 안으로 쳐들어가 손에 잡히는 대로 가구를 길로 내던진 다음 곧 불을 붙였다. 소방마차가 왔지만 감옥 근처의 민가들을 보호하는 것밖에 할 수 있는 일이 없었다.

그곳에 서 있는데 또 한 무리 사람들이 그쪽으로 왔다. 500명가량 되어 보였고, 마차를 탄 조지 고든 경이 그 가운데 있었다. 폭도들은 고든 경을 시의원 집으로 안내해 가며 그가 지나갈 때는 머리 숙여 인사했다. 활기찬 모습의 젊은 사람일 뿐 그 이상 아무것도 아닌 사람인데, 당장은 대단한 영웅 대접을 받고 있었다.

여덟 시까지 애커먼의 집은 불길에 싸여 있었다. 가까이 가 보았는데, 그렇게 두려운 광경을 본 적이 없었다. 앞서 말한 것처럼 감옥은 매우 튼튼한 건물이었다. 그러나 쳐들어가기로 마음먹은 폭도들은 꺾쇠 등속으로 대문을 부수고 감방 구역의 외벽을 기어 올라갔다. 죄수들을 가둬 놓는 양쪽 부속건물과 연결된 곳이다. 나는 그들이 하는 짓이 훤히 보이는 곳에 서 있었다. 그들은 지붕을 부수고 서까래를 뜯어낸 다음 사다리를 가져와 건물 안으로 내려갔다. 오르페우스 자신이라 하더라도 그들보다 더 용감하거나 운 좋지 못했을 것이다. 불길이 온통 둘러싸고 있고 군대가 금방이라도 몰려올 참인데도 그들은 거침없이 떠들고 웃어댔다.

죄수들이 탈출했다. 내가 바라보는 동안 여자 열두 명과 남자 여덟 명인가가 좁은 감방에서 넓은 세상으로 나와 쇠고랑을 찬 채로 폭도들에게 안내되어 갔다. 그중 셋은 금요일에 목 매달릴 사형수였다. 군중의 열광이란 참으로 놀라운 것이었다. 죄수들이 달아나고 애커먼 씨 집이 벽돌 벽의 껍데기만 남은 뒤, 폭도들은 집 안의 불길을 다른 용도에 쓰기 시작했다. 건물 전체가 빨갛게 달아올라서 문과 창문이 마치 화산 분화구처럼 보였다. 폭도들은 얼마간 애를 쓴 끝에 채권자 감옥에도 불을 지르고 문을 부숴 안에 있던 사람들을 모두 탈주시켰다.

나는 피곤해서 집에 들어갔다가 밤 열한 시에 다시 나와 보았다. 많은 보병과 기병 부대들이 은행과 그 부근의 가톨릭 신자들 집을 지키러 오는 것을 보왔다. 뉴게이트 감옥은 그 시간에 개방되어 누구든지 마음대로 들어갈 수 있었고, 또 평상시와 달리 누구든지 마음대로 나갈 수 있었다. 나는 두 가지를 다 했다. 이제 사람들은 대개 구경꾼들이었다. 일은 이미 저질러졌고, 저지른 자들은 시내 다른 장소로 몰려갔다.

가장 인상적인 장면 하나를 빠뜨릴 수 없다. 채무자 감옥이 불타고 있을 때 폭도 여남은 명이 그 꼭대기에 올라가 소리를 지르는데, 시커먼 연기에 휩싸인 틈으로 갑자기 불길이 확 솟아올랐다. 마치 밀턴의 연옥(煉獄)에 있는, 서로를 알기보다 불길을 더 잘 아는 죄인들 같았다. 이웃 사람들과 보고 들은 바를 비교해 보니 내가 본 것은 오늘 소동의 아주 작은 일부에 불과했다. 맨스필드 경의 집이 지금 불타고 있다고 한다.

───────◇───────

16세기 중엽의 국교회 설립 이후 종교 문제는 영국 정치에서 늘 뜨거운 감자 노릇을 했다. 국교회를 중간에 두고 오른쪽에는 가톨릭, 왼쪽에는 청교도 등 급진 교파가 버티고 있으면서 긴장상태를 오랫동안 계속했다. 17세기 중후반의 영국혁명 과정에서 역시 종교가 비록 근본문제는 아니더라도 결정적인 촉매 역할을 맡았다.

18세기 들어 하노버 왕조가 들어서자 왕조의 불안정성으로 인해 종교문제가 다시 예민해졌다. 특히 대륙 세력과의 연계 가능성 때문에 오랫동안 경계의 대상이 되어 온 가톨릭에 대한 억압정책이 강화되어 가톨릭 신자들은 재산권을 비롯한 공민권에 심각한 제약을 받는 상황에 놓여 있었다.

7년전쟁(1756~63)을 통해 대영제국의 위상이 확립되고 하노버 왕조의 위치도 안정되면서 정치적 위험요소로서 가톨릭을 보던 시각도 누그러졌다. 이에 따라 가톨릭 구호법이 1778년 이후 단계적으로 취해졌는데(아일랜드에서는 1774년 이후), 고든 폭동은 이에 대한 반발로 일어난 것이었다.

의회에서 있으나마나한 존재로 있던 조지 고든(1751~93)은 대중의 반(反) 가톨릭 정서에 편승해 가톨릭 구호법 철폐를 주장하며 1780년 6월의 소동을 부추겼다. 이후의 재판에서 반란 의도가 없었다고 하여 무죄 판결을 받았지만 그 후에도 선동적 정치 행태를 거듭하다가 1788년 뉴게이트 감옥에 수감되었고, 5년의 형기가 끝난 뒤에도 복역태도 불량으로 석방되지 못한 채 그곳에서 죽었다.

출처   George Crabbe, in *The Life of George Crabbe by his Son*, 1834

54

래닐러

1782. 6. 12

카를 필리프 모리츠

래닐러 이야기는 많이 들었었지만 어떤 곳인지 아직 제대로 알지 못하고 있었다. 복스홀과는 좀 다른 공원이 아닐까 생각은 했지만 사실에 있어서 아무 확실한 생각이 없었다. 어제 저녁 이 유명한 유흥장을 구경하기 위해 산책에 나섰다.

길을 잘못 들어 첼시로 갔는데, 밀차를 밀고 있는 사람 하나에게 길을 물었더니 너무나 친절하게 바른 길을 가르쳐줄 뿐 아니라 그곳까지 함께 걸어가며 이야기를 나눌 수 있었다. 그가 묻기에 내가 프러시아 왕의 신하라고 대답했더니, 그 위대한 군주에 관한 이야기를 좀 들려달라고 매우 열정적으로 부탁했다.

마침내 래닐러에 도착해 2.5실링(현재 12.5펜스)을 내고 입장한 뒤 정원 문이 어디인가 물어보니 바로 가르쳐주었다. 그런데 들어가 보니 빈약하고 못생기고 조명도 시원찮은 정원에 사람도 몇 없는지라 대단히 이상스럽게 생각되었다.

들어간 지 얼마 안 되어 역시 그곳을 거닐고 있던 젊은 여성 하나가 다가와 내가 왜 그렇게 쓸쓸하게 거닐고 있는지 물으면서 천연덕스럽게 팔을 내미는 것이었다. 나는 그제야 그곳이 그 멋지다는, 자랑스러운 래닐러일 수 없다는 결

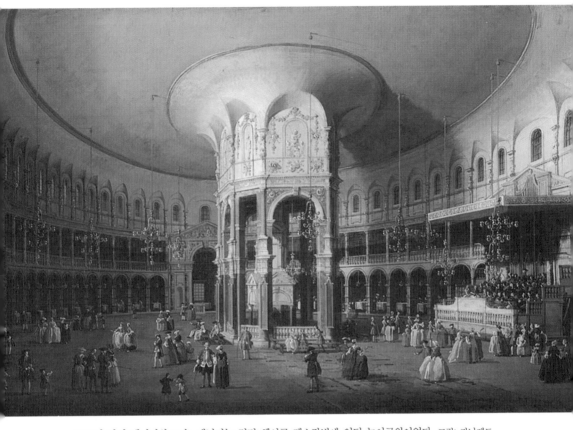

1754년 당시 래닐러의 모습. 래닐러는 런던 첼시구 템스강변에 있던 놀이공원이었다. 그림: 카날레토 (1754년)

론을 내렸다. 저만치 있는 문으로 사람들이 많이 들어가는 것을 보고 그 뒤를 따랐다. 도로 나가든지, 아니면 장면을 좀 바꿔 보려는 생각이었다.

그 썰렁한 정원에서 나와 갑자기 수백 개의 등불로 밝혀진 둥근 건물에 들어서며 어떤 느낌을 받았는지는 묘사하기는커녕 진정 상상하기도 불가능하다. 그곳의 화려함과 아름다움은 그때까지 내가 접해 본 어떤 광경과도 비교가 되지 않았다. 그곳에서는 모든 것이 둥근 모양이었다. 위에는 회랑이 있고 박스로 쪼개져 있었다. 그 한쪽에는 오르간과 아름다운 합창대가 있어서 악기의 소리와 노랫소리가 함께 흘러나왔다.

그 회랑 밑으로는 산뜻하게 칠한 박스들이 있어서 간식과 마실 것을 원하는 사람들이 들어가 쉴 수 있게 되어 있었다. 바닥에는 돗자리가 깔려 있었고 가운데는 검은색의 높은 기둥 넷이 서 있었다. 기둥 안쪽에는 깔끔한 화덕이 있었다. 차, 커피와 과일음료를 준비하는 곳이었다. 그 주변에는 또한 테이블들이 늘어서 있고 그 위에 온갖 간식거리가 차려져 있었다. 기둥들 안쪽은 런던 사교계가 통째로 빙글빙글 끝없이 돌아가는 마술의 회전무대 같았다.

나는 처음에 그 엄청난 인파, 온갖 성별, 온갖 나이, 온갖 국적, 온갖 성격의 사람들이 뒤섞인 인파 속에 끼어들었다. 끊임없이 바뀌는 얼굴들, 그 압도적 대다수가 대단히 아름다운 얼굴이었고, 그 장소의 규모와 풍격(風格)이 모두 웅장한데다, 계속해서 들려오는 음악소리, 이 모든 것이 어울려 사람의 상상력에 상상하기 어려운 즐거운 인상을 준다는 것을 고백해야겠다. 그리고 이곳을 처음 구경하면서 어렸을 때 동화를 읽으며 느낀 것으로 기억하는 것과 대단히 흡사한 느낌을 받았다는 사실을 덧붙이고 싶다.

그러나 한참 후 인파에 싫증도 나고 계속해서 빙글빙글 돌아가는 것이 피곤하기도 해서 뭐 간식이라도 먹을까 하고 박스 하나에 들어갔다. 편안히 앉아서 이 안락하고 즐거운 세상에 몰려와 근심걱정 다 잊고 즐기고 있는 사람들에 대해 생각을 굴리고 있을 때 웨이터가 와서 내가 무엇을 원하는지 친절하게 묻고는 몇 초 안 되어 주문한 것을 가지고 왔다.

그런데 놀랍게도 음식값을 받지 않는다는 것이었다. 내가 이해할 수 없다고 하니, 모든 비용이 입장료 반 파운드 속에 들어있다고 설명해주는 것이었다. 뭐든지 더 필요한 것이 있으면 주문만 하면 된다고 했다. 그리고 정 기분이 좋으시다면 팁을 조금 주시면 된다고 했다. 나는 기꺼이 팁을 주었다. 단돈 반 크라운을 가지고 이런 훌륭한 대접을 받는 것은 과분한 일이라고 생각하지 않을 수 없기 때문이었다.

잠시 후 회랑으로 올라가 그곳의 박스 하나에 들어가 앉았다. 그 순간부터는 갑자기 점잖고 엄숙한 관찰자가 되어, 아직도 환상의 동그라미를 빙빙 돌고 있는 인파를 내려다보았다. 그러자 몇 명의 저명인사와 그밖의 각급 귀족들을 알아볼 수 있었다. 프랑스식으로 땋은 머리와 영국식 밋밋한 머리 모양, 그리고 직업용 가발도 구분되었다. 노인과 어린이, 귀족과 서민이 마구 뒤섞여 인파를 이루고 돌아갔다. 이렇게 앉아 생각에 잠겨 있을 때 영국인 하나가 합석했다가, 내가 부탁하니 빛나는 별과 같은 왕족과 귀족들을 가리켜 주었다. 신분이 처지는 주변 사람들을 무색하게 만드는 별 중의 별들이었다.

이곳에서는 사람들이 구경하면서 또한 구경당하기 위해 영원히 빙글빙글 돌아간다. 저쪽에서 열성적인 심미가(審美家) 한 무리가 오케스트라 앞에 자리 잡고 귀를 즐겁게 하고 있는가 하면, 잘 차려진 테이블 앞에서 보다 실속 있는 방법으로 입을 즐겁게 하는 사람들이 있고, 또 나처럼 회랑의 박스 한 구석에 앉아 이렇게 재미있는 광경을 바라보며 논평도 하고 생각도 굴리는 사람들이 있다.

나는 이따금씩 이 웅장하고 화려한 분위기를 떠나 몇 분씩 썰렁한 정원에 들어가 보았다. 처음 들어설 때의 기쁜 놀라움을 재현해 보고 싶어서였다. 이렇게 여흥을 계속해서 바꿔가며 밤까지 여러 시간을 그곳에서 보냈다. 그리고 인파가 갑자기 뜸해질 때가 되어 나도 마차를 잡아 타고 집에 돌아왔다.

<hr />

래닐러는 런던 첼시구의 템스강변에 있는 놀이공원이었다. 래닐러 후작의 정원과 저택 자리에 원형극장을 지어 1742년 일반에 공개했다가 1805년에 문을 닫았다. 모리츠(1757~93)는 독일의 소설가이며 미학자였다.

출처   Carl Philipp Moritz, *Travels in England in 1782*, P. E. Matheson (ed.), 1924

55

튀일리에 유폐된 루이 16세

1790. 1. 4

아서 영

아침 식사 후 튀일리 정원을 산책해 보라. 프랑스인이든 영국인이든 파리에서 볼 수 있는 가장 진기한 광경을 그곳에서 볼 수 있을 것이다. 여섯 명의 시민군 병사에 둘러싸인 왕이 왕실 관리 한둘과 시동(侍童) 하나를 데리고 산보를 하는 것이다. 왕을 대접하는 뜻에서 정원 문은 닫혀 있고 대의원(代議員)이나 출입증을 가진 사람만 들어가게 한다. 왕이 궁전으로 들어가면 왕비가 아직 귀부인 하나를 대동하고 산책 중이더라도 문을 열어젖히고 아무나 정원에 들어갈 수 있게 한다.

왕비 역시 시민군 병사들의 엄밀한 경호를 받기 때문에 그들 귀에 들리지 않으려면 아주 작은 목소리로 이야기해야만 한다. 사람들의 무리가 큰소리로 떠들어대며 그 뒤를 따라다니고, 마주칠 때 모자를 벗는 것 외에는 아무런 경의도 표하지 않는다. 그것만 해도 사실 내 예상보다 훨씬 나은 것이기는 하다. 왕비는 건강이 좋지 않은 것 같다. 걱정이 많아 보이고, 그것이 얼굴에 드러난다. 그러나 왕은 피둥피둥한 것이 더 없이 마음이 편해 보인다.

왕의 명령으로 세자가 노는 조그만 정원을 울타리로 막아 놓고 조그만 방 하나를 거기 지어 비가 올 때 들어가 쉴 수 있게 해놓았다. 세자는 여기서 조그

1792년 튀일리 폭동의 모습. 그해 9월 21일, 프랑스 왕정이 폐지되고 공화국이 선포되었다. 그로부터 4개월 후, 루이 16세가 처형되었다.

만 호미와 갈퀴를 가지고 일을 하고 있었는데, 여기도 시민군 병사 한둘이 붙어 있었다. 마음이 착해 보이는 대여섯 살의 쾌활하고 예쁜 아이였다. 그와 마주치는 사람마다 모자를 벗어드는 것을 보며 나는 기뻤다.

온 가족이 이렇게 감옥살이를 하는 것을 (실제로 감옥살이 아닌가) 처음 보는 사람은 충격을 받지 않을 수 없다. 이런 조치가 혁명의 수행을 위해 절대적으로 필요한 것이 아니라면 참으로 충격 받아 마땅한 일이다.

❖

1789년 7월 14일은 변화를 요구하는 군중이 바스티유 요새를 점령함으로써 구체제(舊體制)를 무너뜨린 상징적인 날이며 혁명 기념일로 지정된 날이다. 그러나 루이 16세의 왕권이 이 날을 기해 부정된 것은 아니었다. 군중의 다수는 왕이 변화에 앞장설 것, 아니면 따라오기라도 할 것을 요구했고, 왕은 이에 호응함으로써, 또는 호응하는

331

시늉을 함으로써 자기 자리를 지킬 수 있었다.

세 달 후 왕실이 베르사유 궁전으로부터 파리 시내의 튀일리로 옮겨질 때까지만 해도 입헌군주제는 혁명의 목표로서 하나의 유력한 대안이었다. 왕정이 폐지되고 공화국이 선포된 것은 그로부터 꼬박 3년 뒤인 1792년 9월 21일의 일이었고, 그 4개월 후에 루이 16세가 단두대에 올랐다.

프랑스혁명은 실제 진행보다 온건한 방향으로 흘러갈 소지를 많이 가지고 있었다는 것이 후세 사람들의 일반적 판단이다. 그런 가능성을 가로막은 첫 번째 책임자로 지목되는 것이 루이 16세와 마리 앙투아네트 왕비다. "전부 아니면 전무(全無)"라는 식으로 타협적인 노선을 거부하거나 이용하려고만 들었기 때문에 여러 대목에서 온건파의 입지를 약화시키고 그들에게까지 불신을 받아 자신들의 비참한 최후를 재촉했다는 것이다. 아울러 혁명의 흐름까지도 과격하게 몰아붙였다고 후세인들은 말한다.

그러나 후세 사람들의 판단은 후세의 관점에서 내리는 것일 뿐이다. 1789년 당시 사람들에게 왕정 철폐란 하나의 공상적인 이론일 뿐이었고, 왕권의 입장에서 입헌군주제는 비현실적일 정도로 극단적인 양보였다. 후세 사람들이 보기에는 왕실이 그래도 대접을 받고 있던 튀일리 시절 왕실의 모습을 보며 당시의 보수적인 사람들은 "말세로구나" 하는 느낌을 받았을 것이다.

아서 영(1741~1820)은 영국의 농업경제학자로, 1787~89년간 프랑스를 여행한 견문을 『프랑스 여행기』로 남겼다. 혁명 당시의 프랑스를 관찰한 기록으로는 비교적 정치적 편견 없이 담담한 시각을 지킨 것이기 때문에 참고자료로 높이 평가 받아왔다.

출처   Arthur Young, in J. M. Thompson, *English Witnesses of the French Revolution*, Oxford, Blackwell, 1938

56

샤토브리앙의 신세계 상륙
1791

체서피크 만에서

프랑수아 – 르네 드 샤토브리앙

우리는 제일 가까운 집으로 걸어갔다. 볼섬 나무와 버지니아 삼나무 숲의 모습과 그늘, 그리고 앵무새와 풍금조(風琴鳥)의 노랫소리와 색깔이 우리가 다른 세상에 와 있다는 것을 명명백백하게 가르쳐주고 있었다. 반 시간 후 우리가 도착한 집은 영국 농가와 서인도 오두막의 트기 같은 모양이었다.

울타리로 막아 놓은 목초지에서는 유럽산 암소가 떼를 지어 풀을 뜯고 있었고 울타리 위에서는 줄무늬다람쥐가 놀고 있었다. 흑인들은 목재를 톱질하고 있었고 백인들은 담배농사를 살피고 있었다. 옷을 거의 걸치지 않은 열서너 살쯤의 흑인 여자아이가 문을 열어주었는데 대단히 아름다운 밤의 여신 같았다. 옥수수떡, 닭, 달걀, 우유 등을 사서 큰 병과 바구니에 담아 배로 돌아왔다. 비단손수건을 아프리카 여자아이에게 주었다. 자유의 땅으로 나를 맞아들인 것은 이 노예였다.

❖

샤토브리앙(1768~1848)은 프랑스 외교관으로 활동하고 초기 낭만주의 저술가로 이름을 남긴 사람이다. 혁명의 행로가 혼미하던 1791년 4월 기병대 장교였던 그는 왕당파 참여를 거부하고 미국으로 떠났으나 몇 달 후 루이 16세가 탈주 실패로 곤경에 빠진 소식을 듣고는 왕에 대한 의리를 다시 떠올리며 귀국했다. 미국 체류 중 모피상들과 함께 오지를 여행하고 인디언을 직접 관찰한 것이 당시 유럽인으로서는 진기한 경험이었고 그의 저술에 중요한 소재가 되었다.

출처   François-René de Chateaubriand, *Memoirs*, tr. Robert Baldick, London, Hamish Hamilton, 1961

57

파리 여행

1792. 7~8

리처드 트위스

칼레와 파리 사이에 있는 모든 도시의 장터에는 다 자란 나무(대개 포플러) 하나씩을 가지와 잎이 달린 채로 꽂아 놓았다. 가지와 잎이 시들면 아주 흉한 몰골이 된다. 나무랄지 기둥이랄지, 그 꼭대기에 털실이나 무명으로 만든 빨간 침실용 모자를 씌워 놓고 '자유의 모자'라 부르고, 적, 청, 백의 리본을 나무에 매달아 휘날리게 한다.

비슷한 모자를 씌워 놓은 성상(聖像)이 교회 안에 있는 것도 교회 밖에 있는 것도 보았으며(파리에서도 마찬가지였다), 십자가에도 왼쪽 가지에 리본 표지(標識)를 걸어놓은 것을 보았다. 그러나 표지가 제자리에 있는 것을 본 적은 없다. 왜 그런지는 알 수 없는 일이다.

파리의 교회에 요즘 평일에는 사람이 많이 찾아오지 않는다. 할머니들 몇이 무릎 꿇고 미사 올리는 교회를 더러 보았다. 그런데 한 교회에서는 할머니들이 미사 올리고 있는 반대쪽 구석에 인민위원들이 앉아서 지원병(志願兵) 명부를 작성하고 있었다. 성가대석과 회중석을 가로막는 철제 난간이나, 교회당과 묘지를 둘러싼 쇠 울타리는 모두 뜯어서 창날에 쓰라는 명령이 내려왔다.

지금까지는 비단으로 만든 표지(標識, 코케이도cockade라고 하며 계급이나 소속, 정당 등을 나타내기 위해 모자 등에 다는 표지를 말한다 – 역자 주)도 쓰여서, 귀족들이 쓰는 표지의 청(靑)과 적(赤)은 평민이 쓰는 표지에 비해 옅은 색이었다. 귀족의 신분을 특히 드러낸 것은 마차였는데, 마차의 휘장 위에 칠을 덮어서 보이지 않도록 했다(불로뉴 숲에서 저녁 산책을 하는 동안 그런 마차를 서른 대 이상 봤다). 그러나 7월 30일을 기해 모든 사람은 인민의 요구에 의해 색깔에 아무 차이가 없는 무명으로 만든 표지만을 쓰게 되었다.

베르사유에 한 번 가 보았다. 사람이 살지 않은 지 2년이 되어가는 지금, 궁궐은 거울과 벽걸이, 큰 그림 몇 개를 제하고는 빈 벽만 남아있는 빈 집이 되어 있었다. '대운하'를 나는 걸어서 건넜다. 물이라고는 한 방울도 들어 있지 않았다.

국회의사당에 몇 번 가 보았다. 방청석에서는(세 곳이 있었다) 안건이 올라올 때마다 환호나 야유로 열렬한 반응을 보였다.

저택의 대문을 장식하던 휘장은 모두 철거되었고, 이제 인장(印章)조차 기호만으로 새긴다. 성 루이 기사단은 여전히 단추 구멍에 십자가나 리본을 달지만 다른 기사 조직은 모두 철폐되었다. 하인은 제복을 입지 않게 되었고 노예 배지도 사라졌다. 법인회사를 비롯한 모든 전매 기관이 없어지고, 담배나 소금을 파는 '왕립(王立)' 점포도 볼 수 없게 되었다.

온갖 종류의 책이 면허나 인가 없이 출판된다. 공공의 안목에 적합지 않은 많은 책들이 서점에 버젓이 벌여져 있다. 『왕비의 사생활』이란 제목으로 두 권으로 나온 책이 있는데, 추잡한 내용이다. 경멸스럽고 역겨운 이런 책에는 차라리 '쾌락의 여인'이란 제목이 맞는다. 도판까지 붙은 이런 종류의 책이 서른 가지 이상 있었다.

일반인들의 옷차림새는 혁명 전보다 훨씬 좋다. 그토록 무겁던 세금이 없어졌기 때문일 것이다……(생략)…… 3년 전에는 대부분 은 장신구를 했는데, 이제는 모두 금으로 된 것을 착용한다. 낮은 계층의 여자들, 심지어 채소 파는 여자들까지도 큼직한 알맹이가 달린 금 귀걸이를 다는데, 그중에는 값이 2~3루이나 하는 것도 있다. 목걸이도 마찬가지다. 남자들도 장식 없는 금 귀걸이를 하는 사람들이 많다. 관리를 비롯해 신분 있는 사람들이 다는 것은 보통 반 파운드 금화와 맞먹는 크기다. 심지어 두 살 된 아이도 귀에 조그만 금 귀걸이를 달았다.

출처 Richard Twiss, *A Trip to Paris*, 1792

58

나일강 전투

1798. 8. 1

골리앗호의 한 포병 조수의 기록

존 니콜

편저자 주 | 나일강 전투는 넬슨 제독이 거둔 최대 승첩의 하나였다. 그는 알렉산드리아 부근 아부키르만에서 프랑스 함대를 격파함으로써 나폴레옹을 이집트에 고립시키고 지중해 제해권을 장악했다.

우리가 만(灣)으로 들어갈 때 막 지고 있던 해는 붉게 타오르는 모습이었다. 내 마음대로 할 수 있는 일이라면 갑판 위에 있고 싶었다. 거기 있었다면 벌어지는 일들을 볼 수 있었을 것이고, 시간을 그렇게 지루하게 느끼지 않았을 것이다. 그러나 군인은 도살장에 배치되든 탄약고에 배치되든 자기 임무를 열성껏 수행해야 한다(주돛대 밑 아래갑판을 수병들은 '도살장'이라 부른다. 선체의 중심부이기 때문에 적의 포화가 제일 많이 노리는 곳이기 때문이다). 나는 포수와 함께 탄약고에 배치받았다.

배가 만에 들어서면서 우리는 바지만 남기고 홀딱 옷을 벗었다. 포문(砲門)을 열어 지나가는 배마다 한쪽 면의 일제사격을 세 차례씩 퍼부었다. 우리에게 소식을 전해 주는 것은 탄약을 나르는 아이들과 여자들이었다. 그들은 장정들 못지않게 훌륭한 태도로 일했고, 각하로부터 그 용기에 대한 상을 받았다.

프랑스 제독의 기함(旗艦)이 폭발할 때는 골리앗호도 큰 충격을 받았기 때문에 우리는 배 뒷부분이 날아간 것이 아닌가 생각하고 있었는데 한 아이가 사실을 알려주었다. 그들은 이따금씩 또 한 척의 프랑스 배가 기(旗)를 내렸다는 [항복했다는] 신나는 소식을 전해주었고, 그때마다 우리는 갑판 위의 함성에 진정한 기쁨을 가지고 호응했다.

접전이 한창일 때 포탄 한 발이 탄약고를 바로 맞췄지만 큰 피해는 없었다. 목수들이 포탄구멍을 틀어막고 쏟아져 들어오는 물을 막았다. 포수의 아내가 이따금씩 포수와 나에게 포도주 한 잔씩 부어주어서 피로를 이기는 데 큰 도움이 된 것이 대단히 고마웠다. 여자들 중에도 부상자가 여럿 있었고, 리스 출신의 한 여자는 부상으로 죽어서 만 안에 있는 작은 섬에 묻혔다. 전투가 열을 띤 동안 아이를 낳은 여자도 있었다. 에딘버러 출신이었다.

사격이 끝났을 때 함대의 상황을 보려고 갑판 위에 올라가 보니 끔찍한 풍경이 기다리고 있었다. 만에 가득히 시체들이 떠 있는데 뭉개진 놈, 토막난 놈, 불에 그슬린 놈 등 모두 바지만 입고 있는 시체였다. 프랑스 제독의 기함 로리앙호의 프랑스 수병들이 골리앗호로 헤엄쳐 와 앞간판 밑에 웅크리고들 있었다. 불쌍한 것들! 그들을 배에 태운 뒤 폴리 선장은 관리실로 데려가 음식과 옷을 주라고 했다.

이 프랑스 수병들에게서 내가 전에 본 것과 매우 다른 점을 하나 발견했다. 아메리카 전쟁 중 뒤크드샤르트르호라는 프랑스 배를 나포했을 때 포로가 된 수병들은 마치 자기네가 우리를 나포하기라도 한 듯이 쾌활한 태도였다. "포르튄 드 게르(전쟁이란 운이야), 오늘 네가 이기면 내일 내가 이기지" 하는 것이었다. 그런데 이제 태운 포로들은 우리의 친절에 감사하면서도 마치 각자가 자기 배 한 척씩 잃은 것처럼 우울하고 기운이 없었다.

두 가지 특이한 이야기를 들었다. 한 녀석이 화약상자에 배치되어 뚜껑이 열리지 않도록 상자 위에 앉아서 (꽤 불편한 좌석이었다) 탄약통을 내 주고 있다가, 탄약통을 달라고 하는데도 내 주지 않고 눈을 크게 뜬 채 꼿꼿이 앉아 있기만 하는 것이었다. 한 사람이 건드리니까 쓰러져서 갑판 위에 늘어져 버렸다.

몸에 아무 상처가 없는데도 확실하게 죽어 있었으므로 바다에 던졌다.

또 한 녀석은 대포에 불을 댕기려고 성냥을 켜서 들고 있는데, 성냥을 심지로 가져가는 동안 포탄이 날아와 팔이 잘렸다. 팔은 덜 잘린 피부에 매달려 대롱거리고 있었고 성냥은 갑판 위에 떨어져 있었다. 그 녀석은 자기 팔을 보고 어떻게 된 일인지 확인한 다음 왼손으로 성냥을 집어 대포에 불을 댕기고, 그 뒤에 치료를 받으러 사관실로 갔다(전투시에는 후갑판에 있는 사관실이 의무실이 된다).

둘 다 같은 식사조(食事組) 녀석들이다. 그렇지 않으면 이야기를 듣지 못했을 것이다. 같은 식사조에서 두 사람이 죽었는데 이튿날이 되어서야 알았다. 영광의 8월 1일, 내 평생 제일 바빴던 밤은 이렇게 지나갔다.

출처   John Nichol, in E. Fraser, *Sailors Whom Nelson Led*, 1913

59

외눈을 감는 넬슨 제독

1801. 4. 2

코펜하겐에서

윌리엄 스튜어트 대령

넬슨 경은 작전 중 내내 그랬던 것처럼 그 때도 후갑판의 우현(右舷)을 거닐고 있었다. 때로는 대단히 흥분하기도 했지만 대개는 영웅다운 멋진 말 한 마디씩을 주변에 던지고 있었다. 주돛대를 꿰뚫은 포탄 하나가 우리 주변에 파편을 뿌렸다. 그러자 그가 미소를 띠고 내게 말했다. "따끈따끈해지는구먼. 우리 중 누가 어느 순간에 이 세상을 하직할지 모르겠군." 그러다가 현문(舷門) 앞에서 불쑥 걸음을 멈추고는 내 기억에서 지워지지 않을 표정을 띠고 열정적으로 말했다. "허지만 이보게, 나는 누가 억만금을 준다 해도 이 자리 말고 다른 데가 있을 생각이 없지."

39호 신호가 떨어졌을 때 통신장교가 그에게 보고했으나 그는 들었다는 기색이 없이 걸음을 계속했다. 그가 한 바퀴 돌아왔을 때, 신호를 다시 한 번 읽어 드릴까요, 하고 물었다. 넬슨은 대답했다. "필요 없네. 받았다고 회신하게." 선미루(船尾樓)로 돌아가는 통신장교를 넬슨이 불러 세우고 물었다. "16호 신호(작전 계속)가 그대로 걸려 있는가?" 그렇다고 대답하자 넬슨 경은 말했다. "바꾸지 말고 그대로 두게."

그때부터 갑판을 걷는 그의 태도가 상당히 흥분되었는데, 잘라진 팔의 둥치

전투 중에 한쪽 눈을 잃은 넬슨 제독의 모습. 넬슨 제독은 1794년 지중해에서 작전 중에 파편을 맞아 오른쪽 눈 시력을 잃었다.

를 움직이는 모습으로 언제나 알아볼 수 있다. 한두 차례 돌다가 빠른 말씨로 내게 물었다. "지휘선에 걸려 있는 39호 신호가 무슨 뜻인지 아는가?" 내가 가르쳐달라고 하니 그가 대답했다. "작전 중지라는 뜻이지." "작전 중지라니!" 스스로 되풀이하고는 어깨를 흠칫하며 덧붙였다. "나보고 어쩌라는 건지!" 그리고는 폴리 선장을 향해 말했다. "여보게, 폴리, 나는 눈이 하나잖아? 때때로 장님이 될 권리가 있단 말일세." 그리고는 그 특유의 짓궂은 동작으로 외눈 안경을 보이지 않는 눈에 갖다대며 외쳤다. "정말로 신호가 안 보여!"

❖

넬슨은 1794년 지중해에서 작전 중 파편에 맞아 오른쪽 눈 시력을 잃었고, 1797년에는 오른쪽 팔을 잃었다.

넬슨은 나일강 전투 승리(1798)로 국민적 영웅이 되었지만 나폴리 방어에 집착해 지휘명령에 항거한 책임으로 1800년 본국으로 소환되었다가 이듬해 발트해로 출동하는 함대의 부사령관으로 임명받았다. 코펜하겐 앞바다에서 전투가 치열해졌을 때 연로한 총사령관 하이드 파커 제독은 넬슨 부대의 피해가 너무 심하다고 판단해 교전 중지 명령을 내렸으나 넬슨은 이것을 무시하고 계속 싸워 한 시간 후에 압도적인 승리를 거뒀다. 파커는 이것을 훌륭한 작전 수행으로 인정했고, 얼마 후 총사령관 자리를 넬슨에게 물려주었다.

출처   Colonel William Stewart, *Despatches and Letters of Nelson*, Nicolas (ed.), 1845

60

트라팔가르 1

1805. 10. 21 정오

"영국은 그대가 오늘의 임무를 완수할 것을 기대한다"

조지 브라운 중위

전투 준비가 진행되는 동안 나는 선미와 후갑판에 있었는데 넬슨 제독과 블랙우드 선장이 다른 프리깃함 선장들과 함께 열띤 대화를 나누고 있었다. 제독의 손에는 종잇조각 하나가 들려 있었는데 (블랙우드 선장은 이것을 들여다보았다) 이것을 파스코에게 넘겨주기 전에 다른 사람 손을 거쳤는지는 기억나지 않는다. 종이조각을 받은 파스코는 전신부호 책을 펼쳐본 후 제독에게 돌려주었는데, 어휘가 바뀐 것은 이 순간의 일이었다고 나는 확신한다. '믿는다'라는 말이 전신부호 책에 없기 때문에 '기대한다'로 바뀌고 '넬슨'이 같은 이유로 '영국'으로 바뀐 것이 블랙우드 선장의 제안에 따른 것이라고 (확실하지는 않지만) 나는 생각한다. [나폴레옹 전쟁의 결정적 해전이었던 트라팔가르 해전은 카디츠 서쪽에서 벌어졌다. 프랑스–스페인 연합함대의 스물세 척 중 스무 척이 격침되거나 나포된 반면 영국 함대의 손실은 한 대도 없었다.]

출처 Lieutenant George Brown, in E. Fraser, *Sailors Whom Nelson Led*, 1913

1805년 트라팔가르 전투 모습. 넬슨 제독은 프랑스 함대를 추격하여 10월 21일 트라팔가르에서 교전했다. 그의 눈부신 작전 지휘로 적선 스물세 척 중 스무 척이 격침되거나 나포되었지만, 영국 함대의 손실은 한 대도 없었다. 그림: 조지프 말로드 윌리엄 터너

61

트라팔가르 2

1805. 10. 21

메시지의 수신. 아작스호 장교의 기록

엘리스 중위

　나는 주갑판 위의 사람들에게 제독의 메시지를 전하라는 명령을 받았다. 조타수(操舵手) 한 사람에게 수병들을 모아 달라고 하자 그는 "작업 중지! 얘들아, 이리 와서 제독님 말씀 들어라!" 하고 소리쳤다. 사람들이 모이자 나는 상황에 어울리는 위엄을 가지고 메시지를 낭독하며 수병들이 엄숙하게 받아 들을 것을 기대했다.

　그러나 분위기는 그렇지 않았다. 웅얼거리는 녀석들이 있고 어떤 놈들은 내게 들릴 정도의 목소리로 옆 사람과 이야기했다. "임무를 완수하래! 물론 완수하지! 나나 너나 임무완수 안한 적 있냐? 프랑스 놈들 옆에 대 주기만 하면 임무완수를 하는지 어쩌는지 당장 보여주지!" 그러면서도 녀석들은 우렁찬 환성을 올렸다. 이 유명한 메시지의 내용을 이해해서가 아니라 지도자인 제독님을 사랑하고 존경하는 마음에서 나온 환성이라고 나는 믿는다.

❖

　1804년 황제에 즉위한 나폴레옹이 프랑스-스페인 연합함대로 영국을 침공할 계획을 세웠을 때 영국 국민들은 지중해 함대 사령관을 맡고 있던 넬슨에게 희망을 걸었다. 눈을 잃고 팔을 잃으면서도 자신이 참여한 모든 주요 해전을 승리로 이끈 그는 이미 신화적 영웅이 되어 있었다. 그에 대한 부하들의 신뢰와 존경은 절대적이었다.

출처   Lieutenant Ellis, in E. Fraser, *Sailors Whom Nelson Led*, 1913

62

넬슨 제독의 죽음

1805. 10. 21

윌리엄 비티

넬슨 경에게 치명타를 날려 보낸 것은 이 배(러두타블호)였다. 1시 15분경, 전투가 치열한 상황에서 제독은 하디 선장과 함께 후갑판 중앙을 걷고 있었고, 승강구 부근에서 얼굴이 빅토리호의 고물을 향한 상태에서 몸을 돌리고 있을 때 적함의 뒤돛대 쪽에서 운명의 포탄이 발사되었다. 두 배가 뱃전을 맞대고 있는 상황에서 이 포탄은 빅토리호의 중심부에서 뒤쪽으로, 그리고 조금 아래쪽으로 빗나간 것이었는데, 제독이 서 있던 곳에서 15야드도 안 되는 자리에 떨어졌다. 파편은 그의 견장(肩章)을 맞추고 가슴을 관통했다.

그의 오른쪽(적으로부터 먼 쪽)으로 몇 발짝 앞서 나가 있던 하디 선장이 돌아보니 선임하사(세커)가 수병 둘과 함께 갑판에 쓰러진 제독을 일으키고 있었다. 바로 조금 전에 그의 비서가 숨을 거둔 자리였고, 비서가 흘렸던 피가 제독의 옷에 잔뜩 묻어있었다. 심한 부상이 아니길 바란다고 하디 선장이 말하자 제독은 씩씩하게 대답했다. "저놈들이 끝내 나를 해치웠군, 하디." 하디 선장이 "그럴 리가요?" 하자 제독이 말했다. "당했어. 등뼈가 결딴났어."

하디 선장은 수병들에게 제독을 사관실로 모셔 가라고 명령했다. 이 때 이 위대한 인물의 진면목을 보여주는 두 가지 일이 있었는데, 당장 처해 있는 참혹한 상황 속에서도 그의 뛰어난 정신력이 어떻게 발휘되는지를 여실하게 드러낸 일들이다. 사람들이 그를 메고 중갑판에서 계단을 내려가고 있을 때 키의 밧줄이 교체되어 있지 않은 것을 본 그는 그곳에 배치되어 있던 사관생도 한 명에게 후갑판으로 가서 하디 선장에게 상황을 보고하고 바로 새 밧줄을 매게 하라고 명령했다. 이 명령을 내린 후 그는 주머니에서 손수건을 꺼내 얼굴을 덮었다. 이 긴박한 상황에서 자기가 부상당한 사실을 사관실로 옮겨가는 동안 승무원들이 알지 못하게 하려는 뜻이었다……(생략)……

빅토리호 승무원들은 적군의 배가 투항하는 것을 볼 때마다 환성을 올렸다. 한 차례 그런 환성을 들은 넬슨 경이 무슨 일이냐고 걱정스럽게 물었다. 부상을 입고 조금 떨어진 곳에 누워 있던 파스코 중위가 일어나 적선 또 한 척이 항복한 것이라고 대답하자 아주 만족해하는 기색이었다.

제독은 이제 극렬한 갈증을 느꼈다. 자주 물을 달라고 했고, 또 부채질을 해 달라고 하면서 "물, 물", "바람, 바람" 소리를 했다. 물을 마시고 싶거나 시원한 바람을 쏘이고 싶을 때마다 숨을 거두기 불과 몇 분 전까지 이 말들을 거듭했다……(생략)……

군의총관(軍醫總官)이 리버스 씨의 상처를 살펴주기 위해 잠깐 자리를 비웠다가 돌아왔는데, 제독은 그에게 그의 도움이 효과가 있을 사람들에게 돌아가라고 청하며 말했다. "나에게는 더 해줄 수 있는 일이 없으니까." 군의총관은 다른 군의관들이 필요한 일을 충분히 잘하고 있으니 걱정 마시라고 했지만 제독이 거듭거듭 같은 부탁을 했기 때문에 스코트 의사와 버크 씨, 그리고 제독의 하인 두 명에게 제독을 맡겨놓고 자리를 떴다.

몇 분 동안 군의총관이 피크 중위와 리버스 중위의 상처를 치료해 주고 났을 때 제독이 스코트 의사를 보내 그를 불렀다. "아, 비티 의사! 해줄 말을 잊은 것이 있어서 불렀네. 내 가슴 아래쪽으로는 모든 운동능력과 감각능력이 사라졌다는 걸세. 그러니," 제독은 이어 말했다. "내가 오래 버티지 못하리라는 것을 자네는 알겠지."

"자네는 알겠지" 두 마디 말에 힘을 준 것을 보면 제독이 염두에 둔 것이 몇 달 전 빅토리호 함상에서 척추에 치명적인 부상을 입고 비슷한 상태에서 감각과 운동력을 잃고 있던 수병의 경우라는 것이 분명했다. 넬슨 경은 그 문제에 비상한 관심을 가지고 그런 증세의 원인을 알고 싶어 했고, 따라서 설명을 해준 것이었다. 이제 제독은 그 수병과 자신의 상황을 비교해 본 것 같았다. 군의총관은 대답했다. "각하, 이미 말씀해 주신 것입니다."

그러나 사실을 확인하기 위해 손끝 발끝을 검사해 보고 있는데 제독이 말했다. "아, 비티! 더 확인할 필요 없네. 스코트와 버크가 벌써 다 해봤네. 내가 끝났다는 것을 자네는 알지." 군의총관이 대답했다. "국가를 위해 불행한 일입니다만, 각하께 해드릴 수 있는 것이 없군요." 선언과 같은 이 말을 입 밖에 낸 군의총관은 너무나 상심해서 감정을 감추기 위해 몸을 돌리고 몇 발짝 물러났다. 제독이 말했다. "나는 아네. 가슴으로 뭔가 올라오는 게 있어." 그는 왼쪽 옆구리에 손을 가져갔다. "내가 끝났다는 신호가 올라오는 거야."

물을 마음껏 마시게 하고, 스코트 의사와 버크 씨는 부채질을 계속했다. 제독은 이따금 외쳤다. "하느님 고맙습니다! 임무를 완수했습니다." 심한 통증이 아직도 계속되느냐고 군의총관이 묻자 그는 너무 아파서 차라리 죽는 편이 낫겠다고 큰소리로 말했다. 그리고는 목소리를 낮춰서 말했다. "그래도 조금이나마 더 살고 싶은 것이 사람의 마음이지." 몇 분 동안 말없이 누워 있던 그가 나직한 목소리로 불쑥 말했다. "가엾은 해밀턴 부인, 내가 이 꼴이 된 것을 알게 되면 어찌할거나!"……(생략)……

이제 하디 선장이 제독을 보러 사관실에 다시 왔다. 앞서 왔다가 나간 지 50분 만이었다. 갑판을 떠나기 전에 선장은 콜링우드 제독에게 힐스 중위를 보내 넬슨 경이 부상당한 유감스러운 상황을 알렸다. 넬슨 제독과 하디 선장은 다시 악수를 나누었다. 선장은 제독의 손을 쥔 채로 죽음의 문턱에 선 제독에게 뛰어난 승전을 축하했다. 그는 말했다. "완벽합니다." 아직 개별적인 확인이 돼 있지 않기 때문에 투항한 적선이 몇 척인지 확실치 않지만 열세 척 아니면 열네 척이 분명하다고 말했다.

제독은 대답했다. "잘했네, 허지만 나는 스무 척을 약속했는데." 그리고는

1805년 10월 21일 트라팔가르 해전에서 호레이쇼 넬슨 장군은 심각한 총상을 입었지만 그 상태로 네 시간 동안 지휘를 이어나갔다. 그는 영국군의 승리를 확인하고 나서야 눈을 감았다. 그림: 아서 윌리엄 데비스(1807년)

힘을 주어 소리쳤다. "닻을 내리게, 하디, 닻을 내려!" 이에 선장이 응답했다. "각하, 이제는 콜링우드 제독께서 지휘를 맡아 주실 것입니다." "내가 죽은 뒤에 맡아 달라고 해, 하디!" 죽어가는 사령관은 외치며 침상에서 몸을 일으키려고 애를 썼다. 그리고 또 말했다. "닻을 내리란 말이야, 하디." 그러자 하디 선장이 말했다. "신호를 보낼까요, 각하?" "그러게," 제독이 대답했다. "내가 죽지 않는다면 닻을 내릴 거란 말이야."

하디 선장에게 마지막 명령을 내린 열정적 태도와 몸을 일으키려 애쓴 노력으로 미루어 보면 자신의 탁월한 능력을 발휘할 수 있는 한 지휘권을 포기할 생각이 제독에게 전연 없었으며, 자신의 뛰어난 정신력이 떠올려 준 작전을 하디 선장이 계속 수행해 주기를 바란 것이 분명하다. 죽음을 앞둔 고통을 그의 책임감이 이겨낸 것이다.

그 뒤에 제독은 하디 선장에게 이제 몇 분 후면 자신은 이 세상에 있을 것 같지 않다고 말했다. 그리고 목소리를 낮춰 덧붙였다. "갑판 밖으로 나를 내던지지지 말게, 하디." 선장이 대답했다. "천만의 말씀, 그럴 리가 있습니까!" "그렇다면 어떻게 하는 건지 아는 모양이구만." 제독은 말을 이었다. "그리고 내 사랑하는 해밀턴 부인을 좀 보살펴 주게, 하디. 가엾은 해밀턴 부인을. 내게 키스해 주겠나, 하디."

선장이 무릎을 꿇고 제독의 뺨에 키스하자 제독은 다시 입을 열었다. "이제 만족일세. 감사합니다, 하느님. 임무를 완수했습니다." 하디 선장은 1~2분 동안 말없이 생각에 잠겨 서 있었다. 그리고 다시 무릎을 꿇어 제독의 이마에 키스했다. 제독이 물었다. "누군고?" 선장이 대답했다. "하디입니다." 제독이 말했다. "하디, 자네에게 하느님의 축복이 있기를."……(생략)……

이제 그는 갈증이 더 심해져서 "물, 물", "바람, 바람"과 "손, 손"을 거듭해서 외쳤다. "손, 손" 한 것은 스코트 의사가 각하의 가슴을 손으로 문질러주고 있던 것이 그분에게 얼마만큼 도움이 된 모양이었다. 이 말들을 매우 빨리 말했기 때문에 발음이 뚜렷하지 않았다. 그러나 이따금씩 고통을 무릅쓰고 자신의 발성능력을 힘껏 끌어 모아 이 마지막 말을 또렷한 발음으로 말했다. "감사합니다, 하느님. 임무를 완수했습니다." 이 위대한 만족감을 그는 발성이 가능한 마지막 순간까지 거듭해서 토로했다.

———◇———

호레이쇼 넬슨(1758~1805)을 '영국의 충무공'이라 부르는 것은 합당한 일이다. 그는 치열한 투지로 불리한 전투를 승리로 이끈 용장이었으며, 새로운 전술을 효과적으로 개발한 지장(智將)이자, 장병들의 무한한 신뢰와 존경을 이끌어낸 덕장(德將)이었다. 그리고 결정적인 전투에 목숨을 바친 조국의 수호신이었다.

그러나 이순신과 다른 점 두 가지가 눈에 띈다. 하나는 자신이 잘못되었다고 생각하는 명령에 복종하지 않은 것이고, 또 하나는 해밀턴 부인과의 불륜관계다.

1799년 지중해 방어작전과 1801년 코펜하겐 해전에서 그는 명백한 항명 행위를 저질렀다. 첫 번째 행위는 문책을 받았지만 두 번째 행위는 용납되었다. 상황 따라 처분에 차이가 있었다고 볼 수도 있지만, 항명이 절대 용납되지 못하게 된 그 이후의 군대나 문관 우위의 조선 사회에 비해 당시 영국 해군에서는 전투 수행에 있어서 군인 자신의 주도권을 인정하는 경향이 있었다고 이해된다.

나일강 전투 후 나폴리에 주둔할 때 나폴리 주재 영국 공사 윌리엄 해밀턴 경의 부인 에마와 벌인 애정행각은 당시 엽기적인 스캔들이었다. 승전에 대한 포상으로 받은 작위가 남작밖에 안 된다고 불평하며 나폴리 왕으로부터 공작 작위를 받고, 미노르카 방어에 주력하라는 총사령관의 명령에 항거하며 나폴리 방어에만 매달리던 그를 본국에서는 '나폴리의 영광에 도취해 통제를 벗어나 버린 인물'로 보지 않을 수도 없었을 것이다.

그러나 이 글에서도 보이는 것처럼 해밀턴 부인에 대한 지극했던 사랑은 조국에 대한 지극한 사랑과 서로 통하는 것으로 널리 인식되었고, 특히 그 무렵부터 고조된 낭만주의 사조 속에서는 영웅의 모습을 더욱 미화하는 요소로도 작용했다.

출처 Dr William Beatty, *Despatches and Letters of Nelson*, Nicolas (ed.), 1845

63

엘긴마블스의 첫 참견

1808 여름

B. R. 헤이든

    그래서 우리는 파크 레인으로 갔다. 홀을 지나 트인 정원으로 나갔다가 축축하고 지저분한 창고로 들어갔다. 그 안에 대리석 조각품들이 볼 수 있고 만질 수 있게 배열되어 있었다.

    제일 먼저 내 눈길을 사로잡은 것은 여성상 그룹 중 한 석상의 손목이었다. 그 손목에는 여성적인 형태이기는 하지만 요골(橈骨)과 척골(尺骨)의 모습이 드러나 있었다. 나는 그것을 보고 놀라지 않을 수 없었다. 고대 조각품의 여성상 손목에 그런 것들이 나타나 있는 것을 본 적이 없기 때문이었다.

    팔꿈치로 눈길을 돌려 보니 외부 과상돌기(顆狀突起)가 자연의 모습 그대로 표현되어 있었다. 팔은 힘을 주지 않은 상태로 부드러운 부위가 풀어져 있는 것을 알아볼 수 있었다. 자연과 관념의 결합. 고급 예술에서 너무나 아쉬운 점으로 내가 생각해 왔던 바로 이 결합이 여기 내 눈앞에 당당하게 펼쳐져 있는 것이 아닌가!

    가슴이 마구 울렁거렸다. 더 이상 보는 것이 없었더라도 남은 일생 동안 자연과 나를 맺어 줄 만한 힘을 이미 본 것에서 얻을 수 있었다.

    그런데 이제 테세우스 상으로 돌아서니 모든 형태가 동작과 휴식에 의해 변형된 것을 알 수 있었다. 그 등의 양쪽 모습에 차이가 있었다. 한쪽은 앞으로 뻗쳐진 어깨날을 따라 늘려져 있었는데, 또 한쪽은 팔꿈치를 대고 쉬고 있는 상태에서 어깨날이 척추 가까이로 밀려져 있는 데 따라 등의 근육이 뭉쳐져 있었다. 배는 평평했다. 앉은 자세에서 내장이 골반 속으로 밀려들어가 있기 때문이었다. 일리수스 상을 돌아보니 비스듬히 누워 있는 자세의 그 석상은 배가 튀어나와 있었다.

그리고 또, 격투 중인 메토피의 석상을 보니 한쪽 겨드랑이에는 순간적으로 내뻗는 동작에 따라 근육이 솟아올라 있었지만 그럴 필요가 없는 다른 쪽 겨드랑이에는 그 근육이 보이지 않았다.

내가 본 것은 사실에 있어서, 최고로 영웅적인 예술양식이 일상생활의 모든 필수적 세부사항과 결합된 모습이었으며, 한순간에 받은 그 충격은 영원히 사라지지 않을 것이다.

◆

7대 엘긴 후작 토머스 브루스(1766~1841)는 1799~1803년간 터키 주재 영국 특별사절로 있는 동안 터키 당국으로부터 그리스 유물을 조사하고 반출할 허가를 얻었다. 그리하여 1802~12년 사이에 다량의 조각품을 영국으로 반출했고, 여기에 엘긴마블스(Elgin Marbles)라는 이름이 붙었다.

그리스와 터키 사이의 전쟁으로 파괴될 위험을 피하기 위해서라고 엘긴은 이 반출에 명분을 내세웠지만 당시 영국에서는 두 방면에서 엘긴의 행위에 대한 비판이 있었다. 한쪽에는 그리스 미술품이 별 것 아닌데 거기에 쓸데없는 노력과 경비를 들인다는 비난이 있었고, 다른 한쪽에서는 미술적 가치를 인정하면서 그것을 반출한 행위를 범죄로 비난한 사람들이 있었다. 이 공격에 앞장선 시인 바이런 경은 〈미네르바의 저주〉라는 시를 쓰기까지 했다.

미술품의 가치를 공인받기 위해 엘긴이 보관중인 수집품을 제한적으로 공개했을 때 참견한 화가이자 작가 헤이든(1786~1846)이 받은 충격을 이 글로 남겨놓았다.

대영박물관에 소장되어 있는 엘긴마블스는 아테네 아크로폴리스 언덕의 파르테논 신전 등에 남아 있던 대리석 조각품들을 1800년대에 영국 외교관 토머스 엘긴 경이 뜯어간 것이다. 1983년 그리스 정부가 반환을 요구한 이래 그 귀속이 다시 문제되고 있다. 2014년 유네스코가 중재에 나섰지만 대영박물관 측은 유네스코가 국가정부 간의 관계에만 관여하는 기구라는 이유로 중재를 거부하고 있다.

1816년에 의회의 특별위원회가 엘긴의 반출 행위를 정당한 것으로 인정해 주면서 국가가 인수하는 방안을 권유해 이 수집품은 3만 5,000파운드의 대금으로 왕실에 넘어갔다. 엘진이 실제 들인 경비의 절반도 안 되는 금액이었다고 한다. 엘긴은 재주부리는 곰이 된 셈이다.

1983년 그리스 정부가 반환을 요구한 이래 그 귀속이 다시 문제가 되고 있다.

출처   B. R. Haydon, *Autobiography and Journals*, 1847

64

홀리사 전투가 끝난 후

1808. 8. 17

(소총병) 해리스

소총대(小銃隊)는 오늘 정말로 잘 싸웠고, 많은 적의 병사들이 목숨을 잃었다. 병사들은 사기가 높았고, 앞에 있는 적을 밀어낸 것을 기뻐했다. 이 시간쯤 되었을 때 조지프 코컨은 내 옆에서 매우 열심히 장탄(裝彈)과 사격을 계속하고 있었다. 열기 속에서 사격에 열중하다가 목이 말랐는지 수통을 들어 입으로 가져갔다.

"한 잔 하세 그려." 그는 말하며 물 한 모금을 입에 넣었다. 바로 그때 탄환 하나가 수통을 뚫고 그의 머리에 구멍을 내 그를 즉사시켰다. 거의 동시에 그 옆의 또 한 사람이 다리에 탄환을 맞고 쓰러졌다.

이 무렵 전투는 진짜로 치열한 상황이었고, 가엾은 우리 전우들 사이에서 탄환은 즐겁게 뛰놀며 자기 할 짓을 하고 있었다. 시먼즈란 이름의 한 친구는 얼굴에 정면으로 포탄을 맞아 머리 없는 동체(胴體)가 땅에 쓰러졌다. 커다란 포탄이 정확하게 우리들 사이의 땅에 떨어져 구르는 것이 많아서 제대로 피하기가 쉽지 않았다. 이 날 내 눈으로 목격한 희생의 사례는 얼마든지 많이 있지만 위에 적은 것으로 충분할 것이다.

전투 후 점호를 부를 때 남편이 돌아오지 않은 여인들은 전선(前線)까지 쫓아 나와 생존자들에게 남편의 소식을 아는지 물어보았다. 다른 이름들 사이에서 코컨의 이름을 부르는 여자 목소리가 있었지만 응답이 없었다. 그 이름이 내 귀를 때렸을 때 나는 이름을 부른 여자를 바라보았다. 불쌍한 여자는 우리 앞에 울며 서서 남편 소식을 더 캐묻기가 두려운 기색이었다. 그 이름에 대답하는 사람도 없었고, 그의 운명을 이야기해 주는 사람도 없었다.

나는 코컨이 수통의 물을 마시다가 쓰러지는 것을 보았지만 (앞에서 이야기한 대로) 앞에서 울고 있는 불쌍한 여자를 보면서 그의 죽음을 이야기해 주러 차마 나설 수 없었다. 마침내 리치 대위가 그 여자를 보고 우리 중대원들에게 큰소리로 물었다. "코컨이 어떻게 되었는지 아는 사람이 여기 아무도 없는가? 있다면 바로 나서서 말을 해다오."

이 명령에 나는 즉각 내가 본 사실을 설명하고 코컨이 어떻게 죽었는지 이야기했다. 잠시 후 코컨 부인은 남편이 쓰러진 곳을 직접 보고 싶다고 말하고, 그가 아직 살아있을지 모른다는 희망을 가지고 내게 같이 가줄 것을 부탁했다. 내 설명을 듣고도 그 여자는 그가 아직도 살아있으리라는 믿음을 버리지 않고 있었다.

"찾을 수 있을 것 같은가?" 여자의 부탁을 받은 리치 대위가 내게 물었다.

분명히 찾을 수 있다고 나는 대답했다. 전투 중에 포탄 피할 곳을 찾느라 여러 가지를 눈여겨 보아 두었기 때문에 다시 찾는 데 아무 문제가 없을 것이었다.

"그렇다면 가서," 대위가 말했다. "가엾은 저 여인에게 그 자리를 일러 주게. 시체를 저렇게 꼭 찾고 싶어 하니."

그래서 나는 싸움터를 다시 가로질러 갔고 여자는 울면서 내 뒤를 따라왔다. 그 남편의 시체가 누워 있는 그곳에 곧 도착해 여자에게 가리켜 보였다.

모든 희망이 수포로 돌아갔음을 여자는 곧 깨달았다. 굳어진 시체를 끌어안았다가 일어난 여자는 두 손을 모아 쥐고 눈물을 흘리면서 몇 분 동안 남편의 망가진 얼굴을 응시했다. 주머니에서 기도서를 꺼내 무릎을 꿇고 죽은 자를 위한 기도문을 몇 번이고 거듭해서 외웠다. 기도를 마친 여자는 마음이 훨씬 편안해진 것 같았다. 이 기회를 틈타 나는 부근에 있던 공병(工兵)과 몇 사람을 불러 함께 구덩이를 파고 얼른 시체를 매장했다.

코컨 부인은 남편이 속해 있던 중대로 나와 함께 돌아와 우리 가까이 있는 관목 덤불 위에 몸을 눕혔다. 코컨이 속했던 중대는 이제 (슬픔에 빠진) 그 부인의 새 가정이 되었다. 비미에라로 행군하는 우리와 똑같은 수고를 나누었다. 그곳의 전투 중에도 우리를 떠나지 않고 있다가 우리와 함께 리스본으로 갔고, 거기서 영국으로 돌아가는 배를 얻어 탔다.

———◇———

이베리아 전역(戰役)은 절정에 올라 있던 나폴레옹의 위세가 무너지기 시작하는 돌파구가 되었다. 스페인은 1796년 이래 프랑스의 통제를 받아들이고 있었지만 영국을 상대로 하는 오랜 봉쇄정책의 피해가 쌓인 위에 나폴레옹의 동생 조셉이 1808년 5월 스페인 왕으로 즉위하자 반발을 일으키기 시작했다.

나폴레옹에 대한 스페인의 항거는 오랫동안 수세에 몰려 있던 영국에게 모처럼 공세를 펼 수 있는 기회를 주었다. 나폴레옹은 이베리아 사태를 중시하여 1808년 말부터 몇 달 동안 스페인에 와 있으면서 직접 진압에 나섰지만 다른 방면의 위협이 계속 제기됨에 따라 오래 머물 수 없었다. 나폴레옹이 떠난 후 아서 웰슬리 경(1769~1852, 뒤에 웰링턴 공작이 됨)이 영국군 사령관으로 건너와 나폴레옹 군에 효과적으로 대응하는 전술을 개발해 가며 1813년까지 프랑스군을 이베리아 반도에서 몰아냈다.

홀리사 전투는 소규모 영국군이 처음 포르투갈에 상륙한 뒤 있었던 전투다. 병사의 가속(家屬)이 싸움터에까지 따라와 뒷바라지하는 모습이 오늘날의 눈에는 이색적으로 보인다. 당시에 사라져가고 있던 풍습이었다.

출처   Rifleman Harris, from Sir John Kincaid, *Recollections of Rifleman Harris in Adventures in the Rifle Brigade*, 1830

65

영국군의 코루냐 후퇴

1809. 1. 1~4

로버트 블래키니

편저자 주 | 스페인에서 나폴레옹 군에 맞서던 존 무어 경은 수 장군 휘하의 프랑스군에 몰려 지치고 사기가 떨어진 군대를 이끌고 코루냐로 후퇴하지 않을 수 없게 되었다. 이 글에 나오는 베네벤테에서 무어 경은 에슬라강을 무사히 건너는 데 성공하고 다리를 파괴했다.

벰비브레에서는 습격과 약탈당한 지 얼마 안 되는 장소의 특징을 모두 볼 수 있었다. 모든 문과 창문은 열려 있었고 자물통과 빗장은 부서져 있었다. 포도주가 강물처럼 집 안에서 길거리로 흘러나와 있었고, 길거리에는 군인들과 (그중에는 가지고 있는 화승총이 망가진 자들이 많았다) 여자들, 아이들, 스페인 도망병들, 그리고 노새몰이꾼들이 떼를 지어 누워 있었는데, 여기저기서 팔이나 다리가 한 번씩 움직이는 것이 보일 뿐, 모두 죽은 사람처럼 움직임이 없었다. 그들의 입술과 콧구멍에서 새 나오는 포도주는 총에 맞은 상처처럼 보였다. 어느 곳에나 박커스의 추종자들이 그 봉헌(奉獻)의 여러 단계를 보여주고 있었다. 정신을 잃고 쓰러진 자들이 있는가 하면 비틀거리는 자들이 있었고, 어떤 자들은 새로운 봉헌을 준비하기 위해 커다란 술통에 총검으로 구멍을 내면서

1809년 1월 스페인에서 나폴레옹 군에 맞서던 존 무어 경은 술트 장군 휘하의 프랑스군에 몰려 지치고 사기가 떨어진 군대를 이끌고 코루냐로 후퇴했다. 그림: 윌리엄 히스(1809년)

얼마나 많은 술이 창고 바닥으로 흘러나와 버려지는지는 아랑곳하지 않고 있었다. 배경음향도 꼭 들어맞았다. 지금의 흥겨운 상태를 보여주는 야비한 고함소리가 어제 마신 술을 토해내면서 부어오른 입술에서 새나오는 신음소리와 어울렸다. 더러운 욕설이 이곳의 공용어였다. 이런 장면은 길게 묘사하기에 너무 구역질이 난다.

그 날 [1809. 1. 1] 우리가 대부분의 시간을 쓴 것은 술 취한 낙오병들을 집 안에서 길로 끌어내 움직일 수 있는 자들을 최대한 많이 앞으로 보내는 일이었다. 다음날 아침에도 같은 일을 했지만, 행군은커녕 제대로 서 있지도 못하는 자들에게 별 효과가 없었다.

마침내 기병들이 적군의 접근을 알리자 존 무어 경은 결단을 내리지 않을 수 없었다. 우리 앞 몇 마일 위치에서 합쳐지는 폰체바돈 가도를 따라 나폴레옹 군대가 진격해 올 경우 진로가 차단될 것을 두려워한 무어 경은 예비대가 기병대 뒤를 따라 행군하도록 명령하고 낙오병들은 자기네 운명에 남겨두었다. 여기서 지적하지 않을 수 없는 것은 앞서 간 부대가 남긴 나쁜 분위기와 술을 우리 사단이 물려받았기 때문에 벰비브레에 도착할 때보다 훨씬 약해진 전력을 가지고 떠나게 되었다는 사실이다.

우리가 떠난 지 얼마 안 되어 적군 기병들이 그곳에 아주 가까이 왔다. 그러자 죽은 것같이 꼼짝 못하던 낙오병들, 우리가 아무리 일으키려 해도 정신을 못 차리던 그들이 갑자기 닥쳐온 위험에 놀라 손발을 놀릴 능력을 일부분씩 회복했다. 길거리는 순식간에 그들로 채워졌다. 그들은 휘청대고 비틀대고 비명을 지르며 무기를 버렸다.

겁에 질린 여인들은 아기를 내밀어 보이며 방어력 없는 자에게 자비를 베풀 것을 소리쳐 애원했다. 그러나 예의바르고 문명화된 나라의 기병대는 진군해서 오른쪽이고 왼쪽이고, 술이 취했는지 어떤지, 남자인지 여자인지, 어린애인지 어른인지, 가리지 않고 칼을 휘둘렀다. 주정뱅이, 여자, 아이들이 구별 없이 칼을 맞고 쓰러졌다. 베네벤테의 패전에 대한 비열한 복수였다······(생략)······

이 날의[1월 4일] 행군을 통해 무절제한 방종과 무모한 방탕이 군대에 어떤 불행과 고통을 가져다주는지 처절하게 드러났다. 길가에는 시체가 된, 그리고 시체가 되어 가는 많은 병사들이 누워 있었다. 기병대의 말도 끊임없이 총살당했다.

연민과 분노의 모든 감정을 불러일으킨 일 한 가지만을 이야기하겠다. 에레리아스에서 7~8마일 떨어진 곳에서 일단의 병사들이 눈 속에 누워 있는 것을 보고 나는 즉각 그들을 일으켜 소속부대에 돌려보내려 했다. 그들은 길가에서 멀지 않은 곳에 있었다. 다가가 보니 서글픈 광경이 나를 기다리고 있었다. 피곤의 결과인지, 악행의 결과인지, 아니면 두 가지가 합해진 결과인지, 세 남자와 여자 하나, 아이 하나가 죽어 있었다. 동그라미를 그리며 머리를 동그라미 안쪽으로 두고 쓰러져 있는 그들의 시체 가운데에는 부서진 럼주 통이 있었고 거기서 흘러나온 술이 아직도 술웅덩이를 이루고 있었다. 그 불쌍한 인간들은 자기 몸이 받아들일 수 있는 것보다 많은 술을 퍼 마신 것에 틀림없었다. 술

취한 끝에 잠이 따라왔고, 그 잠에서 깨어나지 못한 것이었다. 그들은 얼어죽어 있었다.

출처 Robert Blakeney, *A Boy in the Peninsular War*, Julian Sturgis (ed.), 1899

66

코루냐에서 포로로 잡힐 때

1809. 1. 16

찰스 네이피어 경

나는 네 명의 병사에게[50연대와 52연대의 아일랜드 사병들] 말했다. "나를 따르라. 저들을 뚫고 나갈 것이다." 그리고는 소리를 지르며 앞으로 뛰쳐나갔다. 프랑스 병사들은 멈춰 있었는데 이제 우리에게 달려들었고, 뛰쳐나갈 때 다친 다리가 말을 듣지 않는 동안 등에 일격을 느꼈다. 그 일격에 나는 고통 대신 추위를 느끼면서 땅에 엎어졌다.

몸을 돌리며 일어설 때 나를 찌른 자가 다시 칼을 휘두르는 것을 보았다. 나는 군도(軍刀)를 놓고 찔러 오는 총검의 뿌리를 잡아 옆으로 당기면서 그 탄력을 이용해 몸을 일으키고 상대방의 화승총을 두 손으로 붙잡은 채 일어서기 위한 목숨을 건 힘겨루기에 매달렸다. 상대방의 동료들이 이제 몰려들었고, 함께 있던 네 병사가 총검에 찔려 죽으면서 지르는 비명소리가 들려왔다.

길을 올라오던 두 무리의 적군이 이르기도 전에 금세 총검 세례를 받은 것을 보면 우리는 등 뒤에서 공격을 받은 것 같았다. 문 하나를 등지고 서 있었는데, 그 문으로 몇 명이 쏟아져 나온 모양이었다. 길을 올라온 적군은 나를 찌른 적병과 힘겨루기를 시작할 무렵 그곳에 도착했다.

목숨을 건 힘겨루기에서 내 힘이 더 세어 상대방을 그 동료들과 내 사이로 몰아붙였는데, 그 동료들은 우리가 진격해 올 때 죽은 체하고 있던 것을 내가 살려준 바로 그 놈들이었다. 그들은 총대로 나를 사정없이 두들겨 패고 있었는데, 사정을 살펴보니 구해 줄 사람도 없고 숫자로 밀리는데다가 다리 상처의 고통도 심해 항복한다는 프랑스말로 "저 머 랑 Je me rend!" 외쳤다. 그 표현을 정확하게 기억한 것은 제임스라는 이름의 뚱뚱한 군인이 항복한다고 "제미 라운드 Jemmy round(뚱뚱한 제임스)!"라 외쳤다는 우스개 이야기 덕분이었다.

코루냐 전투 참전 당시의 기록을 남긴 찰스 네이피어 경의 은판 초상화. 제공: 윌리엄 에드워드 킬번

그런데도 그들이 살려줄 기색을 보이지 않았으므로 총을 붙잡고 늘어진 채 나를 처음에 찌른 조그만 이탈리아 병사의 몸을 방패삼아 내 몸을 지키기에 바빴다. 그러나 얼마 안 있어 나는 정신을 잃었다. 정신을 잃었다기보다는 피로에 지쳐 움직일 수 없게 되었던 것 같다.

그 순간에 키가 크고 얼굴이 검은 사내가 하나 나타나서 왼손으로 총 끝을 붙잡고 놋쇠자루가 달린 칼을 휘둘러 내 머리를 세게 한 방 내려쳤다. 모자가 굴러떨어져 있었기 때문에 내 머리는 맨머리였다. 이 한 방에 끝장날 것을 각오한 나는 고개를 숙여 그 일격이 등에 떨어지든지, 적어도 왼쪽 관자놀이보다는 살이 두터운 곳에 맞기 바랐다.

다행히 칼은 머리 꼭대기에 떨어져 뼈까지 베어 들어가기는 했지만 뼈를 깨뜨리지는 못했다. 눈에서 별똥이 튀고 무릎을 꺾으면서 눈앞이 보이지 않았지만 감각을 아주 잃지는 않고 총에 계속 매달려 있었다.

한순간 뒤 정신을 차려 보니 혈색 좋고 잘생긴 젊은 프랑스인 고수(鼓手)가

나를 다시 내려치려는 얼굴 검은 이탈리아인의 팔을 잡고 있었다. 내 항복은 그때 받아들여진 것이었다. 그러나 그들은 내 손목시계와 지갑을 내 주머니에서 꺼내고 목에 걸고 있던 머리카락이 든 작은 함(函)을 빼앗아 가느라고 내 바지를 찢었다. 이 짓을 하는 동안 그들 중 둘이 상처를 입었고, 기베르란 이름의 고수는 나를 칼로 쳤던 이탈리아인에게 나를 후방으로 데려가라고 명령했다.

나는 혼자 걸을 능력이 없어서 이탈리아인에게 기대고 있었는데 움직이기 시작할 때 그가 어깨 너머로 기베르 쪽을 훔쳐보는 것을 눈치챘다. 인상이 고약한 그가 의심스러웠기 때문에 나도 기베르 쪽을 쳐다봤다. 기베르가 우리 쪽에 등을 돌리고 걸어가고 있는 것을 확인한 이탈리아인은 칼집에 꽂았던 칼을 도로 뽑았다.

나는 고수를 향해 소리쳤다. "이 나쁜 놈이 나를 죽이려 드네! 용감한 프랑스인은 포로를 죽이지 않지!" 기베르가 도로 달려와 이탈리아인을 호되게 욕하고 거의 넘어질 정도로 떠밀어 쫓아버리고는 내 허리에 팔을 감아 나를 부축했다. 마음 넓은 이 프랑스인은 나를 죽이고자 기를 쓴 이탈리아인으로부터 두 번에 걸쳐 내 목숨을 구해준 것이다.

---◇---

나폴레옹이 1808년 말 이베리아 전역에 직접 뛰어들면서 존 무어 경이 지휘하는 소규모 영국군은 위기에 빠졌다. 여기 나오는 코루냐 전투의 승리 덕분에 영국군 주력은 무사히 스페인을 떠날 수 있었지만 무어 경 자신이 부상으로 죽는 등 큰 피해를 입었다. 하급 장교로 이 전투에 참가한 기록자 찰스 네이피어 경(1782~1853)은 1840년대에 인도에서 큰 활약을 벌여 '신드(지금의 파키스탄 지역)의 정복자'라는 명성을 얻었다.

출처   Sir Charles Napier, in W. F. Butler, *Sir Charles Napier*, 1890

67

나폴레옹의 모스크바 입성

1812. 9. 14

클로드 프랑수아 드 메느발 남작

이 거대한 도시가 갑자기 나타나는 것은 기묘하고도 인상적인 광경이었다. 사막과 헐벗은 평원의 끄트머리에 솟아오른, 유럽보다 아시아의 분위기를 풍기는 이 도시를 덮고 있는 것은 1,200개의 첨탑(尖塔)과 하늘색 둥근 지붕으로, 그 위에는 황금색 별이 수없이 그려져 있고 도금(鍍金)한 사슬로 서로 이어져 있었다.

이 정복은 많은 희생이 따른 것이었지만 당시의 나폴레옹은 그곳에 평화를 가져올 수 있으리라는 희망으로 자신을 위안하고 있었다. 제일 먼저 입성(入城)한 나폴리 왕은 황제에게 전령을 보내 이 도시가 버려진 것 같이 보이며 군(軍), 민(民) 어느 쪽의 책임자도, 귀족이나 성직자도 모습이 보이지 않는다고 전달했다.

러시아군은 주민의 대다수를 행군 대오에 함께 끌고 후퇴한 것이었다. 이 명령을 회피했던 러시아인 및 외국인 상인들은 황제를 찾아와 그들이 위협을 겪고 있다고 생각하는 약탈을 막아달라고 청원했다. 시내에는 수천 명의 하층민들, 어떤 일을 겪어도 잃을 것이 없는 사람들만이 남아있었다.

나폴레옹은 9월 14일 밤을 도로고밀로프 구역에서 지내고 이튿날에야 모스크바 성에 들어갔다. 이 입성에는 큰 도시의 탈취에 으레 따르는 격동이 보이지 않았다. 대포와 탄약차가 굴러가는 소리 외에는 거리의 정적을 깨뜨리는 아무 소리도 들리지 않았다. 모스크바는 깊은 잠에 빠져 있는 것처럼 보였다. 아라비안나이트에 나오는 마법에 걸린 도시처럼……. 우리가 지나간 길에는 대부분 보기 좋은 모양의 집들이 늘어서 있었는데 창과 문은 모두 닫혀 있었다. 궁궐과 회랑, 교회와 아름다운 건물들이 유럽풍과 아시아풍의 사치를 함께 뿜내며 매우 검소한 주택들 틈에서 불쑥불쑥 솟아 있었다. 교역을 통해 부를 쌓고 부유한 귀족이 많이 사는 거대한 도시의 안락과 풍요를 모든 것이 보여주고 있었다. 우리가 들어갈 수 있었던 몇 채의 커다란 집은 모두 자리도 잘 잡고 가구도 잘 갖춰서 정말 탄복할 만한 곳도 많았다. 거기 살던 사람들이 자기 집을 영영 포기한 것으로는 보이지 않았다.

황제는 곧장 크렘린으로 향했다. 도시 중앙의 언덕 위에 자리 잡은 성채로, 이를 둘러싼 방어용 성벽에는 일정 간격마다 대포를 설치한 탑이 세워져 있었다. 크렘린은 그 자체가 또 하나의 도시였다. 그 안에는 황궁과 무기고, 의사당, 문서보관소, 주요행정기관, 그리고 수많은 교회당이 있는데, 그 교회당들 안에는 흥미로운 역사자료와 왕의 대관식에 쓰이는 집기들, 그리고 터키인들에게 빼앗아 온 노획물과 깃발 등이 가득 들어 있다. 이것은 차르의 능묘 역할을 하는 어느 중요한 교회에 들어 있다.

이 웅대한 성전을 지배하는 장엄한 분위기는 절반쯤 야만스러운 것으로 원시적인 성격을 가진 것이다. 성경의 중요한 장면들을 부조로 새긴 두터운 금판과 은판들이 그 벽을 덮고 있다. 비잔틴 양식의 거대한 은제 등들이 건물의 아치에 매달려 있고, 역시 은제의 거대하고 화려한 샹들리에들이 바닥에 놓은 받침대 위에 세워져 있다. 이 성전에는 또한 성 루가가 그렸다고 전해지는 성모초상이 있는데, 그 그림의 틀은 진주와 보석으로 장식된 것이다. '이반의 탑'이라 불리는 높은 탑 위에 설치된 거대한 십자가 중심부에는 원(原) 십자가의 한 조각이 든 순금의 십자가가 새겨져 있다. 십자가를 비롯해 움직일 수 있는 많은 신기한 물건들은 크렘린을 떠나 파리로 옮길 계획이었다.

1819년 9월 15일 나폴레옹이 모스크바에 입성했을 당시 의문의 화재가 발생했는데, 그 규모가 몹시 컸다. 이 대화재는 급속히 확산되어 사흘 동안 모스크바의 4분의 3을 삼켜버렸다. 그림: 애던 앨브리치 (1841년)

황제가 크렘린으로 들어간 직후에 키타이고로드에서 불이 났다. '중국 도시'라고도 불리는 회랑으로 둘러싸인 이 거대한 시장 안에는 커다란 가게와 창고 안에 숄과 모피, 인도와 중국의 얇은 직물 등 온갖 종류의 귀중한 상품이 잔뜩 쌓여 있었다. 불을 끄려는 노력이 실패하고 있는 동안 이 시장의 불길을 신호로 삼은 것처럼 온 도시의 여러 곳에서 한꺼번에 불이 났다.

이 대화재는 급속히 확산되어 사흘 동안 모스크바의 4분의 3을 삼켜버렸다. 1초가 지날 때마다 지금까지 괜찮던 집 하나에서 연기가 나기 시작하고 뒤이어 불꽃이 일어나는 것을 볼 수 있었다. 결국 시내의 모든 집이 타오르게 되었다. 도시 전체가 하나의 아궁이가 되어 불길이 갈래갈래 하늘을 찌르며 지평선을 밝히고 타오르는 열기를 확산시켰다. 불길의 덩어리들이 서로 합쳐지면서 세찬 바람을 타고 모든 방향으로 급속히 퍼져나갔다. 벽이 무너지고 가게와 집들에 들어 있던 가연물질이 폭발하면서 찢어지는 소리와 폭발음이 불길 속에서 계속되었다.

이 우렁찬 소음과 무서운 폭발 틈바구니에 곁들여진 것은 비참한 인간들의 비명과 고함이었다. 도둑질하러 들어간 집에서 불길에 둘러싸인 유민들이 길로 겨우 빠져나와도 기다리고 있는 것은 더 빠져나갈 길이 없는 화염의 미로였다. 이 끔찍하고도 장엄한 광경 앞에 충격에 싸여 움직이지도 못하고 입을 떼지도 못하는 채 바라보고 있는 우리 마음속에는 어떤 도움도 줄 수 없다는 절대적 무력감이 채워져 있었다.

◇

러시아는 1807년의 틸시트 조약 이래 나폴레옹의 프랑스와 동맹관계에 있었지만 시간이 지남에 따라 불만과 불안이 늘어나 1811년부터 갈등을 드러내게 되고, 결국 1812년 7월 스웨덴, 영국과 함께 프랑스에 적대하는 동맹을 맺기에 이른다.

러시아 정벌이 불가피하다고 판단한 나폴레옹은 1812년 6월까지 60만의 대군을 바르샤바 대공령(大公領)에 모으고 그중 45만이 출정에 나섰다.

러시아군은 20만에 미달하는 병력을 두 개의 군단으로 편성해 진격하는 나폴레옹 군을 남북에서 견제하며 그 전력을 소진시켰다. 초토작전에 말려든 나폴레옹 군은 보급에 어려움을 겪으면서도 진격을 계속해 9월 중순 모스크바에 입성했지만 그 도시마저 초토화되어 있었다. 한 달 후 나폴레옹군은 철수를 시작했지만 혹한을 뚫고 12월 중순 바르샤바에 도착했을 때는 병력이 3만으로 줄어 있었다. 전투에 이기고도 전쟁에 진 대표적 사례다. 이를 계기로 군사적 천재로서 나폴레옹의 성가가 흔들리게 되었고, 그의 제국도 확연한 내리막길에 접어들게 되었다.

출처   Baron Claude François de Méneval, *Memoirs to Serve for the History of Napoleon I*, tr. R. H. Sherard, 1894

68

굴뚝소년의 죽음

1813. 3. 29

1817년 의회 굴뚝소년 위원회에서 채택한 증거

1813년 3월 29일 월요일 아침, 그릭스라는 이름의 굴뚝 청소부는 어퍼 템스 스트리트에 있는 캘버트 회사 양조장의 조그만 굴뚝 하나를 청소하러 갔다. 그는 자기 밑에서 일하는 아이들 중 하나를 데리고 갔는데, 여덟 살가량의 나이로 토머스 피트라는 이름이었다.

그날 아침 두 시에 피웠던 불은 그릭스와 아이가 여덟 시에 도착할 때까지 타고 있었다. 난로는 작은 것이었고 연도(烟道)가 조금 들어간 곳에 쇠살대에서 삐져나온 파이프 하나가 가로지르고 있었다. 이 사실을 알고 있던 청소부는 (그 양조장의 굴뚝을 몇 해 동안 청소해 왔으므로) 지붕의 기와 한두 장을 깨뜨리고 아이에게 굴뚝을 내려가도록 했다.

그 결과는 짐작할 만한 것으로, 아이는 곧 죽었고, 형언할 수 없는 고통을 겪었을 것이 분명하다. 굴뚝은 매우 좁은데다가 열기가 많이 남아 있었기 때문에 아이가 설령 새빨갛게 달궈져 있었을 것이 틀림없는 쇠살대의 파이프까지 오지 않았더라도 되돌아 올라가는 것이 불가능했을 것이다. 이 사실은 검시(檢屍)과정에서 명백하게 확인된 것이 아니지만 시체의 상황으로 보면 아이가 파이프에 눌린 것은 피할 수 없었던 사실로 보인다.

아이가 내려간 후 굴뚝 위에 남아 있던 청소부는 곧 뭔가 잘못되었다는 사실을 깨닫고 아이에게 도로 올라오라고 했다. 아이는 "올라갈 수가 없어요, 아저씨. 저는 여기서 죽을 수밖에 없어요" 하고 대답했다. 아이가 굴뚝 안에 갇혔다는 경보(警報)를 즉각 양조장에 전했고, 가까이서 일하고 있던 벽돌공 하나가 불려와 난로 바로 위의 벽 일부를 부숴 아이를 꺼낼 수 있는 구멍을 뚫었다. 의사도 불려왔지만 아이를 살려내려는 모든 노력은 효과를 보지 못했다.

굴뚝 청소에 동원되는 아이들은 여섯 살 이하의 어린아이들이 많았다고 전해진다. 그들은 더위와 밀실 공포에 극심하게 시달렸고, 화상과 질식, 추락으로 사망하는 경우가 허다했다.

시체를 검사해 보니 여러 가지 화상이 나타났다. 다리 중에서 살이 많은 부위와 발이 제일 많이 타 있었다. 굴뚝소년들이 움직이는 데 제일 효과적으로 쓰이는 부위, 즉 무릎과 팔꿈치는 뼈까지 타들어간 것으로 보였다. 이것으로 볼 때 불쌍한 희생자는 상황이 좋지 않은 것을 깨닫자마자 이를 벗어나기 위해 최대한 애를 쓴 것으로 보였다.

출처　Anon., *Minutes of Evidence Taken Before the Parliamentary Committee on Employment of Boys in Sweeping of Chimnies*, 23 June 1817

69

니벨의 부상자

1813. 11. 16

로버트 블래키니

편저자 주 | 스페인에서 프랑스군을 몰아내는 작전의 일환으로 웰링턴 장군은 니벨강 변에 있는 수 장군의 진지를 엄습했다. 연합군의 피해는 2,700명, 프랑스군은 4,000명가량이었다.

요새 밑에 도착해 보니 적군은 5피트가량으로 자른 나무의 가지가 밖으로 향하게 늘어선, 일종의 목책(木柵)을 규칙적으로 설치하고 그 뒤에 웅크리고 있었다. 나는 즉각 돌아서서 경례를 받은 다음, 온 길을 올 때보다 갑절의 속도로 되돌아갔다.

몽고메리 기수가 든 왕의 깃발을 붙잡고 바로 멈춰 서게 했다. 그리고 부대 깃발을 든 맥퍼슨 기수를 부르자 "여기 있습니다" 하고 나타났다. 최전방의 병사들 앞에서 두 깃발을 붙잡아 놓고 아무도 앞으로 나가지 못하게 했다.

이렇게 해서 잠깐 동안에 그런대로 든든한 선봉대(先鋒隊)를 만들 수 있었고 병사들에게 숨 돌릴 틈도 줄 수 있었다. 이 조치를 취하는 데는 10분도 채 시간이 걸리지 않았지만 병사들이 계속 올라왔기 때문에 선봉대는 1분이 지날 때마다 더 강화되었다. 이 긴박한 순간에 내 옆에 서 있던 용감한 동료들 빈센트 중위와 레스트렌지 중위가 말하기를, 이제 부대의 진격을 허락하지 않을 경우 61연대가 우리보다 먼저 성채에 도착할 것이라고 했다.

나는 곧 모자를 칼끝에 걸쳐 들고 깃발 앞으로 나서며 명령을 내렸다. "쾌속 전진, 공격!" 우리는 모두 영국 용사답게 힘차게 달려 나갔다. 그러나 나 자신의 돌격은 금세 끝났다. 왼쪽 다리에 총알을 맞아 뼈가 부러지면서 쓰러져버렸다.

빈센트가 무슨 일이냐고 물었다. 나는 그에게 다리를 원래 자리에 맞춰 놓고 내 몸을 곁에 있는 나무에 기대놓아 달라고 부탁했다. 나무에 기대어 앉은 뒤 쓰러질 때 굴러 떨어진 모자와 칼을 가져다달라고 했다. 그리고는 성채를 향해 용맹하게 돌격하는 부대원들을 응원했다.

요새를 탈취한 뒤 부대원들이 산의 저쪽 기슭으로 적군을 추격해 내려가는 동안 나는 한가하게 앉아서 주위를 둘러보았다. 주변 풍경에서는 낭만적인 미와 영웅적인 장엄이 느껴졌다. 산기슭마다 적군의 허를 찌를 기회를 기다리고 있는 기병대의 무리가 철저해 보이지는 않지만 적절하게 배치되어 있는 것이 보였다. 우리 부대는 적군의 연결된 참호망을 용감하게 압박해 가고 있었는데, 참호에는 총검이 가득했고 활기찬 사격을 퍼붓고 있었다.

그 뒤의 무서운 진행이 내 눈 앞에서 펼쳐졌고, 내 관찰을 방해한 것은 몇 차례 몸의 경련, 야심의 좌절이 가져오는 마음의 격통(激痛), 그리고 어떤 때는 나를 앉은 자리에서 날려버릴 것처럼 가까이 떨어지는 포탄과 탄환 외에 아무것도 없었다.

내가 돌격하다가 쓰러진 성채를 탈취한 직후부터 아직 공격받지 않은 오른쪽의 또 하나 요새에서는 대포 일부를 빼앗긴 요새 쪽으로 돌려놓았다. 그 포탄이 내가 앉아 있는 주변을 쑥밭으로 만들어 그 먼지 때문에 숨이 막힐 지경이었다. 부상이 심하지 않은 병사들은 산 밑으로 도망쳐 갔지만 나는 부러진 다리를 끌고 가느니 절구통을 등에 지고 가는 편이 나을 형편이었다. 그래서 죽은 자와 죽어가는 자들 틈에 남아 있었는데 그 숫자가 적지 않았다. 남들의 부러움을 살 만한 상황이 아니었다.

1813년 11월 10일 반도 전쟁에서 웰링턴의 군대는 니벨강을 건너 피레네산맥에서 프랑스의 평원으로 이동했다. 그림: J. J. 젠킨스(1813년)

몇 시간 지난 후 연대의 부(副)군의관 심슨이 나타났다. 그래서 소위 야전 치료라는 것을 받았다. 그런데 유감스럽게도 다리 전용 부목이 없어서 팔 전용 부목으로 대신했다.

이 임시방편 때문에 내려오는 길의 고통이 극심했다. 부대원 몇이 올라와서 나를 담요에 싸 산 밑으로 운반해 갔다. 그러나 내려가는 길이 깎아지른 듯 가파르고, 내 무게 때문에 담요 가운데가 졸리고, 부목이 너무 짧아서 내 왼발이 담요 가로 늘어져 있었다.

그 상황에서의 고통은 다시 떠올리기도 싫다. 산 밑에 도착하자 어두워질 무렵이었는데, 다행히 오두막집 하나를 찾아내서 나를 거기다 데려다놓았다.

그 날 정오까지만 해도 스페인에서 최초이자 최후가 될 이 전투에 참전하게 된 나 자신의 행운을 치하해 마지않으면서 프랑스를 가로지를 승리의 행군을 자랑스럽게 떠올려보고 있었다. 그리고 5년 전의 바로 이 날 스페인 땅에 발을 처음 디뎠던 사실도 하나의 좋은 징조처럼 기분 좋게 회상하고 있었다. 1808년 11월 16일 우리는 존 무어 경의 지휘 아래 푸엔테스 데 오뇨로 지역으로 진격해 들어가고 있었다. 당시 건강하고 튼튼하던 나는 전쟁의 영광스러운 측면에 마음이 사로잡혀 기쁨에 넘쳐 있었다.

5년이 지난 오늘 오후 나는 그 비참한 반대편에 와 있는 것이었다. 이 날 담요에 싸여 싸움터 밖으로 옮겨진 나는 몸이 망가지고 마음이 짓눌린 상태였다. 찬란한 희망들은 내 몸과 함께 땅에 쓰러졌다. 전쟁의 영광이란 그런 것이다.

임시 치료를 해준 뒤 심슨은 다른 부상자들을 돌봐주러 떠났다. 내 부상 소식을 들은 군의관 두엇이 나를 찾으려 했지만 찾지 못한 것이 천만다행이었다. 찾았으면 다리를 잘라버렸을 테니까.

나흘째 되는 날 병원이 설치된 곳으로 옮겨졌지만 화농(化膿)이 너무 심해서 (다리가 내 몸뚱이만하게 돼 있었다) 절단을 할 수 없었다. 드레싱은 길고 고통스러웠다. 오두막집에 있는 동안 피를 많이 흘려서 다리에 쇳덩어리 같은 피딱지가 두껍게 씌워져 있었기 때문이었다. 오두막에서 데리고 나올 때는 내 몸을 침대에서 톱으로 잘라내야 하는 상황까지 벌어졌다.

미지근한 물로 오래 적신 끝에 오두막집에서 묻혀 나온 매트리스와 시트 조각을 씻어낸 다음 뼈를 맞추는 진짜 고통스러운 수술이 시작되었다. 매슈스 군의관과 31연대 그레이엄 부군의관이 수술을 맡았다. 그레이엄이 무릎을 붙잡고 매슈스가 발을 잡았다. 그들은 병사 네 명에게 수술 동안 나를 붙잡고 있게 하려 했는데 내가 반대했다. 내 신경의 주인은 나 자신이라는 일종의 자존심이었다.

의사들은 이제 내 다리를 비틀고 돌리고 잡아당기면서 수평계(水平計) 들여다보듯이 똑바로 되었는지 살펴보았다. 끔찍한 고문이었다. 이가 갈리고 뜨거운 땀방울이 마구 솟아나왔지만 나는 단호한 태도를 지키며 새어나오는 신음소리를 삼켜버렸다.

수술이 끝난 뒤 나는 매슈스에게 정중하게 사의를 표하면서 이렇게 편안한 치료를 받게 되어 기쁘다고 가볍게 말했다. 얄팍한 영웅심리였다. 그 순간에도 나는 사시나무 떨듯이 떨고 있었으니까.

출처　Robert Blakeney, *A Boy in the Peninsular War*, Julian Sturgis (ed.), 1899

70

워털루 앞에서의 후퇴

1815. 6. 17

(영국 기동포병대) W. B. 잉길비 중위

우리는 해가 뜨기 전에 행군해 니벨을 지나는 동안 많은 부상자들을 길에서 만나고 어제 접전이 있었던 카트르–브라에 도착했다. 전군(全軍)이 뒤를 이어 도착하고 있었고 우리 앞의 프랑스군은 만만치 않은 규모로 보였다.

정오 무렵에 웰링턴 공작의 부관 아서 힐 경이 전해 준 소식으로는 프러시아군이 패하여 퇴각 중이라고 했다. 오후에 우리 앞의 적군에 공격을 준비하는 듯한 움직임이 보였다. 그때 우리 보병은 모두 우리 뒤 몇 마일 거리로 생각되는 지점을 향해 이동하고 있었다.

기병대는 세 줄로 배치되었다. 첫 줄은 용기병(龍騎兵), 다음 줄은 경기병(輕騎兵), 그리고 중기병(重騎兵)이 마지막 줄이었다. 갑자기 날씨가 견딜 수 없게 덥고 답답해지고 시커먼 구름으로 하늘이 어두워졌는데, 그때 적군 쪽 땅 위에도 짙은 먼지구름이 일어났다. 규모가 아주 큰 기병대가 적군을 보강하러 진군해 오는 것이었는데, 적군의 오른쪽 방향에서 온 것이었다.

기병대의 접전을 피하라는 억스브리지 경의 명시적(明示的) 명령이 있었다는 것을 아까 말한 부관이 전했었다.

앞서 언급한 프랑스 기병대가 이제 대규모의 과감한 전진을 시작했다. 얼마 동안은 숲을 엄폐물로 삼아 다가오다가 그 전초병들이 우리 전방에 대고 총질을 시작했다. 우리 대포가 불을 뿜기 시작하자 곧 저쪽 대포의 응사가 시작되었고, 적군이 계속 전진해 오면서 내가 보기에 산개(散開)를 시작하는 것 같아 교전이 불가피한 것으로 보였다.

대포와 소총 사격이 시작될 때까지의 긴장감은 팽팽한 것이었다. 기병대 사령관이 교전을 피하려 한다는 것이 아직 널리 알려져 있지 않았기 때문이다.

마지막 순간에 명령이 떨어져, 전 부대가 세 개의 대열로 각기 다른 길을 통해 급속한 퇴각을 시작했다. 이 순간에 시커먼 구름이 요란한 번개로 쪼개지며 억수같은 비를 쏟아붓기 시작했다. 우리는 왼쪽 대열에 끼어 퇴각했다. 길과 들판이 삽시간에 빗물에 잠기는 바람에 프랑스 기병대가 우리 대열을 강력하게 공격하는 것이 불가능하게 되었다. 실제로 길을 벗어나 우리 기병대가 지나간 자리는 완전히 엉망진창이 되었다.

이런 사정을 보고, 또 포차를 끄는 말 한 마리의 편자가 벗겨졌기 때문에, 나는 멈춰서 편자를 고쳐 끼우게 했다. 프랑스 소총수들이 우리를 압박하기 시작했지만 우리 소총수들이 돌격할 것 같은 자세를 취함으로써 견제할 수 있었다. 이것을 보면 이 갈림길에서 적군이 우리를 압박하는 것도 얼마나 어려운 사정이었는지 알 수 있다.

그러나 이 순간 나는 오른쪽 간선도로의 중앙 대열을 보았는데, 함성을 크게 올리며 돌격하는 것으로 보였다(이것은 제7 용기병대의 교전이었는데 실패로 돌아갔지만 친위대의 수습으로 마무리되었다). 우리 대열에서는 한 사람도 희생자가 없었다. 포차의 후퇴는 앞서 언급한 대로 한 대를 제외하고는 모두 쾌속으로 진행되어 6~7마일 정도 왔을 때 보병대와 만났는데, 보병대의 일부는 배치가 끝났고 일부는 배치 중이었다. 비는 밤새도록 매우 억세게 내렸다.

그날 밤 나는 아침 일찍 출발해서 간선도로의 왼쪽으로 평행하게 행군이 가능한 길을 찾아내라는 지시를 받았다. 소아니 숲을 뚫고 브뤼셀을 왼쪽으로 우회하는 길을 찾아둠으로써 더 멀리 후퇴할 경우 허시 경의 연대가 주력부대의 왼쪽을 엄호하면서 퇴각할 수 있게 하려는 것이었다.

나는 동틀 때 숙영지를 떠나 우리의 가벼운 대포(6파운드 포)와 기병대가 행군할 수 있는 길을 찾아내는 데 성공했다. 한 마을에서 4~500명의 군 무리와 마주쳤는데 서로 다른 부대에 속한 것이 분명했고, 낙오병들같이 보였다. 그러나 그들은 병력을 모아 꽤 격렬해지고 있는 포격 전 방향으로 진군하려는 것 같았다.

소아니 숲에는 전투를 피해 수없이 많은 농부들이 가족과 가축을 데리고, 그리고 가져올 수 있는 모든 값진 것을 지닌 채 피난 와 있었고, 계속 몰려오고 있었다. 브뤼셀에 들어가 보니 거리는 텅텅 비어 있고, 어제의 기병대 교전과 그저께의 카트르-브라 전투에서 다친 부상병들만이 비틀거리며 들어오고 있었다. 많은 부상병들은 병원을 찾아 갈 기력도 없는 것처럼 집들의 계단에 앉거나 누워 있었다.

당글르테르 호텔에서 급히 아침을 먹을 때 전투 소식을 몹시 궁금해 하는 신사 한 분과 같이 했는데, 알고 보니 맬컴 제독이었다. 아무것도 먹지 못하고 있을 부대원들을 위해 닭고기를 조금 가지고 부대로 돌아오니 열 시 반쯤이었다. 즉각 허시 비비언 경에게 가서 보고했다.

◈

공화국 시절부터 여러 나라를 상대로 전쟁을 시작한 프랑스의 군사적 성공에 나폴레옹이 공헌한 것은 무엇보다 각개격파(各個擊破) 전략에 힘입은 것이었다. 적군들이 연합의 효과를 일으키기 전에 한 군대씩 차례로 격파하는 것이었다.

1815년 2월 엘바섬을 탈출해 파리에 귀환한 나폴레옹은 연합군을 상대로 같은 전략을 시도했다. 여러 방면으로 진격해 들어오는 연합군 가운데 북쪽의 영국군과 프러시아군을 프랑스 주력군으로 급습해 좌절시킨 다음 다른 방면으로 군대를 돌린다는 것이었다. 세부전술에 있어서는 두 나라 군대가 합치기 전에 프러시아군을 먼저 격파해 영국군을 고립시킨 다음 영국군과 정면 대결을 한다는 것이었다.

6월 16일 프러시아군을 격파할 때까지 이 시나리오는 잘 진행됐다. 그 시점까지 영국군과 프러시아군은 프랑스군의 전술을 정확히 간파하지 못하고 수동적으로 움직였다. 그러나 그 이후의 진행은 나폴레옹의 희망에서 벗어났다. 그 이유로 프랑스군의 실책 세 가지가 지적된다.

첫째는 네이 원수가 나폴레옹의 전략을 깊이 이해하고 제대로 호응하지 못한 것이었다. 나폴레옹이 주력부대로 프러시아군과 대결하는 동안 영국군을 견제하고 있던 네이 원수의 부대가 적절한 시기에 주력부대를 지원했다면 프러시아군은 극심한 타격을 입었을 것이다. 실제로 프러시아군이 패퇴하기는 했지만 전력이 크게 꺾이지는 않았고, 이틀 뒤의 결전에서 자기 몫을 맡을 수 있었다.

둘째는 나폴레옹이 프러시아군의 진로를 잘못 예측한 것이었다. 패퇴한 프러시아군이 동쪽으로 물러나 영국군과 협력이 불가능하게 될 것을 나폴레옹은 예상했다. 그러나 나폴레옹의 각개격파 전략을 이 무렵의 연합군 측에서는 꿰뚫어보고 있었다. 프러시아군은 동쪽 대신 북쪽으로 퇴각해 서쪽의 영국군과 연락을 유지했다.

셋째는 16일의 전투 이후 꼬박 하루의 시간을 낭비한 것이었다. 17일 낮에야 프랑스군이 영국군을 공격하러 나설 때 그 전술을 이미 간파한 영국군이 성급한 대결을 피하며 준비가 더 잘 갖춰질 이튿날로 결전을 미루고 있는 모습이 이 글에 보인다. 전열을 다시 정비한 프러시아군은 17일 저녁 무렵 영국군과 합류했다.

출처　Lieutenant W. B. Ingilby, in H. T. Siborne (ed.), *Waterloo Letters*, 1891

71

워털루, 기동포병대의 활약

1815. 6. 18 늦은 오후

A. C. 머서 대위

근위기병대와 흉갑(胸甲)기병대로 구성된 강력한 적군 기병대 대열이 막 고지에 올라와 빠른 속도로 우리에게 다가오고 있었다. 작전을 펼칠 시간도 거의 없었는데, 만약 대열을 풀지 않은 채로 마주친다면 패배를 피할 수 없는 상황이었다.

그러나 산개하라는 명령이 떨어지고, 대포 하나하나가 자리를 잡는 대로 사격을 시작했다. 두 개의 보병부대도 동시에 사격을 시작했지만 미약하고 산만한 사격이었다. 보병부대의 상태를 보니 금방 무너질 기색이었다. 보병의 대오는 엉성하고 풀어져 있어서 여기저기 몇 줄씩 구멍이 나 있었고, 장교와 하사관들은 그 구멍을 메우느라 사병들을 떠밀고 심지어 때리기까지 하면서 몰아넣고 있었다. 무기를 수비 자세로 들고 나무토막처럼 서 있는 사병들은 놀라고 당황해서 넋을 잃은 꼴이었다. 사병들이 모두 어린아이들이었다는 점을 덧붙여 말해야겠다. 아마 열여덟 살 이상 되는 사병이 없는 것 같았다.

우리의 사격에도 불구하고 기병 대열은 구보 속도로 계속 전진해 왔는데, 조그만 길의 폭을 얼마 넘지 않는 거리까지 우리 앞에 다가와서 우리가 짓밟힐 각오를 하고 있던 바로 그 순간에 선두의 기병들이 갑자기 뒤로 돌아 대열 뒤

1815년 6월 엘바섬에서 돌아온 나폴레옹이 이끈 프랑스군이 영국, 프로이센 연합군과 벨기에 남동부 워털루에서 벌인 전투로, 프랑스군이 패배했다. 이로써 나폴레옹의 재기는 실패로 돌아갔고, 이후 세인 트 헬레나섬으로 유배되었다. 그림: 토머스 존스 바커(1815년)

쪽으로 헤쳐가려고 들면서 혼란이 일어나 전 대열이 무질서한 오합지중(烏合之衆)으로 변해 버렸다.

그 뒤에 일어난 장면은 말로 표현하기 어렵다. 그들이 고원지대를 벗어날 때까지 몇 분의 시간이 흘렀고, 그동안 우리 사격은 끊임없이 계속되어 참혹한 결과를 거두었다. 우리 대포들은 산탄 포탄을 연발로 쏘았는데, 거리가 가깝고 표적이 큰데다가 가설(架設)된 위치가 높았기 때문에 낭비되는 포탄이 있을 수 없었던 것이다.

후퇴해서 피하려 하기보다 현명하게 우리 대포들의 사이로 돌진해서 길을 뚫으려 한 자들도 많이 있었다. 그러나 대부분은 문자 그대로 대포밥이 된 신세를 깨닫고 절망감에 빠져 자기편을 뚫고 도망치려 하였으며 그 과정에서 여기저기 자기편끼리 칼을 휘두르는 모습까지 보였다.

마침내 그 당당하던 대열의 초라한 찌꺼기가 많은 전사자와 부상자를 고원 위에 남겨둔 채 포화가 닿지 않는 언덕 그늘의 안전지대로 물러갔다. 우리도 사격을 멈추었다. 피로가 쌓인 병사들을 쉬게 하여 적군의 다음 공격에 대비하도록 한 것이었다. 적군이 다음 공격을 준비하고 있는 것은 우리 눈에 보였다. 언덕 밑으로 멀리 퇴각한 것이 아니어서 선두에 서는 근위기병대의 키 큰 모자가 땅 위로 드러나 보였던 것이다.

두 번째 돌격에 앞서서 구름 같은 소총수들의 공격이 있었다. 그들은 우리 전방 아주 가까이까지 쳐들어와서 우리에게 상당한 피해를 입히기는 했지만, 그들의 의도가 우리 대포의 방향을 돌려놓는 데 있는 것이 분명했기 때문에 거기에 걸려들지 않았다.

마침내 재정비된 기병의 대열이 다시 고원으로 올라와 우리를 공격하러 진격해 왔지만, 이번의 속도는 걷는 속도, 기껏해야 가벼운 구보 수준이었다. 너무나 장애물이 많아서 혼란 없이 빠른 속도로 진격하는 것이 불가능했기 때문이었다. 우리에게 유리한 조건이었다.

근접사격의 효과가 얼마나 정확하고 파괴적인 것인지 경험으로 배운 바 있는 우리는 적군의 선두가 나타난 곳에서부터 우리 밑의 길 사이의 중간지점에

이를 때까지 놓아두었다가 사격을 개시했다. 그 결과가 앞서 적은 것과 똑같은 것이었음을 말할 필요도 없다. 적군은 다시 혼란에 빠졌고, 다시 20야드 거리의 산탄 사격에 몇 분 동안 노출되었다. 땅 위에 쌓인 사상자의 무더기가 먼젓번에 제법 큰 것이었다면 이번에는 엄청난 것이 되었다는 차이뿐이었다……(생략)……

전투 뒤 싸움터의 풍경에 대해서는 별로 말할 것이 없다. 곧 밤이 닥쳐왔고, 우리는 드러눕게 된 것이 너무 반가워서 주변을 둘러볼 생각도 못했다. 죽은 자와 죽어가는 자(사람과 말), 망가진 대포와 탄약상자, 무기, 모자 등등이 도처에 가득 널려 있었음은 당연한 일이다. 다만 우리 포대 앞에 쌓인 무더기가 다른 어느 싸움터보다도 수북했다는 사실은 덧붙여 말해야겠다. 이틀 후 니벨에서 오거스터스 프레이저 대령이 말하기를, 프랑스 진영으로 돌격해 가면서도 G포대(우리 부대) 위치는 그 앞의 시커먼 시체무더기를 보고 알아볼 수 있었다고 했다. 어지러운 싸움터에서도 그만큼 눈에 띄는 무더기였던 것이다.

출처   Field Captain A. C. Mercer, in H. T. Siborne (ed.), *Waterloo Letters*, 1891

72

워털루, 결판의 순간

1815. 6. 18

J. 킨케이드 대위

저녁 7시경 싸움터에서 벌어졌던 한 장면을 나는 평생 잊지 못할 것이다. 나는 맥이 빠지고 기력이 없는 상태였는데, 피로보다 걱정 때문이었다.

전투가 시작될 때만해도 5,000명 이상이었던 우리 부대는 그 수가 점점 줄어들더니 외줄의 소총 사선(射線)만 남게 되었다. 27연대는 우리 몇 야드 뒤에 문자 그대로 뻗어 있었다. 다리에 총알 한 방을 더 맞고, 또 한 방이 안장을 뚫고 몸 안에 들어가 저 세상으로 떠나버렸다.

짙은 연기가 아직도 우리를 둘러싸고 있어서 아무것도 보이지 않았다. 나는 사선의 양쪽 끝으로 걸어가 상황이 어떻게 돌아가는지 살펴보려고 했다. 그러나 보이는 것이라고는 사람과 말의 뭉개진 시체밖에 없었고, 나는 원래 자리로 돌아오는 것밖에 다른 뾰족한 수가 없었다.

전원이 전사(戰死)하는 전투라는 것을 그때까지 들어본 적이 없었다. 그러나 모두가 차례로 죽어 나가고 있는 것을 보면 이번은 예외가 될지도 모른다는 생각이 들었다……(생략)……

갑자기 영국군의 것으로 들리는 함성이 오른쪽 먼 곳에서 시작되어 모두의 귀를 쫑긋거리게 했다. 오랫동안 고대해 온 웰링턴 경의 진격 명령이었다. 함성

386

은 차츰 가까워지면서 더욱 커졌다. 우리는 본능적으로 함성에 동참하면서 울타리를 뚫고 적군을 창검으로 물리치면서 앞의 언덕으로 돌진했다. 그 순간 웰링턴 경이 말을 몰고 나타났고, 우리 병사들이 환성을 올리기 시작했다. 장군은 소리쳤다. "환성은 그만두고 앞으로! 우리의 승리를 마무리짓자!"

돌격해 나감으로써 연기 밖으로 나갈 수 있었다. 파괴의 와중에서 여러 시간 동안 어둠에 싸여 있으면서 상황에 대한 궁금증이 잔뜩 쌓여 있던 사람들에게 눈앞에 펼쳐진 광경은 대단한 만족감을 주는 것이었다. 해질 무렵의 화창한 여름날 저녁이었다. 프랑스군은 오합지중이 되어 도망치고 있었다. 오른쪽으로 눈 닿는 데까지 프랑스군의 뒤를 바짝 뒤쫓는 영국군의 대오는 탄복할 만한 질서를 지키고 있었다. 왼쪽 들판에는 프러시아군이 가득했다.

적군은 우리 오른쪽 라 벨 알리앙스의 고지를 근거로 마지막 한 차례 저항을 시도했다. 그러나 애덤 장군의 여단이 한 차례 돌격하자 다시 혼란에 빠지고 그 혼란이 이번에는 수습할 수 없는 것이었으니 그들의 몰락은 완벽한 것이 되었다. 대포, 보급품, 그들의 모든 것이 우리 손에 떨어졌다. 어두울 때까지 그들을 추격하다가 싸움터를 2마일가량 넘어선 곳에서 우리는 정지하고, 프러시아군에게 승리의 마무리를 맡겼다.

출처   Captain J. Kincaid, *Adventures in the Rifle Brigade*, 1830

73

공장의 근로조건
1815

의회 조사단에 제출된 한 여공의 증언

엘리자베스 벤틀리

나이가 몇 살입니까?

스물셋입니다.

어디에 사십니까?

리즈에서 삽니다.

몇 살 때 공장 일을 시작했습니까?

여섯 살 때 시작했습니다.

어떤 공장인가요?

아마(亞麻)천을 짜는 공장입니다.

공장에서 맡은 일이 무엇이었습니까?

도퍼(직조된 직물을 거두는 일꾼)였습니다.

작업시간이 몇 시에서 몇 시까지였습니까?

일이 밀릴 때는 새벽 5시에서 저녁 9시까지였습니다.

그런 작업시간으로 일한 기간이 전부 얼마나 됩니까?

1년가량 됩니다.

일이 그리 밀리지 않을 때 작업시간은 어떻게 됐습니까?

아침 6시에서 저녁 7시까지였습니다.

식사시간은 얼마나 주었나요?

정오에 40분간 주었습니다.

아침식사나 물 마시는 시간을 주었습니까?

아닙니다. 우리가 알아서 해야 했습니다.

도퍼 일이 고된 작업이라고 생각합니까?

그렇게 생각합니다.

어떤 일을 하는 것인지 설명해 주십시오.

틀이 꽉 차면 틀을 멈추고 북을 치웁니다. 그 다음 얼레를 통째로 들어내 롤러에 가져가고 빈 틀을 기계에 올리는 것입니다. 그 다음 다시 작동시킵니다.

그 일을 하는 동안 늘 서 있어야 합니까?

그렇습니다. 틀이 많이 있고 돌아가는 속도가 빠르니까요.

당신의 근로가 매우 과도하다고 생각합니까?

그렇습니다. 다른 일 할 시간이 전혀 없습니다.

일을 잘못 하거나 늦을 때 어떤 일을 당합니까?

혁대로 때립니다.

일을 제일 늦게 끝내는 교체수(交替手)를 혁대로 때리는 관습이 그곳에 원래 있습니까?

네.

늘 그렇습니까?

네.

남자아이들만이 아니라 여자아이들도 그렇습니까?

네.

혁대로 맞아본 일이 있습니까?

네.

심하게 맞았습니까?

네.

맞는 사람을 지나칠 정도로 아프게 매질을 합니까?

그렇습니다. 나는 감독이 방의 저쪽 끝, 그러니까 조그만 여자애들이 철통을 뒷줄로 가져다주는 곳으로 가는 것을 본 일이 있습니다. 그는 혁대를 들고 호루라기를 입에 물고 있으며 쇠사슬을 가지고 있을 때가 있는데, 아이들을 쇠사슬로 묶어 방을 가로질러 가며 혁대질을 했습니다.

그가 그렇게 한 이유가 무엇이었나요?

그가 매우 화가 났던 것입니다.

공장에서 먼 곳에 살았습니까?

네, 2마일 거리였습니다.

집에 시계가 있습니까?

아니오, 없었습니다.

대개 늦지 않게 출근했습니까?

네, 어머니가 새벽 네 시에 일어났고, 어떤 때는 두 시에 일어났습니다. 갱부(坑夫)들이 보통 서너 시에 일하러 갔는데, 그들이 움직이는 소리를 들으면 어머니가 따뜻한 침대에서 나와 그들에게 시간을 물었습니다. 어떤 때는 새벽 두 시에 공장으로 갔다가 비가 줄줄 오는 가운데 공장 문이 열 때까지 기다린 일도 있습니다.

당신의 몸에 상당한 기형이 생긴 것은 이 노동 때문인가요?

네, 그렇습니다.

언제부터 생긴 것인가요?

열세 살 때 생기기 시작했고 그 후로 심해졌습니다. 5년 전에 어머니가 돌아가셨는데 그분은 내게 맞는 코르셋을 구해주지 못하셨습니다. 그분이 돌아가신 뒤에 내가 내 앞을 가리지 않으면 안 되었기에 내가 한 벌 구했습니다.

공장 일을 시작하기 전에는 체격과 건강에 아무 문제가 없었나요?

네, 동네에서 뛰노는 아이들 중 누구 못지않게 바른 체형이었습니다.

열세 살 때까지 문제가 없었다고요?

네, 그랬습니다.

기형이 생기기 시작할 때 고통과 피로를 많이 느꼈습니까?

네, 그 무렵의 고통은 이루 말할 수 없었습니다.

비슷한 방식으로 건강에 손상을 받은 다른 사람이 있습니까?

네, 건강을 상한 사람들이 있습니다. 그러나 나처럼 기형이 된 사람은 많지 않습니다.

복사뼈가 약해지고 다리가 휘는 것은 흔한 일입니까?

네, 아주 흔한 일입니다.

방추(紡錘)를 세우는 작업 때문에 일어나는 현상입니까?

네.

지금 어디에 사십니까?

빈민구제소에서 삽니다.

지금까지 노동을 해 오는 동안 당신이 처해 있던 환경에 대해 어떤 생각을 하시는지, 그 환경의 고통스럽고 잔인한 면에 대해 어떤 생각을 해 오셨는지 말씀해 주십시오.

(증인은 너무 감정이 격앙되어 이 질문에 대답하지 못했음)

출처　Elizabeth Bentley, *in Report of Parliamentary Committee on the Bill to Regulate the Labour of Children in Mills and Factories*, 1832

74

피털루

1819. 8. 16

새뮤얼 뱀퍼드

편저자 주 | 맨체스터주 세인트 피터스 필드에서 헨리 헌트의 사회 아래 열린 의회 개혁을 요구하던 군중집회는 행정장관들의 명령에 따라 맨체스터 기마대, 제15 용기병대와 치셔 의용대에 의해 해산당했다. 그 과정에서 500명가량이 다치고 11명이 죽었다.

우리가 도착한 지 30분쯤 지났을 때 반복되는 함성과 음악소리가 헌트 씨 일행의 도착이 임박했음을 알려주었다. 1~2분 후 악대와 깃발 몇 개를 앞세우고 딘스게이트에서 오는 그들의 모습이 보였다. 대형 사륜마차의 마부석에는 깔끔하게 옷을 입은 여성이 앉아 있었는데, 그 손에 든 작은 깃발에는 휘장 같은 모양과 글씨가 그려져 있었다. 마차 안에는 몸을 일으킨 헌트 씨와 함께 스메들리 코티지의 존슨 씨, 스톡포트의 무어하우스 씨, 런던의 칼라일 씨, 맨체스터의 존 나이트 씨, 그리고 《맨체스터 옵서버》의 부편집인 색스턴 씨가 있었다.

8만은 됨직한 사람들이 합쳐진 하나의 목소리로 그들의 도착을 환영했다. 그들은 천천히 우리 곁을 지나 군중 사이를 뚫고 갔다. 이 군중을 보고 헌트 씨는 만족감과 함께 경탄을 느꼈으리라고 나는 생각했다. 이 거대한 군중의 모습은 그에게 엄숙한 감동을 주지 않을 수 없었다. 이런 큰 집회를 그는 처음 겪어 보는 것이었다. 책임감이 그의 마음을 누르고 있을 것이었다. 선을 향해서든 악을 향해서든 군중의 힘이란 억누를 수 없는 것인데, 누가 이것을 인도(引導)할 것인가? 이 군중을 모아놓은 헌트 씨밖에 다른 사람이 없었다.

이 임무는 막중한 것이며 위험도 따르는 일이었다. 참으로 거대한 집회였다. 그가 연단에 오르고 음악이 멈췄다. 헌트 씨에게 사회를 맡기자고 존슨 씨가 동의하고 재청이 있은 다음 만장의 갈채로 가결되었다. 헌트 씨는 연단 앞쪽으로 걸어 나와 흰 모자를 벗고 청중을 상대로 이야기를 시작했다.

그가 이야기를 시작하고 있을 때 나는 한 친구에게 뒤쪽으로 가서 좀 쉬자고 제안했다. 연설이나 결의안에 새로운 내용이 있을 것 같지도 않고, 또 신문에서 볼 수 있을 것이며, 당시 내 건강이 그리 좋지 않아 휴식이 필요했기 때문이었다. 그가 응낙하고 함께 군중의 테두리를 거의 벗어나는 곳까지 왔을 때 교회 쪽으로부터 무슨 소리가 나고 이상한 웅얼거림이 일어났다. 블랙번 사람들이 오는 소리라고 말하는 사람도 있었는데, 발돋움을 하고 소리 나는 쪽을 바라보니 청색과 백색의 제복을 입은 기병대의 일단(一團)이 칼을 손에 들고 구보로 말을 몰아 한 정원의 담을 돌아 나오고 있었다. 그들은 한 줄로 지어 놓은 새 집들 앞에까지 와서 고삐를 잡고 한 줄로 늘어섰다.

"군대가 왔어," 내가 말했다. "돌아가서 어찌된 일인지 알아봐야지." 누군가가 대답했다. "아, 그건 집회에 무슨 소란이라도 있을 경우를 대비해서 온 것이라오." 나는 "그래도 돌아가 봅시다" 말하고 함께 깃발이 있는 쪽으로 사람들을 뚫고 갔다.

기병들이 도착할 때 지른 고함은 좋은 뜻에서였다고 나는 이해했다. 그러나 그들은 머리 위로 칼을 휘두르며 다시 고함을 지르더니 고삐를 늦추고 박차를 질러 앞으로 내달리면서 사람들을 베기 시작했다.

"버텨야 해," 내가 말했다. "우리 기를 꺾으려는 거야. 버텨야 해." 우리 주변에서 합창이 일어났다. "버텨, 버텨!" 기병들은 혼란에 빠졌다. 말과 기수의 무게로 아무리 부딪힌들 그렇게 빽빽한 군중을 뚫고 갈 수 없다는 것은 분명했

1819년 8월 16일 일어난 피털루 대학살은 영국 맨체스터 세인트 피터스 필드에서 의용기병대가 의회
체제 개혁 요구 집회에 나온 6-8만 명의 군중에게 돌격한 것으로, 당시 11명이 죽고, 400명 이상이 부
상을 입었다. 그림: 리처드 칼라일(1819년)

다. 그들은 길을 뚫기 위해 사람들이 쳐든 손과 아무 방어수단 없는 머리를 향해 칼을 휘두르기 시작했다.

잘라진 팔과 깨진 머리통이 보이기 시작했다. 신음소리와 비명소리가 끔찍한 혼란의 소음 속에 섞여 나왔다. "아, 아!" "이럴 수가, 이럴 수가!" 사람들은 외쳤다. 누군가가 소리쳤다. "헤쳐야 해! 앞쪽에서 사람들을 죽이고 있는데 그 사람들은 도망갈 길이 없어요!" 그러자 "헤쳐, 헤쳐!" 하는 합창이 일어났다.

한순간 군중은 휴식을 취하는 것처럼 움직임을 멈췄다. 뒤이어 봇물이 터진 듯 걷잡을 수 없는 움직임 속에 군중에게 떠밀려 칼날을 피할 수 없게 된 자들의 비명과 기도, 저주가 뒤섞인 나지막한 천둥 같은 소리가 일어났다.

이 무렵 헌트와 그 동료들은 연단에서 사라져 버렸고 몇몇 기병들은 동료들보다 피 보기를 덜 좋아하는지, 연단의 깃대를 자르고 깃발을 찢는 일에 열중하고 있었다.

군중을 해산시키기 위해 기병들은 말을 몰아 빙빙 돌다가 빈틈이 보이기만 하면 달려 들어오며 사람들을 해쳤다. 군중이 헤쳐질 때는 여자들과 어린아이들도 드러났다. 그들의 비명소리는 가엾고 처절해서 인간의 어떤 증오심도 녹여버릴 만한 것이었다. 그러나 여기서는 그들의 호소에 귀 기울이는 자가 없었다. 부인들, 흰 셔츠를 입은 처녀들, 어린아이들까지 사정없이 칼질을 당하고 말발굽에 짓밟혔다. 그들이 그토록 간절히 애걸한 관용을 기병들이 발휘한 사례가 극히 드물었다고 믿을 만한 근거를 우리는 가지고 있다.

난동이 시작된 10분 후 광장은 사람 없는, 거의 폐허 같은 곳이 되었다. 보이는 범위 안의 모든 창문에는 커튼이 내려져 있었다. 앞에 말한 새 집 중 하나에서 이따금씩 내다보는 사람이 한둘 있었고, 그 집 문 가까이 사람들이(특무경관) 한 무리 모여 서서 이야기를 나누고 있는 것이 보였다. 그밖에는 부상자를 돕고 시체를 옮기는 사람들이 있었다.

연단은 몇 개의 부러지고 잘라진 깃대가 서 있는 채로 남아 있고 찢어지고 베인 깃발 한둘이 널려 있었다. 광장 전역에는 각종의 모자와 숄, 신발 등 남녀 복장의 부스러기들이 밟히고 망가지고 피가 묻은 채 널려 있었다. 기병들은 말에서 내려 말의 배띠를 늦추고 있는 자들도 있고, 복장을 가다듬는 자들도 있고, 칼을 닦고 있는 자들도 있었다.

사람들의 무더기 몇 개가 밟히고 질식해 쓰러진 곳에 그때까지 그대로 있었다. 어떤 사람은 신음소리를 내며 어떤 사람은 퀭한 눈으로 앞을 바라보며 숨을 되돌리기 위해 헐떡이고 있었고, 숨을 영영 되돌리지 못하는 사람들도 있었다. 그 나지막한 소리, 그리고 이따금 말들이 콧바람을 일으키거나 앞발로 땅을 차는 소리 외에는 완전한 정적이었다.

집들의 다락이나 높은 용마루 너머로 내다보는 사람들이 어쩌다 하나씩 있었지만 금세 몸을 감추었다. 남의 눈에 띄기가 두려운 것도 같았고, 너무나 처참하고 잔혹한 경치를 바라보기가 벅찬 것도 같았다.

<hr />

몇 해 전 워털루에서의 영국군 승리에 빗대 민간인에 대한 야만적 공격을 야유하는 뜻에서 '피털루 학살'이라는 이름이 붙었다.

헨리 헌트(1773~1835)는 보통선거권을 주창한 정치개혁가였다. 피털루 사건 이듬해에 투옥되어 2년간 복역한 뒤 『감옥의 모습 A Peep into Prison』을 써서 수형제도 개혁을 제창하기도 했다. 1830년 의회에 진출했고, 그의 주장을 상당히 반영한 개혁법(1832) 실현에 공을 세웠지만, 그 해의 선거에서 의석을 잃은 것은 아이러니컬하게도 개혁법에 따른 선거제도 변화 때문이었다고 한다.

기록을 남긴 새뮤얼 뱀퍼드(1788~1872) 역시 개혁가였지만 근로 계층의 생활 조건 개선에 치중했다. 방직공장 직공으로 직접 취업하는 등 진지한 노력으로 많은 존경을 받기도 했지만 타협적인 노선을 택하고 저널리즘으로 활동 영역을 옮긴 것 때문에 개혁 진영에서 이단시되기도 했다.

출처   Samuel Bamford, *Passages in the Life of a Radical*, H. Dunckley (ed.), 1893

75

조지 4세의 퇴장

1830

아버스넛 부인

[4월 23일]

왕의 용태에는 별다른 변화가 없다. 의사들은 조금 좋아지셨다고 말하지만 내 생각에는 해퍼드가 왕의 죽음을 예견하고 있는 것 같다. 호흡장애 증세가 닥쳐올 때면 왕은 얼굴이 까매지고 맥박이 멋대로 뛴다. 심장이 문제를 나타내는 것으로 사람들은 생각한다. 열흘 전에 바람을 쏘이러 의사들이 왕을 모시고 나갔었는데, 별장에 도착하자 용태가 너무 험악해서 금방 돌아가시는 줄 알고 모두 기절초풍했다. 의사들이 왕에게 다량의 브랜디를 먹이니 왕은 금세 멀쩡해지셔서 마차로 20마일을 달리실 수 있게 되었다.

왕의 생활 방식은 정말 상상을 초월한다. 지난주 어느 날은 하인들의 식사 시간이 되었을 때 시동(侍童)을 불러 이렇게 말씀했다. "너 지금 밥 먹을 시간이지. 아래층에 가서 너한테 먹음직한 쇠고기 한 조각, 네가 제일 좋아하는 부위로 한 조각 잘라서 갖다다오." 시동이 시키는 대로 내려가서 엄청나게 큰 로스트비프 한 덩어리를 갖다드렸더니 그것을 남김없이 다 드시고는 다섯 시간 동안 주무셨다.

어느 날 밤에는 토스트를 곁들여 덥힌 맥주 두 잔에 붉은 포도주 석 잔, 게

다가 딸기까지(!!) 드시고는 브랜디 한 잔을 더 하셨다. 어젯밤에는 하제(下劑)를 드셨는데, 그 뒤에 포트와인 석 잔과 브랜디 한 잔을 하셨다. 그러고도 안 돌아가시기를 바랄 수 있나! 그런데도 사람들은 왕이 그렇게 드시는 것을 아무도 말릴 수가 없다고 한다.

포도주가 그분께 나쁘지는 않으리라 감히 말할 수 있다. 왕실 가 사람들 특유의 식탐은 영양가 높은 음식을 끊임없이 원하니까. 그러나 맥주와 딸기를 함께 드시다니, 그러고도 견뎌낼 천하장사는 없을 것이다……(생략)……

[7월 16일]

돌아가신 왕의 장례식에 참석하기 위해 어제 원저궁에 갔었다. 아침에 조지아나 페인 부인과 함께 궁에 있는 앤드루 바너드 경의 방으로 갔다. 바너드 경과 파이프 경이 우리와 함께 시신을 뵈러 갔다. 시신이 모셔져 있는 곳은 궁전의 오래된 알현실 중 하나였다. 관은 아주 훌륭한 것이었는데 엄청난 크기였다.

끔찍한 사고를 아슬아슬하게 면했다는 이야기를 들었다. 시신을 관 안에 넣고 납으로 봉했는데, 납이 눈에 띌 만큼 부풀어 오르는 것이 발견되었고, 실제로 터질 위험이 컸다는 것이었다. 할 수 없이 납에 구멍을 뚫어 바람을 뺀 다음 새로 봉했다고 한다. 그리 기분 좋은 작업이 아니었으리라고 생각되는데, 보존 처리가 아주 엉망이었음에 틀림없다.

———————◇———————

영어도 할 줄 모르는 조지 1세(1660~1727)가 1714년 영국 국왕이 된 것은 스튜어트 왕조의 가톨릭 성향을 의회가 배척하는 상황에서 제임스 1세의 손녀인 어머니의 계승권을 물려받은 것이었다. 이렇게 영국 왕실이 된 하노버 왕조의 첫 왕들은 모두 조지라는 이름을 가졌다. 조지 2세, 3세, 그리고 4세.

1세에서 4세까지 모두 미치광이라는 평판을 누렸다. 조지 1세는 1682년 결혼했던 아내 소피아가 부정을 저질렀다고 주장하며 1694년 이혼한 이후 죽을 때까지 32년간 한 성에 유폐시켰고, 그 소생인 조지 2세를 극도로 미워했다. 조지 2세가 부왕과의 불화에 못지않게 자기 아들 프레데릭 루이스 왕세자를 미워한 사실은 이 책에 수록된 다른 글("왕세자빈의 공주 출산")에 그려져 있다.

프레데릭 루이스의 아들 조지 3세의 광증은 공인받은 것이었다. 1788~89년간 발작으로 정무를 보살필 수 없었던 데 이어 1811년 다시 발작을 일으키자 의회는 '섭정법(攝政法)'을 제정해 왕세자에게 왕의 권한을 맡겼고, 왕은 발작에서 회복되지 못한 채 9년 후 세상을 떠났다. 뒤이어 조지 4세로 즉위한 왕세자는 드러난 문제가 덜한 편이지만, 실제 생활을 그린 이 기록을 보면 정상인의 모습과 확실히 거리가 있다. 조지 3세의 증세 기록을 연구한 후세 의학자들 중에는 유전병의 가능성을 제시한 사람들이 있다.

1세기 넘는 '조지 시대'는 대영제국이 모습을 드러낸 시기였다. 국왕들이 하나같이 인격상, 또는 건강상의 문제를 가진 상황에서 국가가 유례없이 큰 발전을 이룩한 것은 얼핏 이해하기 힘든 사실이다. 사회와 국가의 발전이 국왕의 역량에 의해 제한받지 않는 입헌군주제의 단계에 영국이 이르러 있었다는 사실을 알 수 있고, 또 빠른 발전에 따라 발생하는 정치적-사회적 모순이 국왕-의회의 이중체제 덕분에 효과적으로 대처되는 측면도 각각의 대목마다 읽을 수 있다.

출처　Mrs Arbuthnot, *The Journal of Mrs Arbuthnot*, Francis Bamford and the Duke of Wellington (eds.), Macmillan, 1950

76

리버풀 – 맨체스터 철로 개통

1830. 9. 15

프랜시스 앤 켐블

　우리 800명 승객은 지난 화요일에 열차를 타고 출발했다. 매우 신기하고 흥분된 분위기였으며, 날씨가 시원찮은데도 불구하고 엄청난 인파가 선로 연변에 빽빽하게 늘어서서 날아가듯 지나가는 우리에게 모자와 손수건을 흔들며 소리를 질렀다. 환성을 올리는 군중의 모습과 소리, 그리고 우리가 그들을 지나치는 기막힌 속도에 취해 나는 샴페인을 거나하게 마신 기분이었고, 여행의 첫한 시간은 평생을 통해 제일 즐거웠던 시간이었다.

　좌석을 처음 배치받을 때 운이 나빠 어머니와 떨어져 앉았다가 어머니가 용케 자리를 바꿔서 내 옆으로 오실 때는 내 흥이 절정에 올랐을 때였는데, 어머니의 상태를 보며 흥이 많이 떨어졌다. 어머니는 무서워서 숨이 넘어가실 지경이었고, 당신 자신과 같이 여행하는 모든 사람들이 한순간에 목숨을 잃을 위험이 있는 이 상황으로부터 어떻게 하면 벗어날 수 있을까 하는 생각에만 매달려 있었다.

　나는 어머니도 나와 똑같이 여행을 즐거워하시리라고 생각하고 있었기 때문에 무척 실망했다. 이 실망을 곱씹고 있을 때 한 사람이 우리 곁을 급하게 지나가면서 손에 든 확성기로 기차를 멈추라고 소리쳤다. 귀빈차에 탄 누군가가 부상을 당했다는 것이었다. 그래서 기차가 멈추었는데, 허스키슨 씨가 죽었다는 말이 수많은 사람들의 입에서 나왔다.

그 뒤에 이어진 혼란은 글로 나타내기 어렵다. 사실을 확인하기 위해 이 객차에서 저 객차로 소리쳐 묻는 사람들이 있었고, 서로 다른 내용의 대답들이 오가고 있었고, 수백 개의 열띤 질문이 동시에 쏟아져 나오고, 의사를 부르는 다급한 외침이 거듭되면서 잠깐 사이에 객차의 분위기는 소란에 빠졌다. 마침내 우리는 그 불운한 사람의 넓적다리가 부러졌다는 사실을 분명히 확인할 수 있었다.

공작의 객차에 타고 있었고 사고 현장에서 3야드도 안 되는 거리에 있었던 월튼 부인에게 들은 이야기는 이런 것이었다. 우리는 커다란 객차 뒤에 있었기 때문에 그 끔찍한 장면을 보지 않을 수 있었던 것이다. 기차가 물을 넣기 위해 멈췄을 때 귀빈객차에 탔던 신사 몇 명이 주위를 둘러보겠다고 기차에서 내렸다.

월튼 경, 배티어니 백작, 매슈세니츠 백작, 허스키슨 씨 등이 선로 가운데 서서 이야기를 나누고 있었는데 옆 선로에서 시험운행 중이던 기관차 하나가 번개 같은 속도로 그들에게 닥쳐왔다. 위험에 처한 사람들 중 가장 활동적인 사람들은 뛰어서 자리로 돌아갔다. 월튼 경은 공작의 객차 뒤로 얼른 숨어서 겨우 목숨을 건졌다. 매슈세니츠 백작이 공작의 객차에 뛰어들 때는 문제의 기관차가 발꿈치를 스쳐갈 만큼 아슬아슬했다.

그런데 가엾은 허스키슨 씨는 나이가 많고 건강이 안 좋아 활동력이 떨어지는데다가 이쪽저쪽에서 "기관차를 멈춰요! 선로에서 비켜요!" 하고 다급하게 지르는 소리에 어리둥절해서 완전히 넋을 잃고 주변을 두리번거리고만 있다가 기관차에 깔려버린 것이었다. 기관차는 벼락처럼 그를 덮쳐서 그의 다리를 깔고 지나가면서 더할 수 없이 참혹하게 짓뭉개놓았다(월튼 부인은 뼈가 부서지는 소리를 똑똑하게 들었다고 말했다).

끔찍한 사고에 무서운 충격을 받은 목격자들은 한동안 아무도 입을 열지 못해서 그 '부서지는 소리'와 허스키슨 부인의 비명 외에는 아무것도 들리는 소리가 없었다. 월튼 경이 제일 먼저 쓰러진 사람을 일으키고 상당한 수준의 치료 기술을 발휘해서 잘라진 동맥을 묶음으로써 출혈로 인한 죽음을 막지는 못했을망정 늦추는 놓았다. 그 다음 허스키슨 씨를 그 부인과 월튼 경과 함께 한 객차에 태워 귀빈객차에서 떼어낸 기관차에 매달아 맨체스터로 보냈다.

이 사건이 모든 사람에게 너무나 큰 충격을 주었기 때문에 웰링턴 공작은 기차 여행을 중단하고 곧바로 리버풀로 돌아가고 싶다는 뜻을 표명했다. 그러나 맨체스터의 전 인구가 이 행사를 구경하러 나와 있다는 사실, 그들이 실망할 경우 난동과 소란의 위험이 있다는 사실을 설명하자 그는 여행을 계속하는 데 동의했고, 그 후의 여행은 처질 대로 처진 분위기 속에 진행되었다……(생략)……

이 불상사가 있은 후 날씨도 흐려져서 맨체스터 가까이 왔을 때는 짙은 구름으로 하늘이 어두웠으며 비가 내리기 시작했다. 자랑스러운 여행객들의 성공적인 도착을 구경하러 모인 방대한 인파는 최하층의 기술자와 직공으로 구성되어 있었는데, 당시 그들은 심한 곤궁에 시달리며 정부에 대한 심각한 불만감이 팽배해 있었다. 웰링턴 공작을 비롯해 영향력 있는 인물들을 가득 태운 객차를 맞이한 것은 으르렁대고 야유하는 소리였다.

때 묻고 찌푸려진 얼굴들의 물결 위로는 직조기(織造機)가 하나 세워져 있었고 그 위에 누더기를 입은, 굶주린 모양의 직조공이 하나 앉아 있었다. 기계 기술의 승리, 그리고 그로부터 리버풀과 맨체스터의 부자들이 얻어내려 하는 이득과 영광에 항의하는 대표자인 셈이었다. 리버풀 출발과 맨체스터 도착 사이의 분위기의 차이는 내가 본 중 가장 극명한 대조의 하나였다.

허스키슨 씨의 치명적인 사고 소식은 즉각 퍼져나갔고, 저녁 무렵 그가 죽기 전부터 그의 죽음은 헛소문으로 떠돌고 있었다.

◆

철로의 원리는 강철 바퀴와 강철 궤도 사이의 마찰이 극히 적다는 데 있다. 좋은 노면 위의 트럭과 비교해도 그 운송 효율은 열 배가 넘는다.

이 원리를 이용하는 궤도와 차량이 처음 만들어져 쓰인 것은 1550년경 알자스 지방의 탄광에서였고, 그 후 유럽 여러 나라의 광산에서 널리 쓰이게 되었다. 그러나 진정한 철로의 시대가 열린 것은 19세기 들어 증기기관이 활용되면서부터였다.

이 단계에서 '기관차의 아버지' 조지 스티븐슨(1781~1848)이 나타났다. 한 탄광의 하급 기사로 일하던 그는 독학을 통해 성능 좋은 기관차를 만들어내 철로의 시대를 앞당겼다. 1825년 완성된 탄광용 스톡튼 – 달링튼 노선은 원래 말이 화차를 끌도록 계획된 것이었는데, 그가 참여하여 최초의 증기기관차 노선으로 탈바꿈했다. 이 성공 덕분에 본격적 여객노선으로서 40마일 길이의 리버풀 – 맨체스터 노선이 추진될 수 있었던 것이다.

출처　Frances Ann Kemble, *Some Recollections of a Girlhood*, 1878

77

맨체스터의 콜레라

1832

제임스 케이 - 셔틀워스 경

외래환자 진료를 맡은 젊은 의사들에게 콜레라의 침공을 알리는 어떤 환자라도 있으면 최대한 빨리 알려달라고 부탁해 놓았었다. 나는 이 병의 전파 방법을 추적하고 어떤 경로를 통해 이 도시에 들어오는지 가능하다면 확인해 보고 싶은 과학적 관심이 있었다. 또한 오랫동안 주의를 기울여 온 바, 신체의 악과 사회의 악 사이에 관련성이 있는지, 있다면 어떤 관련성이 있는지를 확인해 보고 싶은 목적도 있었다.

메들록강이 한 차례 굽이치는 모퉁이에 옥스퍼드 로드 바로 밑으로 한 무리의 집들이 있는데, 시커먼, 오염된 강물과 거의 같은 높이에 있다. 아일랜드 출신 노동자들이 모여 사는 곳이라서 아이리시 타운이란 이름으로 통한다. 외래환자를 맡은 의사 한 사람에게서 이곳의 오두막 한 채에 특이한 환자가 있으니 한번 같이 가보자는 부탁이 있었다.

그곳으로 걸어가는 동안 그는 자세한 설명을 해주지 않았다. 방 둘짜리 집에 도착해 보니 아일랜드인 하나가 창문 가까이 있는 침대에 누워 있었다. 피부의 체온은 정상보다 조금 낮았고, 맥박이 약하면서 빨랐다. 통증을 호소하는 것은 없었다. 안색은 창백한 편이었고 기력이 무척 떨어져 있었다. 콜레라의 특징적 증세는 나타난 것이 없었지만, 붙어 있던 간호사가 말해주기를, 그날 내내 기력이 떨어졌는데 눈에 띄는 원인이 따로 없었기 때문에 감염을 의심하게 되었다고 했다.

나는 환자의 침상 곁에 한 시간 앉아 있었는데 그동안 맥박이 갈수록 더 약해졌다. 또 한 시간이 지나는 동안 맥박은 극히 미약해져서 환자의 회복 가능성은 사라졌다. 환자의 부인과 아이 셋이 방 안에 있었는데, 우리는 부인을 너무나 확실하게 예견되는 결과에 대비시켜 놓았다.

이렇게 오후가 느릿느릿 지나갔고, 저녁이 다가올 때 나는 젊은 의사를 보내 방역마차를 멀지 않은 곳에 대기시켜 놓게 했다. 흥분을 쉽게 하는 아일랜드계 주민들에게 둘러싸인 곳이므로 소문이 나기 전에 시체와 가족을 가능한 한 빨리 옮기고 집을 봉쇄해 놓을 필요가 있었다.

황혼에 이르렀을 때 환자는 경련 등 아무런 특징적 증세도 없이 숨을 거두었다. 위로를 받은 부인은 아이들과 함께 병원으로 옮겨가는 데 지체 없이 동의했다. 순식간에 방역마차가 문 앞에 도착했고, 1분이 안 되어 이웃사람들이 알기도 전에 실을 것에 실려 출발했다.

아시아 콜레라가 맨체스터에서는 아직 나타나지 않았었고, 이 환자의 경우에도 특징적 증세가 전연 나타나지 않았지만, 나는 콜레라가 내습하였고 이 환자가 그 희생자임을 확신했다. 노트 힐 병원은 면직 공장에서 기계를 들어내고 층마다 철제 침상을 설치해 놓은 곳이다. 그곳에 도착해 보니 한 침침한 병동 끄트머리에 남편을 잃은 여자와 세 아이가 간호사 한 사람과 함께 난로를 둘러싸고 앉아 있었다. 그들을 편안하게 해줄 모든 조치가 취해진 것을 확인했다. 그들은 저녁식사를 했고, 아이들은 난로 가까운 침상에서 자게 하되, 아기는 엄마 무릎에 놓아두었다. 아무도 병증을 나타내는 사람이 없었고, 나는 휴식을 취하러 그곳을 떠났다.

자정이 안 되어 다시 가 봤을 때는, 아기가 엄마 품에서 병증을 일으키고 맥없이 울다가 죽었다고 했다. 그 어머니는 당연히 공포와 비탄에 빠져 있었다. 아기는 약도 먹지 않았고 엄마 젖밖에 먹은 것이 없었으므로 그 죽은 원인이 아버지와 같은 것임을 의심할 여지가 없었던 것이다.

나는 간호사와 함께 그곳에 밤 늦게까지 앉아 있었다. 내가 앉아 있는 동안 다른 아이들은 깨어나지도 않고 아무런 불편한 기색도 보이지 않았으므로 한참이 지난 후 나는 좀 쉬어도 되겠다고 생각했다.

아침 여섯 시경 다시 와 보니 또 한 아이가 병증과 함께 심한 경련을 일으키고 있다가 내가 보는 앞에서 죽었다. 그리고 그 뒤에는 하나 남은, 제일 큰 아이가 콜레라의 모든 특징적 증세를 나타내기 시작하더니 한두 시간 안에 죽었다. 어머니도 그 날 중에 특징적 증세를 빠른 속도로 연이어 나타내고 죽었다. 이리해서 한 집안의 온 가족이 24시간 내에 이 세상을 떠났지만, 맨체스터나 그 인근에서 다른 콜레라 환자가 발생한 사례는 알려지지 않았다.

────────◇◇────────

케이－셔틀워스(1804~1877)는 의사로서 공공의료와 교육 두 방면에서 개혁가로 활동했다. 산업혁명과 도시화로 인한 위생 문제 개선에 노력하는 모습이 이 글에 그려져 있다. 교육 분야에서도 초등교육의 공교육화와 사범학교 제도 개발에 앞장서 많은 업적을 남겼다.

출처   James Kay-Shuttleworth, in Frank Smith, *The Life and Work of Sir James Kay-Shuttleworth*, 1923

78

갈라파고스 군도의 새들

1835. 9

찰스 다윈

이곳의 새들이 얼마나 순한지 설명하면서 이 섬들의 자연사 기술을 마무리하고자 한다.

순한 성질은 개똥지빠귀, 피리새, 굴뚝새, 딱새, 비둘기, 말똥가리 등 이곳의 육서형(陸棲型) 조류 모두에 공통된 것이다. 이 새들은 회초리로도 잡을 수 있을 만큼, 심지어 나도 해봤지만 모자로도 잡을 수 있을 만큼 사람에게 가까이 다가온다. 총이란 것은 쓸 데가 없다. 나뭇가지에 앉은 매를 총구로 밀어서 떨어뜨린 일도 있다. 어느 날은 거북껍질로 만든 물그릇을 손에 들고 누워 있는데 개똥지빠귀 하나가 그릇 가에 앉더니 얌전히 물을 먹기 시작하는 것이었다. 그릇을 들어 올려도 가만히 앉아 있었다. 새의 다리를 붙잡으려 해 봤는데, 거진 성공하곤 했다.

전에는 지금보다도 더 순했던 모양이다. 카울리가 (1684년에) 기록한 바 있다. "거북비둘기는 하도 순해서 우리 모자나 팔에도 앉곤 했기 때문에 산 채로 잡을 수도 있었다. 사람을 두려워하지 않던 것이 우리 대원들이 총으로 잡기 시작하면서 전보다는 조심성이 생겼다." 당피에 역시 같은 해에 기록하기를 아침결에 한 바퀴만 돌아도 이런 비둘기 7~80마리를 잡을 수 있다고 했다.

오늘날에도 비록 대단히 순하기는 하지만 사람들 팔에 앉거나 그렇게 대량으로 잡혀 주지는 않는다. 그만큼 순한 성질이 남아 있는 것만도 놀라운 일이다. 지난 150년간 이 섬들에는 많은 포경선과 해적선이 찾아왔고, 거북이를 찾아 숲을 뒤지던 선원들은 이 작은 새들을 때려잡는 데서 늘 잔인한 쾌감을 느껴왔다는 사실을 생각하면.

오늘날에도 박해가 더욱 심해지고 있지만 이 새들은 순한 성질을 쉽게 버리려하지 않는다. 사람이 살기 시작한 지 6년가량 된 찰스섬에서 나는 사내아이 하나가 우물가에 회초리를 들고 앉아 있다가 비둘기나 피리새가 물 마시러 올 때마다 때려잡고 있는 것을 보았다. 저녁거리가 벌써 수북하게 쌓여 있었다. 그리고 이곳에 같은 목적으로 늘 온다고 아이는 말했다. 보건대 이 군도의 새들은 아직도 인간이라는 동물이 거북이나 바다이구아나Amblyrhynchus 보다 더 위험한 존재라는 것을 아직도 알지 못해서, 영국에서 까치처럼 겁 많은 새가 목장의 소나 말을 대하는 것처럼 인간을 대하고 있는 것 같다.

찰스 다윈(1809~82)의 할아버지 에라스무스 다윈(1731~1802) 역시 진화론을 제창한 박물학자였다는 사실을 아는 사람은 손자가 할아버지의 학문을 순조롭게 이어받은 것으로 상상하기 쉽다. 그러나 사실은 그렇지 않다.

손자 다윈은 너무나 공부를 게을리해서 16세 때 아버지에게 "그렇게 사냥과 개, 쥐잡기만 좋아하다가는 너 자신에게도, 우리 가문에도 치욕이 될 것"이라는 꾸중까지 들었다고 한다. 그 후 의사 공부를 하다가 시원찮아서 신부 공부로 바꿨지만 역시 학업이 시원찮은 상태에 있던 중 1831년 12월 비글호에 오르게 되었다.

탐사선 비글호에 타게 된 것은 그의 성향과 재능을 알아본 식물학자 헨슬로 교수의 추천 덕분이었지만, 항해를 시작할 당시의 다윈은 과학자는커녕 과학도로 인정받을 만한 식견도 가지지 못한 상태였다는 것이 그의 기록을 검토한 연구자들의 의견이다.

5년 가까운 항해 기간 동안에 전혀 새로운 과학자 한 사람이 태어난 것이었다. 고립된 상황에서 빚어졌다는 조건이 그 시대의 벽을 뛰어넘을 수 있는 특징을 이 과학자에게 부여했을지도 모르는 일이다. 항해 4년차에 쓴 이 글은 변신의 과정을 보여주는 자료의 하나다.

진화론을 뒷받침할 거의 모든 자료를 다윈은 20대의 이 여행 중에 확보해 놓았다. 그러나 정작 진화론을 정면으로 발표한 것은 여행 후 20여 년 후 앨프레드 월리스(1823~1913)가 거의 같은 이론을 독자적으로 제출하는 데 자극을 받았을 때였다. 그래서 다윈이 이론 창안의 공로에 집착했다는 비난도 있고, 변방에 있던 월리스가 중앙에 있던 다윈에게 공적을 빼앗겼다는 동정도 있었다.

그러나 다윈의 행적을 세밀히 검토하면 진화론 성립의 주된 공로가 그에게 돌아간 것은 역시 타당한 일이다. 그의 기록을 살펴보면 비글호 항해가 끝난 2년 후까지는 진화론의 뼈대가 그의 마음속에 세워져 있었던 것을 알 수 있다. 그 후 20년간의 작업도 크게 보아 진화론의 내용을 확충하는 목적으로 이해할 수 있다. 월리스의 이론 제출에 자극받아 『종의 기원 Origin of Species』을 발표할 때도 그는 이것을 자기가 내놓고자 하는 연구결과의 '요약'일 뿐이라고 규정했다.

출처   Charles Darwin, *Journal of the Voyage of HMS Beagle*, 1839

79

빅토리아 여왕의 대관식

1838. 6. 29

찰스 그레빌

대관식의 (하느님 감사합니다, 이 식이 끝난 것을) 출발은 아주 괜찮았다. 날씨는 덥지도 않고 비도 오지 않아 좋았다. 길거리를 메운 수없이 많은 사람들도 질서를 잘 지키고 만족해 있었다. 교회당의 모습도 아름다웠고, 특히 빛나는 보석으로 장식한 귀부인 좌석은 아주 아름다웠다.

[나폴레옹군 원수(元帥)의 한 사람이던] 수 장군의 입장이 눈길을 끌었다. 그가 회중석을 지날 때 사람들의 속삭임 소리와 탄성이 그를 맞이했고, 성가대석 앞을 지나갈 때도 마찬가지였다. 역전 노장의 풍모를 가진 장군은 그의 그림자도 밟지 않으려는 듯 거리를 두고 따라오는 수많은 수행원들 앞에서 홀로 걸음을 옮겼고, 그를 이끈 사동(使童)들과 안내원들은 다른 나라 대사들에 비해 확연히 차이 나는 각별한 주의를 기울이며 그를 응접했다.

여왕 자신은 아주 작아 보였고, 행렬 자체가 사람이 너무 빽빽해서 볼품이 없었다. 여왕 앞에서 걸어간 귀족들과 여왕 사이의 간격이 너무 좁았다. 런던 주교(블롬필드)의 설교는 아주 좋았다.

의식에 참여한 사람들의 각자 역할 수행에 흠이 많아서 연습을 제대로 시키지 않은 것이 드러났다. 웨스트민스터 수석 사제 역할을 맡은 존 타인 경이 내

1838년 6월 28일 빅토리아 여왕의 대관식이 치러졌다. 빅토리아 여왕은 "이런 나라의 여왕이라는 사실이 말할 수 없이 자랑스럽다"고 자신의 일기에 밝혔다. 그림: 조지 헤이터 경(1838년)

게 말하기를, 무엇을 어떻게 해야 할지 아는 사람이 대주교와 자기 자신(연습을 한 사람들), 윌로우비 경(이런 일에 경험이 많은 사람), 그리고 웰링턴 공작뿐이라고 했다. 따라서 힘들고 어색한 장면이 꼬리를 물고 벌어졌고, 여왕 자신도 자기가 다음에 할 일을 알지 못하고 있었다.

사람들이 기도가 끝나기 전에 여왕을 자리에서 일으켜 센트 에드워드 채플로 들어가게 하는 바람에 대주교가 어찌할지 몰라 쩔쩔맸다. 여왕이 존 타인에게 말했다. "내가 뭘 해야 하는지 제발 좀 가르쳐줘요. 저 사람들은 몰라요." 나중에 보주(寶珠)를 건네받자 여왕이 그에게 물었다. "이걸 어떻게 하라는 거죠?" "폐하께서 손에 들고 계시는 겁니다." 그러자 여왕이 말했다. "그래야 하나? 무거운데."

법도에 따라 루비반지를 무명지에 끼워야 하는데, 반지는 여왕의 무명지보다 새끼손가락에 맞게 만들어져 있었다. 대주교가 끼워주려 할 때 여왕은 새끼손가락을 내밀었지만 대주교가 무명지여야 한다고 말했다. 너무 작아서 무명지에는 끼워지지 않는다고 여왕이 말했다. 무명지에 끼는 것이 맞다고 대주교가 말했고, 여왕은 결국 대주교의 고집에 굴복했다. 그러나 그 반지를 끼기 위해 다른 반지들을 모두 빼고 힘들여 끼웠는데, 이것이 여왕에게는 매우 아팠고, 식이 끝나자마자 이것을 빼기 위해 얼음물에 손을 담가야 했다.

1714년 이래 하노버 왕조에는 영국 국민들에게 인기 있는 국왕이 한 사람도 없었다. 국가는 발전을 거듭했지만 왕 덕분이라고 생각하는 사람이 없었고, 미국 독립을 비롯해 안 좋은 일이 있으면 왕 탓이라고 생각하는 것이 보통이었다. 국왕이란 하나의 필요악이라 생각하고, 정치에 방해나 되지 않았으면 하는 것이 일반 사람들의 바람이었다.

1837년 6월 빅토리아 여왕이 즉위할 때도 여왕의 역할에 큰 기대를 거는 사람은 별로 없었다. 18세 처녀라니까 좀 재미있어 하고 즉위 1년 후의 대관식이 한때의 축제 분위기를 만들어냈을 뿐이었다. 자기 어머니를 비롯해 잔소리하던 사람들을 모두 멀리하고 수상 멜본 경과 염문을 뿌리다가 1939년 들어서는 궁정 관리에서까지 온갖 시끄러운 소리가 나게 되니 사람들은 "역시 하노버 집안이구먼!" 하고 머리를 절레절레 흔들고 말았다.

이렇게 출발은 시원치 않았지만 여왕의 치세는 60년을 넘겼고, 그 존재는 대영제국의 번영에 도움이 되는 것으로 인식되었으며, 역대 어느 왕보다도 국민에게 많은 사랑을 받았고, 영국사만이 아니라 세계사의 한 중요한 부분이 되는 '빅토리아 시대'의 이름을 남겼다. 그가 아니었다면 영국에서 군주제의 존속이 언제 어떤 위협을 받았을지 모른다고 사람들은 말한다. 이 글에 그려진 대관식은 그 위대한 치세의 출발점이었다.

출처 Charles Greville, *Leaves from the Greville Diary*, Philip Morrell (ed.), 1929

80

런던의 매춘부들
1839

플로라 트리스탕

편저자 주 | 프랑스 여성으로 사회주의와 페미니즘을 처음 결합시킨 인물인 플로라 트리스탕이 영국 사회를 시찰하러 왔을 때의 기록이다.

어느 날 저녁 일곱 시에서 여덟 시 사이에 나는 지팡이로 무장한 두 친구를 대동하고 워털루 다리 끝에서 시작하는 길고 넓은 대로 워털루 로드 양쪽의 신흥 교외 구역을 둘러보러 갔다. 이 구역은 거의 매춘부와 매춘업 종사자들만이 사는 동네다. 밤에 혼자 이 동네에 간다는 것은 위험을 자초하는 짓이다.

내가 갔을 때는 무더운 여름날 저녁이었다. 창문마다 문간마다 매춘부들이 기둥서방들과 웃으며 농담을 나누고 있었다. 옷을 입다 만 것 같은, 심지어 허리 위로 아무것도 걸치지 않은 몇몇 매춘부들의 모습은 보기가 민망했고, 함께 있는 남자들의 범죄적이고 냉소적인 표정은 나를 두렵게 했다. 그 남자들은 대부분 젊고 기운차고 잘생긴 모습이었지만 그들의 거칠고 천박한 분위기는 먹을 것을 노리는 본능만 가진 짐승들과 똑같은 것이었다.

그중 몇 명이 우리에게 다가와 방을 필요로 하지 않느냐고 물었다. 그렇지 않다고 대답하자 다른 자들보다 배짱이 좋은 자 하나가 협박조로 따져 물었다. "여자 친구분이랑 같이 쉴 방을 필요로 하지 않는다면 여기는 뭘 하러 온 거요?" 그 사람과 으슥한 곳에서 단둘이 마주치는 일이 없기 바란다는 것을 고백해야겠다.

우리는 계속 걸어서 워털루 로드 부근의 길을 다 둘러본 다음 다리 위에 앉아 그 동네 여자들이 떼 지어 지나가는 것을 바라보았다. 그들은 매일 여덟 시에서 아홉 시 사이에 다리 건너 웨스트엔드로 가서 밤새도록 생업에 종사하다가 아침 여덟 시에서 아홉 시 사이에 집에 돌아간다. 산책로를 비롯해 증권거래소 등 공공건물이나 극장 입구처럼 사람이 모이는 곳을 배회하고, 극장 입장료가 절반으로 내리기를 기다려 극장 안으로 쳐들어가 복도와 대기실을 몽땅 자기네 응접실로 만든다. 공연이 끝나면 '마무리' 장소로 옮겨간다. 지저분한 선술집이나 '술의 궁전'이라 불리는 화려한 대형 술집인데, 사람들이 밤의 나머지를 보내기 위해 가는 곳이다.

'마무리'는 독일의 맥주 켈러나 프랑스의 우아한 카페처럼 영국 생활문화를 대표하는 요소다. 선술집에서는 사무원이나 점원들이 야하게 차려 입은 여인들과 함께 맥주를 마시고 싸구려 담배를 피우며 술에 취한다. 술의 궁전에서는 멋쟁이 신사들이 코냑, 펀치, 셰리, 포트와인, 프랑스 와인이나 라인 와인 같은 것을 마시고 최고급 하바나 시가를 피우며 멋진 옷을 걸친 젊고 예쁜 아가씨들과 놀아난다. 난잡한 놀이판의 야수성과 난폭성이 거침없이 펼쳐진다는 점은 양쪽 다 마찬가지다.

마무리 집에서 벌어지는 방탕한 장면의 설명을 들어도 나로서는 도저히 믿어지지가 않았다. 이제 나는 런던에 네 번째 오면서 모든 것을 직접 알아내려는 결심을 하고 왔다. 역겨운 마음을 억누르고 그런 술집에 직접 가서 지금까지 들어온 이야기들이 얼마나 믿을 만한 것인지 스스로 확인해 보기로 마음을 먹었다. 워털루 로드에 동행해 준 친구들이 이번에도 안내자 노릇을 맡아 주었다.

그런 장소에서 어떤 일이 벌어지는지 사람들이 알 필요가 있다. 어떤 말로 표현하는 것보다 영국의 도덕 상태를 여실히 보여주는 것이기 때문이다. 그 멋진 쾌락의 집들은 그곳만의 고유한 풍경을 가지고 있다. 그곳의 단골손님들은 밤의 인생을 사는 사람들이다. 태양이 지평선을 밝히기 시작할 때 잠자리에 들고 해가 진 뒤에 침대에서 일어난다.

밖에서 볼 때 덧문을 꼭꼭 닫아 건 술의 궁전은 조용하고 한적한 곳으로 보인다. 그러나 문지기가 처음 온 손님 전용의 작은 문으로 들여보내는 순간 1,000개의 가스등이 뿌리는 휘황한 불빛이 정신을 어지럽게 한다. 위층은 널찍한 살롱인데 두 구역으로 갈라져 있다. 한쪽 구역에는 영국의 모든 식당과 마찬가지로 나무 칸막이 속에 테이블이 줄지어 놓여 있고 테이블 양쪽에는 소파 모양의 가죽을 댄 의자가 붙어 있다.

다른 구역에는 무대가 설치되어 있고 그 위에서 한껏 치장한 매춘부들이 행진하며 눈길과 말로 남자들의 관심을 끌려 애쓴다. 여기에 용감하게 호응하는 신사가 있으면 그는 음식과 술이 가득 놓인 식탁으로 안내받아 가는데, 식탁 위에는 찬 고기, 햄, 닭고기, 과자, 그리고 온갖 종류의 강하고 약한 술이 갖춰져 있다.

마무리 집은 영국인들이 그들의 물신(物神)을 경배하는 성전이다. 그곳에서 일하는 종업원들은 사치스러운 제복을 입고 있으며, 자본가인 술집 주인은 황금으로 쾌락을 사고자 찾아오는 남자 손님들을 깍듯하게 모신다.

단골손님들은 자정 가까이 되어 도착하기 시작한다. 상류층 남자들이 즐겨 찾는 마무리 집이 몇 군데 있는데, 그야말로 알짜배기 귀족들이 모이는 곳이다. 젊은 귀족들은 처음에 소파에 기대 앉아 담배를 피우며 여자들과 잡담을 나눈다. 그러다가 샴페인과 마데이라 기운이 머리에 올라올 만큼 술이 얼큰해지면 저명한 귀족가문의 자제들과 의회의 명예로운 의원들은 저고리를 벗고, 넥타이를 풀고, 조끼를 벗고, 멜빵을 내리고, 공공장소 안에 자기 내실을 만들기 시작한다.

자신의 경멸감을 표출할 권리를 사기 위해 그렇게 많은 돈을 지불한 이상, 제멋대로 노는 것을 누가 탓할 것인가? 그러나 자기 자신들이 어떤 경멸감을 남들에게 불러일으킬지에 대해 그들은 전혀 아랑곳하지 않는다. 이 난장판의 분위기는 밤이 깊어갈수록 고조되어 새벽 네 시에서 다섯 시 사이에 절정에 이른다.

이 무렵이 되면 자기 자리에 점잖게 앉아 벌어지는 일들을 말없이 바라보기만 하는 구경꾼으로 남아 있는 데 여간한 용기가 필요한 것이 아니다. 이 영국 귀족들은 그 막대한 재산을 얼마나 훌륭한 용도에 쓰는지! 자신의 이성을 쓰지 못하게 되었을 때 그들은 얼마나 용감하고 관대하게 되는지! 술이 가능하게 만들어주는 온갖 추잡한 행위에 기꺼이 호응해 주는 매춘부에게 그들은 50파운드도, 심지어 100파운드도 아까워하지 않는다.

마무리 집의 유희 종목에는 한계가 없다. 가장 널리 행해지는 것 중 하나는 '여자를 술에 절이기'다. 바닥에 큰대자로 퍼질 때까지 억병으로 술을 먹인 다음, 식초와 겨자, 후추를 섞은 것을 한 모금 먹인다. 그러면 그 불쌍한 여성은 토사곽란(吐瀉亂)을 일으키는데, 고통으로 몸을 뒤틀고 경련을 일으키는 꼴을 보며 존귀한 신사들은 마구 웃음을 터뜨리며 한없이 즐거워하는 것이다.

또 하나 이들 모임에서 인기 있는 놀이는 정신을 잃고 바닥에 쓰러진 여자 몸에, 손에 잡히는 대로 술잔을 집어 그 내용물을 쏟아 붓는 것이다. 내가 본 어느 여자의 비단 드레스는 색깔을 알아볼 수 없을 정도로 온갖 종류의 얼룩이 묻어 있었다. 와인, 브랜디, 맥주, 홍차, 커피, 크림 등등의 수없는 얼룩이 어지럽게 짓이겨진 그 드레스는 가히 방탕의 예술품이라 할 것이다.

출처　Flora Tristan, *The London Journal of Flora Tristan*, tr. Jean Hawkes, Virago, 1982

81

버지니아에서 본 노예 매매

1846. 12

엘우드 하비

버지니아주 피터스버그 부근에서 토지와 기타 재산의 매각장(賣却場)에 갔다가 뜻밖에 노예를 파는 공개 경매를 구경했다. 자기들을 팔지 않는다고 알고 있던 노예들은 숙소 앞에 모여 서서 일제히 사람들을 바라보고 있었다.

토지 매각이 끝난 다음 경매 진행자가 큰소리로 외쳤다. "검둥이들을 데려오라!" 노예들은 놀라고 두려운 기색을 얼굴에 떠올리며 처음에는 서로 쳐다보다가 다음에는 이제 자기들에게 관심을 돌리고 있는 구매자들을 바라봤다.

이제 자기들이 팔려가고 가족과 친구들로부터 영원히 떨어지게 된다는 끔찍한 사실을 깨닫고 그들이 보인 반응은 형언할 수 없을 만큼 고통스러운 것이었다. 여자들은 갓난아기를 낚아채듯 안고 소리를 지르며 오두막 안으로 뛰어들어갔다. 아이들은 오두막과 나무 뒤로 몸을 숨겼고, 남자들은 절망감에 싸여 말없이 서 있었다.

진행자는 현관 앞에 올라서 있고 '남자와 아이들'은 마당에 줄을 서서 점검을 기다렸다. '상태'에 대한 보증이 없으며 구매자가 스스로 점검해야 한다는 안내가 있었다. 나이 많은 몇이 13달러에서 25달러 사이의 가격으로 팔렸다. 평생의 노동과 고생으로 허리가 휜 노인들이 짐승 같은 구매자들에게 희롱의 대상이 되어 자기들이 얼마나 흠이 많고 가치가 없는지 들으며 행여 중간상에게 팔려 남부 시장으로 끌려가지나 않을지 두려워하는 모습은 보기에도 괴로운 것이었다.

열다섯 살가량의 피부가 흰 소년 하나가 단 위에 올려졌다. 갈색 머리카락은 꼿꼿했고 피부색은 다른 백인과 아무 차이가 없었으며, 그 용모에는 흑인의 혈통을 보여주는 아무런 특징도 없었다.

소년의 색깔에 관한 야비한 농담 몇 마디가 나온 후 누가 200달러를 불렀다. 그러자 사람들 속에서 "저렇게 보기 좋은 젊은 검둥이는 더 높은 값으로 시작해야 한다"는 말이 나왔다. 어떤 사람은 자기는 "저런 놈은 줘도 안 가지겠다"고 했다. 어떤 사람은 흰 검둥이가 좋은 점보다 골치 아픈 면이 더 크다고 했다. 한 사람은 '흰 사람'을 매매하는 것이 잘못된 일이라고 말했다. 검은 사람을 매매하는 것보다 더 잘못된 일이냐고 내가 그에게 물었다. 그는 대답하지 않았다.

소년이 팔리기 전에 그 어머니가 현관 위의 집에서 뛰쳐나오며 미친 듯이 소리쳤다. "아가야, 아, 내 아가야! 너를 어디로 데려가려고……" 사람들이 우악스럽게 여자를 집 안으로 떠밀어 넣고 문을 닫음으로써 말은 여기서 끊어졌다. 경매는 잠시도 멈추지 않고 진행되었으며, 여자의 슬픔을 보고 마음이 움직인 사람은 아무도 없는 것 같았다. 가엾은 소년은 아무런 동정심도 보이지 않는 많은 사람들 앞에서 감히 소리 내 울지도 못하고 부들부들 떨면서 소매로 뺨의 눈물을 훔칠 뿐이었다. 그는 250달러 정도로 팔렸다.

경매가 진행되는 동안 숙소 안에서 들려오는 울음소리와 외침소리가 내 마음을 아프게 했다. 다음에 여자 하나가 불려 나갔다. 여자는 갓난아기를 한번 꼭 껴안은 다음 나이 많은 여자에게 아기를 넘겨주고 호명에 따르기 위해 기계적으로 몸을 움직이다가 멈춰 서고는 두 팔을 하늘로 쳐들고 한 차례 소리를 지르고는 더 이상 움직이지를 못했다.

나와 동행한 사람이 내 어깨를 건드리고 말했다. "갑시다. 더 못 견디겠어요." 우리는 그곳을 떠났다. 피터스버그에서부터 우리 마차를 몰아 온 사람은 농장 소유인 아들이 둘 있다고 했다. 어린 아이들인데 팔아넘기지 않겠다는 약속을 받아 놓았다고 했다. 아이가 그들뿐이냐고 묻자 대답했다. "여덟에서 남은 것이 그 둘입죠." 남부로 팔려간 아이가 셋 있는데, 그들을 다시 보기는커녕 소식도 들을 희망이 없다는 것이었다.

———◇———

노예제는 인류 역사상 여러 시대에 여러 지역에서 널리 존재한 제도였고, 따라서 그 실제 모습에는 상당한 편차가 있었다. 근세 아메리카의 흑인 노예는 그중 가혹한 형태에 속하는 것으로 평가된다. 이 글에 보이는 것처럼 아메리카의 노예는 완전히 상품화되어 있었는데, 고대와 중세의 노예는 예속적인 위치에서라도 주인집 식구로, 또는 일하는 농장의 불가결한 요소로 인정되어 최소한의 인격은 인정되었을 것으로 추정된다. 아메리카에서도 가톨릭 국가의 지배지역에서는 교회의 개입으로 노예의 학대가 얼마간 견제된 반면 미국 등 다른 지역에서는 노예 학대가 극한에 이르는 일이 많았다.

출처   Dr Elwood Harvey, in Harriet Beecher Stowe, *A Key to Uncle Tom's Cabin*, 1853

82

뉴올리언스, 여성 노예의 처벌
1846년경

새뮤얼 그리들리 하우

편저자 주 | 필자는 미국의 지도적 교육가로서 맹인과 장애인 교육 분야를 개척한 사람이다.

뉴올리언스에서 열흘을 지냈는데, 학교, 수용소, 병원, 감옥 등 공공기관을 살펴본 소득이 적지 않았다고 생각한다. 학교 외의 다른 기관들은 개선의 희망이 별로 보이지 않았다. 그런 제도의 장점이 얼마나 있는지는 알 수가 없다. 한편 내 눈에 분명히 보이는 것은 이 도시에 소돔의 운명을 가져올 흉악한 문제점이 형벌제도 시행방법에 있다는 사실이다. 뉴올리언스 감옥처럼 운영이 엉망인 도둑 소굴을 하워드나 프라이 부인은 보지 못했던 모양이다. 보았다면 기록을 빠뜨린 모양이다.

흑인 감방에서 본 일 중에는 내가 백인이라는 사실에 낯을 붉히게 만드는 것이 많았고, 한순간 내 동물적 본능의 사악한 기운을 불러일으키기까지 했다.

포석(鋪石)이 깔린 커다란 마당이 하나 있었는데, 마당을 둘러싼 회랑에는 연령과 성별, 피부색이 가지가지인 흑인들이 가득 차 있었다. 그 마당에 들어설 때 채찍소리가 들려왔는데, 권총 쏘는 소리처럼 예리한 소리였다. 고개를 돌렸을 때 내 눈에 들어온 광경은 나를 뼛속까지 얼어붙게 만들고 내 생전 처음으로 머리털을 곤두서게 만드는 것이었다. 흑인 여자아이 하나가 판자때기 위에 엎드려 있었는데, 엄지손가락 둘을 한데 묶어 판자때기 한 쪽 끝에 고정시켜 놓고 두 발을 묶어 다른 쪽 끝에 꽉 매어 놓았으며, 허리를 감은 띠 하나가 판자때기를 둘러 몸과 꼭 붙도록 묶여 있었다. 묶은 띠 외에는 홀딱 벗은 몸이었다.

여자아이 옆 6피트 떨어진 곳에 덩치 큰 흑인 하나가 채찍을 들고 서 있었는데, 그의 채찍질은 강력하고도 기막히게 정확했다. 한 차례 내리칠 때마다 맞은 자리의 피부가 길게 떨어져 나와 채찍에 들러붙거나 흐늘거리며 포석 위에 떨어졌고, 그 뒤로 피가 배어나왔다. 불쌍한 아이는 몸을 꿈틀대며 비명을 지르다가 머리맡에 서 있던 주인에게 죽음의 공포와 처참한 고통이 뒤섞인 목소리로 소리쳐 애원했다. "아, 제발 살려주세요! 제 영혼을 잘라내지 말아 주세요."

그러나 채찍은 계속해서 떨어졌고 피부는 계속해서 줄줄이 벗겨져나갔다. 아이의 살아있는 몸뚱이에는 줄이 계속해서 패여 피 흘리며 꿈틀대는 검푸른 근육덩어리로 변해가고 있었다.

고문자에게 달려들어 채찍을 빼앗으려는 충동을 참는 것은 더할 수 없이 어려운 일이었다. 그러나 아, 내가 무엇을 할 수 있단 말인가? 고통 받는 자를 위한 눈물과 인간성에 대한 부끄러움을 감추기 위해 고개를 돌리는 것 외에.

그곳은 정상적으로 운영되는 공공의 감옥이었고, 그 채찍질은 법률로 인정되고 허가된 것이었다. 그렇다면 그 불쌍한 아이가 흉악한 범죄를 저지르고 그에 대한 재판을 통해 채찍질의 판결을 받은 것이라고 여러분은 생각할 것이다. 그러나 사실은 전혀 그렇지 않다. 아이의 주인이 아이를 데려와 감옥 채찍꾼에게 채찍질을 맡긴 것이다. 판사고 배심원이고 재판이고 뭐고 없다. 주인의 마음대로. 아이의 잘못은 진짜일 수도 있고, 주인의 오해일 수도 있고, 잘못이고 뭐고 없이 주인의 기분 내키는 대로일 수도 있다. 매일 데려와도 된다. 이유는 밝힐 필요도 없다. 스물다섯 대 한도 내에서 몇 대라도 때리게 할 수 있다. 요금만 낸다면. 주인이 원한다면 자기 집에 사설 채찍판을 만들어놓고 자기 손으로 짐승 같은 짓을 해도 된다.

이 참혹한 형벌의 특히 충격적인 점은 지금까지 말한 것처럼 드러내놓고 한다는 것이다. 마당을 둘러싼 회랑에는 탈주 노예, 죄수, 팔려가는 노예 등 흑인 남녀들이 가득 차 있었다. 아래에서 벌어지는 참혹한 광경에 그들이 눈을 둥그렇게 뜨고 몰려서서 바라볼 것이라고 여러분은 상상하실 것이다. 그러나 그들은 그러지 않았다. 무슨 일이 벌어지는지 모르는 사람도 많았고, 본 사람들도 신경 쓰는 사람이 없었다. 각자의 어린애 같은 소일거리에 매달려 있었고, 회랑 저쪽에서는 히히덕대는 소리도 들려왔다. 하느님의 모습을 본떠 만들어졌다는 인간이 이렇게 짐승의 차원으로 내려갈 수도 있단 말인가.

출처   Samuel Gridley Howe, Letter to Charles Sumner, in Harriet Beecher Stowe, *A Key to Uncle Tom's Cabin*, 1853

83

이집트 에스나의 무희들

1850. 3. 6

귀스타브 플로베르

우리가 아침을 먹고 있을 때 알메(almeh, 원래는 '배운 여자'라는 뜻인데, 무희와 창녀를 가리키는 말로 쓰였다 – 역자 주) 한 사람이 조셉과 이야기하러 왔다. 가냘픈 몸매에 이마가 좁은 여인인데, 눈에는 안티몬으로 칠을 했고, 머리 위로 걸친 베일이 팔꿈치에 묶여 있었다. 따라온 애완용 양은 털 여기저기 노란색 헤나 물감으로 얼룩이 그려져 있었다. 양의 코 언저리에는 검은색 벨벳 입마개가 씌워져 있었다. 털이 아주 북실북실하고 발이 장난감 양처럼 생긴 놈인데, 주인 곁을 한시도 떠나지 않았다.

배에서 내린다. 다른 마을들과 다를 것 없이 진흙벽돌로 지은 집들이고, 케나보다 작다. 시장에 물건도 적다. 카페에서 보이는 광장에는 알바니아 병사들이 모여있다. 우편당국이 광장에 '주재'하고 있다. 직원 나으리가 그곳에 와서 자기 직무를 수행한다는 말이다. 모스크 뒤에 학교. 그곳에 가서 잉크를 조금 산다. 처음으로 사원에 찾아갔다가 금세 돌아 나온다. 가옥에는 사각형의 탑 같은 것이 있고 그 기둥에는 비둘기가 잔뜩 붙어 있다. 문간에는 알메들이 더러 있는데, 케나에 비하면 그 수도 적고 복장도 덜 화려하며 행동거지도 덜 요란하다.

쿠축 하넴의 집

밤베가 양을 데리고 앞장을 선다. 문 하나를 밀어 열어주니 작은 정원이 딸린 집이 나왔고, 문 맞은편에 계단이 있다. 계단 위에 우리를 마주보며 빛에 둘러싸여 푸른 하늘을 배경으로 핑크색 바지를 입은 여인이 서 있다. 상체에는 짙은 보라색 망사옷만을 걸치고 있다.

우리는 위층으로 올라갔다. 계단 꼭대기에서 왼쪽으로 돌아 회칠을 한 정방형의 방으로 들어갔다. 긴 의자 두 개에 창문 두 개. 하나는 산 쪽, 하나는 도시 쪽.

……(생략)……

쿠축 하넴은 키가 크고 아주 인상적인 인물이다. 아랍인보다 밝은 피부색에 다마스쿠스 출신. 피부, 특히 몸체의 피부에 커피 색깔이 살짝 비친다. 몸을 굽히면 그 살이 구릿빛 이랑으로 주름잡힌다. 큼직한 눈은 검은색. 눈썹도 검은색이고 널찍한 콧구멍이 들려져 있다. 든든한 어깨에 사과 모양의 풍만한 젖가슴. 쓰고 있던 커다란 터키모자의 꼭대기에는 오목한 황금 원반이 장식으로 붙어 있었고, 그 중앙에 에메랄드 모조품 같은 초록색 보석이 박혀 있었다. 모자의 푸른색 술은 부채 모양으로 벌려져 어깨 위로 흘러내렸다.

모자 아랫단의 바로 앞으로는 귀에서 귀까지 한 줄의 조그만 흰색 조화(造花)가 머리카락에 묶여 걸려 있었다. 검은색으로 물결치는 억센 머리카락은 이마로부터 올라가는 가운데 가리마로부터 양쪽으로 당겨져 있었다. 조그만 단으로 땋은 머리카락이 목덜미에 모여 묶여 있었다. 위쪽 앞니 하나, 오른쪽의 것이 상하기 시작하고 있다. 한쪽 팔목에 두 개의 황금 고리를 서로 엇갈리게 꼬아 놓은 것을 팔찌로 차고 있다. 세 줄로 된 목걸이는 속이 빈 큼직한 황금 콩알을 이은 것. 귀고리는 약간 오목진 황금 원반으로 둘레가 작은 알갱이로 장식된 것. 오른 팔에는 푸른색 글씨로 한 줄 문신을 새겼다.

춤

악사(樂士)들이 도착. 아이 하나와 노인 하나. 노인의 왼쪽 눈은 넝마조각으로 가려져 있다. 둘 다 '레바바'를 긁는다. 동그란 모양의 조그만 바이올린인데, 쇠붙이로 만든 다리가 바닥 위에 서 있게 되어 있고, 말털로 만든 줄이 둘 달려 있다. 이것보다 껄끄럽고 듣기 거북한 악기는 없을 것이다. 집어치우라고 소리를 지르지 않는 한 악사들은 한순간도 연주를 멈추지 않는다.

쿠축 하넴과 밤베가 춤을 추기 시작한다. 쿠축은 짐승처럼 춤을 춘다. 허리에 두른 띠는 황금색 줄을 친 갈색 숄로 만든 것인데 세 개의 술이 리본으로 달려 있다. 먼저 한 발로 섰다가 다른 발로 바꿔 선다. 기막힌 동작이다. 한 발이 땅에 닿고 있는 동안 다른 발이 올라가 정강이 바로 앞을 가로지른다. 가벼운 반동 속에 진행되는 동작이다. 고대 그리스 도자기에 그려져 있는 바로 그 춤이다.

밤베는 직선적인 춤을 추는 편이다. 한쪽 엉덩이만을 올렸다 내렸다 하는 움직임이다. 율동적으로 절룩이는 모습의 대단히 특색 있는 춤이라 할 것이다. 밤베는 손에 헤너 물감을 들었다. 쿠축에게 매우 충성스러운 시녀인 것 같다(원래 카이로에서 이탈리아 사람 집 하녀로 지낸 적이 있어서 이탈리아어를 조금 한다. 눈에 약간 병이 있다). 전체적으로 보아 그들의 춤은 (위에서 말한 쿠축의 스텝을 빼고) 카이로의 남성 무용수 하산 엘–벨베이시의 춤보다 영 못하다. 조셉의 의견인즉 아름다운 여자는 춤을 잘 못 추는 법이라고 한다.

세 담 카페. 커피 한 잔을 마신다. 이런 가게들은 다 똑같다. 사탕수수 대를 아무런 식으로나 얽어 놓은 납작한 지붕. 쿠축이 재미있어 한다. 우리의 박박민 머리통을 보고. 그리고 막스가 "알라 일 알라" 운운 하는 말을 듣고.

쿠축의 집으로 돌아온다. 벽에 걸린 받침대에 끼워 놓은 세 개의 기름 잔에 떠 있는 심지들이 방을 밝혀주고 있었다. 악사들이 자리를 지키고 있다. 몇 잔의 '라키'를 얼른 마신다. 선물로 준 술, 그리고 우리가 칼을 차고 있다는 사실이 효과를 발휘하는 것이다.

사피아 주가이라 도착. 키는 작은데 코는 크고, 깊이 있는 검은색 커다란 눈의 눈빛이 사납고 관능적인 여인이다. 동전을 꿴 목걸이가 쟁강대는 소리는 시골길에 마차 굴러가는 소리 같다. 우리 손에 입을 맞춰 준다.

네 여자가 긴 의자에 한 줄로 앉아 노래 부른다. 등잔 빛이 벽에 마름모꼴의 흔들리는 그림자들을 만든다. 불빛은 노란색이다. 밤베는 소매가 넓은 핑크색 겉옷을 입고 있었고 (모든 복장은 가벼운 색깔이었다) 머리에는 검은색 손수건을 뒤집어쓰고 있었다. 그들 모두의 노래에 우리의 정념은 고동쳤고, 단조로운 박자는 부드러우면서도 뚜렷한 배경음이 되었다. 흥겨운 느낌의 장송곡 같은 분위기였다.

사피아 주가이라(작은 소피아)와 한 판. 긴 의자에 얼룩을 만든다. 무지무지한 색골에 요분질이 대단한, 지독하게 관능적인 여자다. 더 좋은 것은 쿠축과의 두 번째 교합이었다. 그 여자의 목걸이를 이빨 사이로 느끼는 그 맛. 나를 끌어들일 때 그녀의 물건은 벨벳 이불을 접어놓은 것 같았다. 나는 호랑이가 된 것 같은 기분이었다.

쿠축이 '벌' 춤을 춘다. 먼저, 문을 닫기 위해 여자들이 파갈리와 또 한 명의 선원을 내보낸다. 두 사람은 지금까지 뒷전에서 춤을 구경하고 있으면서 이 자리를 기괴한 자리로 만들어 왔다. 어린 악사에게는 검은 베일로 눈가리개를 묶고, 늙은 악사의 눈앞에는 푸른색 터번 한 자락을 드리운다. 쿠축은 춤을 추면서 옷을 벗었다. 마지막에는 손에 들고 있는 조그만 숄 하나 말고는 아무것도 걸치지 않은 몸이 되었다. 그 숄 뒤에 몸을 감추려는 시늉을 하다가 끝내 그것마저 집어던져 버렸다. 그것이 '벌' 춤이었다. 조셉은 대단히 흥분해서 연신 손뼉을 쳤다. "라, 외, 냐, 오! 외, 냐, 오!" 마지막으로 오후에 보여주었던 기막힌 스텝을 한 차례 다시 해 보이고 쿠축은 숨이 턱에 닿아 의자에 몸을 던졌다. 그 몸은 아직도 율동에 따라 희미하게 꿈틀거리고 있었다. 핑크색 줄을 친 쿠축의 커다란 흰색 바지를 다른 여자 하나가 던져주자 쿠축은 바지를 목까지 끌어올려 입었다. 두 악사의 눈가림을 풀어주었다.

———————◇◇———————

　1849~51년간의 지중해 순환 여행 중의 글이다. 플로베르(1821~80)가 새로운 풍물을 예민하게 받아들이는 자세가 보인다. 여기 나오는 '막스'는 막심 뒤 캉(1822~94), 플로베르의 절친한 동료다. 여행을 떠나기 직전 플로베르가 탈고한 『성 앙투안의 유혹 La Tentation de Saint Antoine』을 보여주었을 때 뒤 캉이 "아궁이에 던져버리고 다시는 그 얘기 하지도 말라"고 혹평한 것은 유명한 일화다. 플로베르는 그 후 그 작품을 두 차례 개작해 1874년 발표하였고, 그의 역작 중 하나로 남게 되었다.

출처　Gustave Flaubert, *Flaubert in Egypt*, tr. Francis Steegmuller, The Bodley Head, 1972

84

수정 궁전의 내부
1851

샬럿 브론테

어제 두 번째로 수정 궁전에 갔다. 세 시간가량 그 안에 있었는데, 처음 갔을 때보다 이번에 더 깊은 감명을 받았다는 사실을 밝혀야겠다. 놀라운 곳이다. 크고, 색다르고, 새롭고, 묘사할 길이 없다. 한 가지 한 가지 물건이 대단한 것보다 모든 물건들이 모아져 있는 그 특이한 방식이 대단한 것이다.

기관차와 보일러가 가득 들어 있는 큰 방, 작동중인 제분기(製粉機)가 들어 있는 방, 각종의 멋진 마차와 온갖 종류의 마구(馬具)가 들어 있는 방에서부터 벨벳을 깔고 유리를 덮은 진열장에 든 더 없이 아름다운 금은 세공품, 든든한 경비를 세운 상자에 든 수십만 파운드 가치의 진짜 다이아몬드와 진주에 이르기까지, 인간의 노력으로 만들어진 모든 물건이 그곳에 있다.

일종의 바자, 또는 시장이라고 할 수 있겠는데, 동방의 마법사가 만들어냄 직한 그런 바자요 시장이다. 지구의 구석구석에서 이 많은 값진 물건들을 모아 오는 것만도 마술이 아니고는 안 될 일인데, 그것을 이토록 찬란하게 색깔을 대비시키며 기막힌 효과를 일으키도록 진열하는 것 역시 초자연적 능력이 필요한 일이다.

복도를 메운 인파 또한 보이지 않는 어떤 힘에 눌리고 지배받는 것 같다. 그

1851년 런던 대박람회 당시 박람회장으로 쓰였던 수정궁전 내부 모습이다. 수정궁전은 폭 124m, 길이 563m, 높이 33m에 달하는 거대한 현대적 궁전이었다. 그림: J. 맥니븐(1851년)

날 입장한 3만의 군중 속에서 큰 소리 한번 나는 것도 듣지 못했고 이상한 동작 하나 있는 것도 보지 못했다. 인파(人波), 말 그대로 살아있는 파도처럼 사람들은 조용히 움직여 갔고, 거기서 들리는 나직한 웅얼거림 소리는 멀리서 듣는 바다 소리와 같은 것이었다.

❖

19세기 후반 유행한 대형 박람회의 효시가 된 1851년의 런던 대박람회는 빅토리아 여왕의 남편 앨버트 공이 기획한 것이었다. 하이드 파크에 세워진 전시장 수정궁전은 강철과 유리로 만들어진 124미터 폭에 563미터 길이, 최고 높이 33미터의 거대한 현대적 궁전이었다. 조지프 팩스턴 경이 설계한 이 궁전은 박람회 후 런던 교외에 옮겨 지어져 전시와 공연 등 여러 용도로 쓰이다가 1936년 화재로 소실되었다.

출처 Charlotte Brontë, in Clement Shorter, *The Brontës' Life and Letters*, 1907

85

패링던 채소시장

1851

헨리 메이휴

시장 안의 가게들은 문이 잠겨 있고 철문 위의 가스등은 밝게 타오르고 있다. 이따금씩 들려오는 닭 울음소리는 어느 창고에 갇혀 있는지 새 장수 가게에 갇혀 있는지 반쯤 지워진 소리로 들린다. 곧 한 사람이 서둘러 다가오는데, 두 손에는 뜨거운 커피가 든 깡통을 들고, 노점 장비를 머리에 이고 있다. 철문들 가까이 자리를 잡은 그가 돌담 위의 난간 사이에 흰 커피잔을 늘어놓은 다음 숯불을 지피는데, 입김을 불 때마다 불똥이 튀며 빛을 뿌린다.

소리 없이 차츰 늘어나는 장꾼들은 갖가지 종류의 넝마를 걸치고 있다. 철문 앞을 서성이면서 발을 동동 구르고 손을 열심히 비벼댄다. 사내애 몇은 커다란 손바구니를 가져왔는데, 손잡이를 목에 걸고 모자 쓰듯 머리에 완전히 뒤집어쓰고 있다. 바구니를 끈으로 등에 묶은 녀석들도 있다. 작은 여자애 하나는 가장자리가 대장장이 앞치마처럼 너덜거리게 된 치마를 입고 낡아빠진 커다란 장화를 신고 있는데, 파랗게 언 손에 찌그러지고 녹슨 찻쟁반을 들고 있다. 몇 사람은 커피장수와 교제(交際)를 터서 깡통 밑의 숯불에 손을 쪼일 특권을 부여받고 있는데, 온기와 함께 졸음이 찾아오는지 하품을 하고 있다.

우리가 도착할 때 시장은 열린 지 얼마 되지 않았다. 크리스마스를 한 달도 안 남긴 추위 속에서 상인 하나는 회색 마부복(馬夫服) 주머니에 손을 깊이 꽂은 채 꼼짝 않고 앉아 있다. 앞에는 광주리 하나가 펼쳐져 있고 빛나는 녹색의 갓냉이 가운데 세워진 촛불 빛은 광주리 옆구리로 새어나가 땅바닥에 재미있는 무늬를 그려놓고 있다. 등에 바구니를 걸치고 저고리 가슴팍에 손을 꽂아 넣은 장꾼 두엇이 광주리 위로 몸을 기울여 거무스레한 형체에 광주리 속의 촛불 빛을 받고 있다. 반 페니 동전을 손으로 절그럭거리며 흥정을 빨리 마무리 짓도록 상인을 어르고 있다.

시계가 다섯 시를 울릴 때 몸이 통통한 노점상 아낙네 하나가 문을 들어서고 있고, 잠시 후 작업복을 입고 마차꾼 모자를 쓴 촌사람 하나가 자기 손으로 런던에서 가져온 바구니들을 늘어놓는다. 두터운 숄 위에 따뜻한 외투를 든든하게 입은 다른 여자들도 곧 자기 자리를 찾아 앞치마 밑에 손을 넣고 앉아서 어슬렁대는 사람들과 잡담을 나눈다. 그들은 서로 이름을 부르는 사이다.

이제 거래가 시작된다. 장꾼들은 둘씩 셋씩 몰려 오락가락하며 갓냉이를 구경하면서 부르는 값을 듣는다. 광주리마다 사람이 까맣게 둘러서서 몸을 기울여 들여다보니 머리끼리 서로 닿을 지경이고, 그들의 이마와 뺨은 광주리 속의 촛불 빛을 받고 있다.

노점상 여자들이 상품의 질에 관한 일체의 비평에 응수하는 목소리는 다른 사람들의 웅성대는 소리를 누르고 똑똑하게 들린다. "아줌마, 이건 점이 좀 많네요." 한 아일랜드인이 잎사귀를 살펴보며 말한다. "막 받아낸 아기 중에 이만큼도 점이 없는 애 있으면 데려와 봐, 데니스." 여자가 야무지게 대꾸하고는 몸을 돌려 새로 온 손님을 응대한다.

한 광주리에서는 낡은 초록색 외투를 걸친 행상 아주머니 하나가 색 바랜 숄에 갓냉이를 받으려고 펼쳐 놓았고 그 옆에는 누비이불처럼 기워 붙인 얇은 무명옷을 입은 딸이 서 있다. 노점상 여자가 은근히 말을 건넨다. "아이고, 돌란드 부인, 춥지 않으세요? 날씨가 지독해요, 정말요."

다른 광주리 옆에서 경찰 외투 위로 회색 긴 머리카락이 흘러내리는 노인 하나가 어느 노점상에게 당한 이야기를 늘어놓고 있다. "저번 날 아침에 그 여

432

자한테 잔뜩 샀는데, 날이 밝고 나서 보니까 전부 허옇더라구. 그 날 장사는 완전히 망쳐버렸지." "그래요, 조." 노점상이 대답한다. "아는 사람한테 가서 사야 해요. 그러면 다들 잘해 주죠."

여명이 펼쳐지면서 포석을 깐 마당에는 장꾼들이 가득해졌다. 시장 저쪽 끝의 창고와 점포들이 1초 지날 때마다 모습을 더 분명히 드러내고 있고, 당근을 실은 화차(貨車) 하나가 덜커덩거리며 장마당에 들어선다. 비둘기들은 창고 지붕으로 날아오르기도 하고 포석 위를 걸어다니기도 하는데, 가스 인부들은 사다리를 가지고 돌아다니며 가스등을 끄고 있다.

이제 사람들은 서로 밀고 밀리고 있다. 맨발등을 밟힌 아이들이 울음을 터뜨리고, 바구니나 숄에 갓냉이를 담고 서둘러 장터를 떠나는 아낙네들 손에는 골풀 다발이 들려 있다. 장마당 한구석에서는 여자아이 서넛이 포석 위에 무릎을 꿇고 앉아 다발을 열심히 묶고 있는데, 주변은 그 아이들이 버린 잎사귀 때문에 녹색으로 덮여 있다. 내가 그 아이들을 바라보고 있는 것을 본 노점상 하나가 말을 건다. "아, 여름날 아침에 한번 와보셔야 해요. 늙은이, 젊은이, 앉아서 다발 꾸리는 게 100명도 넘죠. 가을걷이 끝낸 밭에 까마귀떼 같다고요."

시간이 지남에 따라 인파는 줄어들고 갓냉이 행상 중 제일 가난한 사람들만 남았다. 그들 중에는 돈을 가져오지 않은 사람들도 많았고, 가져온 사람들은 반 페니 동전을 행여 잃어버릴까봐 그러는 듯 숄 자락에 묶어 가지고 있었다.

다섯 살쯤 된 허약해 보이는 아이 하나가 자기 키만한 광주리들 사이를 기어오듯 걸어오고 있었다. 퍼렇게 언 맨발은 고양이가 젖은 땅을 딛는 것처럼 포석을 밟고 있었다. 팔꿈치와 무르팍은 옷이 해진 틈새로 맨살이 드러나 보였고, 그 추운 모양이 딱해 보였던지 통통한 노점상 여인 하나가 아이에게 소리쳐 엄마가 집에 돌아갔느냐고 물었다. 잘 아는 사이인지 아이는 그 물음에는 대답하지 않고 여인에게 다가가 외발로 서서 추위에 떨며 말했다. "우리한테 버릴 미나리 좀 줘요, 지니." 몇 분 후 아이는 옆구리에 초록색 짐을 끼고 달려가고 있었다.

집으로 돌아오는 길, 도제(徒弟)들이 장인 집 문을 두드리는 이 시간에 미나리 여자애들이 골목골목을 누비며 "미나리 사세요!"를 외치고 있다. 펌프 가에 모여 서서 잎사귀를 씻어 바구니에 다발을 차곡차곡 담고 있는 아이들도 있다. 입고 있는 옷만큼이나 낡아빠진 바구니 중에는 바닥에 난 구멍을 밧줄이나 노 끈으로 기워 놓은 것도 있고 자잘한 나뭇가지를 가로 대 묶어놓은 것도 있다. 대개는 바닥에 기름종이를 깔거나 낡은 양철판을 깔아 놓았다. 미나리 시장이 다 파한 지금도 아직 이른 시간이어서 하녀들은 길에서 양탄자를 두드리고 있고, 연장 바구니를 어깨에 멘 직공들은 서둘러 일자리를 향하고 있다.

출처　Henry Mayhew, *London Labour and the London Poor*, 1851

86

루이 나폴레옹 군대의 파리 진압

1851. 12. 4

빅토르 위고

열두 시에서 두 시 사이에 이 거대한 도시에서는 표현할 수 없는 치열한 기대감이 어디론가 사라져버렸다. 모든 것이 잠잠하고 두려움을 불러일으키는 분위기였다. 부대(部隊)들과 마차에 매단 대포들이 교외의 숙영지를 떠나 아무 소리도 내지 않으면서 대로들 주변으로 자리를 옮겨 잡았다. 병사들의 대오에서는 고함소리 하나 나오지 않았다. "병사들은 매우 신나는 모습으로 행군했다"고 한 목격자에게 들었다. 12월 2일 이래 여러 부대들이 몰려 있던 페로네리 부두에는 이제 시 방위군의 한 지대(支隊)만이 남아 있었다. 모두가, 군대만이 아니라 사람들도, 중앙으로 몰려들고 있었다. 군대의 침묵은 급기야 사람들에게도 옮아갔다. 사람들은 서로를 지켜보고 있었다.

병사 하나마다 3일분 보급품과 탄창 여섯 다발씩을 가지고 있었다.

지금까지 밝혀진 바에 따르면 여단 하나에 매일 1만 프랑씩 술값으로 지출되었다고 한다.

한 시가 되어 갈 때 마냥은 시청으로 가서 예비 대포를 마차에 매게 하여 하나도 빠짐없이 출동준비가 되는 것을 눈으로 확인하고야 그곳을 떠났다.

이런저런 의심쩍은 준비 작업이 차츰 늘어났다. 정오를 앞두고 정부 인부들과 병원 일꾼들이 몽마르트르 대로 2번지에 커다란 야전병원을 만들었다. 그곳에는 들것이 산처럼 쌓였다. 사람들은 물었다. "이게 뭐하는 거지?"……(생략)……

두 시가 되었을 때, 코트, 부르공, 캉로베르, 뒬라크, 라이벨의 다섯 여단과 다섯 포대, 보병, 기병, 창병, 척탄병, 포병 등등 1만 6,400명의 병력이 들라페가와 푸아소네리 대로 사이에 포진(布陣)되었다. 무슨 필요에서 그런 것인지 사람들은 알 수 없었다. 길목 입구 하나하나를 향해 대포가 조준되었다. 푸아소네리 대로 하나만 해도 열한 대의 대포가 배치되었다. 사병들은 소총을 어깨에 걸치고 있었고, 장교들은 칼을 뽑아 들고 있었다. 이게 도대체 어떻게 돌아가는 셈판인가? 애써 구경할 가치가 있는 이상한 장면이었기 때문에 사람들은 보도 양쪽에서, 상점 문간에서, 건물의 모든 층 창문에서 바라보고 있었고, 그 표정에는 놀라움과 냉소와 자신감이 뒤섞여 있었다.

그러나 시간이 지남에 따라 자신감은 조금씩 줄어들었고, 냉소의 표정은 경악으로 바뀌었고, 경악에서 망연자실로 넘어갔다. 그 희한한 1분간을 겪어본 사람은 영원히 잊지 못할 것이다. 이 모든 상황의 배경에는 무엇인가 있는 것이 분명했다. 그런데 그게 무어지? 도저히 알 수 없는 일이었다. 파리의 도시가 통째로 어느 지하실에 쑤셔 넣어진 상황을 상상할 수 있는가? 사람들은 낮은 천장이 내리누르는 것 같은 느낌을 받았다. 예상할 수 없는, 알 수 없는 일들이 사방을 벽처럼 둘러싸고 있는 것 같은 느낌을 받았다. 배후에서 작용하는 무언가 신비한 의지가 있다는 것을 알아챌 것 같았다.

그러나 뭐라 해도 그들은 강했다. 그들이 바로 공화국이었고 그들이 바로 파리였다. 두려워할 것이 무엇인가? 아무것도 없었다. 그래서 그들은 외쳤다. "꺼져라, 보나파르트!" 군대는 계속해서 침묵을 지켰지만 칼은 칼집에서 뽑혀 나온 채로 있었다. 길모퉁이마다 대포 옆에는 불붙인 심지가 연기를 뿜어내고 있었다. 구름은 1분 1분이 지날 때마다 더 시커매지고, 더 짙어지고, 더 조용해졌다. 이렇게 짙어져 가는 어두움에서는 비극의 냄새가 풍겼다. 재앙이 닥쳐오고 있다는 사실, 누군가 악당이 숨어있다는 사실이 느껴졌다. 그 밤 동안에 배

암과 같은 반역이 꿈틀대었고, 상황이 험악하게 돌아가기 시작하면 이 무시무시한 계획이 어디에서 멈추게 될지 아무도 알 수 없었다.

이 짙은 어두움으로부터 과연 무엇이 뛰쳐나올 것인가?

어디서 누가 터뜨린 것인지 알 수 없는 총소리 한 방을 신호로 하여 탄환의 소나기가 군중에게 쏟아지기 시작했다. 탄환의 소나기 역시 하나의 군중이다. 흩뿌려지는 죽음이다. 자기가 어디로 가서 무슨 짓을 하는지 스스로 알지 못한다. 죽인다. 그리고 지나간다.

눈 깜짝할 사이에 4분의 1리그 길이의 대로가 도살장으로 돌변했다. 열한 대의 대포가 살랑드루스 양탄자 창고를 짓뭉개 버렸다. 대포알이 스물여덟 채 건물을 완전히 박살냈다. 주방스 목욕탕은 벌집이 되었다. 토르토니 광장에서 학살이 있었다. 파리 전체의 4분의 1이 날아다니는 탄환과 끔찍한 비명으로 가득 찼다.

연말이 멀지 않은 때라서 신년 선물로 가득 찬 상점들도 있었다. 뒤소몽 골목에서는 열세 살의 아이 하나가 총을 쏘아대는 소대(小隊) 앞에서 도망치다가 그런 가게 하나에 뛰어들어가 장난감 더미 밑에 숨었다. 병사들은 아이를 끌어내 죽였다. 병사들은 웃어대면서 아이의 상처를 칼로 벌려가며 구경했다. "그 불쌍한 아이의 비명소리가 온 골목에 가득했었다"고 한 여인이 고백했다. 바로 그 가게 앞에서 네 사람이 총에 맞아 죽었다. 그들을 죽이면서 장교가 말했다. "빈둥대다가는 이런 꼴을 당하는 거야." 또 한 사람, 메예레라는 이름의 사람인데, 죽은 줄 알고 버려두고 간 것을 다음날 자선병원으로 옮겨갔지만 열한 방의 총상을 입은 그는 병원에서 죽었다.

지하실에도 공기구멍으로 총을 쏘아댔다. 피혁공인 물랭이란 이름의 한 일꾼은 그렇게 총질을 당한 지하실 하나에 숨어 있었는데, 지나가는 다친 사람 하나를 공기구멍으로 보았다. 다리에 총을 맞은 그 사람은 보도에 앉아 가게 건물에 기대고 신음소리를 흘렸다. 이 신음소리를 들은 병사들 몇이 쫓아와 대검으로 그 사람의 명을 끊어 버렸다.

한 여단은 마들레느 광장과 오페라 광장 사이에서 행인들을 죽였고, 또 하나는 오페라 광장에서 짐나즈 광장 사이를 맡았다. 그리고 또 하나는 본누벨 대로에서 포르트 생데니까지 맡았다. 포르트 생데니의 바리케이드가 무너진 이상, 이제는 전투가 아니라 학살일 뿐이었다. 학살은 방사(放射)되어 나갔다. 끔찍스럽도록 정확한 표현이다. 대로로부터 모든 길을 따라 방사되어 나갔다. 죽음이 낙지발을 펼치는 것처럼 퍼져나갔다. 도망을 가? 왜? 숨어? 무슨 소용 인데? 아무리 빨리 도망쳐도 죽음은 더 빨리 쫓아왔다.

파쥬뱅 가에서 병사가 행인에게 묻는다. "여기서 뭘 하는 건가?" "집에 가는 길입니다." 병사가 행인을 죽인다. 데마레 가에서는 자기네 집 마당에 있는 젊 은 사람 넷을 죽였다. 에스피나스 대령은 고함쳤다. "대포는 총검 뒤를 따르라!" 로슈포르 대령은 외쳤다. "찔러라, 후려쳐라, 베어라!" 그리고 덧붙여 말했다. "그래야 화약도 적게 들고 소리도 적게 난다." 바르브디엔 상점 앞에서 한 장교 가 자기 총이 매우 정확한 무기라고 자랑스럽게 동료들에게 보여주면서 말했 다. "이 총으로는 양미간에 딱 맞출 수가 있단 말이야." 이 말을 마치면서 아무 나 대고 겨냥을 하더니 정말로 양미간을 맞췄다. 광란의 살육이었다.

뒤상티에 가 모퉁이에서 장교 하나는 칼을 쳐들고 외쳤다. "이런 식이 아니 야! 너희들 뭘 몰라! 여자들도 쏘란 말이야!" 임신한 여자 하나가 달아나다가 넘어지자 병사들이 달려들어 소총 개머리판으로 짓이겨버렸다. 완전히 넋을 잃은 여자 또 하나가 길모퉁이를 돌아오고 있었다. 아이를 안고 있었다. 병사 둘이 총을 겨눴다. 하나가 말했다. "여자다!" 그리고 여자를 맞춰 쓰러뜨렸다. 아이가 보도에 굴러떨어졌다. 또 하나가 말했다. "아이다!" 그리고는 아이를 맞 춰 죽였다.

어떤 목격자에게 들은 바로, 망다르 가에는 '시체의 염주(念珠)'가 뇌브생퇴 스타슈 가에까지 이어져 있었다고 한다. 오디에 건물 앞에 시체 26구, 몽모랑시 구청 앞에 30구. 바리에테 건물 앞의 52구 중 열하나는 여자였다. 그랑지바텔 리에르 가에는 발가벗은 시체 셋이 있었다. 몽마르트르 대로 19번지에는 시체 와 부상자가 가득했다.

정신이 돌아버린 채로 도망다니던 한 여자는 머리를 헝클어뜨리고 두 팔을 높이 쳐들고 푸아소니에르 가를 달려가며 외쳤다. "죽이네! 죽이네! 죽이네! 죽이네!"

나는 무엇을 해야 할지 판단하려고 고민했다. 반역의 행위를 입증하기 위해 조사할 필요가 있었다. 나는 살육의 현장으로 갔다.

대로에 도착해 보니 그 광경은 말로 형언할 수 없었다. 이 범죄, 이 도살, 이 비극을 나는 목격했다. 눈먼 죽음이 비처럼 쏟아지는 것을 보았고, 넋을 잃은 희생자들이 무더기로 내 주변에 쓰러지는 것을 보았다. 그래서 이 책에 '목격자'라고 내 이름을 적는 것이다.

흔히 '루이 나폴레옹'이라 불리는 샤를‑루이‑나폴레옹 보나파르트(1808~73)는 나폴레옹 1세의 조카로, 1815년 나폴레옹 1세의 몰락에 따라 어머니와 함께 프랑스에서 쫓겨나 스위스에서 자라났다. 1832년 나폴레옹 1세의 외아들 라이히슈타트 공작이 죽은 후로는 나폴레옹의 황위 계승권자를 자처하고 그 후광을 이용해 군부의 지원으로 정변을 일으킬 공작을 몇 차례 꾸몄지만 허황한 야심으로 거듭 확인되었다.

1948년 2월혁명 뒤의 혼란 속에서 루이 나폴레옹은 돌아왔다. 새 공화국의 대통령으로 그가 뽑힌 데는 두 가지 조건이 작용했다. 그 하나는 영광과 질서를 연상시키는 그의 이름이었고, 또 하나는 복잡하게 얽힌 여러 파벌에서 그를 정치력 없는 만만한 인물로 본 것이었다.

대통령 자리에서 그는 장기집권의 길을 여는 일에 노력을 집중했다. 의회를 구슬러 중임 허용 개헌을 하려 했으나 그 길이 잘 풀리지 않자 이 글에 그려진 친위 쿠데타를 일으켜 항의자 수백 명을 죽이고 수만 명을 체포했다. 그 뒤의 국민투표에서 92퍼센트 지지를 얻어 독재헌법을 세우고, 다시 1년 후의 국민투표에서는 97퍼센트 지지를 얻어 황제제도 부활시켰다.

출처   Victor hugo, *The history of a Crime*, trans. T. H. Joyce and Arthur Locker, 1886

87

일본인의 서양문명 접촉

1854. 3

매슈 C. 페리

에도만에 머무르는 동안 장교 이하 모든 선원과 수병들은 육지에서나 함상에서나 그 사람들과 마음대로 어울릴 기회를 많이 가졌다. 물과 보급품을 가져오기 위해, 그리고 공무(公務)를 위해 많은 토착민들이 배에 찾아왔기 때문이다. 요코하마에 도착한 후 며칠 동안 미시시피호 기관장 게이 씨는 댄비 부기관장의 도움을 받으며 필요한 숫자의 공원(工員)을 데리고 기관차의 짐을 풀어 작동할 수 있게 손보는 일에 매달려 있었다. 그동안 드레이퍼 씨와 윌리엄스 씨는 전신줄 설치를 위해 전봇대 세우는 일로 마찬가지로 바빴다. 머로우 박사 또한 농기구의 짐을 풀어 정비하는 작업을 했다. 모두 한 차례 시범을 보이고 설명한 후 황제에게 바치기 위한 것이었다.

일본 당국자들은 모든 편의를 제공했다. 여러 가지 물건을 비바람에서 보호할 수 있는 까대기를 만들어주었다. 기관차가 달릴 선로를 깔도록 평평한 땅 한 자락도 마련해 주었다. 전봇대로 쓸 기둥을 드레이퍼 씨와 윌리엄스 씨가 요구하는 대로 가져와서 세웠고, 1마일 가까운 전신줄이 미국에서 할 수 있는 것과 아무 차이 없이 똑바로 설치되었다. 전신줄의 한쪽 끝은 조약(條約)사무실에 있었고 다른 쪽 끝은 그 용도로 주어진 건물에 있었다. 곧 통신이 열려서 두 명의 전신기사 사이에 영어, 화란어, 일본어로 교신이 이뤄지는 것을 보고 구경하던 사람들이 대단히 놀랐다.

　그동안 농기구들도 조립되어 전시되었고, 선로가 설치된 위로 조그만 차량을 단 아름다운 꼬마 기관차가 작동을 시작했다. 기관차가 원형의 선로를 달려가며 일본인들의 마음에 경탄을 불러일으키는 것을 배에서도 바라볼 수 있었다. 이 완벽한 기계는 매달린 차량과 함께 더할 수 없이 보기 좋게 만들어진 것이었지만, 내가 기대했던 것보다 크기가 무척 작았다. 차량은 여섯 살배기 아이 하나 들어가기에도 비좁을 정도였다. 그래서 타고자 하는 일본인은 차량 지붕 위에 앉아야 했고, 기관사는 석탄차 위에 앉아야 했다.

———◇———

　영국이 아편전쟁(1839~42)으로 중국의 개항을 강요할 무렵 태평양 연안의 본격적 개발을 시작하고 있던 미국은 태평양 건너편까지 활동영역을 넓힐 가능성을 생각하게 되었다. 그래서 당시까지 유럽 열강들의 손길이 미치지 못하고 있던 일본 개항을 과제로 삼았다. 이 과업을 맡은 것이 매슈 페리 제독(1794~1858)이었다. 그는 1853년 7월 우라가(浦賀) 만에 정박하고 조약 체결을 요구하는 미 대통령의 국서(國書)를 강제로 전달했으며, 이듬해 2월 함대를 끌고 다시 출동해 에도(江戸) 만에 정박하고 3월말까지 조약 체결을 마무리지었다. 일본 개항에 앞장섬으로 해서 해외에서 미국의 위상은 유럽 열강들에 접근하게 되었다. 강박에 의한 이 개항은 막부(幕府)체제 몰락의 상징적 계기가 되었다. 막부의 역할로 내세워 온 '존왕양이(尊王攘夷)'의 '양이'를 제대로 하지 못한 것이기 때문이었다. 그래서 토막(討幕)의 대열에는 가장 보수적인 세력이 앞서게 되었는데, 그렇게 해서 이루어진 메이지유신(明治維新)은 오히려 개방의 길로 매진하게 되었으니 아이러니컬한 일이다.

출처　Commodore Matthew C. Perry, *The Japan Expedition 1852-1854: The Personal Journal of Commodore Matthew C. Perry*, Roger Pineau (ed.), Smithsonian Institution Press, 1968

88

발라클라바 전투

1854. 10. 25

윌리엄 하워드 러셀

만약 더 없이 빛나는 용맹으로 넘치는 용기를 발휘하여 기사도의 전성시대에 비추어도 손색이 없는 당당한 자세를 보인 사람들을 드러냄으로써 오늘의 재난에 충분한 위로가 될 수 있다면, 우리는 사납고 야만스러운 적과의 충돌에서 겪은 슬픈 손실을 아쉬워할 필요가 없다.

나는 이제부터 내게 주어진 능력을 다해 내 눈앞에서 벌어진 일을 묘사하고, 흠잡을 수 없이 성실한 사람들로부터 들은 사실을 서술할 것이다. 잊어서는 안 될 이 날 일어난 일의 세부사항 가운데 어떤 것은 밝히고 어떤 것은 묻어둘 것인가에 대한 개인적 판단의 권리는 나 자신이 행사할 것이다……(생략)……

러시아 보병 11개 대대가 체르나야 산맥을 넘어와 우리 진영의 후면(後面) 및 발라클라바와의 연락을 위협하였다는 사실은 이 편지의 바로 앞 편지에 적었던 것으로, 기억해 두기 바란다. 밤에 발라클라바 가도(街道)를 따라 우리 진영으로 오는 사람들은 그들의 밴드가 연주하는 것을 들을 수 있지만 낮으로는 거의 나타나지 않고 잉케르만, 심페로폴, 그리고 크리미아 남서부로 가는 길들이 내륙을 향해 구불구불 뻗쳐 있는 협곡과 고갯길에 파묻혀 있다.

또 한 가지 기억해 둘 것은 발라클라바와 관련해 우리가 점한 위치는 매우 강고한, 거의 불가침의 것이라고 많은 사람들이 생각했다는 사실이다. 우리들의 전선(前線)은 뒤쪽으로는 산의 능선으로 되어 있었고, 능선을 따라 프랑스군이 튼튼한 참호망을 파 놓았다. 참호망 아래로, 밑의 골짜기를 향해 거의 일직선상에 네 개의 작은 봉우리가 나란히 솟아 있어서, 우리 전선으로부터 뒤로 물러나면서 보면 한 봉우리 위에 또 한 봉우리가 차례로 나타나게 되어 있다……(생략)……

터키군은 봉우리 꼭대기마다 흙으로 보루를 쌓고 250명씩의 병력이 지키게 하였으며 대포가 두 대나 세 대씩 장착되었다. 어떤 것은 매우 무거운 함포(艦砲)였다. 대포는 우리가 빌려준 것으로, 그것을 관리하도록 보루마다 하나씩 포병을 붙여 주었다. 그 봉우리들은 도시로부터 2마일 반가량의 거리에서 발라클라바 계곡을 가로지르고 있었다.

만약 그때 누가 세바스토폴 앞의 우리 숙영지 뒤에 있는 고지 하나에 올라가 바라보았다면, 발라클라바 도시와 그 빈약한 해운, 좁은 수로와 오래된 요새들이 오른쪽으로 보였을 것이다. 바로 밑에는 자기가 서 있는 산맥의 발치에서부터 건너편의 험악한 산맥 사이에 펼쳐 있는 거친 풀밭으로 덮인 골짜기와 평원에 우리 기병대 텐트들이 널려 있는 것을 볼 수 있었을 것이다. 바로 몇 발짝 밑, 그리고 조금 떨어진 곳의 경사면에는 프랑스군 참호에 주아브 병사들이 들어 있는 것을 보았을 것이다. 더 아래로는 터키군 보루 하나, 골짜기에 또 하나, 쭉 연장해 나간 위치에 모가 진 토성(土城) 약간, 그리고 그 뒤로 캉로베르산을 올라가며 또 두 개의 보루가 보였을 것이다.

골짜기 건너 2마일이나 2마일 반쯤 떨어진 곳에 바위산이 하나 대단히 특이하고 아름다운 모습으로 불쑥 솟아 있다. 그 위에는 초라한 덤불이 여기저기 덮여 있고, 더러는 풀포기 하나 없는 바위봉우리나 평평한 암석이 솟아 있다. 이런 경치의 배열은 윤곽이나 모양에서 트로삭스와 기막히게 비슷하다.

오른쪽으로 발라클라바의 양쪽 절벽이 항구 입구에서 마주치는 틈새로 푸른 바다가 한 조각 보인다. 세바스토폴을 등지고 발라클라바를 오른쪽에 두고 서면 바로 반대편에 해발 1천 피트 이상의 산기슭에 숙영하고 있는 해병대 막사들이 보인다. 그 산들 아래, 도시 입구 가까이, 골짜기를 따라 올라가는 길가에 제93 하일랜더 부대의 숙영지가 있다.

기병대 대오는 더 가까이 아래쪽으로, 하일랜더 부대보다 더 나아간 위치, 터키군 보루보다 도시에 가까운 위치에 있다. 골짜기에는 여기저기 나직한 구릉들이 가로지르고 있다. 왼쪽으로는 바위산과 언덕의 줄기가 체르나야강의 흐름을 끼고 좁아지다가, 발라클라바에서 3, 4마일 떨어진 곳에서 깊은 협곡으로 변한다. 협곡 위로는 삭막한 허연 바위가 초목도 별로 없이 층층이 포개지며 솟아올라 동쪽과 남쪽으로 퍼져나가면서 산악지대를 이룬다.

벨베크에 있는, 또는 매켄지 농장이나 잉케르만, 심페로폴, 또는 바흐치사라이 방면의 도로를 장악한 적군이 언제든지 이 협곡을 통해 골짜기의 목덜미 부분으로 빠져나오는 것은 손쉬운 일이다. 세바스토폴에서 체르나야강을 따라 행군해 발라클라바로 진격하는 것도 쉬운 일이다. 그 길로 오려면 남쪽의 터키군 보루나 북쪽의 프랑스군 참호로부터의 사격으로 제지받게 되어 있다. 북쪽이라면 발라클라바 계곡을 표준으로 볼 때 우리 진형(陣形)의 후방인 셈이다.

오늘 아침 7시 반에 전령 하나가 발라클라바로부터 사령부 천막으로 말을 달려와 소식을 전했다. 새벽녘에 강력한 러시아 기병대가 포병대와 보병대의 지원을 받으며 계곡으로 진입해, 벌써 터키군을 1호 보루로부터(캉로베르산, 우리 전선에서 제일 멀리 있는 것) 거의 몰아내고 있으며, 2호, 3호, 4호 보루에도 사격을 가하기 시작하고 있다는 것, 터키군이 지금까지보다 더 완강한 저항을 보이지 않는다면 머지않아 모두 함락되리라는 소식이었다.

조지 캐스카트 경과 케임브리지 공작 각하에게 각자 지휘하는 4사단과 1사단에 전투태세를 갖추도록 명령이 내려졌고, 러시아군의 진격 정보는 캉로베르 장군에게도 보내졌다. 소식을 전해 받은 장군은 즉각 보스케 장군에게 3사단을 전투태세로 갖추게 하고, 강력한 포대 하나와 200명의 아프리카 경기병(輕騎兵)을 우리에게 보내 계곡 방어를 돕도록 했다. 발라클라바 지휘를 맡은 콜린 캠벨 경은 적군의 진격 소식을 듣자마자 93하일랜더 부대를 도시로 들어가는 길 정면 쪽으로 조금 옮겨 놓았었다. 고지 위의 해병대도 전투태세를 갖쳤다. 도시에 가까운 고지 위의 해군과 해병대 포대에 인원이 배치되었고, 프랑스군의 포병과 주아브 병사들도 자기네 전선을 따라 전투 준비를 했다.

류컨 경의 작은 천막은 흥분의 도가니였다. 장병들은 말에게 물 먹일 시간도 없었고, 그들 자신 아침도 먹지 못하고 있었다. 첫 나팔소리에 따라 안장을 올리자마자 적군 부대들과 맞서기 위해 숙영지 정면 보루 건너편 비탈 위로 불려 올라갔다.

보병이고 포병이고 터키군은 믿을 것이 못 된다는 사실이 금세 분명해졌다. 성벽 뒤나 참호 속에서 터키군이 얼마나 용감한가 지금까지 들었던 이야기들과 비교해 보면, 같은 사람들이나 비슷한 사람들이 싸우는 태도가 상황에 따라 얼마나 달라질 수 있는지 생각하게 된다. 진격하는 러시아군을 보고 몇 방 쏘아보고는 뒤를 돌아보며 후방의 응원군이 멀다는 느낌을 받아 겁을 집어먹고, 총알과 포탄이 날아오는 앞쪽을 다시 한 번 쳐다보고는 '튀어'버리는 것이다. 그 도망가는 동작의 민첩함이란 전쟁터에서 동양인의 동작에 대한 일반적 통념과 사뭇 다른 것이었다. 그러나 다뉴브강의 터키인은 크리미아의 터키인과 전혀 다른 존재다. 세바스토폴의 러시아인이 실리스트리아의 러시아인과 전혀 다른 존재로 보이는 것처럼.

여덟 시 조금 지나 래글런 경과 그 참모들이 나타나 우리 위치 뒤쪽으로 말을 서서히 몰아왔다. 계곡에서 일어나는 대포의 굉음과 따각대는 소총소리에 세바스토폴 정면의 공성포(攻城砲) 소리가 파묻혔다. 발라클라바 주변의 산꼭대기와 비슷한 높이에서 발라클라바 방면으로 펼쳐진 울퉁불퉁한 고원지대를 덮고 있는 덤불과 바윗돌들을 뛰어넘으며 사격이 벌어지는 쪽으로 말을 달리고 있는데, 우리 오른쪽으로부터 전신소 부근의 능선 쪽으로 프랑스 경보병 연대 하나가(27연대인 듯) 탄복할 만큼 조심스러우면서도 민첩하게 전진하고 있는 것이 보였다. 그 능선에는 프랑스 보병 중대들이 이미 자리 잡고 있었고, 장교들이 바쁘게 말을 몰고 다니는 것이 능선의 터진 틈새로 여기저기 보였다.

땅땅한 체구에 군인다운 풍모의 보스케 장군은 베르사유에 그려진 프랑스 장군들의 구식 유형 하나를 떠올리게 한다. 그가 참모들과 소수의 호위대를 거느리고 말을 달려 따라왔다. 산 밑의 대포에서 떠오른 포연이 산 위 여기저기에 옅은 흰색 구름처럼 떠 있었다. 그 능선에서 내가 바라본 것보다 더 아름다운 풍경을 눈에 담아 본 화가도 별로 없으리라. 뭉게뭉게 피어오른 수증기는 산꼭대기에 그냥 걸려 있다가 밑에서 솟아 올라오는 연기와 뒤섞이고 있었다. 절벽 틈으로 내다보이는 한 자락 바다는 아침 햇살을 받아 산뜻한 빛을 반짝이고 있었다. 그러나 밑에 있는 군인들 무리 속에서 번뜩이는 빛이 바다의 햇빛을 무색하게 하고 있었다.

왼쪽으로 협곡 쪽을 바라보니 러시아 보병의 빽빽한 밀집대형(密集隊形) 여섯 개가 보였다. 체르나야강 가까이 있는 고갯길을 막 빠져나와 위풍당당하게 계곡 위쪽을 향해 서서히 진격해 올라오고 있었다. 보병 대형들의 바로 정면에는 정식 규모의 포병대가 줄을 지어 있었다. 대포가 적어도 스무 대는 넘는 것 같았다. 경포 2개 포대는 이미 1마일이나 앞서 나가서 보루들을 마구 두들겨대고 있었다. 보루에서는 희미한 연기가 뜨문뜨문 새어 나오고 있었다.

대포 뒤 보병 대형 앞에는 대단한 규모의 기병대가 있었다. 기병대는 여섯 개의 밀집대형을 이루고, 셋은 왼쪽, 셋은 오른쪽으로 사다리 모양을 만들면서 우리를 향해 다가오고 있었다. 그들의 칼날과 창끝, 그리고 밝은색 복장에서 내뿜는 빛이 골짜기를 채우고 있었다. 기병들의 앞으로 대포들 사이까지 걸쳐서는 말 탄 유격병들이 구름처럼 몰려 있었는데, 행군대형 앞에서 빙글빙글 돌며 말을 달리는 모습이 가을바람에 휘날리는 낙엽 같았다.

우리 가까이 있던 주아브 병사들은 준비된 소총을 손에 쥐고 우리 뒤 능선을 따라 파놓은 참호 속에 막 뛰어오르려는 호랑이처럼 웅크리고 숨어 있었다. 그러나 눈치 빠른 러시아군은 계곡 건너편으로만 움직이면서 대오를 공격에 노출시키지 않고 있었다.

주아브 병사들 밑으로 보루의 터키군 포병들이 보였다. 포탄이 날아오는 바람에 완전히 혼란에 빠져 있었다. 내가 올라왔을 때는 러시아군이 1호 보루를 막 탈취한 직후였다. 가장 멀리, 가장 높은 곳에 있는 보루다. 러시아군 기병들이 2호 보루를 향해 도망하는 터키 병사들을 추격하고 있었다.

그 시점에서 류컨 경이 이끄는 기병대는 번쩍이는 대오를 이루고 있었고, 카디건 경이 지휘하는 경기병 여단이 앞쪽, 스칼레트 준장의 중기병(重騎兵) 여단이 뒤쪽에 배치되어 있었다. 기병대는 자기네 숙영지 바로 앞에 정렬해 있었는데, 들판이 약간 굴곡진 데 가려서 적군의 시야로부터 감춰져 있었다. 기병대 오른쪽으로 상당히 뒤편에 93하일랜더 부대가 발라클라바 진입로 정면에 정렬해 있었다. 그들의 뒤편으로 저 위에는 망원경으로 보면 전투태세를 갖춘 해병대가 보였다. 무거운 함포를 설치한 토성 안에서 준비를 갖추고 있는 포병들도 보였다. 93부대는 원래 들판 안으로 꽤 더 들어와 있었는데, 러시아군이 제1보루를 탈취하자마자 우리 대포로 이쪽을 두들기기 시작해서 다소의 피해가 발생했기 때문에 콜린 캠벨 경이 병사들을 더 안전한 위치로 후퇴시킨 것이었다.

그동안 적군은 기병대를 급속히 전진시켰다. 그들이 접근하는 것을 보자 2호 보루의 터키군은 어처구니없게도 도망을 치기 시작했다. 터키 병사들은 떼를 지어 3호 보루 쪽으로, 그리고 발라클라바 쪽으로 달려갔는데, 코사크 병사들의 말발굽을 당해낼 수 없었다. 달아나는 터키 병사들 사이에서 코사크 병사들의 칼과 창이 춤을 추었다. 쫓는 자와 쫓기는 자들의 고함소리가 또렷하게 들렸다.

러시아군 창병(槍兵)과 경기병들이 진격하면서 유격병들은 아주 신속하게, 그리고 나무랄 데 없이 질서정연하게 진영으로 돌아갔다. 수면 위에서 달빛이 뛰노는 것처럼 온 들판에 흩날리던 유격병들의 자취가 모여들어 뭉치더니 몇 초 동안에 하나의 단단한 대오가 되었다.

그리고는 대포가 올라왔고, 포병들이 버려진 2호 보루로 뛰어 들어가 사기가 땅에 떨어진 3호 보루 병사들을 상대로 맹위를 떨치기 시작했다. 두어 방 응사가 있다가 잠잠해져 버린다. 터키 병사들이 보루 밖으로 쏟아져 나와 도시를 향해 무질서하게 도망가면서 달려가는 채로 적군을 향해 소총질을 한다. 기병대의 단단한 대오가 다시 부챗살처럼 열리면서 유격병의 긴 줄이 물줄기가 뿜어지듯 터키군을 덮친다. 그 줄이 터키군 무리에 겹쳐지면서 쇠붙이가 공중에서 번쩍거리더니 가엾은 회교도들이 모자와 소총받이를 뚫고 턱과 가슴까지

447

베어져 꿈틀거리며 땅에 쓰러진다.

터키군에게 응원군은 없다. 러시아군이 너무 빨리 움직인 것이 분명하다. 터키군의 움직임 역시 너무 빨랐다. 우리가 응원을 보낼 시간도 주지 않고 보루들을 포기해 버렸다. 고지의 해군 대포가 러시아 기병대에게 사격을 가하지만 효과가 없다. 너무 멀어서 총알도 대포알도 미치지 못하는 곳이다. 프랑스군 참호를 따라 흙으로 쌓은 포대에서 터키 포병들이 도망치는 전우들을 보호하려 애를 쓰지만 역시 헛수고다. 그들이 쏘는 대포알은 기병들이 몰려다니는 곳에 한참 못 미쳐서 떨어져버린다. 터키 병사들은 하일랜더 부대 쪽으로 달아나 도망을 그치고 하일랜더 부대의 양쪽 옆에 중대 단위로 대오를 형성한다.

러시아군 전선(前線) 왼쪽의 기병들이 언덕 꼭대기에 올라서면서 반 마일 앞에서 하일랜더 부대가 전투태세를 갖추고 그들의 접근을 차분히 기다리고 있는 것을 본다. 그들은 전진을 멈추고, 뒤쪽으로부터 소대가 하나하나씩 달려 나와 약 1,500명의 병력이 능선에 모인다. 창병, 용기병(龍騎兵), 경기병들이다. 그런 다음 두 개의 병단(兵團)으로 나뉘어 진격하고 또 하나 병단은 뒤에서 대기한다. 오른쪽에서 터키군을 뒤쫓던 기병들이 우리 밑의 능선, 우리 기병대를 보이지 않게 가리고 있던 능선으로 올라오고 있다.

앞쪽의 중기병들은 두 개의 대오로 정렬해 있다. 한 대오는 스카츠 그레이와 오랜 영광 속의 짝 에니스킬렌 부대로 되어 있고, 또 한 대오는 제4로열 아이리시, 제5용기병 위병대(衛兵隊), 그리고 제1왕실 용기병대로 되어 있다. 그 왼쪽으로 경기병들이 역시 두 개의 대오를 이루고 있다.

숨 막힐 듯한 침묵이 흐른다. 대포소리 중간중간에 아래 계곡으로부터 말들이 뛰쳐나가려 안달하는 소리와 칼이 쟁강거리는 소리가 들린다. 좌익의 러시아군이 한순간 숨을 고르더니 웅장하게 대오를 벌리고 하일랜더 부대에 달려들었다.

말발굽 밑에서 땅이 휙휙 지나간다. 한 발짝마다 속도를 더해 가며 강철의 선(線)을 이고 있는 붉은색 대열을 향해 다가간다. 터키군은 800야드 거리에서 일제사격을 한번 쏟아내고는 달아난다. 러시아군이 600야드 거리에 이르렀을 때 강철의 선이 아래로 내려지고 미니에 소총의 일제사격이 터져나갔다. 거리가 너무 멀다.

러시아군은 돌격 속도를 늦추지 않고 말과 기수가 일체가 된 힘으로 연기속을 내달린다. 위쪽 부근에서 우리 포대의 사격으로 쓰러지는 자들이 여기저기 있다. 러시아군의 파도가 게일족 용사들의 바위에 부딪치는 순간을 모든 사람들이 숨 막히는 긴장 속에 기다린다. 그러나 150야드 지점에 이르기 전에 조준된 소총들로부터 또 한 차례 치명적인 일제사격이 쏟아져 러시아군 대오 속에 죽음과 공포를 불러일으킨다. 기병들은 방향을 돌려 오른쪽과 왼쪽으로 갈라져서 오던 때보다 더 빠른 속도로 달아났다.

"하일랜더 만세, 잘했다!" 흥분한 구경꾼들이 소리친다. 그러나 사태의 진전은 박차를 가한다. 하일랜더 부대와 그 훌륭한 방어선은 금방 잊혀진다. 기병들의 물결을 맞이하면서 93부대가 진형을 전혀 바꾸지 않았다는 사실을 생각할 시간도 없다.

"아니야," 콜린 캠벨 경이 말했다. "네 겹까지 만들어도 충분할 것 같지 않았어."

일반적인 영국군 대형은 두 겹이라도 러시아 기병대의 돌격을 격퇴하기에 충분하고 남는다. 그러나 우리의 눈길은 곧바로 우리 편 기병대로 돌아갔다. 스칼렛 준장이 당당한 기병 대대들 앞에서 말을 타고 있는 것이 보였다. 은실로 수놓은 옅은 청색 저고리를 입은 러시아군은 정예부대가 분명했다. 그들은 왼쪽에서 언덕의 눈썹 위치까지 편안한 속도로 말을 몰아 내려오고 있었다. 그들의 뒤로 창의 숲이 번득였고, 회색 저고리를 입은 중기병 대대 몇이 언덕 꼭대기에 도착하면서 바로 지원(支援)을 위한 위치를 잡았다.

그들이 시야에 들어오자마자 우리 기병대의 나팔소리가 울려 퍼져, 이제 곧 전투의 충격이 우리 눈앞에서 터질 것을 모두에게 알려주었다. 래글런 경과 그 참모들, 호위병들, 장교들, 그리고 고지 위에 있던 주아브 병사들과 프랑스 장군들, 장교들, 보병들이 극장의 박스석에서 무대를 바라보는 것처럼 내려다보고 있었다. 거의 모두 말에서 내려 앉아 있었고, 아무 말도 하지 않았다.

러시아 기병들은 느린 구보로 언덕을 진격해 내려오다가 종종걸음으로 바꾸고, 마침내 거의 정지해 섰다. 첫 대열은 길이가 우리 대열보다 적어도 곱절은 되었고, 두께는 세 배였다. 그 뒤에는 똑같이 튼튼하고 빽빽한 대열 하나가 또 있었다. 그들은 변변찮아 보이는 적군을 우습게 보는 눈치가 역력했다. 그러나 이제 그들은 혼이 날 참이었다.

나팔소리가 계곡에 울려 퍼지고, 스카츠 그레이와 에니스킬렌 기병들이 러시아 기병대의 바로 중앙으로 달려들었다. 쌍방 사이의 거리는 몇백 야드 되지 않았다. 말 달리는 속도에 탄성이 붙기에는 부족한 거리였고, 병사들이 칼 든 팔을 마음껏 휘두를 공간도 넉넉하지 않았다. 우리 기병들이 돌진하는 데 따라 러시아군 대열은 양쪽 날개를 앞으로 내밀어 지나가는 동안 섬멸할 기세를 보였다.

스카츠 그레이 기병들은 러시아군 우익에 맞서기 위해 약간 왼쪽으로 방향을 틀고 모든 사람의 마음을 격동시키는 함성을 지르며 달려들었다. 같은 순간 에니스킬렌 기병들의 사나운 고함소리가 대기를 뒤흔든다. 마치 번갯불이 구름장을 뚫고 번쩍이듯이 스카츠 그레이 기병과 에니스킬렌 기병들이 러시아군의 시커먼 덩어리를 파고들었다.

충격은 한순간이었다. 칼날이 공기 중에 번득이며 쇠 부딪치는 소리가 한 차례 들리더니 회색과 붉은색 저고리가 흔들리고 꿈틀대는 대열 속에서 자취를 감춘다. 다음 순간 숫자가 줄고 대오가 헝클어진 그들이 다시 나타나, 공격을 봉쇄하기 위해 다가오고 있는 두 번째 대열을 향해 돌격을 계속하는 모습이 보였다.

끔찍한 순간이었다. "하느님 보우하소서! 끝장이군요!" 여러 사람이 입 밖에 낸 말이었고 많은 사람들이 함께 한 생각이었다. 조금도 수그러들지 않은 투지로 고귀한 전사들은 적군에게 달려들었다. 영웅적인 전투였다. 우리 기병들의 돌격으로 날개가 부러져 중앙부로 몰려든 러시아군의 첫 대열이, 돌아서서 한 줌밖에 안 되는 우리 기병들을 삼켜버릴 듯이 달려들고 있었다.

에니스킬렌과 스카츠 기병들은 놀라운 투지와 놀라운 용기로 적군의 대오 사이로 험난한 길을 뚫고 있었고, 회색과 붉은색 저고리들이 적군 두 번째 대열의 뒤쪽으로 빠져나오기 시작했을 때, 제1왕실 용기병대와 제4, 제5용기병위병대가 적군 첫째 대열의 잔해 위로 덮쳐 마치 골판지 상자를 우그러뜨리듯이 뭉개 버리고, 선봉대의 치열한 돌격으로 흔들려 있는 두 번째 대열에 덮쳐 난장판으로 만들어버렸다. 우리 중기병대의 돌격이 시작된 후 5분이 안 되어 러시아 기병대는 절반밖에 안 되는 적군 병력 앞에서 전력으로 도주하고 있었다.

모든 사람의 입에서 탄성이 터져 나왔다. 열광 속에서 장교 사병 없이 모두 모자를 벗어들고 흔들며 기쁨의 고함을 질렀고, 구경하기 좋은 위치를 그대로 지키면서 손뼉을 치고 또 치고 했다.

⋯⋯(생략)⋯⋯

이제부터 우리 모두의 가슴을 슬픔으로 채운 유감스러운 사태가 벌어진다. 적군 기병대가 퇴각한 후 우리 경기병대가 충분히 앞으로 나가지 않았다고 병참(兵站)사령관 에어리 준장이 생각한 모양이었다. 그가 15 경기병대의 놀런 대위에게 서면 명령을 류컨 경에게 전하게 하여 류컨 경의 기병대를 적군에 가까운 위치로 '전진'시키라고 했다.

놀런 대위보다 더 용감한 군인은 우리 군대에 없었다. 그는 자기 직업에 대한 철저한 헌신으로 부대 전체에 알려진 사람이었으며, 기병대에 관심을 가진 사람이라면 누구라도 그의 이름을 알 것이다. 우리 기병대의 훈련방법과 예비마(豫備馬) 제도, 전마(戰馬) 훈련방법 등에 대한 훌륭한 책을 1년 전에 낸 것이 있기 때문이다. 나는 그와 면식을 가지는 행운을 누렸으며, 그가 영국 기병대의 능력에 대해 매우 높은 평가를 가진 사람이라는 것을 안다.

그의 생각으로는 영국 중기병대와 경기병대를 제대로 구사(驅使)할 경우, 적진을 돌파하는 것, 포대를 탈취하는 것, 보병 대열을 짓밟는 것, 세상 어느 다른 기병대라도 격파하는 것을 지푸라기 베는 것처럼 할 수 있다는 것이었다. 우리 기병대는 능력을 제대로 발휘할 기회를 제대로 가지지 못했고, 또 더러 주어진 기회도 제대로 활용하지 못했기 때문에 그 명예가 어느 정도 실추되어 있다는 것이 그의 생각이었다. 뛰어난 기수이며 일급 검사인 그는 포도탄(葡萄

彈)이나 산탄(散彈)까지도 우습게 본 것이 아닌가 생각된다. 그가 류컨 경에게 명령서를 가지고 갔다. 그는 이제 죽고 없다.

그의 빛나는 명예에 얼룩을 지울 생각은 추호도 없다. 그러나 그가 류컨 경에게 도착했을 때 일어난 일이라고 내가 들은 바를 그대로 전하지 않을 수 없다. 미리 설명해 둘 것은, 러시아 기병대가 후퇴하면서 그쪽 보병은 골짜기 위쪽으로 물러가면서 탈취한 보루 중 하나는 비워놓고 셋에는 인원을 남겨두었다는 사실이다. 그들은 또한 협곡 왼쪽, 자기네 위치 위의 고지에도 대포를 배치해 놓았다. 러시아 기병대는 예비 병력과 합쳐서 여섯 개의 단단한 병단을 형성해 협곡 입구를 비스듬하게 가로질러 자리 잡았다. 그 뒤에는 여섯 개 보병 대대가 포진하고, 그 선을 따라 30대의 대포가 배치되었다. 한편 우리 오른쪽으로 보루 뒤의 언덕에도 많은 보병이 집합했다. 우리 기병대는 우리 왼쪽 계곡을 가로지르는 능선으로 올라 내가 이미 말한 진형으로 정지해 있었다.

놀런 대위에게 명령서를 전달받은 류컨 경은 읽어 본 다음 이렇게 물었다고 한다. "어느 위치로 전진하라는 것인가?"

놀런 대위는 손가락으로 러시아군 진영을 가리키며 대략 이런 뜻의 말을 했다고 그가 죽은 뒤에 전해 들었다. "저기 적군이 있고 저곳에 대포가 있습니다, 각하. 그것을 빼앗는 것이 각하의 임무입니다."

류컨 경은 내키지 않았지만 카디건 경에게 대포를 향해 진격하라는 명령을 내렸다. 받은 명령이 그렇게 시킨 것이라고 생각한 것이다. 고귀한 품성의 후작은 비록 움츠러들지는 않았지만, 또한 얼마나 불리한 싸움인지도 알아보았다. 거의 확실한 죽음을 향한 돌진에 아무 다른 생각 없이 나설 준비를 하는 그 용감한 기사들에 비하면 풍차를 향해 돌진하는 돈키호테도 훨씬 침착하고 신중한 인물이라 할 것이다.

전쟁의 격언 중에 '기병대는 지원 없이 움직이지 않는다'는 것이 있다. 기병이 포대를 공격할 때, 충격의 효과는 순간적인 것이기 때문에 보병대가 뒤를 받쳐줘야 한다는 것이다. 또 기병 대열의 날개 부분에는 대오를 갖춘 부대를 배치해야 한다고 한다. 날개 부분의 공격이 제일 위험하기 때문이다. 우리 경기병대를 지원하는 부대는 뒤로 멀리 떨어져 있는 중기병 예비대뿐이었다. 보병대와 대포는 보이지도 않는 후방에 있었다. 날개 부분에 대오를 갖춘 부대도 없었다. 그리고 적군 대포에 도달할 때까지 1마일 반 길이의 들판을 가로질러야 했다.

11시 10분에 우리 경기병 여단이 전방으로 내달려갔다. 내가 확인한 바로 그 인원 구성은 다음과 같았다.

부대	인원
제4경기병대	118 기
제8아일랜드 경기병대	104 기
제11앨버트공 경기병대	110 기
제13경기병대	130 기
제17창병대	145 기
합계	607 기

여단 전체의 크기가 대륙의 부대 편제 기준으로는 1개 연대 크기도 되지 못했다. 그러나 그것이 우리 편에서 긁어모을 수 있는 최대한이었다. 그들이 돌격을 시작하자 러시아군은 오른쪽 보루로부터 대포와 소총으로 사격을 가해 왔다.

찬란한 아침햇살 속에 용사의 긍지와 명예를 뿜내며 그들은 당당하게 달려갔다. 바라보는 우리들은 눈을 믿지 못할 지경이었다. 그만한 병력을 가지고서 진용을 갖추고 있는 적군 본진을 공격한다는 거야? 애재(哀哉)라! 그것은 틀림없는 사실이었다. 그들의 용맹은 한도를 넘어 분별력이라는 미덕을 잃고 만용(蠻勇)이 되어 버렸다.

두 개의 대열로 진격하는 그들은 적군과 거리가 좁혀지면서 속도를 더했다. 영웅적인 동포 용사들이 죽음의 품 안으로 달려드는 것을 도와줄 능력도 없이 바라보고만 있던 우리보다 더 끔찍한 장면을 목도(目睹)한 자는 없으리라. 적군은 1,200야드 거리에서부터 서른 개 무쇠의 입으로 불길과 연기를 뿜어대기 시작했고, 그 속에서 죽음의 포탄이 날아왔다. 포탄이 떨어질 때마다 인마(人馬)가 쓰러지며 우리 기병 대열에 빈틈이 생기고, 다치거나 기수를 잃은 말들이 들판을 헤매었다.

앞 대열이 무너지고 뒤 대열과 합쳐졌지만 그들은 한순간도 멈추거나 속도를 늦추지 않았다. 러시아군이 너무나 정확하게 배치해 놓은 30대의 대포로 인해 크게 줄어든 병력이었지만, 그들은 머리 위로 빛나는 칼을 휘두르며 포대의 연기 속으로 뛰어들었다. 그들이 내지른 함성은 수많은 고귀한 용사들의 죽음의 비명이기도 했다. 그러나 그들이 연기 속으로 사라지기 전에 들판에는 이미 많은 용사들과 전마들의 시체가 널려 있었다. 그들은 정면의 소총 사격만이 아니라 양쪽 고지 위의 대포로부터 비스듬한 사격에 노출되어 있었던 것이다.

우리 기병들이 대포로 달려 올라가 대포 사이로 뚫고 들어가며 포병들을 베어 넘길 때 칼 빛이 번득이는 것을 구름 같은 연기 속으로 볼 수 있었다. 내 가까이 서 있던 한 장교의 표현으로 그 칼 빛은 "고등어 떼가 방향을 돌리는 것 같았다." 앞서 말한 것처럼 그들이 대포들 사이를 뚫고 들어가는 것을 보았다.

러시아 보병부대 하나를 뚫고 지나가며 짚단처럼 흐트러 놓고 그들이 돌아오는 것을 보며 우리가 기뻐하고 있을 때, 언덕 위의 포대에서 쏜 측면사격이 그들을 휩쓸어 쑥밭으로 만들어 버렸다. 부상을 입은 병사들, 말을 잃은 병사들 중 우리 쪽으로 도망 온 자들이 그 슬픈 사정을 전했다.

반신(半神)들이라도 그들이 하려 한 일을 해낼 수 없었을 것이다. 그들이 막 퇴각을 시작하려는 그 시각에 엄청난 수의 창병대가 그들의 측면으로 부딪쳐 왔다. 위험을 간파한 제8경기병대의 슈얼 대령은 많지 않은 부하들을 이끌고 그들과 정면으로 부딪쳐, 엄청난 손실을 무릅쓰고 혈로를 뚫었다. 다른 부대들은 돌아서서 치열한 접전을 벌였다. 거의 믿을 수 없을 정도의 엄청난 용맹으로 둘러싼 대열들을 헤치고 나가려 할 때, 현대 문명국 간의 전쟁에서 있을 수 없는 참혹한 사태가 벌어졌다.

러시아 포병들은 우리 기병대의 돌격이 폭풍처럼 휩쓸고 간 후 대포로 돌아갔다. 포병들은 자기편 기병들이 자기네를 짓밟고 지나간 적군 기병들과 뒤섞여 싸우고 있는 것을 보면서, 러시아의 이름을 영원히 실추시키는 폭거를 저질 렀다. 사람과 말들이 뒤얽혀 있는 싸움터로 포도탄과 산탄의 끔찍한 사격을 퍼 부어 아군, 적군을 가리지 않고 한꺼번에 몰살시켜 버린 것이다. 우리 중기병대 가 할 수 있는 일이라고는 그 영웅들의 대열에서 살아남은 몇 안 되는 용사들 이 조금 아까 그리도 당당하게 달려 나가던 장소로 돌아올 때 엄호해 주는 것 뿐이었다.

11시 35분, 러시아군의 끔찍스러운 대포 앞에 남아 있는 영국군은 죽은 자 들과 죽어가는 자들뿐이었다. 오늘 두 시까지 확인된바 전사, 부상, 실종 등 우 리편 피해는 아래와 같다.

부대	투입인원	귀환인원	손실
제4경기병대	118 기	39 기	79 기
제8경기병대	104 기	38 기	66 기
제11경기병대	110 기	25 기	85 기
제13경기병대	130 기	61 기	69 기
제17창병대	145 기	35 기	110 기
합계	607 기	198 기	409 기

크리미아 전쟁(1853~56)은 영국과 프랑스가 함께 오토만 제국을 도와 러시아의 남 진(南進)을 막은 싸움이었다. 이 전쟁은 유럽의 역학관계에 큰 변화를 가져왔는데, 가 장 중요한 변화는 러시아와 오스트리아 사이의 오랜 우호관계가 훼손된 틈을 타 프러 시아가 비약적으로 발전할 기회를 가지게 된 것이었다.

출처 William Howard Russell, *The Times*, London, 14 November 1854

89

세포이 항쟁 1

1857. 7. 21

콘퍼의 부녀자 – 아동 학살 현장

해블록 구원대의 한 장교

불쌍한 여성들이 살해된 건물로 안내되어 갔습니다. 나나 족장(族長)이 살던 콘퍼 호텔 옆에 있었습니다.

그렇게 참혹한 꼴은 난생 처음이었습니다! 온 집이 피바다였습니다. 제 장화창이 그 가엾은 사람들의 피로 범벅이 되었다고 말하는 것이 과장이 아닙니다. 옷과 옷깃, 애들 양말, 부인용 둥근 모자 따위가 여기저기 흩어져 피에 흠뻑 젖어 있었습니다. 나무기둥의 칼자국에는 칼날에 묻어 옮겨진 길고 검은 머리카락이 붙어 너펄거리고 있었습니다. 보기에 너무나 괴로운 광경이었습니다.

그 자리에 가지 않았으면 좋았을 것을, 하는 생각을 그 뒤에 많이 했습니다. 그러나 또 한편으로 생각하면 모든 군인을 그곳에 데려가, 우리 불쌍한 여성 동포들이 당한 참혹한 짓을 보여주는 것이 좋겠다는 생각도 듭니다. 시체는 나중에 끌고 나가 건물 바깥에 있는 우물에 던져 넣었습니다. 우물 위로 시체의 팔다리가 울쑥불쑥 튀어나와 있었습니다……(생략)……

그 가엾은 여인들이 살해당한 것은 15일, 우리가 교량에서 반도들을 격퇴시킨 뒤였습니다. 그들의 살해를 명령한 두목놈은 그저께 포로로 잡혔고, 지금은 길에서 200야드 벗어난 위치의 나뭇가지에 매달려 있습니다. 공교롭게도 그의 죽음은 극히 고통스러운 것이었습니다. 밧줄 매듭을 잘못 매어서, 그가 떨어질 때 올가미가 그의 턱에 걸렸습니다. 그리고 그의 손 묶은 것이 풀려서 밧줄을 붙잡고 올가미를 풀려고 버둥거렸습니다. 두 사람이 그의 다리를 하나씩 붙잡고 목이 부러질 때까지 잡아챘습니다.

야만스러운 범죄에 대한 이 지상(地上)에서의 보답으로 합당한 것이었다고 제게는 생각됩니다.

'세포이 Sepoy'란 영국 동인도회사가 조직한 인도인 부대와 그 구성원들을 가리키는 말이었다. 인도인 군대의 봉기로 일어난 1857~58년간의 항쟁을 영국인들이 '세포이 항명사태 Sepoy Mutiny'라 부른 것은 그 의미를 최소한으로 줄여서 표현한 것이다. 그 후의 인도 독립운동가들은 이 항쟁을 독립전쟁의 출발점으로 보았다.

당시 벵골에는 13만의 세포이 병력이 있었던 반면 인도 전체의 영국군 주둔 병력은 2만 3,000이었다. 크리미아 전쟁 등의 이유로 영국군 병력이 줄어든 상태였던 것이다.

사태의 발단은 이빨로 끄트머리를 물어 뜯어내야 하는 탄창에 쇠기름과 돼지기름을 재료로 한 윤활유가 발라져 있는 것이었다. 이에 모욕감을 느낀 힌두교도와 이슬람교도들이 그 수령을 거부하자 군법에 회부해 감옥에 가두었고, 세포이 병사들이 1857년 5월 10일 감옥에 쳐들어가 이들을 구해 오면서 항쟁이 시작되었다.

이 발단이 상징적으로 보여주는 것처럼 사태의 배경에는 종래 영국의 인도 지배가 힘에만 의지하고 문화적 이해를 소홀히 한 무단적(武斷的) 성격이었던 문제가 깔려 있었다. 따라서 항쟁의 진행과정에서 이 글이 보여주는 것과 같은 극단적 증오심이 두드러지게 나타났다.

출처   General Havelock, *Annual Register*, 1857

90

세포이 항쟁 2

1857. 7

학살에 대한 보복

해블록 장군

    반도(叛徒)를 체포하면 즉각 재판을 열어 무죄를 스스로 입증하지 못하면 곧장 목을 매달도록 판결을 내린다. 그러나 거물급과 두목급의 경우 그에 앞서 여자와 아이들이 끔찍한 난도질을 당한 헛간에 아직도 2인치 깊이로 고여 있는 피를 얼만큼씩 치우게 한다. 상위(上位) 카스트의 원주민들에게 피를 만지는 것은 극히 꺼리는 일이다. 다른 사람의 피를 만지면 영혼이 지옥에 떨어진다고 믿는 것이다. 좋을 대로 믿으라고 하라. 내 목적은 역겹고 비열하고 야만적인 행위에 대해 무서운 형벌을 내리고 반도들의 마음에 공포를 심어주는 것이다.

    첫 번째로 붙잡힌 것은 한 수바다(subahdar), 중대장급의 원주민 장교로 높은 카스트인 브라만이었는데, 자기가 흘리도록 방조했던 바로 그 피를 치우라는 내 명령을 거역하려 했다. 그러나 내가 헌병대장에게 자기 역할을 수행하게 하니 채찍질 몇 대에 그 악당도 금방 자기 역할을 수행했다. 청소를 끝낸 후 그놈을 곧바로 데리고 나가 목을 매달고, 죽은 뒤에는 길가의 도랑에 파묻었다.

    살인, 난도질과 학살의 장면을 목격한 사람이라면 누구도 그 짐승 같은 놈들에게 '자비'라는 말을 할 수 없을 것이다. 아아! 난도질당한 시체가 쌓인 우물! 200구 이상의 여자와 아이들 시체가 들어 있었다. 흙을 잘 덮어서 하나의 큰 무덤으로 만들게 했다.

<hr />

영국인은 군사력에 있어서만이 아니라 증오심과 잔인성에서도 인도인을 앞섰다. 항쟁의 탄압과정에서 영국인의 잔인성은 반란군의 영국 민간인 학살 사실이 확인되기 전부터 드러나고 있었다. 반란군의 만행 중 상당 부분은 오히려 영국인들의 잔인성에 촉발된 것이 아닌가 하는 시각도 있다.

세포이 항쟁을 계기로 인도 지배 방법에 대한 상당한 반성이 영국인들 사이에 일어났고 그에 따라 상당한 개선이 이뤄지기도 했다. 가장 뚜렷한 변화는 동인도회사에 맡겨두었던 인도 지배를 정부가 넘겨받은 것이다. 상업적 이익을 기준으로 하던 식민지 경영이 국가 통치의 차원으로 발전한 것이다. 1853년에 영국인만으로 구성되었던 입법위원회에도 1861년부터는 인도인을 끌어들이는 변화가 일어났다.

이 항쟁이 인도인의 민족의식을 자극한 것은 분명한 일이다. 항쟁 당시 반란군은 미래를 내다보는 전망이 없이 수동적으로 움직였을 뿐이고, 따라서 무갈 제국 부활 등 과거로 돌아가자는 지침밖에 내놓을 수 없었다. 항전을 계기로 과거로의 회귀가 가능하지도 않고 바람직하지도 않다는 사실이 분명해지면서 인도인들의 새로운 미래 모색의 움직임을 시작할 계기가 마련된 것이다.

출처 General Havelock, *Annual Register*, 1857

91

캅카스의 단독결투
1858

알렉상드르 뒤마

한 시간 반이 지나 셰드린스카이아에 도착한 우리는 말을 쉬게 하고 호위병을 바꿨다. 이번에는 열두 명을 받았다. 이 부근에서 도로와 합쳐지는 테레크강이 둑을 따라 다시 길을 가기 시작하면서 우리 코사크 병사 중 둘은 일행의 앞에서 달려가고 둘은 뒤에서 따라왔으며 나머지는 일행의 양쪽에 넷씩 나란히 말을 달렸다. 오른쪽으로는 눈길이 닿는 곳까지 3피트가량 키의 덤불이 빽빽하게 우거져 있었고, 다른 종류의 키 큰 나무가 이따금씩 그 위로 솟아 있었다. 왼쪽으로는 똑같은 빽빽한 덤불이 길가에서 강둑까지 펼쳐져 있었다.

갑자기 강 쪽 덤불에서 메추라기 한 떼가 날아오르는 것을 보고 한두 방 쏘고 싶은 충동을 억누를 수 없었다. 그래서 내 총의 탄환을 빼고 산탄 두 발을 끼워 넣었다. 코사크병 대장은 길에서 벗어나는 것이 위험하다고 하며 강력하게 반대했지만 나는 말에서 내려 덤불 속으로 십여 야드 들어간 뒤 총을 쏘았다. 한 마리가 떨어졌다. "어디로 떨어지는지 봤어, 모와네?" 내가 소리쳤다. "햇살이 역광이라서. 한 마리 맞긴 맞았는데 어디 떨어졌는지 몰라."

"잠깐만요, 내가 가서 찾아볼게요." 그가 대답했지만, 나 있는 곳까지 오기도 전에 100야드가량 떨어진 곳에서 총소리 한 방이 들렸다. 연기 한 자락이 보이고, 같은 순간 우리 허리까지 차는 덤불의 위쪽 가지 사이를 바로 몇 피트 곁으로 총알이 헤치고 날아가는 소리가 들렸다. 달음박질로 길에 돌아가 보니 말한 마리가 그 탄환에 맞았다. 앞다리의 위쪽 몸통 가까운 곳이 부러져 있었다. 나는 달리는 중에 이미 새 탄알을 총에 넣어 놓았다. 코사크병 하나가 내 말의 고삐를 쥐고 있었다. 나는 안장 위에 올라타고 주위를 넓게 둘러보기 위해 등자를 밟고 몸을 세웠다. 체첸 강도들의 습관을 들은 데 비추어 볼 때 놀라운 것은 공격이 늦다는 사실이었다. 대개 그들은 첫 방을 쏘자마자 적에게 달려든다.

그 순간 일고여덟 명이 테레크강의 둑으로부터 줄지어 나타나는 것이 보였다. 우리 코사크병들이 고함을 지르며 그들을 향해 달려갔다. 그 때 또 한 사람이 우리에게 총을 쏜 덤불 속에서 몸을 일으켰다. 그는 달아나려 하지 않고 그 자리에 선 채 총을 머리 위로 휘저으며 소리쳤다. "아브렉!"

"아브렉!" 우리 코사크병들이 응답해 소리치고 고삐를 잡아채 말을 세웠다.

"뭐하는 거지?" 칼리노에게 물었다.

"위험을 찾아 나서며 적에게 등을 보이지 않겠다는 서약을 한 사람이라는 뜻입니다. 우리 코사크병 한 사람과 단독결투를 하겠다는 도전입니다."

"도전을 받아들이는 사람에게 내가 20루블 상금을 주겠다고 전하게." 내가 소리쳤다.

칼리노가 내 뜻을 우리 병사들에게 전하자 잠시 동안 침묵 속에 서로를 쳐다보며 자기네 중 가장 용감한 사람을 고르는 듯했다. 그러는 사이 200야드 밖에서 도전자는 말을 이런저런 동작으로 놀리며 "아브렉!"을 계속 외치고 있었다.

"빌어먹을! 내 칼빈총을 건네주게, 칼리노," 내가 외쳤다. "저 건방진 자식을 내 손으로 해치우고 싶어."

"그러면 안 됩니다." 그가 가르쳐줬다. "볼 만한 구경거리가 될 겁니다. 우리 코사크들이 누가 나설지 의논하고 있습니다. 저 녀석이 이 산악지대에서 잘 알려진 용사라는 것을 알아보았어요. 잠깐! 한 사람이 이제 나오는군요."

자기 말이 총알에 맞은 코사크병은 말을 도로 일으켜보려고 애쓰고 있었는데, 이제 일행의 영도자인 나에게 탄원을 하러 왔다. 관습에 따라 이런 손실을 입었을 경우 그에게는 탄원할 권리가 있다. 코사크 병사들은 자기 급료를 가지고 자기 말과 무기를 장만한다. 작전 중 말을 잃은 병사에게 지휘관은 정부 보상금으로 22루블을 지급한다. 그러나 괜찮은 말 한 마리에 최소한 30루블은 하기 때문에 병사는 8루블 또는 그 이상을 자기 호주머니에서 더 꺼내야 한다. 그래서 우리 코사크병은 내가 내놓기로 한 20루블을 따낼 자격이 자기에게 제일 많다고 주장한 것이다. 운이 좋으면 10루블을 손에 남길 수 있는 것이다. 자기 말에게 부상을 입힌 자와 결투를 벌일 것을 내가 허락해 줄 것인가? 나는 그의 주장이 정당하고 타당하다고 생각했으므로 허락을 내렸다.

그동안 산악 부족들은 우리 둘레를 빙빙 돌면서 거리를 계속 좁혀 와 이제 상당히 가까워져 있었다. 우리 코사크병들의 눈길이 번득였지만, 일단 도전이 받아들여진 이상 제멋대로 총을 쏘아서는 안 된다는 명예의 규율을 누구도 어기지 않았다. 우리 곁을 막 떠난 병사에게 대장이 한두 마디 말을 건넨 다음 말했다. "그러면 좋다. 잘 싸우거라, 아우여."

"그런데 말이 없어요." 병사가 대답했다. "누가 말을 빌려주겠어요?" 그의 동료들은 아무 말 하지 않고 서 있었다. 이렇게 빌려준 말이 죽을 경우에는 말 주인이 정부 보상금을 받을 수 있을 것 같지 않기 때문이었다. 이 난처한 문제를 칼리노가 설명해 주기에 내가 말에서 뛰어내렸다. 기병대 마구간에서 제일 좋은 놈 중 하나였다. 그리고 소리쳤다. "여기 있네. 내 말을 타게." 병사는 당장 안장에 올라타고 싸우러 떠났다.

또 하나 병사가 내게 다가왔다. 그가 무슨 말을 하는지 칼리노에게 묻자 통역해 줬다. "자기 동료가 다칠 경우 자기가 대신 나서도 될지 묻습니다."

"내가 보기에 좀 성급한 것 같긴 하지만, 반대는 하지 않겠네."

자기 자리로 돌아간 병사는 자기 차례가 당장이라도 닥칠 듯이 무기를 손질하기 시작했다. 이 무렵 싸우러 나간 병사는 벌써 사격거리까지 접근해서 총을 쏘았으나 상대방이 말을 뒤로 물리면서 말 어깨에 총알이 맞았다. 상대방의 용사는 병사의 털모자를 날렸다. 이제 둘 다 총을 어깨에 걸치고 칼을 잡았다. 산악의 용사는 부상당한 말을 어찌나 교묘하게 모는지, 가슴으로 피가 줄줄 흘러내리는데도 말은 전혀 약한 기색을 보이지 않고 기수의 고삐 조정과 무릎의 힘, 그리고 목소리에 즉각적으로 따르며 움직였다.

이제 두 사람은 육박전으로 들어갔는데, 한순간 우리 병사가 상대를 해치웠다고 생각했다. 병사의 칼끝이 상대의 등 뒤에서 빛나는 것을 보았기 때문이었다. 그러나 저고리를 꿰뚫었을 뿐이었다. 그 후 몇 분 동안은 어떻게 돌아가는지 알아볼 수 없다가 동작이 멎더니 우리 병사가 안장에서 천천히 미끄러져 내렸다. 그의 몸이 땅에 굴러 떨어졌다.

승리자는 승리의 고함을 사납게 내지르며 피가 뚝뚝 떨어지는 병사의 머리를 우리에게 휘둘러 보이고는 자기 안장걸이에 매달았다. 병사가 타고 있던 말은 기수를 잃고 우리에게 돌아와 마구간 친구들과 어울렸다.

나는 다음 차례를 지원한 코사크병을 돌아보았다. 조용히 파이프담배를 피우고 있던 그가 고개를 끄덕이며 말했다. "좋아요, 갑니다."

이제 그가 승리자에게 도전하고 나선다는 뜻의 고함을 지르고 나서자 산악의 용사는 새 적수를 상대하기 위해 승리의 춤을 멈추었다. 내가 새 병사에게 외쳤다. "이번에는 30루블일세." 그는 눈만 한 번 껌벅해 보이고는 파이프를 계속 빨며 말을 몰아 나갔다. 그러나 그의 입술에서 연기가 전혀 나오지 않는 것을 나는 눈여겨보고 그가 연기를 몽땅 삼키고 있는 것이라고 생각했다. 이제 그가 말을 달리기 시작했다.

산악의 용사가 총을 다시 장전하는 동안 우리 코사크병은 40야드 거리까지 다가가 총을 어깨에 올렸다. 연기자락이 피어오르는 것은 보였지만 소리가 들리지 않았으므로 격발이 되지 못한 것으로 짐작했다. 이제 상대방이 장전을 끝내고 총을 쏘는 것이 보였는데, 코사크 병사는 몇 야드 안 되는 거리인데도 말의 몸을 돌리게 하여 총알을 피했다. 그리고 우리 코사크가 쏘는 것이 보였는데, 상대의 몸이 흠칫하는 것을 보고 맞았다는 것을 알았다.

고삐를 놓친 그는 두 팔로 말 목을 얼싸안아 말 등에서 떨어지는 것을 모면했다. 불쌍한 말은 기수가 이끌어주지 않으니 자기 상처의 통증을 못 이겨 강쪽으로 마구 달려갔다. 우리가 추격하려 움직이기 시작하려는 참에 용사의 몸이 서서히 미끄러져 떨어지는 것이 보였다.

우리 코사크병은 상대가 죽지 않았는데 술수를 쓰는 것은 아닐까 대비하여 쓰러진 상대의 주위를 돌며 그 얼굴을 보려 했다. 그런데 상대는 땅바닥에 얼굴을 대고 쓰러져 있었다. 그래서 열 발짝 밖에서 확인사살을 하였는데, 필요 없는 총알이었다. 산악의 용사는 이미 죽어 있었다. 코사크병은 말에서 내려 칼을 뽑고 시체 위로 몸을 굽히더니 잠시 후에는 잘린 목을 휘둘러 보이고 있었고, 다른 코사크병들은 열렬히 환성을 올렸다. 그는 30루블을 벌었을 뿐만 아니라 자기 부대의 명예를 지키고 동료의 복수를 행한 것이었다.

잠시 후 패한 자의 몸은 발가벗겨져 있었다. 코사크병은 그 옷을 하나의 보따리로 묶어 달아날 기색을 보이지 않는 부상당한 말의 등에 걸쳐놓고는 자기 말에 도로 타고 우리에게 돌아왔다. 그에게 묻고 싶은 질문 하나가 있었다.

"자네 총이 오격발(誤擊發)되는 것을 우리 모두 보았는데 자네는 장전을 다시 하지 않았지. 그런데 어떻게 또 한 방을 쏠 수 있었는가?"

코사크병은 웃었다. "오격발은 없었는뎁쇼!"

"있었잖아!" 동료 병사 하나가 말했다. "연기가 보였는데!"

"그렇게 다들 생각하기를 바랐지. 상대방까지 포함해서 말이야. 사실은 담배연기였어. 일부러 입 안에 모아놓고 있었지."

"여기 30루블일세." 그가 벌린 손에 돈을 헤어 넣어주며 내가 말했다. "그런데 자네가 그리 정직한 거래 상대는 아닌 것 같구먼."

출처   Alexandre Dumas, *Adventures in the Caucasus*, trans. A. E. Murch, Peter Owen, 1962

92

링컨 대통령 암살

1865. 4. 14

월트 휘트먼

그 날, 1865년 4월 14일은 온 나라가 좋은 날씨 같았다. 사람들의 마음도 모두 밝은 것 같았다. 그토록 어둡고 참혹하고 피와 의심과 슬픔으로 가득한 기나긴 태풍의 계절을 마침내 벗어나 연방정부의 절대적 승리와 분리주의의 철저한 진압이라는 눈부신 아침 해를 맞으며 우리는 이것이 꿈인지 현실인지 분간하기 어려울 정도였다. 리 장군은 아파마톡스 사과나무 아래에서 항복했다. 반란의 손발이던 다른 부대들도 그 뒤를 따랐다……(생략)……

이것이 그러면 사실이란 말인가? 고뇌와 격정, 실패와 혼란과 실망으로 가득 찬 이 세상의 격류 속에 찬란한 빗살과도 같은 하느님의 올바른 다스림의 전망이 흔들리지 않는 확실한 모습으로 나타난 것이란 말인가?……(생략)……

그렇게 그 날은 내가 말한 것처럼 길조에 충만한 날이었다. 초목도, 꽃도, 철이르게 피어나고 있었다(그 때 내가 머물던 장소에는 앞당겨진 계절에 따라 한창 라일락이 피어 있던 기억이 난다. 사물의 본질에 속하지 않으면서 사물에 묘한 분위기를 만들어 주는 별난 일들이 있다. 라일락꽃을 보면 그 날의 엄청난 비극이 떠오르게 된 것도 그런 별난 일의 하나일 것이다. 영락없이 떠오른다).

본질이 아닌 일에 너무 매달리지 않겠다. 사건의 진행을 서둘러 살펴보자.

워싱턴의 인기 있는 오후 신문인 작은 판의 《이브닝스타》 3면에는 여기저기 광고의 틈새마다 재미있는 모양으로 뿌려놓은 듯이 찍혀 있는 내용이 있었다. '대통령 부부는 오늘 저녁 연극 보러 간다.'……(생략)…… (링컨은 연극을 좋아했다. 나 자신 극장에서 여러 번 그를 본 일이 있다. 좀 우습다는 생각을 한 기억이 난다. 현실 역사의 무대에서 펼쳐지는 가장 크고도 가장 격렬한 드라마의 주연 중 주연인 그가 극장에 앉아 인형 같은 배우들의 시시한 동작, 자연스럽지 못한 태도, 허풍스러운 대사 따위에 그토록 몰두해 빠져들 수 있다는 것이.)

그 날 극장에는 관객이 많았다. 사치스럽고 화려한 의상을 걸친 부인들, 제복을 입은 군인들, 저명인사들, 젊은이들이 많이 왔고, 늘 그렇듯 휘황한 가스등, 향수냄새와 바이올린과 플루트 소리 속에 즐거움에 넘친 사람들로 가득 찬 극장은 자력(磁力)을 뿌리는 것 같았다(무엇보다도 승리, 국민의 승리, 연방의 승리라는 흐릿하면서도 거대한 경이감이 모든 것을 뒤덮고 극장 안의 공기와 사람들의 생각과 감각에 모든 향수를 합친 것보다 더 많은 즐거움을 채워 넣어주고 있었다).

대통령은 시간에 맞춰 도착해서 부인과 함께 2층의 커다란 박스에 앉아 연극을 관람했다. 두 개의 박스를 합치고 성조기로 풍성하게 휘장을 친 박스였다. 연극은 낮에 정신노동에 종사하거나 사업상의 긴장과 흥분에 매여 있던 관객들이 마음 푹 놓고 관람할 수 있다는 장점을 가진, 아주 특이한 방식으로 쓰여진 각본에 따른 것의 하나였다. 도덕적, 정서적, 심미적, 또는 영적 내용을 담은 것이 아무것도 없으니까. 〈아메리카의 우리 사촌〉이라는 제목의 이 연극의 등장인물 가운데는 '양키'라 불리는 자가 있는데, 북아메리카에서 보인 적도 없고 보일 것 같지도 않은 인물이 영국 땅에 나타나 벌이는 행각이다. 번지레한 대화, 플롯, 풍경, 그리고 현대 대중극의 필수품이라 할 주마등 가운데 펼쳐 보이는 것이었다.

희극이랄지, 비극이랄지, 희비극이랄지, 뭐라 부를지 모를 이 연극이 두 장(場)가량 진행되었을 때, 자연의 신, 또는 연극의 신이 그 가엾은 꼭두각시들을 비웃기라도 하는 것처럼, 그 거대한 장면이 펼쳐져 연극의 진행을 뒤엎어 버렸다. 그 장면은 누구의 손으로도 정확하게 묘사된 바 없으며, (그곳에 있었던 수백 명 사람들은 지금 이 시각까지도 그림자처럼, 꿈결처럼, 희미하게 지나간 인상밖에는 떠올리지 못하고 있다) 이제 내가 그 일부분이라도 묘사하고자 하는 것이다.

현대적 응접실을 설정한 연극 속의 한 장면에서 두 명의 매우 특이한 영국 귀부인에게 매우 특이하고 초현실적인 양키가 말하는 것이 나온다. 자기는 부자가 아니고, 따라서 신랑감으로 신통찮은 사람이라고 말한다. 그 말이 끝난 다음 극중의 세 인물이 퇴장하고 무대가 잠시 동안 비어 있다. 얼마간의 정지, 정적이 느껴지는 정지가 있었다.

바로 이 시점에서 에이브러햄 링컨의 암살이 벌어졌다. 정치에서, 역사에서, 예술에서, 신세계에서 몇 세기 동안이고 겹겹의 파장을 불러올 거대한 장면이지만, 실제에 있어서 그 핵심 내용인 살해 그 자체는 조용하고 단순하게 이루어졌다. 식물이 자라나면서 꽃봉오리 하나가 열리거나 콩깍지 하나가 터지는 것처럼 흔하고 하찮은 일 하나가 벌어질 때나 마찬가지의 조용함이었고 단순함이었다.

무대의 정지에 뒤이은 극장 전체의 정적 속에서 위치의 변화와 함께 나지막하게 억눌린 권총소리가 들렸지만 당시 관객 중 이 소리를 들은 사람은 백에 하나도 되지 않았고, 정적이 잠시 동안 도로 이어졌다. 그러나 이제는 막연하지만 놀라움과 긴장감이 어떻게 해서인지 그 정적 속에 스며들어 있었다.

그 때 대통령 박스의 장식과 휘장, 별과 줄무늬가 둘러진 창문에서 갑자기 한 사내가 손과 발을 다 써서 난간 위로 몸을 일으키고 잠시 서 있다가 아래의 무대로(아마 14, 15피트가량 거리) 뛰어내린다. 풍성한 휘장(성조기)에 발이 걸려 자세가 흐트러지고 한 발만 딛고 무대에 떨어지지만 이내 자세를 바로잡고 아무 일도 없는 듯이 (사실은 발목을 삐었지만 당시에는 느끼지 못했다) 일어난다.

그리하여 그 사내, 암살자 부스는 평범한 검은색 외투를 몸에 걸치고 모자를 쓰지 않은 맨머리에 윤기 나는 검은 머리카락을 드러내고, 미친 짐승처럼 광기와 결의로 눈을 번득이며, 그러면서도 뭔가 묘하게 침착한 태도로 한 손에 커다란 칼을 높이 쳐들고 서 있다. 풋라이트에서 멀지 않은 뒤쪽을 몇 발짝 걷고는 석상 같은 아름다움을 가진 얼굴, 바실리스크와 같은 눈, 절망감으로 빛

1865년 4월 14일 성금요일 오후 10시 포드 극장에서 에이브러햄 링컨 대통령이 존 윌크스 부스에게 암살되었다. 링컨 대통령은 아내 등과 함께 〈우리 미국인 사촌Our American Cousin〉 공연 관람 중에 저격당했으며, 다음날 오전 7시 22분에 사망했다. 제공:《커리어 앤 아이브스》

나는 것인지 광기로 빛나는 것인지 모를 그 눈으로 밝혀지는 얼굴을 객석을 향해 완전히 돌리고, 엄격하고도 굳건한 목소리로 자신의 대사를 읊는다. "Sic semper tyrannis(이렇게 폭군은 죽도다)." 그리고는 느리지도 빠르지도 않은 걸음 걸이로 무대 뒤쪽으로 가로질러 가서는 사라져버린다……(생략)…… (이 무시 무시한 장면 전체, 꾸며낸 연극 장면들을 우스꽝스럽게 만드는 이 장면 모두, 부스 혼자서 미리 예행연습을 했던 것은 아니었을까?)

사람들 모두 영문을 모르는 듯한 잠깐 동안의 침묵, 비명소리 하나, 그리고 "살인이야!" 외침. 박스 밖으로 몸을 기울인 링컨 부인은 뺨과 입술이 잿빛이 되어 억누르지 못하는 울음을 흐느끼며 물러서고 있는 인물을 가리켰다. "저 사람이 대통령을 죽였어요."……(생략)……

그리고도 한순간 묘한, 어안이 벙벙한 정지상태가 이어지다가 혼란이 터져 나왔다! 공포와 소란, 그리고 불확실성이 뒤섞였다(어디선가 뒤쪽에서는 말 한 마리가 빠르게 달리는 발굽소리가 났다). 사람들이 좌석과 난간을 망가뜨리면서 뛰쳐나온다. 그 시끄러운 소리가 장면의 괴기함을 더해준다. 혼란과 공포가 떼어낼 수 없이 달라붙는다. 여자들이 기절한다. 신체가 허약한 사람들은 쓰러지고 짓밟힌다. 여러 사람의 고통스러운 비명이 들린다.

텅 비어 있던 넓은 무대가 잡다한 사람들의 빽빽한 인파로 꽉 차 버린다. 무슨 흉측한 사육제 같다. 관객 대다수, 적어도 건장한 남자들은 모두 무대 위로 몰려 올라간다. 남녀 배우들은 의상을 입고 얼굴을 분장한 채로 그곳에 있다. 분장을 뚫고 숨 막히는 두려움이 드러나 보인다. 부들부들 떠는 사람도 있다. 눈물을 줄줄 흘리는 사람도 있다. 비명소리, 고함소리, 혼란스러운 이야기 소리가 겹쳐지고 또 겹쳐진다. 두어 사람이 용케 무대로부터 대통령 박스로 물을 전해 간다. 다른 사람들은 몰려 올라가려 애쓴다. 등등, 등등등.

이런 소란의 한가운데 불의의 소식을 전해들은 대통령 근위대를 비롯한 사람들이 뛰어 들어왔다(모두 한 200명). 그들은 건물 안 모든 층, 특히 위쪽 층을 휩쓸며 분노에 어쩔 줄 모르고 장착한 대검(帶劍), 소총과 권총을 휘둘러 관객을 몰아세우며 소리쳤다. "비켜요, 비켜! 제기랄……" 그 날 밤 극장 안은 그렇게 험한 광경으로 채워졌다.

극장 밖 역시 충격과 광기의 분위기로, 분노에 찬 사람들이 떼를 지어 몰려 다니며 분노의 배출구를 찾다가 애매한 사람을 거의 죽일 뻔한 사태가 여러 번 일어났다. 특별히 흥미로운 사태가 하나 있었다. 분노한 군중이 어쩌다가 한 사람을 몰아세우게 되었는데, 그 사람이 한 말 때문이었는지, 아무 이유 없이 그런 것인지는 알 수 없다. 아무튼 그 사람을 옆에 있는 가로등 기둥에 목을 매달려 하는 참에 몇 명의 영웅적인 경관이 그를 구해냈다. 경관들은 그를 둘러싼 채로 엄청난 위험 속에 천천히 파출소를 향해 움직여 갔다……(생략)……

그 날의 사건 전체에 어울리는 곁가지 장면이었다. 군중은 경관들 주위를 소용돌이처럼 돌아가며 다가오다가 물러서기를 거듭했다. 밤, 고함소리, 창백한 얼굴들. 겁이 나서 그 자리를 벗어나려 애쓰는 사람들도 있었지만 마음대로 되지 않았다. 아직도 죽음의 위협에서 벗어나지 못한 표적이 된 사람의 낯빛은 시체와 같았다. 아무 말 없이 결의에 찬 대여섯 명의 경관들. 가진 무기라고는 작은 곤봉뿐이지만, 군중의 소용돌이 앞에 조금도 흔들림이 없었다. 대통령 암살이라는 거대한 비극에 참으로 어울리는 한 모퉁이 모습이었다……(생략)…… 경관들은 마침내 그 사람을 데리고 파출소에 들어가 하룻밤 보호실에 묵게 한 다음 아침에 풀어주었다.

무분별한 증오심, 분노한 군인들, 관객들, 군중, 그 무대, 배우들, 화장품 병들, 장식 도구들, 가스등 등등이 뒤얽혀 돌아간 하룻밤의 난장판 속에서 이 나라의 가장 고귀하고 훌륭한 혈관으로부터 핏방울은 서서히 떨어져 내리고, 죽음의 숨결은 그 입술에 조그만 거품을 일으키기 시작한다……(생략)……

이렇게 서둘러 그린 것이 링컨 대통령의 죽음을 둘러싼 풍경의 일부였다. 너무나 갑자기, 더 없는 혼란과 공포 속에 우리는 그를 빼앗겼다. 그러나 그의 죽음은 고통 없는 것이었다.

에이브러햄 링컨(1809~65)에 대해 피상적으로 아는 사람들은 그를 이상주의자로 생각하는 일이 많다. 노예해방을 통해 인간의 평등을 실현하는 일에 자신의 모든 것을, 목숨까지 바친 사람으로.

링컨에게 이상주의자의 면모가 있기는 하다. 그러나 그는 한 가지 가치에 매달려 다른 모든 것을 희생시키는 그런 이상주의자는 아니었다. 적어도 노예해방을 미국 정치의 절대과제로 생각한 사람은 아니었다. 전쟁 초기인 1862년 8월 그는 한 기자에게 이렇게 말했다.

"이 전쟁에서 내게 최고의 목적은 연방을 살려내는 것이지, 노예제도를 존속시키거나 철폐하는 것이 아닙니다. 노예를 해방시키지 않음으로써 연방을 구할 수 있다면 나는 그렇게 할 것이고, 노예를 모두 해방시킴으로써 연방을 구할 수 있다면 역시 그렇게 할 것입니다. 노예를 일부 해방시키고 일부 존속시킴으로써 연방을 구할 수 있다면 또한 그렇게 할 것입니다."

남북전쟁 당시 노예제를 둘러싼 논쟁은 폐지론과 유지론의 단순한 흑백대결이 아니었다. 링컨 자신은 크게 보아 폐지론자에 속했지만 온건하고 점진적인 그의 폐지론은 극단적인 폐지론자들보다 오히려 온건한 유지론에 더 가깝다고 볼 수도 있는 것이었다. 그가 정치적 주도권을 쥐게 된 것도 가장 넓은 범위의 주장을 포용할 수 있는 입장이기 때문이었다.

노예 해방을 위한 헌법 개정 과정에서 링컨의 포용력이 단적으로 나타난다. 1864년 재선될 때 링컨과 공화당은 헌법 개정을 공약으로 내걸었다. 그의 재선과 함께 공화당도 의회 선거에서 압도적 지지를 얻어 새 의회가 구성되면 개헌을 쉽게 추진할 수 있는 상황이었다. 그런데 링컨은 반대파가 많이 남아 있는 해산 직전의 의회에 개헌안을 제출하고 설득을 통해 개헌 의결을 따냈다.

링컨의 온건한 지도력 덕분에 남북전쟁이 더 극심한 파국에까지 이르지는 않은 것으로 평가된다. 그러나 그의 지도력은 전쟁의 수습과정까지 연장되지 못했다. 암살 당시 전쟁 수습은 험난한 여정을 예고하고 있었다. 링컨 자신은 남부에 대해 관용적

정책을 제창해 왔지만 가혹한 처분을 주장하는 과격파에 밀려 일부 지역의 군정(軍政)
실시를 승인하는 조치를 취하고 있던 참에 변을 당했다. 그가 죽은 후 과격파의 주장
은 견제 없이 밀어붙여져, 북부에서 온 '보따리장수(carpetbagger)'들이 남부를 제멋대
로 주무르며 갈등의 골을 깊게 만드는 상황이 벌어졌다.

인종 문제는 미국 사회가 아직도 극복하지 못하고 있는 문제다. 노예제의 폐지라
는 조치 하나로 해결될 문제가 아님을 알았기 때문에 링컨은 점진적인 해소방안을 제
창했으나, 전쟁이라는 상황에 몰려 즉각적 – 전면적인 폐지의 길을 택하지 않을 수 없
었다. 한 인물의 지도력이 한 나라, 나아가 세계의 진로에 가장 큰 차이를 가져온 사례
로 많은 사람들이 링컨을 꼽는다.

수필가와 시인으로 '시대를 뛰어넘은 작가'라는 평판을 얻은 월트 휘트먼
(1819~92)은 링컨 암살 당시 워싱턴에서 잠깐 동안 공무원 생활을 하고 있었다.

출처 Walt Whitman, *Memoranda during the War*, 1875

93

아크로폴리스의 달밤

1867

마크 트웨인

나쁜 소식이었다. 피레우스항 사령관이 자기 배를 타고 와서 말하기를, 우리는 두 가지 중 하나를 택해야 한다고 했다. 하나는 출항하는 것이고, 또 하나는 항구 밖으로 배를 몰고 나가 엄격한 검역조건 아래 열하루(!) 동안 배 안에 갇혀 있어야 한다는 것이었다.

그래서 우리는 닻을 올리고 항구 밖으로 나가 열두 시간가량에 걸쳐 보급품을 실은 뒤 콘스탄티노플로 항해하기로 했다. 우리가 겪은 일 가운데 가장 실망스러운 일이었다. 아크로폴리스가 보이는 곳에 하루 종일 머물고 있다가 아테네에 들어가 보지도 못하고 떠나야 한다니! 이 상황을 그리는 데 '실망'이란 말은 너무 약한 것이었다.

오후 내내 사람들은 모두 책과 지도, 망원경을 들고 갑판 위에 몰려 서서 어떤 "조붓한 바위 능선"이 아레오파구스인지, 어느 밋밋한 언덕이 프닉스인지, 어느 고지가 무세온산인지에 대해 토론했다. 우리는 헷갈리기만 했다. 토론이 열을 띠면서 당파주의도 강하게 나타났다. 교회 사람들은 한 언덕을 감격스럽게 바라보며 그것이 성 바오로가 설교를 행한 곳이라 하는데, 또 한 패거리는 그 산이 히메투스라 주장했고, 또 다른 한 패거리는 펜텔리콘이라고 우겼다!

온갖 논쟁 끝에 우리가 합의한 것은 한 가지뿐이었다. 꼭대기가 평평한 산이 아크로폴리스이며, 그 위에 있는 웅장한 폐허가 바로 우리가 어릴 적부터 교과서에서 본 바 있는 파르테논이라는 것이었다.

우리는 배 가까이 오는 사람마다 붙잡고 물어보았다. 피레우스에 경비대가 있는지, 경비가 삼엄한지, 우리 중 몰래 상륙하는 사람이 있을 때 잡힐 가능성이 큰지, 그리고 그런 짓을 하다가 잡히는 사람이 있을 때 어떤 조치를 당하게 될지? 고무적인 대답을 별로 얻지 못했다. 경비대인지 경찰인지가 많이 있고, 피레우스는 작은 도시라서 낯선 사람이 나타나면 주의를 끌게 되어 있어서 붙잡히지 않기가 어려웠다. 사령관은 "엄중한" 처벌이 있을 것이라고 했다. "얼마나 엄중한가요?" 누가 묻자 그는 대답했다. "대단히 엄중합니다." 그에게서 알아낸 것은 그것이 다였다.

밤 열한 시, 승선자 대부분이 잠자리에 들었을 때 우리 넷은 구름이 달을 가려 도와주는 데 힘입어 작은 보트를 타고 몰래 상륙했다. 그리고 둘씩 조를 짜서 상당한 거리를 두고 걷기 시작했다. 낮은 언덕 하나를 넘어 피레우스 경찰의 활동범위 밖으로 완전히 우회하는 방향이었다. 쐐기풀이 가득한 바위산을 넘어 길을 더듬어 가려니 어딘가 도둑질을 하러 가는 기분이었다. 내 짝과 나는 걸어가면서 목소리를 낮춰 검역법과 그 처벌방법에 관한 이야기를 나누었는데 별로 기분 좋은 주제가 되지 못했다……(생략)……

길이 없었기 때문에 우리는 아득히 보이는 아크로폴리스 왼쪽의 높은 산을 목표로 정하고 온갖 장애물을 헤치며 그 방향으로 걸었다. 네바다 주 밖에서는 마주칠 생각을 못했던 황량한 지형이었다. 땅의 일부는 조그만 돌멩이로 덮여 있는데, 한 발짝에 여섯 개씩 발에 밟혔고, 밟힌 돌멩이는 모두 굴러갔다. 또 일부는 새로 쟁기질을 한, 메마르고 푹신푹신한 땅이었다. 그리고 또 일부는 나지막한 포도덩굴로 쫙 덮여 있었는데, 그 덩굴이 잘 엉겨 붙고 성가시게 굴어서 우리는 가시덤불로 생각했다. 언덕 위의 평지는 포도덩굴로 덮인 곳 외에는 거칠고 황량하고 전혀 시적 분위기가 없는 곳이었다. 기원 전 500년 그리스의 황금시대에 그곳은 어떤 곳이었을지 궁금하다.

밤 한 시쯤, 열심히 걷느라 열이 오르고 목이 마를 때 데니가 외쳤다. "아니, 이 덤불이 포도덩굴이었어!" 5분쯤 뒤 알이 굵고 흰 맛있는 포도 스무 송이가량을 따고도 더 따려 하고 있을 때, 우리 옆의 어두운 그늘 속에서 시커먼 형체가 불쑥 일어서며 "어이!" 하고 소리치는 바람에 그곳을 떠났다.

10분 남짓 지나 우리는 아름다운 길 한 자락에 접어들었는데, 그때까지 이따금 마주치던 길들과 달리 이 길은 올바른 방향으로 뻗어 있었다. 우리는 그 길을 따라갔다. 넓고 평탄하고 흰 이 길은 깨끗하고 잘 보수되어 있었으며 1마일가량 양쪽으로 나무가 쭉 심어져 있었고 풍성한 포도밭이 양쪽에 있었다. 두 번 포도밭에 들어가 포도를 훔쳤는데, 두 번째는 누군가가 보이지 않는 곳에서 우리에게 소리를 질렀기 때문에 떠났다. 아테네의 그쪽 모퉁이에서 우리 포도서리는 그것으로 끝났다.

잠시 후 우리는 아치 위에 만든 옛날 수로와 마주쳤는데, 그때부터는 사방에 유적이 널려 있었다. 목적지에 가까워진 것이었다. 그때 위치에서는 아크로폴리스도 그 옆의 높은 산도 보이지 않았는데, 나는 그 부근에 이를 때까지 길을 계속 따라가기 바랐다. 그러나 다수결에 밀려 바로 앞의 바위언덕을 낑낑대고 올라가기 시작했다. 꼭대기에 올라가 보니 앞에 또 하나의 언덕이 있었다. 그 위에 올라가니 또 하나! 한 시간가량의 고된 등반 끝에 결국 도달한 곳은 단단한 바위에 줄지어 판 무덤이 헤쳐 열려져 있는 곳이었다(그중 하나가 소크라테스의 감옥 노릇을 한 적이 있는 것이다). 거기서 산자락을 하나 돌아가니 우리 눈앞에 펼쳐진 것은 폐허가 되어서도 웅장함을 잃지 않은 성채의 모습이었다!

서둘러 계곡을 가로지르고 꼬불꼬불한 오솔길을 걸어 아크로폴리스로 올라가 하늘을 찌르는 듯한 석벽 밑에 섰다. 성벽의 거대한 대리석 덩어리를 구경하며 높이를 재거나 두께를 짐작하거나 할 겨를도 없이 아치가 씌워진 터널 같은 큰 통로를 지나 옛 신전으로 들어가는 대문으로 곧바로 갔다. 그런데 잠겨 있는 것이었다! 결국 위대한 파르테논을 직접 대면할 운수가 되지 못하는 것 같았다.

우리는 둘러앉아 작전회의를 열었다. 결론인즉, 그리 튼튼해 보이지 않는 대문을 깨뜨려 버리자는 것이었다. 신성모독 같아서 좀 켕기기는 했지만, 그 먼 길을 찾아왔고, 형편이 다급하니 어쩔 수 없었다. 안내원이나 수위를 찾을 수도 없었고, 해뜨기 전에 배에 돌아가야 했다. 이것이 우리 주장의 근거였다.

거기까지는 좋았는데, 막상 문을 부수려고 하니 부술 길이 없었다. 성벽 모퉁이를 하나 돌아가니 나지막한 보루가 하나 있었다. 바깥 높이는 8피트, 안쪽 높이는 10피트 남짓으로 보였다. 데니가 앞서서 기어오르고 우리가 뒤를 따르기로 했다. 천신만고 끝에 데니가 올라가기는 했는데, 건들거리던 돌멩이 몇 개가 안쪽 마당으로 떨어지며 소리를 냈다. 그러자 즉각 문 열리는 소리와 외침 소리가 들려왔다. 데니는 눈 깜짝하는 사이에 성벽에서 뛰어내리고, 우리는 대문으로 우르르 몰려갔다. 크세르크세스는 기원전 480년에 500만의 군대를 몰고 와 이 웅장한 성채를 함락시킨 바 있는데, 우리 네 명의 미국인도 5분만 시간이 더 있었다면 같은 업적을 이루었을 것이다.

나타난 수비대는 네 명의 그리스인이었다. 우리가 대문에서 요란을 떨자 문을 열고 넣어주었다(뇌물과 부패의 효과는 여기서도 확인되었다).

우리는 큰 마당을 가로지르고 커다란 문에 들어서 발자국이 깊이 파인 순백색 대리석 포석 위에 섰다. 우리 앞에는 흘러넘치는 달빛 속에 우리 눈에 담아본 어느 유적보다도 숭고한 유적이 서 있었다. 프로필레아가 있고, 작은 미네르바 신전이 있고, 헤라클레스 신전, 그리고 웅장한 파르테논이 있었다(그 이름들은 그리스인 안내인들이 가르쳐줬는데, 그들이나 우리나 다 모아봤자 상식 수준 이상으로 아는 것은 없었다). 건물은 모두 순백색 펜텔리크 대리석으로 지은 것인데 지금은 연한 분홍색 얼룩이 있다. 그러나 부서진 곳은 잘려진 면이 고운 설탕덩어리처럼 깨끗하다.

헤라클레스 신전의 현관은 흘러내리는 옷을 걸친 여섯 개의 대리석 여상주(女像柱)가 떠받치고 있지만, 다른 건물의 현관과 주랑(柱廊)의 기둥은 모두 도리아식 아니면 이오니아식으로, 그 옆구리의 홈과 기둥머리는 수천 년의 세월과 거듭된 전화(戰禍)를 이겨내고 아직도 원래의 모양을 지키고 있다. 파르테논은 원래 226피트 길이에 100피트 넓이, 그리고 높이는 70피트이며, 양쪽 끝에는 각각 여덟 개씩 두 줄의 기둥, 측면 양쪽은 각각 17개의 외줄 기둥을 가진 건물로, 인간이 세운 건축물 중 가장 우아하고 아름다운 것의 하나다.

파르테논의 웅대한 기둥들은 지금도 서 있지만 지붕은 없어졌다. 250년 전까지도 온전한 건물로 남아 있었는데, 이곳에 쌓아 둔 베니스군 탄약고에 포탄 하나가 떨어져 폭발을 일으키는 바람에 지붕이 무너져버렸다. 파르테논에 관해 내가 외우고 있는 사실은 극히 적지만, 나처럼 기억력이 시원찮은 분들을 위해 몇 가지 사실과 숫자를 적었다. 여행안내서에서 베낀 것이다.

생각에 잠겨 장엄한 신전 옆을 끝에서 끝까지 대리석 포석 위로 발길을 옮기는 동안 우리는 주변 경관으로부터 신비로운 인상을 받았다. 여기저기 풍성하게 널려 있는 것은 허옇게 빛나는 남녀의 석상이었다. 대리석 덩어리에 기대어 있는 석상 중에는 팔이 없는 것도 있고, 다리가 없는 것도 있고, 또 어떤 것은 머리가 없었지만, 달빛 속에서 모두 애달픈 느낌을 풍기고 놀랄 만큼 인간적으로 보였다. 그들은 야밤의 틈입자를 사방에서 노려보고 있었다. 돌로 만든 그들의 눈은 눈에 뜨이지 않는 구석과 틈새에서 틈입자를 쳐다보고 있었다. 그들은 황량한 낭하 저쪽의 부스러기 더미 너머로 틈입자를 엿보고 있었다. 그들은 또 널찍한 광장 한가운데서 틈입자의 앞을 가로막고 신성한 성전에서 나가는 길을 손 없는 팔로 엄숙하게 가리켰다. 지붕 없는 신전 안을 내려다보는 달님은 기둥의 비스듬한 그림자로 바닥에 줄무늬를 만들고 흩어져 있는 파편과 부서진 석상들을 더러 어둠 속에 묻어 두었다……(생략)……

구름이 사라진 밤하늘에 보름달이 높이 올라 있었다. 우리는 별 생각 없이 어슬렁대던 끝에 성가퀴 가장자리까지 와서 아래를 내려다보았다. 그 경치! 그런 경치! 달빛 속의 아테네! 신(新) 예루살렘의 영광을 보았다고 생각한 선지자가 본 것은 분명히 이것이었을 것이다! 아테네는 바로 우리 발밑의 평지에 그림처럼 펼쳐져 있었다. 그 도시를 우리는 기구에서 내려다보는 것처럼 바라보았다. 길 같은 것을 알아볼 수는 없었지만 집 하나, 창문 하나, 담쟁이 잎새 하나, 돌출부 하나하나까지 마치 대낮에 보는 것처럼 환하고 명료하게 보였다. 그러면서도 번쩍이는 빛이나 거칠고 강한 것은 아무것도 없었다. 더할 수 없이 부드러운 달빛에 잠겨 있는 소리 없는 도시는 평화로운 잠에 빠져 있는 어떤 생물체 같았다.

도시의 저쪽 편에 조그만 신전이 하나 있었고, 그 섬세한 기둥과 화려한 전면이 내뿜는 풍성한 질감은 마술처럼 눈길을 묶어놓았다. 더 앞쪽에는 관목이 심어진 커다란 정원 속에 왕궁의 매끄러운 벽면이 솟아 있고, 뿌려진 것처럼 정원에 점점이 박힌 호박빛 등불은 달빛의 위세 앞에 빛을 잃고 시커먼 정원을 배경으로 은하수의 좁쌀 같은 별들처럼 창백하게 떠 있었다. 머리 위로는 폐허가 되어서도 위용을 잃지 않는 웅장한 기둥들이 늘어서 있고, 발밑에는 꿈꾸는 도시, 그리고 저 멀리에는 은빛 바다가 펼쳐져 있었다. 이 넓은 세상 어디에 간들 이 절반만큼이라도 아름다운 경치를 볼 수 있으랴!

<hr>

'마크 트웨인'이라는 필명을 새뮤얼 클레멘스(1835~1910)가 처음 쓴 것은 1863년의 일이었고, 이 필명에 전국적 명성이 붙은 것은 2년 후인 1865년의 일이었다.

1866년 샌프란시스코와 호놀룰루 사이의 여객선 운항이 시작될 때 한 신문의 특파원으로 승선한 마크 트웨인은 몇 달 동안 발표한 선상 편지로 독자들의 인기를 모았다. 그 여세를 몰아 1867년 6월부터는 세계일주 여행에 나섰는데, 여기 실린 글은 그 때 쓴 것이다.

출처   Mark Twain, *The Innocents Abroad*, 1869

94

어느 이민자의 아메리카 횡단

1879. 8. 23

로버트 루이스 스티븐슨

금요일 밤에는 천둥이 쳤는데 토요일 아침 해 뜰 때는 구름 한 점 없었다. 우리는 네브래스카 평원을 항해하고 있었다. '항해'보다 더 적절한 표현이 없다. 나는 과일 화차 꼭대기에 조망석(眺望席)을 만들어 놓고 한 시간 동안 그곳에 틀어박혀 주변을 살펴보고 뭐든 새로운 것을 관찰하려고 했지만 소득이 없었다. 특색이라는 것이 전연 없는 세상이었다. 텅 빈 하늘에 텅 빈 땅. 앞쪽으로, 그리고 뒤쪽으로, 철로는 지평선에서 지평선까지 뻗어 있었다. 빈 당구대에 큐를 가로질러 놓은 것 같았다. 양쪽으로는 푸른 평원이 하늘과 맞닿는 데까지 펼쳐져 있었다.

철로를 따라 끊임없이 이어진 화단에는 1파운드 금화 크기밖에 안 되는 조그만 해바라기 꽃이 무수히 피어 있었다. 초원 위에는 풀을 뜯는 짐승들이 모든 방향, 모든 거리에 흩어져 있었다. 이따금 앞쪽 철로가에 점 몇 개가 보이는데, 가까워짐에 따라 통나무집의 모습이 점차 분명하게 드러나고, 지나친 뒤에는 점점 흐릿해져서 주변의 경치 속에 녹아 없어지고 말았다. 그러면 우리는 빈 당구대 위에 다시 돌아와 있었다.

이 무한한 공간 속을 열차는 달팽이처럼 부지런히 움직여 갔다. 움직이는 것이 이 열차뿐이므로 우리 인식 속에서 열차는 놀랍도록 거대한 존재로 자라 났다. 길이가 몇 마일이나 되고 양쪽 끝이 지평선 가까이까지 뻗어 있는 것으로 우리에게는 느껴졌다. 이 공백 속에서는 심지어 내 몸뚱이나 내 머리통까지도 전보다 크게 느껴졌다. 다른 사람들이 기록한 경험을 읽은 것과 정반대의 느낌이었기 때문에 더 분명하게 느껴졌다.

밤이고 낮이고 우렁찬 열차소리를 뚫고 우리 귀를 심심하지 않게 해준 것은 바로 간단없이 울어대는 여치 소리였다. 수없이 많은 시계의 태엽을 감는 것 같은 여치 소리를 얼마 후에는 이 땅의 특색으로 받아들이게 되었다.

———◇———

스코틀랜드 출신 작가 로버트 스티븐슨(1850~94)이 1879~80년 사이에 미국을 여행할 때는 건강과 재정이 모두 험악한 상황이었다. 1876년 만난 미국 여인 패니 오스본과 사랑에 빠져 가족과 불화를 일으키고, 1878년 미국으로 돌아간 패니를 찾아 빈털터리 몸으로 캘리포니아를 향하는 길에서 온갖 고생을 겪은 것을 몇 년 후『평원을 가로질러 Across the Plain』(1892),『아마추어 이민자 The Amateur Emigrant』(1895), 두 권의 책에 담아냈다. 궁핍의 절정에서 패니와 결혼식을 올린 직후에 아버지로부터 화해 편지를 받고 영국으로 돌아왔다.

출처   Robert Louis Stevenson, *Across the Plains*, 1883

95

타히티에서 폴 고갱의 결혼

1892

폴 고갱

섬 일주 여행. 해안도로를 벗어나 멀리 산 속까지 이어지는 숲 속으로 뛰어든다. 조그만 골짜기에 도착. 그곳에 사는 몇 사람은 옛날식으로 계속 살아가고 싶어 한다.

계속 전진. 타라바오(섬의 저쪽 끝) 도착. 경찰관이 빌려준 말을 타고 유럽인이 별로 안 다니는 동쪽 해안으로 나아간다. 파오네 도착. 이티아보다 앞에 나오는 조그만 구역이다. 원주민 하나가 내게 손짓하며 외친다. "헤이! 사람 만드는 사람! (내가 화가인 줄 아는가보다) 우리랑 같이 식사하세요." 환영의 뜻이다. 저렇게 착해 보이는 사람을 같은 말 두 번 하게 할 수 없다. 내가 말에서 내리자 말을 나뭇가지에 묶어 주는데 비굴한 기색이 전연 없다. 간단하게, 그리고 확실하게 묶어놓는 것일 뿐이다.

집에 들어서니 남자, 여자, 아이들이 여럿 모여서 땅바닥에 앉아 담배를 피우며 잡담을 하고 있다. "어디 가시는 길이오?" 마흔가량의 점잖은 마오리 여자가 묻는다. "이티아에 갑니다." "무슨 일로요?" 머릿속에 생각 하나가 스쳐갔다. 나는 대답했다.

"각시 구하러 갑니다. 이티아에는 고운 각시가 많다데요." "아내감을 찾아요?" "네." "원한다면 하나 드리지. 내 딸이오."

"젊어요?" "아에."

"고와요?" "아에."

"몸이 튼튼해요?" "아에."

"좋아요, 데려다주세요."

여자가 자리를 뜨고 15분쯤 지났다. 사람들이 마오리 식사로 야생 바나나와 왕새우를 가져올 때 여자가 돌아왔는데, 조그만 보따리를 든 키 큰 여자아이가 그 뒤를 따라왔다. 지나칠 만큼 투명한 핑크색 모슬린 옷 안으로 살며시 어깨와 팔의 황금빛 피부가 비쳐 보였다. 가슴에서는 젖꼭지 두 개가 야무지게 돋아나와 있었다. 매력적인 얼굴은 지금까지 이 섬에서 본 누구의 것과도 다른 것으로 보였고 숱이 많은 머리는 약간 곱슬곱슬거렸다. 햇빛을 받으면 진노랑 색의 잔치였다. 통가 출신인 것을 알아냈다.

소녀가 내 옆에 앉은 뒤 내가 몇 가지를 물어보았다.

"내가 무섭지 않니?" "아이타(아니오)."

"우리 집에서 늘 살아도 되겠니?" "에하."

"몸이 아픈 적 있었니?" "아이타."

그걸로 끝이었다. 소녀가 무심한 태도로 내 앞 땅바닥, 커다란 바나나 잎 위에 내게 주어진 식사를 늘어놓을 때 내 심장은 쿵쾅대며 뛰었다. 몹시 배가 고팠지만 나는 점잖게 먹었다. 열셋 정도 나이의 소녀는 나를 황홀하게 하면서 또한 나를 겁에 질리게 했다. 그 영혼 속에서는 어떤 일이 벌어지고 있는 것인가?

갑자기 말이 나와 서둘러 맺어진 이 계약을, 수줍은 망설임을 느끼며 맺게 되었다. 노인이 다 된 내가…… 소녀의 어머니가 그렇게 시켰을 것이다. 돈을 염두에 두고. 하지만 이 키 큰 아이에게서는 그 종족 모두의 특징인 독립적 자존심이 느껴진다…… 칭송할 만한 침착성이다. 부드러우면서도 조롱의 기색을 띤 입술은 위험에 처한 것이 자기가 아니라 나라는 것을 말해준다.

오두막집에서 나와 말을 탈 때 내 마음에 두려움이 없었다고는 말하지 않겠다. 여자아이는 뒤를 따라왔다. 어머니와 남자 하나, 그리고 아주머니라고 하는 젊은 여자 둘도 같이 따라왔다. 파오네에서 9킬로미터, 타라바오로 가는 길이었다. 1킬로미터쯤 왔을 때 내게 "파라히 테이에(여기서 멈추세요)" 했다.

말에서 내려 꽤 큰 오두막집에 들어갔는데, 잘 정돈되어 있고 거의 풍요함을 느낄 만큼 살림이 좋아보였다. 너그러운 대지의 풍요함 같은 것이었다. 바닥에는 짚 위에 예쁜 방석들이 놓여 있었다……(생략)……

이 집의 가족들은 아주 젊고 더할 나위 없이 점잖았다. 여자아이는 그 집의 여자를 어머니라고 내게 소개하고 그 옆에 앉았다. 침묵. 그리고 시원한 물. 우리는 헌주(獻酒)를 마시듯 엄숙하게 물을 마셨다. 젊은 어머니가 눈물을 글썽이며 내게 물었다. "당신은 친절한 분이신가요?"

내 양심을 점검해 본 다음 불안하게 대답했다. "네에."

"내 딸을 행복하게 해 주시겠어요?" "네."

"여드레 후에 돌려보내 주세요. 아이가 행복하지 않으면 당신에게 돌아가지 않을 겁니다."

긴 침묵. 집에서 나온 나는 다시 말을 타고 갔다. 그들은 뒤에 따라왔다. 길에서 몇 사람과 마주쳤다. "그래그래, 이제 프랑스 사람 각시가 된다고? 행복하게 살렴. 행운을 빈다."

어머니가 둘이라는 사실이 마음에 걸렸다. 처음에 자기 딸을 주겠다고 한 나이 많은 여자에게 물었다. "왜 내게 거짓말을 했어요?" 테하우라나(아내의 이름)의 어머니는 말했다. "그쪽도 걔 어머니 맞아요. 키운 어머니죠."

타라바오에 도착했다. 경찰관에게 말을 돌려주었다.

경찰관의 아내(프랑스 여자)가 내게 말했다(주책없는 소리지만 나쁜 뜻으로 한 말은 결코 아니다). "뭐요! 계집을 하나 데려왔다고요?" 이제는 당당해진 무표정한 아이를 여자의 눈이 옷을 벗기듯이 훑어보았다. 시든 꽃이 피어나는 봉오리를 바라보는 것이었고, 법률의 미덕이 토속적인, 그러나 부끄러움을 모르는 순수한 믿음에 더러운 입김을 뿜는 것이었다. 그토록 푸르른 하늘과 대비되는 더러운 매연의 구름을 본다는 것은 슬픈 일이었다. 나는 내 종족에 부끄러움을 느끼며 시궁창에서 눈을 돌려 (나는 금세 잊어버렸다) 이미 사랑하게 된 이 황금의 인간을 바라보았다(이것은 기억한다).

가족과의 작별 행사는 타라바오에서 가졌다. 인간과 짐승을 포함해 모든 것을 거래하는 중국인 상인의 집에서였다. 나는 약혼자와 함께 공공마차를 타고 25킬로미터 떨어진 마타이에아, 내 집까지 왔다.

후기 인상파의 거장으로 꼽히는 폴 고갱(1848~1903)은 1880년대 후반 들어 심취해 있던 인상파 기법과 원리에서 벗어나는 모색을 하게 되었다. 1888년에 그는 이런 글을 썼다.

'원시 예술은 영성(靈性)에 뿌리를 두고 자연을 이용한다. 이른바 세련된 예술은 감성에 뿌리를 두고 자연에 봉사한다. 자연은 전자에게 하인 노릇을 하고 후자에게 주인 노릇을 한다. 자연은 그를 예찬하는 자의 정신을 깎아내린다. 우리는 그렇게 해서 '자연주의'라는 터무니없는 오류에 굴러떨어진 것이다.'

그는 원시성에서 예술의 돌파구를 찾았다. 그래서 1891년 타히티로 떠나 죽을 때까지 남태평양에서 살았다. 여기 보이는 결혼 이야기는 예술과 생활에 대한 당시 그의 자세를 여실히 보여준다.

출처　Paul Gauguin, *Noa Noa: Voyage to Tahiti*, tr. Jonathan Griffin, Bruno Cassirer, 1961

96

목가적인 그리스 – 터키 전쟁

1897. 4. 18

리처드 하딩 데이비스

　프레베사 포위공격은 4월 18일에 시작되었고 전함에 탄 그리스 장교들은 휴전이 이루어질 때까지 포위를 계속했다.

　그리스의 이 지방에 전쟁이 진행 중이라는 것은 믿기 어려운 사실이었다. 이런 배경 앞에서 인간이 그렇게 비극적인 역을 연기한다는 것은 이해하기 어려운 일이었다. 배경은 목가적(牧歌的)인 연극, 코믹 오페라 같은 것에 적합한 것이었다.

　아일랜드를 에메랄드에 비긴다면 그리스의 이 지방은 오팔에 비길 수 있다. 강렬하고 선명한 색채가 오팔과 같으며, 열은 흰 구름은 이 보석을 감춰놓는 듯하면서 오히려 더 부드럽고 아름답게 만든다. 창창한 하늘을 배경으로 흰 눈을 머리에 인 산들이 늘어서 있고, 설선(雪線) 아래의 목초지를 빛나게 수놓는 자주색 금작화와 노란색 미나리아재비 군집들과 바람에 따라 모습이 변하는 밀밭, 아지랑이 속에 보는 것처럼 현란하게 굽이치는 풍경이다. 고지의 풀숲에는 키 크고 휘어진 줄기에 매달린 연푸른색 아마 꽃, 흰 꽃잎에 노란 꽃심의 꽃이 있고 몇 마일씩 펼쳐진 양귀비 꽃밭이 있으며, 그 위로 키 크고 시커먼 포플러나무와 회록색 올리브나무가 서 있다. 아드리아 바다와 아르타 만의 바람은 불타는 듯한 이 풍경 위로 깊고 어진 숨결을 뿜어 뜨거운 공기를 식혀주고, 푸른 잎과 고지의 풀, 그리고 휘어진 줄기 위의 꽃에게 강렬하고 신선한 바다의 기운을 전해 준다.

흰 구름은 하늘을 가로질러 가거나 잿빛 바위산에 기대어 쉬면서 그림자를 던져주고, 바위산 위의 노란색 양들은 아래 있는 길에서 바라보면 녹색 당구대 천 위에 통통한 옥수수 알갱이를 뿌려놓은 것 같이 보인다. 몇 시간 말을 몰아 이 아름다운 고장을 돌아다니더라도 만나는 것은 비단결 같은 털의 염소나 노란색 양의 무리, 그리고 양치기들뿐이다. 다리에 붙는 바지와 소매 없는 겉옷, 수놓은 저고리를 입고 장총에 기대 서 있는 양치기들은 대지의 왕자들처럼 보인다.

이런 장소에서 인간들이 충혈된 눈을 부릅뜨고 맹렬한 싸움을 벌인다는 것은 상상하기 어려운 일이다. 그리고 사실에 있어서도 여기에는 진짜로 싸우는 사람이 없다. 침착하고 한가하게 점잖은 방식으로 싸움 흉내를 내는 것뿐이다. 저쪽 테살리아에서는 전쟁, 그리고 그에 따르는 모든 것이 있었음을 우리는 잘 알고 있다. 그러나 아르타만 주변의 이곳에서는 세상이 별로 변하지 않은 채로 있다. 산기슭마다 양 떼의 방울소리가 울리고 병정들은 나무그늘로 소풍 나오며, 프레베사의 포격은 계속되고 있지만 이따금 쉬는 날도 있다.

터키군의 응사도 마지못해 성의 없이 인사에 답례하는 것 같다. 어떤 때는 터키군의 조준이 너무 엉터리여서, 포탄을 넣었는지 안 넣었는지 미심쩍은데, 들여다보기가 귀찮으니까 방아줄을 당겨서 확인하는 것이 아닌가 하는 생각까지 든다.

◇

'30일 전쟁'이라고도 불리는 제1차 그리스-터키 전쟁(1897)은 크레타섬의 향로를 놓고 벌어진 것이었다. 그리스계 인구가 많으면서 터키의 지배를 받던 크레타섬은 오토만 제국의 쇠퇴에 따라 정치적 불안이 늘어나고 있었는데 그리스가 그 섬을 빼앗아

1897년 일어난 제1차 그리스-터키 간의 전쟁은 크레타 섬의 향로를 놓고 벌어진 일명 '30일 전쟁'이다. 터키령인 크레타 섬에 사는 많은 그리스계 주민이 그리스에 병합할 것을 요구해 그리스가 출병하였으나 패전했다. 크레타 섬은 터키 종주권 하에 자치가 허용되었다. 그림: 파우스트 조나로(1897년)

오기 위해 기회를 엿보고 있다가 1897년 1월에 군사행동을 시작했다.

여기서 재미있는 것은 영국 프랑스 등 유럽 열강들이 터키 편을 들어 그리스 해군을 봉쇄한 것이다. 수백 년간 전 유럽의 공적(公敵)으로 두려움의 대상이었던 터키가 이제는 동정의 대상이 된 것이다. 유럽 열강들은 쇠퇴해 가는 터키가 너무 빨리 무너지면 분쟁이 발칸 반도까지 옮겨져 러시아에게 기회를 줄 것을 걱정한 것이다.

해상 진출이 봉쇄된 그리스는 대신 육군으로 테살리아 지방을 공격했지만 두 나라 다 전쟁 수행능력이 시원찮아서 이 글에 보이는 것처럼 '평화로운 전쟁'의 모습을 잠깐 보이다가 몇 달 후 그리스가 배상금을 지불하는 조건으로 종결되었다. 1798년 터키에 점령당한 그리스 서해안의 항구도시 프레베사는 제1차 발칸 전쟁이 끝난 1913년이 되어서야 그리스에 반환되었다.

출처　Richard Harding Davis, *A Year from a Correspondent's Notebook*, 1898

97

아트바라 공격

1898. 4. 10

조지 W. 스티븐스

편저자 주 | 옴두르만에서 키치너는 기관총과 야포, 함포 등을 동원하여 초보적 무장을 한 알-마디 부대를 공격함으로써 수단 분리주의 세력을 분쇄했다. 알-마디 사상자가 2만 가량임에 비하여 영국군 사상자는 500에 불과했다.

아침의 첫 햇살이 사막의 조약돌에 튕길 때 부대는 일어나 적군이 바로 정면에 있는 것을 알았다. 부대는 밤새 눈 감고 달리듯이 행군해 왔다. 저녁 여섯 시에 옴다베아 기지의 덤불 밖 모래언덕에 네 개의 시커먼 사각형 모양으로 집합한 네 개 여단이 행군을 시작했다. 발밑의 단단한 자갈밭도, 머리 위의 보름달도, 사방으로 보일 듯 말 듯한 지평선도, 가르쳐주는 것이 아직 아무것도 없었다.

네 개의 사각형은 한 시간 동안 꾸준히 움직였다. 그리고 땅에 눕자 다른 여단들은 사막의 모래 속으로 녹아들어 버렸고, 영국군 사각형의 모습은 하얀 달빛 속에 그림자만 남았다. 사각형이 풀린 뒤 제일 먼저 말들을 물가로 데려갔고, 그 뒤에는 사람들이 대대 절반씩 교대로 물을 마시러 갔다. 물을 마신 뒤에는 비스킷을 조금씩 먹고 나서 담요로 몸을 싸고 안장주머니를 베개 삼아 짧은 잠을 청했다.

그 다음에 느낀 것은 머리맡에서 수선거리는 소리였다. 살그머니 다가와 어서 일어나 말을 타고 움직이기 시작하라고 전했다. 달은 중천을 지나가 있었다. 한 시였다. 사각형은 부스스 살아 움직이기 시작해 잠에서 덜 깬 채 앞으로 나아가기 시작했다. 아무도 입을 열지 않았고 아무 빛도 보이지 않았지만, 모래를 밟는 말발굽의 느낌과 달빛에 싸인 형체들 때문에 꿈속이 아니라는 사실을 확인할 수 있었다.

대오의 형체는 지형의 굴곡이나 명령의 변동에 따라 이어져 있다가 끊어지고 다시 이어지기를 거듭했고, 말을 탄 장교들, "좌열(左列) 앞으로!" 하는 나지막한 명령소리, 몰려가는 당나귀들, 낙타의 흔들리는 움직임, 그 독한 지린내, 어쩌다 한 번씩 나는 말 울음소리, 다른 세 개의 사각형 역시 마찬가지라는 것을 눈으로 보지 못해도 충분히 짐작할 수 있다. 사열(査閱)에서 늘 보던 것과 똑같은 전투조직이다. 그러나 지금은 바짝 긴장해서 우리 중 누구도 명확히 예측할 수 없는 어떤 사건을 향해 남모르게, 그러나 대단한 기세로 움직여가고 있는 것이다.

우리는 네 시 좀 너머까지 행군하다가 멈춰서 사병들은 다시 누워 잠을 잤다. 나머지 사람들은 서성대며 나직한 목소리로 이야기를 나눴다. 그들이 그곳에 있을까? 그들이 싸움에 응할까, 아니면 비워놓고 떠났을까? 싸움을 어떻게 벌여야 할까? 궁금한 일이 많았지만 무엇보다 궁금한 것은 자리바, 가시나무 울타리를 어떻게 돌파하느냐 하는 것이었다.

마무드의 자리바는 매우 높고, 매우 두껍고, 가시가 매우 날카로운 것으로 알려져 있어서 이를 공략할 캐머런 기병대에게는 무척 난처한 물건으로 여겨졌다. 태워버리자는 사람도 있었다. 화포탄을 쏘거나 파라핀과 성냥을 가져가 불을 붙이자는 것이었다. 담요로 덮어버리자는 사람도 있었다. 10피트 높이에 20피트 폭의 울타리 위로 담요를 어떻게 덮을지, 또 덮은 뒤 어떻게 할지에 대해서는 그 사람도 설명하지 못했다. 사다리를 타고 올라가자는 사람들도 있었다. 사다리 끝에서 가시덤불이나 적의 창끝을 향해 곤두박질 치자는 이야기가 되는데, 진짜로 사다리 몇 개를 만든 사람들도 있었다. 가장 많은 사람들의 의견은 간단한 것으로, 그냥 울타리를 붙잡고 벌려서 틈을 만들자는 것이었다. 그러나 울타리를 벌린 사람들 중 몇이나 살아서 그 틈을 통과할 것인지?

이제는 그들의 위치를 아주 잘 볼 수 있게 되었다. 보통과 같이 회녹색 종려나무가 자라는 강변 언저리에서 황회색 미모사가 자라는 사막 언저리가 이어지는 곳이었다. 그리고 그 앞을 쭉 가로막고 있는 암회색 선이 그들의 유명한 가시나무 울타리일 것이다. 그 오른쪽 가운데쯤에 흰색과 옅은 청색, 황색과 옅은 갈색 깃발들이 서 있었다. 울타리의 선은 깃발에서 반 마일 안 되는 곳까지 뻗어 있다가 거기서 그쳤다.

쿵! 첫 대포알이 발사되고 픽! 희미한 소리가 되돌아왔다. 포탄이 가시나무 울타리 위에서 터지면서 울타리와 똑같은 색깔의 포연이 둥그렇게 솟아올랐다. 시계를 보니 6시 20분이었다. 한 달 동안 닥쳐올 듯하면서 비켜가기를 거듭하던 전투가 드디어 시작된 것이었다.

진격을 알리는 나팔소리가 울려 퍼졌다. 전투를 부르짖는 호각소리 속에 대오는 덤불이 뿌려져 있는 모래밭 위로 자를 밀듯이 나아갔다. 병사들은 나지막한 둔덕 하나를 진격해 올라갔다. 저 회교도들은 언제 포문을 열 것인가? 캐머론 부대는 둔덕 꼭대기, 가시나무 울타리에서 300야드밖에 떨어지지 않은 곳에서 사격을 시작할 참이었다. 위로, 위로. 앞으로, 앞으로. 그들은 언제 포문을 열 것인가?

이제 대오는 꼭대기에 올라섰다. 병사들은 무릎을 꿇었다. "조별 일제사격!" 명령이 떨어질 때 깨지는 소리와 함께 올 것이 왔다. 거의 동시에 양쪽에서 사격이 시작되었다. 후루룩, 후루룩, 탄환이 머리 위에서 피리소리를 냈다. 대오의 병사들은 매우 확고하게 무릎 꿇은 자세로 매우 침착하게 조준하여 땅, 땅, 땅, 응사했다.

앗! 고통의 비명이 아니라 놀라서 어쩔 줄 모르는 듯한 탄성이 터져 나오면서 병사 하나가 몸을 일으켰다가 뒤로 벌렁 넘어지고, 뒤쪽에서 들것병들이 달려왔다. 손을 대기도 전에 벌써 죽었지만, 들것을 필요로 하는 사람은 바로 또 나타났다.

나팔소리가 다시 울리고 다시 앞으로, 앞으로. 탄환은 이제 강물 위에 빗방울 떨어지듯이 허공을 촘촘히 메우고 있었다. 그러나 카키색과 자주색 격자무늬의 선은 굽거나 휘는 일이 없었다. 모래 위에 자를 밀어붙이듯이 꾸준히 나아갔다.

선두의 장교들은 태연하게 말을 몰고 있었다. 뇌조(雷鳥) 사냥하러 산에 온 사람들 같았다. 탄환이 날아오는 방향을 흔들리지 않고 바라보는 그 얼굴의 굳은 표정을 보아야 그들이 위험을 알고 있고, 또 그 위험을 경멸한다는 것을 비로소 알아볼 수 있다. 그리고 저 면도도 안 하는 지저분한 스코틀랜드 병사들, 기지에서 볼 때는 군인 같아 보이지도 않던 그들이 여기서는 전연 다른 모습을 보여주고 있었다.

전진한다는 것은 어려운 일이 아니었다. 호각소리에 따라가기만 하면 되었다. 정작 어려운 것은 지나치게 서두르지 않는다는 것이었다. 그런데 병사들은 조준을 하는 것도 전진을 하는 것도 아무 말 없이 질서 있게, 진중하게 하고 있었다. 신참의 어린 병사들도 총알 날아가는 소리를 듣자마자 그 속삭임으로부터 대영국군의 모든 영광의 비밀을 깨우친 것이었다. 앞으로, 앞으로. 총알은 계속 날아왔고 이쪽에서는 더 많이 쏘아 보냈다. 이제 병사들은 여전히 서두르는 기색 없이 자갈 깔린 비탈을 내려가고 있었다. 유니언 잭의 바로 밑에서 병사 셋이 비명도 없이 쓰러졌다가 하나만이 다시 일어났다. 깃발은 한 차례 흔들렸지만 여전히 눈부시게 휘날렸다.

다음 순간, 특별히 맹렬한 일제사격이 한 차례 있고 대오가 갑자기 멈춰 섰다. 그들 앞에 엉성하고 나지막한 낙타가시 울타리가 있었다. 자리바, 악명 높은 자리바라고? 이게 그 자리바라고? "치워 버리자." 누군가가 말했다. 대여섯 번 잡아 흔드니 무적(無敵)의 자리바는 구멍이 숭숭 난 덤불 덩어리가 되어버렸다. 건너편에는 나지막한 목책과 참호가 있었지만 무슨 대순가? 넘어가고 뛰어드세! 만세, 만세, 만세!

이제 정렬해서 사막으로 돌아 나가고 있다. 참혹한 구경거리를 특별히 좋

491

아하는 취향의 사람이 아니라면 주변을 너무 열심히 둘러보지 않는 것이 좋다. 가느다란 검은 다리가 붉은 두건을 쓴 검은 얼굴에 닿도록 휘어져 있는 시체, 목이나 다리가 날아간 당나귀 시체, 머리가 혹에 닿도록 비틀려 있는 낙타 등이 핏물과 누런 체액이 고인 웅덩이 속에서 벌써 썩어가기 시작하고 있다. 머리가 안 달린 몸통, 아무것도 안 달린 머리통, 산산조각이 난 팔과 다리, 아직도 연기를 내고 있는 종려나무 잎사귀 위에서 바짝 타고 있는 검은 피부. 보지 않는 것이 좋다.

붉은 바탕에 흰 별과 초승달을 그린 주둔군 총사령관의 깃발이 여기에 있다. 말끔하게 조립되어 기름을 잘 친 걸작품 시계처럼 빈틈없이 진행된 이번 전투를 만들어낸 총사령관이 여기에 있다. 흠 하나 없고 한순간이나마 멈추는 일도 튀는 일도 없이 이루어진 이 걸작품, 그 빛나는 성공에는 티끌 하나 묻은 것이 없다. 다시 한 번 만세, 만세, 만세!

◇

1960년대였던가? 〈카쓰므〉라는 제목으로 들어왔던 영화를 기억하는 독자들도 있을 것이다. 일본에서 먼저 개봉된 탓이었는지, 수단의 수도 '하르툼 Khartoum'을 일본식으로 적은 제목이었다. 그 영화에서 장렬하게 죽는 장군이 찰스 고든(1833~1885), 태평천국 시절 중국에서 상승군(常勝軍 Ever-Victorious Army)의 전설을 만들고 '차이니즈 고든'이란 별명을 얻은 인물이었다. 그는 이집트 왕의 초빙으로 1873년부터 수단에서 근무했고, 1877년 이후 수단 총독으로 있다가 마디 군대의 하르툼 공격 때 죽었다.

1880년대의 마디(al-Mahdi) 운동은 오늘날의 지하드(jihad)와 비슷한 현상이었다. 이집트의 지배를 오랫동안 받아 온 수단에서 타락한 이집트 지배자들을 비(非)이슬람으로 규정하고 선지자의 인도 아래 세상을 정화한다는 것이었다. 1881년 무하마드 아마드 이븐 아스-사이드 아브드 알라(1844~85)의 지도 아래 일어난 마디 운동은 4년 동안에 수단과 그 주변지역을 석권하고 신정(神政) 체제를 세웠다.

1898년에야 보복에 나선 영국–이집트 연합군의 사령관은 호레이쇼 키치너 (1850~1916), 1892년 이래 이집트군 총사령관(Sirdar) 자리에 있던 인물이었다. 이 글에 보이는 것처럼 그는 규율 있는 군대를 키우는 데 뛰어난 능력을 가진 사람이었다. 수단 전쟁 다음에는 보어 전쟁(1899~1902)에서 영국군 총사령관을 맡았고, 1914년 1차대전 이 발발했을 때는 전쟁상(戰爭相)을 맡아 장기전에 대비하는 군대 확장을 지휘했다.

출처　George W. Steevens, *Daily Mail*, London, 29 April 1898

98

옴두르만 전투

1898. 9. 2

윈스턴 처칠

나는 하사 하나와 병졸 여섯을 데리고 갔다. 우리는 빠른 속도로 말을 달려 평야를 건너고 곧 산맥의 다른 경사면을 오르기 시작했다.

동틀 무렵은 참으로 멋진 시간이다. 알 수 없는 상황을 여는 막이 올라가기 전의 15분, 전쟁의 맛을 그처럼 강렬하게 보여주는 시간이 따로 없다. 고지를 적군이 점령하고 있는 것은 아닌가? 어둠 속에서 우리가 수천 명 사나운 야만 인들의 품속으로 뛰어들고 있는 것은 아닌가? 한 발짝 한 발짝에 위험이 도사리고 있다. 그렇다고 지나치게 몸을 사릴 경황도 없다. 부대는 우리 뒤에서 진격해 온다. 동은 터 오고 있다. 경사면을 올라가고 있는 동안 벌써 어두움이 걷히기 시작했다. 꼭대기에서 무엇이 우리를 기다리고 있을까? 차갑고 긴장된 흥분에 휩싸인 순간이다.

이제 능선 꼭대기에 거의 다 왔다. 병졸 하나에게 100야드쯤 거리를 두고 따라오라고, 그러다가 무슨 일이라도 있으면 돌아가 소식을 전하라고 이른다. 우리의 말발굽소리 외에 아무 소리도 들리지 않는다.

꼭대기에 도착했다. 말고삐를 늦춘다. 1분이 지날 때마다 시계(視界)는 확연하게 넓어진다. 벌써 200야드 밖까지 보인다. 이제 거의 4분의 1마일 밖까지.

정적뿐이다. 모래와 바위 무더기 틈에서 살아있는 것은 우리 숨소리뿐이다. 매복도 없고 점령도 없다. 우리 밑으로 건너편 평야는 비어 있다. 이제 반 마일 이상 밖까지 보인다.

그들이 철수했구나! 우리가 말한 대로! 모두 코르도판으로 도망갔다! 전투는 없다! 그런데 잠깐! 날은 빠르게 밝아지고 있다. 풍경을 덮고 있던 베일이 거듭해서 벗겨지고 있다. 평야 저 멀리서 어른거리는 빛이 뭐지? 그 빛 아래로 시커먼 자국처럼 보이는 게 뭐지? 저기 있구나! 평야 위의 까만 얼룩처럼 보이는 것이 수천수만 명의 사람이고 어른거리는 빛은 그들의 무기가 뿌리는 것이다.

이제 날이 다 밝았다. 나는 말에서 내린다. 야전수첩에 적어 넣는다. '이슬람군은 제벨 수르함 서남쪽 1마일 반 지점에 계속 포진(布陣) 중.' 이 쪽지를 하사를 시켜 명령받은 대로 총사령관에게 직보(直報)하게 한다. 여기에 X자 세 개를 표시한다. 훈련 교본에 '전속력으로'라고 설명되어 있는 표시다.

등 뒤에서 일출의 장관이 펼쳐지고 있다. 그러나 우리 관심은 다른 곳에 묶여 있다. 이제 망원경을 쓸 수 있을 만큼 밝아져 있다. 시커먼 적군의 덩어리도 명암도가 변하고 있다. 벌써 평야보다 밝은 색깔로 바뀌어 있다. 새끼사슴 같은 엷은 황갈색이다. 지금은 대지의 암갈색을 배경으로 허옇게 보인다. 우리 앞에는 방대한 적군의 대오가 4~5마일 길이로 뻗쳐 있다. 우리 오른쪽으로 수르함 봉우리의 삐죽삐죽한 옆구리로 막히는 데까지 지평선을 가득 메우고 있다.

이제는 목숨을 챙길 시간이다. 다시 말을 타고 있는데, 갑자기 새로운 느낌이 눈과 마음에 닥쳐온다. 적군의 대오는 멈춰 있는 것이 아니다. 진군하고 있다. 빠른 속도로 진군하고 있다. 파도가 밀려오고 있다. 그런데 귀에 들리는 이 소리는 무엇인가? 방음벽을 뚫고 올라오는 것 같은 이 함성. 그들은 자기네 신과 그 예언자, 그리고 신성한 칼리프를 찬양하고 있는 것이다. 그들은 자기네가 이길 것으로 생각하고 있다. 과연 그럴지는 곧 알게 되겠지. 그러나 경사면을 내려가기에 앞서 능선 꼭대기에서 말을 멈추고 얼마 동안 머물러 있었던 사실은 인정하지 않을 수 없다.

그러나 이제 날은 훤히 밝았고 깔려 들어오는 햇살은 풍경에 생생한 색채를 불러일으키고 있다. 덩어리로 보이던 것이 번쩍이는 무기를 들고 대오를 지은 사람들의 무리로 구체화되고, 그 위로는 많은 수의 아름다운 깃발이 나부끼고 있다. 십자군이 보았던 것을 우리가 보고 있다 ……(생략)……

우리가 말 등에 앉아 있는 곳으로부터는 양쪽이 모두 보였다. 저기 강가에는 우리 군대가 정렬해서 모여 있다. 강 위에는 포함(砲艦)들이 때를 기다리며 떠 있다. 모든 포대가 사격 준비를 해놓고 있다.

한편 이쪽에는 길쭉한 대형을 이룬 회색의 방대한 인파가 상당히 질서정연하게 빠른 속도로 꼭대기를 향해 올라오고 있다. 우리는 우리 포대로부터 2,500야드 거리에 있었는데, 다가오고 있는 그 표적물로부터의 거리는 200여 야드에 불과했다. 나는 그 이슬람군을 '흰 깃발'이라 불렀다. 그 군대를 보고 바이외 벽걸이(Bayeux Tapestry, 노르망디의 바이외 성당에 오랫동안 걸려 있던 50센티미터 폭에 70미터 길이의 벽걸이. 영국의 노르만 정복에 관계된 70개의 장면을 담은 이 벽걸이는 정복 직후에 만들어진 것으로서 18세기 초에 그 역사적 가치가 인식되었고, 지금은 바이외의 다른 장소에서 보관·전시되고 있다–역자 주) 속의 군대가 생각나는 것은 줄지어 세워져 있는 흰색과 노란색 깃발 때문이다.

그동안 저 멀리 평야 위의 이슬람군 중심부가 사정거리 안에 들어옴에 따라 영국군과 이집트군 대포가 하나씩 둘씩 포문을 열기 시작했다. 내 눈길은 더 가까운 곳에 고정되어 있었다. 능선 꼭대기에서 '흰 깃발'은 잠깐 멈춰 대오를 정돈하여 능선을 따라 긴 밀집대형을 만들었다. 여기에 포격이 쏟아지기 시작했다. 두어 개 포대와 전 포함, 적어도 30문(門)이 넘는 대포가 집중포화를 쏟아부었다.

포탄은 찢어지는 소리를 내며 우리 쪽으로 날아와 흰 깃발의 머리 위나 대오 속에서 마구 터졌다. 말 등 위에 꼼짝 않고 앉아 응시하고 있는 우리도 너무 가까운 거리에 있어서 포탄의 위협을 그들과 함께 겪을 정도였다. 죽음의 철권(鐵拳)이 이 인간의 벽을 후려치는 것을 나는 똑똑히 보았다. 깃발이 수십 개씩 쓰러지고 사람이 수백 명씩 넘어갔다. 대오 속에 휑한 구멍과 형체 없는 무더기들이 생겨났다. 포탄의 작렬 속에 그들이 튀어오르고 구르는 것이 보였다. 그러나 아무도 등을 돌리지 않았다. 한 줄, 한 줄, 물이 넘치듯 능선을 넘어 우리 쪽 제리바(가시나무 울타리)를 향해 돌진하면서 맹렬한 소총 사격을 퍼붓는 바람에 화약 연기가 그들의 모습을 덮었다.

그때까지는 아무도 우리 존재를 눈치채지 못하고 있었다. 그러나 이제 바가라 기병들이 둘씩 셋씩 어울려 평야를 가로질러 우리 왼쪽 능선을 향해 달려오는 것이 보였다. 세 명으로 구성된 그런 순찰조 하나가 권총 사정거리 안으로 들어왔다. 말 탄 수도사처럼 두건을 뒤집어쓰고 검은 옷을 입은 자들이었다. 긴 창을 든, 흉악하게 생긴 자들이었다. 안장 위에 앉은 채로 몇 발을 쏘니 피해 달아났다.

전투 동안 우리가 이 위치에 머물러 있으면 안 될 이유가 없다고 나는 생각했다. 나일강 방향으로 물러나 있으면서 양쪽을 함께 관찰하면서도 위험을 피할 수 있는 위치라고 생각했다. 그러나 이제 핀 소령에게서 확고한 명령이 들어왔다. "이제 보병이 사격을 시작할 참이니 즉각 제리바 안으로 돌아오라." 사실 능선 위에 남아 있는 편이 더 안전했을 것이다. 우리가 보병 대오에 도착하자마자 탄환의 폭풍이 시작되었으니까……(생략)……

사격이 뜸해지고 모든 방면에서 적의 공격이 격퇴되었다는 말이 들려올 때 장군 하나가 참모들을 대동하고 말을 달려와 진격하라는 즉석 명령을 내렸다. 2분 후 4개 대대는 말을 타고 제리바를 넘어 남쪽 방향으로 달려가고 있었다. 전투 초기에 한 역할을 담당한 제벨 수르함 사면(斜面)을 다시 올라가 능선에서 바라보니 옴두르만 평원 전체가 우리 눈앞에 펼쳐져 있었고, 거대한 진흙 도시의 뾰족한 탑과 둥근 지붕들이 6~7마일 밖에 바라다보였다.

정지와 정찰을 거듭하면서 나아가니 우리는 '중대 종대(縱隊)'라 하는 형태로 진군하고 있었다. 1개 연대에는 4개 대대가 있고 1개 대대에는 4개 중대가 있다. 이 중대들이 중대 단위로 늘어서 가는 것이다. 나는 맨 뒤에서 두 번째 중대를 지휘했는데, 창기병 스물 남짓이 속해 있었다.

모두들 돌격을 하게 될 것이라고 생각하고 있었다. 카이로를 떠날 때부터 모두의 마음속에 자리 잡고 있던 생각이었다. 물론 돌격은 있을 것이었다. 보어 전쟁 전인 그 시절, 영국 기병대가 배우는 것은 그것밖에 별로 없었다. 이곳에는 돌격의 기회가 분명히 있다. 그러나 어떤 적군을 상대로, 어떤 지형에서, 어떤 방향으로, 그리고 어떤 목적으로 등등은 대오 속의 장병들이 알 수 없는 것이었다.

단단한 모래를 밟고 계속 앞으로 나아가면서 아지랑이로 뒤틀린 평야를 내다보는 우리 마음은 고도로 압축된 흥분으로 터질 것 같았다. 잠시 후 내 눈에 띈 것은 우리가 진행하는 방향과 평행으로 300야드 거리에 검푸른 무엇인가가 2~3야드 간격으로 길게 줄지어 있는 것이었다. 수효는 150 정도라고 생각되었다. 그때 나는 깨달았다. 그것이 사람들이라는 것, 적군이 땅 위에 쪼그려 앉아 있는 것임을.

거의 같은 순간에 나팔소리가 "구보!"를 알리고, 기병의 긴 대열은 웅크리고 있는 적병들 앞을 방울소리, 말발굽소리를 내며 가로지르기 시작했다. 폭풍 전야의 정적이 주변을 휩싸고 있었다. 검푸른 점들 하나하나에서 흰 연기가 한 가닥씩 솟아나오며 소총 일제사격의 요란한 소리가 정적을 깨뜨렸다. 이런 거리에서 이런 표적은 빗맞기 어려운 것이니 대열 여기저기서 말들이 펄쩍펄쩍 뛰어오르고 사람이 몇 떨어졌다.

우리 대령의 애초 의도를 분명히 알 수 있었다. 저쪽 소총수들 뒤쪽, 땅의 굴곡에 가려져 있는 적군을 포착한 대령은 그 옆으로 돌아가서 보다 유리한 방향으로부터 공격하려는 것이었다. 그러나 사격이 일단 시작되고 피해가 늘어나기 시작하자 그는 노출된 평지 위의 행군을 계속하는 것이 불리하다고 판단한 것에 틀림없다. 나팔소리가 "우측을 향해 정렬!"을 알리자 16개 중대 전원이 검푸른색 소총수들을 향해 몸을 돌렸다. 거의 동시에 부대 전체가 달려가기 시작했다. 제21창기병대가 최초의 돌격에 나선 것이다!

나는 내게 일어난 일, 내가 본 바와 느낀 바를 정확하게 기술하고자 한다. 우측으로 돌아설 때 내가 지휘하는 중대는 오른쪽 끝에서 두 번째 위치에 있었다. 내가 탄 말은 말 잘 듣고 걸음이 탄탄한 회색 폴로용 아랍 말이었다. 돌아서서 돌격을 시작하기 전까지 장교들은 칼을 뽑아든 채 행군하고 있었다.

나는 어깨 때문에 육박전이 있을 경우 칼보다 권총을 써야겠다고 늘 마음먹고 있었다. 당시 최신형의 모젤 자동권총을 런던에서 사둔 것이 있었다. 상류로 올라오는 행군 도중 이 권총으로 열심히 연습을 해 두었다. 이것이 그 날 내가 쓰기로 마음먹은 무기였다.

제일 먼저 칼을 칼집에 넣어야 했는데, 말이 달려가는 상태에서는 그리 쉬운 일이 아니다. 다음에는 권총을 목제 집에서 꺼내고 격철(擊鐵)을 당겨놓아야 했다. 이 두 가지 동작이 시간을 꽤 잡아먹었고, 그동안에는 왼쪽을 흘끗흘끗 보면서 적 화력의 효과를 가늠해 보는 외에는 전체 상황을 살피지 않고 있었다.

그 때 바로 내 정면, 폴로장(場) 길이 절반밖에 안 되는 거리에 흰 화약연기를 뒤집어쓰고 열심히 총을 쏘아대는 푸른 형체가 웅크리고 있는 것이 눈에 들어왔다. 내 좌우로는 옆 중대 장교들이 보조를 잘 맞추고 있었고, 내 바로 뒤로는 돌격 자세로 꼬나든 창들이 한 줄로 춤을 추고 있었다. 우리는 빠르면서도 착실한 구보로 나아가고 있었다. 말발굽 소리와 총 쏘는 소리에 묻혀 총알 날아가는 소리는 들리지 않았다.

이렇게 좌우와 등 뒤의 부대를 한번 둘러본 다음 다시 적군 쪽을 바라보았다. 장면이 갑자기 바뀌어버린 것 같은 느낌이었다. 검푸른 형체들은 그대로 총을 쏘아대고 있었지만, 그 뒤로 조붓하게 땅이 약간 꺼져 있는, 마른 개천 같은 곳이 이제 눈에 들어왔다.

그곳에는 숨어 있던 위치에서 몸을 일으키고 있는 사람들이 가득 차 있었다. 밝은 색깔의 깃발들이 요술처럼 나타났고, 어디서 나타났는지 적군의 족장들이 말을 타고 적군의 가운데와 주변에 와 있었다. 이슬람군 대오는 두터운 곳이 열 줄이나 열두 줄은 되어 보여서 거대한 회색 덩어리가 강철의 빛을 뿌리며 물 없는 계곡을 채우고 있는 것 같았다.

같은 순간에 파악한 사실은 우리 오른쪽이 적군 왼쪽과 겹쳐져서, 우리 중대는 적군 대오의 가장자리와 마주칠 것이며 오른쪽의 중대는 빈 자리로 돌격하게 되리라는 것이었다. 내 오른쪽의 하위 동료인 제7용기병대의 워몰드 역시 상황을 알아챘고, 우리는 최고 속력으로 말을 모는 상태에서 안쪽으로 진로를 구부러뜨렸다. 이제 설명한 몇 가지 필요한 행동을 취하는 외에는 두려워하거나 다른 생각을 할 시간이 정말로 없었다. 생각과 신경이 거기에만 집중되어 있었다.

충돌이 코앞에 닥쳐왔다. 바로 앞, 10야드도 안 되는 거리에 내 진로를 가로막고 있는 두 명의 푸른 옷을 입은 소총수를 보았다. 그들 사이의 거리는 2야드 정도였다. 나는 두 사람 틈으로 말을 몰았다. 둘 다 총을 쏘았다. 화약 연기 사이를 지나가면서 맞지 않았다는 것을 알았다. 내 바로 뒤의 대원은 그 자리에서 즉사했는데, 내게 쏜 총알에 맞은 것인지는 알지 못한다.

땅이 꺼지기 시작하는 곳에서 말고삐를 당겼다. 영리한 짐승은 4~5피트 높이를 고양이처럼 뛰어내려 마른 물길의 모래바닥에 들어섰다. 내려가서 보니 수십 명으로 보이는 사람들이 내 주위를 둘러싸고 있었다. 그러나 이 지점에서는 실제로 부딪칠 만큼 빽빽하지 않았다.

내 왼쪽으로 한 칸 건너 달려온 그렌펠의 중대는 완전 정지가 되어 큰 피해를 입은 데 반해 우리 중대는 기마경찰이 군중을 해산할 때 볼 수 있는 것처럼 사람들 사이를 뚫고 지나갈 수 있었다. 설명하는 데 드는 시간보다 훨씬 짧은 동안에 내 말은 도랑의 반대편 벽을 차고 올라갔다. 주변을 둘러보았다.

나는 단단하고 파삭파삭한 사막 위에 도로 나왔고 말은 종종걸음으로 달렸다. 모든 방향에서 흩어진 이슬람 병사들이 우왕좌왕 뛰어다니는 것을 느꼈다. 내 정면에 한 사람이 땅에 엎어졌다. 내가 기병 훈련을 받으면서 기병대가 보병 대열에 쳐들어갈 경우 보병은 기병의 밥일 수밖에 없다고 철석같이 믿도록 배웠음을 독자들은 유념해 주기 바란다. 따라서 내게 떠오른 첫 번째 생각은 그 자가 겁에 질려 있다는 것이었다.

그러나 그 순간 말의 다리를 자르려고 겨누는 그의 칼 빛이 내 눈길에 잡혔다. 그의 칼이 닿지 않도록 말을 돌릴 시간과 공간이 충분했고, 3야드 거리에서 그에게 권총 두 방을 먹였다. 안장 위에서 자세를 바로잡고 있는데 칼을 쳐든 형체 하나가 눈앞에 나타났다. 권총을 쳐들어 쏘았는데, 총구가 그의 몸에 닿을 정도로 가까웠다.

내 밑과 등 뒤에는 사람도 칼도 없어졌다. 내 왼쪽 10야드 거리에 아랍 기병이 하나 있었는데 밝은색 튜닉을 입고 강철 투구를 썼으며 사슬갑옷을 걸치고 있었다. 그에게 총을 쏘자 옆으로 돌아섰다. 고삐를 당겨 말을 걸게 하고 주위를 다시 둘러보았다……(생략)……

왼쪽으로 40~50야드 거리에 한 무리의 이슬람 병사들이 있었다. 무리 속에서 보호를 찾느라 밀고 밀리며 모여 서 있었다. 정신없이 흥분해서 춤추듯 껑충대며 창을 아래위로 흔들어대고 있었다. 장면 전체가 깜박이는 것 같았다. 여기저기 갈색 군복을 입은 창기병들이 파도치는 군중 속에 뒤섞여 있는 것 같은 인상을 받았지만 확연하게 본 것은 아니다. 내 바로 주변에 흩어져 있는 자들은 내게 달려들 기세를 보이지 않았다.

내 중대원들은 어디 갔지? 같은 대대의 다른 중대들은 어디 있지? 100야드 거리 안에는 영국군 장교도 병사도 보이지 않았다. 이슬람군 무리를 다시 돌아보았다. 무리 가장자리에 두어 명 소총수가 웅크리고 앉아 내게 총을 겨누고 있는 것이 보였다.

그 순간 그 날 아침 처음으로 공포심이 갑자기 일어나는 것을 느꼈다. 혼자가 되어버린 느낌이었다. 그 소총수들이 나를 맞추고 무리가 내게 달려들어 늑대처럼 뜯어먹을 것 같았다. 적군 가운데서 이렇게 어슬렁대고 있다니 어리석기도 하지! 안장 위에 몸을 웅크리고 말에 박차를 가해 싸움터에서 빠져나왔다. 2~300야드쯤 나와 보니 내 중대원들이 모두 방향을 돌리고 서서 대오를 정돈하고 있었다.

———◇———

1898년 수단 전쟁의 결정적 전투가 여기 그려진 옴두르만 전투였다.

옴두르만은 청(靑)나일과 백(白)나일의 합류점 부근, 백나일강 건너로 하르툼을 굽어보는 위치에 있는 도시였다. 1885년 하르툼을 함락시킨 알-마디는 외래문명에 오염된 하르툼 대신 옴두르만을 신정(神政)제국의 수도로 삼았다.

윈스턴 처칠(1874~1965)은 명문가 출신이면서 자수성가를 이룬 특이한 경력의 소유자다. 그 아버지가 세상을 떠나던 1895년까지 처칠은 큰 인물이 될 만한 아무런 징조도 보이지 않고 있었다. 중등학교 시절 성적이 너무나 형편없어서 군인이나 되라고 사관학교에 보내는 데도 세 번이나 지원해서 겨우 입학했고, 모처럼 재미를 붙이고 열심히 공부했다는 사관학교에서도 졸업 성적이 동급생 130명 중 20등이었다고 한다.

그 후 4년간의 군 생활에서 그가 두각을 나타낼 수 있었던 것은 전투 능력이 아니라 보도(報道) 능력이었다. 이 글이 처음 실린 『강의 전쟁 The River War』(1899)을 비롯해 여러 권의 책으로 정리된 군대와 전쟁에 관한 글을 신문에 실음으로써 필명을 날린 것이 그가 정계로 진출하는 배경이 되었다.

출처   Winston Churchill, *My Early Life*, Heinemann, 1930

99

스페인 – 미국의 엘 카네 전투

1898. 7. 1

제임스 크릴먼

빗물에 흠뻑 젖은 천 조각 아래 동료들 틈에 끼어 찢어진 그물침대에 누워 있던 내 눈에 로턴 장군의 키 큰 모습이 들어왔다. 장군은 잿빛 여명을 배경으로 진흙탕 길 쪽으로 움직이고 있었다. 스페인군이 참호와 요새 안에서 기다리고 있는 산티아고 데 쿠바를 향해 미국군이 밤새 행군해 온 길이었다. 4세기간의 영광과 치욕으로 점철된 스페인의 서반구(西半球) 지배를 종결시킬 전투가 이제 시작할 참이었다.

땅땅한 체격의 뉴욕 전쟁 미술가가 붉은 담요로 (우리 야영지에서 유일하게 젖어 있지 않은 담요다) 몸을 싸고 덤불을 뚫고 저쪽의 개울에 갔다가 우리 수통들을 채워 왔다.

"시간이 없어." 그가 말했다. "로턴은 동틀 때 엘 카네 포격을 시작한대. 포대는 준비완료 상태야. 아침식사 기다릴 때가 아니야. 어차피 불도 없지. 얼른 일어나, 친구들. 세 시간이나 잤잖아." 축축하고 졸립기는 하지만 이렇게 특파원들은 또 하루의 일과를 맞이하기 위해 일어났다.

얼마 안 있어 우리는 진창 속을 터덜거리며 걸어가고 있었다. 짓밟힌 초목이 어제의 뜨거운 햇볕으로 벌써 발효가 시작되어 신 냄새가 우리를 괴롭혔고,

1898년 7월 1일 미국이 쿠바의 엘 카네를 점령하기 위해 일어난 전투. 약 6천 명의 미군과 약 3천 명의 스페인 군대와 쿠바 동맹군이 맞붙었다. 제공: 하퍼스 앤 브라더스

열대의 열병을 모면한 사람도 별로 없었다.

녹색과 자주색 얼룩에 징그러운 흰색 반점이 있는 괴물 같은 물게가 우리 가는 길에 기어다니고 있었다. 떡갈나무 덤불과 무성한 풀밭 속에서 새들이 부드러운 소리로 지저귀고 있었다. 짙은 녹색 숲 속에 심홍색, 노란색 꽃들이 환하게 빛나고 있었다. 맹금류들은 새벽빛에 물든 구름을 배경으로 날아다니거나 높직한 코코야자나무 위에 앉아 있었다. 해가 뜨면서 초목에 맺힌 물방울들이 햇빛과 부딪쳐 반짝거렸다.

그러나 배고프고 열병에 시달리고 뉴스에 환장한 인간들의 눈에는 그런 것들이 들어오지 않았다. 우리 앞에는 죽을 준비를 하고 있는 수천 명의 사내들이 있었다. 우리 뒤에는 우리 기사(記事)를 자메이카 송신국으로 가져갈 증기선들이 기다리고 있었다. 그리고 뉴욕에는 전투의 결과를 알고 싶어하는 수없이 많은 사람들이 있었다.

선전포고에서 강화조약까지 6개월도 걸리지 않은 짧은 전쟁이었지만, 1898년의 스페인–미국 전쟁은 두 나라의 진로만이 아니라 20세기의 국제관계 전개방향을 결정짓는 중요한 계기가 되었다. 스페인이 대항해시대 이래 400여 년간 계속해 온 해외활동을 정리하는 한편에서 미국은 당시 열강들의 각축장에 고개를 들이밀게 되었다.

전투는 필리핀 등지에서도 진행되었지만 가장 중요한, 그리고 가장 주목받은 싸움터는 역시 쿠바였다. 미국에 인접해 있으면서 경제개발이 잘 되어 있는 쿠바를 어떤 형식으로든 스페인으로부터 빼앗아 오는 것이 미국의 암묵적 전쟁 목적이었다.

1860년 쿠바의 설탕 생산량은 50만 톤이었는데 1894년까지 이것이 150만 톤으로 늘어났다. 그 수출량의 83퍼센트가 미국으로 갔다(스페인은 6퍼센트). 이 기간 중 미국의 산업화와 도시화로 설탕 수요가 늘어난 것이 쿠바 경제성장에도 원동력이 된 것이었다. 쿠바에 대한 미국인의 투자는 5,000만 달러에 이르렀고 연간 교역량은 1억 달러에 육박했다. 스페인의 지배는 쿠바에 짐만 됐지, 도움이 되지 못하는 상황이었다. 1895년 쿠바 독립전쟁이 터졌을 때, 독립운동 진영 중에는 미국에의 합병을 제창하는 세력도 상당한 비중을 차지하고 있었다.

1898년 미국의 개입이 황색언론을 통한 자본가들의 선동 때문이었다는 비판이 많이 있어 왔지만, 그것은 주변적인 요소일 뿐이었다. 남북전쟁 이후 미국 산업화의 양상이 국내에서 자본계급의 권력 독점을 초래하는 동시에 쿠바에 대한 실질적 지배관계를 키워 왔던 것이다. 1898년의 전쟁은 그 실질적 지배관계를 공식화하는 과정에 불과했다.

이 전쟁을 통해 형식적인 독립 아래 실질적인 미국 식민지가 된 쿠바의 행로는 백여 년이 지난 지금까지 미국에게 큰 짐이 되고 있다. 카스트로 정권과의 갈등에 그치는 문제가 아니다. 쿠바인 이민집단이 미국 내부에 일으키는 정치사회적 문제가 더 큰 짐이다.

출처 James Creelman, *On the Great Highway*, 1901

100

빅토리아 여왕 최후의 여행

1901. 2. 1

(덴비 백작부인) 시시

    친애하는 우리 여왕님이 오스본에서 포츠머스로 옮겨지는 것을 보러 사우샘프턴에 내려갔던 이야기를 해주고 싶구나.

    나는 스코트호를 타고 갔는데 상하 양원 의원들이 모두 거기 타고 있었단다. 배는 행차가 지나갈 두 겹의 줄 남쪽, 마지막 영국 배와 외국 전함들 사이에 자리 잡았지.

    햇볕이 기막힌 날씨였고, 바다는 더할 수 없이 잔잔하고 푸르렀단다. 얼마 있다가 검은색 구축함 하나가 줄을 따라 빠르게 지나가면서 앨버타호가 오스본을 떠나고 있다는 신호를 보내자 영국 배고 외국 배고 모든 배에서 작은 포를 쏘기 시작해 행렬이 지나갈 때까지 한 시간 가까이 계속했단다.

    해는 이제(오후 3시) 내려가기 시작하는데, 황금빛을 띤 아름다운 핑크색이 하늘에 나타나고, 대포에서 천천히 피어올라간 연기가 공중에서 서로 이어져 해슬러 상공에 꽃줄처럼 걸려 있었단다. 왕께서 주문한 자주색 걸이와 같은 자주색 꽃줄이었지.

    잠시 후 길게 줄지어 선 전함들을 지나 여덟 대의 구축함이 매끈한 검은 모습으로 다가왔고, 그 뒤를 하얀 앨버타호가 따라오고 있었단다. 전함들의 위용

1901년 빅토리아 여왕은 재위 64년이 되던 해에 서거했다. 그는 하노버 왕가의 마지막 군주였으며, 그의 장례식은 윈저성 세인트조지 대성당에서 치러졌다.

에 대조되어 아주 작고 연약한 느낌이었지. 흰색 관(棺) 덮개천 위에 놓인 왕관, 보주(寶珠)와 홀(笏)을 둘러싸고 꼼짝 않고 있는 사람들이 보였지. 엄숙하게, 천천히, 배는 잔잔하고 푸른 물 위를 미끄러져 오고 그 뒤로 다른 배 세 척이 따라 오는데, 이상하게 목이 메어 오고 즉위 60년제 때 그분의 함대가 당당하게 지나가던 기억이 문득 떠오르면서 가슴이 찌릿해지더구나.

올 때와 마찬가지로 천천히, 그리고 조용히 행렬은 안개 속으로 사라져 가고, 예포의 장중한 소리는 포츠머스에 도착할 때까지 1분 간격으로 계속되었단다.

이 아름답고 기막히게 인상적인 장면이 남기는 평화와 아름다움과 슬픔의 기억은 영영 잊지 못할 것이다.

$$\diamond$$

재위 64년 만에 세상을 떠날 때 빅토리아 여왕은 세계 최대의 권력을 대표하면서 또한 세상에서 가장 많은 사랑을 받는 사람의 하나가 되어 있었다.

권력의 대표자였지만 권력자는 아니었다. 영국의 왕위를 하나의 권력기관에서 하나의 정치제도로 바꿔놓은 것이 그의 공로라고 후세 사람들은 이야기한다. 긴 치세를 통해 그의 정치적 권력이 줄어드는 한편 그의 정치적 가치가 늘어났다고 하는 것이다. 서세 당시 솔즈베리 경의 의회 추도사에 이런 대목이 있었다.

"그분께서는 자기 신민들이 어떤 생각을 할지 놀랄 만큼 잘 알고 계셨습니다. 놀랍다고 하는 것은 그분의 개인적 경험에 입각한 것일 수 없기 때문입니다. 저는 여러 해 동안 늘 말해 왔습니다. 그분의 생각을 알 수 있다면 영국의 국민들, 특히 중산층 국민이 어떤 관점을 가질지 아주 확실하게 알 수 있는 것이라고."

1837년 즉위 직후 주어진 권력을 한껏 누리고, 또 더 키우려고 온갖 공작을 벌이던 모습과는 정반대의 모습을 남기고 간 것이다. 여기에는 1840년에 결혼한 앨버트 공(1819~61)의 감화가 결정적 역할을 한 것으로 평가된다. 완벽한 도덕군자라 할 수 있는 앨버트 공은 생전에 영국인들, 특히 정치인들에게 별로 인기 없는 존재였지만, 후세 사람들에게 그 역할이 높은 평가를 받는 것은 여왕의 업적을 통해서이니, 서로에게 큰 도움을 주고받은 부부였다고 할 수 있겠다.

출처   Cissy, Countess of Denbigh, in Winefride Elwes, *The Feilding Album*, Geoffrey Bles, 1950

101

대서양을 건넌 최초의 무선전신

1901. 12. 12

굴리엘모 마르코니

정오 조금 전 이어폰을 귀에 대고 귀를 기울이기 시작했다. 앞에 있는 테이블 위의 수신기는 코일과 콘덴서 몇 개, 그리고 검파기(檢波器)로 이루어진 아주 간단한 것이었다. 밸브도 없고 증폭기도 없고 정류기(整流器)도 없었다. 그러나 이것으로 내 모든 믿음의 정당성을 검증할 시점에 마침내 와 있었다.

회신은 12시 30분에 들어왔다. 희미하게, 그러나 또렷하게 "삐, 삐, 삐" 소리가 들린 것이다. 이어폰을 켐프에게 건네주고 물었다. "들리는 게 있는가?" "네," 그가 대답했다. "S자군요." 그에게도 들린 것이었다. 내 모든 예상의 옳음이 확인된 것을 그때 알았다. 폴드후에서 공중으로 발사한 전파가 지구 표면의 굴곡에 가로막히지 않고 대서양을 건너 당시로서는 엄청난 거리로 생각된 1,700마일을 날아온 것이었다.

이 결과는 한 차례 실험의 성공을 훨씬 넘어서는 큰 의미를 내게 가진 것이었다. 올리버 로지 경의 말대로 역사의 한 시대를 획하는 사건이었다. 나는 처음으로 절대적 확신을 가지게 되었다. 인류가 전깃줄의 도움 없이 메시지를 대서양 건너만이 아니라 지구의 어느 구석에서 어느 구석까지라도 보낼 수 있는 날이 올 것을.

마르코니(1874~1937)는 이탈리아 사람이었지만 그 어머니가 아일랜드 출신이었고, 그 자신 영국에서 주로 활동했다.

학창시절 이래의 무선전신 연구가 이탈리아에서 제대로 지원받을 전망이 없다고 판단한 마르코니는 1896년 영국으로 건너갔고, 첨단 통신기술의 수요가 왕성한 그곳에서 '물 만난 고기'가 되었다. 그 연구의 가치를 알아본 사람들의 도움으로 바로 특허를 등록하고 회사를 설립할 수 있었던 것이다.

1920년대에 이르기까지 마르코니는 연구와 실험의 제1선에서 무선전신과 관련된 수많은 업적을 남겼다. 그중 결정적인 업적이 이 글에 그려진 대륙간 송수신 실험이었다. 당시까지 대다수 연구자와 기술자들은 무선전신의 유효거리가 지구의 굴곡으로 제한을 받으리라는 믿음을 가지고 있었다. 마르코니는 전파의 속성이 이런 제한에 묶이지 않는다는 사실을 이 실험으로 확인했는데, 그 정확한 원리가 밝혀지는 것은 그 후의 일이었다. 아무튼 이 실험의 성공으로 무선전신의 잠재적 가치가 제대로 드러나 '전파의 시대'를 열게 되었다.

출처　Guglielmo Marconi, in Leslie Bailey, *Scrapbook 1900-1914*, Frederick muller, 1957

102

상트페테르부르크, 피의 일요일

1905. 1. 22

가폰 신부

편저자 주 | 평화 행진의 유혈 탄압으로 인해 러시아 전역에 파업과 항의시위가 일어났으며, 황제는 의회를 열겠다는 성명을 발표해야만 했다.

"정문으로 똑바로 갈까요, 아니면 군대를 피해 돌아서 갈까요?" 누가 물었다. 나는 쉰 목소리로 소리쳤다. "안돼요! 똑바로 갑니다. 용감하게! 자유가 아니면 죽음을!" 군중이 호응하여 소리쳤다. "만세!" 우리는 하나로 합쳐진 엄숙한 목소리로 황제 찬가 "하느님 그분의 백성을 보우하소서"를 부르며 앞으로 나아가기 시작했다. 그러나 "니콜라스 알렉산드로비치를 보우하소서" 하는 대목에 이르자 사회당 소속의 일부 사람들은 짓궂게도 "게오르게 아폴로노비치(가폰)를 보우하소서"로 바꿔 부르고 다른 사람들은 "자유가 아니면 죽음을!"만을 되풀이하여 외쳤다.

행렬 안에는 사람들이 빽빽했다. 내 앞에는 경호원 둘과 젊은 사람 하나가 있었는데, 검은 눈을 가진 그 젊은이의 얼굴은 아직 젊음의 환희가 고된 노동생활로 씻겨나가지 않은 앳된 것이었다. 행렬 옆으로는 아이들이 달려가고 있었다. 여자들 몇은 자기들 몸으로 나를 보호해 주기 위해 앞줄에 서야겠다고 하도 고집을 부려서 완력을 써서야 뒷줄로 보낼 수 있었다.

또 하나 중요한 사실로 언급해야 할 것은 경찰이 행진을 방해하기는커녕 우리와 함께, 그것도 종교적 표상(表象)을 존중하는 뜻에서 모자까지 벗고 걸었다는 것이다. 두 명의 지방 경찰관이 모자를 벗고 우리 앞에서 걸어가며 행진에 방해가 될 만한 일을 막아주었고, 마주 오던 마차 몇 대를 길옆으로 비켜서게 해주었다. 이런 식으로 나르바 문을 향해 가는 우리 행진은 나아감에 따라 사람이 더 늘어나고 노랫소리가 더욱 높아졌으며, 갈수록 더욱더 극적인 장면이 연출되었다.

드디어 군인들로부터 200야드 안 되는 거리까지 도달했다. 여러 줄로 늘어선 보병이 길을 가로막고 있었고 그 앞에 기병 1개 중대가 햇빛에 칼날을 번득이며 정렬해 있었다. 그들이 감히 우리를 건드릴 것인가? 한순간 우리는 몸을 떨다가 다시 나아가기 시작했다.

갑자기 코사크 기병대가 칼을 뽑아들고 우리를 향해 빠른 속도로 달려들었다. 그렇다면 결국 학살로 나온단 말인가! 생각을 할 시간도, 계획을 세울 시간도, 명령을 내릴 시간도 없었다. 기병들이 덮치자 놀란 외침소리가 일어났다. 우리 전위(前衛)는 기병들 앞에 무너져 양쪽으로 갈라지고, 기병들은 열린 길을 따라 내달리며 오른쪽 왼쪽을 마구 후려쳤다. 칼을 치켜들었다가 내려치는 것, 남자, 여자, 아이들이 나무토막처럼 땅에 쓰러지는 것이 보였고, 신음, 욕설, 고함소리가 하늘을 메웠다.

이 열띤 위기상황 아래서는 이성을 작동시킬 수가 없었다. 내 명령에 따라 전위가 다시 합쳐져 기병들이 지나간 자리를 막았고, 기병들은 군중 속을 계속 내달려 마침내 행렬 뒤쪽 끝으로 빠져나갔다.

엄숙한 결의와 타오르는 분노를 마음에 품고 우리는 다시 앞으로 나아가기 시작했다. 기병들은 말을 돌려세우고 뒤쪽으로부터 행렬을 뚫고 내달렸다. 행렬을 다시 관통하고 나르바 문 쪽으로 달려간 그들은 보병들이 대오를 벌려 만들어준 틈으로 빠져나가 대열을 다시 정비했다.

우리는 계속 전진하고 있었다. 보병들이 줄지어 쳐들고 있는 총검이 우리

1905년 1월 9일 일요일, 사제 가폰이 이끄는 노동자와 그 가족 15만 명이 차르에게 청원서를 전하고자 성상과 차르의 초상화를 앞세우고 겨울궁전으로 평화행진을 시작했다. 그러나 광장에 이르자 무장 군대의 공격으로 1천여 명이 죽고 3천여 명이 부상을 입었다. 사진: 소련 영화 〈1월 9일Devyatoe Yanvarya〉(1925년)의 스틸.

운명을 상징적으로 가리키고 있는 것 같았지만 우리는 걸음을 멈추지 않았다. 연민의 감정이 경련처럼 내 마음을 쥐어흔들었지만 두려움은 느껴지지 않았다. 출발하기 전에 내 다정한 벗 노동자 K는 말했었다. "우리는 네 목숨을 희생으로 바칠 것이다." 그렇게 되기를!

　군인들과 거리가 30야드도 되지 않고, 도시의 경계를 구획하는 타라카노프스키 운하 위의 다리 하나만을 사이에 둔 곳까지 왔을 때, 갑자기 아무 경고도 유예도 없이, 수많은 소총의 메마른 격발음이 들려왔다. 나중에 듣기로는 사격에 앞서 나팔소리가 있었다고 하는데, 노랫소리 때문에 들리지가 않았던 것이고, 설령 들렸다 한들 무슨 의미인지 우리가 알 수 없었을 것이다.

나와 손을 잡고 걷던 바실리에프가 갑자기 손을 놓고 눈 위에 쓰러졌다. 깃발을 들고 가던 노동자 하나도 쓰러졌다. 앞서 말한 경찰관 둘 중 하나가 즉각 소리쳤다. "무슨 짓을 하는 거요? 황제 폐하의 초상에 대고 감히 총을 쏘다니!" 물론 아무 효과도 없었고, 두 경찰관 다 총을 맞고 쓰러졌다. 하나는 죽고 하나는 중상을 입었다는 것을 나중에 알았다.

나는 얼른 돌아서서 사람들에게 엎드리라고 소리치고 나 자신 땅위에 엎드렸다. 우리가 이렇게 엎드려 있는 동안 또 한 차례 일제사격이 있더니 또 한 차례, 또 한 차례, 사격이 연속적이라고 느껴질 때까지 계속되었다. 사람들은 처음에 무릎만 꿇었다가 나중에는 납작 엎드려 총알의 소나기로부터 머리를 감췄고, 행렬 뒤쪽 사람들은 달아나기 시작했다.

화약 연기가 우리 앞에 옅은 구름처럼 걸려 목에 들어오자 숨이 막힐 것 같았다. 황제의 초상화를 들고 가던 라브렌티에프라는 이름의 나이 많은 사람이 첫 희생자 중 하나였다. 그 손에서 떨어지는 초상화를 다른 나이 많은 사람 하나가 받아서 들고 있다가 다음번 일제사격에 맞아 죽었다. 마지막 숨을 몰아쉬며 그는 말했다. "내가 죽더라도 황제를 보고 말 거야."

깃발을 들고 가던 사람 하나는 총알에 맞아 팔이 부러졌다. 열 살 된 어린 소년 하나는 교회 등(燈)을 들고 있다가 총알을 맞고 쓰러졌지만 등을 떨어뜨리지 않고 꽉 쥔 채로 도로 일어나려 하는 중에 또 한 차례 총알을 맞고 쓰러져 버렸다. 나를 경호하던 대장장이 둘이 다 죽었고, 성상(聖像)과 깃발을 들고 가던 사람들도 모두 죽었다.

성상과 깃발들은 이제 눈 위에 흩어져 뒹굴고 있었다. 병사들은 사람들이 피해 들어간 주변 집들의 안마당에까지 총을 쏘아대고 있었고, 창문으로 들어온 총알에 맞아 집 안에 있던 사람까지 다쳤다는 것을 나중에 알게 되었다.

마침내 사격이 그쳤다. 다치지 않은 몇 사람과 함께 몸을 일으키고 주변에 엎드려 있는 몸들을 내려다봤다. "일어나시오!" 소리쳤지만 그들은 꼼짝 하지 않았다. 처음에는 이해할 수 없었다. 왜들 여기 엎드려 있지? 다시 보니 팔들이 어색한 자세로 뻗어 있었고 눈 위의 자주색 핏자국이 눈에 들어왔다. 그제서야 나는 알아차렸다. 끔찍했다. 나의 바실리에프가 내 발밑에 시체로 누워있었다.

공포가 내 마음을 엄습했다. "이것이 우리의 작은 아버지 황제 폐하께서 한 짓이구나" 하는 생각이 내 마음을 스쳐갔다. 그 분노가 나를 구해주었을 것이다. 지금에 와서는 우리 국민의 역사에 새로운 장이 열린 것이었음을 명확하게 알게 되었으니까.

나는 일어섰고 적은 수의 노동자들이 내 주변에 다시 모였다. 뒤를 돌아보니 우리 대열은 아직도 저 멀리까지 뻗어 있었지만 이내 무너져 버렸고, 많은 사람들이 달아나고 있었다. 그들을 소리쳐 불렀지만 허사였고, 잠시 후 나는 수십 명 사람들에 둘러싸여 우리 시위운동의 무너진 폐허 위에 분노로 치를 떨며 서 있었다.

러일전쟁(1904~5)의 불리한 전황은 러시아에서 기존 체제에 대한 저항을 부추겼다. 그 위에 여기 그려진 '피의 일요일 Krovavoye Voskresenye' 사건이 사태의 확산에 도화선 노릇을 했다.

당시 러시아 정부는 노동운동의 흥기에 대한 대응책으로 사이비 운동조직을 만들어 노동운동이 정치 분야로 흐르지 않고 경제면에 국한되도록 유도하는 정책을 취하고 있었다. 1905년 1월 22일(러시아 구력으로 1월 9일)의 시위에도 이런 사이비 조직이 관여해서 평화적 시위를 계획한 것이었다. 그런데 황제가 없는 동안 공안경찰 책임자인 황제의 숙부 블라디미르 대공이 강경한 진압책을 써서 수백 명의 사상자가 나오는 바람에 사태가 급격히 악화된 것이었다.

출처   Gapon, Father, *The Story of My Life*, 1905

103

샌프란시스코 지진

1906. 4. 18

잭 런던

샌프란시스코가 사라졌다! 남아 있는 것이라고는 추억, 그리고 외곽의 주택 약간뿐이다. 공업구역은 없어졌다. 유흥가와 주택가도 없어졌다. 공장과 창고들, 대형 상점과 신문사 사옥들, 호텔과 대저택들도 모두 없어졌다. 샌프란시스코라 불리는 도시의 외곽 주택가가 여기저기 조금씩 남아있을 뿐이다.

지진의 충격 한 시간 후에 이미 샌프란시스코가 뿜는 연기는 100마일 밖에서도 보이는 무시무시한 기둥이 되어 있었다. 그로부터 사흘 밤 사흘 낮 동안 이 연기의 탑은 하늘을 휘저으며 태양을 붉게 만들고 하늘을 검게 만들고 땅 위를 연기로 채웠다.

화요일 아침 5시 15분에 지진이 닥쳤다. 1분 후에는 불길이 여기저기서 치솟고 있었다. 마켓 스트리트 남쪽 근로층 빈민가의 십여 개 장소와 몇몇 공장에서 화재가 시작되었다. 불길을 가로막을 방법이 없었다. 조직도 없고 통신도 없었다. 20세기 도시의 모든 교묘한 장치가 지진으로 파괴되어 있었다. 도로는 구겨져서 언덕과 골짜기가 되었고 무너진 벽의 잔해가 수북하게 쌓여 있었다. 철로는 휘어서 수직 수평으로 마구 엇갈려 있었다. 전화와 전신은 마비되어 있었다. 대형 수도관은 터져 있었다. 30초간 지각이 꿈틀댄 결과 인간의 모든 영리한 계획과 대책이 쓸모없게 되어 있었다.

화요일 오후, 열두 시간도 안 지난 시점에서 중심가의 절반이 사라져 버렸다. 그때 나는 만(灣)의 바닷물 위에서 이 거대한 화재를 바라보고 있었다. 아주 잠잠한 날씨였다. 한 가닥 바람도 없었다. 그런데도 모든 방향에서 바람이 시내로 불어 들어가고 있었다. 동, 서, 남, 북, 모든 방향에서 강한 바람이 죽어가는 도시로 모여들고 있었다. 가열된 공기의 상승이 거대한 흡인력을 발휘한 것이었다. 이렇게 불은 대기 속에 어마어마한 크기의 굴뚝을 자기 손으로 만들었다. 밤이고 낮이고 잠잠한 날씨는 계속되었지만, 불길 가까이에서는 태풍처럼 강한 바람이 몰아쳤다. 참으로 엄청난 흡인력이었다.

E. E. 슈미츠 시장은 혼란을 예방하기 위해 아래와 같은 포고문을 발표했다.

"연방군, 정규경찰과 모든 특수경찰 요원들에게 약탈을 비롯한 일체의 범죄를 자행중인 사람을 발견할 경우 누구든 모두 즉결처분할 권한을 부여합니다."

"모든 가스회사와 전기회사에 별도 명령이 있을 때까지 가스와 전기의 공급을 중단하도록 조치하였으므로 시내는 정해지지 않은 시점까지 암흑 상태에 있을 것입니다."

"질서가 회복될 때까지 모든 시민은 일몰 후 일출 전까지 집 밖에 나오지 말아 주십시오."

"부서진 굴뚝이나 파괴된 가스 관로와 시설 등으로부터 화재의 위험이 있으니 모든 시민은 조심하여 주십시오."

화요일 밤에는 시내 제일 중심가의 파괴가 진행되었다. 다이너마이트를 아낌없이 사용해서 샌프란시스코가 가장 자랑하던 건물들을 인간 자신의 손으로 무너뜨렸다. 그러나 불길의 진격을 막을 수 없었다. 소방대원들은 여러 차례 성공적인 방화선을 구축했지만 불길은 그 옆을 돌아서, 또는 뒤쪽으로부터 쳐들어와 어렵게 얻은 승리를 수포로 만들어버렸다······(생략)······

화요일 밤 아홉 시에 나는 웅장한 건물과 치솟은 마천루 사이를 몇 마일 걸어 내려갔다. 그곳에는 불길이 없었다. 아무런 혼란도 없었다. 경찰이 거리를

1906년 4월 18일 미국 캘리포니아주 샌프란시스코 지역에서 일어난 규모 8.3의 큰 지진으로, 약 1,400명의 사망자가 발생했다. 이 지진으로 샌앤드레이어스 단층이 만들어졌다.

순찰했고 건물마다 입구에 감시원을 배치해 놓았다. 그런데도 운명을 피할 길이 없었다, 그 모두가…… 물이 없었다. 다이너마이트도 떨어져 갔다. 그런데 직각으로 두 방향에서 불길이 다가오고 있었다.

　새벽 한 시에 같은 구역을 다시 걸어 내려갔다. 모든 것이 아직 그대로 있었다. 불길은 없었다. 그러나 바뀐 것이 있었다. 비 오듯이 재가 떨어져 내리고 있었다. 건물 입구의 감시원들이 이제는 없었다. 경찰도 철수되어 있었다. 소방대도 없고 소방차도 없고 다이너마이트로 방화선을 만드는 사람들도 없었다. 구역은 완전히 포기되어 있었다.

커니 스트리트와 마켓 스트리트 교차로, 샌프란시스코의 중심 지점에 나는 서 있었다. 커니 스트리트에는 인적이 없었다. 몇 블록 밖에는 길 양쪽이 불길에 싸여 있었다. 도로는 불길의 벽이 되어 있었고, 그 불의 벽을 배경으로 두 명의 미합중국 기병이 말을 세워놓고 침착하게 바라보고 있는 실루엣이 보였다. 그들뿐이었다. 다른 사람은 아무도 보이지 않았다. 멀쩡한 상태의 도심을 지키고 있는 것은 말을 세워놓고 바라보고 있는 두 명의 군인뿐이었다.

무조건 항복이었다. 물이 없었다. 하수구 물까지 벌써 깨끗이 퍼내버렸다. 다이너마이트도 없었다. 저 위쪽에서 또 한 줄기 불길이 터져 나와 이제 화재는 세 방면에서 휩쓸어 오고 있었다. 네 번째 방면은 아까 낮에 다 불타버렸다. 그 방면에는 타버린 이그재미너 빌딩의 벽이 건들거리며 서 있었고, 콜 빌딩의 유해가 있었고, 그랜드 호텔의 폐허가 연기를 뿜고 있었고, 다이너마이트로 파괴되어 내장육부를 드러낸 팰리스 호텔이 있었다.

불길의 확산이 얼마나 빨랐는지, 그리고 그 속도를 예측하는 데 인간이 얼마나 무능했는지 보여주는 사례들을 소개하겠다. 화요일 저녁 여덟시에 나는 유니언 광장을 지나갔다. 이재민들이 가득 있었다. 수천 명이 잔디 위에서 잠을 자고 있었다. 정부의 구호 텐트가 세워져 저녁 식사를 준비하고 있었고 이재민들은 무료 급식을 타기 위해 줄을 서 있었다.

새벽 한 시 반에 유니언 광장은 세 면이 불타고 있었다. 거대한 세인트 프랜시스 호텔이 서 있는 한 면만이 불길을 면하고 있었다. 한 시간 후 호텔은 측면과 상부에 불이 붙어 하늘로 불길을 뿜고 있었다. 여기저기 트렁크가 산처럼 쌓여 있는 광장에는 인적이 끊겨 있었다. 군대도 이재민도 모두 그곳을 떠났던 것이다.

마차를 이끌 말을 빌리는 데 1,000달러 내겠다고 하는 사람을 본 것도 유니언 광장에서였다. 어느 호텔에선가 가지고 나온 트렁크가 가득 쌓인 마차를 지키고 있던 사람이었다. 안전지대라고 생각된 그곳으로 마차를 끌고 온 다음 말을 데려간 것이다. 광장의 3면이 불타고 있는데 마차를 끌 말이 없었다.

그 때 마차 옆에 있던 한 사람에게는 피신할 것을 강요하다시피 권해야 했다. 불로 포위되다시피 한 그 사람은 목발을 짚은 노인이었다. 그는 이렇게 말했다. "오늘이 내 생일이라네. 어젯밤까지 나는 3만 달러를 가진 재산가였지. 와인 다섯 병, 맛있는 생선, 그밖에 이것저것을 생일날 저녁에 먹으려고 사 놓았다네. 그런데 잔치는 무슨 잔치, 이제 내가 가진 것은 이 목발뿐이구먼."

나는 위험한 상황을 설명해 주고 그가 절룩거리며 떠나는 것을 부축해주었다. 한참 후 멀찌감치 떨어진 곳에서 바라보니 트렁크를 실은 마차가 길 한가운데서 신나게 달리고 있었다.

수요일 아침 5시 15분, 지진 후 꼭 24시간이 지난 시각에 나는 놉 힐 조그만 주택가의 계단에 앉아 있었다. 내 주변에는 일본인, 이탈리아인, 중국인, 흑인이 앉아 있었다. 침몰한 배에서 건져낸 인종적 잡동사니 꼴이었다. 인근에는 1849년 개척자 부호들의 궁전 같은 집들이 온통 늘어서 있었다. 그곳으로 동쪽과 남쪽, 직각 방향에서 두 개의 거대한 불의 벽이 다가오고 있었다.

앉아 있던 계단의 집 주인과 함께 그 집에 들어가 보았다. 주인은 침착하고 쾌활하고 싹싹했다. 그의 말은 이랬다. "어제 아침까지 내 재산은 60만 달러였죠. 오늘 아침에는 남은 것이 이 집뿐입니다. 이것도 15분 후면 없어지겠죠." 찬장 하나를 손가락으로 가리켰다. "아내의 도자기 수집품입니다. 우리가 밟고 있는 이 양탄자는 선물로 받은 것이고요. 1,500 달러짜립니다. 저 피아노 한번 두들겨 보시죠. 음색을 들어보세요. 좀체 없는 물건입니다. 그런데 말을 구할 수 없어요. 불길은 15분 후에 닥칠 텐데."

밖에서는 유서 깊은 마크 홉킨스 저택, 궁궐 같은 집에 막 불이 붙고 있었다. 군인들은 이재민들을 앞세워 물러나고 있었다. 모든 방향에서 불길이 훨훨 대는 소리, 벽 무너지는 소리, 다이너마이트 터뜨리는 소리가 들려왔다.

집 밖으로 나왔다. 연기 기둥 사이로 동이 트려 하고 있었다. 모든 것의 표면에 으스스한 느낌의 빛이 번져나가고 있었다. 꼭 한 차례 해가 연기 기둥 사이로 모습을 드러냈지만 핏빛으로 붉고 보통 때의 4분의 1 크기로 보였다. 연기 기둥 자체는 밑에서 볼 때 장밋빛이었고 라벤더 같은 엷은 자주색 무늬가

맥동(脈動)하고 있었다. 그러다가 전체적으로 옅은 자주색, 노란색, 암갈색으로 바뀌었다. 해는 보이지 않았다. 샌프란시스코 파괴의 둘째 날 새벽은 이렇게 밝아 왔다.

———————◇———————

샌프란시스코의 풋볼 팀 이름은 '포티나이너즈(49ers)'다. 도시가 만들어진 1849년을 기념하는 이름이다. 1849년 인근지역 금광의 발견으로 항구의 입지조건을 가진 샌프란시스코가 하나의 광산촌으로 만들어진 것이었다. 3년이 안 되는 사이에 인구 10만의 도시가 생겨났다.

1859년 가까운 네바다 지역에서 거대한 은광이 발견되자 샌프란시스코는 그 배후도시로 고속 성장을 계속했다. 그 은광에서 3억 달러어치 은이 생산되었는데 그중 큰 몫이 샌프란시스코 성장에 투입된 것이었다. 1890년대까지 샌프란시스코는 인구 30만에 육박하는 미국 서해안 최대의 도시, 그리고 미국 제일의 낭만과 흥분의 도시로 자라나 있었다. 이 무렵 샌프란시스코를 여행한 키플링은 이렇게 말했다. "샌프란시스코는 미치광이 도시다. 주민의 대다수가 정신병자이고 여자들은 대단히 아름답다."

이 도시가 한 차례 지진으로 잿더미가 되었다. 주민의 80퍼센트 이상이 집을 잃은 대참사였다. 그런데 용케 제일 큰 양조장이 화재를 면한 것을 보고 동부에서 온 기자 하나가 시를 지었다고 한다.

"주님께서 이 도시를 후려치신 까닭이
들리는 말대로 너무 건들거린 때문이었다면
어째서 교회는 몽땅 태워버리시면서
호털링 위스키는 남겨두셨을까?"

출처 Jack London, *Collier's Weekly*, 5 May 1906

104

도버 해협 최초의 횡단비행

1909. 7. 25

루이 블레리오

1909년 7월 25일 일요일 이른 아침, 칼레의 호텔을 떠나 비행기를 보관해 둔 들판으로 차를 몰고 나갔다. 내 하고자 하는 일에 적합한 날씨라는 것을 나가는 길에 확인했다. 그래서 프랑스 정부가 내 일을 돕도록 배치해 준 구축함 에스코페트호가 바다로 나가도록 연락했다. 비행기를 점검해 보았다. 엔진을 켜보니 상태가 좋았다. 4시 반이 되자 주위가 보이기 시작했다. 동이 튼 것이다. 내 마음은 오직 이 비행, 그리고 오늘 결행하기로 한 결정에만 매달려있었다.

4시 35분. 뚜 떼 프레(준비 완료)! 다음 순간 나는 공중에 떠 있다. 엔진은 최대한도에 가까운 1,200회전, 절벽 가에 걸려 있는 전신줄을 빨리 넘어가기 위해서다. 절벽을 넘어서자마자 속도를 줄인다. 이제 엔진에 무리를 줄 필요가 없다. 영국 해안을 향해 차분하고 확고한 비행을 시작한다. 걱정도 흥분도 아무것도 없다.

에스코페트호에서 나를 봤다. 배는 전속력으로 해협을 가로지르고 있다. 시속 26마일 정도 되겠지? 아무렴 어떤가. 내 속도는 시속 40마일이 넘는다. 250피트 고도에서 빠른 속도로 배를 추월했다. 기막힌 순간이다. 그런데도 아무런 환희를 느끼지 않는 나 자신에 놀란다. 밑에는 바다가 있다. 파도가 움직이는

1909년 7월 25일 일요일 아침, 루이 블레리오는 단엽 프로펠러기를 타고 역사상 최초로 도버 해협 횡단 비행에 성공했다.

모습을 보는 것은 꼭 기분 좋은 것만은 아니다.

계속 날아간다. 10분이 지나간다. 올바른 방향으로 진행하고 있는지 확인하기 위해 고개를 돌려 본다. 섬칫 놀란다. 아무것도 보이지 않는다. 구축함도, 프랑스도, 영국도. 나 혼자뿐이다. 여기가 어디지?

그때 눈에 들어온 것이 도버의 절벽! 착륙하려고 마음먹은 지점이 멀리 서쪽으로 보였다. 바람 때문에 항로에서 밀려난 것이었다. 기수를 돌리자 힘든 상황이 되었다. 절벽 주변의 바람은 특별히 강했고, 바람을 거스르자니 속도가 떨어졌다. 아름다운 내 비행기가 반응을 보였다. 안개에 틈이 난 곳이 있어 내려다보니 육지 위를 날고 있었다.

착륙을 시도했지만 두어 차례 바람에 날려 실패하고 말았다. 나는 곧 모터를 끄고 비행기를 곧바로 땅 위로 몰았다. 건너편 땅 위에 안전하게 멈춰 섰다. 카키색 군복을 입은 군인들과 경찰관 하나가 달려왔다. 프랑스인 둘도 현장에 나와 있었다. 그들이 내 뺨에 키스해 주었다. 기막힌 기분이었다.

출처   Louis Blériot, in Leslie Bailey, *Scrapbook 1900-1914*, Frederick Muller, 1957

105

크리펜 박사의 체포

1910. 7. 31

H. G. 켄들 선장

편저자 주 | 아내 살해범 크리펜은 무선전신을 이용해 체포된 최초의 범죄자였다. 그는 사형당했지만 종범으로 기소된 에텔 르네브는 무죄판결을 받았다. 화자 켄들은 커내디언 퍼시픽사 소속 여객선 몬트로즈호 선장이었다.

크리펜과 르네브가 수배되어 있다는 기사를 《컨티넨털 데일리 메일》에서 읽은 것은 몬트로즈호가 앤트워프에 정박해 있을 때였다. 기사에 따르면 그들이 브뤼셀의 한 호텔에 도착한 것이 확인되었으나 그 후 자취를 찾을 수 없다고 하였다.

퀘벡을 향해 출항한 얼마 후 구명보트 뒤에 두 남자가 있는 것이 선실 현창 (舷窓)으로 우연히 눈에 들어왔다. 한 사람이 다른 사람의 손을 꼭 쥐고 있었다. 나는 갑판으로 나가 둘 중 나이든 사람과 잠깐 대화를 나눴다. 콧등에 안경을 끼던 자국이 있는 것, 최근에 콧수염을 밀어버렸다는 것, 턱수염을 기르고 있다는 것을 알아볼 수 있었다. 젊은 사람은 말수가 적었는데, 그의 기침을 걱정하는 말을 내가 했다.

그러자 나이든 사람이 말했다. "맞아요, 우리 아이는 가슴이 약해서 건강을 위해 캘리포니아로 데려가는 길입니다."

나는 선실로 돌아와 《데일리 메일》을 다시 꺼내 보았다. 스코틀랜드 야드(Scotland Yard, 영국 경시청 – 역자 주)에서 발표한 설명과 사진을 자세히 살펴봤다. 50세의 크리펜은 5피트 4인치 키에 안경을 끼고 콧수염을 길렀다고 했다. 27세의 르네브 양은 5피트 5인치 키에 흰 피부라고 했다. 다음에 승객명부를 검토해 보니 두 승객은 '로빈슨 씨와 아들'로 되어 있었다. 나는 그들이 내 식탁에서 함께 식사를 하도록 안배를 했다.

점심식사 종이 울렸을 때 나는 늑장을 피우며 사람들 눈에 띄지 않을 때까지 기다리다가 로빈슨 씨 선실에 몰래 들어갔다. 두 가지 사실이 눈에 띄었다. 아들의 펠트모자 가장자리에 속을 대어 작은 머리에 맞게 해놓은 것, 그리고 아들이 여자용 보디스 조각을 수건으로 쓰고 있다는 것이었다. 그것으로 충분했다.

식당에 내려가서도 관찰을 게을리하지 않았다. 음식을 먹는 아들의 행동거지는 여성의 것이었다. 나중에 그들이 살롱갑판을 산책할 때 뒤를 따라가며 "로빈슨 씨!"하고 불렀다. 여러 차례 되풀이해서 부른 뒤에야 그가 돌아서서 말했다. "미안합니다, 선장님. 못 들었어요. 찬바람 때문에 귀머거리가 된 것 같네요."

그로부터 이틀 동안 우리는 더 친숙해졌다. 행동이 점잖고 담배를 피우지 않는 로빈슨 씨는 극히 예절바른 신사였다. 밤에는 갑판에 올라가 혼자 거닐곤 했다. 한번은 그의 코트자락이 바람에 들려 올라갔는데, 뒷주머니에 권총이 들어 있는 것이 보였다. 그 후로는 나도 권총을 가지고 다녔다.

내 방에서 여러 번 함께 차 마시는 자리를 가지며 그가 읽고 있던 책에 대해 이야기를 나눴다. 에드거 월리스의 추리소설 『네 명의 정의로운 사람들』이었는데, 이 사실이 무전을 통해 런던에 전해지고 공표되자 월리스가 갑자기 뜰 정도로 당시 영국 사람들은 크리펜 사건에 큰 관심을 기울이고 있었다.

하다 보니 무선전신 이야기가 나왔다. 출항한 지 셋째 날 나는 무전 기사에게 리버풀에 보낼 메시지를 주었다. '리저드로부터 130마일 지점⋯⋯(생략)…… 런던 지하실 살인사건의 범인 크리펜과 그 공범이 1등 승객 중에 있지 않나 하는 의심이 매우 강하게 듬……(생략)…… 공범은 소년으로 분장하고 있으나 목소리, 태도, 체격이 여성에 틀림없음.'

로빈슨 씨가 갑판 의자에 앉아 무전 안테나를 바라보고 우리 배의 엉성한 송신기의 딱딱거리는 소리를 들으며 참으로 훌륭한 발명품이라고 내게 말하던 생각이 난다.

몇 차례 더 메시지를 내보냈지만 얼마 안 있어 출력이 약한 우리 송신기로는 육지와 더 이상 직접 교신을 할 수 없게 되었다. 그러나 다른 배의 교신을 먼 거리에서 들을 수는 있었다.

우리 배와 마찬가지로 대서양을 서쪽으로 가로지르고 있던 화이트 스타 사(社)의 여객선 로렌틱호에 타고 있던 기자에게 런던의 한 신문사에서 보낸 메시지를 우리 무전 기사가 가로채 가져왔을 때 나는 흥분하지 않을 수 없었다. '듀 경감은 무엇을 하고 있는가? 무선전신의 발신과 수신을 하고 있는가? 승객들과 게임을 하고 있는가? 승객들은 체이스(chase, 듀 경감의 '추격'을 게임 이름처럼 표시한 것 – 역자 주)에 열중하고 있는가? 긴급 회신 요망.'

내가 리버풀로 보낸 메시지로 인해 듀 경감이 바로 다음 배인 로렌틱호를 잡아타게 되었다는 것을 이로써 처음으로 알게 되었다. 로렌틱호의 속도가 더 빠르기 때문에 뉴펀들랜드 해안에는 우리 배보다 먼저 도착할 것을 나는 알고 있었다. 로렌틱호에 내게 전할 소식이 있다면 벨섬 기항지에 맡겨두어서 캐나다로 가는 길에 우리 배가 그 지점에 이를 때 전해 받도록 하면 되겠다고 생각했다.

과연 전해 받을 소식이 기다리고 있었다. '파더 포인트에서 그 배에 오르겠습니다……(생략)…… 절대 비밀로……(생략)…… 로렌틱호에서 스코틀랜드 야드의 듀 경감이.'

확인 메시지를 보냈다. 마지막 날 밤은 지루하고도 초조했다. 선교(船橋) 위를 하염없이 오락가락하는 데도 시간은 더디게만 갔다. 이따금 갑판 위를 산책하는 로빈슨 씨가 보였다. 그에게는 이튿날 아침 일찍 일어나 세인트로런스강의 파더 포인트에서 승선할 '도선사(導船士)'들을 만나보자고 해놓았었다.

도선사들은 배에 오르자 곧장 내 방으로 왔다. 나는 사람을 보내 로빈슨 씨를 불러왔다. 그가 들어올 때 나는 윗도리 주머니 안으로 권총을 쥔 채 경감과 함께 문을 향해 서 있었다. 그가 들어오자 내가 말했다. "소개해 드리죠."

로빈슨 씨가 손을 내밀자 경감은 그 손을 잡으면서 동시에 도선사 모자를 벗었다. 그러면서 말했다. "안녕하십니까, 크리펜 박사. 저를 아시는지요? 스코틀랜드 야드의 듀 경감입니다."

크리펜은 흠칫 몸을 떨었다. 놀라움에 말문이 막힌 것 같았다. 잠시 후 그가 말했다. "이렇게 끝나니 홀가분하구려. 긴장이 너무 심했소. 더 버티기 힘들었다오."

———————◇———————

19세기 중엽에서 20세기 중엽까지 1세기의 기간은 대규모 화물과 여객의 운송을 기차와 기선이 맡고 있던 시대였다. 이 시대가 지나게 되면 자동차의 편의성과 비행기의 속도가 운송사업의 주역을 넘겨받게 되지만, 이 시대가 시작할 때는 기차와 기선의 보급이 참으로 혁명적인 변화였다. 미국의 독일계 이민들이 특히 그 변화의 의미를 절실하게 느꼈다고 한다. 맥주의 균주(菌株) 가운데 장기간의 항해를 견뎌내지 못하는 것이 많아서, 대서양을 보름 내에 가로지르게 된 1870년대가 되어서야 신대륙에서도 제대로 된 맥주 맛을 보게 되었다는 것이다.

1900년대 무선전신의 발달은 기선의 효용성에도 큰 보탬이 되었다. 크리펜 사건은 무선전신의 가치를 일반인이 절감하게 된 계기였다.

출처 Captain H. G. Kendall, in Leslie Bailey, *Scrapbook 1900-1914*, Frederick Muller, 1957

106

시드니 스트리트의 농성

1911. 1. 3

필립 기브스

편저자 주 | 경관을 살해한 보석강도들을 추격한 경찰은 혐의자들을 마일엔드 로드의 시드니 스트리트 100번지의 집에 몰아넣고 포위했는데, 그중에는 위험 인물로 소문난 '환쟁이 피터 Peter the Painter'도 들어 있는 것으로 추정되었다. 이 사건을 계기로 영국 사회에서는 외국에서 온 이민과 망명자들, 그리고 이스트엔드의 독일 및 러시아계 유대인의 지하세계에 대한 비난이 강하게 일어났다. 시드니 스트리트의 강도들과 연관성을 가진 것으로 생각되었기 때문이다.

내가 그날 아침 유별나게 일찍 크로니클 사무실에 나간 이유가 무엇이었는지는 생각나지 않는다. 들어서자마자 뉴스 편집자가 나를 붙잡고 시드니 스트리트에 난리판이 벌어졌으니 가보라는 것이었다.

택시를 잡아타고 시드니 스트리트 모퉁이까지 가보니 빽빽하게 몰린 구경꾼들이 벽 모서리 너머로 시드니 스트리트를 엿보고 있었다. 당시에 나는 위험이라는 것을 우습게 알고 배짱 좋게 시드니 스트리트 맞은편에 버티고 서서 줄지어 서 있는 집들을 바라보았다. 내 바로 앞에는 어느 방위연대 소속 병사 넷이 배를 깔고 엎드려 길 중간쯤에 있는 한 집을 향해 소총을 쏘고 있었는데, 길

바닥의 먼지로부터 옷을 보호하기 위해 신문 '샌드위치' 광고판을 배 밑에 깔아놓고 있었다. 또 하나 젊은 병사는 벽에 기대어 서서 우드바인 파이프를 빠는 틈틈이 아무렇게나 총질을 하고 있었다. 내가 그 옆에 서자 윙크를 해보이며 말했다. "진진한 게임이지!"

게임 치고는 매우 험악한 게임이었다. 총알이 건물 벽에 콩알처럼 뿌려져 지저분한 노란 벽돌에 흠집을 내고는 환상적인 궤도로 튀어 날아다녔다. 총알 하나가 한 경관의 헬멧에 튕겨 가자 경관은 "맞았네! 맞았으면 뻗어야지?" 하고는 바보처럼 웃었다. 탄환이 무엇을 의미하는 것인지 우리는 전쟁 때 많이 알게 되었는데, 이것은 그 전의 일이었다.

또 하나 총알은 한 동료 기자가 편안하고 우아한 자세로 기대 서 있던 지팡이를 맞췄다. 그는 한순간에 균형과 체통을 함께 잃어버렸다. "신통한 재주군!" 지팡이 임자는 깨끗이 반으로 토막나 발밑에 떨어져 있는 지팡이를 바라보며 심각한 표정으로 말했다.

영사촬영 기사가 시드니 스트리트 꽤 안쪽에 들어가 서서 촬영기 손잡이를 정신없이 돌리고 있었다. 엎드려 있는 방위대 병사들의 표적으로 보이는 한 집에서 비스듬하게 쏘아대는 총알이 핑핑 지나가는 것은 신경도 쓰지 않고 있었다.

덩치 큰 경감 하나가 위엄을 부리며 부하들에게 명령을 내렸다. "이게 웬 북새통이야? 사람들을 뒤로 몰아내! 깨끗이 몰아내! 영문 모를 시체가 길바닥에 널려야 되겠어?"

경관들이 한 줄로 서서 빽빽이 모여 있는 사람들을 밀어냈다. 굼뜨게 움직이는 사람들은 발등을 슬그머니 밟았다.

나는 한쪽에 몰려 서 있는 기자들 틈에 끼었다.

"거기도 뒤로들 가요!" 경관들이 소리쳤다.

하지만 우리는 끝장을 봐야 했다. 어떤 활동사진보다 센세이셔널하지 않은가. 바로 맞은편에 '술의 궁전'이라 불리는 대형 주점이 하나 있었다. '라이징 선'이라는 간판이었다. 한 전략가가 말했다. "바로 저기야!" 경찰이 가로막을 틈 없이 우리는 달려서 길을 건넜다.

친절한 기색이 전혀 없는 유대인 주인이 문간에 서 있었다.

"뭘 찾수?" 주인이 물었다.

"너희 집 지붕." 기자 하나가 대답했다.

"한 사람에 1파운드, 싸게 해드리는 겁니다." 유대인이 말했다.

아직 지폐의 시대가 오지 않은 당시에 호주머니에 파운드 금화를 넣고 다니는 사람들이 있었다. 기자 대부분은 금화를 가지고 있었지만, 내가 가지고 있던 돈은 여느 때나 마찬가지로 18펜스에 미치지 못했다. 한 친구에게 빌린 것을 유대인은 자기 주머니에 얼른 넣고 나를 넣어주었다. 최소한 스무 명이 '라이징 선' 지붕 입장권을 샀다.

참으로 특등석이었다. 후세의 말로 하자면 멋진 O.P.(observation post)였다. 환쟁이 피터와 그 패거리가 죽음을 불사하고 지키고 있는 시드니 스트리트 집이 바로 건너다 보였다. 지저분한 커튼이 쳐져 있는 좁고 높은 3층집이었다. 바로 맞은편 집에 방위대 병사들이 더 있었는데, 참호전에서 모래주머니를 쌓는 것처럼 베개와 매트리스로 창문을 틀어막아 놓고 있었다. 그 병사들이 우리 눈에 보이지는 않았지만 그들의 간헐적 사격으로 무정부주의자 소굴의 유리창이 한 장 남김없이 깨지고 벽돌에 흠이 계속 파이는 것을 볼 수 있었다.

길에서 구경꾼들은 다 몰아냈지만 형사 한 무리가 무정부주의자 소굴 쪽으로 벽에 붙어서 살금살금 다가가고 있었다. 그 집에서 비스듬하게 쏘는 총알이 닿지 못하는 위치였다. 그들은 벽에 바짝 붙어있어야 했다. 피터 일당은 명사수들이었고, 자동총기로 일종의 탄막을 형성하고 있었다. 형사건 경관이건 몸을 내놓았다가는 1초 내에 구멍이 뚫릴 판이었다. 악당들은 사람 죽이려고 환장해 있었다.

한 시간 남짓 구경하고 있으려니 슬그머니 싫증이 나기 시작했다. 그동안에 당시 내무상이던 윈스턴 처칠 씨가 현장 지휘를 하겠다고 왔었고, 그 때문에 다음날 신문에서 형편없는 웃음거리가 되었다. 튀어나온 이마에 중산모를 꾹 눌러쓰고 전쟁터의 나폴레옹처럼 한 손을 가슴 주머니에 꽂은 그가 길모퉁이로 고개를 살짝 내밀고 현장을 살펴보았는데, 나중에 들은 바에 따르면 그는 야포(野砲) 몇 대를 가져와서 문제의 집을 박살내 버리라고 했다는 것이다.

그런 일이 벌어질 필요가 없게 된 사정을 '라이징 선' 지붕의 우리는 알아볼 수 있었다.

무정부주의자 소굴의 꼭대기 층에 가스등을 켜놓은 것이 보였는데, 잠시 후 종이를 태운 하얀 재가 굴뚝으로 너풀거리고 나오는 것이 우리 눈에 띄었다.

"서류를 태우고 있나봐." 한 친구가 말했다.

서류만 태우는 것이 아니었다. 아래층 위층에서 집에 불을 붙이고 있었다. 창문의 커튼이 제일 먼저 타올랐고, 이어 많은 양의 검은 연기가 텅 빈 창틀로 쏟아져 나왔다. 날름대는 불길도 연기 틈새로 보였다. 집 전체가 금세 불덩어리가 된 것을 보면 불이 잘 번지도록 파라핀을 뿌린 모양이었다.

"런던 한복판에서 이런 활극을 볼 수 있다니!" 술집 지붕 위, 내 옆에 앉은 친구의 탄성이었다.

한순간 범인 하나가 창틀 위에 서 있다고 나는 생각했다. 그러나 다시 보니 시커먼 커튼자락이 갑자기 창문 밖으로 불려 나와 창틀에 걸려 있는 것이었다.

잠깐 후 권총을 손에 든 사람의 팔 하나가 내 눈에 얼핏 보였다. 연발권총의 불꽃이 재빠르게 번득였다. 그와 동시에 건너편 건물의 방위대원들로부터 일제사격이 터져 나왔다. 모습을 나타냈던 인물이 이 사격에 맞아 죽은 것이 확실하다. 나중에 그의 시체를(또는 그 일부를) 찾았는데 두개골이 탄환으로 뚫려 있었다. 그리고 얼마 안 있어 불길과 불꽃이 솟아오르는 가운데 그 집의 지붕이 무너져 내렸다. 집 안은 꼭대기에서 바닥까지 통째로 하나의 화덕이 되어 있었다.

이제 형사들이 권총을 뽑아 들고 인디언 대형으로 나아갔다. 한 사람이 앞으로 달려 나가 현관문을 걷어찼다. 문이 안쪽으로 넘어지면서 한 자락 불길이 쏟아져 나왔다. 집 안에서 더 이상의 사격은 한 발도 없었다. 환쟁이 피터와 그 패거리들은 자기네가 질러 놓은 모닥불에 타서 새까만 숯덩이가 되어 있었다.

출처　Philip Gibbs, *Adventures in Journalism*, Heinemann, 1923

107

남극 탐험

1912. 3

스콧 대령

인상들:

침낭의 매혹적인 주름.

텐트 환기구로 새어나오는 석유 난로의 쉭쉭 대는 소리와 취사 도구가 뿜는 향기로운 김.

작은 초록색 텐트와 거대한 흰 길.

개가 낑낑대는 소리와 말이 히힝대는 소리.

몰려오는 가루눈의 구름.

바람에 쓸려나간 눈고랑.

연기 같은 구름 밑의 푸른 무지개.

바삭바삭 울리는 말발굽소리와 끌려가는 썰매의 사각대는 소리.

마부가 말을 격려하거나 꾸짖는 단조로운 행군의 대화.

타박타박 개 발자국 소리.

천으로 만든 보금자리가 얌전하게 파닥대는 소리.

눈보라가 거세게 닥칠 때 천막이 저음으로 웅웅대는 소리.

바람에 흩날리다가 틈새만 있으면 파고드는 고운 밀가루 같은 눈. 머리싸개

안에 들어와 까불어대면 모래바람처럼 따갑다.

사방을 휘감는 눈바람 틈새로 수줍게 들여다보며 그림자도 만들지 않는, 희미한 빛을 던져주는 흐릿한 모양의 해.

광대한 백색 사막의 영원한 침묵. 구름기둥 같은 눈바람이 옅은 황색 연기 줄기 모양으로 남쪽으로부터 다가와 닥쳐오는 폭풍을 예고해 주고 지형의 뚜렷한 윤곽을 하나하나 지워나간다……(생략)……

3월 16일 금요일 또는 17일 토요일. 날짜를 혼동하게 되었지만 뒤쪽이 맞을 것 같다. 비극으로 시종일관. 그저께 점심 때 가엾은 타이터스 오츠가 더 이상 못 가겠다고 했다. 자기를 침낭에 든 채로 놔두고 가 달라고 했다. 그렇게 할 수는 없는 일, 오후 행군을 계속하도록 설득했다. 그에게는 엄청나게 괴로운 일이었겠지만 따라와 주었고 몇 마일을 나아갔다. 밤이 되자 상태가 더 나빠져서 최후가 온 것을 알았다.

발견될 경우를 가상하고 이런 사실들을 기록해 놓고 싶다. 오츠가 마지막으로 생각한 것은 자기 어머니였지만 바로 그에 앞서서 자신이 죽음을 맞이하는 용감한 자세를 자기 부대원들이 만족스럽게 여길 것이라고 자부심을 보였다. 우리는 그의 용기를 증언할 수 있다. 그는 여러 주일 동안 막심한 고통을 불평 없이 견뎌 왔고, 언제나 바깥 일 의논에 참여할 능력과 의지를 가지고 있었다. 최후의 순간까지 희망을 버리지도 않았고 버리려 하지도 않았다. 용감한 영혼이었다.

그저께 밤, 다시 깨어나지 않기를 바라며 잠이 들었지만 어제 아침 다시 깨어났다. 눈보라가 몰아치고 있었다. 그가 말했다. "밖에 나가서 좀 있고 싶소." 눈보라 속으로 걸어 나간 그를 우리는 다시 보지 못했다.

이 기회를 빌려 우리가 병든 동료들을 끝까지 버린 일이 없다는 사실을 밝혀둔다. 에드거 이번스의 경우, 식량이 다 떨어진 상황에서 그가 의식을 잃고 있을 때, 남은 사람들의 안전을 위해 그를 버려두고 가야 할 것 같았다. 그런데 신의 섭리가 고맙게도 이 순간에 그를 데려가주었다. 그는 자연사로 우리 곁을 떠났고, 우리는 그가 죽은 두 시간 후까지 그의 곁을 떠나지 않았다. 가엾은 오츠가 죽으러 나간다는 것을 우리는 알았고 그를 말리려 애썼지만, 그것이 영국 신사다운 용감한 자의 행동이라는 것을 또한 알고 있었다. 우리 모두 그와 같은 정신으로 각자의 최후를 맞이하기를 바란다. 그 최후가 멀지 않은 것은 확실하다.

점심 때, 그리고 이따금 조금씩 글을 쓸 수 있다. 지독한 추위다. 한낮에 영하 40도. 동료들은 한없이 쾌활하지만 심한 동상에 걸리지 않은 사람이 없고, 끊임없이 귀환을 이야기하지만 진심으로 그 가능성을 믿는 사람은 없을 것이다.

식사시간만 빼고 행군을 계속하지만 이제 속도도 떨어졌다. 어제는 눈보라로 대피해 있었고 오늘도 움직임이 매우 느리다. 지금 있는 곳은 제14 포니 캠프, 1톤 저장소까지 이틀 여정밖에 남지 않은 곳이다. 이곳에 경위의(經緯儀)와 사진기 하나, 그리고 오츠의 침낭을 남겨둔다. 일기 등등, 그리고 윌슨의 특별 요청에 따라 가져온 지질학 자료는 우리 곁에, 또는 썰매 위에 있을 것이다.

3월 18일 일요일. 점심시간. 저장소에서 21마일 거리에 있다. 불운이 우리를 괴롭히지만 좋은 운도 있겠지. 정면에서 불어오는 바람과 눈보라가 어제 더 거세졌다. 행군을 멈춰야 했다. 북서풍 강도 4에 영하 35도. 인간이 견딜 수 있는 조건이 아니다. 우리는 거의 탈진상태다.

오른발이 못 쓰게 됐다. 발가락이 거진 다 떨어져버렸다. 그저께만 해도 제일 좋은 발 상태를 자랑하고 있었는데. 몰락의 내리막길에 접어든 것이다. 멍청하게도 말린 고기 녹인 데다 카레가루 한 숟가락을 섞어서 먹었다. 뱃속에서 난리가 났다. 밤새 고통 속에 깨어 있었다. 일어나 보니 행군이 엄두가 안 났다. 발이 엉망이 됐는데도 모르고 있었다. 아주 작은 부주의로 인해 발 하나가 생각하기도 싫은 꼴이 되어버렸다. 바우어즈 상태가 그중 낫다고 하지만 도토리 키 재기다.

모두들 아직도 귀환에 자신감을 보이지만 자신 있는 시늉만 하는 것인지 나는 알 수 없다. 프리무스 난로에 절반 채울 분량의 기름과 아주 작은 분량의 주정(酒精)만이 남아있다. 우리의 갈증을 막아줄 밑천은 그뿐이다. 당장은 바람이 잠잠한데 얼마만큼 도움이 될지. 나가는 길에서는 우습게 보이던 짧은 거리밖에 남아있지 않은데.

3월 19일 월요일. 점심시간. 어젯밤 텐트 치기가 힘들었다. 주정으로 끓인 코코아 작은 잔 절반에 말린 고기 찬 것과 비스킷으로 저녁을 먹은 뒤까지도 끔찍하게 추웠다. 그런데 나중에는 생각 밖으로 따뜻해져서 잠을 잘 잤다.

오늘도 보통 때처럼 질질 끄는 식으로 출발했다. 저장소까지 15마일 반을 사흘에 가야 한다. 이 진도라니! 식량은 이틀치가 있지만 연료는 하루치도 될까말까 한다.

우리는 모두 발이 엉망이 되어간다. 윌슨이 그중 낫고 나는 오른발이 더 나빠졌지만 왼발은 괜찮다. 따뜻한 음식을 뱃속에 넣기 전에는 발을 돌볼 틈이 없다. 지금으로서는 절단 정도로 끝나기 바라지만 문제가 더 확산되지 않을까? 그것이 심각한 문제다. 날씨가 우리 길을 가로막고 있다. 북에서 북서풍에 영하 40도다.

3월 21일 수요일. 월요일 밤 저장소에서 11마일 거리까지 왔지만 어제 심한 눈보라로 종일 묶여 있었다. 희망이 사라진 상태에서 오늘 윌슨과 바우어즈가 연료를 가지러 저장소로 떠난다.

3월 22일과 23일. 눈보라는 여전히 거세다. 윌슨과 바우어즈는 출발하지 못했다. 내일이 마지막 희망이다. 연료는 떨어졌고 식량도 한두 조각밖에 없다. 종말이 틀림없다. 자연사를 택하기로 결정했다. 여건이 되든 말든 내일 저장소를 향해 떠났다가 길에서 죽을 것이다.

3월 29일 목요일. 21일 이래 서남서에서 남서 방향의 강풍이 줄기차게 불어오고 있다. 지난 20일에만 해도 한 사람에 두 잔씩 차를 끓여 먹을 연료와 이

틀치 식량이 있었다. 매일 11마일 밖의 저장소를 향해 떠나려 했지만 천막 밖에는 눈보라의 소용돌이가 가라앉지 않는다. 이제 더 나은 결과를 얻을 희망이 없는 것 같다. 우리는 끝까지 버티려 하지만 당연히 체력이 떨어지고 있고 종말이 그리 멀 리가 없다.

딱한 일이지만 이제 더 쓰지 못할 것 같다.

R. 스콧

하느님 제발 우리 사람들을 보살펴주소서.

———————◇◇◇———————

극지 탐험은 19세기 말 이래 국가와 개인의 명예를 건 경쟁으로 유행했다.

가장 먼저 경쟁이 불탄 곳은 북극, 두 명의 미국인 사이에 시비까지 붙었다. 의사이며 탐험가인 프레데릭 쿡(1865~1940)이 1908년 북극에 도착했다고 주장했는데, 이듬해 북극에 도착한 해군 대령 로버트 피어리(1856~1920)는 쿡의 주장이 거짓이라고 주장했다. 쿡과 동행했던 에스키모들의 증언도 쿡의 주장을 반증하는 것이었고, 1923년 쿡이 사기죄로 구속된 뒤로는 피어리가 북극의 최초 정복자로 인정받게 되었다.

노르웨이 탐험가 로알드 아문젠(1872~1928)이 1909년 북극행을 준비하고 있다가 피어리의 북극 도착 소식을 듣고 남극으로 방향을 돌린 것을 보면 쿡의 주장은 당시에도 큰 신뢰를 받지 못하고 있었던 모양이다. 그런데 피어리에게 밀려난 아문젠에게 또 밀려난 사람이 있었으니, 이 기록을 남긴 영국 해군 대령 로버트 스콧이었다. 아문젠이 남극에 도착한(1911. 12. 14) 한 달 후에 스콧이 도착했다. 그리고 돌아오는 길에 목숨을 잃었다.

아문젠과 스콧의 탐험대는 같은 1910년 6월 유럽을 출발했지만 탐험대 규모는 스콧 쪽이 압도적이었다. 아문젠은 네 명의 동료와 함께 52마리 개가 끄는 썰매를 이용했는데, 스콧은 11명의 동료와 함께 했고, 개썰매 외에도 동력썰매와 말을 가지고 갔다. 그러나 동력 썰매는 금방 고장이 났고 말은 얼마 견뎌내지 못했다. 남위 83.5도 지점에서 개썰매도 일곱 명의 대원과 함께 돌아갔다.

스콧은 네 명의 동료와 함께 세 대의 썰매를 끌고 18일간 행군한 끝에 1912년 1월 18일 남극에 도착해 아문젠 팀이 다녀간 흔적을 확인했다. 실망하고 돌아오는 길에 악천후가 덮쳤다. 2월 17일 한 대원이 죽고, 한 달 후 또 한 명이 스스로 실종됐다. 스콧과 남은 두 명은 목표지를 11마일 앞둔 지점에서 죽었고, 그 해 11월에 시신이 발견되었다.

스콧의 탐험 실패는 당시 영국인들에게 큰 충격을 주었다. 최강의 국력을 자랑하는 대영제국이 북극과 남극 탐험의 영광을 모두 빼앗긴 것도 아쉬웠고, 아문젠 팀과의 경쟁 때문에 무리한 강행군을 하다가 희생된 사실도 사회에 반성을 일으켰으며, 시신과 함께 발견된 스콧의 기록이 보여준 탐험 정신과 신사도가 큰 감동을 불러일으켰다.

1953년 에드워드 힐러리의 에베레스트 등정은 제3의 극지 정복으로서 영국인들의 마음에 큰 위안을 주었다. 제4의 극지 마리아나 해연은 미국 해군의 지원을 받은 스위스인 자크 피카르가 1960년 자기가 설계한 잠수구를 타고 1만 911미터 아래로 내려간 것이 기록으로 남아 있다. 마리아나 해연에서 지금까지 확인된 제일 깊은 위치는 해저 1만 1,034미터이다.

출처   Captain Scott, in L. Huxley, *Scott's Last Expedition*, 1913

108

타이태닉호 1
1912. 4. 15

어느 화부(火夫)의 이야기

해리 시니어

충돌을 느낄 때 나는 침상에 누워있었다. 한 친구가 말했다. "여어, 어디 부딪쳤나봐." 갑판에 올라가 보니 앞갑판 쪽 중간갑판 위에 커다란 얼음 더미가 있었지만 배가 그리 빨리 가라앉으리라는 생각은 못하고 침상에 돌아가 누웠다. 그런데 화부 하나가 뛰어 내려와서 소리쳤다. "전원 구명정으로!" 갑판으로 뛰어올라가니 선장이 말했다. "화부들은 중간갑판에서 올라오지 말라. 올라오는 자가 있으면 쏘겠다."

그때 첫 구명정이 내려지는 것이 보였다. 남자 열하나와 여자 둘, 열세 명이 타고 있었다. 세 사람은 백만장자였고 한 사람은 이즈메이였다. [화이트스타 해운회사의 브루스 이즈메이 전무는 생존자였다.]

나는 비상갑판으로 달려 올라가 고무보트 하나를 중간 갑판으로 던져 내리는 일을 거들었다. 이탈리아 여자 하나가 아기 둘을 안고 있는 것을 보고 아기 하나를 받아 안고 여자에게 바다로 뛰어들게 한 다음 나도 아기를 안은 채 물로 뛰어들었다. 수면 위로 올라와 보니 안고 있는 아기는 죽어있었다. 여자가 잘 헤엄쳐 나가는 것을 보았는데, 배의 보일러 하나가 터지면서 큰 물결을 일으켰다. 그 물결을 본 여자는 단념했다. 안고 있는 아기가 죽었으므로 놓아버렸다.

반 시간가량 헤엄쳐 다녔는데, 등헤엄을 치고 있으면서 타이태닉호가 물속으로 사라지는 것을 보았다. 어느 보트에 올라가려 하자 한 녀석이 노로 내 머리를 후려쳤다. 사람이 너무 많이 타고 있다는 것이었다. 나는 반대편으로 돌아가서 기어올랐다.

침몰 당시 세계에서 가장 크고 가장 호화로운 기선의 처녀항해로 주목을 받고 있던 타이태닉호는 또한 가장 안전한 배로도 여겨지고 있었다. 2중 선각에 열여섯 개 격실로 이루어진 선체는 네 개의 격실에 물이 들어와도 가라앉지 않도록 설계되었지만 다섯 개의 격실이 물에 잠겼고, 배는 가라앉았다.

타이태닉호의 침몰로 충격을 받은 해운업계에서 이듬해 처음으로 해상 생명안전을 위한 국제대회를 열었을 때 결정된 조치의 하나가 모든 여객선에 승선자 수만큼 구명정 용량을 확보하도록 하는 것이었다. 당시 타이태닉호 승선자는 2,224명이었는데 구명정 용량은 1,178석이었고, 희생자 수는 1,513명이었다. 절대 용량이 부족했기 때문에 사람들이 너무 몰려들 것을 걱정한 구명정들이 사람을 덜 태운 채 도망쳐 부족한 용량조차 제대로 활용되지 못하고 희생은 더 컸다.

같은 국제대회에서 결정된 또 하나의 조치는 모든 배의 무선전신을 24시간 열어 놓도록 하는 것이었다. 타이태닉호의 침몰 당시 불과 20마일 거리에 있던 다른 여객선이 무선전신을 꺼 놓고 있어서 구조요청 신호를 받지 못하는 바람에 피해가 엄청나게 커졌다는 사실이 나중에 밝혀졌기 때문이었다.

출처   Harry Senior, *New York Times*, 19 April 1912

109

타이태닉호 2

1912. 4. 15

무선전신 기사의 이야기

해럴드 브라이드

고물 쪽에서 밴드 연주 소리가 들려왔다. 래그타임 곡조였다. 곡목은 모른다. 그리고는 '가을' 연주……(생략)……

보트갑판에서 고무보트 있는 것을 보았던 곳으로 갔는데, 뜻밖에도 보트가 아직 있었고 사람들이 꺼내느라고 애쓰고 있었다. 그중에 선원이 없었던 모양인지 아무도 꺼내지를 못하고 있었다. 그리로 다가가 거들어주고 있는데 거대한 물결이 갑판을 휩쓸었다. 보트가 물결에 쏠려나왔다. 나는 노걸이 하나를 쥐고 있다가 함께 쓸려나갔다.

정신을 차려보니 내가 보트 안에 있었다. 그런데 문제가 생겼다. 나는 보트 안에 있는데, 보트가 거꾸로 뒤집혀 있어서 그 밑에 깔려 있는 것이었다. 몸이 온통 젖어 있다는 것, 그리고 무슨 일이 있어도 숨을 쉬지 말아야 한다는 것을 깨달은 생각이 난다. 물속에 잠겨 있었으니까. 빠져나가야 한다는 것을 알았고, 그렇게 했다.

보트 밑에서 어떻게 빠져나왔는지는 모르지만 마침내 공기 속으로 고개를 내밀었다. 주변이 온통 사람들이었다. 구명대에 매달린 수백 명의 사람들이 온 바다에 점점이 떠 있었다. 배로부터 무조건 멀어져야 한다는 느낌이 들었다.

해럴드 브라이드는 타이태닉호의 무선 전신기사로 마지막까지 전신기를 지키고 있다가 구명정에 의해 구조되었다. 그는 다리에 심한 부상을 입었음에도 생존자 명단을 뉴욕에 보내는 데 최선을 다했다. 사진: 프랜시스 브라운

배는 아름다운 모습을 보이고 있었다. 굴뚝으로 연기와 불똥을 뿜어내고 있었다. 폭발이 있었겠지만 소리는 듣지 못했다. 불똥이 왕창 쏟아져 나오는 것을 보았을 뿐이다. 배는 천천히 코를 박고 기울어지고 있었다. 물에 뛰어들려는 오리 모양이었다.

내 마음에는 한 가지 생각뿐이었다. 흡인력에서 벗어나야 한다는 것. 밴드는 연주를 계속하고 있었다. 아마 아무도 빠져나오지 못했을 것이다. 그때 '가을'을 연주하고 있었다. 있는 힘껏 헤엄을 쳤다. 타이태닉호가 코를 물속에 박고 궁둥이를 하늘로 곧추세운 채 서서히 내려가기 시작할 때 나는 150피트가량 떨어진 곳에 있었다.

마침내 배의 키 위로 물결이 쓸고 지나가게 되었지만 내게는 아무 흡인력도

느껴지지 않았다. 물 밖에서처럼 물 속에서도 그렇게 계속 천천히 내려간 모양이다……(생략)……

얼마 지나자 물에 가라앉을 것 같았다. 너무나 추웠다. 어떤 종류인지 보트 하나가 가까이 있는 것을 보고 전력을 다해 그리로 헤엄쳐 갔다. 엄청나게 힘들었다. 거의 탈진한 상태에서 손 하나가 보트 위에서 뻗쳐와 끌어올려줬다.

앞서의 고무보트였다. 그곳엔 사람들이 한가득 타고 있었다. 뱃전 위 밖에는 끼어들 자리도 없었다. 눈 딱 감고 뱃전에 누워버렸다. 누가 내 다리 위에 앉았다. 그놈 궁둥이 사이에 다리가 끼어 비틀려서 아팠다. 그러나 감히 비키라는 말을 못했다. 보트 주변에는 헤엄치는 사람들, 물에 빠지는 사람들이 처참한 광경을 벌이고 있었다.

어떤 놈인지 내 발을 멋대로 짓뭉개도록 놓아둔 채 그대로 누워있었다. 다른 사람들이 다가왔다. 아무도 손을 뻗쳐주지 않았다. 뒤집혀 있는 보트에는 이미 너무 많이 타고 있어서 가라앉고 있었다. 처음에는 좀 큰 물결이 내 옷 위로 덮쳤다. 좀 있으니 머리 위까지 덮쳐서, 숨쉴 수 있을 때를 골라서 숨을 쉬어야 했다.

뒤집힌 보트 위에서 떠다니는 동안 배의 불빛이라도 보이는 것이 없는지 눈에 힘을 주고 있는데 누군가가 말했다. "우리, 기도를 올려야 하지 않겠어요?" 기도를 제안한 사람이 모두의 종교를 물었다. 각자 자기 교파(敎派)를 밝혔다. 가톨릭 하나, 감리교 하나, 장로교 하나. 모든 사람에게 가장 잘 맞는 것이 주기도문이라고 결정되었다. 먼저 제안한 사람을 앞세워 모두 합창으로 주기도문을 외웠다.

우리를 살려준 사람들은 대단히 훌륭한 사람들이었다. 뒤집어지지 않은 보트를 탄 사람들이었는데, 그 보트도 꽉꽉 채워져 있었다. 그런데도 우리에게 다가와 우리를 모두 태워주었다. 저 멀리 불빛이 보였고, 우리를 구하기 위해 기선이 오고 있다는 것을 나는 알았다.

출처   Harold Bride, *New York Times*, 19 April 1912

110

타이태닉호 3

1912. 4. 15

구명정 위에서

D. H. 비숍 부인

타이태닉호에서 1마일이나 그 이상 떨어진 곳까지 나왔을 때에야 우리는 상황을 이해하기 시작했다. 갑판에 줄지은 불빛이 뱃머리로부터 서서히 기울어져 올라가기 시작하는 것을 그제야 알아볼 수 있었다. 빛의 줄은 점점 더 큰 각도로 아주 천천히 기울어지고 있었다. 침몰의 속도는 아주 느려서, 갑판의 불빛이 위치를 바꾸는 것을 바로 알아볼 수는 없었다. 15분마다 보게 되면 경사 각도가 더 커져 있었다. 그것이 유일한 변화였다.

그러나 두 시간이 지나자 침몰 속도가 빨라졌다. 무서운 광경이 벌어지기 시작했다. 자기네가 얼마나 큰 위험에 처해 있는지 배 위의 사람들이 겨우 깨닫기 시작한 것이었다. 배의 앞부분이 떨어져 내려가는 속도가 갑자기 빨라지면서 경사가 두드러지게 되자 모든 갑판의 사람들이 고물 쪽으로 몰려가기 시작했다. 물결 같은 모습이었다.

3등칸의 시커먼 사람 떼가 배 뒤쪽으로 몰려가서 위쪽 갑판으로 뚫고 올라가는 것이 보였다. 1마일이나 떨어진 곳에서도 맑은 밤공기를 통해 모든 것이 똑똑하게 보였다. 사람들이 이리 뛰고 저리 달리면서 갑판의 불빛 앞을 지나갈 때마다 불빛이 가려졌다가 다시 나타나는 등, 배 위의 소란이 늘어나고 있는

1912년 4월 14일 타이태닉호가 침몰하는 모습. 이 배에 탑승한 2,200여명의 승선자 중 1,500여 명이 차가운 바닷속으로 가라앉았다. 그림: 빌리 슈퇴버(1912년)

것을 알아볼 수 있었다.

공황상태는 한 시간 동안 계속된 것 같았다. 그러다가 갑자기 배가 물속에서 튀어나와 수직으로 서 있는 것 같았다. 우리가 보기에 배는 꼬박 4분 동안 물속에 꼿꼿이 서 있는 것 같았다.

그러더니 밑으로 얌전하게 미끄러져 내려가기 시작했다. 뱃머리를 앞세워 내려가면서 속도가 빨라졌기 때문에 고물이 빠져 들어갈 때는 아주 빨랐다.

물속에 잠길 때까지도 불은 켜져 있었다. 고물이 사라질 때까지도 그 위에 사람들이 빽빽하게 몰려 서 있는 것이 보였다……(생략)……

배가 물에 잠길 때 비명소리는 1마일 밖의 우리에게까지 들려왔다. 소리는 갈수록 희미해지다가 사라져버렸다. 더 태울 여유가 있는 보트가 그들을 구하러 갈 수도 있었겠지만, 물속에 있던 사람들이 벌떼처럼 몰려들어 구하러 간 보트까지 가라앉혀 버렸을 것이다.

영화 〈타이타닉〉에서는 '고급 손님'들을 보호하기 위해 3등 손님들의 살 길을 막는 모습이 관중의 의분을 불러일으킨다. 이 의분은 인간의 평등에 대한 믿음이 보편화된 오늘날의 상황 때문에 다소 과장된 것일 수도 있다. 당시는 보통선거권조차 확립되기 전이었다.

그러나 구명정에 빈 자리를 남긴 채 '저희들끼리' 도망가 버린 것은 시대에 관계없이 변명하기 힘든 일이다. 이 글을 쓴 사람은 사람들을 더 구하러 가지 않고 사람들이 "벌떼처럼 모여들어" 구하러 간 사람들까지 빠져죽게 만들까봐 가지 못했다고 말한다. 이것이 변명이 되는가? 사람들이 허우적대는 수역의 한 모퉁이로 다가가 몇 사람이라도 구하고 있는 동안 구명정을 뒤엎을 만큼 힘이 넘쳐흐르는 사람들이 너무 많이 몰려든다는 것이 도대체 가능한 일이었겠는가?

근세 이전 대부분의 사회에서는 위난이 닥칠 때 약자를 우선적으로 보호한다는 원칙이 널리 존재했다. 그런데 근대에 들어와서는 강자를 우선적으로 보호하는 원칙이 더 우세해졌다. 재난이 너무 대형화되고 너무 많아진 때문일까?

출처 Mrs D. H. Bishop, *New york Times*, 19 April 1912

111

어머니 장례식의 버나드 쇼

1914. 2. 22

조지 버나드 쇼

어째서 장례식에만 가면 내 유머 감각이 산뜻해지고 기분이 좋아지는 것일까? 이번 것은 특출한 성공사례였다. 혐오스러운 매장 절차도 없었다. 검은 옷을 입고 와서 유도된 슬픔 속에 훌쩍대고 흐느적대는 문상객도 없었다. 알고 찾아온 사람은 나와 바커, 그리고 장의사, 세 사람뿐이었다. 아름다운 장식, 번쩍이는 생명, 의기양양한 음악으로 멋들어진 잔치판을 벌일 수 없는 바에야 우리 세 사람으로 딱 좋았다.

특별히 장의사를 언급하는 것은 그 자리의 유머가 그로부터 비롯되었기 때문이다. 나는 바커와 함께 지하철로 골더스 그린역까지 가서 화장장으로 걸어갔다. 장의사도 곧 영구차를 몰고 도착했는데, 그 추위 속에 장례식다운 느린 발짝을 지키며 마차를 몰아 온 것이었다. 어머니라면 기운차게 달리도록 재촉하셨을 텐데.

내게 다가오는 장의사의 얼굴은 슬픔으로 억장이 무너진 표정이었다. 물렁한 데가 없는 성격에다가 효심으로 기쁜 마음이 가득했던(어머니의 기억을 떠올리기만 해도 즐거움을 억누를 수 없었으니) 나는, 직업적인 시늉으로 보이는 그런 표정을 꼭 짓지 않아도 된다고 하는 뜻을 그에게 표했다. 그런데 맙소사! 직업적인 시늉이 전혀 아니었다. 그는 여러 해 동안 어머니를 위해 온갖 일을 다 해왔고, 이제 우리 어머니 잃는 것을, 고객 하나를 잃는 것이 아니라 개인적으로 좋아하고 친숙해진 친구를 잃는 일로서 진정으로 슬퍼하고 있었던 것이다. 관 역시 검은색이 아니라 자주색 천으로 덮여 있었다.

나는 장례 기도문을 고쳐 써야 했다. 그 속에는 기도를 받는 어떤 고인보다도 더 생명이 없는 구절들이 들어 있기 때문이었다. 그럼에도 이 기도를 올리게 한 것은 목사가 수수료 못 받을 일이 딱해서가 아니라 그 많은 결점에도 불구하고 기도문 가운데서는 제일 아름다운 것이기 때문이었다. 그리고 목사도 그런 자리에서 흔히들 하는 것처럼 재잘대고 서둘러대지 않았다. 바커와 나를 (그리고 엄마를) 회중으로 놓고 그는 최고의 감정과 정성을 보여주었다. 두 차례쯤 리허설을 한다면 기술적으로도 완벽하게 만들 수 있었겠지만, 그대로도 더할 나위 없이 좋았다. 그와 악수할 때 나도 최고의 경의와 함께 진정한 사의를 표했다.

"흙에서 흙으로, 재에서 재로, 먼지에서 먼지로" 하는 대목에서 그 상황에 맞추어 말을 조금 바꿨다. 벽에 문이 하나 열렸다. 자주색 관은 신비롭게 그 문을 통해 사라지고 문이 도로 닫혔다. 사람들은 그 문이 소각로의 문이라고 생각한다. 그런데 그렇지 않았다. 나는 예식이 끝난 뒤 무대 뒤로 잠입해서 실상을 알아냈다.

사람들은 실상을 두려워하지만 그곳의 실상은 멋진 것이다. 벽 뒤쪽으로 가보니 자주색 관이 다른 문 앞에 놓여 있었는데 그 문은 어김없이 소각로 문이었다. 문이 위쪽으로 열리자 시멘트와 내화벽돌로 된 단순한 방이 보였다. 열기도 없었다. 소리도 없었다. 거센 바람도 없었다. 불꽃도 없었다. 연료도 없었다. 깨끗하고 시원하고 양명(陽明)한 방으로 보였다. 햇볕이 들 리도 없는 곳인데. 아무런 거리낌 없이 걸어 들어가거나 팔이라도 들이밀 만한 곳이었다.

그때 자주색 관이 다시 움직여 발 부위부터 들어가기 시작했다. 그런데 보라! 마치 기적과도 같이 관이 끄트머리부터 석류석 빛깔같이 아름다운 불꽃의 띠로 변하는 것이었다. 연기도 없이 맹렬하게 타오르는 듯한 이 불꽃들이 관

전체가 지나간 뒤에는 하나의 거대한 불길이 되어 방을 채웠다. 우리 어머니는 그 아름다운 불길이 된 것이었다.

문이 내려와 닫혔다. 일을 완전히 마무리짓고 싶으면 한 시간 반 후에 오라고 그곳 사람들이 말해주었다. 기막힌 얼굴과 함께 불길 속에 사라진 조그만 몸집을 떠올리며 속으로 "너무 긴데……" 하고 생각했다. 그러나 우리는 화장장을 나와 햄스테드 가든 개발구(내가 주식을 가진 사업)를 구경하고, 극장에 전화해 전할 말을 전해 놓고, 책도 사고, 대체로 즐거운 시간을 보냈다……(생략)……

끝마무리가 역시 끝내주게 재미있었다. 어머니와 같이 즐기지 못한 것이 아까웠다. 화장터에 돌아온 우리는 마룻바닥의 틈새로 바로 밑의 아래층을 내려다 보았다. 널찍한 부엌이 있고, 커다란 시멘트 테이블 앞에서 요리사 둘이 부지런히 일하고 있었다. 요리사들은 손에 든 조그만 집게로 엄마의 자그마한 재와 뼈 무더기 속에서 못과 관 손잡이 따위를 재빠른 솜씨로 부지런히 골라내고 있었다. 엄마 자신이 내 옆에 몸을 기울이고 내려다 보며 웃음을 걷잡지 못하는 모습이 떠올랐다. 그때 요리사들이 어머니의 유해를 체에 쓸어 담고 흔들어 걸러냈다. 고운 가루 한 무더기와 뼛조각 무더기 하나가 생겼다.

엄마가 내 귀에 대고 속삭여 묻는 것 같았다. "어느 쪽 무더기가 진짜 나냐? 궁금하네?"

그렇게 해서 그 즐거운 행사는 끝이 났다. 뼛조각까지 가루로 만들어 꽃밭에 뿌리는 일만 빼고.

아 무덤이여, 그대의 승리는 어디로 갔단 말인가?

───────◇───────

버나드 쇼(1856~1950)는 풍자와 해학의 대명사와 같은 작가였다. 자신이 가장 소중하게 생각하는 이념까지, 나아가 자신의 인격까지 풍자의 대상으로 삼은 개방성이 그 작품에 힘의 원천이 되었다고 할 수 있다.

쇼는 어머니에게 대단한 애정을 가진 사람이었다. 그 어머니는 '점잖은 가난뱅이'
였던 아버지와 대조적으로 자유로운 정신의 소유자였다고 하며, 유년기에서 청년기
까지의 쇼를 음악의 세계로 이끌어 그 감수성을 키워준 데 대해서도 쇼는 깊이 감사
하는 마음을 가지고 있었다. 그런 어머니가 여든이 넘은 나이로 돌아가셨을 때의 일을
적은 이 글은 쇼의 필치를 전형적으로 보여주는 것이다.

출처   George Bernard Shaw, *Collected Letters*, 1911-1925, vol. III, Dan H. Lawrence (ed.), Max
Reinhardt, 1985

112

페르디난드 대공의 암살

1914. 6. 28

사라예보에서 한 공범의 기록

보리요베 예프티치

편저자 주 | 이 암살로 오스트리아-헝가리 제국은 원하던바 세르비아 침공의 구실을 얻었고, 그것은 1차 대전 발발로 이어졌다. 19세였던 범인 프린치프는 미성년자로 최고형인 징역 20년을 선고받았다. 그는 1918년 골수 결핵으로 병원에서 숨졌다.

크로아티아 수도 자그레브의 테러리스트 비밀조직이 신문기사를 오린 작은 조각 하나를 아무 설명도 붙이지 않고 베오그라드의 동지들에게 보냈다. 이 종이조각이 온 세계를 휩쓴 1914년 전쟁의 불쏘시개가 된 것이었다. 불길 속에서 오래된, 오만한 제국들이 사라지고 새로운, 자유로운 국가들이 탄생했다.

나는 이 기사를 받은 베오그라드 테러리스트 조직의 일원이었다. 당시 우리 동지들은 극악무도한 범죄자로 간주되고 있었다. 우리 머리에는 현상금이 걸려 있었다. 오늘날에는 자그마한 우리 조직이 다른 시각에서, 선구적 애국집단으로 평가받고 있다. 옛 세르비아의 수도에 있는 한 이름 없는 카페에서 만들어진 우리의 비밀계획이 오스트리아의 지배에서 벗어난 새로운 연방국가 유고슬라비아의 독립을 촉발했다는 사실이 인정되고 있다.

발행부수도 많지 않은 크로아티아 신문 《스로보브란》에서 오려낸 기사는 비엔나에서 보낸 짤막한 전보 내용을 담은 것이었다. 오스트리아의 프란츠 페르디난드 대공이 6월 28일 보스니아 수도 사라예보를 방문하고 인근 산악지대의 군사훈련을 시찰하리라는 내용이었다.

이 기사가 우리 모임 장소인 제아트나 모루아나 카페에 도착한 것은 1914년 4월 뒤쪽의 어느 날 저녁이었다……(생략)……

초라한 카페의 조그만 테이블 하나를 둘러싸고 희미한 가스등 아래 앉아서 우리는 그 기사를 읽었다. 어떤 권유도 요구도 붙어 있지 않았다. 무엇을 할지에 대해 우리를 만장일치의 결정으로 이끄는 데는 네 개의 문자와 두 개의 숫자로 충분했다. "J, U, N, E, 2, 8" 운명의 날짜였다.

어찌 감히 프란츠 페르디난드가, 압제자의 대표일 뿐 아니라 그 자신 오만한 폭군인 그가 바로 그 날짜에 사라예보에 오겠다는 것인가? 고의적인 모욕이 아닐 수 없었다.

6월 28일은 모든 세르비아 사람의 가슴에 깊이 새겨져 있는 특별한 날이다. '비도프난'이라는 이름으로 불리는 날이다. 1389년 옛 세르비아 왕국이 터키에 정복당한 암셀펠데 전투가 있었던 날이다. 또한 2차 발칸전쟁에서 세르비아군이 터키군에 영광스러운 승리를 거두어 과거의 패배와 오랜 예속의 빚을 갚은 날이기도 하다.

새 압제자인 프란츠 페르디난드가 바로 그 날짜에 세르비아의 턱밑에 와서 우리를 짓밟는 수단인 군사력을 시위한다는 것은 있을 수 없는 일이었다.

우리의 결정은 거의 즉각적으로 떨어졌다. 폭군에게 죽음을!

그 다음에는 실행 방법의 문제가 남았다. 대공의 죽음을 확실히 하기 위해 판결을 집행할 인원으로 22명의 단원이 선출되었다. 처음에는 추첨으로 인원을 뽑으려 했다. 이 때 가브릴로 프린치프가 나섰다. 프린치프는 세르비아 역사에 위대한 영웅의 하나로 전해 내려갈 운명의 인물이다. 페르디난드의 처형이 결정된 순간부터 그는 계획수립에 적극적인 영도력을 발휘했다. 그의 제안에 따라 과업은 사라예보 시내와 인근에 있는 동지들 손에 맡겨졌고, 한 세르비아 신문의 식자공인 가브리노비치와 함께 그가 지휘를 맡았다. 두 사람 모두 그 과업에 관련된 모든 능력을 갖춘 것으로 인정되었다.

운명의 날이 밝아 왔다. 프란츠 페르디난드가 사라예보에 도착하기 두 시간 전에 스물두 명의 동지 모두는 각자 정해진 위치에서 무장을 갖추고 대기하고 있었다. 그들은 기차역에서 시청에 이르기까지 대공이 지나갈 길을 따라 500야드 간격으로 배치되어 있었다.

프란츠 페르디난드와 그 일행이 차를 타고 역에서 출발한 후 두 명의 동지는 그대로 지나쳐 보냈다. 사격을 하기에는 차가 너무 빨리 달렸고, 군중 속에는 세르비아 사람들이 있었다. 폭탄을 던질 경우 무고한 사람들이 많이 다칠 상황이었다.

차가 식자공 가브리노비치를 지나갈 때 그가 수류탄을 던졌다. 폭탄은 차 옆구리에 맞았지만 프란츠 페르디난드는 침착하게 몸을 뒤로 젖혀 부상을 면했다. 수행하던 장교 몇 명만이 다쳤다.

차들은 속도를 높여 시청을 향해 달렸고 다른 동지들은 손을 쓸 겨를이 없었다. 시청에서 접견이 끝난 후 오스트리아군 사령관 포티오레크 장군이 프란츠 페르디난드에게 반란자들이 들끓는 그 도시를 떠나도록 간청했다. 대공은 이를 받아들여 최대한 빨리, 가장 빠른 길로 도시를 떠나기로 결정했다.

훈련지역으로 가는 길은 닐가치카강 다리에서 V자 모양으로 예리하게 꺾어졌다. 프란츠 페르디난드가 탄 차는 다리 앞까지 빠른 속도로 달릴 수 있었지만 거기서는 차를 돌리기 위해 속도를 늦추지 않을 수 없었다. 그곳에 프린치프가 버티고 있었다.

차가 앞에 왔을 때 프린치프는 보도에서 걸어 나오며 코트 주머니에서 자동권총을 꺼내 두 발을 쏘았다. 첫 발은 대공부인 소피아의 배에 맞았다. 임신 중이던 부인은 즉사했다.

두 번째 총알이 대공의 심장 가까이 맞았다.

대공의 입에서는 한 마디 말밖에 나오지 않았다. "소피아!" 쓰러진 아내를 부른 것이었다. 그의 고개가 꺾이고 몸이 쓰러졌다. 거의 즉사였다.

1914년 7월 1일 세르비아의 민족주의자 가브릴로 프린치프가 오스트리아-헝가리 제국의 프란츠 페르디난드 대공을 사라예보에서 암살했다. 이 사건은 제1차 세계대전으로 이어지는 비극을 낳았다. 제공: 이탈리아 신문《도메니카 델 코리에르》

군인들이 프린치프를 붙잡았다. 칼등으로 그의 머리를 후려쳤다. 때려서 쓰러뜨리고는 발로 걷어차고, 칼로 목의 껍질을 벗겨내는 등 고문을 가해 거의 죽이다시피 했다.

그 뒤 그는 사라예보 감옥으로 끌려갔다. 이튿날 그는 군 감옥으로 옮겨졌고, 그가 단독범행을 주장했음에도 불구하고 동지들의 연행이 시작되었다.

폭탄을 던진 가브리노비치와 대질시켰을 때 그는 모르는 사람이라고 잡아뗐다. 여러 사람을 데려왔지만 프린치프는 뻔한 사실까지도 악착같이 잡아뗐다.

다음날 프린치프의 발에 족쇄가 채워졌고, 족쇄는 죽을 때까지 그의 발에 붙어 있었다.

그가 보인 유일한 후회의 표시는 대공 부인을 죽인 것이 미안하다는 말이었다. 대공 한 사람에게만 조준을 맞췄고, 다른 사람을 맞춘다면 포티오레크 장군을 맞췄어야 했다는 것이었다.

오스트리아인들은 사라예보에서 혁명가로 알려진 사람을 모두 체포했고, 나도 당연히 그 중에 끼었다. 그러나 사건과 나 사이의 관계를 증명할 아무 증거도 없었다. 나는 프린치프의 옆 감방에 수감되어, 그가 산책을 위해 감옥 마당으로 나와야 할 때는 나도 불려나가 그와 함께 걷곤 했다.

---◈---

"한 발의 총성이 전 세계를 전쟁의 소용돌이 속에 몰아넣었다." 대단히 극적인 장면이다. 물론 현실이 이렇게 극적인 것은 아니었다. 전쟁을 벌일 나라들은 무슨 핑계로라도 전쟁을 벌일 태세가 되어 있었다.

페르디난드 대공의 암살은 당시의 독일 지도자들에게도 뜻밖의 상황이었고, 실제 진행된 것과 같은 전면전을 그들이 바라고 있던 것도 아니었다. 바랄 처지도 아니었다. 중부 유럽의 강국으로 자라나기 시작한 지 반세기도 되지 않은 시점에서 독일은 아직 안정된 정치체제도 성숙시키지 못한 상태였다. 이 미성숙이 경솔한 정책을 초래했고, 오래된 강국들이 힘을 합쳐 신흥 강국의 호전성을 응징할 기회를 주었다.

　1862년 비스마르크(1815~96)가 프러시아 재상에 취임할 때 독일권(오스트리아 포함)에는 신성로마제국의 그림자만이 남아 있었다. 신성로마황제를 겸해 온 오스트리아는 유럽의 일류 강국이었지만 독일권 밖에 많은 영토를 가진 그 나라의 이해관계는 독일권의 단결과 맞지 않았다. 한편 프랑스, 영국 등 서방의 민족국가들이 제국으로 발전하는 모습은 독일권 사람들에게 통일을 향한 막연한 열망을 키워주고 있었다.

　힘이 있으면서도 뜻이 없는 오스트리아를 대신해 독일권 통일의 열망에 부응한 것이 프러시아였고, 그 과업을 앞장서 이끈 것이 비스마르크였다. 그는 1866년의 대 오스트리아 전쟁, 1870~71년의 대 프랑스 전쟁 승리를 통해 민족국가로서 근대 독일의 길을 열었다. 1890년 그가 독일제국 수상직을 사임할 때까지 독일은 일류 강국이 되어 있었고, 과거의 지역 맹주 오스트리아는 독일의 주도권에 순종하고 있었다.

　그러나 대외관계의 화려한 성공 이면에서 독일은 국가체제 형성의 진통을 겪고 있었다. 정치적 후진지역이던 독일에 서방으로부터 흘러들어온 정치사상은 민족주의만이 아니었다. 민주주의가 또 있었다. 비스마르크의 영도력은 '민족의 영광'을 미끼로 민주적 요구를 잠재우는 데 비결이 있었다. 그의 철혈(鐵血)정책은 개발독재의 전형이라 할 수 있다.

　민족의 영광이 만들어지는 과정에서는 국민을 쉽게 만족시킬 수 있었다. 그러나 영광이 기정사실이 되고 나면 약발이 떨어질 수밖에 없다. 1890년 그가 실각할 때, 한편에서 새로 즉위한 젊은 황제 빌헬름 2세(1859~1941, 1888~1918 재위)는 독일제국의 힘을 당연한 자기 것으로 여기고 있었고, 다른 한편 정치계에서는 민주화의 압력이 높아지고 있었다. 양측을 함께 만족시킬 수 없는 상황에서 그는 밀려났다. 그리고 그 조화를 찾는 노력이 큰 진전을 보지 못한 상태에서 독일은 1차대전을 맞게 된 것이었다.

출처　Borijove Jevtic, *New York World*, 29 June 1924

113

독일군의 브뤼셀 통과 행진

1914. 8. 21

리처드 하딩 데이비스

독일군의 브뤼셀 입성에는 인간의 냄새가 없었다. 행군로를 찾는 병사 셋이 자전거를 타고 뒤 레장 대로(大路)에 들어서서 북역(北驛)으로 가는 길을 묻던 그 순간 이후로 인간의 냄새는 사라져 버렸다. 그들 뒤에 온 것, 24시간이 지난 지금까지 계속해서 오고 있는 것은 행진하는 인간들이 아니라 바다의 파도, 눈사태, 강둑을 넘는 홍수와 같은 자연의 힘이다. 이 시각에도 브뤼셀을 진동시키며 통과하고 있는 그것은 코니모 계곡의 불어난 물이 존스타운을 휩쓴 것과 같은 기세다.

적군의 첫 몇 개 연대를 볼 때 우리는 신기해하고 흥분하다가 똑같은 철회색 대열이 세 시간 동안 계속해서 지나가자 싫증이 났다. 그러나 한 시간, 또 한 시간이 지나가도 멈추는 법도 없고 숨쉴 시간도, 대열 속에 빈 공간도 없이 행진이 계속되면서 차츰 괴기스럽고 비인간적인 느낌이 들기 시작했다. 최면에 걸린 듯이 다시 쳐다보게 되는 것이었다. 행진에는 바다 위로 밀려들어오는 안개처럼 신비스럽고 위험스러운 기운이 있었다.

장교와 사병이 모두 입은 제복의 회색이 신비로운 느낌을 더해주었다. 여간 예리한 눈길로는 지나가는 수천 명 사이에 아무 다른 점도 포착할 수 없었다. 모두가 보이지 않는 장막 뒤에서 움직이는 것 같았다. 온갖 재료와 색상의 배합을 가지고 드러나지 않는 색깔을 찾아내기 위한 수없이 많은 엄격한 실험을 거치지 않고는 이 회색을 찾아낼 수 없었을 것이다. 전투 중의 독일군을 감싸고 감추는 색깔로 이것이 선택되었다는 사실은 능률을 추구하며 어떤 조그만 것도 운에 맡기거나 소홀히 하지 않는 독일 참모부의 자세를 여실하게 보여 준다.

완전 반대 상황에서 이 제복을 본다면 이것이 바로 독일 병사에게 최대의 무기라는 것을 확인할 수 있다. 어떤 명사수라도 눈에 보이지 않는 표적을 맞출 수는 없다. 이 회록색은 남북전쟁 때 남군의 청회색과 다른 것이다. 동트기 직전의 회색, 다듬지 않은 강철의 회색, 푸른 나무숲 속의 안개가 띠는 색깔이다.

이 색깔을 처음 본 것은 시청 앞 대광장에서였다. 그 웅대한 광장을 채우고 있는 것이 1개 연대인지 1개 여단인지 판별할 수가 없었다. 돌 속으로 스며들고 오래된 집들의 정면에 휘감기는 안개가 꿈틀대며 떠가는 것처럼 꼭 집어낼 만한 것을 아무것도 보여주지 않았다.

나중에 내 창문 밑, 식물원 나무 밑으로 지나갈 때는 푸른 나뭇잎에 녹아들어 모습을 감췄다. 100야드 밖에서 볼 때 기수가 탄 말은 보이는데 말이 태운 기수는 보이지 않는다는 표현이 과장이 아니었다.

이 제복의 시각적 효과가 과장으로 보일 만큼 강조하는 것은 독일군의 모든 요소 가운데 이것이 가장 중요한 것의 하나로 보이기 때문이다. 전에 프랑스 용기병과 근위병 부대에 갔을 때 경계병을 배치한 것을 보니 노란색 밀밭과 녹색 금작화 덤불을 배경으로 반 마일 밖에서도 알아볼 수 있었다. 그런데 지금 거리를 지나가는 저 군대는 저쪽 네거리에 이르기만 하면 포석(鋪石)의 회색 속에 녹아들어 땅속으로 사라져버린다. 우리 미국군 카키색의 은폐효과는 여기에 비교하면 스페인 깃발과 마찬가지 수준이다.

독일의 브뤼셀 군정장관 폰 야로츠키 장군이 어제 막스 시장에게 말한 것은 독일군이 브뤼셀을 점령하는 것이 아니라 지나가기만 하겠다는 것이었다. 지금까지도 지나가고 있다. 종군기자로 여섯 나라 군대를 따라다녀 보았지만

1914년 8월 21일 독일군이 브뤼셀에 입성했다. 독일군은 브뤼셀 시내를 치밀한 대형을 갖춰 일곱 시간 동안 행진을 이어갔다. 이 때문에 마차 한 대, 수레 한 대도 시내를 가로질러 갈 수가 없었다. 제공: 디 앤 드 에스 사진 아카이브

우리 미국군이나 영국군, 일본군을 비롯해 어느 군대도 이렇게 준비가 철저한 군대를 보지 못했다. 전투 능력을 이야기하는 것이 아니라 장비와 조직만을 놓고 하는 이야기다. 도시로 들어오는 독일군의 움직임은 엠파이어스테이트 특급열차처럼 매끈하고 치밀했다. 정지도 없고 빈틈도 없고 비틀거리는 자도 없었다.

3주간 출동 상태에 있었던 군대인데도, 철모끈 하나 말 편자 하나 빠진 것이 없어 보였다. 대열 속에는 김을 뿜는 화덕을 실은 주방마차도 있었고, 한 시간 이내에 우편마차도 만들어져 우편병들이 대열을 따라 말을 달리며 편지를 나눠주는가 하면 병사들이 그림엽서를 부치고 있었다.

보병은 5열종대로 행진했는데 한 중대에 200명씩이었다. 창기병은 4열이었고 페넌트 하나 빠진 것이 없었다. 속사포와 야포는 한 차례 지나가는 데 한 시간씩 걸렸고, 대포 하나와 그에 따르는 탄약차의 통과가 20초씩이었다.

보병들은 〈조국, 나의 조국〉 군가를 불렀다. 가사 한 줄에 세 발짝씩 나아갔다. 어떤 때는 2,000명의 병사들이 박자를 완벽하게 맞추며 노래 부르고 있었다. 노래가 끝나면 잠시 침묵 속에 징 박은 장화의 발자국소리만이 들리다가 노랫소리가 다시 솟아올랐다. 군가를 부르지 않을 때는 군악대가 행진곡을 연주했다. 그 뒤로는 공성포(攻城砲)가 구르는 둔중한 소리, 바퀴가 삐걱대는 소리, 쇠사슬이 포석에 부딪치는 소리, 그리고 종소리처럼 날카로운 나팔소리가 따랐다.

이렇게 치밀한 대형으로 일곱 시간 동안 행진이 계속되었기 때문에 마차 한 대 수레 한 대도 시내를 가로질러 갈 수가 없었다. 회색 그림자와 같은 강철의 강물이 시내를 흘러간 것이었다. 황혼이 다가오자 수천 마리 말의 편자와 수천 켤레 장화의 징이 뚜벅뚜벅 걸어가면서 포석에 부딪쳐 작은 불똥을 튕기는 것이 눈에 보였지만 불똥을 튕겨내는 사람들은 보이지 않았다.

자정에도 수송마차와 공성포의 통과는 계속되고 있었다. 오늘 아침 일곱 시에 병사들의 발자국소리와 군악대의 흥겨운 연주가 나를 깨웠다. 행진이 밤새 중단 없이 계속되었는지 나는 모른다. 그러나 이제 스물여섯 시간째, 회색의 군대는 안개의 신비로움과 스팀롤러의 완강함을 함께 풍기며 계속해서 지나가고 있다.

헬무트 폰 몰트케(1800~91). 독일에서 가장 추앙받는 군사지도자다. 싸움터에서의 용맹보다 대국적 전략에 밝은 지장(智將)으로, 1857년 프러시아군 총참모장으로 취임한 후 역량을 발휘해, 전쟁의 모습을 바꿔놓는 데 가장 큰 역할을 한 장군의 하나로 꼽힌다.

몰트케는 독일제국 건설의 3총사로 명성을 함께 떨친 오토 폰 비스마르크(1862년 재상 취임), 알브레히트 폰 론(1803~79, 1859년 전쟁상 취임)과 협력하여 군대의 모습을 먼저 바꿔놓았다. 국민개병제(國民皆兵制)를 실시하고 총포와 훈련을 현대화하는 것은 물론, 철로를 작전에 적극적으로 활용하는 정책과 구체적인 작전명령 대신 융통성 있는 일반지침을 쓰도록 해서 현대적 광역전투에 대비했다. 총사령관이 직접 파악하는 범위에서 전투가 진행되던 전통적 전쟁 대신 수백 킬로미터의 전선에서 진퇴를 일제히 조절하는 현대적 전쟁을 도입한 것이다.

몰트케는 또한 국가 차원에서 중장기 전쟁계획을 전망, 그에 대비해 군대를 준비시키는 안목을 발휘했다. 1870~71년의 대 프랑스 전쟁은 그가 "준비 완료"를 선언함으로써 비스마르크가 도발적인 외교노선을 취할 수 있었던 것이다. 그 후에는 프랑스와 러시아의 협공에 대비하는 전략전술 개발에 주력했다. 프랑스, 러시아 외에 영국까지 한꺼번에 적으로 돌리는 1차대전과 같은 상황은 염두에 두지 않은 것이다. 그리고 프랑스와 다시 싸울 경우 전처럼 만만치 않을 것으로 보고 서부전선은 교착상태로 놓아둔 상태에서 러시아와 서둘러 결전을 벌이는 전략을 준비했다.

헬무트 폰 몰트케(1848~1916). 독일에서 가장 경멸받는 군사지도자다. 같은 이름의 아저씨 후광으로 출세해 1차대전 발발 당시 독일군 총참모장을 맡고 있었다. 빌헬름 2세의 오판에는 그의 착오가 중요한 원인이 되었던 것으로 평가된다.

그가 프랑스에 대한 선제공격으로 속전속결을 주장한 것은 반세기 전 그 아저씨의 전략을 흉내낸 것이었지만, 그를 뒷받침하는 안목과 준비가 부족했다. 공격을 신속히 하느라고 벨기에를 통과한 것 때문에 영국의 참전을 쉽게 만들었고, 공격부대의 통제가 안 되어 지구전의 수렁에 빠지게 한 문제가 지적된다. 개전 2개월이 안 되어 경질당했다.

출처　Richard Harding Davis, *News Chronicle*, 23 August 1914

114

프랑스군의 사기 진작

1914. 9. 12

E. L. 스피어스 준장

헛간의 짚단 위에서 막 잠이 깬 드모뒤 장군이 길에 서 있는데 무슨 용무인지 분명히 알아볼 수 있는 한 무리의 병사들이 모퉁이를 돌아왔다. 사병 열둘과 하사관 하나로 구성된 총살대, 그리고 헌병 둘이 무장 안 한 병사 하나를 사이에 끼고 있었다. 처형이 곧 있을 참이었다.

힐끗 쳐다본 드모뒤 장군은 손을 들어 일행을 멈추게 한 다음 특유의 잽싼 걸음으로 사형수에게 다가갔다. 그리고 죄목이 무엇인지 물어보았다. 근무지 이탈이었다. 그러자 장군이 사형수에게 이야기를 시작했다. 군기(軍紀)라는 것에 대해 아주 간단하게 설명했다. 근무지를 이탈한다는 것은 동료들의 기대를 저버리는 짓이며, 나아가 네가 지켜주기 바라는 조국의 기대를 또한 저버리는 짓이라는 것이었다.

그리고 시범(示範)의 필요성을 얘기했다. 가만히 놔둬도 자기 임무를 잘 수행하는 사람도 있지만, 그만큼 강하지 못한 사람들에게는 실패의 궁극적 대가를 알고 이해하도록 가르쳐줄 필요가 있다는 것이었다. 장군은 사형수에게 말했다. 네가 지은 죄는 경미한 것도 아니고 비열한 것도 아니며, 네가 죽어야 하는 것은 다른 사람들이 실패하는 일이 없도록 시범으로 필요하다는 것이었다.

놀랍게도 불쌍한 사형수는 이에 동의한다고 고개를 끄덕이는 것이었다. 불명예의 멍에가 그의 어깨에서 벗겨진 것이었다. 죽어야 한다는 사실에는 변함이 없었지만 자기 자신의 기준에 따른 속죄, 진정한 희망의 길이 그의 마음에 떠오른 것이었다.

장군은 말을 이어갔다. 어떤 형태의 희생이라도 프랑스를 위해 조금이라도 도움이 되는 것이라면 보람 있는 것이라는 자신의 믿음을 사형수에게 옮겨주었다. 이 사실만 안다면 다른 것은 무슨 상관이 있겠는가?

마침내 드모뒤가 손을 내밀며 말했다. "자네의 죽음 역시 프랑스를 위하는 하나의 길일세." 일행은 다시 움직이기 시작했지만 사형수의 모습은 당당하게 변해 있었다.

멀리서 들려온 사격소리가 모든 것이 끝났음을 알려주었다. 눈썹에 맺힌 땀방울을 닦아내고 파이프에 불을 붙이는 드모뒤 장군의 손이 떨린 것은 아마 처음 있는 일이었을지도 모른다.

출처   Brigadier General E. L. Spears, *Liaison 1914*, London, Heinemann, 1930

115

갈리폴리에 온 서퍽 농사꾼

1915. 6

레너드 톰슨

다르다넬스에 도착한 우리는 대포가 뿜는 불빛을 보고 소총 쏘는 소리를 들었다. 우리 배 리버클라이드호는 해안에 곧바로 갖다 댔다. 배에는 구멍을 내고 조그만 잔교(棧橋)를 만들어놓아서 모래밭까지 바로 걸어 내려갈 수 있게 해놓았다.

우리는 모두 그곳, 바로 헬레스폰트 해협 위에 쪼그리고 앉아 날이 밝기를 기다렸다. 제일 먼저 우리 눈에 보인 것은 망가진 터키군 대포였고, 다음으로 눈에 들어온 것은 커다란 천막이었다. 천막 모습에 나는 전쟁이 아니라 마을 축제 생각을 떠올렸다. 다른 사람들도 마찬가지 생각이었던 듯, 서커스 장에 몰려가는 아이들처럼 모두 그리로 달려갔고, 가 보니 천막 문이 끈으로 묶여 있던 것이 생각난다. 끈을 풀고 달려 들어가 보니 시체가 가득했다. 줄줄이 쌓여 있는 영국군 시체들은 눈을 부릅뜨고 있었다.

우리는 모두 말문이 닫혔다. 시체를 한 번도 본 적이 없는 내 눈앞에 2~300구 시체가 쌓여 있는 것이었다. 여기서 우리는 처음으로 공포를 느꼈다. 아무도 이런 말을 해준 일이 없었다. 나는 큰 충격을 받았다. 거기서 서퍽을 떠올릴 때, 아주 행복한 장소였다는 생각이 처음으로 들었다.

그 날 우리는 벌판을 행군해 전선으로부터 1마일 반 이내까지 들어갔다. 믿을 수 없는 일이었다. 우리가 전쟁터에 와 있다니!

우리가 도착한 장소는 적군에게 보이지 않기 때문에 '사각지대'라 부르는 곳이었다. 우리는 조그만 네모 구멍 안에 들어가 누웠는데, 내 바로 옆은 마을에서 온 제임스 시어즈였다. 시어즈는 서른가량의 나이로 결혼한 사람이었다. 그 날 저녁 우리는 사각지대 안을 거닐며 한 달가량 앞서 도착한 친구들 안부를 나눴다.

"어니 테일러는 어떻게 지내는가?" "어니? 그 친구 갔어." "앨버트 패터노스터 본 일 있나?" "앨버트? 그 친구 갔어." 300명이 '갔고' 700명이 남아있다면 괜찮은 편이라는 것을 알게 되었다. 우리 이름이라는 것이 얼마나 가치 없는 것인지 비로소 알게 되었다.

나는 그 날 밤 보초를 섰다. 스콧이라는 친구가 가르쳐 주기를 딱 1초 동안만 머리를 쳐들어야 하고, 그 1초 사이에 최대한 많이 눈에 담아야 한다고 했다. 참호를 따라 세 사람마다 하나씩 보초였다.

다음날 밤 우리는 제3선 참호로 옮겨야 했고, 구르카족 부대가 공격에 나서는데 우리가 엄호를 해줘야 한다는 말을 들었다. 그런데 통신 참호에 도착해보니 시체가 가득 차 있어서 몸을 움직일 공간도 없었다. 시체는 얼굴이 시커매져서 터키군인지 영국군인지 판별하기도 어려웠다. 악취가 너무나 끔찍해서 한동안 산 사람이 죽은 사람 위에 토하고 있는 모습뿐이었다.

그날 밤 또 보초를 섰다. 전날과 마찬가지로 모든 참호에 '헛, 둘, 보초, 헛, 둘, 보초' 식이었다. 옆 자리 보초는 꽤 잘 아는 녀석이었다. 서퍽에서 밭을 갈면서 쟁기 끄는 말들에게 노래 불러주고 있는 것을 본 기억이 났다. 이제 그 녀석이 화들짝 놀란 기색으로 큰 비명을 지르며 뒤로 넘어졌다. 죽어 있었다. 그래도 빨라서 좋구나, 하고 나는 생각했다.

6월 4일 우리는 언덕 꼭대기에 올라섰다. 터키군 참호를 점령하고 그곳을 지켰다. 13고지라 부르는 곳이었다. 다음날 우리는 임무가 교대되어 세 시간 휴식을 명령받았는데, 30분도 안 되어 고지를 넘겨받은 연대가 뜀박질을 하며 돌아왔다. 터키군이 돌아와 자기네 참호를 탈환한 것이었다.

6월 6일, 내가 좋아하던 장교를 위시해서 수없는 전우들이 목숨을 잃었지만 13고지 재탈환에는 겨우 성공했다. 엄청난 혼란과 살육을 목격했다. 총을 들지 않은 병사들이 "알라, 알라!"를 외치고 있었다. 터키말로 그들 신의 이름이라고 했다. 하리지에서 함께 출정한 60명 중 남은 것이 세 사람뿐이었다.

시체 파묻는 작업을 시작했다. 참호 벽에 붙여 밀어놓고 흙으로 덮었지만 어느 부위인가가 흙을 헤치고 자꾸 삐져나오는 것이 마치 불편한 침대에서 잠을 자는 사람들 같았다. 손이 제일 심했다. 모래를 비집고 나와 가리키기도 하고 빌기도 하고, 심지어 흔들기까지 하는 것처럼 보였다. 손 하나는 우리 모두가 지나칠 때마다 악수를 하며 "안녕하시오?" 점잖은 목소리로 인사를 하던 것도 있었다. 한 사람도 빠지지 않고 인사를 했다.

참호 바닥은 밑에 묻혀 있는 시체들 때문에 매트리스처럼 푹신푹신했다. 밤중이면 악취가 더 심해졌는데, 우리는 크레이프 천으로 코와 입을 감쌌다. 크레이프 천은 가스 공격에 대비해서 지급된 것이었다. 밤이면 파리떼가 참호 안에 날아 들어와 마치 움직이는 담요처럼 모든 표면을 덮었다. 삽으로 참호 벽을 두들겨 수백만 마리를 죽였지만 다음날 밤이면 똑같았다. 우리는 모두 더러운 꼴이었고 이질에 걸려 설사가 그치지 않았다.

우리는 울었다. 무서워서 운 것이 아니라 우리 지저분한 꼴이 서러워서 울었다.

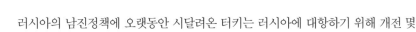

러시아의 남진정책에 오랫동안 시달려온 터키는 러시아에 대항하기 위해 개전 몇 달 후 동맹군에 가담했다.

1915년 1월 캅카스 지역에서 불리한 전황에 빠진 러시아는 연합국들에게 터키의 힘을 분산시킬 작전을 펼쳐달라고 간청했다. 그래서 다르다넬스 해협 서쪽의 갈리폴리 반도에서 2월부터 연합군의 작전이 시작되었고 4월 하순부터 병력이 상륙했다. 그러나 터키군의 완강한 저항으로 참혹한 혈전이 된 갈리폴리 작전은 20여만의 희생자를 낸 채 그 해 연말에 중단되었다.

출처   Leonard Thompson, in Ronald Blythe, *Akenfield*, 1969

116

백스터 병장의 무공훈장

1915. 9

로버트 그레이브스

9월 24일 아침부터 10월 3일 밤 사이에 나는 모두 여덟 시간 잠을 잤다. 그 기간에 깨어 있고 살아 있는 것은 하루에 한 병가량씩 마신 위스키 덕분이었다. 그 전에는 전혀 마신 적이 없었고 그 후로도 별로 마시지 않게 된 물건인데 그때는 확실히 도움이 되었다. 우리에게는 담요도 없고 외투도 없고 방수포도 없었으며, 거처를 새로 만들 재료도 시간도 없었다. 비는 억수같이 내렸다.

밤마다 우리는 나가서 다른 대대의 전사자 시체를 가져왔다. 여기에 대해서는 독일군이 계속 관대했기 때문에 우리 중에는 사상자가 많이 나오지 않았다. 하루 이틀이 지나자 시체가 부풀면서 악취를 풍기기 시작했다. 시체 운반을 감독하다가 토한 적이 한두 번이 아니었다. 독일군 철조망 안에 있어서 가져오지 못한 시체는 계속 부풀다가 배가 저절로 터지기도 하고 총알에 맞아 터지기도 했다. 그럴 때마다 진짜 지독한 악취가 우리 참호까지 흘러왔다. 시체의 얼굴색은 흰색에서 시작해 황회색, 적색, 자주색, 녹색, 검은색을 거쳐 나중에는 끈적끈적하게 변해 갔다.

27일 아침 중간의 무인지대에서 외침소리 하나가 들려왔다. 미들섹스 부대의 부상병 하나가 이틀 만에 의식을 되찾은 것이었다. 독일군 철조망 가까운 곳에 누워있었다. 그 소리를 듣고 우리 병사들은 서로 얼굴을 쳐다보았다.

백스터라는 이름의 마음 고운 병장이 하나 있었다. 자기 분대 보초병이 근무를 끝내고 돌아오면 반합에 뭐 한 가지라도 끓여주곤 하는 친구였다. 미들섹스 부상병의 외침을 듣자마자 그는 참호 안을 뛰어다니며 함께 데리러 갈 지원자를 찾았다. 물론 가려는 사람이 아무도 없었다. 흙벽 위로 고개를 내미는 것이 바로 죽음을 의미하는 상황이었으니까. 그가 달려와 내게 물었을 때 나는 중대 내에 장교가 나 하나뿐이라는 이유로 사양했다. 지금은 안 되고, 해가 진 뒤에 같이 가자고 했다.

그래서 그는 혼자서 갔다. 흙벽을 잽싸게 뛰어넘은 다음 손수건 하나를 흔들며 무인지대를 걸어갔다. 독일군은 위협사격을 가해 보다가 그가 물러서지 않자 다가오도록 놓아두었다. 백스터는 독일군 앞으로 계속 걸어가서 미들섹스 병사 있는 곳에 이르자, 멈춰 서서 손가락으로 가리켜 자기 목적이 무엇인지를 독일군에게 알렸다. 그런 뒤 부상병의 상처에 간단한 치료를 해주고, 가지고 있던 럼주와 비스킷을 준 다음, 해 질 때 다시 오겠다고 약속했다.

그는 약속을 지켰다. 들것조를 데려갔고, 부상병은 결국 돌아왔다. 나는 이 행동을 목격한 유일한 장교로서 백스터를 빅토리아 십자훈장에 추천했지만, 당국자들은 무공훈장(Distinguished Conduct Medal) 정도의 가치뿐이라고 판단한 모양이다.

출처   Robert Graves, *Goodbye to All That*, Cassell, 1929

117

U보트 202호의 공격

1916. 4

아돌프 K. G. E. 폰 슈피겔

증기선은 우리 배에 가까이, 엄청나게 크게 보였다. 조그만 호루라기를 입에 문 선장이 선교(船橋) 위를 걷고 있는 것이 보였다. 앞간판을 청소하고 있는 선원들에 이어 눈에 들어온 것을 보고 나는 놀라움과 함께 가벼운 전율을 느꼈다. 갑판마다 나무 칸막이가 길게 늘어서 있었고, 그 사이사이로 검은색과 갈색으로 빛나는 말들의 등이 보였던 것이다.

"아이고 저런, 말이라니! 저 멋진 놈들 불쌍해서 어쩌나!"

"하지만 어쩔 수 없지," 나는 생각을 이어갔다. "전쟁은 전쟁이니까. 그리고 서부 전선에 말 수가 많고 적은 것도 영국군 전투력에 직결되는 문제니까." 그러나 벌어질 장면을 상상한다는 것이 내게 즐거운 일이 아니었다는 사실은 인정하고, 실제 일어난 일의 기술도 가능한 한 간략하게 하려 한다.

증기선의 방향은 꼭 맞는 위치에서 몇 도(度) 모자라는 상황이었다. 거의 다와 있었다. 거리도 몇백 미터 정도로 아주 좋았다.

"어뢰 발사 준비!" 관제실에 대고 내가 소리쳤다.

이것은 모든 승무원에게 주의를 주는 명령이었다. 모두들 숨을 죽이고 기다렸다.

이제 증기선의 뱃머리가 잠망경의 기준선을 가로질렀다. 뒤를 이어 앞간판, 선교, 앞돛대, 그리고 굴뚝이……

"발사!"

가벼운 진동이 배를 흔들었다. 어뢰가 떠난 것이었다.

죽음을 가져올 발사는 정확하게 이뤄졌고, 어뢰는 빠른 속도로 운명의 배를 향해 달려갔다. 그 궤적은 뒤에 남기는 조그만 방울들로 정확하게 알아볼 수 있었다.

"20초!" 조타수가 읊었다. 시계를 손에 들고 있는 그에게는 어뢰의 발사와 격중(擊中) 사이의 정확한 시간을 재는 책임이 있었다.

"23초." 금방, 이제 금방, 그 무섭고 끔찍한 일이 벌어질 것이었다. 선교 위의 사람들 눈에 어뢰의 거품 궤적이 떠었다는 것을 알 수 있었다. 놀란 사람들의 팔들이 물위를 가리키고 있었고, 선장은 체념한 모습으로 두 손으로 눈을 가리고 있었다. 이어 무서운 폭발이 터지고, 그 충격으로 우리 몸이 휘청거리며 서로 부딪쳤다. 그리고는 200미터 높이에 50미터 폭의 거대하고 장엄한 물줄기가 무서울 정도의 아름다움과 힘을 뿜내며 화산처럼 하늘을 향해 솟아올랐다.

"두 번째 굴뚝 뒤쪽에 격중!" 관제실을 향해 내가 소리쳤다.

아래 있는 승무원들은 열광해서 어쩔 줄을 몰랐다. 긴장에서 풀려난 그들 마음에서 솟아난 열광은 물결처럼 선내를 휩쓸고 기쁨에 찬 그 메아리가 사령탑에 있는 내게까지 전해졌다. 저쪽은? 전쟁은 사람에게 혹독한 일을 강요한다. 정통으로 얻어맞아 가라앉고 있는 배 위에서는 참혹한 드라마가 연출되고 있었다. 배는 우리 쪽을 향해 심하게 기울어져 있었고, 기울기는 빠른 속도로 더해가고 있었다.

갑판 전체가 내 눈에 들어왔다. 출입구마다 절망에 빠진 사람들, 시커먼 화부들, 장교들, 병사들, 마부들, 요리사들이 뒤얽혀 갑판으로 나오려 버둥대고 있었다. 모두들 소리를 지르며 구명정을 향해 달려가고 있었고, 구명정 있는 곳으로 내려가는 사다리에서는 서로 밀고 밀리고 있었다. 기울어진 갑판 위에서는 구명대를 차지하려 아귀다툼을 하고 있었다. 우현(右舷)의 구명정은 배가 기울어진 때문에 내릴 수가 없었다. 따라서 모두 좌현(左舷)으로 몰려들었는데, 공황상태에서 서두르기 때문에 좌현의 구명정들도 어리석기 짝이 없게 반만 채우거나 너무 태우고 내려갔다. 뒤에 남은 사람들은 절망감에 빠져 손을 쥐어 짜며 갑판 위를 이리 뛰고 저리 뛰고 하다가 마침내는 구명정까지 헤엄쳐 갈 양으로 물속에 뛰어들었다. 이어 두 번째 폭발이 일어나고 모든 출입구와 현창(舷窓)으로부터 하얀 김이 쉭쉭대며 쏟아져 나왔다. 하얀 김을 쐰 말들은 미쳐 날뛰었다. 긴 꼬리에 얼룩진 회색의 아름다운 말 한 마리가 난간을 훌쩍 뛰어넘어 사람들이 가득 탄 구명정 위로 덮쳐 내리는 것이 보였다. 그 시점에서 나는 차마 더 바라볼 수가 없어서 잠망경을 내리고 깊이 잠수하라는 명령을 내렸다.

❖

독일은 제국 출범 후 수십 년간 해군 건설해 주력해서 1차대전 발발 당시에는 당당한 해군력을 보유하고 있었다. 그러나 오랜 전통을 가진 영국 해군에게는 손색이 있었다. 함정 수에서부터 3 대 2 정도로 밀렸다.

해군력의 전반적 열세 때문에 독일은 정면대결을 회피하면서 기뢰와 잠수함에 많이 의존했다. 특히 무역 봉쇄 작전에서 독일은 위치에서도 불리했기 때문에 U보트를 매우 적극적으로 활용했고 그 공격방법도 냉혹했다. 1914년 10월 상선을 처음 공격할 때는 미리 경고해서 승무원들을 대피시킨 다음 격침시켰으나, 얼마 안 있어 경고 없는 격침이 관행이 되어 이듬해 5월에는 정기여객선 루시타니아호 격침으로 1,000여 명의 익사자를 내기도 했다. 무고한 인명 살상으로 미국을 비롯한 중립국의 지탄을 받은 독일은 1915년 9월 이후 무차별 공격을 자제하는 쪽으로 방향을 돌렸지만 전쟁이 계속 치열해지는 데 따라 U보트 공격을 다시 확대했고, 결국 1917년 3월 하루에 세 척의 미국 상선을 격침시킴으로써 미국이 참전하는 직접 계기를 만들어주었다.

출처   Adolf K. G. E. von Spiegel, *U-Boat 202*, tr. Barry Domvile, 1919

118

솜강 전투, 제21 부상자 구호소

1916. 7. 1~3

존 M. S. 워커 신부

7월 1일 토요일. 7시 30분, 하늘과 땅이 뒤집어지는 듯 광란의 시간이 시작되었다. 우리 편의 모든 대포가 전력을 다한 사격을 한 시간 넘게 계속했다. 우리 위 베이유에 가까운 산 양쪽으로 커다란 관측용 기구 열여덟 개가 걸려 있는 것이 보였다. 비행기가 오락가락했고, 아침 안개와 포연으로 경치가 흐릿했다.

늦은 아침을 먹으러 돌아오자 곧 독일군 포격에 다친 병사들이 들어오기 시작했다. 부상병은 하루 종일 계속해서 실려 왔지만, 오늘의 전투가 얼마나 자랑스러운 승리인지 이야기하며 쾌활한 기색이었다.

부상자들은 문자 그대로 쌓아놓을 수밖에 없었다. 침대는커녕 천막이건 헛간이건 창고건 바닥에 누울 자리라도 얻으면 다행이다. 의사들이 트로이 용사들처럼 열심히 일했지만 수술을 못 받아 죽는 자들이 부지기수다. 부상자 구호소는 모두 넘쳐나고 있다.

같은 날. 1,500명이 들어 있는데 계속 더 들어오고 있다. 장교가 300~400명. 대단한 장면이다. 끔찍한 상처를 가지고 고통 속에 누워 있는 장병들 중에는 정말 인내력이 강한 사람들이 많지만 시끄러운 사람들도 있다.

들것 하나에 다가가 이마를 만져보니 차갑다. 성냥불을 켜 보니 죽어 있다.

여기 영성체 하나, 저기 사죄성사(赦罪聖事) 하나, 여기 물 한 모금, 저기 미치광이 하나, 그리고 저기 온수병 하나 등등…….

미치광이 하나가 욕지거리를 뱉으며 발버둥치고 있는데 내가 물을 주니 내 손을 물어뜯으려 하고 물을 내 얼굴에 내뿜었다. 참으로 이전의 모든 경험을 무색하게 만드는 새로운 경험이다. 아, 너무 피곤해서 더 쓰지 못하겠다.

7월 2일. 엄청난 날이었다. 병원 안에는 영성체를 올릴 공간조차 없어서 실내에서는 성사를 올릴 수 없다고 대령이 말했다. 다행히 날씨가 좋아서 수녀들 숙소 뒤의 나무 위에 휴대용 제단을 차려놓았다. 그리고 하루 종일 들것 옆에 쪼그리거나 무릎 꿇고 앉아 영성체 등을 올렸다.

두 차례 매장하러 갔는데, 물론 옆의 밭에 파놓은 구덩이를 쓴 것이었다. 제일 먼저 성별식(聖別式)을 올리는데 돌아서 보니 밭에서 일하던 노인이 흙 속에 무릎을 꿇고 있었다. 서른일곱을 매장했지만 몇은 내일 매장하기 위해 남겨뒀다.

다른 어디보다 서글픈 장소는 중환자 병동이다. 두 개의 커다란 천막을 이어 죽어가는 장교와 사병들로 채워놓은 이곳은 포기한 병동인데 물론 당사자들은 그런 줄 모르고 있다. 더 쓸 수가 없다. 너무나 피곤한데 환자들 편지를 대신 써줄 것도 있다.

7월 3일. 이제 전쟁의 흉측함을 좀 알 것 같다. 병력이 다시 곱절로 증강되었다고 하지만 무슨 소용인가, 하루에 1,000명씩 중상자가 나오는 판에. 의사들도 잠을 자기 시작했다. 밤낮을 계속해서 며칠 일하다 보니 이런 상황이 몇 달씩 계속될 수도 있다는 것을 깨닫게 되었다. 베르당에서처럼. 커다란 승리 소식을 듣기도 하지만 당연히 패배도 있고, 영국군과 독일군 시체가 산처럼 쌓인다는 이야기도 들린다.

아, 끔찍한 부상자들이 가득 차 있는 우리 병동, 천막, 헛간들을 보여주고 싶다. 배에, 가슴에, 관통상을 입고 죽어가는 사람들이 줄지어 누워 있는 것을 보여주고 싶다. 대퇴골이 복잡파쇄된 부상병들이 걸어다닌다. 진짜 비밀이지만, 나는 모르핀을 조금 구해서 캘커타 블랙홀과 같은 중환자실에 들어가 놓아주기도 한다.

2~300명의 독일 부상병들이 누워 있는 긴 천막에 들어가 보면, 우리 부상병들조차 제대로 돌봐주지 못하는 상황에서 그들이 어떤 대접을 받고 있을지는 가히 상상이 될 것이다. 그들의 비명과 신음소리는 듣기가 괴로울 정도이고, 우리 장병들보다 덜 불쌍하다는 마음은 전혀 들지 않는다.

<hr>

프랑스 북부의 전선, 독일 입장에서 보아 서부전선은 개전 초기부터 참호전의 교착상태에 빠져 있었다. 독일군 참모부는 이 참호전에 압력을 더해 프랑스의 계속 출혈을 강요함으로써 말려 죽인다는 작전을 채택했다. 그래서 1916년 2월부터 베르당 지역에 대한 공격을 강화했다.

그해 봄에서 여름까지 연합군의 작전은 베르당에 대한 독일군의 집중력을 완화시키는 데 기본 목표를 둔 것이었다. 7월 1일부터 시작된 솜강 공세는 그런 작전의 연장선상에서 구상된 것이었고, 공세의 주도권을 독일군에게서 빼앗아 오려는 목적을 가진 것이었다.

솜강 전투는 양측 다 성과 없이 피만 흘리고 끝났다. 11월 중순까지 연합군은 5마일 거리를 진격했는데 그동안 60여만의 사상자를 냈다. 독일군 피해는 44만이었다. 작전 첫날 하루 동안 영국군 피해가 6만 명이나 될 정도로 솜강 전투는 1차대전의 참혹성을 대표하는 전투였다.

출처 Reverend John M. S. Walker, in Michael Moynihan (ed.), *People at War 1914-1918*, David & Charles, 1973

119

전장에 처음 나타난 탱크

1916. 9. 15

버트 체이니

땅을 이상하게 울리는 소리가 들리더니 생전 본 적이 없는 커다란 기계 괴물 세 마리가 우리를 향해 어슬렁어슬렁 다가왔다. 내가 받은 첫 느낌은 금방이라도 코를 박고 앞으로 엎어질 것 같다는 것이었는데, 꼬리와 뒤쪽의 작은 바퀴 두 개가 그 놈들을 붙잡아 균형을 잡아주고 있었다. 거대한 금속덩어리인 그놈들의 양쪽은 캐터필러 바퀴가 몸체를 온통 휘어감고 있었다. 양쪽이 튀어나와 있고 튀어나온 곳에 문이 하나씩 있었으며, 회전포가(回轉砲架) 위에 안장(鞍裝)한 기관총이 양쪽으로 삐져나와 있었다.

엄청난 크기의 휘발유 엔진이 내부공간의 대부분을 차지하고 있었다. 문 뒤마다 오토바이식 안장이 하나씩 있었고 탄약띠를 넣고 운전병들 앉을 자리가 겨우 남았다……(생략)……

우리에게 할당된 세 대의 탱크는 독일군 진지를 향해 나아가는 대신 우리의 전선에 걸치고 멈춰 서서 우리 오른쪽 왼쪽으로 지독한 기총소사(機銃掃射)를 퍼붓기 시작했다. 괴물 같은 놈들이 코를 하늘로 쳐들고 버티고 앉아서는 회전포가를 돌려가며 미친 듯이 기관총을 쏘아대 우리 참호의 벽을 뭉개놓고 있었다.

모두가 뛰어서 몸을 숨기고 대령님만 남았다. 대령님은 흙벽 위로 뛰어올라가 목청껏 소리쳤다. "전령, 전령, 가서 저 탱크들 사격을 당장 중지하라고 해. 당장 말이야." 그 때 적군의 사격은 거세지고 있었는데도 탱크들이 우리 편에 대고 쏘아대는 것을 본 대령님은 자신의 안전도 돌보지 않고 앞으로 달려가 탱크 한 대의 옆구리를 지팡이로 마구 후려쳐 탱크병들의 주의를 끌려 했다.

엔진소리와 사격소리에 파묻혀 좁은 공간에 갇혀 있는 탱크병들은 대령님이 두드리는 소리를 듣지 못했지만 공격하고 있는 참호가 틀린 것임을 마침내 깨달았다. 결국 앞으로 나아가 독일놈들이 혼비백산해서 호랑이 앞의 토끼떼처럼 달아나게 만들었다.

내연기관을 써서 막강한 '전쟁기계'를 만들려는 노력은 당시까지 유럽 여러 나라에서 있어 왔다. 여기에 앞장선 영국은 미국 홀트 회사의 트랙터를 개조해 최초의 탱크를 만들어 솜강 전투에 처음으로 36대를 투입했다. 30톤 무게에 시속 4마일의 속력을 가진 당시의 탱크가 처음에는 적군을 놀라게 하는 것 외에 별 능력이 없는 것 같았지만, 1917년 11월의 캉브레 전투에서 474대의 탱크가 동원되어 그 돌파력을 과시했다.

출처   Bert Chaney, in Michael Moynihan (ed.), *People at War 1914-1918*, David & Charles, 1973

120

서부전선의 새들

1916

H. H. 먼로

전투가 벌어지는 지역에서 전쟁이 유발하는 엄청나게 큰 경제적 교란과 비교해 보면 같은 지역의 새들의 생활에 일어나는 변화는 극히 적은 것으로 보인다. 집쥐와 들쥐들의 서식조건이 바뀌어 전투지역으로 몰려들고, 그 뒤를 따라 올빼미, 특히 헛간올빼미의 이동이 다소 일어나 쥐의 수를 상당히 줄이는 공로를 세웠다. 올빼미의 사냥 성과는 간단히 평가할 수 없다. 참호에 살면서 밤중에 병사들의 얼굴을 운동장으로 쓰는 쥐들은 얼마든지 남아 있으니까.

헛간올빼미의 주거조건에는 여유가 있는 상황이다. 전투지역에 있는 온전한 헛간들은 대개 숙소로 징발당하지만, 무너진 집들은 얼마든지 있다. 온 동네, 온 마을이 올빼미의 주거로 제공되는 것은 니네베와 바빌론이 인간의 손으로 파괴된 이래 인류 역사상 처음 있는 일이다. 사람이 살면서 경작하지 않는 곳에는 곡식도 없고 쓰레기도 없으니 따라서 쥐도 적었을 것이고 니네베의 올빼미들은 사냥거리가 풍족하지 않았을 것이다. 여기 프랑스 북부에는 폐허와 쥐 양쪽 다 무제한으로 올빼미에게 주어져 있고, 이 새는 여름만이 아니라 겨울에도 번식하는 종류이니 불어나는 전쟁쥐에 대응하여 전쟁올빼미도 그 수가 크게 늘어날 전망이다.

올빼미를 제하고는 시골의 조류 생활에 전쟁이 큰 변화를 가져오는 것 같지 않다. 전투지역 부근에 까마귀가 엄청나게 많을 것으로 사람들은 상상하는데, 실제로는 전혀 보이지 않는다. 얼른 떠오르는 이유는 폭탄의 소리와 냄새를 피해 까마귀떼가 도망갔다는 것이지만, 얼른 떠오르는 이유가 흔히 그렇듯 이것은 잘못된 짐작이다.

참새는 통상 총을 무서워하고 소리에 매우 민감해서 헛간 문이 닫히는 소리나 딱총소리 하나에도 온 동네 참새가 한꺼번에 날아오르는 것이 예사다. 여기서는 보니까 멀지 않은 곳에서 포탄이 터지고 신경질적인 기관총 소리가 사방에서 울리는 가운데 참새들이 침착하게 파괴된 마을의 쓰레기더미를 뒤지고 있다. 한가한 일요일 오후 영국의 어느 평화로운 풀밭에서 놀고 있는 것과 다를 바 없는 느긋한 태도였다. 독일군의 무서움이 다른 데서는 어떻게 통했는지 몰라도 프랑스 동북부 참새에게는 전혀 통하지 않는다. 참새의 배짱이 과거 어느 때보다도 든든해졌기 때문에 장차 이 지방에서 씨 뿌린 밭의 참새 쫓는 일을 맡는 아이들은 임무 수행을 위해 참새를 겁줄 수 있는 특단의 수단을 마련해야 할 것이다.

까마귀와 까치는 포탄이 휩쓸고 간 구역 안에서도 둥지를 틀고 있다. 한번은 조그만 너도밤나무 숲 위에서 까마귀 두 마리가 새매 두 마리와 전투 중인 것을 보았는데, 그 때 바로 위 저 높은 곳에서는 연합군 전투기 두 대가 적기 두 대와 교전을 벌이고 있었다.

헛간올빼미와 달리 까치들은 전쟁의 파괴로 인해 집터 선택의 범위가 크게 줄어들었다. 애용해 오던 포플러 나무가 숲째로 뭉개져 부러지고 찢어진 줄기만이 줄지어 서 있다. 그래도 이 나무가 그리도 좋은지, 까치 한 쌍은 부러진 포플러 그루터기 위에 집을 지었는데 나무보다 까치집이 더 클 정도였다. 멜로즈 수도원의 폐허에서 대주교 취임식이 열리는 것을 구경하는 기분이었다.

전에는 두렵기만 하던 인간, 땅의 주인으로서 어디에고 당당하게 돌아다니던 인간이 이제 숨어서 기어 다니고, 자기 몸이 눈에 띨까봐 어느 겁 많은 야생 동물보다 더 전전긍긍하는 것을 보며 원래 천성이 조심스럽고 의심 많은 까치들도 재미있어 할 것이다.

쥐를 무척 좋아하는 말똥가리는 전쟁의 위험을 좋아하지 않는지 내 눈에 한 마리도 띠지 않았지만 황조롱이는 전투가 가장 치열한 곳에서도 하루 종일 떠다니고, 쥐가 많음직한 장소에서 갑자기 검은색이나 노란색 흙더미가 하늘로 솟구쳐 올라도 크게 상심하는 기색을 보이지 않는다. 새매는 상당히 숫자가 많고, 전선의 1~2마일 뒤에서 떡갈나무 숲 위를 나는 것을 본 두 마리 매는 붉은 다리송골매로 보였다.

러시아 생물학자들의 보고를 보면 동부전선에서 전쟁이 조류 생활에 끼친 영향은 이쪽보다 뚜렷한 모양이다. "전쟁의 첫 1년 동안 참새는 사라졌고, 들판에서 종달새 소리가 들리지 않게 되었으며, 야생비둘기 역시 없어졌다."

이 지역의 벌판과 경작지는 참호로 주름투성이가 되고 조각조각이 났으며 포탄구멍으로 벌집이 되었지만 종달새는 떠나려 하지 않는다. 비 오는 새벽 동트기 전 으슬으슬하고 희미한 어둠의 시간, 비에 흠뻑 젖어서도 경계태세를 풀지 않고 있는 보초병 몇과 몰려다니는 쥐떼 외에 아무것도 살아 있지 않은 것 같은 때, 갑자기 종달새가 하늘로 솟아오르며 환희에 찬 노랫소리를 쏟아낼 때, 그 소리는 억지스럽고 거짓스럽게 들린다. 그놈들 성질이 아무리 태평하다 해도 흙덩어리가 파헤쳐지고 포탄구멍이 숭숭 뚫린 그 황량한 폐허 속에서 새끼까지 칠 수 있으리라고는 정말 상상하기 어렵다. 그러나 한 번, 다소 황급하게 땅바닥에 납작 엎드려야 했던 상황에서 엎드리고 보니 하마터면 종달새 새끼 몇 마리를 깔고 엎드릴 뻔했던 것이었다. 두 마리는 이미 무엇에 맞았는지 뭉개져 있었지만 살아있는 놈들은 보통 둥지 안에 있는 것과 다름없이 조용하고 편안한 모습이었다.

파괴된 어느 숲(역사 속에서 이름을 얻어 가진 숲이었지만 여기서는 이름 없는 숲으로 해둔다) 한 모퉁이에 마치 1개 사단의 포대 전체가 갑자기 작심하고 화력을 집중한 것처럼 폭약과 파편과 기관총알이 작렬하고 있는 순간에 조그만 암놈 되새 한 마리가 푸른 잎 하나 남지 않은 나뭇가지들이 부러져 떨어지는 사이를 부지런히 이리 홀쩍 저리 홀쩍 날아다니고 있었다. 거기 누워 있던 부상병 중에 그 작은 새를 본 자가 있었다면, 어째서 날개를 가진 놈, 그리고 거기 꼭 있어야 할 이유가 없는 놈이 다른 데 가지 않고 거기 있는 까닭이 무엇인지 의아해 했을 것이다.

파괴된 숲 옆에는 짓이겨진 과수원이 있었는데, 아마 되새가 그곳을 떠나지 못한 이유는 둥지에 있는 새끼들에게 먹이를 주기에는 너무 무섭고, 떠나기에는 모성이 허락하지 않은 것이 아닐까 한다. 나중에 되새 몇 마리가 숲으로 날아 들어왔는데, 이 숲을 먹이 구하러 가는 길로 써 온 것이 틀림없었다. 그러나 앞서의 암놈과 달리 새로 온 놈들은 상황을 보자 혼비백산해서 얼른 도망가 버리는 꼴이었다.

그밖에 그곳에서 본 새는 떨어진 나뭇가지 위를 나지막하게 날아다닌 까치 한 마리뿐이었다. 옛날 미신에서는 '슬픔의 새'라 하는데, 그 숲에는 참으로 슬픔이 넘쳐흐르고 있었다.

영국 사냥터지기들의 야생 조류에 관한 지식은 대개 좁고 비뚤어진 경향이 있어서 강인한 성질의 새들까지 포함해 모든 새를 신경쇠약 환자로 보는 신앙 아닌 신앙이 널리 퍼져있다. 메추라기가 둥지를 튼 들판으로 강아지 한 마리가 지나가기만 해도, 황조롱이 한 마리가 울타리 위로 날아다니기만 해도, 넋을 잃을 정도로 겁을 먹은 새는 품고 있던 알도 팽개치고 도망쳐 옆 고을로 날아가 버린다는 것이 그들의 믿음이다.

전투지역의 메추라기는 그렇게 예민한 감수성을 보여주지 않는다. 차량이 덜컹대고 우르릉대는 소리, 쉴 새 없는 부대의 이동, 끊임없는 소총의 따각소리와 귀가 멀 듯한 대포소리, 밤새 이어지는 조명탄의 섬광과 예광탄의 꼬리, 어느 것도 이 지방의 새들을 자기네 생활의 터전에서 몰아내지 못했고, 나타난 모든 정황으로 보건대 그들의 번식도 방해하지 못하고 있다. 병사로 복무하고 있는 사냥터지기들은 이 기회를 이용해 자연에 대한 유용한 공부를 좀 할 수 있을 것이다.

헥터 휴 먼로(1870~1916)는 버마에서 출생한 스코틀랜드계 풍자작가. 뛰어난 기지와 상상력으로 주목받았고 작업의 폭이 넓었으나, 프랑스 전투 취재 중 사망해 남긴 작품이 적다.

출처   H. H. Munro, *The Square Egg*, 1924

121

독가스

1917. 6. 7

윌리엄 프레시

우리는 거의 밤새 사격을 계속했고 독일군은 파열탄과 고성능폭탄, 가스탄으로 대항해 왔다. 엄청난 굉음과 섬광이 계속되는 가운데 있다 보니 몇 분만이라도 잠잠한 때가 있으면 어디라도 머리를 갖다대고 눈을 감는 순간 잠에 빠져들었다. 날이 밝을 무렵 휴식 명령을 받았다. 참호에 뛰어들어 저고리와 장화를 벗자마자 잠 속에 빠졌다.

굉장한 폭발음이 나를 깨웠다. 지붕이 무너져 가슴과 다리 위에 쏟아져 내려 머리밖에 움직일 수 없었다. 이런 것이구나, 하고 생각했다. 숨을 거의 쉴 수가 없었다. 그때 사람들의 목소리가 들려왔다. 방독면을 쓰고 여명 속에 흉측한 모습을 한 동료들이 내 몸 위의 목재부스러기를 치워주고 있었고 하나가 내 얼굴에 방독면을 씌워줬다. 몸이 멀쩡할 때라도 방독면을 쓰면 불편하기 마련이다. 코를 찝어서 여과통을 거쳐서만 숨을 쉬어야 하므로 쓰지 않겠다고 앙탈하던 생각이 난다.

다음으로 생각나는 것은 들것에 실려 장교들 옆을 지나 대포에서 좀 떨어진 곳으로 옮겨지는 장면이었다. 누군가 묻고 대답하는 소리가 들렸다. "그게 누군가?" "포병하사 프레시입니다." "빌어먹을."

나는 앰뷸런스에 태워져 기지로 옮겨졌고, 커다란 천막 바닥에 한 자 간격으로 들것을 줄지어 세워놓는 틈에 끼었다. 입을 열고 숨을 쉬겠다고 헐떡이는 꼴이 무슨 생선 같았을 것이다. 폐가 점점 닫혀 가는 느낌이었고 귀에는 심장 뛰는 소리가 북소리처럼 들려왔다. 옆자리에 누운 녀석을 보고는 진저리를 쳤다. 입가로 초록색 물이 새나오고 있었다.

폐에 공기를 넣는다는 것이 정말 괴로운 일이었고, 공기가 적게 들어가면 고통이 그만큼 적었다. 잠깐씩 졸다가는 일종의 공포상태에서 도로 깨어나곤 했다. 가슴의 고통을 줄이기 위해 무의식적으로 호흡을 멈췄다가 심장 박동이 격렬해져서 깨어나는 것이었다. 잠든 상태에서 죽을 것이라는 믿음이 있었기 때문에 깨어날 때마다 어리둥절했다.

여러 가지 독가스 치료법이 별로 밝혀져 있지 않아서 내가 쐬었을 것으로 추정되는 포스겐에 대한 치료를 받지 못했다. 포스겐보다 더 지독한 것을 마신 불쌍한 녀석들도 있었음에 틀림없다. 위생병들이 이따금씩 들것을 하나씩 들고 나갔다.

<hr />

화학무기는 1차대전 때 유행했다. 1915년 1월 독일군이 동부전선에서 처음으로 염소가스를 사용했고, 뒤이어 포스겐가스와 겨자가스를 개발, 사용했다. 연합군 측에서도 방독면을 개발하는 한편, 같은 화학무기를 모방해 사용했다. 1차대전의 독가스가 사망자를 많이 내지는 않았지만 심리적으로 큰 충격을 주었고 큰 혐오감을 불러일으켜 그 사용이 일반적으로 금지되었다.

출처 William Pressey, *People at War 1914-1918*, David & Charles, 1973

122

랑게마르크 전투

1917. 8. 27

에드윈 캠피언 본

포탄이 주변에서 터지는 가운데 우리는 비틀비틀 길을 따라 올라갔다. 내 앞 사람이 딱 멈춰 서서 꼼짝하지 않기에 답답해서 욕을 하고 무릎으로 궁둥이를 건드렸다. 그 녀석은 부드러운 말씨로 "저는 장님입니다" 하고는 돌아서서 코와 눈이 파편에 날아간 얼굴을 보였다. "저런! 미안하게 됐구먼. 길을 잘 더듬어 가게나." 말해주고 혼자만의 어둠 속에 비틀거리며 물러서는 그를 지나갔다.

삼각(三角)지점에서는 포격이 덜했고 소총사격은 우리 머리 위로 지나갔다. 주위에는 많은 시체가 널려 있었고 포탄구멍에는 부상병들이 피신해 있었다. 움직일 기력이 없어 쓰러진 자리에 그대로 누워있던 병사들이 지나가는 우리에게 맥없는 인사를 던졌다. "힘내, 얘들아! 저놈들 혼내줘!" 우스터 8대대와 워릭 7대대의 부상병 몇은 포탄구멍에서 뛰어나와 우리와 합류했다.

요새 뒤로 천천히 방향을 돌린 탱크 한 대가 사격을 가했다. 1초 뒤에 보니 우그러진 쇳덩어리밖에 남아있는 것이 없었다. 커다란 포탄에 맞은 것이었다.

날이 거의 캄캄해졌고 적군의 사격은 없어졌다. 마지막 남은 진흙탕을 뚫고 나가면서 토치카 주변에 수류탄들이 터지고, 반대편에서 영국군 한 무리가 달려드는 것을 보았다. 우리가 다가가자 독일군 병사들이 손을 들고 뛰어나왔다.

혼란스럽게 뒤얽힌 가운데 7대대의 레이놀즈를 알아볼 수 있었다. 포로 열여섯 명을 후방으로 보내려 공지(空地)를 가로지르게 했더니 겨우 100야드쯤 가다가 독일군 기관총 사격으로 쓰러졌다.

나는 레이놀즈와 긴급 작전회의를 열고 묘지와 스팟 농장의 방어는 우리가 공격하기에 너무 강하다는 결정을 내렸다. 더구나 그때는 아주 캄캄해져 있었다. 그래서 공동전선을 구축하되 내 부대는 왼쪽에서 우리보다 300야드가량 더 멀리 진격한 우스터 부대와 연결하고, 레이놀즈의 부대는 우리 진격으로 인해 끊어진 후방 전선의 빈틈을 경계하기로 했다. 나는 사령부로 사용할 요새 안에 들어갔다.

튼튼하게 지은 토치카였고 거의 부서지지 않은 채였다. 방어면(防禦面)의 세 벽은 두께가 10피트가량 되었고 기관총좌가 하나씩 있었다. 우리의 새로운 전 선(戰線)이 될 나머지 한 면에는 3피트 사방의 조그만 문 하나가 있었다.

이 문으로 기어들어가 보니 내부는 엉망진창이었다. 무릎까지 차는 물 위에 는 형언 못할 더러운 것들이 떠 있었고, 엎드린 자세의 독일군 시체 둘과 철망 침대에 걸쳐진 시체 하나가 있었다. 온통 쓰레기 천지였고 악취에 머리가 어지 러울 지경이었다.

기관총좌 하나에 정신을 잃고 쓰러져 있는 독일군 장교가 있었는데, 흑백의 장식 띠가 달린 훈장 두 개를 차고 있었다. 왼쪽 다리가 떨어져나가 있었는데, 뼈가 다 부서지고 얼마간의 피부와 근육으로 매달려 있었다. 지혈대를 묶어 놓 았지만 미끄러져 있어서 피가 흘러나오고 있었다. 곧바로 지혈대를 바로잡아 주기 시작했는데, 피가 막 멈추었을 때 그가 정신을 차리고는 내 영국군 제복 을 어리둥절해서 바라보았다. 일어나려 했지만 일어나지 못하는 그를 마음 놓 게 해주면서 독일군 배낭 하나에 머리를 고이고 자세를 편하게 해주었다.

어찌된 일인지 그가 희미한 목소리로 묻기에 군대식 독일어로 "송장 셋, 나 머지 친구" 하고 알려주자 체념의 빛을 보이며 고개를 내려놓았다. 수통을 건 네주었지만 럼주 냄새를 맡고는 입에 대지 않았고 주머니 병의 위스키도 사양 했다. 그러나 우리 병사 하나가 물을 주자 꿀꺽꿀꺽 마셨다.

그리고는 마음이 불안해진 듯 몸을 계속 비틀고 돌아눕는 바람에 다리가 자꾸 침상에서 떨어져 궁둥이에 매달려 있는 꼴이 되었다. 그 다리를 내 무릎에 올려놓고 그가 움직이는 데 따라 살살 움직여 주고 있으려니 한참이 지나 잠잠해졌다.

　침대 위에 독일군 손전등이 하나 있어서 병사 하나에게 들고 나가 우리 진영에 "워릭 8대대 요새에"라는 신호를 보내라고 했다. 여러 번 신호를 보냈지만 아무 응답이 없었다.

　이제 우리 주변은 모두 조용해졌지만 독일군은 아직도 생 쥘리앙 도로를 포격하고 있었다. 갑자기 문간에 부산스러운 소리가 나더니 병사 둘이 들것 하나를 끌고 기어들어와 내 앞의 철망침대 위에 놓았다. 들것 위에서 내게 쾌활한 인사를 던져온 것은 우스터 8대대의 장교였다.

　"어디 맞았소?" 내가 물었다.

　"등에, 척추 근방입니다. 내 밑에서 방독면을 치워주실 수 있겠습니까?"

　방독면 가방을 잘라내 끄집어냈다. 그러자 그가 담배 한 대를 달라고 했다. 더넘이 한 개비를 꺼내 입에 물려주었다. 내가 성냥을 그어 내밀었지만 담배는 그의 가슴에 굴러 떨어져 있었고 그는 죽어 있었다.

　침대에 놓여 있던 독일군 자동권총을 집어 들고 살펴보던 중 한 발이 실수로 나갔는데 독일 장교의 머리 가까이 콘크리트 바닥에 맞았다. 그가 깜짝 놀라 내 쪽으로 돌아누웠다가 실수였다는 것을 알고는 희미하게 웃었다. 그리고는 저고리 주머니에 손을 넣으려 애를 썼다. 내가 대신 손을 넣어 설탕덩어리 세 개를 꺼내주었다. 그는 떨리는 손으로 그것을 받다가 하나를 떨어뜨려 물에 빠뜨리자 아쉬운 눈길로 한참 쳐다보았다. 그리고는 하나를 내게 권했다. 부스러지고 피에 젖은 것인지라 먹는 시늉만 하고 호주머니에 넣어버렸다. 이번에는 내가 빵과 고기를 꺼냈다. 그는 사양했지만 나는 철망침대에 앉아 발은 물속에 담그고 손은 진흙과 피로 뒤덮인 채로 실컷 먹었다……(생략)……

　갑자기 찢어지는 소리와 요란한 폭발음을 내며 우리 편 대포에서 쏘는 포탄이 우리 머리 위에 떨어지기 시작했다. 동시에 독일군 대포도 자기네 전선을 포격하기 시작했다.

나는 그동안 잡낭에 넣고 다니던 보물, 압둘라 이집티언 100개비가 든 상자를 꺼내들고 있었다. 그때 누가 소리쳤다. "독일군이 옵니다!" 문을 달려 나가 부하들이 사격을 하고 있는 곳으로 뛰어가는 동안 담배는 휘날려 물속에 떨어졌다. 뭉쳐 서 있는 독일군 무리 가운데 거의 뛰어들 뻔한 나는 즉각 소리쳤다. "사격중지!" 무장을 하지 않고 '친구 하러' 건너온 독일군이었다.

불쌍한 녀석들은 겁에 질려 있었다. 내가 권총을 휘둘러 벽 쪽으로 모여 세우는 동안 무슨 속임수나 아닌지 의심적은 기색을 거두지 못했다. 자기들을 쏘아죽여 버리려 한다고 생각했는지 작달막한 녀석 하나는 무릎을 꿇고 자기 아내와 "츠바이 킨더(두 아이)" 이야기를 횡설수설했다.

데려오는 동안 그 중 몇 명이 죽은 것을 알았고, 하나는 끌고 오다가 죽었다. 포로들은 남루하고 풀죽은 꼴로 나를 둘러싸고 얼마나 참혹한 상황을 지내왔는지 이야기했다. "니히츠 에센(먹을 것이 없어요)." "니히츠 트링켄(마실 것이 없어요)." "언제나 포탄, 포탄, 포탄뿐이예요!" 자기네 중대 전체가 기꺼이 건너올 것이라고들 했다. 그들을 뒤로 호송할 병력에 여유가 없었기 때문에 포탄구멍에 우리 대원들과 함께 들어가 있게 했다. 변변찮은 식량을 그들에게 나눠주면서 대원들의 불평이 대단했다.

토치카에 돌아와 보니 독일 장교가 말이 아주 많아졌다. 자기 대원들을 어떻게 이끌어 왔는지 이야기하며 절대 항복하게 하지 않았을 것이라고 말했다. 우리가 전진해 오는 것을 보고 우리 쪽으로 총을 겨누고 있는데 뒤쪽의 탱크에서 쏜 포탄이 문으로 날아 들어와 병사 둘을 죽이고 자기 다리를 잘랐다는 것이었다. 그의 목소리가 잦아들면서 망연한 상태에 빠져들었다. 나는 도로 밖으로 나와 우리 전선을 따라 걸었다. 중포탄이 아직 간간이 주변에 떨어지고 있었지만 이제 더 끔찍한 소리가 귓전에 들려오고 있었다.

사방을 둘러싼 어둠 속으로부터 부상병들의 신음과 통곡 소리가 들려왔다. 희미하고도 긴, 고통으로 훌쩍이는 신음소리와 절망적인 비명소리가 있었다. 심한 부상을 입은 수십 명의 병사들이 피신을 한다고 새로 난 포탄구멍에 들어갔다가 물이 차츰 차오르면서 움직일 기력도 없이 서서히 죽어가고 있는 것을, 그 소리들은 소름끼치도록 명백하게 알려주고 있었다. 우즈와 켄트, 에지와 테일러가 팔다리가 잘린 채 저 밖 어딘가에 누워 전우들이 구해주기를 기다리고 있다가 이제 먹물 같은 어둠 속, 시체들 사이에서 외롭게 비참한 죽음에 빠져들고 있는 끔찍한 모습이 내 눈앞에 떠올랐다. 그런데 우리는 그들에게 아무 도움이 되어주지 못하고 있다. 내 옆에서 더넘이 말없이 눈물을 흘리고 있었고, 그 비참한 소리에 마음을 다치지 않는 사람이 없었다.

출처　Edwin Campion Vaughan, *Some Desperate Glory*, Frederick Warne, 1981

123

마타 하리 처형

1917. 10. 18

헨리 G. 웨일스

마타 하리, 자바어로 '아침의 눈'이라는 뜻의 이름을 가진 여인이 죽었다. 뱅산느 병영에서 주아브 총살대가 그를 간첩죄로 쏘아 죽였다. 그는 말 그대로 자기 죽음을 직시했다. 눈 가릴 것을 거부했으니까.

네덜란드와 일본계 혼혈인 아름다운 무희는 젤트뤼드 마르가레트 젤레라는 본명으로 푸앵카레 대통령에게 집행유예 청원서를 제출했다. 그러나 대통령은 개입할 것을 거부했다.

청원이 기각되었다는 사실이 그에게 통고된 것은 이른 새벽 상 라자르 감옥의 감방으로부터 대기하고 있던 자동차로 이끌려 나와 총살대가 기다리고 있는 병영으로 달려갈 때였다.

아름다운 여인의 강철 같은 의지는 한순간도 그 강인함을 잃지 않았다. 봉사반 수녀 둘을 대동한 아르보 신부, 부샤르동 대위, 그리고 담당 변호사인 클뤼네 씨가 감방에 들어설 때 그는 아직도 잠을 자고 있었다. 평화롭고 조용한 잠이었다고 교도관들과 따라간 모범수들이 말했다.

수녀들이 그를 가만히 흔들었다. 깨어난 그는 마지막 시간이 되었음을 전해 들었다.

"편지 두 장을 쓸 수 있을까요?" 이 한 가지만을 그는 물었다.

부샤르동 대위의 허락이 즉각 떨어지고 펜, 잉크, 종이와 봉투가 대령되었다.

마타 하리는 침대 가에 앉아서 열에 들뜬 듯 빠른 필치로 편지를 써서 변호사에게 맡겼다.

그러고 나서 그는 스타킹을 신었다. 얇은 비단으로 만든 검은 스타킹은 당시 상황에서 기괴한 느낌을 주었다. 굽이 높은 슬리퍼를 발에 걸치고 발 안쪽에 비단리본을 맸다.

그는 일어나 침대 머리맡 위의 고리에 걸려 있던 검은색 긴 벨벳 외투를 집어 들었다. 밑자락을 모피로 두르고 등에 커다란 사각형 모피가 걸려 있는 외투였다. 잠옷 위에 덧입고 있던 두터운 비단 기모노 위에 그 외투를 걸쳤다.

그의 풍성한 검은 머리카락은 땋아서 머리 주변에 감아놓은 채로 있었다. 그 위에 쓴 검은색 커다란 펠트모자는 부드럽게 하늘거리는 것이었고 검은색 비단의 리본이 나비 모양으로 맺어져 있었다. 천천히, 그리고 무심한 태로 그는 검은색 가죽장갑을 끼었다. 그리고 조용히 말했다. "이제 됐어요."

일행은 조용히 줄지어 감방으로부터 대기 중인 자동차로 걸어갔다.

잠들어 있는 도시의 한복판을 자동차는 쏜살같이 지나갔다. 다섯 시 반이 겨우 지나 아직 해도 다 뜨지 않은 시각이었다.

파리 시내를 가로지른 자동차는 뱅산느 요새, 1870년 독일군이 공략했던 낡은 요새에 있는 병영으로 방향을 꺾었다.

총살대는 집행을 위한 준비를 마쳐놓고 있었다. 열두 명의 주아브 병사가 나란히 서서 총을 세워놓고 있었고 하사관 하나가 칼을 뽑아 들고 그 뒤에 서 있었다.

자동차가 서고 일행이 내릴 때 마타 하리는 맨 뒤였다. 일행은 곧바로 처형 지점을 향해 걸어갔다. 일고여덟 자 높이의 흙언덕이 뒤에 있어서 사람 몸을 맞추지 못한 총알에 대비하고 있었다.

아르보 신부가 처형당할 여인에게 말을 건네고 있을 때 프랑스인 장교 하나가 흰 천 한 조각을 들고 다가왔다.

"눈가리개입니다." 그곳에 서 있던 수녀들에게 장교가 나직한 소리로 말하며 건네주었다.

"꼭 가려야 하나요?" 눈가리개를 힐끗 쳐다본 마타 하리가 변호사를 돌아보며 물었다.

클뤼네 씨가 묻는 눈길로 장교를 돌아보았다.

"부인께서 원하지 않는다면 아무 상관없습니다." 장교가 대답하고 서둘러 몸을 돌렸다.

마타 하리는 몸도 묶이지 않고 눈도 가리지 않았다. 그가 총살대원들을 빤히 쳐다보고 있는 동안 신부, 수녀들, 그리고 변호사는 떨어진 곳으로 걸음을 옮겼다.

매 같은 눈길로 대원들을 바라보며 어느 총 하나에 들어 있게 되어 있는 빈 탄

1917년 2월 프랑스 당국에 체포되었을 당시의 마타 하리. 그는 자신이 이중간첩이라는 사실을 거리낌 없이 진술했고, 그해 7월 군사법정에서 사형 선고를 받았다.

창이 자기 총에 들어 있는지 대원들이 들여다볼 틈이 없도록 감독하고 있던 지휘 장교는 일이 곧 끝나게 될 것 같아 마음이 놓이는 기색이었다.

날카롭고 딱딱한 구령소리 하나에 열두 명 대원은 굳은 차렷 자세를 취했다. 또 한 차례 구령소리에 따라 총이 그들의 어깨로 올라갔다. 한 사람 한 사람이 총신(銃身)을 따라 표적인 여인의 가슴을 노려보았다.

여인은 근육 하나 움직이지 않았다.

하사관은 대원들이 눈꼬리로 바라볼 수 있는 위치로 옮겨가 있었다. 칼을 하늘로 쳐들고 있었다.

칼이 내려갔다. 이제는 하늘에 올라가 있던 해가 호(弧)를 그리며 떨어지는 광을 낸 칼날 위에 부딪쳤다. 그와 동시에 일제사격의 총성이 터져 나왔다. 소

총 구멍마다 불꽃이, 뒤이어 회색의 조그만 연기자락이 흘러나왔다. 대원들은 자동적으로 팔을 내렸다.

총성과 함께 마타 하리가 쓰러졌다. 사람이 총 맞으면 이런 식으로 죽는다고 배우들이 보여주는 그런 식이 아니었다. 팔을 쳐들지도 않았고 곧바로 앞으로 쓰러지거나 뒤로 넘어지지도 않았다.

마타 하리의 쓰러지는 모습은 마치 무너지는 것 같았다. 천천히, 완만하게, 무릎을 꿇으면서 고개는 쳐들린 채로 있었고 표정에는 티끌만한 변화도 없었다. 1초의 몇 분의 일이나 될까, 아주 짧은 순간 동안 그는 무릎을 꿇은 채로 비틀거리며 자기 목숨을 빼앗아간 자들을 똑바로 쳐다보는 것 같았다. 그리고는 무릎이 포개진 채로 허리가 꺾이며 뒤로 넘어졌다. 얼굴을 하늘로 향하면서 아무 움직임 없이 그녀는 납작하게 쓰러져 있었다.

장교 한 사람을 따라온 하사관이 허리에 찬 커다란 검은 총집에서 권총을 뽑아 들었다. 몸을 굽혀 총구를 간첩의 왼쪽 관자놀이에 거의 닿을 듯이 가까이 갖다댔다. 그가 방아쇠를 당기자 탄환이 여인의 머리통 속으로 파고들었다.

마타 하리는 확실하게 죽었다.

———◇———

전설적인 미모의 간첩 마타 하리(본명 마르가레타 젤레, 1876~1917)는 네덜란드인 아버지와 자바인 어머니 사이에서 태어나 네덜란드에서 자라났다. 군인인 남편과 헤어진 후 1905년부터 파리에서 직업 댄서로 활동하며 많은 염문을 뿌렸다. 독일을 위해 간첩행위를 한 죄로 1917년 2월 프랑스 당국에 체포되었을 때 그는 자신이 이중간첩이라 주장하며 독일 정보요원들과 접촉한 사실을 거리낌 없이 진술했는데, 그 해 7월 군사법정에서 사형 선고를 받았다. 10월에 총살당한 뒤까지도 그 진술의 진위는 밝혀지지 않고 있다.

출처　Henry G. Wales, International News Service, 19 October 1917

124

상트페테르부르크, 겨울궁전 습격

1917. 11. 7

미국 기자의 목격

존 리드

노래도 함성도 없이 우리는 시커먼 강물처럼 거리를 모두 채우며 쏟아져나 갔다. 붉은 문을 지날 때 내 바로 앞의 사람이 나직하게 말했다. "조심하시오 동 지들. 그들을 믿지 마시오. 그들은 틀림없이 발포할 것이오." 가릴 것이 없는 곳 에서 우리는 몸을 굽히고 떼를 지어 달리기 시작했고, 알렉산더 기둥의 발판 뒤쪽에 우르르 몰려섰다……(생략)……

몇 분 동안 거기서 웅크리고 있은 뒤 수백 명으로 구성된 한 무리가 자신감 을 얻었는지 명령도 없이 다시 앞으로 몰려나가기 시작했다. 이때쯤 겨울궁전 의 모든 창문으로 흘러나오는 불빛에 비추어 보니 맨 앞의 200~300명은 적위 대원(赤衛隊員)들이었고 군인 몇이 여기저기 섞여 있었다.

장작으로 쌓은 바리케이드를 기어올라 건너편에 뛰어내린 우리는 거기 있 던 융커 병사들이 던져놓고 간 소총더미를 밟으며 승리의 함성을 올렸다. 정문 양쪽으로 활짝 열려 있는 문으로 빛이 쏟아져 나오고 있었고 거대한 건물 안에 서는 아무 소리도 들리지 않았다.

사람들의 열띤 흐름에 휩쓸려 우리는 오른쪽 문을 통해 궁륭(穹) 천장으로 된 커다란 빈 방에 들어섰다. 동관의 지하창고인 이 방으로부터 수많은 복도와 층계가 복잡하게 뻗어나갔다. 그곳에 커다란 상자들이 많이 서 있었는데, 적위대원과 군인들이 맹렬하게 덮쳐 총부리로 헤쳐 열고 양탄자, 커튼, 침대시트, 도자기, 접시, 유리그릇 등등을 끄집어냈다. 어깨에 청동제 시계를 올려놓고 뽐내며 돌아다니는 사람이 있는가 하면 공작 깃털 한 다발을 찾아내 모자에 꽂은 사람도 있었다.

약탈이 막 시작될 무렵에 누군가가 소리쳤다. "동지들! 아무것도 가져가지 마시오. 이것은 인민의 재산이오!" 순식간에 수십 명이 이를 따라 소리치고 있었다. "그만! 도로 갖다놓읍시다! 가져가지 맙시다! 인민의 재산이오!" 여러 사람의 손이 약탈자들을 붙잡았다. 다마스크와 태피스트리 장식품이 안고 있던 팔에서 나꿔지고 두 사람이 청동제 시계를 넘겨받았다. 회수된 물건들을 서둘러 상자 속에 대충 도로 꾸려 넣고 보초를 자원한 사람들이 지키고 섰다. 모두 자발적으로 진행된 일이었다. 복도와 층계를 따라 멀리 퍼질수록 희미하게 들리는 외침소리가 이어졌다. "혁명의 규율! 인민의 재산!"

우리는 가로질러 돌아가 서관으로 들어가는 왼쪽 문으로 갔다. 그곳에도 질서가 자리 잡아 가고 있었다. "궁전에서 나갑시다!" 한 적위대원이 안쪽 문 하나에 고개를 들이밀며 외쳤다. "자, 동지들, 우리가 도적도 거지도 아니라는 걸 보여줍시다. 보초를 세울 때까지 인민위원 외에는 모두 궁전 밖으로 나가 있읍시다."

적위대원 둘, 병사 하나와 장교 하나가 손에 권총을 들고 서 있었다. 병사 또 하나는 그 뒤의 책상에 펜과 종이를 가지고 앉아 있었다. "다 나갑시다, 다 나갑시다!" 외침소리가 멀리 가까이 건물 안 여러 곳에서 들려오고 사람들이 서로 밀고 밀치고 타이르고 말다툼하며 문으로 쏟아져 나오기 시작했다. 나오는 사람 하나하나를 자기 스스로 임명한 위원회 위원들이 붙잡아 호주머니를 뒤지고 코트자락을 들춰보았다. 제 소유가 아님이 분명한 물건은 빼앗아 책상에 앉은 사람이 기록한 다음 조그만 방에 가져다놓았다.

놀랄 만큼 다양한 종류의 물건들이 이렇게 해서 압수되었다. 작은 조각품과 그림, 잉크병, 황실 문장이 찍힌 침대보, 양초, 압지(押紙), 금장식 칼, 비누, 각종

의류, 담요 등등. 적위대원 하나는 소총을 세 자루 가지고 있었는데, 두 자루는 융커 병사에게 빼앗은 것이었다. 기록문서가 가득 든 서류함 네 개를 가지고 있는 적위대원도 있었다. 적발된 사람들은 묵묵히 내놓기도 하고 어린아이처럼 떼를 쓰기도 했다. 위원들은 한 목소리로 설명하기를 도둑질을 해서는 인민의 지지를 받을 수 없다고 했다. 적발당한 사람이 돌아서서 다른 동지들의 몸 뒤지는 일을 거드는 경우도 적지 않았다.

융커 병사들은 셋씩 넷씩 무리를 지어 나왔다. 그들을 붙잡으면 위원들은 각별히 신이 나서 몸뒤짐을 하며 이런 말을 내뱉었다. "이놈의 선동자들! 코르닐로프 추종자들! 반동들! 인민의 웬수들!" 융커 병사들은 겁을 집어먹었지만 실제 폭행은 없었다. 그들의 호주머니도 노획물로 가득했다. 서기가 그것도 세밀하게 기록하고 작은 방에 쌓아놓았다……(생략)……

융커 병사들은 무장을 해제당했다. "이제 너희들, 또 다시 인민에 대항해 무기를 들 거냐?" 요란한 외침소리가 그들에게 쏟아졌다.

"다시 안 그러겠습니다." 대답을 한 융커 병사들은 하나하나씩 풀려 나갔다.

우리가 안에 들어가도 괜찮을지 물어보았다. 위원들은 의견이 분명하지 않았지만 덩치 큰 적위대원이 안 된다고 단호하게 대답했다. "도대체 당신들이 누구란 말이오?" 그가 물었다. "당신들이 모두 케렌스키가 아니라는 것을 어떻게 확인한단 말이오?" (우리는 여자 둘을 포함해 다섯 명이었다)

"비켜주시오, 동지들!" 문간에 나타난 병사 하나와 적위대원 하나가 손을 흔들어 사람들을 갈라서게 하고 뒤이어 총검을 꽂아 든 대원들이 들어왔다. 그 뒤를 민간인 복장의 예닐곱 사람, 임시정부 각료들이 한 줄로 따라 들어왔다. 맨 앞은 일그러지고 창백한 얼굴의 키슈킨, 그 뒤를 루텐베르그가 우울하게 바닥을 내려다보며 따랐다. 그 뒤의 테레스첸코는 날카로운 눈초리로 주위를 둘러보다가 우리에게 차가운 눈길을 고정시켰다……(생략)……

그들이 말없이 지나가는 동안 승리한 봉기자들이 구경하러 모여들었지만 욕설은 많이 나오지 않았다. 길거리의 사람들이 그들을 두들겨 패러 달려드는 바람에 발포까지 있었다는 사실을 나중에 들었지만, 수병들이 그들을 안전하

595

게 베드로 - 바울 교회까지 데려갔다……(생략)……

그 사이에 우리는 저지를 받지 않고 궁전 안으로 들어갔다. 아직도 많은 사람들이 오락가락하며 거대한 건물 속에서 새로 찾은 살림 칸을 조사하기도 하고 융커 부대가 숨어 있지 않나 찾기도 했지만 그런 부대는 존재하지 않았다. 우리는 위층으로 올라가 이 방 저 방 들어가 보았다. 궁전의 이 구역에는 네바 강 쪽에서 들어온 다른 부대들도 있었다.

거대한 궁실에 있는 그림, 조각품, 벽걸이, 양탄자들은 무사했지만 사무실의 책상과 서류함은 모두 뒤짐을 당해서 서류가 바닥에 널려 있었고, 침실의 침대는 덮개가 벗겨져 있고 옷장은 자물쇠를 부숴 열어 놓았다. 노획물로 가장 인기 있는 것은 근로자들이 실제 필요로 하는 의류였다. 가구를 모아놓은 방에서 병사 둘이 의자의 정교한 스페인 가죽 장식을 뜯어내고 있는 것을 보았다. 그 가죽으로 장화를 만들겠다는 것이었다……(생략)……

청색, 적색, 황금색의 제복을 입은 궁전 하인들은 불안한 모습으로 서성대고 있다가 습관 때문에 거듭 말하고 있었다. "거기 들어가면 안 됩니다. 금지구역입니다."

우리는 마침내 장관들이 하루 밤낮 동안 회의를 열고 있던 방에까지 뚫고 들어갔다. 황금과 공작석으로 장식되고 자주색 수단 커튼이 드리워진 그 방에서 그들은 근위대원들에게 배신당해 적위대의 손에 넘겨진 것이었다.

초록색 나사로 덮인 긴 테이블은 그들이 체포되어 방에서 끌려 나갈 때의 상황 그대로였다. 비어 있는 자리 앞마다 펜과 잉크, 종이가 놓여 있었다. 종이에는 행동계획과 포고문, 성명서 초안의 앞머리가 휘갈겨져 있었다. 대부분의 내용이 찍찍 그어 지워져 있는 것은 그런 내용이 모두 소용없다는 것이 밝혀지는 데 따른 것으로 보였다. 종이의 여백은 무심코 그린 기하학적 도형으로 채워져 있었는데, 이 장관 저 장관이 번갈아 황당무계한 묘안을 설명하는 사이 맥없이 앉아 있는 동안 손이 간 것으로 보였다. 종이 한 장을 집어 드니 코노발로프의 필적으로 이렇게 적혀 있었다. "임시정부는 모든 계급의 인민에게 임시정부를 지지할 것을 호소합니다……."

1차대전의 발발로 러시아는 곤경에 처하게 되었다. 개발 수준이 낮은 러시아로서는 서방 연합국들로부터 탄약과 식량을 비롯한 물자 지원이 필요했다. 그런데 터키와 불가리아가 동맹국 편에 서면서 흑해와 발칸반도 방면의 보급로가 막혔다. 극심한 민생고에 더해 개전 후 1년 동안 100만의 병력을 잃은 불리한 전황도 민중의 전망을 암담하게 했다. 1917년 3월 15일, 걷잡을 수 없는 상황 속에 니콜라이 2세 황제가 퇴위하고 의회와 새로 나타난 소비에트가 합작해서 만든 임시정부가 국정을 넘겨받았다.

3월 15일부터 11월 7일까지 러시아는 권력의 공백상태에 빠져 있었다. 국민의 정치성향이 좌우로 양극화되는 가운데 중도화합을 제창하는 임시정부는 안정된 지지기반을 찾을 수 없었다. 그런 가운데 8월 말 참모총장 코르닐로프 장군의 우파 쿠데타가 장병들의 이탈로 실패하는 사건이 벌어지면서 민주적 절차에 대한 국민의 신뢰가 무너지고 "평화, 땅, 빵"을 외치는 볼셰비키 당으로 인심이 모이게 되었다. 11월 7일로 예정된 소비에트 의회를 앞두고 긴장이 고조되다가 11월 6일 임시정부가 군대를 보내 볼셰비키 신문들을 폐쇄하자, 볼셰비키 당은 다음날 아침 임시정부의 전복을 선포하고 겨울궁전을 점령했다.

11월 7일의 혁명(러시아 구력으로 10월 25일이기 때문에 '10월혁명'이라 한다)을 계기로 레닌의 지도력이 확립되었다. 4월 16일 망명지 스위스에서 돌아온 이래 소비에트의 권력기구화와 무력봉기를 제창하는 그의 급진노선은 당내에서 큰 호응을 받지 못하고 있었다. 그런데 상황의 실제 진행은 그가 직접 개입할 여지가 없었는데도 그가 제창한 방향으로 흘러간 것이었다.

출처　John Reed, *Ten Days That Shook the World*, Lawrence & Wishart, 1926

125

브로츠와프 감옥

1917. 12

로자 룩셈부르크

　여기 어두운 감방 안 돌멩이처럼 딱딱한 매트리스 위에 나는 누워있다. 건물은 늘 그렇듯 교회 묘지와 같은 정적에 싸여 있어 이미 무덤 속에 들어와 있는 듯한 느낌을 가지게 한다.

　창문으로 들어와 침대에 가로 걸쳐 떨어지는 빛 한 가닥은 감옥 앞에 밤새도록 켜져 있는 등잔이 뿌리는 것이다. 이따금 귀에 들어오는 소리는 멀리서 희미하게 들려오는 기차 지나가는 소리, 그리고 가까이서는 몸을 풀기 위해 무거운 장화를 끌고 몇 발짝을 천천히 옮겨 보는 간수의 마른 기침소리다. 간수의 발에 밟히는 자갈의 절벅대는 소리는 너무나 절망적인 것이어서 존재의 모든 수고로움과 헛됨이 그로부터 비롯해 춥고 어두운 밤의 공간으로 퍼져나가는 것 같다.

　어두움, 권태, 구속감, 겨울, 여러 겹의 검은 보자기가 여기 홀로 정적 속에 누워 있는 나를 에워싸고 있지만, 그럼에도 내 심장은 헤아릴 수 없고 이해할 수 없는 내면의 기쁨으로 박동치고 있다. 꽃이 가득 핀 들판에 눈부신 햇빛을 받으며 거닐 때와 다름없다. 어둠 속에서 나는 삶에게 미소를 지어 보인다. 마치 사악하고 비참한 모든 것을 평화와 행복으로 바꾸는 마술을 가진 사람이라도 된 것처럼.

　그러나 이 기쁨의 근원을 내 마음속에서 찾으려 하면 아무 근원도 없는 것인지라 나 자신을 비웃을 수밖에 없다. 이 수수께끼의 열쇠는 그저 삶 자체일 것이라고 나는 믿는다. 이 밤의 짙은 암흑도 벨벳처럼 부드럽고 아름다운 것이다. 제대로 보는 시각을 잡기만 하면.

　느리고 무거운 간수의 발자국 밑에서 젖은 자갈이 저벅대는 소리도 마찬가지로 삶의 노래의 아름다운 한 소절이다. 귀를 제대로 열어놓기만 한다면.

1914년 로자 룩셈부르크는 대중연설에서 당시 독일의 황제 빌헬름 2세를 비판했다는 죄목으로 브레슬로 감옥에 투옥되었다.

◇

　로자 룩셈부르크(1871~1919)는 공산혁명 시대의 가장 투철한 이론가로 지목되는 인물이다. 소비에트의 권력기구화라는 점에서는 레닌과 의견을 같이 했지만, 계급투쟁의 보편성을 강조하여 레닌의 민족자결 원칙에 반대했고 철저한 민주주의를 주장했다. 폴란드 출신으로 폴란드 공산당과 독일 공산당 창당에 공헌한 그는 1919년 1월 백색테러에 희생당했다.

출처　Rosa Luxemburg, *Letters from Prison*, tr. Eden and Cedar Paul, Allen & Unwin, 1921

126

프랑스 기병대의 돌격

1918. 3. 26

아미앵 부근에서

윌리엄 프레시

다섯째 날 아침 독일 기병대가 우리 양쪽에 나타난 것을 보고 황급히 퇴각했다. 정신없이 말을 달려 마을 하나를 지나고 언덕을 오르기 위해 걸음을 늦출 때까지 포탄은 우리 뒤를 따라왔다. 언덕마루를 넘어 독일군이 보이지 않는 곳에 와서 천천히 말을 걸리고 있을 때 잊을 수 없는 광경이 우리 눈앞에 펼쳐졌다.

프랑스 기병부대 하나가 우리를 향해 다가오고 있었다. 150명은 넘고 200명이 착실히 되어 보였다. 우와, 정말 멋있는 모습이었다. 독일군이 우리를 괴롭힌다는 소식을 듣고 독일군을 막으러 온 모양이었다. 그런데 기관총 얘기는 듣지 못하고 온 모양이었다. 기병들은 웃으며 우리에게 창을 흔들어 보이고 "독일 놈들 죽었다!" 하고 소리쳤다. 햇빛이 창날에 부딪치는 속에 정말 멋진 모습이었다. 그들이 말을 잰 걸음으로 몰아 우리 곁을 지나갈 때 우리는 속도를 늦추고 모두 고개를 돌려 그들을 바라보았다.

언덕마루에 이르기 전 기병들은 여섯 자 간격으로 한 줄로 늘어섰다. 우리는 거의 숨을 쉴 수 없었다. 언덕마루를 넘어 그들은 돌격했다. 창을 꼬나들고.

우리 중 아무도 입을 떼지 못했다. 그때, 언덕 너머로 기병들의 모습이 사라진 몇 초 후, 기관총을 갈기는 끔찍한 소리가 터져 나왔다. 우리는 서로 얼굴을 쳐다봤다. 내 귀에 들린 말은 "우라질(Bloody hell)……" 한 마디뿐이었다. 언덕 너머의 상황이 바로 그랬을 것이다. 한 사람도 돌아오지 않았으니까. 말 몇 마리만이 돌아와 우리 곁을 뛰어 지나갔다가 우리의 다음 휴식지점에서 거두어졌다.

출처　William Pressey, in Michael Moynihan (ed.), *People at War 1914-1918*, David & Charles, 1973

127

니콜라이 2세 가족의 사살
1918. 7. 16

파벨 메드베데프

편저자 주 | 임시정부는 황제 가족을 영국으로 보내려 했지만 페트로그라드 소비에트의 반대로 보내지 못하고, 대신 우랄산맥 속의 예카테린부르크(지금의 스베릴로프스크)로 보냈다. 후에 백러시아군이 이 지역에 접근하자 그들의 구조를 막으라는 명령이 지방관들에게 떨어졌다.

7월 16일 저녁 7시에서 8시 사이, 내 근무가 시작된 직후 [위병대의] 유로프스키 대장이 내게 명령을 내려 위병(衛兵)들의 권총을 모두 모아서 자기에게 가져오라고 했다. 나는 보초와 다른 위병들로부터 열두 자루 권총을 거둬 대장실로 가져갔다. 대장이 내게 말했다. "오늘밤 그들을 모두 쏘아죽여야 하니까, 위병들한테 총소리가 들려도 놀라지 말라고 말해 두게." 그래서 유로프스키가 황제 가족 모두, 그리고 함께 사는 의사와 하인들까지 죽이려 하고 있다는 것을 알게 되었다.

이에 앞서 그 날 아침에 부엌에서 요리사를 돕던 아이가 유로프스키의 명령에 따라 위병소(포포프 저택에 있는) 근무로 옮겨진 것을 밝혀놓아야겠다. 이파티예프 저택 아래층에는 유로프스키가 대장이 된 후 그곳에 사무실을 차린 레

니콜라이 2세 가족이 사살된 지하실. 니콜라이 2세는 1917년 2월혁명으로 폐위된 후 1918년 볼셰비키에 의해 예카테린부르크에서 가족과 함께 처형되었다.

트 인민공사의 레트 사람들이 들어 있었다. 열 명이었다. 저녁 열 시경 나는 유로프스키의 명령대로 위병들에게 총소리가 들려도 이상하게 생각하지 말라고 일러두었다.

자정 무렵에 유로프스키가 황제 가족을 깨웠다. 왜 깨웠는지, 어디로 데려가는 것인지 그가 그 사람들에게 말해 주었는지 여부는 모른다. 그러나 황제 가족의 처소에 들어간 것이 유로프스키였다는 사실은 분명히 증언한다. 그는 나나 도브리닌에게 그들을 깨우게 시키지 않았다.

한 시간가량 걸려 온 가족, 그리고 의사, 하녀와 하인이 모두 일어나 세수를 하고 옷을 입었다. 유로프스키가 그들을 깨우러 가기 직전에 [예카테린부르크 소비에트의] 비상위원회 위원 둘이 이파티에프 저택에 도착했다. 밤 한 시가 조금 지나 황제, 황후, 네 명의 공주, 하녀, 의사, 요리사, 그리고 시종이 처소를 떠났다. 황태자는 황제의 품에 안겨 있었다. 황제와 황태자는 군복을 입고 모자를 쓰고 있었다. 황후와 딸들은 정장을 했지만 모자는 쓰지 않았다.

황제가 황태자를 안고 앞장섰다. 황후, 딸들, 그리고 다른 사람들이 그 뒤를 따랐다. 유로프스키와 그 조수, 그리고 앞서 말한 비상위원회 위원 둘이 그들과 함께 갔다. 나도 함께 갔다. 내가 있는 동안 황제 가족 중 누구에게서도 묻는 말이 나오지 않았다. 울거나 소리치는 사람도 없었다. 1층으로 계단을 내려간 후 마당으로 나갔다가 마당에서 다시 두 번째 (대문 쪽에서부터) 문으로 해서 저택 지층으로 들어갔다. (막힌 문으로 창고에 이어져 있는) 방에 들어서자 유로프스키가 의자를 가져오라고 명령했고, 조수가 의자 세 개를 가져왔다.

황제가 한 의자에 앉고, 황후가 또 하나에, 그리고 황태자가 또 하나에 앉았다. 황후는 창문가의 벽 앞, 아치의 검은 기둥 가까이 앉았다. 황후 뒤에 공주 셋이 섰다(매일 그들이 정원을 산책할 때 보았기 때문에 얼굴들은 잘 알지만 이름은 몰랐다). 황제와 황태자는 방의 정 가운데쯤에 나란히 앉았다. 보트킨 의사는 황태자 뒤에 섰다. 키가 매우 큰 하녀는 창고로 이어지는 문 왼쪽에 섰다. 하녀 옆에 공주 하나(막내)가 섰다. 하인 둘은 방 입구 왼쪽 벽 앞에 섰다.

하녀는 베개 하나를 가지고 있었다. 공주들도 조그만 베개들을 가지고 있었다. 베개 하나는 황후 의자에, 또 하나는 황태자 의자에 놓였다. 그들 모두 자신의 운명을 알아챈 것 같았지만 아무도 입을 열지 않았다.

이 순간 열한 명의 사람이 방에 들어섰다. 유로프스키, 그 조수, 비상위원회 위원 둘, 레트 사람 일곱이었다. 유로프스키가 내게 방을 나가라고 명령하며 말했다. "길에 나가서 사람이 있는지 보고, 거기 있으면서 총소리가 들리는지 보게."

울타리로 둘러싸인 마당으로 나와서, 길거리로 나가기 전에 총소리가 들려왔다. 바로 건물로 되돌아와 (2~3분밖에 지나지 않았다) 처형이 집행된 방으로 들어가 보니 황제 가족이 모두 바닥에 뒹굴고 있었고 몸에 많은 총알자국이 있었다. 피가 냇물처럼 흘러내리고 있었다. 의사, 하녀와 두 하인도 총에 맞았다. 내가 들어갈 때 황태자는 아직 숨이 끊어지지 않아 신음소리를 조금 내고 있었다. 유로프스키가 다가가 두어 방을 더 쏘았다. 황태자는 잠잠해졌다.

출처   Pavel Medvedev, in Robert Wilton, *The Last Days of the Romanovs*, 1920

128

아라비아의 로런스

1918. 9. 24

다마스쿠스로 가는 길

T. E. 로런스

터키 부대 – 제말 파샤 창병 연대 – 가 이미 타파스에 들어가고 있다고 아랍인들이 말해주었다. 바라보이는 곳까지 가 보니 터키군은 마을을 점령하고 (그곳에서는 이따금씩 총성이 들려왔다) 그 주변에 머무르고 있었다. 집들 사이에서 조그만 연기가닥들이 올라가고 있었다. 이쪽으로 땅이 솟아오른 곳, 엉겅퀴가 무릎 높이까지 자란 곳에 살아남은 노인, 여자들과 아이들이 서 있다가 한 시간 전 터키군이 몰려들어올 때 일어난 참혹한 일들을 말해주었다.

감시하고 있으려니 적군이 집들 뒤의 집합장소로부터 행군해 떠나가는 것이 보였다. 정연한 대오로 미스킨 쪽을 향해 행군을 시작하고 있었다. 창병을 앞뒤에 배치하고 여러 종류 보병 대형이 줄을 지었으며, 기관총대가 측면을 지키고 대포와 큰 규모의 수송대가 중앙에 자리 잡았다. 집들 저쪽으로 모습을 드러낼 때 그 위로 사격을 개시했다. 그들은 야포 두 대를 우리 쪽으로 돌려 응사했다. 포탄은 대개 그렇듯 신관(信管)이 너무 커서 위협 없이 우리 머리 위를 지나갔다.

누리가 피사니와 함께 왔다. 그들 대오 앞에 선 아우다 아부 타이는 전의가 충만해 있었고, 탈랄은 자기 부족 사람들이 쏟아낸 마을에서의 참사 이야기를 듣고 거의 눈이 뒤집혀 있었다.

맨 뒤의 터키 병사들이 마을을 떠나고 있었다. 탈랄의 마음을 풀어주기 위해 우리는 그 뒤를 따라붙었다. 그동안 우리 보병들은 위치를 잡고 거센 기관총 사격을 가했다. 피사니는 그 사이로 포대의 절반을 진격시켰다. 그 결과 프랑스제 고성능 폭약으로 터키군 후미를 혼란에 빠뜨릴 수 있었다.

우리가 경계태세를 취한 채로 접근하는 동안 마을은 연기가닥 밑에 잠잠했다. 잿빛 덩어리들이 긴 풀숲 속에 숨으려는 듯 여기저기 널려 있었다. 시체가 아니면 할 수 없는 자세로 땅을 꼭 끌어안고 있었다. 모두 죽었다는 것을 알기 때문에 우리는 거기서 눈길을 돌렸다.

그런데 더미 하나에서 조그만 형체 하나가 일어나 마치 우리를 피하려는 듯 비틀대며 물러서고 있었다. 서너 살 된 아이였는데, 지저분한 저고리의 한쪽 어깨와 옆이 피로 얼룩져 있었다. 커다랗게 헤쳐진 상처에서 흘러나온 피였는데, 목과 몸체가 맞닿는 곳에 창상을 입은 것 같았다.

아이는 몇 발짝 움직인 뒤 멈춰 서서 놀랄 만큼 힘센 소리로 (다른 아무 소리도 들리지 않는 속에) 우리에게 외쳤다. "찌르지 말아 주세요, 바바." 아브드 엘 아시즈가 이상한 소리를 터뜨리더니(이곳은 그의 마을이고 아이는 그의 가족일지도 모른다) 낙타에서 뛰어내려 아이 옆 풀밭 위에 비틀거리며 무릎을 꿇었다. 그 갑작스러운 동작에 놀랐는지 아이는 팔을 쳐들고 소리를 지를 듯하다가 그러지 못하고 풀썩 쓰러졌다. 옷 위로 또 한 차례 피가 쏟아져 나왔다. 숨을 거둔 것 같았다.

마을을 향해 가는 동안 여러 남녀의 시체 곁을 지나갔고, 어린아이만도 넷이 더 있었다. 햇빛 아래 매우 더럽혀진 모습으로 보였다. 마을의 정적이 죽음과 공포를 뜻하는 것임을 우리는 이제 알고 있었다.

마을 외곽에 양을 가두는 진흙 담이 있었는데 한 곳에 붉고 흰 것이 보였다. 자세히 보니 여자의 시체가 궁둥이를 위로 담 위에 걸쳐져 톱날 총검으로 못 박혀 있었다. 벗겨진 다리 사이로 창검 손잡이가 흉측스럽게 하늘을 향하고 있었다. 그 주변에 스물 쯤, 다양한 방법으로 죽인 시체들이 널려있었다.

아랍 전통 의상을 입고 있는 아라비아의 로런스. 영국의 고고학자였던 그는 제1차 세계대전이 발발하자 카이로의 육군 정보부에 부임했고, 그 후 터키의 식민지였던 아랍의 독립전쟁에 참여해 승리한 후 아랍의 영웅이 되었다.

　　자아기가 미친 듯한 너털웃음을 터뜨렸다. 이 고원지대 오후의 따뜻한 햇볕과 맑은 공기 때문에 더 참혹하게 들리는 웃음소리였다. 나는 말했다. "가장 훌륭한 사람이 가장 많은 터키 놈들을 죽일 것이다."

　　우리는 몸을 돌려 사라져가는 적군을 뒤쫓기 시작했다. 뒤처져 길가에 쓰러져 있다가 자비를 비는 놈들도 모두 쏘아 죽였다. 부상병 하나는 반쯤 벌거벗고 일어나지도 못해 주저앉은 채로 눈물을 흘렸다. 압둘라는 낙타 머리를 돌렸지만 자아기는 욕설을 퍼부으며 가로질러 가서 벌거벗은 가슴에 권총 세 방을 갈겼다. 피는 심장 박동에 따라 퐁, 퐁, 퐁 솟아나오다가 차츰 느려졌다.

　　탈랄은 볼 것을 다 본 사람이었다. 상처 입은 짐승처럼 한 차례 신음소리를 내더니 말을 몰아 높직한 곳으로 올라갔다. 말 등 위에서 한동안 몸을 부르르 떨며 터키군을 지긋이 노려보고 있었다. 내가 가까이 가서 말을 걸려 하자 아우다가 내 고삐를 잡고 말렸다.

　　아주 천천히, 탈랄은 머리 천을 얼굴에 둘렀다. 그리고는 갑자기 자제력을 되찾은 것처럼 보이더니 말 옆구리에 박차를 지르고 곧바로 달려가기 시작했다. 바짝 굽힌 몸을 안장 위에 흔들거리며 적군의 중심부를 향해 달려갔다.

완만한 경사면을 한참 내려갔다가 꺼진 곳 하나를 가로지르는 꽤 먼 길이었다. 그가 달려가는 동안 우리는 돌처럼 굳어져 바라보고 있었다. 말 한 마리의 발굽소리가 유난히 크게 들린 것은 우리도 사격을 멈췄고 터키군도 사격을 멈췄기 때문이었다. 양쪽 군대가 모두 그의 움직임을 주시하고 있었다.

탈랄은 잠잠한 저녁 공기 속을 달려 적군 몇 미터 앞까지 갔다. 그리고 안장 위에서 몸을 일으키고 "탈랄, 탈랄!" 전투의 고함을 커다란 소리로 두 차례 외쳤다. 적군의 소총과 기관총이 즉각 불을 뿜었고, 탈랄과 그의 말은 벌집이 되어 그 자리에 쓰러졌다.

아우다는 극히 냉혹하고 무자비한 표정이었다. "신이여 그를 어여삐 여기소서, 그의 핏값을 우리는 거둘 것이오." 그가 고삐를 흔들고 천천히 적군을 향해 움직였다. 우리는 이제 공포와 피에 취해 있는 농부들을 불러 모아 후퇴하는 적군 대열을 이쪽저쪽에서 공격하게 했다.

아우다의 심장 속에서 노련한 싸움터의 사자(獅子)가 되살아나 그를 우리의 타고난, 바꿀 수 없는 지도자로 만들었다. 교묘한 작전을 통해 그는 터키군을 불리한 지형 속으로 몰아넣고 그 대열을 세 개의 토막으로 쪼갰다.

제일 작은 토막은 주로 독일군과 오스트리아군 기관총수로 이뤄졌다. 그들은 세 대의 자동차와 일단의 장교 및 기병들을 중심으로 뭉쳐 있었다. 그들은 훌륭하게 싸워서 우리가 끈덕지게 달려들었지만 거듭거듭 격퇴해 냈다.

아랍인들은 땀이 눈을 흐리고 먼지로 목구멍이 메는 가운데서도 악마처럼 싸움을 계속했다. 몸 안에서 타오르는 증오와 복수의 불길 때문에 몸이 뒤틀려 방아쇠를 당기기도 힘들 정도였다. 나는 포로를 거두지 말라는 명령을 내렸다. 이 전쟁을 통틀어 유일한 예외였다.

결국 우리는 완고한 토막을 뒤에 남겨두고 앞서 달아난 두 토막을 뒤쫓아 갔다. 그들은 공포에 질려 있었다. 해질 때까지 극히 일부를 제외하고 적군을 완전 섬멸하면서 적군의 손실을 우리의 이득으로 만들었다. 우리 진격에 따라 농부들이 떼를 지어 합류했다. 처음에는 대여섯 사람에 무기 하나씩 돌아갔다. 그러다가 총검을 줍는 사람, 칼을 줍는 사람, 권총을 줍는 사람이 늘어났다. 한 시간 뒤에는 걸어 다니던 자들이 당나귀를 타고 있었고 나중에는 한 사람 한 사람이 총 한 자루와 노획한 말 한 마리씩을 가지고 있었다.

타파스의 참상에서 잉태된 광기 속에 우리는 죽이고 또 죽였다. 쓰러진 적병과 짐승의 머리에 방아쇠를 당기는 짓도 마다하지 않았다. 그들의 피와 죽음이 우리의 애통한 마음을 달래주기라도 할 듯이.

<hr/>

토머스 에드워드 로런스(1888~1935)는 1차대전 발발 당시 4년째 중동지역에서 발굴에 종사하고 있던 젊은 고고학자였다. 전쟁이 일어나자 아랍 전문가가 귀하던 상황으로 인해 군부에 차출되어 런던 전쟁부의 지도부(地圖部)를 거쳐 카이로 중동군 사령부에서 근무하게 되었다.

소극적인 태도로 근무하고 있던 로런스는 1915년 중엽 자기 형제들이 프랑스에서 전사한 소식을 들으면서 적극적인 태도로 돌아섰다. 터키 통치에 저항하는 아랍 부족들의 독립운동을 지원하도록 사령부를 설득한 그는 1916년 말부터 연락장교로 아랍 독립군에 합류하여 게릴라전에 참여했다. 그의 역할은 연락장교의 신분을 훨씬 넘어서는 것이 되었고 그가 참여한 군사활동은 기대를 크게 넘어서는 성과를 거두었다.

로런스는 극히 낭만적 성격의 인물이었다. 전쟁의 급박한 상황 속에서 그의 뚜렷한 개성은 아랍 지도자들과의 관계를 풀어나가는 데 도움이 되었다. 그러나 전쟁이 끝나자 그는 명성을 얻었지만 아랍지역의 장래가 자신의 희망대로, 자기가 아랍 동료들에게 약속한 대로 펼쳐지지 못하는 데 좌절감을 느꼈다.

30세의 나이에 중령으로 제대한 그가 2년 후 공군과 기갑부대에 일등병으로 입대한 것은 자신의 존재를 감추려는, 정신적 자살의 시도로 해석하기도 한다. 1935년 5월 오토바이 사고로 죽는 데도 자살의 의지가 작용한 것으로 보는 사람들이 있다.

출처　T. E. Lawrence, *Revolt in the Desert*, 1927

129

베르사유 조약 조인

1919. 6. 28

해럴드 니컬슨

베르사유의 날. 점심을 일찍 하고 헤들램 몰리와 한 차로 머제스틱 호텔을 떠난다. 몰리는 역사가이면서도 역사적 사건을 싫어한다. 그뿐 아니라 그는 감수성이 예민한 사람이어서 거대한 민족이 무릎 꿇는 것을 보기 좋아하지 않는다. 나로 말하자면 그런 교양이나 품성이 없는 사람인지라 그저 흥분될 따름이다.

빌다브레까지 가는 동안은 사람이 많지 않다. 그러나 거기서는 교차로마다 프랑스 군인들이 서서 붉은 깃발을 흔들어 다른 차량들을 막고 있다. 베르사유에 도착하니 사람이 많다. 궁전으로 올라가는 대로변에는 푸른색 헬멧을 쓴 기마대가 늘어서 있다. 기마병들의 창에 달린 삼각기가 햇빛 아래 붉고 흰색으로 휘날린다. 노획한 독일군 대포가 배려에 따라 치워져 있는 도뇌르 광장에는 더 많은 군대가 있다. 페탱 장군, 구로 장군, 망쟁 장군이 있다. 상 시리앙 부대도 있다. 아주 씩씩하고 질서 있다. 헤들램 몰리와 나는 서둘러 차에서 기어 내린다. 칠칠맞은 민간인이라는 자격지심(自激之心)을 느낀다. 중요하지 못하다는 느낌이다. 서둘러 문을 들어선다.

계단에는 공화국 위병대원들이 한 칸에 둘씩 사브르를 경례 동작으로 쳐들고 장엄한 모습을 이루고 있다. 대단한 영광이기는 하지만 계단을 오르고 있는 것이 우리 두 사람만은 아니다. 헤들램과 나의 눈이 마주친다. 담배에 찌든 그의 가느다란 손가락이 못마땅한 기분을 나타내는 동작을 보인다. 그는 군사주의자가 아니다.

두 개의 전실(前室)로 들어서면서 우리 발자국은 최고로 두터운 사보네리 양탄자에 파묻혔다. 왕궁창고를 뒤져서 제일 좋은 것을 가져온 것이었다. 위대한 세기가 지나간 이래 베르사유가 이렇게 호사를 뽐낸 적이 없었다……(생략)……

거울 회랑으로 접어든다. 회랑은 세 구역으로 갈라져 있다. 저쪽 끝에는 보도진이 벌써 빽빽하게 들어서 있다. 중앙에는 전권대표(專權代表)들이 앉을 말굽 모양의 테이블이 자리 잡고 있다. 그 정면에 단두대 모양으로 서명대(署名臺)가 서 있다. 서명대는 기단(基壇) 위에 놓인다고 했는데, 그렇다면 기단 높이가 몇 인치 안 되는 모양이다.

이쪽으로는 귀빈, 보좌관, 의원, 대표단원들의 좌석이 줄줄이 배치되어 있다. 1,000명의 자리는 되어 보인다. 사람이 이렇게 많으니 의식의 권위가 없어 보이고, 따라서 위엄도 느껴지지 않는다. 에올루스(바람의 신 – 역자 주)의 신전 같은 분위기다.

우리가 도착하니 클레망소는 벌써 묵직한 천장 아래 자리 잡고 앉아 있다. 그의 뒤편에 벽에 새겨진 글귀가 보인다. "Le roi gouverne par lui-même(왕은 자기 손으로 다스린다)." 왜소하고 위축된 모습이다. 찌그러진 인형 같다.

우리 주위에 뒤섞여 있는 사람들 사이에서 대화가 터져 나온다. 이런 상황에서 늘 그렇듯, 함석 목욕통에 물 떨어지는 소리와 같다. 이 비유를 사람들이 알아듣도록 설명할 재간이 없다. 웰링턴의 우리 집에 함석 목욕통이 있었다. 자기 목욕을 끝낸 사람이 이 목욕통에 물을 틀어놓고 2층으로 달려 올라가며 "목욕탕 비었음!" 소리치면 다음 사람이 "알았음!" 외쳤다. 그리고 서둘러 목욕가운을 입는 동안 아래층에서는 목욕통에 물 떨어지는 소리가 들려왔다. 밀폐된 방 안에서 많은 사람들이 목소리를 낮춰 이야기하는 소리가 바로 그것과 같다.

1919년 6월 28일 베르사유 궁전 거울의 방에 모여 베르사유 조약 조인을 하는 모습. 이 조약으로 독일은 해외 식민지를 잃고, 알자스 로렌을 프랑스에 반환했으며, 유럽 영토를 삭감당했다.

그런데 사람들은 이 유사점을 이해하지 못한다.

사람들은 친구와 이야기를 나누기 위해 오뷔송 벤치와 에스카보 걸상을 넘어 다닌다. 그동안 대표단들은 조그만 무리로 도착해 중앙 낭하를 천천히 걸어 들어간다. 윌슨과 로이드 조지는 제일 끝에 도착한 편이었다. 그들은 중앙 테이블에 자리 잡고 앉는다. 사람들은 걸상과 의자에 앉으면서도 잡담을 계속한다.

클레망소가 안내원들에게 무슨 신호를 보낸다. 안내원들이 "쉬! 쉬! 쉬!" 하자 사람들 사이의 이야기가 끊기고 이따금씩의 기침소리와 안내장 넘기는 메마른 소리만이 들린다. 외무부 의전국 관리들이 낭하를 지나가며 다시 "쉬! 쉬!" 하자 완벽한 정적이 이루어지고 뒤이어 날카로운 군대 분위기가 장내를 채운다. 문간의 공화국 위병대원들이 칼을 번득여 칼집에 넣으며 찰칵! 소리를 낸다.

뒤를 이은 정적 속에 클레망소가 말한다. "독일 대표들을 들어오게 하시오." 멀리서 들리는 듯하면서도 날카롭게 파고드는 목소리다. 침묵이 그 뒤를 따른다.

회랑 끝의 문으로 은사슬로 장식한 창기병 둘이 나타난다. 앞뒤로 서서 들어온다. 그 뒤로 프랑스, 영국, 미국, 이탈리아의 장교 넷이 들어온다. 그 뒤에 처량한 모습으로 따로 떨어져 두 명의 독일 대표가 들어온다. 뮐러 박사와 벨 박사.

무시무시한 침묵. 독일 대표들의 발이 양탄자 사이의 마루를 밟는 소리가 공허하게 울려 퍼진다. 그들의 눈은 자기들을 바라보는 2,000개의 눈에서 떨어진 곳, 천장에 못 박혀 있다. 죽은 사람처럼 창백한 얼굴들이다. 무지막지한 군사국가의 대표처럼 보이지 않는다. 가냘프고 눈썹이 분홍색인 한 사람은 브룬스윅 교향악단의 제2 바이올린을 데려온 것 같다. 둥근 얼굴에 수난의 표정을 띤 또 한 사람은 대학 시간강사처럼 생겼다. 고통스러운 광경이다.

독일 대표들이 자기 자리에 안내된다. 클레망소가 바로 귀에 거슬리는 목소리로 정적을 깨뜨린다. "신사 여러분, 조인식(調印式)을 시작합니다." 그리고 적절치 않은 말 몇 마디를 덧붙인다. "우리는 평화조약을 조인하러 이곳에 왔습니다."

그의 말이 끝나자 독일 대표들이 불안한 표정으로 황급히 일어난다. 자기들이 제일 먼저 서명해야 한다는 것을 알기 때문이다. 윌리엄 마틴이 무대감독 같은 신경질적인 손짓으로 그들을 도로 앉힌다. 망투가 클레망소의 연설을 영어로 번역한다. 그러고 나서 상 캉탱이 독일인들에게 다가가 더 없이 위엄 있는 태도로 그들을 조약문이 펼쳐져 있는 작은 테이블로 안내해 간다.

장내가 긴장한다. 그들이 서명한다. 장내의 긴장이 풀어진다.

나직한 목소리의 대화가 다시 웅얼웅얼 일어난다. 대표들이 하나씩 일어나 서명대 옆에서 기다리는 줄에 가 선다. 그동안 사람들이 중앙 테이블에 몰려들어 사인을 받는다. 서명대를 향한 전권대표들의 줄이 길어진다. 진행은 빠르다.

케 도르세 관리들이 둘러서서 서명할 자리를 가리켜주고, 절차를 가르쳐주고, 작고 깔끔한 압지로 서명의 잉크를 찍어내고 있다.

갑자기 밖에서 축포 터지는 소리가 들려온다. 뮐러 박사와 벨 박사가 제2차 베르사유 조약에 서명했음을 파리 시민들에게 알려주는 것이다. 몇 개의 열린 창문으로 멀리서 군중이 환호하는 소리가 들려온다. 서명은 아직도 계속되고 있다.

세 시간까지 걸릴지 모른다는 경고를 받았었다. 그러나 서명대의 줄은 금세 짧아졌다. 서명할 대표가 이제 단 세 명, 두 명, 한 명만이 남았다. 그의 이름을 압지로 찍어내자마자 안내원들이 "쉬! 쉬!" 소리로 다시 일어나 있던 웅얼거리는 소리를 잠재웠다.

마지막 정적이 떨어졌다. 다시 귀에 거슬리는 클레망소의 목소리. "조인식을 끝냅니다." 한 마디 더하지도 않고 덜하지도 않았다.

독일 대표들이 법정에서 끌려 나가는 죄수처럼 안내 받아 떠나는 동안 우리는 자리에 앉아 있었다. 그들의 눈길은 변함없이 지평선 위의 머나먼 한 점에 고정되어 있었다.

———◇———

확실한 패전의 막판에 몰린 독일에서는 1918년 10월 29일 킬에서 일어난 수병(水兵) 반란을 계기로 체제 붕괴가 일어났다. 11월 9일 제국 수상 막스 대공이 빌헬름 2세의 퇴위를 선언하고 의회 다수당인 사회민주당의 프리드리히 에베르트에게 수상직을 넘겨 임시정부를 구성하게 했다. 임시정부는 공화제를 선포하고 연합군과 정전협상에 착수해 이틀 뒤 협상을 맺었다.

1차대전은 양측에 엄청난 피해를 가져왔다. 연합군 사망자가 500만을 넘었고 동맹군 사망자도 340만에 육박했다. 경제적 피해는 천문학적 수준이었다. 정전협상에 이어 연합국들만의 참석으로 진행된 파리 평화회담은 당연히 동맹국들에게 가혹한 조건을 요구하는 방향으로 진행되었다. 항구적 평화를 보장하기 위해 현실적 배려를 해야 한다는 주장은 평화회담에서 큰 힘을 발휘하지 못했다.

독일 대표는 1919년 5월 7일에야 평화회담장에 불려와 준비된 초안을 보고 많은 항의를 했지만 거의 받아들여지지 않았다. 6월 28일 조인된 베르사유 조약은 7월 9일 독일 임시정부의 비준을 받고 이듬해 1월 10일부로 발효했다. 2차대전 발발을 위한 조건은 1차대전의 종결과 함께 형성되기 시작한 것이다.

출처   Harold Nicolson, *Peacemaking 1919*, Constable, 1933

130

앙리 랑드뤼(푸른 수염) 처형

1922. 2. 25

웨브 밀러

2월 24일 밤 나는 여섯 명의 프랑스 기자들과 함께 베르사유행 전차를 탔다. 다 함께 재판소로 가서 엉성하게 등사(謄寫)한 방청 딱지를 받아 놓고 새벽까지 기다리기 위해 코냑 다섯 병을 들고 데 레제르브와 호텔에 들었다.

디블레 씨, 프랑스 전국에서 사형을 집행하는 저명한 처형인이 장비를 가지고 도착했다는 전갈이 새벽 네 시에 들어왔다. 내성적이고 사변적인 인상에 염소수염을 기른 아나톨 디블레 씨는 300건이 넘는 사형을 집행한 사람이었다. 그의 연봉은 1만 8,000프랑이었다(1936년 환율로 1,000달러를 조금 넘음). 심장이 약해서 계단도 올라가지 못하는 사람이었지만 이 으스스한 직업에는 지장이 없는 모양이었다. 아나톨 씨라는 이름으로 베르사유에 가까운 조그만 집에 살면서 이웃과도 별로 어울리지 않고 조용히 살아가고 있었다. 집 곁 헛간에 기요틴을 넣어두고 살았다. 사형장에서는 길고 흰 외투를 걸치고 흰 장갑을 끼었다.

우리는 서둘러 감옥으로 갔다. 400명 병사들이 길 어귀마다 차단선을 치고 초록색 작은 방청 딱지를 가진 사람만 들여보냈다. 프랑스 법에는 감옥 대문 앞 한길 위에서 사형을 집행하게 되어 있었다. 베르사유 감옥의 솟아오른 대문 십여 피트 앞, 전차길 옆의 축축하고 미끄러운 돌길 위에 인부들이 재빠르게 기요틴을 세우고 있었다.

아직 캄캄한 시간이었다. 빛을 발하는 것은 인부들이 가진 구식 등잔의 깜빡거리는 촛불과 몇 개의 전기 가로등뿐이었다. 인부들이 그 섬뜩한 설비의 나사를 조이고 목수용 수평계로 수평을 맞췄다. 디블레 씨가 묵직한 칼날을 수직 기둥 끝까지 끌어올렸다.

기요틴을 둘러싸고 모여든 관리와 기자들은 100명 가까이 되었다. 나는 15피트가량 떨어진 곳에 서 있었다. 감옥 안으로부터 이야기 하나가 전해져 나왔다. 길고 검은 수염을 앞서 잘라버린 바 있는 랑드뤼가 면도를 요청했다는 것이었다. "여성분들을 위해서요." 그가 간수에게 했다는 말이다.

랑드뤼의 변호사와 신부 한 사람이 그의 감방에 들어갔다. 처형 전에 으레 권해지는 담배 한 대와 럼주 한 잔을 그는 거절했다.

랑드뤼는 목 부위를 잘라낸 셔츠와 싸구려 검정색 바지를 입었다. 그뿐이었다. 양말도 신발도 신지 않았다. 기요틴까지 그는 맨발로 걸어가겠다는 것이었다.

팔이 뒤로 묶일 때 변호사가 속삭였다. "용기를 가지시오, 랑드뤼 씨." 랑드뤼는 침착하게 대꾸했다. "걱정 마세요 변호사님. 그건 언제나 가지고 있습니다."

2월의 쌀쌀한 새벽 첫 동이 막 트기 시작할 때 커다란 봉함마차 하나가 도착해 기요틴 오른쪽으로 몇 피트 거리에 갖다 댔다. 기다란 작업용 겉옷을 걸친 디블레 씨 조수들이 마차에서 바구니 두 개를 꺼냈다. 조그만 둥근 바구니는 기요틴 앞, 머리가 떨어질 자리에 조심스레 놓았다. 크기와 모양이 관과 비슷한 또 하나의 바구니는 두 명의 조수가 들어 기요틴 옆에 바짝 붙여놓았다. 머리 없는 랑드뤼가 굴러들어갈 자리였다.

일하러 나가는 공인(工人)이 가득 탄 전차 한 대가 병사들의 차단선에 걸렸다. 차단선을 열어 전차를 통과시키기로 결정이 내려졌고, 전차는 덜컹대며 으스스한 설비와 몇 피트 떨어진 곳을 천천히 지나갔다. 창문마다 가득 찬 얼굴들이 내다보고 있었다.

기요틴의 마지막 실험이 행해졌다. 디블레 씨가 랑드뤼의 목을 고정시킬 반

20세기 초 프랑스의 연쇄살인자 앙리 랑드뤼가 단두대 처형되고 있는 장면. 랑드뤼는 주로 과부들을 상대로 사기 행각을 벌이다가 1915년부터 1919년까지 11명을 살해하는 범죄를 저질렀다.

달 모양의 나무토막 뤼네트를 쳐들었다. 뤼네트를 내려놓자 무거운 칼날이 수직기둥 꼭대기로부터 떨어져 내렸다. 그 충격에 설비 전체가 흔들렸다. 뤼네트와 칼날이 도로 올려졌다. 준비완료.

감옥 나무대문이 갑자기 활짝 열렸다. 관중들은 긴장해서 조용해졌다. 잽싼 걸음으로 걸어오는 세 사람의 모습이 나타났다. 랑드뤼 양쪽에서 간수들이 뒤로 묶인 팔을 잡고 걸어오고 있었다. 간수들은 랑드뤼를 부축하며 최대한 빠른 걸음으로 그를 끌고 왔다.

랑드뤼의 맨발은 차가운 돌길을 철벅철벅 밟고 있었고 다리는 제 구실을 못하고 있는 것 같았다. 창백하게 굳어져 있던 그의 얼굴은 기계의 소름끼치는 모습이 눈에 들어오자 흙빛으로 변했다.

간수들은 서둘러 랑드뤼를 떠밀어 세워져 있는 널판에 얼굴을 대고 붙여 세웠다. 널판이 쓰러지면서 그의 몸이 따라서 앞으로 넘어지는 것을 간수들이 앞으로 떠밀어 뤼네트 밑으로 보냈다. 뤼네트가 내려와 걸려 있는 칼날 아래 그의 목을 고정시켰다. 몇 분의 1초 사이에 칼날이 번쩍 내려오고 랑드뤼의 머리가 툭 소리를 내며 작은 바구니 안에 떨어졌다. 조수 하나가 경첩 달린 널판을 쳐들고 목 없는 시체를 커다란 바구니 안으로 굴려 넣는 동안 피가 왈칵 솟아나왔다.

기계 앞에 대기하고 있던 조수 하나가 머리가 든 바구니를 집어 들고 배추 쏟듯이 큰 바구니 안에 쏟아 넣고는 여러 조수들이 큰 바구니를 대기 중인 마차에 서둘러 밀어 넣었다. 마차 문이 쾅 닫히자마자 말들은 채찍질 아래 달려가기 시작했다.

랑드뤼가 감옥 마당에서 처음 모습을 나타낼 때 시계를 보았었다. 이제 다시 시계를 보았다. 겨우 26초 지나 있었다.

———————◇———————

샤를 페로(1628~1703)의 동화집 『엄마 거위의 옛날이야기(Contes de ma mère l'oye)』(1697) 중의 한 이야기 '푸른 수염(La Barbe bleue)'은 유럽 각지에 있어 온 여성 연쇄살인범 전설을 채록한 것이었다. 이 작품을 통해 유럽인의 의식에 깊이 각인된 푸른 수염의 이미지가 1921년 연쇄살인범 랑드뤼가 체포되었을 때 되살아났다. 랑드뤼의 짙은 검은색 수염이 한몫을 한 것은 물론이다.

출처 Webb Miller, *I Found No Peace*, Victor Gollancz, 1937

131

독일의 인플레이션

1922. 9. 19

어니스트 헤밍웨이

편저자 주 | 전쟁 직후 몇 년간 독일의 마르크화는 가치가 형편없이 떨어졌다. 배상금 지불이 중요한 원인이었다. 1922년 1년 동안 달러당 162마르크에서 7,000마르크까지 떨어졌다. 1923년 11월까지는 달러당 4조 2,000억 마르크까지 떨어졌다.

스트라스부르의 한 자동차회사에 국경 통과에 관해 물어보러 들렀을 때 점원 아이가 말했다. "아, 독일 가는 거요? 간단해요. 그냥 다리만 건너가면 돼요."

"비자가 필요하지 않은가?" 내가 물었다.

"아뇨, 프랑스 쪽 허가 도장만 받으면 돼요." 점원은 주머니에서 자기 여권을 꺼낸 뒤에 잔뜩 찍혀 있는 고무도장 자국을 보여주었다. "보세요. 저는 저쪽이 싸기 때문에 거기서 살고 있어요. 그게 돈 버는 길이죠."

스트라스부르 중심가에서 라인강변까지 전차로 3마일 가면 종점에서 사람들이 모두 내려 다리 앞 울타리를 친 우리 같은 곳으로 줄지어 들어간다. 대검(帶劍) 붙인 총을 든 프랑스 병사 하나가 길을 가로질러 오락가락하며 푸른색 철모 테 밑으로 우리 안의 여자아이들을 쳐다보고 있다. 다리 왼쪽에는 세관(稅

關)의 못생긴 벽돌건물이 있고 오른쪽의 목조 간이건물 안에서는 프랑스 관리 하나가 카운터 뒤에 앉아 여권에 도장을 찍어주고 있다.

누런 흙탕의 라인강은 나지막한 초록색 강둑 사이로 빠르게 흐르다가 긴 철제 다리의 콘크리트 교각에 부딪쳐 소용돌이를 일으킨다. 다리 건너 보이는 켈 마을의 누추하고 초라한 모습은 토론토의 어느 후진 모퉁이를 보는 것 같다.

프랑스 여권을 가진 프랑스인의 경우 카운터 뒤의 관리는 '출경(出境) / 켈 다리' 도장을 찍어주고 바로 다리를 건너 점령 독일로 건너간다. 다른 연합국 시민의 경우 관리는 의심쩍은 눈초리로 쳐다보며 어디서 왔는지, 뭐 하러 켈에 가는지, 얼마나 오래 켈에 있을 건지 등등을 물어본 다음 같은 도장을 찍어준다. 스트라스부르에 볼 일 보러 왔다가 저녁 먹으러 돌아가고 있는 켈 시민의 경우는 좀 복잡하다. 모든 대도시의 근교 마을이 그렇듯이 켈의 이해관계는 스트라스부르에 묶여 있어서, 뭐든 일을 하는 사람이라면 스트라스부르에 볼 일이 없을 수 없다. 켈 사람의 경우 15분이나 20분쯤 줄서서 기다리게 한 다음 카드함을 뒤져서 프랑스 당국에 대해 나쁜 말을 한 적이 없는지 확인하고, 족보를 캐묻고, 온갖 질문을 던진 다음 똑같은 도장을 찍어준다. 누구나 다리를 건널 수 있지만 독일인에게는 실컷 골탕을 먹이는 것이다.

라인강 흙탕물을 건너가면 독일 땅이다. 다리의 독일 쪽 끝에는 세상에서 제일 온순하고 맥없어 보이는 독일 병사 둘이 지키고 있다. 대검을 장착한 프랑스 병사 둘이 오락가락 걸어다니고 있고 무장도 안 한 독일 병사 둘은 벽에 기대어 서서 쳐다보고 있다. 프랑스 병사들은 완전무장에 철모를 쓰고 있는데 독일 병사들은 헐렁한 낡은 외투를 입고 위가 뾰족한 일상용 모자를 쓰고 있다.

독일 병사들의 역할이 뭔지 한 프랑스 사람에게 물어보았다.

"거기 서 있는 겁니다" 하는 대답이었다.

스트라스부르에서는 마르크화를 구할 수 없었다. 환율 급등 때문에 은행 재고가 벌써 여러 날 전에 바닥나 있었다. 그래서 켈 기차역에서 돈을 바꿨다. 10프랑으로 670마르크를 받았다. 10프랑이면 캐나다 돈 90센트다. 그 90센트로 헤밍웨이 부인과 나는 하루 종일 마음껏 쓰고도 120마르크를 남기게 되는 것이다!

우리가 제일 먼저 돈을 쓴 것은 켈 중심가 과일 매대에서였다. 사과, 복숭아, 살구 등을 파는 아주머니에게서 아주 보기 좋은 사과 다섯 개를 고르고 50마르크 지폐를 주었더니 38마르크를 거슬러주었다. 아주 점잖아 보이는 흰 수염의 노신사가 우리가 사과 사는 것을 보고 모자를 살짝 들어 보였다.

"잠깐 실례합니다," 다소 소심한 태도로 노신사가 독일어로 물었다. "사과 값이 얼만가요?"

거스름돈을 헤아려본 후 12마르크라고 대답했다.

노신사는 미소지으며 고개를 흔들었다.

"살 수가 없군요. 너무 비싸요."

그가 다시 발걸음을 옮기는 모습은 어느 나라에서나 옛 시절의 흰 수염의 노신사가 걷는 모습 그대로였지만, 사과를 바라보는 그의 눈길은 매우 간절한 것이었다. 조금 드렸으면 좋았을 것을. 그 날 환율로 12마르크는 2센트가 조금 안 되는 돈이었다. 독일 봉급생활자 대부분과 마찬가지로 노신사가 평생 모은 돈은 전쟁 전이나 전쟁 중 독일 국채로 들어갔을 것이다. 그리고 이제 사과 살 돈 12마르크가 없는 것이다. 마르크화와 크로네화 가치가 떨어지는 데 맞춰 수입을 늘리지 못하는 수많은 사람들 중 하나인 것이다.

달러당 800마르크, 센트당 8마르크의 상황에서 켈의 여러 상점 창문으로 물건 가격을 살펴보았다. 완두콩은 1파운드에 18마르크, 강낭콩은 16마르크였다. 카이저 커피, 독일공화국에 '카이저' 상표가 아직도 많이 나돈다는 생각을 하며 보니 1파운드에 34마르크. 게르슈텐 커피, 사실은 커피가 아니라 곡물을 볶은 대용품이지만, 1파운드에 14마르크. 파리잡이 끈끈이 한 상자에 150마르크. 긴 낫 하나에 역시 150마르크니까 겨우 18.75센트! 맥주는 1파인트에 10마르크.

켈에서 제일 좋은 호텔은 매우 잘 차려진 곳이었는데, 다섯 코스 정식을 120마르크, 우리 돈으로 15센트에 내놓고 있었다. 3마일 떨어진 스트라스부르에서는 이 수준의 식사를 1달러로 할 수 없었다.

독일에서 프랑스로 넘어가는 길에는 세관 통제가 매우 엄격하기 때문에 프랑스 사람들이 켈에 건너와 싼 값으로 물건을 쓸어갈 수는 없었다. 그러나 먹고 가는 데는 통제가 없었다. 매일 오후 독일의 과자가게와 찻집에 프랑스 손님들이 몰려드는 것은 볼 만한 풍경이었다. 독일인들은 아주 좋은 과자, 사실 기막히게 좋은 과자를 만들었는데, 지금처럼 마르크 값이 떨어지는 상황에서는 스트라스부르의 프랑스인들이 제일 작은 프랑스 동전, 1스우짜리로도 살 수 있는 것이다. 독일 과자집에 몰려든 프랑스 젊은이들이 크림을 채운 보드라운 독일 케이크를 한 조각에 5마르크씩 배가 터지도록 꾸역꾸역 처먹고들 있는 돼지우리 같은 광경은 환율의 마술이 만들어낸 것이다. 문 열고 30분이 지나면 과자집 재고가 동나버린다.

우리가 들어간 과자집에서는 주인처럼 보이는 사람이 앞치마를 두르고 푸른 안경을 끼고 있었다. 전형적인 독일병정 인상으로, 머리를 짧게 깎은 조수 하나가 도와주고 있었다. 온갖 나이, 각양각색의 프랑스 손님들이 꽉 차게 앉아서 케이크를 먹고 있었고, 핑크색 드레스에 비단 스타킹을 신고 예쁘고 가냘픈 얼굴에 진주 귀걸이를 단 여자아이가 과일 케이크건 바닐라 케이크건 주문을 받을 수 있는 대로 받고 있었다.

여자아이는 주문에 맞춰 케이크 갖다 주는 데 크게 신경 쓰는 것 같지 않았다. 마을에 군인들이 들어와 있었는데, 틈만 나면 창문으로 가서 내다보고 있었다.

주인과 조수는 침울한 기색이었고, 케이크가 다 팔려도 특별히 기뻐하는 빛이 없었다. 마르크화 가치는 그들이 케이크 굽는 속도보다 더 빠른 속도로 떨어지고 있었다.

그동안 바깥에서는 우습게 생긴 조그만 전차 한 대가 지나갔는데, 저녁 찬거리가 든 장바구니를 교외의 집으로 가져가는 일꾼들이 타고 있었다. 투기꾼들의 자동차가 지나가며 일으킨 흙먼지는 나무 위에 그리고 건물들 현관 위에 내려앉았다. 과자집 안에서는 젊은 프랑스 건달들이 마지막 한 조각 케이크를 입안에 넣고 있었고 프랑스 어머니들은 아이들의 끈적끈적한 입술을 닦아주고 있었다. 환율에 새로운 시각을 던져주는 풍경이었다.

오후의 다과꾼들이 스트라스부르 쪽으로 다리를 다 건너갈 무렵 켈에서 값싼 저녁을 먹으러 오는 환율 도둑들이 도착하기 시작했다. 두 개의 인파가 다리 위에서 엇갈려 가는 모습을 두 명의 독일 병사는 서글픈 표정으로 쳐다보고 있었다. 자동차회사의 점원 아이가 말한 대로였다. "그게 돈 버는 길이죠."

━━━━━◇◇━━━━━

알자스의 도시 스트라스부르는 1870년의 전쟁으로 독일 땅이 되었다가 1919년의 베르사유 조약으로 다시 프랑스 땅이 된 도시다. 그 동쪽으로 라인강을 건너는 켈 다리는 1935년까지 프랑스가 관리하도록 되어 있었다. 헤밍웨이(1899~1961)의 이 글은 베르사유 조약이 독일에게 얼마나 가혹한 조건을 강요하고 있었는지 여실히 보여준다. 1926년 『태양은 다시 떠오른다(The Sun Also Rises)』로 문명(文名)을 떨치기 시작하게 될 헤밍웨이는 당시 《토론토 스타》 특파원으로 유럽에 체류 중이었다.

출처   Ernest Hemingway, in William White (ed.), *By-Line: Ernest hemingway*, Collins, 1967

132

인도의 비폭력 불복종 운동

1930. 5. 21

웨브 밀러

편저자 주 | 간디는 비폭력 불복종 운동의 일환으로 염세(鹽稅) 저항운동을 시작했다. 그는 1930년 5월 5일 체포되었지만 그 추종자들은 이맘 사히브의 영도 아래 다르사나 염전으로 행진해 갔다. 웨브 밀러의 글은《뉴프리먼》에 기고한 것이다.

먼지투성이 벌판 가운데 오두막집 몇 채가 웅크리고 있는 것이 둥그리 마을이었다. 그곳에는 아무 교통수단도 없었다. 영어를 알아듣는 사람도 없었다. "다르사나"를 거듭 발음해 보이면서 물어보는 눈치로 지평선을 이리저리 가리킨 끝에 방향을 잡아, 선인장 울타리와 수수밭을 뚫고 푹신한 먼지를 밟으며 벌판을 걸어서 가로지르기 시작했다.

벌써 델 듯이 뜨거운 햇볕 아래 샌드위치 꾸러미와 물병을 담은 배낭을 짊어지고 마주치는 사람마다 길을 물어 가며 6마일가량 벌판을 터벅터벅 걸어간 끝에 간디 추종자들의 집합장소를 찾아냈다. 벽은 없고 지붕만 이어 놓은 기다란 까대기 몇 채가 키 큰 선인장 덤불에 둘러싸여 있었다.

까대기들은 문자 그대로 벌집처럼 바글대고 있었다. 2,500명의 국민의회(國

民議會)과, 곧 간디 추종자들이 그들의 제복인 사제(私製) 거친 무명의 도티를 두르고 세모꼴 간디 모자를 쓰고 있었다. 모자는 해외주둔 미군군 모자와 비슷했다. 그들은 열띤 이야기를 나누고 있다가 내가 도착하자 수백 명이 나를 둘러쌌는데, 처음에는 적개심을 보였다. 신분을 밝히자 대학을 졸업하고 영어를 쓰는 젊은이들이 따뜻하게 환영하며 나이두 부인에게 데려다 주었다.

나를 환영해 준 저명한 여류시인 나이두 부인은 땅땅한 체격에 가무잡잡한 피부, 강인한 인상을 가진 분으로, 맨다리에 검은색 사제 무명 겉옷을 걸치고 샌들을 신고 있었다. 그는 염전(鹽田)을 향한 시위행진 대오를 정비하는 데 바쁘기 때문에 나중에 천천히 이야기를 나누자고 했다. 부인은 영국에서 교육을 받았고 영어가 유창했다.

나이두 부인이 출정을 앞두고 기도를 올리자고 하자 모든 회중이 무릎을 꿇었다. 부인이 설교했다. "간디의 몸은 감옥 안에 있지만 그 마음은 여러분과 함께 있습니다. 인도의 위신은 여러분 손에 달려 있습니다. 어떤 상황에서도 폭력을 쓰지 마십시오. 매질을 당하더라도 저항해서는 안 됩니다. 몽둥이를 막으려고 손 하나도 쳐들어서는 안 됩니다." 부인의 설교는 뜨겁고 힘찬 환호 속에 끝났다.

천천히 침묵 속에 군중은 염전을 향한 반 마일의 행진에 나섰다. 염전 주위의 철조망 방책을 넘어뜨리는 데 쓸 밧줄을 들고 있는 사람이 몇 있었다. 들것조를 맡은 스무 명가량은 손으로 그린 엉성한 적십자 표지를 가슴에 핀으로 달고 있었다. 들것은 담요로 만든 것이었다. 간디의 둘째 아들 마닐랄 간디가 선두에 끼어 있었다. 염전이 가까워지자 군중은 혁명구호 "인퀼라브 진다바드"라는 두 마디를 되풀이해서 합창하기 시작했다.

염전은 물을 채운 호(濠)로 둘러싸여 있었고, 경비하는 400명의 현지 수라트인 경관들은 카키색 반바지에 갈색 터번을 쓰고 있었다. 영국인 대여섯 명이 그들을 지휘하고 있었다. 경관들은 쇠끝을 단 다섯 자 길이의 몽둥이를 들고 있었다. 방책 안에는 스물다섯 명의 현지인 소총수가 줄서 있었다.

간디 시위대는 철저한 침묵 속에 다가가 방책 100야드 앞에 멈춰 섰다. 대

간디가 영국 식민지하의 인도에서 소금세 폐지를 주장하며 비폭력 불복종 행진(소금 행진)을 하고 있다.

열 중 한 줄이 앞으로 빠져나가 호를 헤엄쳐 건너고는 철조망 방책을 향해 나아갔다. 방책에는 수라트 경관들이 몽둥이를 꼬나들고 기다리고 있었다.

경관들이 시위대에게 해산을 명령했다. 한 장소에 다섯 명 이상이 모여서는 안 된다는 최근 제정된 법규에 의거한 것이었다. 방책을 향해 나아가는 시위대원들은 이 경고를 아무 말 없이 묵살했다. 나는 방책에서 100야드가량 떨어져 있는 군중과 함께 서 있었다.

갑자기, 명령 한 마디에, 수십 명의 경관들이 다가오는 시위자들에게 달려가서 쇠끝 달린 몽둥이로 머리통을 후려치기 시작했다. 몽둥이를 막기 위해 팔 하나 들어올리는 시위자도 없었다. 그들은 볼링 핀처럼 무더기로 쓰러졌다. 맨머리에 몽둥이가 떨어지는 소름끼치는 픽픽 소리가 내가 서 있던 곳까지 들려왔다. 기다리며 바라보고 있던 군중은 퍽 소리 한 번 들릴 때마다 동정심의 고통으로 신음소리를 내고 숨을 몰아쉬었다.

얻어맞은 사람들은 땅 위에 널브러졌다. 정신을 잃은 사람도 있고 머리통이

나 어깨 부상의 고통으로 신음하는 사람도 있었다. 2~3분 사이에 땅바닥은 쓰러진 사람들로 덮였다. 흰 옷에는 핏자국이 갈수록 넓게 번지고 있었다. 쓰러지지 않은 사람들은 대오를 흩뜨리지 않고 아무 말 없이 고집스럽게 걸어가다가 몽둥이를 맞았다.

첫 줄 사람들이 모두 쓰러지자 들것조가 달려가 부상자들을 임시병원으로 준비된 까대기로 옮겼다. 이것은 경찰이 방해하지 않았다.

지도자들이 군중에게 자제력을 잃지 않도록 호소하는 동안 또 한 줄 사람들이 모였다. 그리고 천천히 경관들을 향해 걸어갔다. 몇 분 후에는 얻어맞아 쓰러지리라는 것, 잘못하면 죽을 수도 있다는 것을 모든 사람이 알고 있었지만, 망설이거나 두려워하는 기색을 전혀 느낄 수 없었다. 고개를 쳐들고 꼿꼿이 걸어가는 그들을 부추기는 음악도 없고 환호도 없었으며, 심한 부상 내지 죽음을 면할 가능성도 없었다.

경관들은 다시 달려와 익숙해진 방법으로 두 번째 줄을 두들겨 팼다. 싸움도 없고 몸부림도 없었다. 시위자들은 맞아 쓰러질 때까지 그저 걸어갈 뿐이었다. 비명도 없고, 쓰러진 뒤의 신음소리만 있었다.

부상자를 나를 들것이 모자랐다. 한꺼번에 열여덟 명이 옮겨지는 동안 마흔두 명이 피 흘리며 쓰러진 채 들것을 기다리고 있는 것을 나는 보았다. 들것으로 쓰는 담요는 피로 곤죽이 되었다……(생략)……

오전 열 시 전후 해서 V. J. 파텔이 도착했다. 간디 체포 후 스와라지 운동을 이끌고 있던 그는 영국에 대한 항의로 인도 입법의회 의장직을 막 사퇴한 참이었다. 수십 명이 그를 둘러싸 무릎을 꿇고 그 발에 입 맞췄다. 흰 턱수염과 콧수염을 풍성하게 기른 60세가량의 덕망 있는 노신사는 보통사람들과 같이 염색 안 한 거친 사제 무명 겉옷을 입고 있었다.

망고나무 아래 땅바닥에 앉은 파텔은 말했다. "인도가 대영제국과 화해할 수 있는 길은 완전히 사라졌소. 국가 정부가 범법자를 구속하고 처벌한다는 것은 이해할 수 있는 일이지만, 스스로 문명국을 자부하는 나라 정부가 폭력도 쓰지 않고 저항도 하지 않는 사람들을 오늘 아침 영국인들이 한 것처럼 잔인하고 가혹하게 대한다는 것은 이해할 수 없는 일이오."

열한 시가 되자 그늘에서도 기온이 116도까지 올라갔고 시위대의 활동도 둔화되었다. 나는 임시병원에 돌아가 부상자들을 살펴보았다. 야자 줄기로 이은 지붕 밑에 사람들이 줄지어 누워있었다. 320명의 부상자를 헤아릴 수 있었는데, 머리가 깨져 그때까지도 의식을 찾지 못한 사람이 많았고, 불알이나 배를 걷어차인 고통에 신음하고 있는 사람들도 많았다. 시위대가 불러 모을 수 있던 것은 몇 명의 현지 의사들뿐이었고, 그들은 열악한 조건 아래 최선을 다하고 있었다. 몇 시간 동안 치료를 받지 못한 부상자가 수십 명이나 되었고, 두 명이 죽었다. 그 날의 시위는 더위 때문에 그것으로 끝났다.

사탸그라하, 비폭력 불복종 운동의 전형적 사례인 이 놀라운 광경을 목격한 외국 기자는 나 하나뿐이었다.

출처 Webb Miller, *I Found No Peace*, Victor Gollancz, 1937

133

기아 행진

1932. 10. 27

월 해닝턴

다음날인 10월 27일 아침 런던 시민들이 거리에 나와 보니 순찰과 교통정리 등 일반경찰의 일상업무를 모두 특수경찰이 넘겨받아 놓고 있었다. 경찰이 충돌을 위한 준비를 얼마나 치밀하게 해놓고 있었는지 똑똑히 보여주는 일이었다.

정오 무렵 약 10만 명의 런던 노동자들이 하이드파크를 향해 런던 구석구석으로부터 모여들고 있었다. 하이드파크에 처음으로 나타날 기아 행진 시위대를 열렬히 환영하기 위해서였다. 두 시경에는 하이드파크와 마블 아치 주변의 길들이 기아 행진 도착을 기다리는 노동자들의 인파로 새까맣게 덮였다. 공원 주변에 5,000명의 경찰과 특수경찰이 배치된 것으로 추산되고, 그밖에도 수천 명이 부근 여러 곳에서 출동준비로 대기하고 있었다.

그 날 아침 신문에서는 웰링턴 병영의 콜드스트림 위병대의 외출이 중지되고 문제가 있을 경우 출동할 태세를 갖추고 있다고 보도했다. 두 시 반에 행진 일부가 공원에 들어오기 시작하자 대단한 열광의 조짐이 나타나기 시작했다. 하이드파크에 모인 10만 명의 목청에서 터져 나오는 런던 최대의 환영은 행진을 비난해 온 자본주의 언론의 뻔뻔스러운 거짓말 공세에 대한 근로계층의 응답이었다.

행진의 후미가 공원 문을 들어설 때 경찰과 충돌이 시작되었다. 특수경찰로부터 시작된 충돌이었다. 이런 일에 익숙지 않은 특수경찰은 당황했던 것이다. 집회가 열릴 장소로 군중이 밀려갈 때 특수경찰은 솟아오르는 인파를 통제해 보겠다는 의도로 곤봉을 빼 들었다. 이것이 노동자들을 흥분시켰다. 그들은 특수경찰을 '야바위 경찰'이라 부를 정도로 특별한 반감을 가지고 있었다. 노동자들이 달려들자 특수경찰은 달아나 버렸지만, 그들이 시작한 충돌은 오후 내내 계속되었다. 그동안 행진 연사들은 잔디밭에 모인 방대한 청중을 상대로 연설을 했다.

노동자들은 경찰이 집회장에 들어가지 못하도록 가로막았다. 기마경찰대가 몇 차례 돌파를 시도했지만 난간을 뜯어 집회장을 보호하는 바리케이드도 쌓고 무기를 휘두르는 수천 명 노동자들에게 번번이 퇴치당했다. 말 등에서 끌어내려진 경관들도 많았다.

길거리에서 시작된 충돌이 공원 안으로 번져 들어갔다가 다시 길거리로 몰려나왔고, 기마경찰의 전력질주 돌파 시도가 거듭해서 좌절되었다. 몇 번은 경찰대가 노동자들에게 포위당해 처절한 싸움을 벌이기도 했다. 양쪽에서 많은 부상자가 나왔다.

마블 아치 언저리와 옥스퍼드 스트리트를 따라 치열한 싸움을 벌이는 군중의 고함소리가 공원 안에까지 들려왔다. 한번은 사복형사 하나가 경감 한 사람에게 보고하러 나섰는데 열성적인 특수경찰 한 명이 그 머리통을 곤봉으로 무지막지하게 후려쳤다. 쓰러진 형사를 걷어차려고 달려드는 것을 제복 입은 경관 하나가 나서서 가로막고 그 어리석은 실수를 책망하는 장면이 있었다.

———◇———

대공황은 경제에서 무역의 비중이 큰 영국에 특히 큰 타격을 주었다. 1931년 중엽 23퍼센트까지 치솟은 실업률 등의 경제문제로 인해 맥도널드 수상의 노동당 내각이 사퇴했으나 다른 정당도 대안이 없었으므로 맥도널드를 중심으로 거국내각을 구성할 수밖에 없었다. 1933년까지 계속된 경제공황 속에서 벌어진 사건의 하나가 실업자 대책을 촉구한 1932년 10월의 기아 행진이었다.

출처   Wal Hannington, *Unemployed Struggles*, 1919-1936, Lawrence & Wishart, 1977

134

독일 의사당 화재

1933. 2. 27

D. 세프턴 델머

편저자 주 | 네덜란드인 반 데어 루베가 재판정에서 자신이 의사당에 불을 질렀다고 자백하기는 했지만 사람들은 나치가 정치적 반대를 탄압하고 독재권력을 구축하기 위해 조직적으로 기획한 사건이라고 믿었다.

"하늘이 내린 계시오! 만약 이 화재가 내가 믿는 것과 같이 공산주의자들 소행이라고 밝혀지기만 한다면, 이 못된 해충을 우리의 철권으로 박멸하는 데 아무 망설일 필요가 없소."

독일의 파시스트 수상 아돌프 히틀러가 오늘 밤 불타고 있는 의사당 대청에서 터뜨린 극적 선언을 내 귀로 들은 것이다.

화재는 9시 45분에 의사당의 회의장에서 시작되었다.

다섯 개의 서로 다른 장소에서 불길이 일어났기 때문에 방화범의 소행이라는 데 의문의 여지가 없었다.

30세가량의 방화범 한 명은 건물에서 뛰어나오다가 경찰에 체포되었는데, 몸에 걸친 것이 신발과 바지뿐, 오늘 밤 같은 베를린의 강추위 속에 코트는커녕 셔츠조차 입지 않고 있었다.

불타고 있는 독일 의사당. 독일 의사당 화재는 1933년 나치 독일 정권 수립의 열쇠가 된 사건이다.

불이 난 5분 후 나는 의사당 밖에서 불길이 거대한 돔 천장을 지나 탑옥으로 번져가는 것을 바라보고 있었다.

건물 주위에는 차단선을 치고 아무도 지나가지 못하게 하고 있었다.

20분가량 넋을 놓고 불구경을 하고 있는데 갑자기 내 눈에 띈 것이 아돌프 히틀러의 유명한 검정색 자동차가 지나가는 것이었고, 개인경호원을 실은 또 하나의 차가 그 뒤를 따르고 있었다.

나는 차들을 따라 달려가 의사당 건물에 들어서는 히틀러 일행의 한 틈바구니에 겨우 끼어들 수 있었다. 히틀러가 그처럼 엄숙하고 결연한 표정을 지은 것을 나는 처음 보았다. 평상시에도 조금 튀어나와 보이는 두 눈이 머리통에서 아주 빠져나올 듯이 튀어나와 있었다.

히틀러의 오른팔이며 프러시아 내무장관으로 경찰업무 책임자인 괴링 대령이 로비에서 일행과 합류했다. 괴링의 얼굴은 매우 흥분해서 상기되어 있었다.

"공산주의자들 소행임에 의문의 여지가 없습니다, 수상 각하." 괴링이 말했다. "불 나기 20분 전까지 의사당 안에 공산당 의원들이 여럿 있었습니다. 방화범 하나를 붙잡았습니다."

"그가 누구인가요?" 나치당 선전 책임자 괴벨스 박사가 끼어들었다.

"아직 모릅니다." 가늘고 섬세한 입가에 불길한 느낌의 결의를 풍기며 괴링 대령이 대답했다. "그러나 그놈에게서 짜낼 겁니다. 걱정 마세요, 박사님."

일행이 한 방으로 들어갔다. "그놈들이 어떤 식으로 불을 질렀는지 손수 살펴보십시오, 수상 각하." 멋진 떡갈나무 벽장식판이 그슬려져 있는 것을 가리키며 괴링 대령이 말했다. "휘발유에 적신 넝마를 가구 위에 걸쳐놓고 불을 붙인 겁니다."

일행은 연기가 가득 찬 로비 하나를 가로질렀다. 경관들이 길을 막았다. "촛대들이 언제 부서져 떨어질지 모릅니다, 수상 각하." 팔을 벌리고 막아 선 경위 하나가 말했다.

일행은 길을 둘러서 불길이 실제 타오르고 있는 곳으로 갔다. 소방대원들이 불길 속으로 물을 끼얹고 있었다. 몇 초 동안 그 광경을 바라보고 있는 히틀러의 옅은 푸른색 눈에 잔인한 분노의 빛이 타올랐다.

그때 폰 파펜 씨와 마주쳤다. 평상시와 같이 세련되고 상냥한 모습이었다. 히틀러가 손을 내밀며 앞머리에서 인용한바 공산주의자들에 대한 위협의 말을 내뱉었다. 그리고 괴링 대령에게 돌아서며 물었다. "다른 공공건물은 모두 안전합니까?"

"가능한 모든 조치를 취했습니다." 괴링 대령이 대답했다. "경찰은 최고등급 경계태세에 들어가 있고 모든 공공건물에 경비를 세워놓았습니다. 어떤 사태에도 대비할 태세입니다."

그러자 히틀러가 내게 돌아서며 말했다. "공산주의자들 소행임을 하느님은 알고 있소. 당신은 독일 역사의 위대한 새 시대가 열리는 것을 보고 있소. 이 불이 그 시작이오."

그때 그의 머릿속에서 수사학(修辭學)의 재능이 발동한 듯 팔을 극적으로 휘두르며 말했다. "이 불타는 건물을 보시오. 만약 공산주의 정신이 유럽을 단 두 달만 사로잡고 있다면 모두가 다 이 건물처럼 불타오르게 될 것이오."

12시 반에는 불길이 잡히기 시작했다. 기자실 두 개가 아직 불타고 있었지만 더 이상 불이 번질 위험은 없었다. 돔 천장 유리가 터져 바닥에 쏟아져 내렸지만 돔 자체는 무너지지 않았다.

아직까지는 현장이 정리되지 못하고 있어서 방화범 중 건물을 빠져나가지 못하고 타 죽은 자가 그 속에 있는지는 밝혀지지 않고 있다.

밤늦게 프러시아 내무성에서는 괴링이 긴급회의를 소집해 화재에 대한 대응책으로 취할 조치에 대한 의논이 있었다.

서쪽으로 브란덴부르크 문으로부터 동쪽으로 슈프레강에 이르기까지 전 구역이 오늘 밤에는 수많은 경찰의 차단선으로 격리되어 있다.

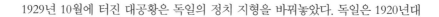

1929년 10월에 터진 대공황은 독일의 정치 지형을 바꿔놓았다. 독일은 1920년대

를 통해 1차대전 패전의 충격과 베르사유 조약의 질곡을 헤쳐 나오고 있었다. 그러나 이 독일의 재건은 막대한 외국 차관에 의존한 것이었다. 공황은 독일 경제를 파탄에 몰아넣었고, 그 결과 국민의 정치성향이 양극화 현상을 일으켰다. 공황이 닥칠 당시 미미한 세력을 가지고 있던 나치와 공산당이 2년 후에는 의회에서 제1당과 제3당이 되어 있었다.

히틀러는 나치당의 약진을 발판으로 1932년 봄 대통령 선거에 나서서 패퇴했지만, 이듬해 1월 수상으로 선출되었다. 여기까지 합법적 수단으로 권좌에 접근한 그는 이제부터 권력 강화를 위한 비상수단을 구사하기 시작했는데, 수상 취임 한 달 후에 벌어진 의회 화재사건이 결정적인 계기가 되었다.

출처   D. Sefton Delmer, *Daily Express*, 28 February 1933

135

오시프 만델스탐의 체포

1934. 5. 13

나데즈다 만델스탐

그 날 하루는 괴로우리만큼 길었다. 저녁에 번역가 다비드 브로즈키가 찾아와서는 떠날 생각을 하지 않는 것이었다. 집에 먹을 것이 아무것도 없어서 M이 아흐마토바의 저녁거리를 얻으러 이웃집에 다니러 갔다. 우리는 브로즈키가 이제 따분해져서 떠나기를 바랐지만 웬걸, 그는 M을 따라 나갔다가 달걀 한 알 달랑 얻어 들고 돌아올 때도 같이 돌아왔다. 의자에 다시 앉은 브로즈키는 자기가 좋아하는 시인 슬루체프스키와 폴론스키의 작품 중에서 제일 좋아하는 구절의 암송을 계속했다(러시아와 프랑스의 시에 관해 그는 모르는 것이 없었다). 그는 암송과 회상(回想)을 끝없이 계속했다. 그가 그처럼 귀찮게 달라붙은 이유가 무엇이었는지는 자정이 지나서야 알아차리게 되었다……(생략)……

밤 한 시 무렵, 갑자기 문에서 예리한, 귀가 괴로울 정도로 거침없는 노크소리가 들려왔다. "오시프를 데리러 왔나 봐요." 내가 말하고 문을 열러 갔다.

민간인 외투를 입은 사람들이 문밖에 서 있었다. 아주 많아 보였다. 아주 짧은 순간 동안 이것이 그것이 아니기 바라는 일말의 희망이 내 마음을 스쳐갔다. 위장용 외투 밑의 제복을 내 눈이 미처 알아보지 못한 것이었다. 사실 그런 종류의 외투는 위장용이라고 하지만 그 자체가 일종의 제복이 되어 있었다. 차르 시대 오크라나의 연두색 코트처럼. 그러나 당시 나는 그런 사실을 알지 못했다. 불청객들이 집 안으로 들어서면서 모든 희망은 사라졌다.

"안녕하세요?" 또는 "만델스탐 선생 댁이지요?" 같은 말, 방문자가 문 열어준 사람에게 으레 하는 말이 나올 것을 기대했다. 그러나 우리 집을 찾아온 밤손님들은 그런 예절에 얽매이지 않았다. 세계 어디서나 비밀경찰은 다 그렇겠지.

한 마디 말도 없이, 한순간의 망설임도 없이, 더할 수 없이 익숙하고 재빠른 솜씨로 그들은 나를 지나쳐갔고, (그래도 나를 떠밀지는 않았다) 금세 집 안을 가득 채운 사람들이 우리 신분증을 검사하고, 무기를 감추고 있는지 확인하기 위해 정확하고 잘 훈련된 동작으로 우리 궁둥이를 쓸어보고 주머니를 더듬어보고 있었다.

M이 큰 방에서 나오며 물었다. "나를 데리러 온 거요?" 요원 한 사람, 키 작은 사람이 희미한 미소 비슷한 것을 띠고 그를 바라보며 말했다. "신분증 좀." M이 주머니에서 꺼내 주자 살펴본 요원이 영장을 건네주었다. M이 읽어보고 고개를 끄덕였다.

비밀경찰 용어로 "야간작전"이라고 부르는 것이 바로 이것이었다……(생략)……

신분증을 검사하고 영장을 제시하고 저항이 없을 것을 확인한 다음 그들은 아파트를 뒤지기 시작했다. 의자에 몸을 깊숙이 파묻고 꼼짝 않고 앉아 있는 브로즈키는 미개인 부족이 모시는 커다란 나무 조각품같이 보였다. 분노와 고통의 표정으로 씨근대고 헐떡대고 있었다. 그에게 말을 걸 일이 한 번 있었다. M이 가져갈 책을 책장에서 좀 꺼내달라는 말이었던 것 같다. "자기 손으로 꺼내라고 하쇼." 퉁명스레 대답하고는 씨근대기로 돌아갔다.

새벽녘이 되어 우리가 아파트 안을 마음대로 걸어 다녀도 된다는 허락이 마침내 내려지고 비밀경찰들도 우리가 오락가락하는 것을 눈여겨보지 않을 만큼 지쳐 있을 때였다. 브로즈키가 갑자기 벌떡 일어나더니 초등학생처럼 손을 들고 화장실에 가도 되는지 물었다. 수색을 지휘하던 요원이 경멸어린 눈길로 그를 바라보고 말했다. "집에 가시오." "뭐라고요?" 깜짝 놀란 브로즈키가 물었다.

"집에 가라고요." 요원은 되풀이 말하고는 등을 돌렸다. 비밀경찰은 자기네 민간인 협력자들을 경멸하는 것이었다.

문에 노크소리가 날 때 우리가 무슨 원고라도 없애려 들 경우에 대비해서 브로즈키가 저녁 내내 우리와 함께 앉아 있도록 명령을 받은 것이 틀림없었다.

———————◇———————

오시프 만델스탐(1891~1938)은 1929년 스탈린이 집권할 때까지 몇 권의 시집과 평론집을 낸 채로 스탈린 치하에서 매장된 시인이다. 이 글에 보이는 대로 그가 체포된 것은 가까운 친구들 앞에서 낭송한 풍자시 때문이었다고 한다. 〈스탈린 묘비명〉이란 제목의 그 시에서 스탈린의 손가락을 지렁이에, 콧수염을 바퀴벌레에 비유했다니……

두 번째 시베리아 유형에서 목숨을 잃은 만델스탐의 작품이 세상에 전해진 것은 전적으로 그 부인의 공로였다. 스탈린이 죽은 후 나데즈다 만델스탐은 기억에 의지해 남편의 유작을 복원하고 친구들이 보관하고 있던 작품들을 모아 출간했다. 덕분에 만델스탐은 가까운 친구였던 안나 아흐마토바(1889~1966, 만델스탐 체포 당시 그 집에 머물고 있었음), 보리스 파스테르나크(1890~1960)와 함께 현대 러시아의 최고 작가로 평가받게 되었다.

출처　Nadezhda Mandelstam, *Hope Against Hope*, tr. Max Hayward, Collins and Harvill Press, 1971

136

이탈리아군의 아비시니아 원정

1936. 4. 4~5

황제군의 코렘 후퇴

코노발로프 대령

그 시간에 에티오피아군이 버려두고 온 전선에서 무슨 일인가 벌어지고 있었다. 적군의 포격이 조금 뜸해지기는 했지만 아주 가까이서 들려왔다. 우리 처지가 얼마나 위험한 것인지 모두들 알고 있었다.

명령을 따르기는커녕 자기 자리라도 지키고 있는 병사를 하나도 찾을 수가 없었다. 병사들은 무질서하게 떼 지어 이리 왔다 저리 갔다 하고 있었다. 산속에는 병사들이 가득했다. 황제는 늦은 점심을 든 후 관측소로 돌아왔지만 짙은 안개 때문에 별로 알아볼 수 있는 것이 없었다. 해지기 전에 다시 작전회의. 잠시 후 그들은 가져갈 수 있는 물건을 확인하기 위해 동굴에 가득한 물건들을 검사하기 시작했다. 가방과 상자 여는 일이 한참 계속되었다.

해지기 직전에 황제가 가져갈 수 없는 물건들을 손수 나눠주기 시작했다. 탄약통, 각종 의류, 술, 보존식품, 온갖 종류의 물건들이 있었다. 동굴은 이 기회에 뭐 좀 얻어가려는 병사들로 꽉 찼다. 황제가 동굴을 떠날 때는 길을 내는 데 여간 힘이 들지 않았다. 주먹질, 고함, 온갖 몸짓이 있은 뒤에야 폭도들은 전리품을 가지고 그곳을 떠났다.

9시 30분에 우리는 아이아를 떠나 코렘으로 향하는 길에 나섰다.

우리 뒤에서 병사들이 포탄과 총탄, 휘발유와 기름 깡통을 모두 폭발시켰다. 아제부 갈라족을 우리 편으로 끌어들이는 데 쓰고자 했던 줄무늬 셔츠와 검정색 공단 케이프 더미도 그 바람에 다 망가졌다.

야전(野戰) 무선전신소도 다른 것들과 함께 버려졌다.

밤이 너무 캄캄해서 하산하는 길이 끔찍하게 힘들었다.

1분마다 길이 막혔다. 행군하는 에티오피아군의 최대 목적은 다른 사람들을 추월하는 것이다. 당나귀, 노새, 다른 사람들 사이를 서로 비집고 먼저 빠져나가려고 아우성들을 치다 보니 상상하기 어려운 혼란이 빚어졌다.

밤새도록 행군한 거리는 아샹기 호수까지의 10킬로미터였다. 전에 같이 다니던 라스 카사의 아들들도 보이지 않고 황제도 보이지 않았다. 나는 한 떼의 병사들 틈에서 행군하고 있었다. 해뜰 때가 되어서야 황제의 시종 둘과 합류할 수 있었다. 그들 역시 일행을 잃어버리고 있었던 것이다.

우리는 서둘렀다. 언제 비행기가 나타날지 몰랐다.

지난 며칠 동안 적군은 아샹기 호수와 그 남북의 샛길로 이어지는 숨을 데 없는 국경지대를 계속해서 포격하고 있었다. 잠깐 멈춰서 생각해본 뒤 나는 코렘으로 계속 가기로 했다. 동행자들은 나와 헤어졌다.

첫 비행기가 나타난 것은 아침 7시였다. 포탄이 우리 후퇴 대열에 비 오듯이 쏟아졌다. 비행기가 더 나타났다. 고갯마루를 넘어 골짜기로 들어설 때 폭격은 최고조에 달해 있었다.

열네 대의 비행기가 번갈아 가며 코렘 방향으로 뻗쳐 있는 인파의 띠 위에 폭탄을 떨어뜨렸다. 나는 밀집된 인파에서 왼쪽으로 좀 떨어져 걷기로 했다.

그때 본 광경을 영원히 잊지 못할 것이다. 우기에만 일부 물에 잠기는 넓은 계곡이 불타는 아프리카의 태양 밑에 평평하게 펼쳐져 있었다. 그 옆으로 호수의 푸른 수면이 미풍에 가볍게 출렁이고 있었다.

길을 따라 피로에 지친 사람들이 한순간 공포에 질려 흩어졌다가 다시 모여들기를 거듭하고 있었다. 네 개, 여섯 개, 여덟 개의 폭탄이 꼬리를 물고 터졌다. 폭탄은 길에서 좀 떨어진 곳에 떨어져 아무도 다치지 않았다……(생략)……

사람들이 발걸음을 서두르기 시작한다. 또 하나의 비행기가 내려와 표적을 고르는 듯 사람들 머리 위로 스칠 듯이 지나간다. 한 차례 폭발. 또 한 차례 폭발. 흙더미와 모래, 돌멩이가 솟아오른다.

이번에는 사람들이 맞았다. 내 주변의 모든 것이 흩어진다. 돌아서 보니 누군가 땅 위에서 죽어가고 있다. 미약하게 움직이는 형체.

안 다친 사람들은 겁에 질려 길을 재촉한다. 두 다리가 잘려 따라갈 수 없는 불쌍한 전우는 버려두고.

같은 순간에 우리 연합군 아제부 갈라족이 자기네 마을이 있는 언덕 위에서 우리에게 사격을 퍼붓는다. 그들은 낙오자를 보면 죽이고 피 흘리는 시체에서 총, 탄창과 옷을 벗겨낸다.

우리 앞에는 우리 누구도 피해 갈 수 없는 지옥의 한 모퉁이가 있다. 길의 한쪽은 호수물이고 다른 한쪽은 산이다. 이 좁은 샛길에서는 방대한 인파가 그대로 밀고 지나갈 수 없다.

덤불 속과 바위 뒤에 교활한 아제부족이 우리를 노리고 숨어 있다는 것을 모두들 안다. 샛길 언저리로 폭탄이 우박처럼 떨어져 사람과 동물들을 살상한다.

가엾은 에티오피아 당나귀들! 포탄에 맞아 턱이 으깨지고 눈이 튀어나오고 배가 갈라진 채 길 위에 그놈들이 죽어 있는 것을 얼마나 많이 봐 왔던가.

위험한 샛길을 통과했다. 길 위에 시커먼 얼룩이 여기저기 퍼져 있었다. 뜨거운 햇볕 아래 금세 말라버린 핏자국이었다. 핏자국으로 길을 알아볼 수 있었다.

길이 굽어진 앞쪽에서 막 폭탄 하나가 터졌다. 내 바로 앞의 에티오피아인이 쓰러진 사람에게 몸을 굽히는 것이 보인다. "아토 가브레 마리암?" 무슨 일이냐고 묻는 것이다.

"폼프, 바콘 마다닛." 폭탄입니다, 약 좀 주세요, 대답하며 애원하는 눈길을 내게 돌린다. 버리고 가지 말아주세요. 우리, 저와 제 뒷사람이 계속 달려가게 해주세요.

643

가면서 피 흘리는 살덩어리가 되어버린 얼굴을 또 하나 본다. 어린 사내애 하나가 울며 매달려 부상당한 사람을 도우려 애쓰고 있다. 우리 주위에 사람들이 모여들고 있다. 우리는 계속 달린다. 마침내 아제부족의 총탄과 비행기의 폭격에서 우리를 감춰줄 코렘 동굴 가까이까지 왔다.

산줄기를 따라 담장으로 둘러싼 '투쿨 tukul'이라 부르는 에티오피아 식의 작은 농가들이 덤불 속에 파묻혀 있다. 저 멀리 조그만 산 위에는 잘 관리된 큰 농장이 하나 있다. 이 지방 장관의 농장이다. 나는 산을 달려 내려가 동굴이 있는 경사면으로 달려간다.

내 발밑으로는 눈길이 닿는 데까지 무서운 아제부 갈라족이 사는 계곡이 펼쳐져 있다. 어서 은신처를 찾아야 한다. 비행기 두 대가 벌써 내 머리 위로 날고 있다.

<hr />

1922년 이탈리아 정권을 장악한 베니토 무솔리니(1883~1945)는 파시즘의 원조(元祖)다. 그보다 10년 늦게 독일 정권을 잡은 히틀러는 무솔리니에게 "많은 영감을 받았다"며 깍듯이 대접했다. 그러나 인종주의와 침략주의 등 파시즘의 외향적 특성은 독일에서 개발되어 거꾸로 이탈리아에 영향을 끼쳤다. 이탈리아에서는 독일과 같은 유대인 탄압이 없었고, 팽창정책도 침략보다는 각국의 파시스트 세력을 지원하는 파시즘 수출에 주력했다. 1935년 10월 3일의 아비시니아(에티오피아) 침공은 2차대전 발발 전 이탈리아의 유일한 해외 군사 활동이었다. 무장이 엉망인 아비시니아군은 최신 무기와 겨자가스를 구사하는 이탈리아군에게 처참한 살육을 당했다. 3월 31일 마이 초우에서 이탈리아군 공격에 실패하고 퇴각하는 에티오피아군의 모습을 그린 이 기록은 황제군의 러시아 (반-소련) 백군 출신 군사고문 코노발로프 대령이 남긴 것이다.

출처   Colonel Konovaloff, in G. L. Steer, *Caesar in Abyssinia*, Hodder and Stoughton, 1936

137

파시스트의 아디스아바바 진격

1936. 4. 18

허버트 매슈스

알라기 고갯길을 올라가면서, 노새도 올라가기 힘들 깎아지른 산비탈에 이런 길을 깎아낸 공학적 기술과 육체적 노력 양쪽에 경탄을 금할 수 없었다. 올라감에 따라 우리 뒤로 펼쳐지는 풍경은 지난 7개월간 군대를 따라 돌아다닌 기록을 누군가가 뒷페이지부터 열어서 보여주는 것 같았다.

고갯마루 가까이에서 일어나 서서 마지막으로 한 차례 보려고 몸을 돌렸다. 저 동쪽으로 당칼리아에서 고원이 꺼져 앉은 곳이 보였다. 저쪽은 마리오티가 미꾸라지 같은 카사 세밧을 아직도 뒤쫓고 있는 아가메강. 그리고 티그레강, 엔델타, 템비엔강, 시레강. 저 멀리 서쪽으로 이 험준하고 놀라운 땅을 영원히 지켜보며 서 있는 라스 다샨……(생략)……

정오까지는 더할 나위 없이 순조롭게 행군이 진행되었는데, 긴 오르막 하나를 올라가는 도중에 체증(滯症)에 걸렸다. 몇십 대 정도 차량이 얽혀 있는 것으로 생각했는데, 알고 보니 800대 트럭이 25마일에 걸쳐 얽힌 것으로, 풀리는 데 스물세 시간이나 걸렸다.

그 위치에서 우리는 다음날 오전 열한 시까지 꼼짝 못하고 기다려야 했다. 우리 텐트와 침구를 가지고 타클레가 탄 트럭은 저 멀리 뒤쪽에 있었으므로 우리는 피아트 차 안에서 잘 수밖에 없었다. 그리고 그 밤은 참으로 별난 밤이 되었다.

우리는 아비시니아의 어딘지 모를 높은 산비탈 위에 있었고 웅대한 파노라마가 앞에 펼쳐져 있는 것을 눈으로 보지는 못해도 느낄 수는 있었다. 열대의 밤하늘에는 별이 가득 매달려 제멋대로 빛을 뿌렸다.

우리 뒤로 모닥불이 하나하나 붙여져 무한한 심연(深淵)으로 이어지는 것 같은 불의 줄을 만들었고, 마음을 편안하게 해주는 동료 인간들의 부스럭대고 중얼대는 소리가 오랫동안 들려왔다. 낭만과 불편으로 가득 찬 하룻밤을 지낼 준비를 모두들 하는 것이었다.

브랑카 소령은 그 무궁무진한 재능을 또다시 발휘, 조수들을 시켜 라디오 수신기를 세웠다. 우리는 곧 로마, 런던과 베를린의 방송을 들을 수 있었다. 다른 세상의 메아리소리를 엿듣는 화성인이 된 기분이었다. 역사적 여행 중의 한 휴식처에서 차가운 밤공기 속에 떨며 앉아 있는 우리 귀에 들려오는 재즈 선율과 애처로운 나폴리 노래, 그 음악의 출처인 유럽과 우리 사이에 도대체 어떤 관련성이 있는지 실감이 나지 않았다.

누군가가 로마에서 런던으로 다이얼을 돌렸다. 뉴스방송이 깨끗한 소리로 나왔다. 데시예가 이탈리아군에게 점령당했다는 보도가 있었던 모양인데(4월 15일에 점령되었다), 아디스아바바의 에티오피아 정부는 이를 부인하고 있으므로 청취자들에게 섣불리 판단하지 말라는 주의를 주고 있었다. 그러나 에티오피아 입장에 "약간의 어려움"은 있는 것으로 보인다고 인정했다. 그리고는 한 전투에 대한 보도가 이어졌는데, 코렘 바로 북쪽에서 에티오피아군 대부대가 이탈리아군을 용감하게 공격해서 그 남진(南進)을 막았다고 하는 것이었다.

우리는 얼른 머리를 굴려보았다. 틀림없었다. 전투 장소라는 것이 바로 우리가 앉아 있는 곳이었다. 이탈리아군이 아직 탈취하지 못한 도시로 가는 길에 있는 살벌한 싸움터 한가운데에 우리가 뭣도 모르고 앉아 있었다는 말이다. 기가 막히는 노릇이다.

이탈리아인들은 와르르 웃음을 터뜨렸지만 언론에 종사하는 나로서는 직업에 부끄러움을 느꼈다. 지어낸 '옥스퍼드 악센트'에 남자 목소린지 여자 목소 린지 모를 그 매끄러운 목소리가 참을 수 없이 역겹게 느껴졌다. 불쌍한 영국 이여!

───────◇───────

이탈리아의 아비시니아 침공(1935~36)은 평화를 담보하는 국제연맹 체제의 허점을 단적으로 드러낸 사례였다. 1935년 10월 3일 이탈리아가 침공을 개시하자 열흘도 안 되어 국제연맹은 이것을 침략으로 규정했다. 그러나 영국, 프랑스 등 규제능력이 있는 국가들은 석유 봉쇄 등 실효성 있는 제재조치를 회피했다. 무솔리니의 이탈리아를 적대했다가 히틀러의 독일과 한 편이 될까봐 걱정해서였다. 그러나 실제로 무솔리니의 아비시니아 정복은 히틀러와의 결합을 원활하게 만드는 계기가 되었다. 1936년 11월 1일, 독일이 이탈리아의 에티오피아 제국을 공식적으로 승인한 바로 며칠 후, 무솔리니는 로마와 베를린 사이에 '추축(樞軸)'이 만들어졌음을 선포했다.

출처   Herbert Matthews, *Eyewitness in Abyssinia*, Secker and Warburg, 1937

138

스페인 내전 1

1937. 4. 26

독일 비행단의 게르니카 파괴

노엘 몽크스

    게르니카를 통과한 것이 오후 세 시 반경이었다. 빌바오 출발이 두 시 반이었다는 데 근거를 둔 짐작이다. 장날이었다. 마을을 통과한 뒤 마르키나 가까이로 간다고 안톤이 말하는 길로 접어들었다. 그쪽에 전선(戰線)이 있는 것으로 나는 알고 있었다. 가 보니 과연 전선은 있었다. 그러나 마르키나는 없었다. 폭격으로 뭉개져 버린 것이었다.

    게르니카 동쪽으로 18마일가량 떨어진 지점에서 안톤이 차를 길 옆으로 붙이고 브레이크를 꽉 밟은 다음 소리를 지르기 시작했다. 그가 정신없이 가리키는 앞쪽을 바라보고 심장이 입으로 튀어나올 것처럼 놀랐다. 저쪽 산 위로 한 떼의 비행기가 나타난 것이었다. 열두 대가량의 폭격기는 고공으로 날고 있었다. 그러나 훨씬 아래, 나무 위를 스칠 듯이 낮게 날아오는 것은 여섯 대의 하인켈 52전투기였다. 폭격기들은 게르니카 방향으로 계속 날아갔지만 전투기들은 닥치는 대로 표적을 찾다가 우리 차를 발견하고는 집으로 돌아오는 비둘기떼처럼 선회한 다음 길을 따라 우리 차 쪽으로 날아왔다.

    안톤과 나는 길에서 20야드가량 떨어진 포탄구멍에 뛰어들었다. 물이 반쯤 찬 구멍 안에서 우리는 진흙범벅이 되었다. 반쯤 무릎 꿇고 반쯤 서서 진흙 벽에 머리를 처박았다.

전투기를 한 차례 잘 살펴본 뒤로는 모두 사라질 때까지 다시 고개를 들지 않았다. 기분에는 몇 시간 걸린 것 같았지만 실제로는 20분이 안 되었을 것이다. 전투기들은 길을 몇 차례 훑었다. 앞쪽, 뒤쪽, 온 사방에 기관총알이 퍽퍽 박히는 소리가 났다. 순전히 두려움 때문에 몸이 부들부들 떨리기 시작했다. 이제 고참이 된 스티어가 기총소사(機銃掃射)당하는 방법을 바로 전날 '교육'시켜주었었다. "최대한 납작하게 엎드려서 꼼짝 말고 있어야 해. 일어나서 뛰었다가는 영락없이 얻어맞게 돼 있어."

탄약을 다 썼는지 전투기들이 사라진 뒤 안톤과 나는 차로 달려갔다. 부근에 군용차량 한 대가 맹렬하게 불타고 있었다. 벌집이 된 시체 둘을 길가로 끌어내리는 것밖에는 할 일이 없었다. 생전 처음 겪어보는 진짜 공포감에 사로잡혀 이제 내 몸은 와들와들 떨고 있었다.

그러다 갑자기 떨리던 것이 가라앉고 기분이 아주 좋아졌다. 그 시절의 해외 취재에서는 직접 체험이 유행이었다. 전쟁이 18년 동안 없었기 때문에 그전의 전쟁을 겪은 사람들에게는 잊어버리기에 충분한 시간이고, 전혀 겪어보지 못한 한 세대 반의 사람들은 관심을 가질 수 없었다. 우리는 그런 글을 '나의 이야기'라 불렀고, 1939년 스페인 전쟁이 끝날 무렵에는 독자들이 읽기 지겨워하는 것 못지않게 우리도 쓰기 지겨워하게 되어 있었다.

게르니카 쪽으로 이어지는 산들 밑에서 우리는 간선도로를 벗어나 빌바오가는 길로 빠졌다. 왼쪽 저 너머 게르니카 쪽에서 폭탄 터지는 소리가 펑펑 들려왔다. 퇴로를 차단하기 위해 산탄더에서 올라오는 증원부대를 독일놈들이 발견한 모양이라고 생각했다. 우리는 계속 빌바오로 달려갔다.

프레시덴치아 호텔에서는 스티어와 홈이 기사를 쓰고 있었다. 스티어의 호텔에서 저녁을 같이 먹자고 그들이 청했다……(생략)……

첫 코스로 콩 요리를 먹은 뒤 절임 쇠고기 코스를 기다리고 있을 때 정부 관리 하나가 눈물을 줄줄 흘리며 썰렁한 식당 안으로 뛰어 들어와서 소리 질렀다. "게르니카가 박살났어요. 독일놈들이 폭격을 끝없이 퍼붓는 바람에."

아홉 시 반경이었다. 로버츠 대위가 커다란 주먹으로 테이블을 내리치며 내뱉었다. "개 같은 자식들!"

5분 후 나는 게르니카로 달려가는 멘디구렌의 리무진에 타고 있었다. 10마일은 충분히 되는 거리에서부터 게르니카의 불길이 하늘에 비쳐져 보였다. 가까이 가자 길 양쪽에 남녀노소 많은 사람들이 넋 놓고 앉아 있었다.

신부가 한 사람 보였다. 차를 멈추게 하고 그에게 다가가 물었다. "어떻게 된 일입니까, 신부님?" 신부는 얼굴이 새까매지고 옷은 너덜거리고 있었다. 그는 말도 제대로 못했다. 아직도 4마일이나 떨어져 있는 불길을 가리키고 있다가 겨우 속삭이듯 더듬거렸다. "Aviones…… bombas…… mucho, mucho. (비행기…… 폭탄…… 많이, 많이)"

당시의 '나의 이야기' 전통에 따라 나는 게르니카에 첫 번째로 도착한 기자였고, 도착하자마자 불길에 그을린 시체를 수습하는 바스크인 병사들과 마주쳐 내 할 일을 시작하게 되었다. 애들처럼 훌쩍훌쩍 우는 병사들도 있었다. 불길과 연기와 먼지가 천지였고, 사람 살 타는 냄새에 현기증이 났다. 연옥 속에서 집들이 무너지고 있었다.

불의 벽으로 둘러싸인 것처럼 된 광장에는 100명가량의 이재민이 모여 있었다. 몸을 앞뒤로 흔들며 울부짖고 있었다. 영어를 하는 중년 남자가 있었다. 그가 말했다. "장이 아직 파하지 않은 네 시에 비행기가 많이 왔어요. 그리고 폭탄을 떨어뜨렸지요. 낮게 날아와 길거리에 총을 쏘아대는 비행기도 있었고요. 아로나테기 신부님은 훌륭하셨습니다. 폭탄이 떨어지는 가운데 광장에서 사람들을 이끌고 기도를 올리셨지요." 내 생각에 그 사람은 내 신분을 알지 못한 것 같다. 그는 게르니카에서 벌어진 일을 있는 그대로 말해준 것이다.

게르니카의 길은 대부분이 광장으로 이어져 있다. 불길의 벽이 되어 버려서 지나갈 수 없는 길이 많았다. 건물의 잔해가 수북하게 쌓여 있었다. 그림자처럼 보이는 잔해더미 중에는 커다란 것도 있었고 재만 쌓인 것도 있었다. 광장의 뒤쪽으로 돌아가 이재민들 사이에 끼었다. 그들이 하는 말은 다들 똑같은 것이었다. 비행기, 총알, 폭탄, 불.

650

1937년 4월 26일 스페인 내전 당시 공화군의 세력권이었던 소도시 게르니카가 독일군의 폭격을 받아 도시 인구의 3분의 1에 달하는 사상자가 발생했다. 그 참혹함은 피카소의 작품을 통해 세계인의 마음에 각인되었다.

　　그로부터 스물네 시간이 지나지 않아 처참한 사연이 온 세계에 알려졌을 때 프랑코는 이에 충격받고 집을 잃은 사람들을 거짓말쟁이로 몰아붙인다. 몇 주일이 지난 뒤 몰라의 부하들이 폐허 여기저기 뿌려놓은 휘발유 냄새가 사람 살태운 냄새를 몰아낸 뒤에, 게르니카를 조사하러 온 영국의 이른바 전문가라는 사람들은 건방지기 짝이 없는 결론을 내린다. "게르니카는 빨갱이들이 일부러 불 질러 태운 것이오."

<hr />

　　1936년 7월 스페인 내전이 발발했을 때 두 진영의 복잡한 구성 내용은 당시 유럽의 정치적 혼란상을 그대로 반영하는 것 같았다. 공화파에는 공화주의자들 외에 사회주의자, 공산주의자, 자유주의자, 무정부주의자, 그리고 카탈로니아와 바스크 분리주

의자들이 뒤섞여 있었고, 그 반대편 국가주의 진영에는 반란을 일으킨 군 장교들을 포함한 민족주의자들 외에 보수주의자, 왕정주의자, 그리고 민병대가 포함되어 있었다.

내전에 개입한 외국 세력도 마찬가지로 복잡했다. 전체적으로 보아 국가주의 진영은 독일과 이탈리아에게 국가 차원의 지원을 받은 반면, 공화파에게는 민간의 자발적 지원의 비중이 컸다. 소련이 공화파를 지원했지만 상대적으로 힘이 약했고, 프랑스 정부가 협조적인 편이었지만 미온적이었다. 합법적 정부를 지킨다는 명분을 가진 공화파가 여론의 지지를 더 많이 받으면서도 실제 군사력에서 밀리는 상황이 펼쳐졌다.

스페인 내전에 함께 같은 편에서 개입하는 과정을 통해 이탈리아와 독일 사이의 추축 형성은 더욱 촉진되었다. 두 나라 모두 프랑스 건너편에 자기네에게 협조적인 정권이 들어서기를 간절히 바랐다. 영국 해군을 견제하기 위해 지브롤터 해협에 영향력을 확보하는 것을 특히 이탈리아는 원했다. 독일의 경우 새로 개발한 무기를 실험할 장소를 필요로 하기도 했다는 시각이 있다. 게르니카 같은 사태를 달리 이해할 수 없기 때문이다.

출처   Noel Monks, *Eyewitness*, Frederick Muller, 1955

139

스페인 내전 2

1937. 5. 20

우에스카 부근에서 입은 총상

조지 오웰

전선에 도착한 지 열흘가량 되었을 때의 일이었다. 총알에 맞는다는 것은 매우 흥미로운 경험이며 자세히 묘사할 가치가 있다고 생각한다.

새벽 다섯 시, 흙벽의 한 모퉁이에서였다. 원래 위험한 시간이었다. 동트는 해가 등 뒤에 있기 때문에 흙벽 위로 고개를 내밀기만 하면 하늘을 배경으로 또렷하게 부각되어 보인다. 교대하러 갈 참에 보초들과 이야기를 하고 있었다. 무슨 말을 하고 있는 중에 갑자기…… 그때의 느낌을 더할 수 없이 생생하게 기억하고 있지만 말로써는 표현이 잘 되지 않는다.

대충 비유하자면 폭발의 한가운데 있는 느낌이었다. 뻥 터지는 커다란 소리가 나고 온 천지가 눈부신 섬광에 싸이면서 엄청난 충격이 느껴졌다. 아픈 것이 아니라 전깃줄에 닿은 것처럼 억센 충격이었다. 그리고는 철저한 무력감이 따라왔다. 얻어맞아 오그라져 내가 없어져버리는 느낌이었다. 앞에 있는 모래 주머니가 한없이 멀어져가는 것 같았다. 벼락을 맞아도 느낌이 이것과 같을 것이라고 생각된다.

맞았다는 사실은 즉각 알아차렸지만, 그 굉음과 섬광 때문에 바로 옆에 있는 총이 잘못 격발된 것이라고 생각했다. 이 느낌과 생각은 1초도 훨씬 안 되는

653

짧은 시간 동안 오고간 것이었다. 다음 순간 다리가 휘면서 몸이 쓰러졌고, 머리를 땅바닥에 쾅 찧었는데, 거기서 크게 다치지 않은 것이 천만다행이었다. 먹먹하고 어지러운 느낌 속에 크게 다쳤다는 사실을 인식했지만 통상적 의미의 고통은 없었다.

이야기를 나누고 있던 미국인 보초가 황급하게 몸을 굽혔다. "저런! 맞았어요?" 사람들이 몰려들었다. 으레 일어나는 소란이 일어났다. "일으켜요! 어디 맞았지? 셔츠를 찢어요!" 등등. 미국인이 내 셔츠 찢을 칼을 찾았다. 내 주머니에 하나 들어있어서 꺼내려 했지만 오른팔이 마비되어 있는 것을 깨달았다.

통증을 느끼지 못하는 가운데 어렴풋한 만족감이 느껴졌다. 마누라가 좋아하겠지, 하는 생각이 떠올랐다. 아내는 내가 부상당하기를 늘 바랐다. 그래야 진짜 큰 싸움이 있을 때 죽음을 피할 수 있으니까.

이런 생각을 하고 있을 때 비로소 어디 맞았는지, 얼마나 큰 부상인지, 궁금한 생각이 들기 시작했다. 아무것도 느낄 수 없었지만 몸 앞쪽 어딘가를 맞았다는 것은 알고 있었다. 말을 하려 하자 목소리가 나오지 않고 끽끽 소리만 희미하게 났다. 그러나 다시 시도해 보니 말이 나와 어디 맞았는지 물어볼 수 있었다.

우리 들것병 해리 웨브가 붕대와 함께 야전 치료용으로 지급된 조그만 알코올병 하나를 가져왔다. 사람들이 나를 일으키자 입에서 피가 왈칵 쏟아져 나왔고, 총알이 목을 완전히 뚫고 지나갔다고 뒤에 있는 스페인사람이 하는 말이 들렸다. 상처에 알코올을 뿌리는 것이 느껴졌는데, 평소에는 환장하도록 쓰라릴 것이 기분 좋게 시원하기만 했다. 사람들이 나를 도로 눕혔고 누군가가 들것을 가져왔다. 총알이 목을 완전히 뚫고 지나갔다는 말을 듣고부터 나는 끝장났다는 것을 당연한 사실로 생각했다. 사람이고 짐승이고 총알이 목을 꿰뚫고도 살아났다는 말을 들은 적이 없었다. 입 안 한 구석에서 피가 계속 흘러나왔다. "동맥이 절단 났구나." 나는 생각했다. 경동맥(頸動脈) 절단 후 죽음에 이르는 시간이 얼마나 되는지 궁금해졌다. 아마 몇 분 안 걸리겠지. 눈에 보이는 모든 것이 흐릿해졌다.

내가 죽어있다고 생각한 시간이 2분쯤 되는 것 같다. 그것 또한 재미있었다. 그런 상황에서 어떤 생각이 떠오르는지 살피는 것이 재미있다는 말이다. 첫

번째 떠오른 생각은 진부하기 짝이 없게스리 아내 생각이었다. 두 번째 생각
은 이 세상, 따져보면 내가 살기에 썩 괜찮은 이 세상을 이렇게 떠나야 한다는
것이 미치도록 싫다는 것이었다. 이 생각을 아주 뚜렷이 할 만큼 충분한 시간
이 있었다. 이 멍청한 불운에 화가 나는 것을 참을 수 없었다. 이렇게 무의미하
다니! 전쟁 중도 아니고, 보잘것없는 참호 모퉁이에서 한순간의 부주의 때문에
밀려나 버리다니! 나를 쏜 사람에 대해서도 생각이 오갔다. 어떻게 생긴 사람
인지, 스페인 사람인지 외국인인지, 나를 맞췄다는 사실을 아는지 등등……. 그
에 대해 아무 원한도 느껴지지 않았다. 그가 파시스트인 만큼 나 역시 그를 죽
일 수 있으면 죽였으리라는, 그러나 그가 이 순간 포로로 내 앞에 끌려온다면
사격솜씨 칭찬이나 해주고 말리라는 생각이 들었다. 그러나 정말로 죽어가는
상황에서라면 생각이 이와 전혀 다르게 돌아갈지도 모른다.

내 몸이 들것에 올려지자 마비됐던 오른팔이 살아나면서 끔찍스럽게 아프
기 시작했다. 넘어지면서 부러진 것이 아닐까 당시에는 생각했다. 아무튼 통증
때문에 마음이 좀 놓였다. 죽어가는 사람의 감각이 이렇게 되살아날 수는 없을
테니까. 마음이 좀 정상으로 돌아오니 들것을 어깨에 메고 땀을 뻘뻘 흘리며
낑낑대는 불쌍한 녀석들한테 미안한 마음이 들기 시작했다. 앰뷸런스까지 거
리는 1마일 반, 험하고 미끄러운 고생길이었다. 하룬가 이틀 전에 부상자를 데
리고 나오는 데 한몫 거든 일이 있어서 얼마나 고역인지 알고 있었다.

참호 주변 여기저기 서 있는 은빛 포플러 잎사귀가 내 얼굴을 쓸었다. 은빛
포플러가 있는 세상에 살아있다는 것이 얼마나 좋은 일인가 생각했다. 그러나
그동안 내내 팔의 통증은 미칠 것 같이 심해서, 나는 욕지거리를 내뱉다가 또
욕지거리를 참느라 애쓰기를 거듭했다. 숨을 조금 세게 쉬기만 해도 입에서 피
거품이 버글버글 쏟아져 나오기 때문이었다.

『동물농장』(1945)과 『1984』(1949)는 조지 오웰(1903~1950, 본명 에릭 블레어)을 일류

정치사상가의 반열에 올려놓은 작품들이다. 공산주의와 전체주의에 대한 경계심을 환기시킨 이 작품들은 그의 개인적 경험과 고뇌를 토대로 한 것이기 때문에 힘을 가질 수 있었다.

"땅 없는 지주층"이라고 스스로 표현한 배경에서 그는 태어나고 자랐다. 명문 이튼 학교를 우수한 성적으로 졸업하고도 대학 진학 대신 아버지의 뒤를 이어 버마 경찰에 투신한 것도, 5년 후 경찰을 떠나 빈민층과 유랑민 사이에서 여러 해 지낸 것도 자신의 존재 위치를 극복하기보다 천착하려 한 노력으로 이해된다.

1933년부터 본격적 작품 발표를 시작한 오웰은 내전을 취재하러 스페인에 갔다가 공화파 의용군에 가담했다. 사회주의자를 표방하면서도 자유주의 성향 때문에 공산주의와 거리를 두고 있던 그가 공산주의를 진심으로 증오하게 되는 경험을 그곳에서 겪었다. 총상을 입기 직전 바르셀로나에서 공산주의자들이 헤게모니 장악을 위해 같은 공화파 안에서 '내내전(內內戰)'을 일으키는 장면을 겪은 것이었다.

스페인 경험을 기록한 『카탈로니아에 대한 충성 Homage to Catalonia』(1938)을 비롯해 그 후의 여러 작품에서 그가 풍자하고 비판한 '공산주의'는 물론 스탈린주의를 말하는 것이었다. 스탈린주의가 곧 공산주의로 이해되던 시절이었다.

스페인 내전(1936~39)을 2차대전의 전초전으로 보는 시각이 많다. 1936년 2월 선거에서 좌파를 주축으로 한 인민전선이 승리를 거둔 데 대한 반발로 7월에 군부가 쿠데타를 일으킨 것이 그 도화선이었다. 이탈리아와 독일의 파시즘 정권은 군부 중심의 국가주의 진영을 노골적으로 지원한 데 반해 영국과 프랑스는 눈치 보기에 급급해 공식적 개입을 피했다. 그래서 전 세계의 양심적 지식인들이 개인 신분으로 공화파를 지지하는 의용군에 참여했다. 3년간의 내전 기간 중 50여 개국 출신의 5만여 명이 의용군에 참여했고, 오웰은 그중 한 사람이었다.

출처   George Orwell, *Homage to Catalonia*, Secker & Warburg, 1937

140

독일군의 뮤즈강 돌파

1940. 5. 15

에르빈 로멜

편저자 주 | 독일과의 국경을 따라 요새를 정교하게 배치한 프랑스의 마지노 방어선을 독일군은 1940년 5월에 우회했다. 5월 12일 저녁 때까지 독일군은 프랑스-벨기에 국경을 넘어 뮤즈강을 바라보고 있었고, 이에 대항한 프랑스 제2군과 제9군은 대전차포와 대공포를 갖추지 못하고 있었다. 로멜은 제7기갑사단을 지휘하고 있었다.

서쪽으로 가는 길이 이제 뚫렸다. 달이 떠 있으니 당분간은 아주 캄캄할 염려가 없었다. 선두의 탱크들이 아벤느에 이를 때까지 길 위와 길가에 정기적으로 기관총과 대전차포 사격을 가하라고 명령을 내려놓았다. 적군이 지뢰를 설치하지 못하게 하기 위해서였다. 그 밖의 기갑연대 병력은 선두 탱크들 뒤를 바짝 따라가면서 필요할 때 언제든지 측면으로 사격을 가할 태세를 갖추고 있게 했다. 사단의 주력은 트럭을 타고 기갑연대 뒤를 따라가게 했다.

탱크들은 긴 줄을 지어 이제 요새 방어선을 지나 우리 사격으로 불붙어 타고 있는 첫 민가들을 향해 나아가고 있었다. 제7 오토바이 대대 병사들이 우리 옆으로 걸어서 전진하고 있는 것이 달빛 속에 보였다. 이따금 적군의 기관총과

뮤즈강은 제2차 세계대전 당시 유럽 서부전선의 요충지였다. 1940년 독일군은 프랑스 영토를 침공하기 위해 뮤즈강으로 독일 병력을 도강시켜야 했다.

대(對)전차포 사격이 터져 나왔지만 탄환은 우리 근처에도 오지 못했다. 우리 연대보다 훨씬 앞쪽의 도로와 마을에 우리 포대가 퍼붓는 교란사격이 쏟아지고 있었다.

차츰 속도가 빨라졌다. 오래지 않아 우리는 500야드, 1,000야드, 2,000야드, 3,000야드 방어선 안으로 들어와 있었다. 엔진이 으르렁대고 탱크 궤도가 절걱댔다. 귀를 찢는 듯한 이 소음 속에서는 적군의 사격이 있는지 없는지도 알 수 없었다. 솔르 르 샤토에서 서남쪽으로 1마일가량 위치에서 철로를 건넌 다음 북쪽으로 방향을 돌려 곧 간선도로에 도착했다. 그리고는 길을 따라 첫 민가들을 지나쳐 갔다.

우리 탱크들이 내는 요란한 소리, 엔진이 으르렁대는 소리와 궤도가 절걱대는 소리가 민가에서 자던 사람들을 무례하게 깨웠을 것이다. 부대는 길 옆에서 노숙을 하고 차량은 농장 마당이나 더러는 길 위에도 세워 놓았다. 프랑스 민간인과 군인들은 공포에 일그러진 얼굴로 도랑 속에, 생울타리 밑에, 그리고 길가의 땅이 패인 곳마다 엎드려 있다. 피난민 대열을 지나쳐 갔는데, 주인들이 겁에 질려 들판으로 도망가 버리고 수레들만 버려져 있었다.

우리는 목표지점을 향해 꾸준한 속도로 전진했다. 이따금씩 가리개를 한 불빛으로 지도를 얼른 훑어보고는 사단 본부에 짤막한 무전을 보내 우리 위치를 알렸다. 제25기갑연대의 임무수행 성공도 함께 알리는 무전이었다. 이따금씩 해치를 열고 내다보아 여전히 저항이 없다는 것을 확인하고, 후미와의 연결이 잘 유지되는지도 확인했다.

차가운 달빛 아래 평평한 벌판이 우리 사방으로 펼쳐져 있었다. 마지노선을 지나온 것이었다! 생각하기 어려운 일이었다. 22년 전 우리는 똑같은 적을 상대로 4년 반 동안 맞서면서 승리에 승리를 거듭했지만 결국은 전쟁에 지고 말았다. 그런데 지금 우리는 이름 높은 마지노선을 돌파하고 적지 깊숙이 진격하고 있다. 달콤한 꿈이 아니다. 현실 속에서 벌어지고 있는 일이다.

에르빈 로멜(1891~1944)은 직업군인의 표본이라 할 인물이었다. 1차대전에서 이미 우수한 장교로 평판을 얻었지만 그는 승진의 지름길인 참모본부를 회피하고 일선 지휘관의 자리만을 지켰다. 2차대전 발발 후 제7기갑사단 지휘를 맡아 탱크전에 입문하여 '사막의 여우'로 자라나는 길을 열었다. 1차대전 때 등장한 탱크는 그동안 상당한 발전을 이루고 있었지만 탱크전 전략은 독일에서 앞서 발달했다. 다른 나라에서는 탱크가 보병 부대에 배속되어 보병 작전을 지원하는 역할에 머물러 있는 동안, 독일에서는 기갑사단을 편성해 독자적 작전을 펴도록 하고 있었다. 1940년 5월 기갑부대를 핵으로 하는 독일군이 마지노선을 우회해 뮤즈강 방면으로 쳐들어갈 때 대전차포를 갖추지 못한 프랑스군은 속수무책으로 밀리고 말았다.

1941년 초 아프리카로 파견된 로멜은 물 만난 고기처럼 활약했다. 영국의 압제를 풀어주는 '해방자'로서 현지인의 지지를 받은 것이 그를 영웅으로 떠받드는 본국 정부의 선전활동을 더욱 뒷받침했다. 그러나 히틀러의 무리한 작전명령으로 아프리카 군단이 괴멸된 후 본국으로 소환되었고, 1944년 프랑스 서해안 방어 사령관으로서 상륙작전에 대한 철저한 대비를 주장하였으나 받아들여지지 않은 채로 노르망디 상륙을 맞았다.

1943년 3월 아프리카에서 소환된 이후 로멜은 승전이 불가능하다는 냉철한 판단을 내리고 독일이 강화에 나서야 한다고 생각했다. 그러나 히틀러가 그런 선택을 할 희망은 없었다. 히틀러 제거 계획을 세운 장교들이 로멜에게 접근해서 히틀러 이후에 그가 역할을 맡아달라는 요청을 했을 때 그가 응낙한 것은 그 계획에 '암살'이 들어 있다는 것을 모르고 한 것이었다. 1944년 7월 20일 암살 시도가 실패하고 로멜의 연루가 드러나자, 전쟁영웅과의 법정 대립을 꺼린 히틀러는 그에게 독을 보내고 자살을 권유했다. 그는 독을 마셨다.

출처 Erwin Rommel, in B. H. Liddell Hart (ed.), *The Rommel Papers*, Collins, 1953

141

됭케르크 해안

1940. 6. 1

존 찰스 오스틴

편저자 주 | 영국군의 됭케르크 철수는 5월 26일에 시작되었다. 6월 4일 작전이 완료될 때까지 영국군 19만 8,000명과 프랑스군 및 벨기에군 14만 명이 구출되었다.

마침내 우리는 바다와 우리 사이를 가로막는 마지막 운하(運河)의 이쪽 가에까지 와서 차를 버리게 되었다. 차량들은 어둠 속에서 파괴되어 운하 속으로 밀어 넣어졌다. 병사들은 길가에 정렬해서 마지막 점호를 받았다.

괴이한 광경이었다. 부대 선임하사들이 병사들의 이름을 속삭이듯 부르고 어디서 들려오는지 알 수 없는 대답이 들려오면 손전등 불빛으로 명단에 표시를 하는 것이었다.

"전원 집합, 이상 무!"

우리 50명은 다시 움직이기 시작했다. 이번에는 도보였다. 셋씩 짝을 지었고, 나는 소령과 함께 대오의 선두에서 걸었다. 운하를 건너는 다리가 아직도 파괴되지 않고 있어서 천만다행이었다. 이 다리를 건넘으로써 우리와 운명 사이의 장애물 하나가 지나간 것이었다.

우리는 말로 레 벵 쪽으로 계속 나아가 철로를 건너고 폐허가 된 로젠달 마을, 뼈만 남은 건물들이 고대문명의 유적처럼 서 있는 거리를 지나갔다. 들려오는 소리라고는 우리 발밑에서 유리가루가 부서지는 소리뿐, 한겨울에 단단한 얼음 위를 행군할 때와 같았다.

이상한 그림자들이 길 주변에 얼찐거리고 부서진 문 안팎으로 드나드는 듯하다가는 소리 없이 모퉁이를 돌아 사라지곤 했다. 상황의 급속한 전개에 치어 갈 곳을 잃고 지하실에서 살고 있는 주민들이었다. 도둑놈들도 더러 있을 것이다. 그리고 아마 첩자들도 더러 있을 것이다. 독일군의 포격은 이제 줄기차게 되어서 2~3초씩 비추는 폭발의 섬광이 끊어지지 않고 우리 사방을 밝혀주고 있었다.

이제 우리만이 아니었다. 같은 방향으로 행군하는 우리 보병의 소규모 부대들과 마주치기 시작했다. 가까이 다가갔을 때 어둠 속에서 인사의 환호가 터져 나오기도 했다.

"거기 혹시 스코틀랜드 국경순찰대 A중대 아니오?" 아니면 다른 부대 이름을 소리쳐 물었다. 후위(後衛)부대 일부가 돌아와 대형을 잘 지킨 채로 해안까지 행군해 가고 있는 것이다.

길이 매우 좁아졌는데, 그렇지 않아도 행군해 가기 어려운 판에 뒤에서 빵빵대는 소리가 계속 나서 병사들을 괴롭혔다. 한참 듣다보니 폭탄소리보다도 더 지겨웠다. 마침내 멈춰 서서 무슨 영문인지 알아봤다. 겁에 질린 프랑스군 한 패거리가 탄 트럭들이 어둠 속에서 행군하는 우리 보병들 사이를 꿰뚫고 길 양쪽 도랑으로 떠밀어 넣으면서 지나가겠다고 난리를 피우는 것이었다. 성난 목소리가 오고갔다. 싸움이 한 판 붙을 것 같았다. 다행히 마지막 순간에 프랑스 운전병들이 수그러져서 행군에 보조를 맞추기로 했다. 잘한 짓이다. 여차하면 총으로 갈길 기분이었다. 트럭들은 행군 보조에 맞춰 한참 따라오다가 샛길로 빠져나갔다.

모래밭으로 접어드니 모래언덕들이 주변보다 짙은 검은색으로 낙타 등처럼 솟아 있었다. 더 짙은 검은색으로 그 위에 널려 있는 것은 버려진 차량들이었다. 불타면서 기괴한 모습으로 비틀린 형체들이 반쯤씩 모래에 파묻혀 있었다. 폭탄이 터지면서 괴상망측한 모양으로 쌓인 무더기도 있었다. 불타는 됭케르크의 참상을 비춰 보여주는 붉게 물든 하늘을 배경으로 이 검은 형체들의 실루엣이 드러나 있었다.

파괴된 차량들 틈새로 발목까지 빠지는 모래밭을 서서히 빠져나가 해안 산책로의 집들이 황량한 뼈대만 남아있는 곳에 이르렀다. 앞쪽 전체는 불타는 집들이 하나의 선(線)으로 이어져 불길의 혓바닥을 널름대는 높다란 불의 벽을 만들었고, 쏟아져 나오는 연기는 지붕 위의 검은 하늘 속으로 빨려 들어갔다. 바깥으로 바다 쪽은 검은 벨벳처럼 짙고 매끄러운 어두움이 깔린 가운데 여기저기 침몰된 구축함과 상륙정(上陸艇)이 주변보다 약간 더 짙은 어두움을 드러내고 있었다.

우리 정면에 주(主)방파제의 거대한 검은 벽이 모래밭으로부터 바다 속 멀리, 거의 보이지 않는 곳까지 뻗어 있었다. 방파제 뒤로는 불타는 기름 탱크에서 커다란 불기둥이 공중 100피트 높이까지 솟아오르는 놀랍고 무서운 광경이 펼쳐지고 있었다. 모래밭의 방파제 끝에는 오벨리스크 하나가 서 있었고, 그 주변에서 고성능 폭탄이 일정해 보이는 시간 간격으로 터지고 있었다.

마지막 연대들의 거의 모든 잔여병력이 50명씩 무리를 지어 해안도로를 따라 피곤한 발걸음을 터벅터벅 옮기고 있었다. 노래 부르는 사람은 없었고 말을 하는 사람도 드물었다. 너무들 피곤해서 숨도 아껴 쉴 정도였다. 어둠 속에서 이따금 고함소리가 들려왔다.

"그린 하워즈, A중대……."

"이스트 욕스, C중대……."

자기 부대를 찾는 낙오병이나 방파제 위로 철수의 길을 인도할 부대를 찾는 안내병들이 외치는 소리였다.

썰물이 빠져 나간 뒤였다. 넓게 펼쳐진 모래밭 위에는 저 아래 물가 쪽으로 소대 단위나 정연한 대오로 움직여 가는 병사들의 모습이 길쭉한 작은 덩어리의 모양으로 희미하게 보였다. 이따금 고함소리를 들을 수 있었다.

"어디 있니, 앨프?"

"어떻게 된 거야, 빌?"

"이쪽으로 와, 조지……."

그토록 많은 조그만 무리들이 모두 서로 비슷한 모습으로 어둠 속에서 움직이고 있는 가운데 자기 일행을 잃어버리지 않는다는 것도 쉬운 일이 아니었다. 몇 초만 멈춰 서서 뒤를 돌아보고 있다가는 전혀 다른 부대에 끼어 있게 되기가 십상이었다.

물가로부터 세 개의 길고 가는 검은 줄이 서로 꽤 큰 간격을 두고 물속으로 뻗어 있어서 나무로 만든 나지막한 방파제처럼 보였다. 병사들이 둘씩둘씩 이어 서서 보트를 기다리는 줄이었다. 보트는 한 번에 스무 명가량씩 태워 마지막 생존자들을 태우고 있는 기선과 전함으로 데려다주는 것이었다. 기다리는 줄은 자로 잰 듯 반듯한 모습을 지키고 있었다. 축구장 출입구에서처럼 몰리고 밀고 뒤섞이고 하는 일이 전연 없었다. 극장 출입구보다도 훨씬 더 질서정연했다.

이 무렵부터 우리 부대원들 중에도 떨어져나가는 사람이 있을까 걱정되어 나도 소리치기 시작했다. "2004야전연대! 2004야전연대!" 신고센터를 찾는 것도 쉽지가 않았다.

"망할놈의 신고센터가 어디 있는 거야?" 소령이 말했다. "계속 소리치게. 그놈들이 들으면 우리한테 어떻게 하라고 소리 질러 주겠지."

그래서 소리를 꾸준히 질러댔다. 그러나 신고센터는 나타나주지 않았고, 그걸 찾느라고 해안도로에 매달려 있다가는 무슨 변을 당할지 모르겠다는 판단을 우리는 얼마 후 내렸다. 도로변의 망가진 집들 위로 커다란 포탄들이 떨어지기 시작해 우리 머리 위로 수많은 벽돌과 돌조각들을 날렸다.

"모래밭 쪽이 건강에 나을 것 같군." 소령이 말했다.

앞쪽 길 위에 죽은 병사들, 죽어가는 병사들이 있는 것을 보면서 도로를 벗어나려는 우리 마음이 더 급해졌다. 시체를 타고 넘으면서 어두운 모래밭으로 비탈을 내려갔다. 됭케르크는 이제 검은 물감과 붉은 물감만으로 그린 연습작품 모양이었다. 불길, 연기, 그리고 밤 그 자체가 뒤얽혀 죽음과 파괴의 무시무시한 풍경을 빚어내고 있었다. 온통 적과 흑이었다. 왼쪽 오른쪽 몇 마일 밖, 칼레와 니외포르의 해안포대에서 이 도시로 대형 포탄을 쏘아 올리는 하얀 빛이 이따금씩 번득여 변조(變調)를 만들어줄 뿐이었다.

모래밭으로 내려가자마자 지독하게 불길한 분위기가 우리를 감싸는 것을 느꼈다. 피와 시체의 끔찍한 냄새가 가득 차 있었다. 빠져나갈 길이 없었다. 모래밭 위에 널려져 있는 시체들, 더러는 며칠째 널브러져 있는 시체들의 흉악한 냄새를 흩어줄 한점 바람도 없었다. 무더운 여름날 도살장 안을 걸어가는 기분이었다. 어둠은 끔찍한 광경을 우리 눈으로부터는 감춰주었지만, 그 무서운 냄새는 더 짙게 만들어주는 것 같았다. 죽음이 우리 주위를 아주 가까이서 휘젓고 다니는 것 같은 느낌을 주었다.

우리는 바다 쪽으로 얼굴을 향하고 최대한 빨리 이 어지러운 죽음의 늪지대를 벗어나기 위해 발걸음을 재촉했다.

"물…… 물……" 우리 바로 앞 모래밭 위에서 신음소리가 들려왔다.

부상당한 보병이었다. 너무 부상이 심해서 희망이 없었다. 우리 물통은 모두 빈 지 오래되었지만 한 병에 조심스레 모으니 한두 모금이 되었다. 상사 하나가 죽어가는 병사 옆에 무릎 꿇고 앉아 물통을 입에 대 주었다. 그리고 우리는 다시 발걸음을 옮겼다. 마지막 몇 방울 남은 물통은 불쌍한 병사의 손 가까이 놓아두어 이따금씩 입을 축일 수 있게 했다.

출처   John Charles Austin, *Return Via Dunkirk, by 'Gun Buster'*, hodder and Stoughton, 1940

142

해협 위의 공중전

1940. 9. 3

리처드 힐러리

9월 3일의 어둡고 흐린 새벽, 가벼운 미풍이 하구(河口)의 수면에 주름을 만들고 있었다. 런던 동쪽 12마일 지점 혼처치 비행장에 평소처럼 낀 안개는 비행장 가로 줄지어 세워진 스핏파이어 기(機)의 흐릿한 실루엣을 더욱 험상궂게 만들고 있었다. 안개 틈새로 이따금 모습을 나타냈다가 사라지곤 하는 풍선은 마치 피로에 지친 괴물이 먹이를 찾다가 뒤로 넘어지는 모습 같았다.

우리는 8시에 활주로로 나왔다. 지난 밤중에 우리 비행기들은 소개되었던 장소에서 격납고로 옮겨져 있었다. 공구와 오일, 그리고 일반장비는 모두 비행장 건너편에 보관해 두었었다.

나는 걱정이 되었다. 얼마 전 폭격을 당한 뒤 내 비행기에는 조종석 뚜껑을 바꿔 놓았었다. 그런데 이 새 뚜껑이 유감스럽게도 홈통을 따라 잘 열리지 않았다. 정비인원도 모자라고 공구도 없는 상황에서 고칠 길도 없는 것이 아닌가 하는 걱정이 들기 시작했다. 이놈이 말을 제대로 듣지 않으면 서둘러 탈출할 필요가 있을 때 문제가 있다.

'엉클 조지'라 불리는 우리의 디놈 편대장이 대형 쇠줄과 윤활유를 가진 세 사람을 기적처럼 확보해 와서 나는 정비병 한 명과 함께 맹렬한 기세로 조종석 뚜껑에 달라붙었다. 우리는 번갈아 가며 줄질 하고 기름 치고, 기름 치고 줄질 하고를 거듭해 마침내 뚜껑이 움직이기 시작하게 되었다. 그러나 애가 타도록 느리게 움직였다.

10시, 안개가 걷히고 맑은 하늘에서 햇빛이 쏟아져 내릴 때까지도 뚜껑은 홈통 중간에서 완강하게 버티고 있었다. 10시 15분, 지난 한 시간 동안 걱정하고 있던 상황이 벌어졌다. 확성기에서 통제관의 무감정한 목소리가 퍼져 나왔다. "603편대는 이륙하여 기지를 순찰하시오. 차후 명령은 비행 중에 전달됩니다. 603편대는 최대한 빨리 이륙해 주세요."

내가 시동 단추를 누르고 엔진이 으르렁대며 깨어날 때 정비병이 뒤로 물러서며 손가락으로 십자가를 만들어 보이는 것이 의미심장하게 느껴졌다. 조정(漕艇) 경기를 앞두고 있을 때와 같은 불편한 기분이 명치 끝에 느껴졌지만 위치를 찾아가느라 바빠서 신경 쓸 겨를도 없었다.

엉클 조지를 포함한 제1분대가 먼지를 구름처럼 일으키며 이륙했다. 브라이언 카베리가 건너다 보며 엄지손가락을 내밀어 보였다. 나는 고개를 끄덕이고 활주를 시작해 혼처치에서의 마지막 이륙을 행했다. 나는 브라이언 분대의 3호기였고, 스태프미 스테이플턴이 내 오른쪽에 있었다. 제3분대에는 두 대밖에 없기 때문에 우리 편대는 8대로 구성된 것이었다.

우리는 동남쪽을 향해 꾸준히 고도를 높이며 날아갔다. 1만 2,000피트 고도에서 우리는 구름을 뚫고 나왔다. 밑을 내려다보니 거품을 일으킨 크림이 겹겹이 쌓여 있는 것 같았다. 햇빛이 눈부셔서 선회할 때 바로 옆 비행기도 알아보기에 힘이 들었다. 나는 걱정스럽게 앞을 바라보았다. 최소한 50대의 적기(敵機)가 고공으로 날아오고 있다고 통제관이 알려주었다.

마침내 적기가 시야에 들어왔을 때 아무도 소리치지 않았다. 우리 모두 동시에 그들을 보았을 것이다. 그들은 우리보다 500 내지 1,000피트 더 높은 곳으로 보였고, 메뚜기떼처럼 곧바로 달려들어 오고 있었다. 욕설을 내뱉으며 자동적으로 기수를 든 생각이 난다. 다음 순간에는 피아(彼我)가 뒤얽혀 있었고, 각자가 알아서 자기 앞을 가려야 하는 상황이 되었다.

그들은 우리를 보자마자 양옆으로 펼치며 달려 내려왔고, 그 후의 10분간은 꿈틀대는 기체와 예광탄 꼬리의 범벅이었다. 메서슈미트 한 대가 불길을 뿜으며 내 오른쪽으로 떨어져 내려갔고, 스핏파이어 한 대가 반원을 그리며 빠른 속도로 스쳐갔다. 나는 고도를 확보하기 위해 가진 용을 다 쓰고 있어서 그야말로 비행기가 프로펠러에 매달려 있는 형국이 되었다.

그때, 내 조금 밑 왼쪽으로, 내가 소원하고 소원하던 것이 보였다. 해의 반대쪽으로 메서슈미트 한 대가 올라오고 있었던 것이다. 나는 200야드 거리까지 접근해 조금 비켜선 방향에서 2초간 발사했다. 날개의 섬유질이 뜯겨 나가고 엔진에서 검은 연기가 쏟아져 나왔다. 그러나 추락하지는 않았다. 멍청하게도 나는 떨어져 나갈 생각을 하지 않고 또 한 차례 3초간의 사격을 넣었다. 붉은 화염이 터져 나오고 적기가 굴러 떨어지기 시작했다.

바로 그때 끔찍한 폭발이 일어나 나는 조종간을 손에서 놓치고 비행기 전체가 몽둥이로 얻어맞은 짐승처럼 꿈틀했다. 1초 내에 조종실은 불덩어리가 되었다. 나는 본능적으로 손을 뻗쳐 뚜껑을 열려 했다. 꿈쩍도 하지 않았다. 나는 벨트를 풀고 뚜껑에 매달려 겨우 뒤로 젖혀 놓았다.

그러나 이렇게 하는 데 시간이 걸렸고, 내가 조종석에 도로 주저앉아 비행기를 뒤집으려는 생각으로 조종간을 잡으려 할 때는 열기가 너무 강해져 있었으며, 스스로 정신을 잃고 있는 것을 느꼈다. 1초 동안의 극심한 고통이 생각나고, '이런 거구나!' 생각하며 두 손을 눈으로 가져가던 생각이 난다. 그리고 나는 기절했다.

정신을 되찾았을 때 나는 비행기에서 벗어나 급속도로 추락하고 있었다. 낙하산의 당김줄을 당기자 덜컥 하는 느낌과 함께 추락이 낙하로 바뀌었다. 내려다보니 왼쪽 바지자락이 타 버린 것, 바다로 떨어지고 있다는 것, 영국 해안이 엄청 멀다는 것을 알 수 있었다. 수면 위 20피트에서 낙하산을 풀려 했지만 실패하고, 낙하산을 뒤집어쓴 채 물에 빠졌다.

나중에 들은즉 내 비행기는 2만 5,000피트 고도에서 굴러 떨어지기 시작했고, 1만 피트 고도에서 몸이 튕겨 나왔다고 한다. 정신을 잃은 채로. 나중에 발견한 정수리 위의 큰 상처를 보면 사실이 그랬을 것 같다. 조종실 안에서 이리저리 부딪치다가 생긴 상처일 것이다.

바닷물은 그리 차지 않았고, 구명동의(救命胴衣)가 나를 물 위에 띄워 준다는 사실은 나에게 즐거운 놀라움을 주었다. 나는 손목시계를 보려 했는데 손목에는 시계가 없었다. 두 손이 어떻게 타버렸는지 그때 처음 알았다. 손목까지 피부가 온통 허옇게 죽은 색깔로 너덜대고 있었다. 살이 탄 냄새 때문에 구역질이 날 듯했다.

한쪽 눈을 감으면 내 입술이 보였는데, 자동차 타이어 같은 모양으로 튀어나와 있었다. 낙하산 멜빵의 옆구리 쪽이 살을 파고드는 것처럼 지독하게 아픈 것을 보면 오른쪽 궁둥이도 탄 모양이었다. 멜빵을 풀려고 다시 꼼지락거려 봤지만 손이 너무 아파서 곧 포기했다. 그리고 누운 자세로 상황을 검토해 보았다.

육지에서 멀리 떨어진 곳에 있다, 손이 탔다, 그리고 햇볕이 괴롭게 느껴지는 것을 보면 얼굴도 탔다, 내가 떨어지는 것을 육지에서 관찰한 사람이 있을 가능성은 거의 없고, 배가 우연히 이 곁으로 와 줄 가능성은 더더욱 없다, 구명동의를 입은 채로 네 시간 정도는 물에 떠 있을 수 있다……. 반 시간쯤 지나자 이빨이 덜걱대기 시작했고, 나는 치아를 보호하기 위해 곡조도 없는 노래를 줄창 부르다가 이따금씩 사람 살리라는 고함을 질러댔다.

외로운 갈매기만을 벗 삼아 북해 바다 위에 혼자 떠 있으면서 사람 살리라는 소리를 질러대는 것처럼 쓸모없는 취미활동도 세상에 많지 않을 것이다. 그러나 이 취미활동에서 씁쓸하나마 내가 만족을 얻을 수 있었던 것은, 그 전에 내가 쓴 단편소설 하나에서 주인공에게 (여객선에서 떨어져) 똑같은 짓을 시킨 일이 있기 때문이었다. 그 소설은 퇴짜를 맞았었다.

물은 훨씬 차가워진 것 같이 느껴졌다. 그런데 내 얼굴이 아직 화끈거리는데도 해가 보이지 않는 것을 깨닫고 나는 화들짝 놀랐다. 손으로 눈길을 돌렸는데 손도 보이지 않는 것을 보고 내 눈이 멀었다는 사실을 깨달았다.

이렇게 나는 죽는구나. 문득 떠오른 생각이었다. 나는 죽어가고 있다, 그런데 두려운 마음은 없었다. 이 인식은 내게 놀라운 것이었다. 죽어가는 방식은 딱 질색이었지만, 죽음 자체를 예상하는 데는 아무 두려움이 없었다. 몇 분 내지 몇 시간 내에 큰 해답을 얻게 되리라는 전망에서 나는 깊은 호기심과 일말의 만족감을 느낄 뿐이었다.

나는 몇 분 쪽이 더 좋다고 결정했다. 나 자신의 생명을 단축하는 데 대해 나는 죄의식을 느끼지 않는 사람이었기 때문에 손을 위로 뻗쳐 구명동의의 바람구멍을 풀어 버렸다. 바람은 금세 빠져버리고 내 머리가 물에 잠겼다. 익사는 죽는 방법 중 비교적 편안한 것이라고 바다에서 죽다가 살아나온 사람들이 하는 말을 들은 일이 있었다.

실제로 겪어보니 그렇지 않았다. 머리가 물 밖으로 나올 때까지 상당한 양의 바닷물을 삼켰는데, 기분이 조금도 좋아지지 않았다. 물속에 도로 들어가려 했지만 그것도 마음대로 되지 않았다. 낙하산에 너무 뒤얽혀 있어서 꼼짝도 할 수 없었다. 다음 몇 분 동안은 멜빵 잠금장치를 풀려고 손이 걸레처럼 되도록 낑낑댔지만 도저히 풀리지 않았다.

나는 기진맥진해서 누운 자세로 돌아갔는데, 괜히 웃음이 터졌다. 이때쯤에는 내 정신상태가 완전히 정상일 수는 없었고, 내 웃음도 광기에서 나온 것이 아니었나 스스로 의심이 들기도 하지만, 나의 엄숙한 자살 시도가 그토록 손쉽게 좌절되고 마는 사실이 참을 수 없이 익살스럽게 느껴졌다.

괴테의 이런 글을 읽은 적이 있다. 완전한 인생을 살아내어 자신을 완성시킨 사람이 아니라면 누구에게도 자신의 목숨을 스스로 거둘 권리가 없다고. 그 위대한 인물의 기분을 거슬리는 일이 없도록 나는 운명지어진 모양이었다.

죽어가는 동안에 살아 온 인생 전부를 급속 만화경처럼 되돌아보게 된다고 하는 말들을 많이 한다. 나는 그저 우울한 기분으로 귀환하는 편대에 대해, 집에 계신 어머님에 대해, 그리고 내 존재를 아쉬워할 몇 안 되는 사람들에 대해 생각했을 뿐이다.

적지 않은 만족감을 느낀 것은 내가 거룩하신 주님 앞에 무릎 꿇고 기도하겠다고 달려들지 않았다는 사실이다. 하느님을 떠받드는 사람들이 가끔씩 이야기하는 말 중에는 불신자(不信者)도 죽음이 닥치면 마음을 돌리게 된다는 것이 있다. 그 말이 틀리다는 것을 입증하고 있다는 사실이 기분 좋았다.

기다리는 시간이 얼마나 될지 알 수 없는 상황에서 나는 끔찍한 고독감을 느끼기 시작했고, 처해 있는 상황으로부터 생각을 떼어 놓는 방법을 궁리했다. 얼마 후에는 정신이 착란에 빠질 것을 당연한 일로 생각한 나는 그 변화를 앞당기고자 노력했다. 나는 내 생각이 아무 의도 없이 제멋대로 돌아다니도록 노력했고, 그 결과 얼마간의 평화를 느꼈다.

그러나 뭐든 구체적인 대상으로 생각이 옮겨가면 내 정신은 아직도 말짱하기만 한 것을 어쩔 수 없었다. 두 상태 사이를 오가는 것이 잘 될 때도 있고 잘 안 될 때도 있었는데, 한참 그렇게 오가고 있다가 구조되었다. 누군가 소리치는 것이 꿈결처럼 들리던 것이 생각난다. 너무나 멀고 나랑은 아무 관계없는 소리 같았다.

그러더니 사람들이 열심히 나를 뱃전으로 끌어올리고 있었다. 누가 낙하산도 벗겨 주었다. (그렇게 쉽게 벗겨지는 것을!) 부어오른 입술 사이로 휴대용 브랜디 병이 밀고 들어왔다. 누군가 말했다. "됐어, 조. 우리 편이야. 아직 팔딱대고 있구만." 나는 안전하게 구조되었다. 기분이 좋지도 않고 나쁘지도 않았다. 좋고 나쁘고 가릴 단계를 나는 지나가 있었다.

나를 건져낸 것은 마게이트(도버 해협에 면한 조그만 도시 – 역자 주)의 구조선이었다. 해안의 감시원들이 내가 떨어지는 것을 보았었고, 세 시간 동안 나를 찾아다녔다고 한다. 방향을 잘못 잡아 막 포기하고 돌아가려는 참에 내 낙하산이 한 사람 눈에 띄었다고 하니 참으로 우습게 된 일이었다. 그 지점은 마게이트에서 15마일 동쪽이었다고 한다.

물속에 있는 동안은 마비 때문에 통증을 거의 느끼지 않은 셈이었다. 이제 몸이 녹으려니 너무너무 아파서 비명을 지를 지경이었다. 그 착한 사람들은 나를 조금이라도 더 편안하게 해주려고 무진장 애를 썼다. 내 얼굴에 햇볕을 가리도록 차일 비슷한 것을 만들어 세워 주고, 의사와 전화 통화를 했다.

해안까지 가는 시간이 그렇게 길 수가 없었다. 곧장 앰뷸런스에 태워져 병원으로 향했다. 이 모든 일이 진행되는 동안 눈은 보이지 않았지만 정신은 또

렷했다. 병원에 도착하자 사람들이 내 옷을 찢어서 벗겼고, 나는 간호사에게 연락처 등 필요한 사항을 말해 주었다. 그러자 고맙게도, 너무나 고맙게도, 피하주사 바늘이 팔에 꽂히는 것이 느껴졌다.

출처　Richard Hillary, *The Last Enemy*, Macmillan, 1942

143

북아프리카의 노획물

1940. 12. 12

이탈리아군의 니베이와 패전

앨런 무어헤드

육중한 보병탱크가 낸 바퀴자국을 바짝 따라가 마침내 니베이와에 도착했다. 여기저기 벽이 갈라진 틈새 앞에 시체가 큰대자로 누워 있었고, 참호 어귀에 흉측한 몰골로 쓰러져 있는 시체 위에는 파리떼가 구름을 이루고 있었다.

6~70마리의 나귀와 노새들이 이제 전투의 소음에서 받은 충격을 벗어나 먹을것과 물을 찾아 처량한 모습으로 폐허를 헤매고 있었다. 풀도 물도 찾을 수 없자 머리를 쳐들고 먼지가 가득한 공기 속에 서글픈 울음소리를 퍼뜨리곤 했다.

이탈리아군의 경(輕)탱크 한 무리가 마지막 저항을 위해 모였다가 항복한 장소인 서쪽 성벽 위에 서 있었다. 요새 안에까지 뛰어 들어갔던 탱크들도 있었는데, 이리저리 돌려져 있는 모양을 보면 공격에 대항하기 위해 마지막 순간에 뭔가 대형을 갖추려 애쓴 흔적을 알아볼 수 있었다. 훈장이 달린 저고리를 덮어놓은 말레티의 시체는 자기 천막 문간에 그냥 누워 있었다. 수염에 땀과 모래가 엉켜 있었다.

탱크 바퀴자국으로부터 모래가 바람에 불려 나와 흩날리고 있었다. 모래바람 속을 걸어 이 텐트에서 저 텐트로 가 보고 지하통로를 따라 이 참호에서 저 참호로 가 보았다. 가는 곳마다 놀라운 물건들이 널려 있었다.

장교들의 침대는 깨끗한 시트로 덮여 있었고, 서랍장에는 린네르 내복과 온갖 고급 의류가 가득 들어 있었다. 옷장 안에는 황금색 장식 끈이 달리고 사열식에서 뽐낼 훈장과 기장이 잔뜩 달린 정복과, 화려한 박차를 붙인 승마용 장화가 잘 닦여져 있었고, 큼직한 장식 술이 달린 연한 푸른색 허리띠와 예장대(禮裝帶), 그리고 화려한 모자들이 있었다. 인도 병사 하나가 은박 금박을 넣은 예장대 하나를 걸치고 우리에게 달려왔다. 파시스트들이 사열식에서 어깨에 걸치는, 요란하게 번쩍거리는 물건이다. 발목까지 감싸주는 푸른색 커다란 기병 외투들도 있었고, 장교 천막의 화장대에는 온갖 향수와 은을 박은 솔, 그리고 북부 이탈리아의 멋쟁이 병기공장에서 정교하게 만든 소형 화기들이 널려 있었다.

우리는 모래밭에 앉아 노획한 식량으로 식사를 했다. 체리와 각종 채소의 병조림이 있었고, 햄과 앤초비 깡통이 있었고, 무슨 재주로 구웠는지 이 사막 위에서 구운 빵이 있었다. 프라스카티, 팔레르노와 키앙티에서 온 적색 백색 와인이 있었고, 나폴리 위 베수비오 기슭에서 온 라크리메 크리스티가 있었다. 달고 독하면서 향기도 강한 브랜디가 든 나무통, 그리고 그 밖의 각종 술이 든 짚으로 잘 싼 단지들이 있었다. 물이라면 이탈리아에서 최고로 치는 레코아로 광천수였다. 이 물건들이 다른 보급품과 함께 수백 개의 상자에 담겨 배로, 자동차로, 그리고 당나귀 등으로 수천 마일의 바다와 사막을 건너 여기까지 수송된 것이었다.

◇

니베이와 전투는 2차대전에서 영국군 최초의 대첩이었다. 1940년 6월 이탈리아와 영국 사이의 선전포고 당시 리비아 지역에 30만의 이탈리아군이 있었던 데 반해 이집트에 영국군은 4만이 되지 않았다. 9월에 동진(東進)을 시작한 이탈리아군은 어쩌된 일인지 니베이와 일대에 이르러 아무 군사행동 없이 몇 주일간 머물러 있었다. 그동안 영국군은 증원되었고, 그 핵심은 3개 기갑연대였다.

영국 중동군 사령관 아키볼드 웨이블 경은 결단을 내리고 리처드 오코너 중장에게 3만의 병력을 주어, 12월 7일 8만의 이탈리아군 선봉대에 대한 기습공격을 감행했다. 이탈리아군은 철저히 유린되고 영국군은 사흘 동안 4만의 포로를 획득했다. 이탈리아군의 기강이 얼마나 해이한 상태였는지 이 글이 보여준다.

이로부터 북아프리카에서는 영국군의 파죽지세와 이탈리아군의 일패도지가 두 달 동안 어울렸다. 1941년 2월 5일의 바이다 폼 전투에서는 3,000의 병력과 29대의 탱크로 퇴로를 차단한 영국군에게 120대의 탱크를 거느린 이탈리아군이 궤멸당하고 2만 명이 포로로 잡히는 상황까지 벌어졌다.

이것이 '사막의 여우' 로멜이 등장하는 무대가 되었다. 2개 기갑사단을 거느리고 이탈리아군을 지원하도록 2월 8일에 명령을 받은 로멜은, 도착하자마자 전황을 파악하고는 자기 부대의 도착을 기다리지도 않고 이탈리아군을 수습해 과감한 반격에 나섰다. 그래서 두 달 동안에 이탈리아군이 잃었던 지역을 거의 탈환했다.

로멜은 동료 이탈리아 장군들을 경멸한 반면 영국군 사령관 웨이블 장군을 매우 존경하고 그의 책을 애독했다고 한다. 그런데 로멜의 아프리카 도착 다섯 달 후 웨이블 장군이 경질된 것이 로멜을 막지 못한 탓이었다고 하니 참으로 아이러니컬한 일이다.

출처   Alan Moorehead, *African Trilogy*, Hamish Hamilton, 1944

144

진주만 기습
1941. 12. 7

존 가르시아

편저자 주 | 하와이 오아후섬에 정박해 있던 미 태평양 함대는 일본의 기습 공격으로 14척의 함정과 150대의 비행기를 잃었으며 2,000명 이상의 사람이 죽었다. 이를 계기로 미국이 2차대전에 뛰어들게 되었다.

열여섯 살의 나는 펄 하버(진주만) 해군 조선소에서 배관 견습공으로 일하고 있었습니다. 1941년 12월 7일, 한 여덟 시쯤일까, 할머니가 나를 깨웠어요. 일본군이 펄 하버를 폭격하고 있다고 할머니가 말했습니다. 그냥 연습하는 거라고 나는 말했지요. 할머니는 아니야, 이건 진짜야, 그리고 방송에서 펄 하버 근무자들은 모두 즉각 출근하라고 하고 있어, 하고 말했습니다. 포치로 나가 보니 하늘 높이 대공포화의 폭발이 보였습니다. 내 입에서 "저런, 저런!" 소리가 튀어나왔죠.

우리 집은 4마일 떨어진 곳에 있었습니다. 오토바이를 집어타고 5분인지 10분인지 뒤에 기지에 도착했지요. 난장판이었습니다.

나는 USS쇼호에서 일하고 있었습니다. 해상 선거(船渠)에 들어 있던 배에서는 불길이 솟아오르고 있었죠. 공구를 가지러 배관 공장으로 내려가기 시작하고 있는데 일본군의 또 한 차례 공격이 들이닥쳤습니다. 나는 전함 펜실베이니아호가 들어 있는 선거 모퉁이의 콘크리트 층계 밑에 숨었습니다.

장교 하나가 오더니 펜실베이니아호에 올라가 불 끄는 데 협력하라고 내게 말했지요. 폭탄 하나가 해면갑판까지 뚫고 들어갔다는데, 그건 세 층 아래 갑판입니다. 바로 그 밑이 탄약고죠. 탄약, 화약, 포탄이 그득하죠. 나는 말했습니다. "그런 데 들어갈 생각은 전혀 없는뎁쇼." 언제 터질지 모르는데, 열여섯 꽃다운 나이에 바보도 아닌 내가 그런 델 왜 들어갑니까? 시간당 62센트로는 절대 안 되지. (웃음)

1주일 후 나는 해군 법정에 섰습니다. 군인이 아니기 때문에 명령에 복종할 의무가 없었다는 판결이 나왔지요. 당시에는 계엄령이 내려져 있지 않았습니다. 내 나이가 16세였고, 또 물에 뛰어들기도 했기 때문에 아무 처벌도 받지 않았습니다.

다른 장교 하나가 물에 들어가 배에서 떨어진 선원들을 건져내라고 내게 말했지요. 그중에는 정신을 잃은 사람도 있고 죽은 사람도 있었습니다. 그래서 하와이 사람들 몇과 함께 항구 안에서 헤엄 치는 것으로 하루 종일을 보냈지요. 건져낸 사람 수가 얼만지, 그중 산 사람이 몇이고 죽은 사람이 몇인지도 모릅니다. 다른 사람에게 넘겨주면 앰뷸런스에 태워 보내는 것이었으니까요……
(생략)……

다음날 나는 공구를 들고 웨스트버지니아호로 갔습니다. 거북이 놀이를 하는 것처럼 배가 완전히 뒤집혀 있었지요. 안에 많은 사람들이 들어 있었습니다. 애리조나 호는 완전히 침수되어 있었고 유타호도 마찬가지였습니다. 그 안에도 사람들이 갇혀 있었지요. 웨스트버지니아호를 제 위치로 다시 뒤집도록 함상(艦上) 구조물을 잘라내는 데 한 달가량 걸렸습니다. 18일째 되던 날 우리 절단작업 덕분으로 갇혀 있던 300명가량이 살아 나왔지요. 불을 완전히 끄는 데는 두 주일이 걸렸습니다. 사흘 동안은 교대 없이 24시간 일했습니다. 정신없는 흥분과 혼란이었죠. 일본 비행기에 대고 권총을 쏘아대는 선원들도 있었습니다. 권총 알로는 비행기를 떨어뜨릴 수 없는데……. 해군의 불발탄이 호놀룰루

웨스트버지니아호가 어뢰와 폭탄 공격에 침몰하고 있다.

시내에 많이 떨어졌습니다. 포탄의 사정거리는 10마일이었지요. 그 때문에 많은 사람들이 시내에서 죽고 다쳤습니다.

셋째 날 일을 끝내고 집에 돌아와 여자친구 집이 포탄에 맞았다는 말을 들었습니다. 3년 정도 사귀고 있던 애였지요. 우리 집에서 몇 블록 떨어진 곳에 살고 있었습니다. 당시에는 일본 포탄이라고 사람들이 말했는데, 나중에 알고 보니 미국 포탄이었죠. 그 친구는 죽었습니다. 교회에 가려고 준비하던 중이었다고 합니다.

———◇———

2차대전이 발발하고 프랑스 본토가 곧 독일군에 유린되자 일본은 동남아시아 일대의 영국 및 프랑스 지배지역으로 제국을 팽창할 좋은 기회를 맞았다. 그러나 중국 침략에 전력을 기울이느라 본격적인 참전을 늦추고 사태를 관망하다가 1940년 9월에 이르러 독일, 이탈리아와 삼각동맹을 맺었다.

동남아시아 침략계획을 세우면서도 일본은 미국과의 대결을 회피하려 고심했다. 그러나 1941년 7월 말 일본군의 인도차이나 진주에 미국이 격렬하게 항의하고 석유 금수조치를 취하자 대결이 불가피한 상황이 명확해졌다. 11월 26일 미국 국무장관 코델 헐이 인도차이나만이 아니라 중국에서도 일본군이 철수할 것을 요구하는 각서를 보낸 뒤, 일본군이 기습공격을 준비하는 동안 헨리 스팀슨 전쟁장관은 일기에 이렇게 쓰고 있었다. "문제는 우리가 너무 큰 피해를 보지 않으면서 일본군이 먼저 방아쇠를 당기도록 끌어들이는 데 있었다."

펄 하버의 피해가 스팀슨이 보기에 너무 큰 것이었는지 여부는 확실치 않다. 그러나 일본군이 먼저 방아쇠를 당기도록 하는 데 성공한 것은 확실하다.

출처 John Garcia, in Studs Terkel (ed.), *The Good War: An Oral History of World War II*, Hamish Hamilton, 1985

145

프린스오브웨일스호와
리펄스호의 침몰

1941. 12. 10

세실 브라운

어뢰가 내 위치보다 20야드 가량 후미 쪽에서 배에 맞는다. 배가 선거 벽에 부딪치는 것 같은 충격이 느껴진다. 내 몸은 갑판을 가로지르는 방향으로 4피트 가량 튕겨지지만 넘어지지는 않는다. 거의 즉각 배가 기울기 시작하는 것처럼 느껴진다.

확성기로 명령이 고함쳐 나온다. "구명대에 바람을 넣으시오!"

내 구명대를 선반에서 내린다. 푸른색 서지 천으로 고무주머니를 감싼 것이다. 끈 하나를 허리에 둘러 묶고 또 하나를 목에 두르기 시작한다. 그 끈을 묶으려 하는데 명령이 내려온다. "움직일 수 있는 자는 모두 우현(右舷)으로 옮기시오."

그러나 일본 비행기 하나가 이 명령을 무효로 만든다. 명령이 떨어지자마자 우현에 폭발이 터진다. 믿기 어려울 만큼 빠른 속도로 배는 좌현(左舷)으로 기울고 있는데 나는 아직 구명대에 바람도 넣지 못하고 있다.

목에 두른 끈을 다 맨다. 사진기를 바람 없는 구명대 곁으로 걸친다. 갤러허는 벌써 구명대를 다 매 놓고 고무주머니에 바람을 넣고 있다. 힘을 쓰느라고 그 튼튼한 흰 얼굴이 평소보다 붉어졌다……(생략)……

배의 확성기로 테넌트 함장의 목소리가 들려온다. 침착한 목소리다. "함상의 전원에게 알린다. 배를 떠날 준비를 하라." 아주 짧은 순간 멈췄다가 이어진다. "하느님의 가호를 빈다."

경보도 없고, 혼란도 없고, 공황도 없다. 주(主)갑판에 있던 우리는 후(後)갑판으로 내려가는 계단으로 향한다. 해군 사진사인 에이브러햄스, 갤러허와 내가 함께 있다. 모든 사람의 침착한 태도는 믿기 어려울 정도다. 떠미는 일도 없지만 멈추는 일도 또한 없다. 한 젊은이가 유난히 바쁜 티를 내며 계단 꼭대기에서 후갑판으로 빨리 내려가려고 줄에 끼어들려 하자 젊은 준사관(准士官) 하나가 그의 어깨를 톡톡 치며 조용히 말한다. "이봐, 이봐, 우리 다 같은 길로 가는 것 아닌가." 젊은이는 즉각 태도를 바로잡는다……(생략)……

리펄스호는 가라앉고 있다.

어뢰에 얻어맞은 프린스오브웨일스호는 아직도 1킬로미터 남짓 전방에 있는데, 물에 많이 잠겨 있고 연기에 반쯤 모습이 가려져 있으며 구축함 하나가 그 곁에 붙어 있다.

일본 폭격기들은 아직도 사나운 새떼처럼 하늘을 누비며 웨일스호를 공격하고 있다. 격추된 몇 대는 검푸른 남지나해 바다 위에 불타는 오렌지색 밝은 반점으로 보인다.

사람들은 바다 위로 뗏목, 구명대, 걸상, 나무토막 등등 물에 뜰 만한 것을 아무 거나 내던지고 있다. 배 가장자리에 서 있던 나는 한 사람이 (오스트레일리아 시드니 출신인 18세의 견습사관 피터 길리스였다) 제1돛대 꼭대기의 방공(防空)관제탑에서 뛰어내리는 것을 본다. 50미터 높이를 뛰어내린 그는 헤엄쳐 나가기 시작한다.

제1돛대에 선반처럼 층층이 걸쳐져 있는 여러 방공관제탑에서 사람들이 바다 속으로 뛰어들고 있다. 한 사람은 거리를 맞추지 못해 리펄스호의 옆구리에 부딪치면서 몸 안의 뼈를 몽땅 부러뜨린 다음 축축한 시멘트 포대같이 되어 바닷물에 굴러 떨어진다. 방향을 잘못 잡은 또 한 사람은 굴뚝 속으로 곧바로 뛰어든다.

사람들은 보다 후미를 향해 갑판 위를 달려가고 있다. 후미 쪽이 낮기 때문에 뛰어내리는 높이가 작다. 열두 명의 해병들은 너무 뒤까지 가서 물에 뛰어든 뒤에 스크루로 말려든다.

리펄스호의 스크루는 아직도 돌아가고 있다. 500~600개의 머리통이 물 위에 동동 떠 있다. 리펄스호가 아직도 앞으로 나아가고 있고, 또 이곳에는 강한 해류도 있어서, 물속의 사람들은 배 뒤쪽으로 밀려가고 있다.

내 양쪽에서 사람들이 갑판 밖으로 뛰어내리고 있다. 나는 갑판 가장자리에 주저앉아 신발을 벗는다. 아주 마음에 드는 신발이다. 불과 며칠 전에 싱가포르에서 한 중국인이 만들어 준 것이다. 부드럽고 버클이 달린 것인데 발에 잘 맞는다. 침대에 들면서 침대 가에 벗어 놓듯이 신발을 얌전하게 모아 놓는다.

어떤 일이 벌어질지 아무런 전망도 없고, 어떻게 해야 살아남을 수 있을지 구체적인 생각도 없다. 자기 앞은 자기가 가려야 하는 판국이 틀림없다. 앉아 있는 내게 거역할 수 없는 독단적인 확신이 별안간 물밀듯 덮쳐든다. 이런 말이 실제 내 입에서 흘러나온다. "세실, 여기서 네가 빠져나갈 수 있는 길은 없어."

한 사람이 뛰어내리면서 다른 사람 머리통 위에 바로 떨어지는 것이 보인다. 나는 속으로 생각한다. "내가 뛰어내릴 때는 다른 사람을 다치게 하지 말아야지."

바로 밑에는 기름과 이런저런 파편들이 뒤엉켜 엉망인데, 그런 속으로 뛰어들고 싶은 마음도 없다. 나 자신의 마음이 멍해지는 것을 느낀다. 웨일스호를 바라본다. 흑회색 연기 틈으로 대포가 불꽃을 토하고 불길이 쏟아져 나오는 것이 보인다.

내 눈에 보이는 것을 내 마음은 받아들이지 못한다. 이토록 아름답고 힘 있고 튼튼한 두 척의 배가 가라앉고 있다는 것은 믿을 수 없는 일이다. 그런데 그런 일이 벌어지고 있다. 부인할 수 없는 사실이다.

사람들은 리펄스호의 기울어진 선체를 따라 미끄러져 내려가고 있다. 아래쪽에는 3인치 높이의 강철 띠가 선각을 두르고 있다. 사람들은 이 띠에 부딪쳐 공중으로 튕겨 올랐다가 물속으로 떨어진다. 나는 속으로 생각한다. "나는 저런 식으로 내려가지 않을 거야. 등판이 끔찍스럽게 아플 것 같아."

1941년 8월 대서양 헌장회의에 참석할 처칠 총리를 태우고 대서양을 항해하는 프린스오브웨일스호.

내 왼쪽으로 8피트가량 떨어진 곳에 배 옆구리로 커다란 구멍이 하나 뚫려 있다. 30피트가량의 직경으로, 강판이 마구 휘고 찢어져 있다. 리펄스호의 껍데기는 어떤 거인이 깡통을 부숴 놓은 것처럼 망가져 있다. 장교 하나가 배 옆에서 뛰어내린다는 것이 그 구멍 안으로 떨어져 배 안으로 도로 들어가는 것이 보인다.

몸을 반쯤 돌려 괴상한 각도로 기울어져 있는 갑판을 살펴본다. 대공 속사포 하나 옆에서 신부가 죽어가는 포병의 종부성사(終傅聖事)를 올려주고 있다. 리펄스호가 언제 물속에 잠길지 신부는 전연 관심이 없는 것처럼 보인다……(생략)……

뛰어내리는 높이는 20피트 가량이다. 물은 따뜻하다. 물이 아니라 뻑뻑한 기름이다. 내 첫 행동은 손목시계를 보는 것이다. 12시 35분, 일본군의 첫 번째 폭탄이 1만 2,000피트 높이를 떨어져 내려와 리펄스호의 출기(出機)갑판에 부딪친 지 1시간 20분 시점에서 망가져 있다.

다른 사람들이 열심히 헤엄치는 모습을 보고서야 배로부터 멀리 헤엄쳐 나가야 한다는 생각이 떠오른다. 그리고 그것이 얼마나 힘든 일인지 깨닫는다. 기름이 옷에 배어들어 무겁게 만들고, 물속에서는 무슨 물귀신이라도 있어 나를 잡아당기는 것 같다. 바람 안 든 구명대도 기름을 먹으며 목에 두른 띠를 당기고 조인다. 나는 속으로 생각한다. "나는 질식해서 죽을 거야, 나는 질식해서 죽을 거야."

일생을 통해 폐쇄된 공간 다음으로 내가 두려워해 온 것은 질식해서 죽는 일이다. 이것이 공포의 첫 순간이다.

왼손에 반지 하나를 끼고 있다. 신혼여행 갔을 때 피렌체의 베키오 다리에서 마사가 사준 것이다. 이게 내 손가락에는 조금 헐렁하다. 손에 기름이 묻으니 빠져 버릴까봐 걱정이 된다. 반지가 빠지지 않도록 주먹을 꼭 쥔다.

왼손을 주먹 쥔 채로 헤엄을 시작한다. 오른손으로 한 차례 물을 저은 다음 목에 감긴 띠를 느슨하게 하려고 조금 당겨 보다가 다시 배에서 멀어지기 위해 또 한 차례 물을 젓는다.

이 반지가 내 목숨을 구하는 데 도움이 된다. 이런 물건의 도움을 받아 목숨을 건진 사람이 수백 명은 될 거야. 별로 중요하지 않은 우스운 일 한 가지에 마음이 매달려 있으면 생각이 거기에 쏠려 죽음의 위협 앞에서 당황하게 되는 자연의 본능을 억누를 수 있으니까.

18인치 길이에 4인치 굵기의 구명용 풍선 하나가 눈에 띈다. 기다란 소시지 같이 생긴 이 물건을 끌어당긴다. 조그만 나무토막 하나도 마음에 들어 보여서 그것도 차지한다. 통 하나가 가까이 떠내려 왔지만 퇴짜를 놓는다. 기름 때문에 미끄러워 잡을 수가 없어서. 사방에 사람들이 헤엄을 치고 있다. 기름으로 뒤덮인 얼굴에 피를 줄줄 흘려 가며.

기름에 눈이 따가운 것이 마치 뜨거운 쇠꼬챙이로 눈을 지지는 것 같다. 눈에 기름 들어가는 것이 제일 질색이다. 뱃속에도 벌써 기름이 조금 들어갔는데,

속이 메스껍기 시작한다.

배에서 50피트 거리, 이제 헤엄도 거의 칠 수가 없다. 리펄스호를 보니 뱃머리가 교회 첨탑처럼 하늘을 향해 꼿꼿이 들리고 있다. 붉은색 뱃바닥 철판이 주변 사람들 얼굴의 피처럼 삭막하고 소름끼치게 보인다. 3만 2,000톤의 쇳덩어리가 가라앉으면서 일어나는 소용돌이의 흡인력이 닥쳐온다. 강력한, 거의 이겨낼 수 없는 힘이 내 발을 잡아챈다. 누군가가 전기 콘센트에서 플러그를 뽑는 것처럼 내 궁둥이에서 다리를 뽑아내려 하는 느낌이다. 그래도 나는 운이 좋은 편이다. 배에 나보다 가까이 있던 사람들은 소용돌이 속으로 빨려 들어간다.

리펄스호가 물에 잠기면서 거대한 파도, 기름의 파도를 보내온다. 마침 입을 벌리고 있던 나는 한 입 가득 기름을 받아먹는다. 뱃속이 걷잡을 수 없이 메스꺼워진다.

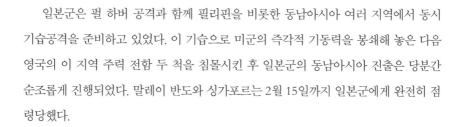

일본군은 펄 하버 공격과 함께 필리핀을 비롯한 동남아시아 여러 지역에서 동시 기습공격을 준비하고 있었다. 이 기습으로 미군의 즉각적 기동력을 봉쇄해 놓은 다음 영국의 이 지역 주력 전함 두 척을 침몰시킨 후 일본군의 동남아시아 진출은 당분간 순조롭게 진행되었다. 말레이 반도와 싱가포르는 2월 15일까지 일본군에게 완전히 점령당했다.

출처   Cecil Brown, *Suez to Singapore*, New York, Random House, 1942

146

아우슈비츠 가스실

1941. 12. 25

소피아 리트빈슈카

편저자 주 | 최대의 나치 수용소였던 아우슈비츠 수용소는 폴란드 도시 오슈비엔침 부근에 있었다. 제1수용소는 1940년 4월 27일 H.힘러에 의해 세워졌다. 이듬해 10월에는 부근의 브레징카 마을 밖에 '비르케나우'라고도 불린 제2수용소가 세워졌고, SS는 이곳에 거대한 처형시설을 만들었다. 아우슈비츠에서 목숨을 잃은 희생자의 수에 대해서는 100만에서 250만에 이르기까지 엇갈리는 의견들을 보인다.

크리스마스 전날 무슨 일이 있었습니까?

병원동인 제4동에서 대규모 선별작업이 있었습니다. 회슬러가 감독한 이 선별작업의 대상은 3,000명 이상의 유대인 여성이었습니다. 우리는 병상에서 급하게 일어나 거의 벌거벗은 몸으로 두 의사, 에나와 쾨니히를 대동한 회슬러 앞에 차렷 자세로 서야 했습니다. 병상에서 일어나지 못한 사람은 번호를 적어 갔는데, 그것이 죽음의 운명을 뜻한다는 것을 우리 모두 분명히 알고 있었습니다. 몸매가 보기 좋지 않거나 너무 여윈 사람들, 그리고 무슨 이유로든 그 신사분들 마음에 들지 않은 사람들도 번호를 적어 갔는데, 그것이 무슨 뜻인지는 분명했습니다. 내 번호도 적어 갔습니다. 우리는 제4동에서 하룻밤을 지내고 이튿날 제18동으로 옮겨졌습니다. 저녁 5시 반경 트럭이 와서 우리는 짐승처럼 벌거벗은 채로 트럭에 태워져 화장장(火葬場) 건물로 갔습니다.

화장장에 도착한 뒤에 어떤 일이 있었습니까?

트럭이 서자 마치 감자나 석탄 짐 내릴 때처럼 짐칸을 기울여 올려 우리를 쏟아냈습니다. 우리가 끌려 들어간 방은 샤워장같이 보이는 방이었습니다. 수건도 걸려 있고 샤워꼭지도 있고, 거울까지 있었습니다. 나는 공포에 질려 있었기 때문에 방 안에 사람이 모두 몇이나 있었는지도, 문이 닫혀 있었는지도 확실히 기억할 수 없습니다. 울고 있는 사람들도 있었고, 서로에게 소리지르는 사람들도 있었고, 서로 주먹질을 하는 사람들도 있었습니다. 건강한 사람들, 힘센 사람들이 있는가 하면 약한 사람들, 병든 사람들도 있었습니다. 그런데 갑자기 꼭대기의 아주 조그만 창문에서 연기가 쏟아져 들어오는 것이 눈에 띄었습니다. 격렬한 기침이 걷잡을 수 없이 터져 나왔고 눈에서는 눈물이 줄줄 흘러나왔으며, 목을 졸리는 것 같은 느낌이 일어났습니다. 나 자신에게 일어나는 변화에 사로잡혀 다른 사람들을 쳐다볼 틈도 없었습니다.

그 다음으로 기억하는 일이 무엇입니까?

그 순간에 누가 내 이름을 부르는 것이 들렸습니다. 나는 소리 내 대답할 기운이 없어서 손을 들었습니다. 그러자 누가 나를 붙잡아 그 방에서 끌고 나오는 것이 느껴졌습니다. 회슬러가 내 몸에 담요를 둘러 주고는 모터사이클에 태워 병원으로 데려갔고, 거기 6주일 있었습니다. 가스 때문에 두통과 심장 장애를 자주 겪었고, 맑은 공기를 쐴 때마다 눈에 눈물이 가득 고였습니다. 그 후 나는 정치부로 옮겨졌는데, 내가 가스실을 벗어난 까닭은 아우슈비츠에 앞서 루블린의 감옥에 있었던 것이 무슨 이유가 된 것인지 모르겠고, 그밖에는 내 남편이 폴란드 장교였다는 사실이 있습니다.

출처 Sophia Litwinska, in Raymond Phillips (ed.), *The Trial of Joseph Kramer*, Hodge, 1949

147

다하우 수용소의 의학 실험

1941~45

프란츠 블라하

편저자 주 | 독일 최초의 수용소로 뮌헨 북방 12마일 지점에 1933년 3월 10일 세워진 다하우 수용소는 그 뒤에 SS가 세운 모든 수용소의 모델이 되었다. 의학 실험을 제일 먼저 시작했고, 또 가장 중요한 의학 실험을 수행한 수용소이기도 하다. 이곳에 있던 의사 일곱 명이 뉘른베르크에서 사형 선고를 받았다.

나, 프란츠 블라하는 소정의 선서를 행한 위에 다음과 같이 진술하고 증언합니다.

나는 프라하, 비엔나, 슈트라스뷔르와 파리에서 의학을 공부하고 1920년에 의사 면허를 받았습니다. 1926년에 나는 체코슬로바키아 모라비아의 이글라우 병원의 주임 의사가 되었습니다. 1939년 독일이 체코슬로바키아를 점령할 때까지 이 직위에 있다가 체코 정부에 협조했다는 이유로 체포되어 수감되었습니다. 1941년 4월 다카우 수용소에 이감되어 1945년 4월 수용소가 해방될 때까지 그곳에 있었습니다.

처음에는 형벌대에서 노역을 하다가 1941년 7월 병원으로 옮겨져 뮈르멜슈타트 박사가 진행하고 있던 타이포이드 실험의 대상이 되었습니다. 그 후에 실험용 수술의 대상으로 선정되었는데, 나 자신이 의사라는 것을 밝힘으로써 수술을 면할 수 있었습니다. 형벌대에는 인텔리를 특별히 학대하는 풍조가 있었기 때문에 신분을 감추고 있었던 것입니다.

1941년 10월에 나는 약초 농장에서 일하도록 배치되었고, 그 뒤에는 실험실에서 약초 가공 일을 맡았습니다. 1942년 6월부터 병원에서 외과의사로 일하기 시작했습니다. 그 직후 나는 건강한 수감자 20명의 위 수술을 행하라는 명령을 받았는데, 이 명령에 응하지 않았기 때문에 해부실로 옮겨져 그곳에서 45년 4월까지 일했습니다. 그 기간 중 약 7,000건의 해부를 내 손으로 했으며, 이로써 내 주관 아래 행한 해부는 모두 1만 2,000건가량 됩니다.

1941년 중엽에서 42년 말 사이에 약 500명의 건강한 수감자에 대한 수술이 있었습니다. SS 의학도와 의사들의 실습 수술이었는데, 위, 담낭, 비장, 목 등 부위의 수술이 있었습니다. 매우 위험하고 까다로운 수술인데도 학생이나 2년 이하의 훈련을 받은 초보 의사들이 행했습니다. 정상적으로는 외과 전문훈련을 4년 이상 받은 의사라야만 행할 수 있는 수술입니다.

많은 수감자가 수술대 위에서 목숨을 잃었고, 더 많은 사람들이 나중에 병합증(倂合症)으로 죽었습니다. 나는 이 시체를 모두 해부했습니다. 이런 수술을 감독한 의사들은 랑, 뮈르멜슈타트, 볼터, 람사우어와 카였습니다. 의료부장 롤링 박사도 수술을 자주 시찰했습니다.

다하우에 있는 동안 그곳에서 인간을 대상으로 한 여러 가지 의학 실험에 대해 잘 알고 있었습니다. 대상자 중에 자원자는 일체 없었고, 모두 강제로 당한 것입니다.

1941년에서 1945년에 걸친 클라우스 실링 박사의 말라리아 실험에는 약 1,200명의 대상자가 동원되었습니다. 실링이 힘러에게 직접 요청받은 실험이었습니다. 대상자는 모기에게 물리게 하거나 모기에서 뽑아낸 말라리아 원균(原菌)의 주사를 놓았습니다. 키니네, 피리퍼, 네오살발산, 안티피린, 피라미돈, 그리고 '2516 베링'이라 부르는 약품 등 여러 가지 치료법을 대상자에게 시행해 보았습니다.

실험으로 죽은 사람들의 시체를 내가 해부했습니다. 말라리아 자체로 죽은 사람은 3~40명 정도입니다. 3~400명가량은 말라리아 때문에 허약해진 신체상 태에서 다른 병으로 목숨을 잃었습니다. 그 밖에도 네오살발산이나 피라미돈 의 과용으로 인한 중독사가 있었습니다. 실링 박사는 자기 환자의 시체를 내가 해부할 때 입회했습니다.

1942년에서 1943년에 걸쳐 기압 변화가 인체에 끼치는 영향에 대한 지기스 문트 라셔 박사의 생체 실험이 있었습니다. 내부 기압을 마음대로 바꿀 수 있 도록 특별히 고안한 차량에 한 번에 스물다섯씩이나 집어넣었습니다. 고공 상 황이나 급격한 낙하상태의 인체에 대한 영향을 알아내는 것이 그 목적이었습 니다. 사람들이 차량 바닥에 누워 있는 것을 차량의 창문을 통해 본 일이 있습 니다. 실험에 이용된 수감자들은 대부분 폐나 뇌의 내출혈로 목숨을 잃었습니 다. 살아나온 사람들도 기침을 하며 피를 토했습니다.

내가 맡은 일은 죽은 것이 확인되자마자 시체를 꺼내 신체기관들을 적출(摘 出)해서 뮌헨의 연구소로 보내는 것이었습니다. 4~500명의 사람이 이 실험의 대상이 되었습니다. 죽지 않은 사람은 불구자 동(棟)으로 보냈다가 머지않아 없 애 버렸습니다. 목숨을 건진 사람은 몇 되지 않습니다.

라셔는 찬물의 인체에 대한 영향을 연구하는 실험도 행했습니다. 바다에 떨 어진 비행사들을 되살려내는 방법을 찾기 위한 연구였습니다. 대상자를 얼음 물에 넣어 정신을 잃을 때까지 담가 두는 것이었습니다.

체온이 1도 떨어질 때마다 목에서 피를 뽑았습니다. 체온은 항문에 꽂는 체 온계로 쟀습니다. 오줌도 주기적으로 검사했습니다. 24시간에서 36시간까지 견딘 사람들이 있었습니다. 체온은 최저 섭씨 19도까지 이른 경우도 있지만 대 부분의 사람은 섭씨 25~26도에서 숨이 끊어졌습니다.

대상자를 얼음물에서 꺼낸 뒤에는 되살리기 위한 여러 방법을 시도해 보는 데, 모조 햇볕, 더운물, 전기요법, 그리고 체온을 쓰는 방법이 있었습니다. 체온 을 쓰는 방법은 창녀를 동원하는 것인데, 정신 잃은 사람의 몸을 두 여자의 몸 으로 감싸는 것이었습니다. 이런 실험에 힘러가 참관한 일이 있습니다. 건물 사

다하우 수용소의 가스실. 'BRAUSEBAD'는 '샤워실'을 의미한다.

이의 길로부터 유리창을 통해 그의 모습을 보았습니다.

라셔가 없을 때 나 자신이 이 냉수 실험에 들어가 본 일이 있는데, 라셔의 실험실에서 이 실험에 관한 기록과 도표를 보았습니다. 300명가량이 이 실험에 동원되었고, 그 대부분이 목숨을 잃었습니다. 살아남은 사람들 중에도 정신이상을 일으킨 사람이 많았습니다. 죽지 않은 사람들은 기압 실험 대상자와 마찬가지로 불구자 동으로 보내졌다가 나중에 죽였습니다.

내가 아는 한, 끝내 살아남은 사람은 둘뿐입니다. 유고슬라비아인 하나와 폴란드인 하나인데, 둘 다 정신병을 얻었습니다.

죽은 수감자의 피부를 벗겨내는 것은 흔한 일이었습니다. 나 자신 명령에 따라 이 일을 행한 것이 여러 번입니다. 특히 라셔 박사와 볼터 박사는 등과 가슴의 피부를 요구했습니다.

벗겨낸 피부는 화학처리를 해서 햇볕에 말렸습니다. 그 후에 마름질해서 안장, 안장깔개, 장갑, 실내화, 여성용 핸드백 등을 만들었습니다. SS 대원들 사이에서는 특히 문신이 새겨진 인피(人皮)의 인기가 높았습니다. 러시아인, 폴란드인 등 여러 나라 사람들의 가죽이 벗겨졌지만, 독일인의 가죽을 벗기는 것은 금지되어 있었습니다.

쓸 만한 가죽을 얻기 위해서는 건강하고 몸에 흠이 없는 수감자라야 했습니다. 좋은 피부를 가진 시체가 모자랄 때는 라셔가 이렇게 말하곤 했습니다. "알았어, 시체는 생길 거야." 다음날이면 젊은 사람들의 시체가 20구고 30구고 들어옵니다. 가죽이 상하지 않도록 목에 총을 쏘거나 머리를 때려 죽인 시체들이었습니다.

두개골이나 골격을 달라는 요구도 자주 있었습니다. 그런 경우 머리와 동체(胴體)를 삶았습니다. 연한 부분이 떨어져 나간 다음 뼈를 표백하고 말려서 다시 조립했습니다. 두개골의 경우 좋은 이빨을 가지는 것이 중요했습니다. 오라니엔부르크로부터 두개골 주문이 있을 때 SS 사람들은 말하곤 했습니다. "이빨 괜찮은 걸 좀 구해 줄게." 좋은 피부나 좋은 이빨을 가진다는 것이 목숨을 위태롭게 하는 일이었던 것입니다.

다하우에는 슈투토프, 벨젠, 아우슈비츠, 마우타우젠 등 다른 수용소로부터 도착하는 수송이 자주 있었습니다. 열흘에서 보름 정도 보통 걸리는 수송 중 물과 음식을 주지 않는 경우가 많았습니다. 1942년 11월 도착한 한 수송에서는 식인의 증거를 발견한 일이 있습니다. 죽은 사람의 시체를 나눠 먹은 것입니다.

또 한 번은 프랑스 콩피엔느로부터의 수송이 있었습니다. 후에 내 조수가 된 클레르몽 – 페랑의 리무셍 교수는 출발 당시 수송 인원이 2,000명이었다고 말했습니다. 음식은 있었지만 물이 없었고, 도중에 800명이 죽어서 내버려졌습니다. 12일 걸려 도착했을 때는 기차 칸 안에 500명이 죽어 있었습니다. 물론 남은 사람들도 도착 후 오래지 않아 대부분이 죽었습니다.

내가 이 수송을 조사한 것은 국제적십자 사에서 항의를 했기 때문이었는데, SS 사람들은 수송 인원 중의 격투와 난동이 죽음의 원인이었다는 보고서를 요구했습니다. 나는 많은 시체를 부검해 보았는데 질식과 탈수가 사인이었습니다. 한여름에 120명씩 한 칸에 실었던 것입니다……(생략)……

수용소 자체 내에서 가스, 총, 또는 주사를 이용한 처형이 많이 있었습니다. 가스실은 1944년에 완성되었고, 나는 그 첫 희생자들을 검사하도록 라셔 박사의 명령을 받았습니다. 가스실에 들어간 8~9명 중 셋은 아직 목숨이 붙어 있었고 나머지는 죽은 것으로 보였습니다. 눈이 빨갛게 충혈되고 얼굴이 부어 있었습니다. 나중에 많은 수감자들이 이 방법으로 처형당했습니다.

시체는 화장장으로 옮겨졌는데, 이빨에 금이 들어 있는지 조사하라는 명령도 받았습니다. 금이 든 이빨은 뽑아냈습니다. 병든 수감자를 병원에서 주사로 죽인 일도 많았습니다. 병원에서 죽은 시체 중에는 엄지발가락에 보통 매달아 놓는 인식표가 없고 대신 "부검하지 말 것"이라 적은 쪽지를 붙여 놓은 것이 있었습니다.

이런 시체를 더러 부검해 보았는데, 건강에 아무 문제가 없는 사람을 주사로 죽인 것이었습니다. 수감자가 설사나 구토로 간호사들을 귀찮게 한다는 이유만으로 죽이는 경우도 있었습니다. 정신장애자는 가스실로 데려가 총이나 주사로 없앴습니다.

총이 제일 흔한 처형방법이었습니다. 화장장 앞에까지 데려가 쏘아 죽이고 바로 태워버리곤 했습니다. 숨이 채 끊어지지 않아 소리를 내고 있는 사람들을 화로에 넣는 것도 보았습니다. 물론 살아 있는 기색이 너무 완연하면 먼저 머리를 때려 정신을 잃게 하였습니다.

출처   Dr Franz Blaha, in *Trial of the Major German War Criminals, Proceedings of the International Military Tribunal at Nuremberg, HMSO*, 1946

148

쿠알라룸푸르 함락

1942. 1. 11

일본군을 기다리는 도시

이언 모리슨

시내에서 보이는 광경은 환상적이었다. 행정력은 실종되어 있었다. 유럽인 관리와 주민들은 모두 철수했다. 백인 경관들은 떠나갔고 인도인과 말레이인 경관들은 주변 마을에 있는 자기네 집으로 돌아갔다. 그 전에 본 적이 없는 약탈의 현장이 펼쳐지고 있었다.

외국인 소유의 대형 백화점들은 백인 직원들이 사라진 후 싹쓸이된 지 오래였다. 이제는 모든 가게와 주택에 대한 총체적 약탈이 진행되고 있었다. 거리를 밀고 다니는 군중의 다수는 타밀인(人)이었다. 가장 빈곤한 계층이고, 따라서 약탈의 동기가 크다. 그러나 중국인과 말레이인도 꽤 섞여 있었다.

길거리에는 포장상자와 포장지가 가득 차 있어서 무릎까지 빠질 정도였다. 약탈자들은 별의별 물건들을 다 들고 다녔다. 싱어 재봉틀을 어깨에 메고 가는 놈이 있는가 하면 자전거 뒤에 리놀륨 바닥재 한 꾸러미를 싣고 가는 놈이 있었고, 커다란 쌀가마를 막대에 매달아 둘이 메고 가는 놈들이 있는가 하면 최고급 노르웨이산 정어리가 든 큰 상자를 들고 낑낑대는 놈이 있었다.

라디오, 옷감, 통조림식품, 가구, 전화기, 양탄자, 골프채, 약탈의 대상이 되지 않는 물건이 없었다. 심지어 소 수레를 시내에 몰고 들어와 중심가에 세워

놓고 짐을 싣는 사람도 있었다.

가장 인상적인 광경은 샅타구니를 가린 천밖에 아무것도 걸치지 않은 젊은 타밀인 일꾼이었다. 그는 운 좋게도 멋진 깡통 하나를 차지했는데, 3인치 지름에 1피트 길이의 깡통은 포장이 제법 잘 되어 있었다. 이런 모양의 깡통이라면 귀하고 사치스러운 서양 식품이 들어 있을 것이 틀림없었다.

그는 길모퉁이에 앉아 깡통을 손 안에 굴리고 있었다. 서양 말을 몰라서 깡통에 무엇이 들었는지 읽을 수 없는 것이 유감이었다. 여기서 열어볼까, 아니면 집에 가져가서 열어볼까? 호기심을 결국 이기지 못한 그는 깡통을 열기로 했다. 조심스레 종이를 풀고 뚜껑을 열었다. 새하얀 슐레징어 테니스공이 천천히 굴러 나와 보도 위에 튕기더니 도랑으로 굴러들어가 그 순백을 금세 잃고 말았다.

우리는 공사(公使)가 아직 있는지 보러 공사관에 올라가 보았다. 꽃나무가 가득 심어진 공원 같은 큰 정원 안에 자리 잡은 널찍한 공사관은 다른 공관들에 멀찍이 둘러싸여 있었다. 공사관은 버려져 있었다. 깃발은 내려져 있고, 몇 마일 내에 사람이 아무도 없는 것 같았다. 커다란 건물은 텅텅 비어 있었다.

마리셀레스트호가 괜히 생각났다. 남대서양에서 돛을 최대한 올리고 항진하고 있다가 발견된 그 배 위에는 사람이 아무도 없었고 무슨 일이 벌어졌는지 알아볼 만한 아무 흔적도 없었다.

공사관 응접실의 소파 옆 탁자 위에는 반쯤 마신 위스키소다 잔이 놓여 있었다. 위층의 한 침실 안에는 여자 옷 한 벌이 반쯤 다려진 채 다림질판 위에 놓여 있었다. 위층 사무실 책상 위에는 총독에게 보내는 편지 두 장이 타이핑만 하고 사인은 하지 않은 채 놓여 있었다. 아래층 사무실에는 서류들이 그대로 있었다. 직원들이 뭘 하고 있었든 한순간에 펜을 내던지고 그대로 떠나 버린 것 같았다.

상태가 좋아 보이는 트럭 한 대가 건물 옆에 세워져 있었다. 아름다운 은제 장식품, 최고급의 토산품 단검(短劍) 등 말레이 토후들이 보낸 선물로 보이는 물건들이 홀의 유리함에 들어 있었다. 벽에서는 폐하 내외분의 초상이 미소 지으며 내려다보고 있었다.

쿠알라룸푸르 외곽에 있는 그 아름다운 집들, 훌륭한 저택들, 그리고 부겐빌리아, 칸나, 히비스커스 등 꽃나무들이 활짝 피어나 있는 사랑스러운 열대정원이 모두 깨끗이 버려져 있었다. 남아 있는 것은 뒤채에 있는 늙은 중국인 하인과 주인이 데려가지 못한 개 한 마리뿐이었다.

영국, 프랑스 등 연합국의 식민지배 아래 있던 아시아 – 아프리카의 독립운동가들은 2차대전 발발로 혼란스러운 상황에 빠졌다. '적의 적은 내 편'이라는 소박한 관점에서 추축국과 협조관계를 맺으려 드는 움직임도 있었지만, 파시즘의 인종주의를 꿰뚫어본 사람들은 우선 연합군의 승리에 협조하고 독립운동은 그 뒤로 미루는 입장을 취했다.

그런데 일본군의 동남아시아 진출은 상황을 더 복잡하게 만들었다. 일본군은 피부색을 내세워 백인의 압제를 물리치는 '해방군'으로 스스로를 선전한 것이었다. 그 선전을 뒷받침하기 위해 비교적 유화적인 점령정책을 취하기도 했다. 그에 넘어가 인도군 포로로 3개 사단의 '인도 국민군'을 조직해 일본군의 인도 침공에 앞장섰던 수브하스 보세(1897~1945) 같은 사람은 마하트마 간디에게 "애국자 중의 애국자"라는 칭찬을 받기도 했던 인물이었다. 그러나 이 술책의 효과는 오래 가지 못했다. 한국, 대만, 중국 등지에서 일본이 취해 온 태도가 새 점령지 주민들에게도 곧 알려졌기 때문이었다.

출처   Ian Morrison, *Malayan Postscript*, London, Faber, 1942

149

봉쇄된 레닌그라드

1942. 4~7

알렉산드르 A. 파데예프

편저자 주 | 독일군은 1941년 9월에 레닌그라드 외곽을 점령했다. 그로부터 시작된 900일간의 봉쇄기간 중 100만의 사람이 목숨을 잃었다. 공습과 포격 외에도 괴혈병과 기아, 그리고 1941~2년 사이 겨울의 혹독한 추위가 그 죽음의 원인이었다.

1942년 4월 말엽, 우리가 탄 비행기가 전투기의 호위를 받으며 라도가 호수 위를 아주 낮게 날아 레닌그라드로 들어가던 그 날을 나는 평생 잊지 못할 것이다. 우리 밑으로, 터지고 금 간 얼음 위에, 여기저기 호숫물이 넘실거리는 사이를 뚫고 그 길이 뻗어 있었다. 지난겨울 내내 레닌그라드를 외부와 이어 준 유일한 길, 레닌그라드 시민들은 그 길을 '생명의 길'이라 불렀다. 그 길은 이미 사라져 가고 있어서 여기저기 물이 넘실대고 있었다. 비행기는 흐릿하게 벌건 태양의 둥근 형체 쪽을 향해 곧바로 날아갔다. 햇빛은 우리 뒤 호숫가를 쭉 따라 서 있는 소나무와 자작나무 꼭대기에 걸려 있었다.

레닌그라드 시민들, 특히 여성 시민들이 봉쇄기간의 어려운 조건 속에서 어린이들을 지켜낸 공로를 찬양해 마지않는다. 상당수 어린이가 봉쇄 전 소개(疏

1941년 9월 10일, 독일군의 레닌그란드 폭격 당시 거리의 부상자를 돕는 간호사들.

開)되었는데, 그들 이야기가 아니다. 레닌그라드에 남아 도시의 고난과 궁핍을 함께 겪어낸 작은 아이들을 말하는 것이다.

온 도시에 유아원의 체계가 만들어지고, 궁핍한 도시가 가진 그나마 최선의 물자가 유아원에 주어졌다. 세 달 동안의 체류기간 중 나는 많은 유아원을 찾아가 보았다. 그보다도 더 자주 나는 레스니 공원이나 어느 광장의 벤치에나 몇 시간이고 앉아 아이들이 노는 것을 구경하고 그들이 나누는 이야기를 듣곤 했다.

4월에 레닌그라드 아이들을 처음 볼 때 그들은 가장 어려운 시기를 이미 지내 놓고 있었지만, 지난겨울의 고된 경험은 그들의 얼굴에도 노는 모습에도 새겨져 있었다. 혼자 노는 아이가 많다는 사실에도 그 경험이 드러나 보였다. 집단 놀이를 할 때도 아이들은 말이 없었고 표정이 어두웠다. 아이들의 얼굴에 자리 잡은 어른스럽고 심각한 표정, 그리고 아이들의 눈빛에 깃든 조심성과 슬픔, 기아의 참상을 전해 주는, 어떤 이야기보다도 더 많은 것을 아이들의 표정과 눈빛은 말해주고 있었다.

모든 정원과 광장, 공간, 마당 등이 밭으로 가꿔져 있었다. 어디에나 채소가 자라고 있었다. 야생화가 피기 시작하는 곳이면 어디든, 길가든, 정원이든, 묘지든, 먹을 만한 것을 캐내는 여인들의 구부린 모습이 보였다. 민들레, 괭이밥, 쐐기풀, 명아주, 모두 식탁에 오를 수 있는 것이었다. 밭으로 만들어진 샹드마르 대로를 지나가며 보니 보리수나무의 낮은 가지는 손닿는 데까지 모두 껍질이 벗겨져 있었다.

그러나 레닌그라드 사람들의 진면목은 네프스키 대로 끝에서 끝까지 광장과 정원들을 가꾸는 모습에서 알 수 있다. 전쟁 전과 마찬가지로 이곳은 밭으로 만들어지지 않고 더 없이 아름다운 꽃밭으로 남아 있었다. 네거리에서는 벌써 온실에서 나온 꽃을 살 수 있었다.

네바강과 폰타카 운하, 모이카 운하의 수면에 눈부신 햇빛을 받아 풍부한 녹색이 비쳐지는 모습, 물과 나무들이 기막히게 어울려 빚어내는 화려한 색상의 배합은 파괴의 흔적을 거의 지워버릴 정도였다. 이 도시는 다시 아름다워지고 있었다. 저녁 무렵에는 여자들과 젊은이들이 근교의 밭으로부터 팔에 가득 채소와 꽃을 안고 무리지어 전차를 타거나 걸어서 집으로 돌아가고 있었다.

레닌그라드 위로 백야가 떨어졌다. 트로츠키 다리 위에 몇 시간이고 서 있자니 백야 속에서 여름 공원 위로 달이 떠오르는 것이 보이고, 아래로는 향기로운 안개 속에 아름답고 고요한 네바강을 따라 증권거래소와 겨울 궁전, 제독부의 웅장한 건물들이 솟아 있었다.

그리고 레닌그라드의 집들은 밤낮으로 창문이 활짝 열려 있었다. 라디오나 전축의 음악소리가 길로 흘러내려 왔다. 그늘진 조용한 골목을 거닐다 보면 어딘가 활짝 열린 창문 안으로부터 조심스럽게 연주곡을 쳐 나가는 여자아이의 피아노 소리가 들려왔고, 이따금씩 피아노 선생님의 엄격한 목소리도 들을 수 있었다. 또한 밤에 네바강변을 걷다가 카잔 대성당의 별채 사이로 거대한 은빛 물고기 모양의 방공(防空) 기구가 금방이라도 하늘로 솟아오를 듯이 대(臺) 위에서 희미하게 흔들리고 있는 것을 바라보는 것도 마음 든든한 일이었다.

출처 Aleksandr A. Fadayev, *Leningrad in the Days of the Blockade*, tr. R. D. Charques, Hutchinson, 1946

150

우크라이나, 나치의 유대인 학살

1942. 10

헤르만 그레베

1942년 10월 5일 두브노의 건축사무소에 갔을 때, 현장 부근에서 두브노의 유대인들을 쏘아죽인 일이 있다고 내 십장이 말해주었다. 30미터 길이에 3미터 깊이의 구덩이를 세 개 파 놓고 그 안에 몰아넣어 쏘아 죽였는데, 하루에 약 1,500명씩을 죽였다고 했다. 학살 전 두브노에 살고 있던 유대인 인구 5,000을 완전히 씨를 말리는 모양이었다. 쏘아 죽이는 현장에 있었던 십장은 아직도 마음이 가라앉지 못한 기색이었다.

십장과 함께 현장으로 차를 타고 가 보니 부근에 30미터 길이에 2미터 높이의 흙더미가 보였다. 흙더미 앞에는 트럭 몇 대가 서 있었다.

우크라이나 민병대원들이 SS 대원 한 사람의 감독 아래 사람들을 트럭에서 내리게 하고 있었다. 민병대원들은 트럭 위에서는 감시원 노릇을 하고 구덩이로 사람을 몰고 오고가는 일도 했다. 끌려온 사람들은 옷의 앞뒤에 규정에 따른 노란 표지를 달고 있어서 모두 유대인임을 알 수 있었다.

나는 십장과 함께 곧바로 구덩이로 갔다. 아무도 우리를 상관하지 않았다. 그때 흙더미 하나의 뒤쪽에서 소총 소리가 연속적으로 났다. 남녀노소가 뒤섞여 트럭에서 내린 사람들은 말채찍인지 개채찍인지 들고 있는 SS 대원 한 사람의 명령에 따라 옷을 벗어야 했다. 그들은 정해진 장소에 신발과 겉옷, 속옷을 구분해서 쌓아놓도록 명령 받았다. 신발 무더기는 800~1,000켤레는 되어 보였고, 옷도 엄청난 분량이 쌓여 있었다.

그 사람들은 소리 지르지도 않고 울지도 않으면서 옷을 벗고는 가족들끼리 둘러서서 키스와 작별을 나누면서 구덩이 가까이 서 있는 또 하나의, 역시 채찍을 들고 있는 SS 대원으로부터 신호가 떨어지기를 기다리고 있었다. 내가 가까이 서 있는 15분 동안 불평 한 마디도 애원 한 마디도 들리지 않았다.

내가 유심히 바라본 한 가족은 여덟 식구였는데, 쉰 안팎의 부부와 한 살, 여덟 살, 열 살가량의 아이들, 스무 살 남짓으로 보이는 큰 딸 둘이 있었고, 눈처럼 머리가 센 할머니가 아기를 안고 노래를 부르며 얼러 주고 있었다. 아기가 좋아라 깔깔거리는 것을 부부는 눈물어린 눈으로 바라보고 있었다. 아버지는 열 살가량으로 보이는 아들의 손을 붙잡고 부드러운 말씨로 말하고 있었고 아들은 눈물을 참느라 애를 쓰고 있었다. 아버지가 손가락으로 하늘을 가리키고 아들의 머리를 쓰다듬으며 무언가 설명을 해주는 것 같았다.

그때 구덩이 가에 있던 SS 대원이 자기 동료에게 뭐라 소리쳤다. 그 소리를 들은 동료는 20명쯤 되는 사람을 헤아려 흙더미 뒤로 가도록 명령했다. 지금 말한 가족이 그 속에 들어 있었다. 날씬하고 머리카락이 검은 여자아이가 내 가까이 지나갈 때 자기 자신을 가리키며 "스물 셋"이라고 말한 것이 또렷이 기억난다.

나도 흙더미를 돌아가 보니 엄청나게 큰 무덤이 앞에 나타났다. 사람들이 빽빽하게 채워져 있고 서로 포개져 있어서 머리만 보였다. 거의 모두가 머리로부터 어깨로 흐른 핏자국을 가지고 있었다. 총에 맞고도 아직 꿈틀거리고 있는 사람도 있었다. 팔을 들거나 고개를 돌려서 아직도 살아 있음을 알리는 사람도 있었다.

구덩이는 벌써 3분의 2 정도 채워져 있었다. 1,000명 이상의 사람이 들어 있는 것으로 나는 추산했다. 총을 쏜 사람을 찾아보았다. SS 대원으로, 구덩이 끝쪽 좁은 곳의 가장자리에 다리를 대롱거리고 앉아 있었다. 그는 경기관총을 무릎 위에 놓고 담배를 피우고 있었다.

끌려온 사람들은 완전히 발가벗은 채 구덩이 가에 파인 층계를 내려가 누워 있는 사람들의 머리를 피해 가며 SS 대원이 지시하는 위치로 옮겨갔다. 그들은 죽은 사람, 죽어가는 사람들 앞에 누웠고, 더러는 아직 살아 있는 사람들을 어루만지거나 나직한 목소리로 말을 건네기도 했다.

그때 총소리가 연속으로 들렸다. 구덩이 안을 들여다보니 몸을 꿈틀거리는 사람도 있고 앞에 있는 사람들의 몸 위에 머리를 얹고 움직이지 않는 사람도 있었다. 그 목에서는 피가 흘러내리고 있었다. 군복을 입고 지켜 선 보초병이 두엇 있었는데도 나를 쫓아내지 않은 것은 뜻밖이었다.

다음 차례의 희생자 한 무리가 벌써 다가오고 있었다. 그들은 구덩이 안으로 들어가 먼젓번 희생자들 앞에 줄지어 서고 총을 맞았다.

흙더미를 돌아 나오니 또 한 대의 트럭에 실려 막 도착한 사람들이 보였다. 이번에는 병자와 노약자들이 들어 있었다. 나이가 많은, 다리가 몹시 가늘고 몸이 아주 여윈 여자 하나는 먼저 옷을 벗은 사람들이 붙잡아 주면서 옷을 벗겨 주었다. 노파는 마비증세가 있는 것 같았다. 벌거벗은 사람들이 노파를 메고 흙더미를 돌아갔다.

나는 십장과 함께 그 자리를 떠나 차를 몰고 두브노로 돌아갔다.

다음날 아침 현장에 다시 가 보니 약 30명의 벌거벗은 사람들이 구덩이 근처, 3~50미터 떨어진 곳에 누워 있었다. 살아 있는 사람들도 있었다. 그들은 앞을 똑바로 응시하며 아침결의 추위도, 주변에 서 있는 우리 회사 사람들도 느끼지 못하는 것 같았다. 스무 살가량의 여자아이 하나가 내게 말을 걸어 자기 옷을 가져다 달라고, 자기가 도망치게 도와달라고 부탁했다.

그 순간에 빠르게 달려오는 차 소리가 들렸고, 쳐다보니 SS 차량이었다. 나는 우리 공사장으로 돌아왔다. 10분 후 구덩이 근처에서 총소리가 몇 번 들렸다. 아직 살아있는 유대인들은 시체들을 구덩이에 넣도록 명령 받았고, 그 다음에는 자기들이 구덩이 안에 누워서 목에 총을 맞았다.

출처   Hermann Graebe, in *The Trial of German Major War Criminals*, HMSO, 1946

151

엘 알라메인

1942. 11. 4

아프리카 군단의 최후

바이얼라인 장군

편저자 주 | 몽고메리 장군은 10월 23일 엘 알라메인에서 공세를 시작했다. 1주일의 전투 후 독일군에게는 탱크가 90대밖에 남아 있지 않았고, 영국군에게는 800대가 있었다. 그러나 11월 3일 놀랍게도 히틀러는 후퇴를 금지하는 명령을 내렸다.

11월 4일 아침, 독일 아프리카 군단의 잔여병력은 90경보병 사단과 함께 '텔 엘 맘프스라'라는 이름의 넓은 모래언덕 양쪽으로 얇은 방어선을 펼쳤다. 12피트밖에 안 되는 높이지만 위용(威容)이 당당한 모래언덕이었다. 그 남쪽에는 마찬가지로 전력이 저하된 이탈리아 장갑(裝甲)군단이 있었다.

동트기 직전 나는 아프리카 군단 사령관 리터 폰 토마 장군을 찾아가 엘 다바 남쪽 지역에 후방사령부를 설치하기 위해 떠날 것임을 보고했다. 나는 토마 장군이 사막에서 입지 않고 지내던, 기장과 훈장이 다 달린 정복을 입고 있는 것을 처음으로 보았다. 그는 내게 이렇게 말했다. "바이얼라인, 히틀러의 [후퇴하지 말라는] 명령은 말도 안 되는 미친 소리야. 더 이상 못해 먹겠네. 엘 다바 사령부로 가게. 나는 여기 남아서 텔 엘 맘프스라 방어를 직접 지휘하겠네."

토마 장군이 극도로 불쾌해진 것을 알 수 있었고 좋은 전망을 가질 수가 없었다. 그의 부관 하르트데겐 중위는 무전송신기를 가지고 장군 곁에 남아 있었다. 장군은 외투를 걸치고 조그만 가방 하나를 집어 들었다. 나는 장군이 죽을 마음을 먹고 있는지 궁금한 생각이 들었다. 나는 곧 텔 엘 맘프스라를 떠나 후방으로 향했다.

영국군이 한 시간의 포격 연습 뒤 공격을 시작한 것은 여덟 시 안 돼서였다. 그 주력은 텔 엘 맘프스라로 향했다. 아프리카 군단은 전력을 다해 영국군 탱크 200대 앞에 버텼다.

11시에 하르트데겐 중위가 내 사령부에 나타나 말했다. "폰 토마 장군께서 무전송신기를 가지고 돌아가라고 하셨습니다. 송신기가 더 필요하지 않다고 하셨습니다. 우리의 탱크와 반(反)탱크포, 고사포는 텔 엘 맘프스라에서 모두 파괴되었습니다. 장군님께 무슨 일이 일어났는지 모르겠습니다."

나는 즉각 조그만 장갑정찰차를 잡아 타고 동쪽으로 향했다. 갑자기 철갑탄의 우박이 마구 쏟아졌다. 정오의 아지랑이 속으로 멀리 전방에 수없이 많은 검은색 괴물이 보였다. 제10경기병대, 몽고메리의 탱크였다. 나는 장갑차에서 뛰어 내려 한낮의 불타는 태양 아래 텔 엘 맘프스라 방향으로 힘껏 달렸다. 그곳은 죽음의 장소였다. 불붙은 탱크와 부서진 대포만이 널려 있을 뿐 산 사람은 보이지 않았다.

바로 그때, 내가 들어가 있던 모래구멍에서 200야드가량 떨어진 곳, 불타는 탱크 옆에 주위를 쌩쌩 지나가는 탄환을 느끼지 못하는 듯 우뚝 서 있는 사람이 하나 보였다. 폰 토마 장군이었다. 텔 엘 맘프스라를 향해 좁혀 오던 영국 탱크들은 커다란 반원 모양으로 멈춰 서 있었다.

나는 어떻게 해야 하나? 내가 장군 곁으로 달려가지 않는다면 장군은 나를 비겁한 자로 여길 것이다. 그러나 장군과 나 사이를 가로막고 있는 탄환의 장막을 지나가려 든다는 것은 분명한 자살행위다. 나는 짧은 시간 동안 갈등을 느끼고 있었다.

그때 영국 탱크들이 다시 앞으로 움직이기 시작했다. 텔 엘 맘프스라에는 이제 이에 대항하는 화력이 없었다. 토마 장군은 그곳에 서 있었다. 마치 소금 기둥처럼 아무 움직임 없이 뻣뻣하게 서 있었다. 한 손에는 여전히 가방을 들고 있었다. 수송차량 한 대가 곧바로 그를 향해 달려가고 있었고 셔먼 탱크 두 대가 바로 그 뒤를 따르고 있었다. 영국 병사들이 토마 장군에게 손짓을 했다. 바로 그때 150대의 전투차량이 텔 엘 맘프스라를 홍수처럼 덮쳤다.

나는 다리야 나 살려라 하고 서쪽을 향해 도망쳤다. 장갑차는 사라졌다. 얼마 후 차 한 대를 만나 엘 다바 사령부로 돌아왔다. 그곳에 로멜 장군이 와 있었다. 나는 그에게 내가 본 것을 이야기해 주었다.

거대한 먼지구름이 이제 사령부 동남쪽과 남쪽으로 보였다. 이탈리아 20군단의 탱크들이 이탈리아군 진영의 오른쪽을 정면으로 뚫고 들어온 수백 대 대형 영국 탱크를 상대로 최후의 처절한 전투를 벌이고 있는 것이었다. 용감한 저항을 얼마 동안 계속한 뒤 이탈리아 군단은 사라져 버렸다.

아프리카 군단 통신장교가 로멜 장군에게 해독한 통신문 하나를 가져왔다. 제10경기병대에서 몽고메리에게 보내는 것을 우리 쪽에서 가로챈 것이었다. 이런 내용이었다. "리터 폰 토마라는 이름의 장군 하나를 포로로 잡았습니다."

<hr>

'사막의 여우' 로멜에게도 한계가 있었다. 히틀러는 로멜의 성공을 선전에 이용할 뿐, 북아프리카를 전쟁의 주무대로 인정하지 않았고, 따라서 보급에도 소홀했다. 철군을 건의하는 로멜에게 1942년 여름 카이로와 수에즈 운하 공략을 명령한 것은 역경 속에서의 승리로 선전자료 만들어주기를 바라는 것이었을 뿐, 정상적인 작전이 아니었다. 로멜의 진격은 알렉산드리아 서쪽 100킬로미터 지점의 엘 알라메인에서 저지되었고, 10월 말부터 시작된 영국군의 반격에 물러서지 않을 수 없었다. 이 글은 로멜의 아프리카 군단이 처해 있던 절망적 상황을 여실하게 보여준다.

히틀러가 독일을 처참한 파국으로 몰고 가는 동안 그에 대한 조직적 반발이 거의 없었다는 사실은 60여 년이 지난 지금까지도 연구자들이 의아하게 생각하고 있는 문제다. 로멜 자신이 연루 의혹을 받게 되는 1944년 7월 20일 군부 일각의 히틀러 암살 시도가 유일하게 드러나 있는 사례다. 히틀러의 무리한 지휘권 행사에 정통파 군인들의 반감이 축적될 수 있는 상황을 이 기사에서도 알아볼 수 있다.

출처   General Bayerlein, in W. Richardson and S. Freidin (eds.), C. Fitzgibbon(tr.), *The Fatal Decisions*, Michael Joseph, 1956

152

독일 병사가 본 스탈린그라드

1942. 12

베노 지저

편저자 주 | 1942년 11월 19일 반격에 나선 소련군은 스탈린그라드 외곽에서 독일군을 포위하는 작전으로 나왔다. 클라이스트의 제1기갑사단은 1943년 1월 초 서쪽으로 로스토프를 향해 퇴각을 시작했다. 파울루스 장군 휘하의 독일 제6군은 2월 2일에 항복했다. 독일군은 겨울옷 부족으로 더욱 심한 고통을 겪었다. 겨울옷을 가득 실은 화차들이 전선까지 가지 못하도록 제지당한 것은, 이를 지급할 경우 겨울 전에 스탈린그라드를 함락시키지 못할 것으로 병사들이 생각하게 될 것을 독일 총참모부에서 걱정한 때문이었다.

그러던 어느 날 밤 강추위가 닥치고 우리는 겨울에 들어서 있었다. 이 끔찍한 나라에서 맞는 두 번째 겨울이었다. 서리가 검은 외투처럼 대지를 덮었다. 보급 트럭이 돌아다니며 외투와 장갑과 귀가리개 달린 모자를 가져다주었다. 이런 정도 장비가 있어도 참호에 웅크린 채 얼어붙어 가는 우리에게 큰 도움이 되지 못했다. 아침에 일어나면 우리 몸은 얼어서 뻣뻣했고, 총과 대포는 두터운 서리로 덮여 있었다. 입김은 내뿜자마자 얼어붙어 담배연기처럼 자욱했고 모자의 귀가리개 위에 서려 금방 반짝이는 얼음덩어리를 만들었다. 포탄이 날아

1942년 여름 독일군의 동방 대공세 청색 작전(fall blau)은 예상되던 모스크바 대신 남쪽의 스탈린그라드를 향했다. 1925년에 소련 지도자의 이름을 붙인 볼가강변의 이 공업도시는(스탈린 사후 1961년에 볼고그라드로 이름을 바꾼다.) 원래의 전략적 중요성에 상징적 의미가 겹쳐져 쌍방의 사활을 건 격전장이 되었다. 약 2백만 명의 사상자를 낸 6개월간의 참혹한 전투는 제2차 세계대전의 분수령이 된 것으로 평가된다.

와 터질 때면 전과 달리 딱딱한 진동음을 일으켰고, 높이 튀어 오르는 흙덩어리는 바윗덩어리 같았다……(생략)……

격파된 사단의 남은 부분들이 압박해 오는 적군에 밀려 이 방면 저 방면에서 끌고 올 수 있는 것을 모두 끌고 하나하나씩 아군의 어지러운 중심부로 몰려드는 것을 바라보며 진실이 서서히 우리 마음에 새겨지고 있었다. 모여드는 수송 대열로 모든 길이 차츰 막혀 갔다. 길 위에서 대포를 비롯한 온갖 무기가 파괴되었다. 연료가 떨어져 멈춰 선 탱크들도 예외가 아니었다.

짐을 가득 실은 채 눈 속에 갇힌 트럭들이 불길에 싸였다. 탄약더미가 폭파되었다. 막대한 분량의 의복과 보급품이 거대한 모닥불이 되어야 했다. 적군의 손에 떨어지지 않게 하기 위해서. 엄청난 노력을 들여 만들어 놓았던 시설물들이 도매금으로 파괴되었다. 몇 마일에 이르는 들판이 소규모 장비로 뒤덮였다. 철모, 케이스 안에 든 가스마스크, 깔개, 취사도구, 탄약주머니, 참호장비, 심지어 소총과 자동권총, 수류탄까지.

귀찮은 짐이 되어 버렸기 때문에, 아니면 가지고 다니던 사람들이 끝없이 긴 부상자 대열에 끼어들게 되었기 때문에 버려진 장비들이었다. 피에 흠뻑 젖은 붕대를 매고 너덜거리는 군복을 걸친 부상병들은 그저 눈 속을 헤쳐 나가기 위해 젖 먹은 힘까지 다 짜내야만 했다. 버려진 장비들 중에는 또 이미 죽어서 뻣뻣해진 수없이 많은 전사자들이 가지고 있던 장비도 있었을 것이다. 그 시체들은 버려진 장비들이나 마찬가지로 이제 우리 안중에 없었다.

완전히 두절된 상태에서 회색 야전복을 입은 사내들은 한 방어지점에서 또 한 방어지점으로 그저 비틀거리며 걸어갔다. 한결같이 더러운 속옷에 한결같이 이를 잔뜩 키우며, 피로에 지친 어깨를 축 늘어뜨리고.

우리 뒤 동쪽으로 무한히 뻗친 흰색 광야로부터 불어오는 칼날 같은 바람은 수백 수천만 개 면도날 같은 눈송이를 그들의 수염투성이 얼굴에, 그리고 극심한 피로와 극심한 굶주림으로 이제 뼈 위에 헐렁거리게 된 피부 위에 마구 흩뿌렸다. 눈송이를 맞은 피부는 데어서 쭈그러진 가죽처럼 되었고, 너무 지쳐서 이제 뜨고 있기만도 힘에 벅찬 움푹 파인 눈에서는 눈물이 쏟아져 나왔다. 눈송이는 군복과 온갖 넝마를 뚫고 우리의 뼛속까지 파고들어갔다.

어느 사람이든 더 이상 버틸 수 있는 힘이 다 사라졌을 때, 앞으로 떠밀어 가던 죽음의 두려움조차 의미를 잃게 되었을 때, 마지막 한 방울 연료를 다 태워버린 엔진처럼 기력이 쇠진한 몸은 무너져 내리고 움직임을 멈추었다. 그러면 잠시 후 한자락 눈보라가 친절하게 그 위를 덮어주었고, 돌멩이처럼 굳어진 팔 하나나 군화 끄트머리가 거기서 삐져나와, 이제 길쭉한 눈덩어리로만 보이는 그 물체가, 얼마 전까지 살아 움직이던 인간이었음을 알아보게 해 주었다.

출처 　Benno Zieser, *In Their Shallow Graves*, tr. Alec Brown, Elek Books, 1956

153

코르순 고지에서 독일군의 패주

1943. 2. 17

칸포프 소령

그날 저녁 내내 독일 병사들은 일종의 히스테리 상태에 빠져 있었다. 마을에 몇 마리 남아 있던 소를 잡아먹는 그들의 행동에서는 식인의 광기가 느껴졌다. 한 움막집에서 절인 배추가 든 통 하나를 찾아내자 맹렬한 쟁탈전이 벌어졌다.

포위가 시작된 이래 그들은 전면적으로 심한 식량부족 상태에 처해 있었다. 독일군이 계속해서 후퇴하고 있었기 때문에 전선 가까이에는 어디에도 대규모 비축이 있을 수 없었다. 그래서 코르순(우크라이나 중부 – 역자 주)의 독일군은 주민들의 약탈에 생계를 주로 의지하고 있었다. 그것은 포위 이전부터 있던 현상이었다.

그들은 그날 밤에 술도 꽤 많이 마셨다. 그러나 U-2 기가 시작한 불, 그리고 폭격과 포격 때문에 그들은 술에서 깨어야 했다. 따뜻한 움막에서 쫓겨나온 그들은 샨데로프카를 포기하지 않을 수 없었다. 인근의 협곡으로 몰려든 그들은 아침 일찍 포위망을 뚫고 나가기로 절망적인 결정을 내렸다. 탱크는 거의 남아 있지 않았다. 앞서 며칠간의 전투에서 모두 파괴되거나 탈취당했고, 몇 안 되는 남아있는 탱크에는 기름이 없었다.

지난 며칠간은 그들이 밀집해 있는 지역이 너무 좁아서 수송기로도 보급품을 가져다줄 수 없었다. 그보다 전에도 수송기가 그들을 찾아오는 일은 많지 않았고, 더러는 식량과 연료와 탄약이 든 보따리가 우리 쪽으로 떨어지기도 했다.

그렇게 해서 그날 아침 그들은 각각 1만 4,000명가량씩 되는 두 개의 행군 진형(陣形)을 만들어 두 협곡이 만나는 곳에 있는 리시앙카까지 행군해 왔다. 리시앙카는 우리 쪽 전선 안쪽, 이른바 '회랑(回廊)' 지대에 위치해 있었다. 회랑 건너편에 있는 독일 사단들은 동쪽으로 진격해 회랑을 돌파하려 애쓰고 있었지만, 이제 회랑이 워낙 두터워져서 성공할 가능성이 거의 없었다.

포위망을 벗어나려 애쓰는 독일군의 두 개 대형은 이상한 모습이었다. 각각의 대형은 사람의 무더기였다. 선봉과 양변은 발로니아 여단의 SS 대원들과 진주빛 회색 제복을 입은 바이킹 사단으로 구성되었다. 그들은 체력상태가 좋은 편이었다. 삼각형 안쪽으로는 훨씬 열악한 상태에 있는 일반 독일 보병들이 몰려 있었다. 그 한가운데 장교들로 구성된 단단한 알맹이가 있었다. 장교들도 비교적 영양상태가 좋아 보였다.

이렇게 그들은 평행한 두 협곡을 따라 서쪽으로 이동해 왔다. 그들은 아직 깜깜한 시간인 새벽 4시 직후에 출발했다. 우리는 그들이 어느 방향으로 오는지 알고 있었다. 우리는 다섯 개의 전열을 준비해 놓고 기다렸다. 두 열은 보병, 그 다음 열은 포병이고, 마지막 두 열에는 탱크와 기병대가 대기하고 있었다……(생략)……

우리는 그들이 앞의 세 전열을 지나가는 동안 총 한 방 쏘지 않고 놓아두었다. 독일 병사들은 우리를 피해 우리 방어선을 통과했다고 착각하고는 행군을 계속하면서 기쁨에 넘친 소리를 지르기도 하고 권총과 경기관총을 공중에 대고 쏘기도 했다. 그들은 이제 협곡을 벗어나 넓은 들판으로 나와 있었다.

공격은 그때 시작되었다. 시간은 아침 여섯 시경이었다. 우리의 탱크와 기병대가 갑자기 나타나 두 대열의 밀집된 곳을 향해 곧바로 돌진해 들어갔다. 그때 벌어진 일은 글로 형용하기 힘들다. 독일 병사들은 온갖 방향으로 도망 다녔고, 그로부터 4시간 동안 우리 탱크들은 들판을 가로세로 누비고 다니며 독일군을 수백 명씩 뭉개버렸다. 우리 기병대는 마치 탱크부대와 경쟁이라도 하듯, 탱크가 따라 들어가기 어려운 협곡 속으로 적들을 쫓아다녔다. 그동안 탱크는 우리 편을 잘못 맞출 위험 때문에 포를 거의 쏘지 않았다. 수백 수천의 기병들이 독일군을 칼로 마구 후려치고 있었다.

이 날 독일군이 당한 학살은 기병대에 의한 학살로는 사상 최대였을 것이다. 포로를 거둘 시간도 없었다. 모든 것이 끝나기 전에는 멈출 방법이 없는 살육의 축제였다. 좁은 지역 안에서 2만 이상의 독일군이 목숨을 잃었다. 나는 스탈린그라드에도 있었지만 이렇게 좁은 지역의 들판과 계곡에서 이처럼 집중적인 살육이 행해지는 것은 본 적이 없었다. 오전 아홉 시까지는 모든 것이 끝나 있었다.

8,000명의 포로가 그 날 투항했다. 그들은 거의 다 살육의 중심부에서 멀리까지 도망가 숲 속과 계곡에 숨어 있다가 항복한 것이었다.

출처   Major Kampov, in Alexander Werth, *Russia at War*, Barry and Rockcliff, 1964

154

일본군의 연합군 장교 처형

1943. 3. 29

뉴기니에서 일본인 목격자의 진술

구로카와, 니시구치, 야와테, 나, 네 사람은 오후 세 시에 본부 앞에 모였다. 관측소에 오늘 온 고마이 대장(隊長)은 일본 무사도의 자비로운 정신에 따라 자기가 아끼는 칼로 포로를 손수 죽이겠다고 우리에게 직접 말했다. 그래서 우리는 입회하기 위해 집합한 것이었다. 10분 남짓 기다렸을 때 트럭이 왔다.

위병소 곁에 있는 포로는 마지막으로 물을 마시고 있다. 군의관 고마이 소령과 본부 소대장이 군도를 차고 장교식당에서 걸어 나온다. 시간이 된 것이다. 팔을 묶이고 길던 머리카락을 짧게 깎인 포로가 비틀거리며 끌려온다. 무슨 일인지 짐작이 갈 텐데도 생각보다 침착한 모습이다. 지체 없이 그를 트럭에 태우고 목적지를 향해 출발한다.

나는 군의관 옆에 앉아 있다. 열 명가량의 경비병이 함께 탔다. 기분 좋은 엔진소리를 들으며 우리는 짙어지는 황혼 속에 빠른 속도로 달려간다. 이글거리는 해는 서쪽 산 뒤로 넘어갔다. 우리 앞쪽에는 거대한 구름이 솟아오르고 있고 어스름이 주위를 덮쳐 오고 있다. 이제 멀지 않을 것이다. 우리가 구경할 광경을 상상하자 내 심장은 박동이 빨라진다.

포로를 슬쩍 쳐다본다. 아마 자신의 운명에 체념을 한 것 같다. 마치 세상에 작별을 고하는 것처럼 트럭 위에 앉은 채로 주위를 둘러본다. 산을 보고 바다를 보며 깊은 생각에 빠진 모습이다. 나는 연민이 솟아오르는 것을 느끼며 눈길을 돌린다.

트럭은 이제 해안을 따라 달려가고 있다. 우리는 해군 경비구역을 뒤로 하고 이제 육군 구역에 들어와 있다. 풀이 무성한 초원의 이곳저곳에 경비병이 보이고, 나는 달리는 차 안에서 마음으로 그들의 수고에 감사한다. 그저께 밤의 폭격 때문에 배치가 늘어난 모양이다. 길옆에는 커다란 구멍들이 뻥뻥 뚫려 있고 빗물이 가득 차 있다. 20분 조금 더 걸려서 우리는 목적지에 도착하고 모두 차에서 내린다.

고마이 소령이 일어나 포로에게 말한다. "당신을 죽이겠소." 소령이 포로에게 일본 무사도에 따라 일본 칼로 죽이겠다는 것, 그리고 죽음까지 2~3분의 시간을 주겠다는 것을 이야기하는 동안 포로는 고개를 숙인 채 듣고 있다. 포로가 나직한 목소리로 몇 마디를 말한다. 그는 장교인데 항공대 중위인 것 같다. 한 칼에 끝내 달라는 부탁을 하는 것 같다. 그의 말 속에 "하나"라는 말이 들린다. "그러죠." 대답하는 소령의 표정이 굳어진다.

이제 시간이 되어 포로를 물이 차 있는 폭탄 구덩이 가에 무릎 꿇고 앉게 한다. 그는 체념한 기색으로 보인다. 만일의 경우를 위해 총검을 꽂아 든 경비병들을 둘러 세워 놓았지만 그는 침착한 태도를 잃지 않는다. 목을 뻗어 내밀기까지 한다.

그는 참으로 용감한 사람이다. 나 자신을 이 포로의 입장으로 바꿔 놓고 1분 후면 이 세상과 작별이라고 생각해 보니, 매일매일의 폭격으로 인해 증오심이 가득 차 있었음에도 인간의 자연스러운 감정이 나로 하여금 그를 동정하게 한다.

소령은 자기 애검(愛劍)을 칼집에서 이미 뽑아 들고 있다. 관측소에서 우리에게 보여준 바 있는 마사무네 명검이다. 빛을 받아 번득이는 칼을 보니 등골이 서늘해진다. 소령은 포로의 목을 칼등으로 가볍게 두드린 다음 칼을 두 팔로 머리 위까지 치켜들었다가 힘차게 내리친다. 나는 온 몸의 근육을 긴장시키고 서 있었지만 그 순간 나도 모르게 눈을 감았다.

쉭쉭 하는 소리가 들린다. 동맥에서 피가 솟구쳐 나오는 소리일 것이다. 몸이 앞으로 엎어진다. 놀라운 일이다. 정말로 한 칼에 끝낸 것이다.

둘러서 있던 사람들이 앞으로 몰려나온다. 몸통에서 따로 떨어진 머리는 앞으로 조금 굴러간다. 시커먼 피가 솟아나와 주변에 가득 튀었다. 이제 다 끝났다. 머리는 창백한 색깔이다. 인형 같다. 조금 전까지 느끼던 잔인하다는 생각은 사라지고 일본 무사도의 진정한 자비심만이 내 마음을 채우고 있다.

사병 하나가 웃음을 터뜨린다. "됐어, 지금쯤 열반(涅槃)의 문을 들어서고 있겠다." 의무대의 수병(水兵) 하나가 군의관의 칼을 들더니 옛날 격식을 제대로 차리기 위해 목 없는 몸뚱이를 뒤로 젖혀놓고 한 칼로 깨끗하게 배를 가른다. 저 양놈들은 피부가 두껍다. 뱃가죽조차 두껍다. 몸에서는 피 한 방울 나오지 않는다. 포로의 몸뚱이를 바로 구덩이에 밀어 넣고 파묻는다.

이제 슬픔을 품은 듯한 바람을 맞으며 마음의 눈으로 그 광경을 다시 떠올려 본다. 우리는 트럭에 다시 타고 돌아오기 시작한다. 이제 어두워졌다. 본부 앞에 도착하자 트럭에서 내린다. 나는 소령에게 작별 인사를 하고 구로카와 기사(技士)와 함께 언덕을 올라간다. 이것은 내 평생 잊지 못할 일이 될 것이다. 살아서 돌아가게 된다면 좋은 이야깃거리가 될 것이다. 그래서 이 글을 적은 것이다.

◆

전쟁을 수행함에 있어서도 인간의 어느 행위나 마찬가지로 승패와 관계없이 지켜야 하는 규범이 있다. 이 전쟁 규범은 기술적 – 문화적 조건에 따라 변천을 겪는 것이고, 특정시대 특정사회의 전쟁 규범은 주어진 역사적 상황에 따라 결정되는 것이다.

2차대전은 전체적으로 서양의 규범에 따라 진행된 전쟁이었다. 전범 재판을 비롯한 뒤처리까지 서양의 규범에 따랐다. 그런데 전쟁의 한 주역인 일본은 이 규범에 익숙하지 못했다. 그래서 서양의 규범으로 보면 치를 떨 만한 만행을 많이 저질렀던 것이다. 적군과 포로에 대해서만 일본군이 잔인했던 것이 아니다. 자기 장병들에게 '교쿠사이(玉碎)'를 요구한 것부터 서양의 규범으로는 용납될 수 없는 일이었고, 따라서 가미카제의 자살 전술에 서양인들은 어안이 벙벙했던 것이다.

그런데 이제 이슬람 지하드의 자살 전술이 세계를 뒤흔들고 있다. 일본은 서양식 전쟁에 자진해서 끼어든 것이었지만, 이제 서양식이 아닌 새로운 종류의 전쟁을 요구하는 사람들 앞에서 전쟁 규범은 더욱 힘을 잃고 있다.

출처 Anon., in Major-General Charles A. Willoughby and John Chamberlain, *MacArthur*, 1941-51: *Victory in the Pacific*, McGraw-Hill, 1956

155

튀니지 상공의 독일 전투기

1943. 4. 7

앨런 무어헤드

은빛 날개의 메서슈미트 기 하나가 겨우 15피트나 20피트 상공 위 우리 머리 위로 지나갔다. 길을 따라 날아가는 비행기의 배에 대고 보포르 고사포가 불을 뿜었다. 약 30초간 비행기는 계속해서 곧바로 날아갔다. 그러다가 기수를 들더니 공중에서 우아하게 반원을 그린 다음 야생화 덤불 속으로 미끄러져 내려가 동체착륙을 하는 것 같았다.

우리는 후다닥 차에 다시 올라타고 비행기가 떨어진 것으로 보이는 강 쪽을 향해 2마일을 달렸다. 새빨간 양귀비, 겨자풀, 하얀 백합이 여기저기 뒤섞인 어깨까지 자란 밀밭을 헤치며 비행기 떨어지는 모습을 본 병사들이 여러 방향에서 모여들고 있었다.

몇 분 안 되어 메서슈미트는 발견되었다. 거의 망가진 데 없는 모습으로 부드러운 밀밭 위에 착륙해 있었는데, 조종사는 보이지 않았다. 내가 조종석으로 기어 올라가 조종간과 방아쇠를 만져보았다. 아직도 따뜻하게 조종사의 체온이 느껴졌다. 몇 분 전 길 위의 우리들에게 기관총알을 쏟아 부을 때 그가 담아 놓은 체온이었다.

강둑 위에서 아랍인 농부 하나가 손짓을 하며 소리 치고 있었다. 모두 농부가 가리키는 건너편으로 달려갔다. 강둑 아래 파여진 곳의 똥 무더기 속에 숨어 있던 조종사를 발견했고, 조종사는 아무 저항 없이 체포되었다. 엎드려 있던 위치에서 발견되자 그는 두 손을 머리 위로 들고 천천히 일어나 등 뒤에 갖다 댄 권총에 떠밀려 자기 비행기를 향해 걸어갔다.

기막히게 잘생긴 청년이었다. 기껏 스물서너 살, 금발에 푸른 눈, 비행복을 입고 장화를 신었지만 모자는 없었다. 병사들이 그 몸을 뒤져 권총과 탄띠, 그리고 가죽지갑 하나를 빼앗았다. 몸을 뒤지는 동안 독일인은 담배 하나를 더듬어 찾아 물고 누가 불 좀 붙여달라는 몸짓을 했다. 기계적으로 이런 동작을 취하면서 입을 뗄 엄두도 내지 못하는 것 같았고, 담배를 쥔 손은 심하게 떨리고 있었다.

누군가가 그 담배에 불을 붙여 주었는데, 그때 권총을 쥔 사람이 손짓으로 조종사를 비행기에서 20야드쯤 떨어진 밀밭 속에 서게 한 것이 무슨 까닭이었는지 나는 알 수 없었다. 마침 그때 공교롭게 모든 사람이 조종사 곁을 떠나는 바람에 그는 들꽃 가운데 혼자 서 있게 되었다.

조종사의 머릿속에 어떤 생각이 떠돌고 있었는지는 훤하게 드러나 보였다. "저놈들이 이 자리에서 죽이는구나. 끝장이로구나. 권총을 든 저 놈이 나를 쏘겠지." 그의 몸이 뻣뻣해지고 담배를 든 손이 긴장해서 후들거렸다. 이마에 조그만 땀방울이 한 줄로 나타나고 그는 똑바로 앞을 쳐다보고 있었다.

1초 동안 일어난 일이었다. 그 순간이 지나자 영국 병사들은 조종사의 곁을 일제히 떠날 때와 마찬가지로 아무 생각 없이 그 곁으로 다가가 길 쪽으로 함께 걸어가자고 손짓을 했다.

조종사는 한순간 상황을 이해하지 못하는 것 같았다. 그리고는 긴장이 풀리면서 담배 한 모금을 깊게 빨아들였다. 어리둥절한 채로 마음을 놓으면서 이렇게 생각하고 있는 것이 이번에도 훤하게 드러나 보였다. "살았구나. 나를 쏴 죽이지 않는구나."

그리고 우리는 길 위로 돌아왔다. 이 일이 이렇게 잘 마무리되고, 길에서 우리에게 총알을 퍼부은 우리의 적이 이렇게 빨리 응보(應報)를 받게 된 것이 우리에게는 기분 좋은 일이었다. 그러나 이렇게 조종사와 직접 접촉하고 그의 충격과 두려움을 눈으로 보면서, 우리가 싸우는 상대가 기계도 아니고 고지(高地)도 아니고 대포도 아니라 바로 인간이라는 사실을 갑자기 새삼 인식하지 않을 수 없었다.

거의 언제나 전투란 우리에게 기계적인 작업이었고, 적이란 아득한 곳에 있는 추상적인 악으로만 인식되었다. 그런데 적진(敵陣)이라고 하는 암흑의 대륙으로부터 인간 하나를 붙잡아 오고 보니 그 조종사와 대화를 나누고 토론을 벌여 그가 잘못된 입장이라는 것을 가르쳐주고 싶은 마음이 들었다.

출처   Alan Moorehead, *African Trilogy*, Hamish Hamilton, 1944

156

전화(戰火) 속의 함부르크

1943. 7. 27

엘제 벤델

7월 27일 화요일 밤 폭격기들이 또 왔다. 그 공습으로 함부르크에서 4만 5,000명이 죽었다. 어머니는 친구들과 함께 지하실로 내려갔다. 방공(防空)위원은 모래와 물, 그리고 땅을 팔 경우를 대비해 여러 가지 연장을 쌓아 놓았다.

어머니가 겪어본 중 최악의 공습이었다. 몇 시간씩 지하실에 웅크리고 있었는데, 폭탄 터지는 소리는 점점 가까운 곳에서 들리고 석조건물이 무너지는 소리도 끊임없이 들려왔다. 그러다가 특별히 큰 폭발음이 터졌다. 방공위원이 뛰어 나가 보았다. 얼굴이 잿빛이 되어 돌아온 그는 소리쳤다. "어서 여기를 떠나세요! 현관 앞에 소이탄(燒夷彈)이 떨어졌어요. 빨리, 다들……."

형언할 수 없는 공포가 덮쳐 왔다. 어머니들은 아이들을 틀어잡고 미친 듯이 뛰쳐나갔다. 사람들이 서로 걸려서 넘어졌다. 어머니는 친구들과 모르는 사이에 헤어졌고, 그것이 영원한 이별이 되었다. 길에 나와 보니 사람들은 아무 생각 없이 폭탄을 피해 정신없이 달려가고 있었다. 혼자가 되어 어리둥절해 있는 어머니에게 노인 하나가 다가와서 말했다. "같이 갑시다." 어머니는 가방을 들고 그를 따라갔다. 거리는 견딜 수 없을 정도로 더웠다.

"이래서는 갈 수가 없어요. 저쪽의 지하실은 불타지 않고 있으니 그곳에 들어가 있겠어요." 어머니가 노인에게 말했다.

그가 말했다. "바보 같은 소리. 이 동네 집들은 다 타게 돼 있어요. 시간 문제일 뿐이지."

두 아이를 데리고 있던 여자가 합류했다. 노인이 말했다. "이리 갑시다. 이쪽이 제일 나아 보이네."

이제 그들 주위에는 불꽃의 벽이 둘러져 있었다. 갑자기 소방마차 하나가 광장으로 들이닥쳤는데, 마차를 끄는 두 마리 말은 놀라 있는 것 같았다. 그들이 한 옆으로 피할 때 여자아이가 겁을 먹고 옆 골목으로 달려 내려갔다. 어머니가 남자아이를 남겨두고 그 뒤를 쫓아갔다. 여자아이가 어느 불타는 건물 앞에 왔을 때 불붙은 나무토막 하나가 아이 곁으로 떨어지며 아이의 옷에 불이 붙었다. 아이의 어머니가 아이 위로 몸을 던져 불을 꺼주려 하고 있을 때 앞 건물의 꼭대기 층 전체가 그들 위로 무너져 내렸다.

노인은 남자아이의 손을 단단히 잡고 명령하듯 말했다. "우리랑 같이 가자."

"저는 엄마를 기다릴래요." 아이가 말했다.

"안 돼." 노인은 일부러 엄한 목소리로 말했다. "여기는 너무 뜨겁다. 불에서 먼 곳으로 가서 어머니를 기다리자."

어머니가 얼른 끼어들었다. "제일 좋은 길을 찾아서 얼른 나갔다가 나중에 네 어머니를 데리러 다시 오자."

"알겠어요." 어린 소년이 말했다.

그들은 말이 달려간 방향을 따라갔다. 위험을 알아보는 동물의 본능에 의지해 본 것이다. 아이는 넘어졌으나 도로 일어났고, 그러다가 또 넘어졌다.

"이대로 갈 수는 없겠어." 노인은 말하며 두 사람을 한 지하실로 이끌었다. "여기에 물이 있으니 옷을 흠뻑 적시고, 머리에도 뒤집어쓰고, 저쪽 길로 가봅시다."

광장으로 다시 올라가자 노인은 급히 휘둘러보고는 아이의 손을 잡으며 말했다. "자, 이쪽으로 가자." 어머니가 가방을 집어 들자 노인이 소리쳤다. "놔둬요. 몸이나 챙기세요. 물건까지 챙길 상황이 아닙니다."

폭격으로 파괴된 함부르크 시가지.

어머니는 가방을 버리지 않았다. 왼손으로 아이의 손을 잡고 오른손에 가방을 들고 갔다. 광장 안은 용광로 속 같았다. 달리기 시작할 때 어머니 몸에서는 땀이 줄줄 흘러내리고 있었다. 연기는 물에 적신 겉옷 안으로 파고들어 그들을 숨 막히게 하기 시작했다. 몇 야드 못 가 어머니는 저도 모르게 가방을 내던지고 다시는 가방 생각을 하지도 않았다.

어린 소년은 두 사람 사이에 끼어 자기 걸음보다 두 배나 빠르게 달려갔다. 그는 넘어지고 또 넘어지고 했지만 번번이 일으켜 세워졌다. 아직도 말들이 달려간 길을 따라가고 있는 걸까? 알 수가 없었다. 주위의 집에서 떨어져 내리는 불타는 나무토막과 건재(建材) 조각을 쉴 새 없이 피하느라고 아무 정신이 없었으니까.

길에서 시체들이 타고 있었다. 시체에 발이 걸려 비틀거릴 때도 있었다. 그러나 그들은 앞을 향해 나아갔고, 두 사람 사이에서 소년의 발자국소리가 타박타박 이어졌다. 어디선가 미친 듯이 울부짖는 개 소리가 들려왔다. 그 소리는 달려가는 사람들에게 자신들보다도 더 비참하고 막막하게 들렸다.

마침내 그들은 조그만 녹지(綠地)에 도달해서 그 가운데로 달려가 땅에 얼굴을 박으며 쓰러졌다. 아이는 두 사람 사이에 쓰러졌다. 그들은 탈진한 짐승처럼 이내 잠이 들었지만 몇 분 가지 못했다. 노인이 제일 먼저 깨어났다.

"일어나요, 불길이 우리 뒤를 쫓아오고 있어요." 두 사람을 흔들며 노인이 말했다.

어머니가 눈을 떴다. 그들은 조그만 들판에 누워 있었는데 한쪽의 집들에 이제 불이 붙고 있었다. 불이 붙는 정도가 아니었다. 폭발성 물질이 그 집들 안에 있는 모양이었다. 거대한 화염 하나가 그들을 향해 똑바로 쏘아 오고 있었다. 건물들과 같은 높이에 길 넓이와 같은 폭의 화염이었다. 어머니가 기가 막혀 쳐다보고 있는 동안 화염은 뒤로 물러서는 듯하다가 다시 그들을 향해 쏟아져 왔다.

"에그머니나, 저게 뭐예요?" 어머니가 물었다.

노인이 대답했다. "화재폭풍(火災爆風)이라는 것이 시작되는 겁니다. 어서 갑시다. 이제 지체할 시간이 없어요. 1분 후면 저런 게 열 개 스무 개가 나타나 우리를 덮칠 겁니다. 빨리, 뛰어야 해요. 이 공지(空地)의 저쪽 건너편으로 조그만 개울이 있을 겁니다."

어머니는 일어나 몸을 굽혀 아이를 살펴보았다. "불쌍한 녀석, 깨우기가 안 됐구나." 아이의 몸을 조용히 흔들며 말했다. "일어나렴, 또 뛰어야 한다."

아이는 꼼짝도 하지 않았다. 노인은 몸을 굽혀 아이를 일으켜 세우고 말했다. "가자, 얘야." 아이의 몸이 휘면서 도로 쓰러졌다. 노인은 무릎을 꿇고 아이 곁에 앉아 아이의 손을 잡아 보았다.

"아니!" 노인의 말은 충격을 담고 있었다. "이럴 수가, 하느님 맙소사, 애가 죽었어요!" 새까매진 노인의 얼굴에 눈물이 흘러내렸다. 그는 아이 위로 몸을 굽히고 속삭이기 시작했다.

"너는 훌륭한 어린이였어, 아주 용감한 어린이였어." 아이의 얼굴을 어루만지는 그의 손길은 여자의 손길처럼 부드러웠다. "너처럼 용감한 아이들이 있는 이상 함부르크는 죽지 않을 거란다." 그는 아이의 얼굴에 부드럽게 키스하며 속삭여 말했다. "잘 자라, 아가야. 네 어머니와 누이보다는 네 죽음이 훨씬 낫단다. 그들은 쥐새끼처럼 산 채로 태워졌지."

어머니는 걱정이 되기 시작했다. 혓바닥 같은 화염 또 하나가 골목에서 쏘아 나왔다. 으르렁대는 불길의 소리도 더 강해졌다. 그런데 노인은 이제 그들의 위험을 아주 잊어버린 것처럼 보였다.

어머니는 노인에게 말했다. "이제 가요. 아이는 죽었어요. 이제 어쩔 수 없는 일이잖아요. 어서 가요. 우리는 가야 하잖아요."

노인은 어머니를 쳐다보지도 않고 말했다. "혼자 가세요. 나는 얘랑 같이 죽겠어요."

어머니는 바람의 포효 속에서 소리쳤다. "미쳤어요? 어서 가요!" 노인은 아무 대답도 하지 않고 아이의 이마에 다시 입술을 댔다.

절망감에 빠진 어머니는 노인을 팔로 안아 아이에게서 떼어내려 했다. 이제 그들이 입은 겉옷에까지 불꽃이 튀어 오고 있었다. 갑자기 뜨거운 돌풍이 그들을 휩쓸며 그들의 겉옷을 날려버리고 그들의 몸을 공중으로 띄웠다. 이 바람에 노인의 정신이 다시 돌아왔다. 그는 뛰어 일어나 달리기 시작했다.

들판을 달려가는 그들의 꽁무니를 불꽃이 바짝 쫓아오고 있었다. 그들은 한 차례 넘어졌다가 다시 일어나 달렸다. 개울을 향해 달려가는 동안 들판은 갈수록 더 넓게만 느껴졌지만 그들은 마침내 도착했다. 한 마디 말도 할 기력이 없어진 그들은 개울가에 쓰러져 잠에 빠져들었다. 아니, 처음에는 기절했다가 나중에 잠에 빠졌다고 해야 하겠다.

출처   Else Wendel, *Hausfrau at War*, Odhams Press, 1947

157

어떤 생일

1944. 4. 5

보르네오 쿠칭의 포로수용소

아그네스 뉴턴 키스

편저자 주 | 조지와 그 부모는 수용소 생활을 견뎌내고 1945년 8월 해방되었다.

4월 5일로 조지가 네 살이 되었다. 수용소에서 그 아이가 맞는 두 번째 생일이다. 해리[조지의 아버지]는 유치장에 들어가 있었다. 조지는 아버지의 선물을 받지 못했다.

정오에 나는 라일라와 함께 적십자 구호식량 상자를 꺼냈다. 몽땅 열어서 모든 품목을 서른네 개의 몫으로 나누었다. 수학적 엄밀성이 필요한 작업이었지만 우리는 해냈다. 그 뒤에는 아이들이 사발이나 접시 하나씩 들고 눈을 반짝거리며 우리에게 다가왔다.

접시 하나하나마다 연어, 정어리, 버터, 스팸, 햄, 젤리, 고기, 자두, 초콜릿, 치즈를 조금씩 얹어주고, 우리가 우유와 쌀가루로 만들어 놓았던 푸딩도 하나씩 올려주었다. 그런 다음 컵을 가져오게 해서 커피와 설탕을 나눠주었다. 어머니들에게는 엄마 노릇을 잘들 했다고 담배를 상으로 주었다.

하나씩 음식을 받은 아이들은 정중하게 "고맙습니다" 인사하고 조지에게는 "생일 축하해" 인사를 건넨 다음 쪼르르 달려갔다. 얼굴마다 흥분으로 번쩍번쩍 빛나고 있었다. 이것은 장난도 아니고 즐거움도 아니었다. 낙원의 실현을 위한 힘겹고 매섭고 치열한 투쟁이었다.

그에 앞서 고민도 했었다. 그 음식을 아껴뒀다가 두고두고 조지에게 먹이는 편이 낫지 않을까 하는 고민이었다. 그러나 그 빛나는 얼굴들을 보니 내가 한 일이 분명히 옳았다.

다른 사람들에게 줄 것이 있다는 데 대한 만족감, 베풀어주는 사람이 되었다는 데 대한 자랑스러움으로 조지는 그 날 내내 내 눈앞에서 한껏 부풀어 있었다. 밤이 되어서야 평소의 두 배 크기로 돌아왔다. 얼마나 사랑스럽던지!

<hr>

근대 들어 전쟁에서 민간인의 피해가 크게 늘어났다. 그 중요한 이유로 전쟁의 총력화, 전투의 광역화, 무기의 대형화, 세 가지가 꼽힌다.

적성국(敵性國) 민간인의 격리 수용도 전쟁의 총력화에서 파생된 민간인 피해 사례로 볼 수 있다. 2차대전 당시까지는 많은 국제 이주가 이루어지고 있었으므로 양측의 적성국민 수용이 상당한 규모에 이르렀다.

출처　Agnes Newton Keith, *Three Came Home*, Michael Joseph, 1955

158

D - 데이 전날

1944. 6. 5

프랑스로 떠나는 미국군 공수대

매슈 B. 리지웨이 장군

손목시계를 보았다. 1944년 6월 5일 오후 10시였다. D - 데이 전날이었다. 그러나 제82공수(空輸)사단 장병들에게는 H - 아워보다 열두 시간 전에 노르망디 전투가 시작되었다.

우리는 V자 모양의 편대를 다시 V자로 배치한, 자루 없는 거대한 창날 같은 모양으로 날아갔다. 영국은 두 시간짜리 서머타임이었기 때문에 아직 훤한 대낮이었지만 해협 건너 동쪽 하늘은 어두워지고 있었다. 두 시간 후 밤이 되었을 때 채널 군도(群島) 독일군 방공포대의 노란 불꽃이 우리 밑으로 어른어른 보였다. 우리는 그 불꽃을 아무 두려움 없이 구경거리로 바라보았다. 높은 하늘을 나는 오리가 사냥꾼을 내려다보는 기분이 이렇겠다. 우리가 너무 높고 너무 멀다는 것을 알고 있으니까.

기내(機內)의 사람들은 각자의 생각에 깊이 빠져 조용히 앉아 있었다. 농담을 주고받다가 한 번씩 야한 웃음을 터뜨리기도 했다. 불안과 긴장, 그리고 열려 있는 문에서 쏟아져 들어온 한기가 우리 모두에게 영향을 끼쳤다.

이따금 공수병 하나가 무거운 몸을 일으켜 꼬리 쪽에 있는 조그만 화장실로 어슬렁거리고 갔다가 장비를 다 갖춘 상태로 좁은 문을 비집고 들어갈 수 없다는 사실을 깨닫고는 C-47 수송기를 설계한 놈들에게 더러운 욕설을 뱉으며 돌아온다. 잠시 후 승무원이 물통을 하나씩 가져다주었지만 그것으로 문제가 다 해결되지 않는다. 완전 장비를 갖추고 있는 공수병에게는 신체의 적절한 부위를 찾아낸다는 것이 여간 까다로운 일이 아니다. 게다가 둘러서서 구경하며 심술궂게 놀려대고 쓸데없는 조언만 해주는 동료들도 도움이 되지 않는다.

날개와 날개가 닿을 듯이 빽빽하게 편대를 이룬 거대한 비행기들을 타고 우리는 프랑스 해안으로 건너왔다. 나는 문짝 없는 출구 바로 맞은편에 앉아 있었다. 1,500피트 고도에서도 해협의 파도가 거센 것을 알 수 있었다. 우리 항법사(航法士)들의 지표로 활용되는 소형 경비정 하나를 지나갈 때 보니 경비정 불빛이 방앗간 도랑에 빠진 코르크 마개처럼 까불어대고 있었다.

육지 위에는 아무 불빛도 보이지 않았지만 떠오르는 달이 뿌려주는 창백한 빛 속에 농장 하나하나 밭 하나하나를 알아볼 수 있었다. 모든 집들, 모든 생울타리들, 모든 오솔길들, 모든 조그만 개천들이 은색의 달빛을 뒤집어쓴 그 땅이 얼마나 평화스러워 보이는가 생각하던 것이 기억난다. 엔진소리만 없다면 농가의 개가 짖는 소리, 뒤꼍의 닭이 우는 소리가 들려올 것 같이 느껴졌다.

출처　General Matthew B. Ridgway, *Soldier*, Harper and Bros., 1956

159

D – 데이

1944. 6. 6

어느 독일 사병의 기록

6월 6일 그날 밤 우리는 이제 아무도 더 이상 침공을 예상하지 않고 있었다. 바람이 강하고 구름이 두터웠으며 적 비행기가 평소보다 더 귀찮게 굴지도 않았다. 그런데 밤이 되자, 헤아릴 수 없이 많은 비행기가 하늘을 덮고 있었다. 우리는 생각했다. "저놈들 오늘밤엔 뭘 부수겠다는 거지?"

그때 시작되었다. 내가 무전기를 맡고 있었다. 통신문이 꼬리를 물고 들어왔다. "낙하산부대 여기 착륙, 저기서는 글라이더 보고(報告)" 그러더니 마지막엔 "상륙정 접근 중"까지 들어왔다. 우리 포대는 있는 힘을 다해 포격을 했다. 아침에는 대규모 해군 병력을 목격했다는 보고가 들어왔다. 그것이 우리 최전방 관측소에서 유린당하기 전에 보낼 수 있었던 마지막 보고였다. 또한 우리가 상황을 파악할 수 있는 마지막 보고이기도 했다.

이제는 도대체 무슨 일이 벌어지고 있는지 알 길이 없었다. 무선은 교란되고 유선은 잘렸으며 우리 장교들은 상황을 파악할 길이 없었다. 줄을 이어 돌아오고 있던 보병들은 해안의 진지(陣地)가 유린당했으며, 우리 구역의 벙커 몇 개는 탈취당하거나 폭파되었다고 말했다.

이 혼란의 와중에서 나는 차를 몰고 해안을 정찰해 오라는 명령을 받았다.

1944년 6월 6일, 오마하 해변에 상륙하는 연합군. 오마하 해변은 연합군의 노르망디 상륙 당시 목표였던 다섯 개의 해변 중 한 곳이다.

나는 보병 몇 명과 함께 어느 중위에게 보고했다. 중위의 명령은 부근의 마을 하나를 탈환하라는 것이었다. 중위가 탈환할 마을의 위치를 내게 한참 설명해 주고 있는데 영국군 탱크 한 대가 우리 뒤쪽에서 굴러오고 있는 것이었다. 적이 있으리라고는 도저히 상상도 하지 못한 방향이었다.

적군 탱크가 곧 우리를 향해 발포를 시작했다. 저항이라고는 생각도 할 수 없는 일이었다. 폴란드 보병 한 무리가 적에게 넘어가는 것이 보였다. 기관총을 든 채 손을 흔들며 넘어가고 있었다. 중위와 나는 덤불 속에 숨었다. 저녁 때 우리 편 진영으로 넘어가려 하다가 영국 낙하산병들에게 붙잡혔다.

처음에 나는 물론 기분이 몹시 나빴다. 나 같은 고참병이 침공 몇 시간 만에 포로가 되다니! 그러나 적군의 전선 뒤에 어떤 물자가 있는지 목격하고는 막상

732

이런 말밖에 안 나왔다. "아이고, 엎어지더라도 떡판에 엎어져야지!"

다음날 해가 밝자 해안 밖에 늘어서 있는 침공 함대가 보였다. 수없이 늘어선 배에서 병력, 무기, 탱크, 탄약, 차량이 쉬지 않고 육지로 옮겨지고 있었다.

출처   Anon., in Henning Krabbe (ed.) *Voices from Britain: Broadcast History 1939-45*, Allen & Unwin, 1947

160

D – 데이 다음날

1944. 6. 7

길을 묻는 영국 낙하산병

제임스 G. 브램웰

내가 다가가자 개 한 마리가 짖었다. 건초더미 뒤로부터 그놈이 헛간 그늘로 숨어드는 그림자가 눈꼬리에 걸렸다. 첫 번째 노크에는 아무 응답이 없었다. 식구들이 모두 깊이 잠든 모양이었다. 더 크게 다시 노크하자 계단에 누가 움직이는 소리가 들리고 이어 프랑스어로 말하는 소리들이 갑자기 터져 나왔다. 발걸음이 문을 향해 오다가 돌아서더니 망설이는 듯하다가 다시 문으로 왔다. 이윽고 문이 열렸다. 어떤 말로 우리를 설명하는 것이 좋을지 오는 동안 궁리를 하고 있었다. 안심시켜 주면서도 멋있는 말, 프랑스 사람들의 뛰어난 표현력 앞에서도 부끄럽지 않고, 또 극적 순간에 열광하는 그들의 취향에도 들어맞는 말을 하고 싶었다. 그러나 중년 농부 아낙네의 푸근한 모습을 접하자 그냥 몇 해 전으로 돌아가 버린 것 같았다. 1939년 과일주 한 잔과 카망베르 치즈 한 조각 얻어먹으러 농가에 들렀던 영국 관광객으로 나는 돌아가 있었다.

"실례합니다, 아주머니. 우리는 영국 낙하산병인데요, 연합군 상륙작전으로 여기 왔습니다." 한순간 살펴보는 기색이더니 다음 순간 나는 아주머니 품에 안겨 있었다. 눈물을 줄줄 흘리며 아주머니는 나에게 한 번 키스하고는 영감님을 소리쳐 부르고, 또 한 번 키스하고는 등불을 가져오라고 외치고, 또 한 번 키스하고는 포도주를 가져오라고 소리쳤다.

잠시 후 나는 열렬한 환영 속에 촛불이 켜져 있는 따뜻한 부엌에 들어서고 있었다. 코냑과 칼바도스가 상 위에 올라오고 아이들이 나무계단을 삐걱대며 내려오고, 흉악무도한 몽골에 위장까지 한 살인 전문가 집단인 우리가 4년간 억눌렀던 프랑스인들의 감정의 분출 속에서 허우적대고 있었다.

농부와 아내는 웃음과 울음과 악수를 끝없이 되풀이하며 우리에게 한 잔 하며 놀다 가라고 야단이었다. 그들은 우리와 감동을 나누고 싶어 했고, 점령기간의 모든 일을 말해주고 싶어 했으며, 독일 놈들을 똑같이 끔찍하게 싫어한다는 사실을 확인하고 싶어 했다. 그토록 오랫동안 기다려 온 그 순간을 현실의 어떤 이유 때문에도 망쳐서는 안 되고, 감동의 마지막 한 방울까지 알뜰하게 마셔버려야만 된다는 것 같았다.

나 자신도 거의 그들에 못지않게 감동되었다. 불길 같은 칼바도스 맛에 힘입어 내 일생의 절정의 하나임에 틀림없는 이 순간에 나 자신 도취된 나머지 작전이고 나발이고, 늪지대고 나발이고, 포병대고 나발이고, 몽땅 잊어버렸다. 전우들, 이 감정의 격랑에 어리둥절해서 술잔만 자동적으로 비우고 있는 전우들의 모습을 보면서 우리가 왜 여기 와 있는지 겨우 생각났다.

벌써 여러 번 묵살됐던 질문들에 대한 답변을 정중하면서도 집요하게 요구하기 시작했다. 여기가 어디입니까? 가장 가까운 독일군 부대는 어디 있는가요? 질문은 또 한 차례 묵살됐다. "아니, 이봐요, 이렇게 모처럼 왔는데 그냥 가면 어떡해요? 아, 그 불쌍한 개새끼들! 너희들 이제 다 죽었다!"

감동적이기도 하고 답답하기도 했다. 마침내 우리가 필요로 하는 것을 얻어냈다. 휴대용 나침반과 늪지대를 뚫고 바라빌로 가는 길까지의 안내. 프랑스 친절의 첫 맛에 취해 버린 기관총수들은 건초창고에서 푹 쉬게 놓아두고 훗지와 나는 길을 나섰다.

출처 James G. Bramwell, in James Byron, *The Unfinished Man*, Chatto & Windus, 1957

161

독일군이 마주친 새 적(敵)

1944. 6. 7

17SS 팬저 사단 참모요원의 기록

6월 7일에 우리 사단은 투아르의 계엄지역을 떠나 노르망디 방어선으로 이동하라는 명령을 받았다. 작전에 다시 투입된 것에 모두 반가워하고 신나는 분위기였다. 침공에 앞서 계속되던 불안하고 피동적인 입장에 마침내 종지부를 찍게 되어 기쁜 것이었다.

우리 기동대열은 연합군 상륙지점으로 향하는 길을 뱀처럼 달려가고 있었다. 그런데 한순간 얼이 빠지는 충격이 우리를 덮쳤다. 우리 대열을 따라 여기저기서 불길이 솟아오르고 길바닥에서는 다닥다닥 흙더미가 튀어올랐다. 모두들 차량에서 쏟아져 나와 길가 들판으로 도망쳐 달려갔다. 차량 몇 개는 벌써 불길에 싸여 있었다. 그 공격은 15분 전 날벼락처럼 우리를 덮쳤던 것과 마찬가지로 한순간에 뚝 끝났다. 질린 낯빛으로 후들후들 떨면서 대열로 허둥지둥 돌아오기 시작하는 병사들은 그 끔찍한 탄환과 불길의 소나기를 어떻게 자기가 모면했는지 이해가 가지 않는 기색이었다. 이것이 전폭기와의 첫 만남이었다.

이제 대열은 엉망진창이 되어서 이 불길에 싸인 대열에서 각자 어떻게 빠져나가느냐에 몰두하고 있었다. 그렇게 몰두할 시간도 넉넉하지 않았다. 한 시간 뒤 똑같은 일이 다시 한 차례 벌어졌고, 먼젓번과의 차이는 결과가 더 참혹하다는 것뿐이었다. 이 공격이 끝나고 나니 산산이 부서진 대전차포(우리 사단의 자랑거리)와 불타는 모터들, 불에 그슬린 무기들이 길을 따라 널려져 있었다.

행군은 중지되고 남은 차량은 모두 빽빽한 숲이나 광 속에 감춰졌다. 이제 아무도 한 데 나가 돌아다닐 엄두를 내지 못했다. 병사들은 서로서로 마주보았다. 이것은 우리가 상상해 온 것과 전연 다른 상황이었다. 이것이 우리의 새 적, 미국군과의 첫 만남이었다.

미국군이 임무 수행에 얼마나 열심인지는 그로부터 며칠간 우리가 잘 알아볼 수 있었다. 이제 우리는 밤에만 움직이고 그것도 덤불과 나무담장이 있는 2급 도로로만 다니게 되었지만, 우리처럼 혼이 나보지 않고 돌아다니다가 미국군 전폭기의 밥이 되어 버린 부대가 적지 않다는 사실을 수많은 파괴 흔적에서 확인할 수 있었다.

출처 　Anon., in Milton Shulman, *Defeat in the West*, Secker & Warburg, 1947

162

왱왱이 폭탄, 여덟 살 아이의 기억

1944. 6

라이어널 킹

6월 12일 밤 히틀러의 V-1 폭탄이 처음으로 런던과 동남지방에 떨어졌다. '제트기 대가리'에 '화염을 분사'하고 괴상한 엔진소리를 내는 비행기 이야기가 켄트와 서섹스 해안지대로부터 퍼져 들어왔다. 그런데, 켄트 상공에서 그 비행기 몇 대가 갑자기 멈춰서 떨어지고, 엄청난 폭발을 일으켰다.

우리 가족들은 물론 폭격에 익숙했다. 우리 집은 전쟁 초기에 웨스트햄에서 이사 왔었다. 마당의 방공호 안에서 보모(保姆)의 코고는 소리 때문에 잠도 못 이루던 기나긴 밤들. 그런데 이제 대낮에까지 폭격을 겪게 된 것이었다.

어느 날 오후 그놈이 처음으로 찾아왔다. 6월의 좋은 날씨에 우리 집 문과 창문은 모두 열려 있었고, 비행폭탄이 날아오는 왱왱 소리는 다른 소리일 수가 없었다. 경계심이 크게 들지 않았다. 10초 후 엔진소리가 바로 머리 위에서 끊겼다. 기묘하게 울려 퍼지는 폭발소리가 반 마일 밖에서 들려왔다.

우리 어머니가 왕발이라고 부르는 녀석이 자전거를 타고 그리 갔다가 돌아와서 말해줬다. "킹 에드워드 로드야. 온통 쑥밭이 됐어. 소방대와 방공대가 와서 여태 사람들을 파내고 있어. 오는 걸 봤어. 지붕 위에 있었거든." 걔네 지붕이 얼마나 부럽던지. 안 보이는 게 없을 장소였다.

V-1(왱왱이 폭탄)을 출시하는 모습. V-1은 제2차 세계대전 때 독일 공군이 개발한 비행 폭탄이다. 첫 발사는 1944년 6월 13일이었고, 전쟁이 끝날 때까지 총 9,521개가 발사되었다.

"킹 에드워드 로드가 어디야, 엄마?" 더그가 물었다.

"운동장 옆에. 기번스 씨 사는 데야. 아빠랑 같이 방위대에 있는 기번스 씨 말이야."

다음날 왱왱이 소리가 다시 들려왔을 때 우리는 방공호에 들어갔다. 다시 엔진이 꺼졌고, 또 우리 집 바로 위에 있는 것 같았다. 그러더니 다시 풀풀 돌아 가기 시작했다. 더그와 나는 소리 내어 웃었다. 어머니가 우리에게 엎드리라고 했다. 왱왱대던 엔진이 다시 꺼진 것이었다. 8초 동안의 기다림. 실망스러운, 시 원찮은 폭발소리.

어머니가 말했다. "금방 나가서 어디 떨어졌는지 보고 올게. 누가 문 두드려 도 열어주지 말아라." 나중에 돌아온 어머니는 쓰레기 소각로 뒤의 철로 대피 선에 떨어졌다고 말해주었다. 철도원에게 듣기로 열차 차량 세 대가 부서졌다 고 했다.

얼마 지나니 비행폭탄이 너무 많이 날아와서 당국에서는 경보 울리는 일을 포기했다. 사이렌을 줄창 틀어놓아야 할 지경이었으니까. 폭탄 날아오는 소리가 들리면 더그와 나는 바로 방공호에 뛰어들었고, 고양이 지미도 눈에 보일 때는 꼭 데리고 들어갔다. 어머니가 장보러 나가서 우리끼리 들어가야 할 때도 있었다. 걱정스럽거나 무서울 때는 없었다. 10초만 지나면 지나가는 일이었으니까.

그렇게 지내던 어느 날 오후 폭탄 하나가 길 저 위쪽에 떨어졌다. 방공호에서 뛰쳐나오자 먼지와 파편이 커다란 버섯처럼 피어오르는 것이 지붕 위로 보였다. 맑은 하늘 속으로 솟아오르는 벽돌 한 장 한 장, 나무토막 한 개 한 개가 똑똑히 보였다. 몇 초가 지나니까 찢어져 너덜너덜한 우산 모양으로 되었다. 길에서는 차와 사람들이 다시 다니기 시작했다. 집을 가로질러 대문으로 달려갔다. 사람들이 떼 지어 현장으로 달려가고 있었다. 자전거 탄 사람들도 있었고 걱정스러워 하는 표정들이 많았다. 얼굴 아는 사람들도 많았다.

"저기 기름가게 아저씨도 가네." 더그가 소리쳤다. 가게 바깥에서는 본 적이 없는 아저씨였다. 먼지 구름은 이제 가라앉아 있었다. 건너편 교회 휴게소 앞에 앰뷸런스가 도착하기 시작했다. 꾀죄죄한 모습의 사람들, 더러는 몸을 떨고 있는 사람들을 태우기 시작했다. "얼른 집에 들어가!" 어머니가 나타나 꾸지람을 했다. "보모가 조금 후에 일 끝내고 돌아가면 모두 얘기해줄 거야."

나중에 보모가 돌아왔다. 왱왱이는 보모네 공장 옆에 떨어졌었다. "리어 아줌마네가 당했어. 리어 홀 로드에 있는 아줌마네 집에 떨어졌거든. 그 일대가 엉망진창이 됐지. 폭탄이 떨어지자마자 십장이 아줌마에게 어떻게 됐는지 가보라고 내보내 줬어. 내가 함께 갔지. 터지고 2~3분밖에 안 됐을 때 간 거야……(생략)……"

이 사건에는 더그와 내게 재미있는 점이 없지도 않았다. "젠킨스 건물 옥상에 있던 방공감시원이 폭탄 떨어지는 걸 보고 그냥 뛰어내렸대. 땅까지 80피트 높이였는데."

1943년에 접어들면서부터 동맹군의 열세는 갈수록 분명해졌다. 1944년 6월 6일 노르망디 상륙 성공으로 승부가 완전히 결정된 것으로 보였다. 이에 히틀러는 비장의 신무기를 꺼내 들었다. 비행폭탄 V-1이었다. 1944년 6월 13일부터 1945년 3월 29일 사이에 약 8,000대의 V-1이 런던을 향해 발사되고 그중 30퍼센트가량이 적중했다고 한다.

무인비행기의 원리로 움직인 V-1보다 더 강력한 탄도 미사일은 1944년 9월 6일부터 사용되었는데, 그 정식 이름은 A-4였지만 통상 V-2로 불렸다. 앞서 V-1이 워낙 깊은 인상을 사람들 마음에 심어놓았기 때문이었다.

독일을 점령한 후 미국과 소련은 V-2 관계 기술자, 연구자, 자료를 경쟁적으로 약탈해 가서 인공위성 사업의 기초로 삼았다.

출처   Lionel King, in Michael Moynihan (ed.), *People at War 1914-1918*, David and Charles, 1974

163

러시아군의 여름 공세

1944. 7

알렉산더 베르트

오늘 모스크바에서는 모든 사람의 마음이 기쁨으로 가득 차 있다. 매일 밤 어떤 때는 한 차례, 어떤 때는 두 차례, 어떤 때는 세 차례씩이나 귀에 익은 묵직한 남성의 목소리가 들려온다. 군인들에게 명령을 내리는 것과 같은 이 장중한 목소리는 중요한 새 승전 이야기를 전해주고, 그로부터 10분 후에는 축포가 터지고 수천 발의 폭죽이 여름 밤하늘을 밝힌다. 똑같은 광경이 매일같이 그대로 반복되지만 그 흥분은 언제나 새로운 것이다.

이제 러시아군이 탈취하고 있는 도시들은 머나먼 리투아니아나 벨로루시 서부에 있는 곳들이다. 그리고 매일 밤 수백만의 러시아 가정에서는 작은 종이 깃발과 색줄, 색연필로 적군에게서 해방된, 갈수록 커지는 소비에트 영토를 지도에 표시하는 작업이 진행된다.

진행 중인 독일군의 붕괴는 스탈린그라드 이래 독일에게 최악의 재앙이다. 사상자는 계속 늘어나 50만 선(線)을 바라보고 있다. 사단이 하나하나씩 포위당해 박멸되면서 수십만이 죽어나가고, 포로로 잡힌 것이 십만가량 되었다. 포로가 된 장군만도 스물다섯이나 되었다. 10만이 넘는 포로 가운데 5만 7,000이 자기네 장군들을 앞세우고 모스크바 시내를 행진했다. 경마장에 이틀 동안 수용해 놓고 먹을 것 마실 것을 넉넉히 주었을 뿐 아니라 음악회까지 열어 주었다. 그런 뒤 각각 1만 내지 1만 5,000명으로 된 몇 개의 그룹으로 나눠 기차역으로 데려갔다. 10층짜리, 12층짜리 아파트가 줄지어 선 모스크바 외곽의 넓고 밝은 가로에는 독일군을 구경하러 나온 수십만 인파가 늘어섰다. 가벼운 여름 드레스, 대개 흰색으로 걸쳐 입은 처녀들, 목이 트인 흰 셔츠에 가벼운 바지를 입은 청년들, 그리고 어디에나 아이들이 바글거렸다. 가로등 기둥이나 자동차 위, 그리고 서 있는 전차 위에 자리 잡고 있는 아이들이 많았다. 작은 집들의 지붕 위에도 아이들이 있었다. 모스크바는 햇빛 속에 더 없이 밝은 모습이었고, 그 넓은 현대적 가로(街路)에는 포탄의 상흔이 전혀 보이지 않았다. 독일 포로들이 자기네 수도의 상황을 떠올린다면 마음이 적지 않게 괴로웠을 것이다.

모스크바 군중은 놀랄 만큼 점잖았다. 지저분한 녹회색 제복의 독일군이 걸어가는 것을, 걷는다기보다 몸을 질질 끌고 가는 것을 그들은 바라보고 서 있었다. 누군가 말했던 것처럼 저 녹회색의 곰팡이가 유럽 러시아의 절반을 좀먹어 들어왔고 아직도 유럽의 상당 부분에 퍼져 있는 것이었다.

대부분의 독일군은 비굴한 모습으로 걸어갔다. 나이 어린 축의 병사들은 모스크바의 풍경에 놀란 눈치였는데, 아마 전혀 다른 모습을 상상했던 모양이었다. 길 양쪽에 늘어선 사람들의 깨끗하고 쾌활하고 영양상태가 좋은 모습에도 놀란 것 같았다. 몇 명의 포로들은 눈을 부라렸다.

모스크바 시민들은 욕설도 야유도 없이 조용히 지켜보기만 했고, 몇몇 젊은 이들만이 소리치고 있었다. "야, 저 독일 돼지들 봐라! 저 못난 주둥이들 봐라!" 그러나 다른 사람들은 나직한 목소리로 말을 나누고 있을 뿐이었다. 어머니 어깨 위에 무등을 탄 조그만 여자아이의 말이 들렸다. "엄마, 저게 아빠 죽인 사람들이야?" 어머니는 말없이 아이를 끌어안고 눈물을 흘렸다.

———◇———

소련에서는 2차대전을 '애국 대전'이라고 불렀다. 독일은 여러 나라를 상대로 전쟁을 벌여 그 존립을 위협했지만 소련에 대해서는 그 위협이 특별한 것이었다.

독일이 제일 처음 맞선 적은 영국과 프랑스였다. 그러나 영국과 프랑스는 독일에게 '경쟁자'였지, 소련과 같은 '천적'이 아니었다. 프랑스를 점령하고 비시 정권을 세운 데서 볼 수 있는 것처럼 굴복시켜 협조를 얻어내는 것이 독일이 바란 것이었다.

그러나 소련은 독일에게 박멸의 대상인 천적이었다. 두 가지 이유가 있었다. 하나는 슬라브인을 열등한 민족으로 보는 나치의 인종주의였다. 또 하나는 파시즘과 양립할 수 없는 공산주의의 본산이 소련이라는 사실이었다.

2차대전 발발 직전 독일과 소련이 불가침조약을 맺은 것은 양쪽 다 전술적 조치였고, 격돌을 피할 수 없다는 것은 서로가 알고 있는 사실이었다. 스탈린은 여러 해 전부터 나치의 위험을 알아보고 그에 대한 공동 대처를 영국과 프랑스에 촉구해 왔으나 아무 반응이 없자 두 나라의 개입이 확실해질 때까지 독일의 예봉을 피하기 위해 불가침조약을 맺은 것이었다. 중반 이후 전쟁의 주역은 독일과 소련이었다. 소련의 전쟁 희생자는 전 인구의 10퍼센트 이상으로 추정되고, 그 다음으로 피해가 컸던 것은 인구의 5퍼센트가량을 잃은 독일이었다. 서방에서 노르망디 상륙의 중요성을 부각시켜 온 데는 냉전 상황에서 소련의 역할을 폄하하려는 의지가 작용해 왔다.

소련만이 아니라 추축국에 점령당한 각국의 공산주의자들이 항쟁에서 중요한 역할을 맡은 것도 공산주의와 파시즘이 천적 관계였기 때문이었다. 우파 민족주의자들에게는 이해관계를 따질 여지가 있었지만 공산주의자들에게는 그런 여지가 없었다. 영국 처칠 정권의 유고슬라비아 게릴라 지원에서도 처음에는 보수파의 미하일로비치만을 지원했지만 결국 티토에게로 지원을 옮기지 않을 수 없었던 데서 그 차이를 알아볼 수 있다. 전쟁 후 동구에 공산권이 형성된 것이 소련의 강압보다도 각국 공산주의 세력이 항쟁을 통해 지도 역량을 키운 결과였다는 것은 기본적으로 중국 공산당의 집권과 비슷한 양상이었다.

출처   Alexander Werth, *Russia at War*, Barry and Rockcliff, 1964

164

비르케나우 수용소

1944. 8

유대계 루마니아인 의사의 증언

지기스문트 벤델

편저자 주 | 거대한 비르케나우 처형시설은 1941년 10월 아우슈비츠 수용소에서 멀지 않은 곳에 세워졌다. 힘러에게 아우슈비츠 주임 의사로 임명받아 수감자에 대한 의학 실험을 감독한 요제프 멩겔레 박사(1911년 생)는 전쟁 후 남아메리카로 탈출했다.

멩겔레 박사는 영광스럽게도 나를 화장장에 배속시켜 주었다. 그곳에서 일하는 사람들을 '존더코만도 Sonderkommando'라 불렀는데, 900명의 인원을 가진 특공대였다. 그들은 모두 다른 나라에서 이송된 사람들이었다……(생략)……

처음에 나는 수용소 안에서 다른 수감자들과 같이 생활했으나 나중에는 화장장 안에서 생활했다. 그곳에서 첫 일을 한 것은 1944년 8월이었다. 그때는 가스 처형이 아니었고, 약 150명의 러시아인과 폴란드인 정치범을 하나하나씩 무덤가로 끌고 가 쏘아 죽인 것이었다. 이틀 후 낮반(班) 근무를 할 때 가스실이 작동하는 것을 보았다. 로츠 시(市) 게토 사람들이었다. 8만 명이 가스 처형을 당했다.

그날 일어난 일을 있는 대로 설명해 주시오.

아침 일곱 시에 다른 사람들과 함께 일하러 갔더니 구덩이에서 아직도 흰 연기가 피어오르고 있었습니다. 열차 하나에 싣고 온 사람들을 밤 사이에 없애 버리거나 끝장냈다는 뜻이지요.

4호 화장장에서는 소각의 효율이 충분치 못하다는 것이 분명했습니다. 작업이 만족스러운 속도로 진행되지 못했기 때문에 화장장 뒤쪽에 12미터 길이에 6미터 폭의 커다란 구덩이 세 개를 팠습니다. 얼마 지나고 보니 그 큰 구덩이들을 가지고도 작업 효율이 충분히 향상되지 않는 것이 확인되고, 그래서 구덩이들 가운데 도랑 두 개를 파서 지방과 기름이 스며들도록 함으로써 작업이 빠른 속도로 계속될 수 있게 했습니다. 그 구덩이들의 용량은 정말 굉장했습니다. 4호 화장장은 하루에 1,000명씩 태울 수 있었는데 그 구덩이로는 한 시간에 그만한 숫자를 처리할 수 있었지요.

그날의 작업내용을 설명해 주시오.

오전 열한 시에 정치부 주임이 늘 그러듯 오토바이를 타고 와서 열차 하나가 새로 들어왔다고 알려주었습니다. 앞서 이야기한 구덩이들을 준비해 놓아야 했습니다. 깨끗이 치워놓아야 하는 것이었죠. 장작을 집어넣고, 빨리 타도록 휘발유를 그 위에 끼얹었습니다.

열두 시경 새로 도착한 사람들이 왔는데 800에서 1,000명 정도 되었습니다. 그 사람들은 화장장 마당에서 옷을 벗어야 했는데, 목욕을 시켜주고 그 후에 따뜻한 커피를 준다는 약속을 받았지요. 물건들을 한쪽에 놓고 귀중품은 다른 쪽에 놓도록 명령 받았습니다. 그런 뒤 큰 홀에 들어가서 가스가 도착할 때까지 기다리게 했습니다. 5분인지 10분인지 지나서 가스가 왔는데, 이것을 적십자 사 앰뷸런스에 싣고 온 것은 의술에 대해서도 적십자 사의 이념에 대해서도 더할 수 없는 모욕이었습니다.

그러자 문이 열리고 사람들을 가스실에 몰아넣었는데, 머리가 부딪칠까 걱정될 정도로 천장이 낮은 방이었지요. 온갖 종류의 몽둥이로 사람들을 두들겨

가며 그 안에 몰아넣고 나오지 못하게 했습니다. 그 방이 죽음의 방이라는 것을 눈치 채고 도로 나오려 한 사람들이 있었기 때문이죠. 마침내 그자들은 문을 잠그는 데 성공했습니다.

안에서 비명과 고함소리가 들려왔고, 서로 싸우는 사람들도 있고 벽을 두들기는 사람도 있었습니다. 2분쯤 이런 소리가 계속되다가 모든 소리가 사라졌습니다. 5분 후에 문을 열었지만 20분 뒤까지는 아무도 들어갈 수 없었습니다.

그 뒤에 우리 특공대가 작업을 시작했지요. 문이 열릴 때 시체들이 와르르 쏟아져 나올 정도로 꽉 차 있었습니다. 근육이 매우 수축되어 있어서 서로 떼어내기가 몹시 힘들었지요. 죽음을 앞두고 몸부림을 심하게 쳤다는 인상이 들었습니다. 가스실에 시체가 1미터 반 높이로 꽉 채워져 있는 광경을 본 사람은 절대 잊을 수가 없습니다.

이 시점에서 특공대의 본격적 작업이 시작되지요. 아직도 따뜻하고 피를 흘리고 있는 시체들을 끌어내야 하는데, 구덩이에 던져 넣기 전에 이발사와 치과의사를 거쳐야 합니다. 머리카락을 잘라내고 이빨을 다 뽑아내는 거지요.

이제부터 진짜 지옥 같은 광경이 펼쳐집니다. 특공대는 최대한 빨리 일해야 합니다. 시체의 손목을 잡고 질질 끌며 정신없이 달려가야 합니다. 그 전에 인간의 얼굴을 가졌던 사람들도 거기에서는 알아볼 수 없습니다. 모두 악마의 졸개들이 되어 있습니다. 살로니카에서 온 계리사(計理士)고, 부다페스트에서 온 전기 기술자고, 다 똑같아집니다. 더 이상 인간이 아닌 이들에게, 일하는 동안에도 몽둥이와 고무봉 세례가 계속 쏟아집니다.

이 작업이 진행되는 동안에도 그자들은 구덩이 앞에서 사람들을 쏘아죽이고 있습니다. 가스실이 꽉 차서 미처 들어가지 못한 사람들입니다. 한 시간 반이면 모든 작업이 끝납니다. 열차 한 대의 사람들이 4호 화장장에서 사라진 것이지요.

출처   Dr Charles Sigismund Bendel, in Raymond Phillips (ed.), *The Trial of Joseph Kramer*, Hodge, 1949

165

아헨 함락

1944. 10. 17

게오르그 무하

편저자 주 | 샤를마뉴의 왕도(王都) 아헨은 독일의 큰 도시로 연합군의 손에 첫 번째로 떨어진 곳이다. 이 글을 쓴 사람은 체코 특파원이었다.

나흘간의 아헨 시가전을 마치고 브뤼셀로 막 돌아왔다. 명예로운 항복의 권유를 물리친 후 신성로마제국 황제들의 도시가 쓸려나가는 것을 내 눈으로 보았고, 우리 군대의 공격과 나치 지도자들의 잔인성 사이에 끼어 아헨 시민들이 절망에 빠진 모습도 보았다.

내가 처음 아헨에 도착할 때 도시는 불타고 있었다. 도시 바로 위의 미국군 관측소에서 바라보니 거대한 연기기둥들이 솟아오르고 있는 공중에서 60대가량의 연합군 급강하 폭격기가 공격대형을 짓고 아무 방해 없이 목표물을 향해 달려 내려가고 있었다. 폭탄이 떨어지면 아무런 생명의 흔적도 없이 서 있던 건물들 사이에서 시뻘건 불길이 솟아올랐다. 으스스한 광경이었다. 적군의 사격도 없고 길거리에 아무 움직임도 없고 끊임없이 우르릉대는 폭발음뿐이었다.

그리고 우리가 진격해 들어갔다. 인적 없는 가로의 양쪽에는 불타버린 집들의 텅 빈 형해만이 버려진 채 늘어서 있었다. 유리조각, 건물 부스러기, 나무 둥치 따위가 길바닥에 널려 있었고, 거의 골목마다 한 채씩은 커다란 횃불처럼 불타고 있는 집이 있었다.

우리는 거대한 콘크리트 대피소에 도착했다. 지상과 지하로 몇 층씩 되는 이런 대피소 안에서는 수백 명의 시민들이 지난 5주일간 암흑과 악취 속에 지내 왔다. 군과 경찰은 출입구를 봉쇄하고 아무도 떠나지 못하게 막고 있었다. 그동안 게슈타포와 병사들은 시내를 노략질하며, 가지고 도망칠 희망도 없는 자기네 시민들의 재산을 맹목적인 욕심으로 끌어 모으고 있었다. 독일군은 대피소 개방을 거부했다. 미국군 장병들이 몇 시간 동안 포위하고 있은 뒤 독일군 장교의 항복 제안이 들어왔다. 자기 물건을 모두 가지고 가게 허락해 준다는 조건으로. 게다가 자기 당번병까지 데리고.

젊은 중대장 파커 중위는 그런 우스꽝스러운 제안을 귓등으로도 듣지 않고, 화염방사기를 쓰겠다고 위협했다. 효과가 있었다. 출입구가 열리더니 사람들이 쏟아져 나오는데, 지하세계에서 걸어 나오는 사람들 중에도 그렇게 누추하고 지저분한 꼴을 본 적이 없었다. 눈부신 빛 속으로 비틀거리며 걸어 나온 사람들은 맑은 공기를 한 모금씩 마시더니 재잘거리고 서로 떠밀고 소리 지르고 욕설하기 시작했다.

몇 사람은 주먹을 휘두르며 내게 몰려들었다. "어디 있다가 이제야 온 거야?" 그들은 소리쳤다. "저 악마 같은 놈들한테서 왜 더 빨리 구해주지 않은 거야?" 충격적인 장면이었다. 연합군이 처음으로 함락시킨 도시의 시민들이 이 사람들이었다. 그런데 이 사람들은 자기네 집들이 아직도 연기를 피어올리고 있는 폐허 속에서 미칠 지경으로 기뻐하며 눈물을 흘리고 있는 것이었다.

창백하고 갸름한 얼굴의 한 여자는 말했다. "자네들 빨리 오라고 우리는 매일 기도를 올리고 있었다우. 저놈들한테 우리가 무슨 짓을 당해 왔는지 자네들은 상상도 못할 거요." 그리고는 욕설이 뒤를 이었다. 미친개, 강도, 깡패. 이게 모두 경애하는 총통 각하의 이름이었다. 독일인만큼 철저하게 증오하고 저주할 줄 아는 사람들도 없는데, 이 사람들은 나치에 대한 증오로 머리가 돌아버릴 지경이었다. 시늉이 아니었다. 그 정도는 나도 충분히 알아볼 수 있다.

5년 동안 잘못된 길을 달린 한 민족의 몰락을 나는 보고 있었다. 두목에게 배신당한 깡패들의 분노와 같은 것이라고 할 사람도 있을지 모른다. 그러나 이런 수준의 증오는 내전상태에서나 볼 수 있는 것이다.

출처　George Mucha, in Henning Crabbe (ed.), *Voices from Britian, Broadcast History 1939-45*, Allen and Unwin, 1947

166

드레스덴 폭격

1945. 2. 14

마르가레트 프라이어

편저자 주 | 세계에서 가장 아름다운 도시의 하나로 '엘베강변의 피렌체'라 불리던 드레스덴은 1945년 2월 13~14일 800대의 미국과 영국 폭격기의 공격으로 거의 완전하게 파괴되었다.

나는 현관문 옆에 서서 불꽃이 밀고 들어오지 않는 틈을 기다렸다가 잽싸게 빠져나와 길거리에 섰다. 한 손에는 여행용 가방을 들고 있었고 이제는 전혀 흰색이 아닌 흰색 모피코트를 입고 있었다. 장화를 신고 긴 바지를 입고 있었다. 장화를 신기로 한 것이 정말 잘한 일이라는 것은 나중에 알게 되었다.

날아다니는 불똥과 화재폭풍 때문에 처음에는 아무것도 보이지 않았다. 마녀의 약탕관 속에 뛰어든 것 같았다. 길을 알아보기도 어려울 만큼 부서진 건물의 파편이 1미터 높이로 쌓여 있고 여기저기 포탄구덩이가 패여 있었다.

코트에 떨어진 불똥을 끊임없이 손으로 쳐내야 했다. 소용없는 것이었다. 쳐내는 동작을 그만두고 한 차례 휘청했는데, 뒤에서 누가 소리쳤다. "코트를 벗어요! 타기 시작했어요." 끔찍한 열기에 압도되어 불이 붙은 줄도 모르고 있었던 것이다. 나는 코트를 얼른 벗어서 내던졌다.

내 옆의 한 여자는 "우리 집 잘도 탄다, 우리 집 잘도 탄다!" 계속해서 외치며 길거리에서 춤을 추고 있었다. 앞으로 한참 나아갈 때까지도 그 여자의 소리는 들려왔지만 그 여자를 다시 보게 되지는 않는다. 나는 달리다가 넘어지기를 거듭한다. 내가 어디 있는지도 이제 전연 알 수 없다. 세 발짝 앞이 보이지 않는 상황 때문에 나는 모든 방향감각을 잃었다.

갑자기 큰 구멍 안으로 떨어진다. 6미터 폭에 2미터 깊이쯤 되는 포탄구덩이였다. 나는 여자 셋의 몸 위에 굴러 떨어진다. 그들의 옷을 잡아 흔들고 여기서 나가야 한다고 소리치지만 그들은 꼼짝도 하지 않는다.

이 상황에서 내가 받은 충격이 대단했던 것 같다. 나는 모든 감정을 잃어버린 것 같았다. 나는 여자들의 몸 위를 얼른 지나가 가방을 질질 끌며 네 발로 구덩이에서 기어 나왔다.

갑자기 왼쪽으로 여자 하나가 보인다. 그 모습은 지금까지도 떠오르고 있으며 앞으로도 잊지 못할 것이다. 여자는 팔에 보따리 같은 것 하나를 안고 있다. 아기다. 여자가 달리다가 넘어지면서 아기가 팔에서 튕겨나가 포물선을 그리며 불 속에 떨어졌다. 내 눈이 그 광경을 받아들일 뿐이다. 아무런 감정도 일어나지 않는다. 여자는 꼼짝도 하지 않고 땅위에 그대로 엎드려 있다. 왜? 무엇 때문에? 모르겠다. 나는 허위허위 앞으로 나아갈 뿐이다.

화재폭풍이란 정말 끔찍한 것이다. 여기저기서 도움을 청하는 호소와 비명이 들려오지만 이 모두가 합쳐져 하나의 연옥을 이룰 뿐이다. 젖은 손수건 한 장을 더 꺼내 입에 댄다. 손과 얼굴이 불타는 것 같다. 피부가 줄줄 벗겨져 너덜거리는 것 같은 느낌이다.

오른쪽으로 불타버린 커다란 상점 자리에 사람들이 많이 서 있는 것이 보인다. 그들 사이에 끼었지만 다시 생각한다. "여기도 안 돼. 불에 완전히 둘러싸인 곳이야." 그 사람들을 뒤로 하고 비틀비틀 다시 걸어간다.

어디로? 무조건 덜 밝아 보이는 곳으로 향한다. 그쪽에는 불길이 없을 것 같아서다. 그러나 바로 그런 어두운 구석 쪽에서 오는 사람들이 한결같이 똑같은 말을 소리쳐 이야기한다. "그쪽으로는 가면 안돼요. 우리가 그쪽에서 오는 길인데, 거기는 온통 불천지예요." 어디를 향하거나 누구를 향하거나 똑같은 말이다.

내 앞에는 길 같은 것이 펼쳐져 있는데, 불똥이 온 하늘에 가득하다. 불똥 무더기가 땅에 떨어질 때는 커다란 불의 고리를 만든다. 선택의 여지가 없다. 뚫고 나가야 한다. 또 한 장 젖은 손수건을 입가에 대고 달려 거의 지나갔을 때 넘어진다.

이제 끝장이라는 생각이 확실하다. 뜨겁다. 너무 뜨겁다. 손은 불길에 싸여 있는 것 같다. 가방을 놓아 버린다. 신경도 쓰이지 않는다. 그리고 나는 너무 힘이 없다. 이제 최소한 짐이 되는 것은 없다.

어두워 보이는 쪽을 향해 계속해서 비틀비틀 나아갔다. 갑자기 내 바로 앞에 사람들이 또 있었다. 그들은 손짓을 요란하게 하며 비명을 지르고 있다가 하나, 또 하나, 땅 위에 제풀에 쓰러진다. 당시 나는 그들이 총을 맞아 쓰러지는 것처럼 보인다고 생각했는데, 어찌된 일인지 도저히 이해할 수 없이 두려움과 놀라움에 싸여 있었다. 그 불쌍한 사람들이 산소 부족으로 고통받은 것임을 지금은 알고 있다. 그들은 기절하고, 불에 타서 잿더미가 되었다.

나도 쓰러진 여자의 몸에 발이 걸리며 넘어진다. 그 여자 옆에 나란히 누워 그 여자의 옷이 타 들어가는 모양을 본다. 미치광이 같은 공포가 나를 사로잡고, 그 이후 나는 같은 말을 나 자신에게 끊임없이 되풀이하게 된다. "불에 타 죽고 싶지 않아. 타 죽는 것만은 안 돼!"

또 한 차례 넘어지면서 도로 일어날 기력이 더 이상 없을 것 같다. 그러나 타 죽는 데 대한 공포심이 내 몸을 일으켜 세운다. 엉금엉금, 비틀비틀, 마지막 손수건으로 입을 누르며 나는 일어나려 발버둥친다. 몇 사람 째 발이 걸려 넘어졌는지도 모른다. 한 가지 생각만이 남아 있다. 타 죽어서는 안 된다는.

이제 손수건도 다 떨어졌다. 못 견디게 뜨겁다. 더 이상 앞으로 나갈 수도 없어 땅바닥에 엎드려 있다. 갑자기 군인 하나가 앞에 나타난다. 나는 팔을 흔든다. 또 흔든다. 다가온 군인에게 속삭여 말한다(목소리도 거의 안 나올 지경이었다). "날 데려가 줘요. 타 죽고 싶지 않아요."

그러나 그 군인도 힘이 없어서 나를 일으켜 세울 기력이 없다. 내 두 팔을 가슴 위에 가로질러 올려놓은 다음 비틀거리며 내 몸을 넘어간다. 그가 어둠 속으로 모습을 감출 때까지 나는 눈으로 그를 뒤쫓는다.

일어나려고 다시 한 번 힘을 써 보지만 네 발로 기는 것이 고작이다. 아직 내 신체를 느낄 수 있으니 살아 있는 것이다. 갑자기 내가 일어서고 있는데, 뭔가 잘못됐다. 모든 것이 아득하게 느껴지고 눈과 귀가 제 노릇을 못하고 있다. 나중에 알고 보니 많은 다른 사람들과 마찬가지로 산소 부족을 겪었던 것이다.

앞을 향해 열 발짝쯤 휘청대며 나아갔을 때 갑자기 맑은 공기가 코에 들어왔다. 바람이다! 또 한 모금 숨을 깊이 들이마시니 감각이 또렷해진다. 부러진 나무 하나가 앞에 보인다. 그쪽으로 달려가며 이제 살았다는 생각이 들었지만 아직도 여기가 뷔르거비제 공원이라는 사실은 모르고 있다.

조금 더 걸어가다 보니 차가 한 대 보인다. 기분이 좋아서 이 차에서 밤을 지내기로 한다. 차에는 가방과 상자가 가득 실려 있지만 뒷자리에 들어가 앉을 만한 공간이 있다. 또 하나 운이 좋은 것은 차 창문이 모두 깨져 있어서 날아 들어오는 불똥을 끄기 위해 필히 깨어 있어야 한다는 점이다.

얼마나 거기 그러고 앉아 있었을까, 어깨에 손 하나가 얹히며 남자의 목소리가 들려왔다. "이봐요, 거기서 나오세요." 이 안전한 은신처에서 나를 쫓아버리려는 사람이 있다니, 나는 너무나 겁이 났다. 겁에 질린 목소리로 나는 말했다. "제발, 나를 그냥 여기 있게 해줘요. 가진 돈을 몽땅 드릴게요."(지금 생각하면 무슨 농담이라도 한 것 같다) 그런데 대답은 뜻밖의 것이었다. "돈 내놓으라는 게 아니고요, 차에 불이 붙었어요."

하느님 맙소사! 즉각 뛰쳐나와 보니 정말 바퀴 네 개가 다 타고 있었다. 엄청난 열기가 뒤덮여 있기 때문에 모르고 있었던 것이다.

이제 그 남자를 보니 내 가슴 위에 팔을 얹어놓고 갔던 그 군인 같았다. 물어 보니 맞았다. 그가 울기 시작했다. 내 등을 계속 쓰다듬으며 용기(勇氣)에 대해, 러시아 전역(戰役)에 대해 이런저런 말을 웅얼거리다가 그가 하는 말은, 여기, 이곳이 진짜 지옥이라는 것이었다. 그 말의 의미를 파악하지 못한 채 나는

드레스덴은 제2차 세계대전 마지막 몇 달간 미국과 영국의 대규모 폭격으로 폐허가 되었다.

그에게 담배 한 대를 권한다.

우리는 조금 걸어가다가 웅크리고 있는 두 사람과 마주친다. 한 사람은 철도원인데, 자기 집을 찾을 수 없어서 (그 연기와 돌더미 속에서) 울고 있었다. 또 한 사람은 민간인인데, 한 지하실에서 60여 명 사람들과 함께 도망쳐 나온 후 참혹한 상황 속에서 아내와 아이들을 작별한 사람이었다. 이제 남자 셋이 합창으로 울고 있는데, 곁에 서 있는 나는 눈물 한 방울도 나올 것이 없었다. 마치 영화를 보고 있는 것 같은 느낌이었다.

우리는 밤의 나머지 절반을 땅바닥에 앉아서 같이 지냈는데, 이야기를 나눌 기력조차 없었다. 이어지는 폭발음에는 신경이 쓰이지 않았지만 모든 방향에서 들려오는 사람 살리라는 허망한 외침소리는 끊임없이 마음을 섬뜩하게 했다. 아침 여섯 시가 조금 안 되어 우리는 헤어졌다.

그때부터 해질 무렵까지 약혼자를 찾느라 시내를 돌아다니며 종일을 보냈다. 나는 죽은 사람들 속에서 그를 찾으려 했다. 살아있는 사람은 어디에도 보이지 않았으니까.

내가 본 광경들은 너무나 처참해서 제대로 묘사할 재주가 없다. 시체, 시체, 시체, 어디에나 시체였다. 숯처럼 새까맣게 탄 시체도 있었다. 또 어떤 시체는 건드린 흔적이 전연 없어서 마치 잠들어 있는 것처럼 누워 있었다. 앞치마를 두른 여자들. 아이들과 함께 전차칸에 앉아 이제 막 졸음에 빠진 것 같은 여자들. 많은 여자들, 많은 처녀애들, 많은 어린애들. 허리띠의 금속 버클을 보고서야 군인인 줄 알아볼 수 있는 군인들, 거의 다 발가벗은 시체였다. 패싸움 하는 것처럼 무더기로 엉켜 있는 시체들도 있었다.

돌더미 사이로 팔, 머리, 다리, 깨진 두개골이 비죽이 나와 있었다. 물탱크에는 꼭대기까지 죽은 사람의 몸이 채워져 있고 그 위에 건물에서 부서져 떨어진 큰 돌덩이가 얹혀 있었다. 대부분의 시체는 풍선에 바람을 넣은 것처럼 몸이 불어나 보였고, 피부에는 황색과 갈색의 얼룩이 있었다. 숯처럼 탄 옷은 햇빛에 반짝거리고 있었다……(생략)……

내게는 그 참상의 의미를 소화할 능력이 없었다고 생각한다. 처참하게 망가진 아기들의 시체가 그렇게 많았는데. 또 시체들이 빽빽하게 모여 있는 것을 보면 누군가가 길 하나하나에 사람들을 그렇게 늘어놓은 것 같기도 했다.

그로서가르텐 공원을 가로질러 가면서 한 가지 깨달은 것이 있다. 걸어가면서 사람들의 손을 계속 뿌리쳐야 했던 것이다. 자기를 데려가 달라고 하는 사람들, 내게 매달리려 하는 사람들의 손이었다. 그러나 내게는 누구 하나도 일으켜 세울 만한 기력이 없었다.

모든 것이 베일을 통해 바라보는 것처럼 내 마음에는 흐릿하게 느껴졌다. 사실에 있어서 당시의 내 상태는 드레스덴에 세 번째 공격이 있었다는 사실도 알지 못할 정도였다. 오후 늦게 나는 오스트라 – 알레 길에서 쓰러졌고, 두 사람이 나를 교외에 사는 친구 집에 데려다주었다.

거울을 빌려 보고 나는 내 얼굴을 알아볼 수 없었다. 얼굴은 물집 덩어리였으며, 손도 그랬다. 눈언저리가 부어올라 눈은 살짝 그어 놓은 것 같았고 온 몸에 곰보자국 같은 새까만 흉터가 나 있었다. 긴 바지와 재킷을 입고 있었는데 그런 흉터가 어떻게 생길 수 있었는지 아직도 이해하지 못하고 있다. 불똥이 옷을 뚫고 들어온 것이 아닐까 짐작할 뿐이다.

출처　Margaret Freyer, in Alexander McKee, *Dresden, 1945: The Devil's Tinderbox*, Granada, 1982

167

베를린 근교,
어느 영국군 포로의 종전

1945. 4. 14~29

노먼 노리스

우리는 행군을 위한 준비가 되어 있었지만 비행기들의 부지런한 활약 때문에 사령관은 이른 새벽이 되어서야 명령을 내렸다. 수용소 문이 우리를 위해서 마지막으로 열렸을 때 문밖에는 많은 민간인들, 주로 여인들이 기다리고 있다가 우리에게 같이 데려가 달라고 졸랐다. 한 여자는 조지 햄릿의 목을 끌어안고 키스를 퍼부으면서 같이 가게 해 달라고 애걸했다. 그러나 우리는 어떠한 간청도 받아들이지 않고 움집들과 철조망을 뒤로 했다.

우리를 호송하는 감시병들조차 서쪽을 향한 행군을 반가워했다. 러시아 포로들이 그동안 어떤 끔찍한 대접을 받아 왔는지 진격해 오는 그 전우들이 알아내게 되면서, 독일 병사들이 미국군이나 영국군 손에 떨어지기를 바라게 된 것은 당연한 일이었다.

4월 16일 아침에 우리는 포츠담에 도착했다. 그 전날 밤에 공습이 있어서 온 동네가 뒤죽박죽이었고 많은 독일 병사들은 대책 없이 술에 취해 있었다. 그러나 우리가 이 폐허를 행군해 지나갈 때, 강인한 SS 부대원들은 러시아군 진격을 막기 위한 단말마적 노력으로 바리케이드를 쌓고 있었다.

시민들의 얼굴에는 두려움과 걱정의 기색이 보였다. 우리 감시병들은 우리가 러시아군에게 붙잡힐 경우 포로까지 다 죽인다는 헛소문을 퍼뜨렸다……
(생략)……

우리는 마침내 젠츠케라는 작은 마을에 도착했지만 그곳은 분위기가 별로 좋지 않았다. 독일군이 마을에 꽉 차 있었는데, 장교의 비율이 매우 높았다. 이 곳이 무슨 사령부 노릇을 하는 곳 같아서 감시병들조차 거기서 오래 얼찐거리고 싶어 하지 않았기 때문에 우리는 행진을 계속하다가 나무가 좀 있는 곳에서 휴식을 취했다. 한 시간 후에 러시아 비행기가 마을을 두들겨 패러 왔는데, 아무 방해도 없이 앞으로 왔다 뒤로 갔다 하면서 마치 장난을 치는 것 같았다.

어디로 가야 할지, 몇 명 안 되는 남아 있는 감시병들은 막막하기가 우리와 똑같았다. 그때 프랑스군 포로 하나가 나타나서 3개 국어의 일대 논전(論戰)을 거쳐 우리에게 이해시킨 것은, 우리가 그를 따라가면 적십자 사 요원에게 데려다 주겠다는 것이었다.

잠시 후 우리는 많은 오두막집에 둘러싸인 웅장한 장원(莊園) 저택에 도착했다. 밭농사와 낙농을 겸한 농장으로 그 자체가 하나의 동네를 이루는 것 같았다. 저택 건물은 호사스러웠다. 중앙 홀에는 거대한 샹들리에가 달려 있고 벽에는 많은 짐승 머리가 장식으로 붙어 있었다. 2층의 계단 정면에는 박제한 큰 고릴라가 서 있었다.

남작부인인가 하는 귀부인이 딸과 함께 이 저택에 살았는데, 우리를 냉랭하게 맞이했다. 딸의 남편이 SS 부대의 장교로 동부전선에서 싸우고 있다는 사실을 나중에 알게 되었다.

남작부인은 우리가 창고에서 자는 것을 허락했지만 먹는 것은 감자밖에 허락하지 않는다고 감시병들에게 말했다. 마당을 싸돌아다니는 닭들, 우리 안의 돼지들, 무엇보다도 훌륭한 외양간 안에서 젖 짤 채비가 되어 있는 암소들을 바라보며 우리는 얼마나 군침을 흘렸는지! 마지막까지 오만을 지킨 남작부인이었지만, 우리가 먹고 싶은 것을 마음대로 먹게 되는 것이 시간문제뿐이라는 것을 모르고 있었을 리가 없다.

전통적인 긴 장화를 신은 독일인 농장감독은 남작부인의 명령을 철저히 이

행하려고 노력했지만, 진격해 오는 러시아군의 포화 소리가 날이면 날마다 가까워지는 데 따라 자신감을 잃고 있었다. 농장 일꾼 중에는 폴란드인이 많았고 러시아군 포로가 둘 있었다.

얼마 후 우리는 적십자 사 요원을 만나게 되었는데, 그는 이 저택을 자기 본부로 쓰고 있었다. 스위스인인 그는 교활한 인물로 보였다. 남작부인을 대단하게 떠받드는 그를 우리는 의심쩍은 눈으로 바라보았다. 아무튼 그가 적십자 사 식품과 담배를 제공해서 상황에 도움을 준 것은 사실이다. 비록 남작부인이 담배를 적지 않게 피우는 것을 우리는 눈여겨보았지만.

이틀 후 아침에 일어나 보니 감시병들이 밤 동안 모두 사라져 버렸다. 딱 하나 남아 있는 사람은 나이가 최소한 육십은 돼 보이는 영감님인데, 어찌해야 할지 아무 대책이 없었다. 결국 그는 우리의 조언을 청하기에 이르렀다. 딱하기도 하고, 그동안 못된 짓을 한 적도 없는 영감님인지라 우리의 조언은 만장일치였다. "군복 벗고, 영감님, 고향 앞으로!" 그는 우리에게 감사해 마지않으며 들판을 건너 사라져 갔다.

우리는 이제 독일군의 방어와 러시아군의 진격 사이에 끼어 불안한 위치가 되었다. 포화소리가 계속 가까워지는 것을 들으며 우리는 안전한 장소를 찾아보았다. 농장 건물들 중에 감자에서 알코올을 추출하는 공장이 있었다. 그 아래 벽돌로 튼튼하게 지은 지하저장실이 있어서 우리는 거기에 운(運)을 걸기로 했다. 저장실 한 모퉁이에 농장감독이 자기 가족들 쓰려고 의자와 잠자리를 마련해 놓은 것을 보고 우리는 우리 판단이 현명했음을 확인했다.

러시아군이 가까이 와서 농장 안과 주변에도 포탄이 떨어지기 시작했다. 러시아 기갑병력에 저항하여 참호를 지키는 독일 반(反)탱크포가 맹렬한 포화를 끌어들인 것이었다.

저장고에 우리와 같이 들어와 있던 러시아군 포로들은 러시아 병력이 도착할 때 이야기를 해주겠다고 했다. 그곳에 그들이 있었던 것은 정말 대단한 행운이었다.

묵직한 박격포탄의 폭발을 곁들인 총소리가 이제 콩 볶는 듯했다. 러시아군은 이 일대에 맹렬한 포화를 퍼붓고 있었다. 독일군의 긴 대열들이 들판을 가로질러 달리는 것이 보였다. 장화와 옷에 진흙을 뒤집어쓴 채로 쇄도하는 포화를 피해 달려가는 것이었다. 더러 농장 안을 통해 달려가는 자들도 있었는데, 쫓기는 눈빛으로 진흙벌판을 죽을힘을 다해 달려갔다.

폴란드군 포로 둘이 농장 마당에서 전투를 구경하고 있다가 박격포탄에 맞아 알아볼 수도 없는 꼴로 죽었다. 폴란드 여자아이 하나는 마당을 달려가다가 다리에 심한 부상을 입고 저장실에 옮겨져 클리프 커크패트릭이 해줄 수 있는 최대한의 치료를 받았다.

영국군 포로 두 사람도 구경을 잘하려다가 피해를 입었다. 한 사람은 박격포탄 폭발로 얼굴가죽이 몽땅 벗겨졌다. 영국인으로서 더 중대한 비극은 조금 후에 일어났다. 러시아 탱크가 농장 외곽을 진격해 들어오고 있는데 독일 반(反)탱크포 하나가 저항을 계속하고 있었다. 러시아군은 이 저항을 말살하기 위해 집중포화를 퍼부었다. 불행하게도 우리 특무상사가 다른 한 사람과 함께 독일군에서 가까운 건물 안에 피해 있었다. 큼직한 파편 하나가 벽을 뚫고 들어오면서 두 사람의 목을 잘랐다. 4년간의 포로생활 끝에 해방을 불과 몇 분 앞두고 목숨을 잃다니, 참으로 안타까운 일이었다.

이제는 진격하는 탱크의 무게로 땅이 흔들리는 것처럼 느껴졌다. 마침내 농장 마당으로 러시아 탱크 한 대가 어슬렁거리고 들어오는 것이 보였다. 우리 러시아 포로 둘이 소리치고 팔을 흔들며 그리로 달려갔다. 우리는 탱크 지휘관이 포탑으로 나와 땅으로 뛰어내려 달려간 포로들과 이야기를 나누는 것을 바라보았다.

잠시 후 우리는 서로 악수와 포옹을 나누고 있었다. 다른 탱크대원들도 몰려와서 모두 함께 어울렸다. 이렇게 1945년 4월 29일, 우리는 마침내 해방을 맞았다.

독일군의 저항을 약화시키기 위해 러시아군은 이제 '카투샤' 또는 '스탈린 기관'이라 불리는 놀라운 무기를 사용했다. 이동식 로켓 발사대인데, 엄청난 숫자의 포탄을 퍼붓는 것이었다. 이 발사대를 바퀴와 바퀴가 서로 닿을 정도로 들판을 가로질러 나란히 세워 놓고 신호 한 번에 포탄의 우박을 퇴각하는 독일군 머리 위에 퍼붓는 것이었다. 전투가 계속되는 동안 우리는 무거운 마음으로 죽은 두 전우의 유체를 포대로 싸서 저택 정원에 매장했다.

러시아군이 들어오니 남작부인은 명령을 내리는 입장에서 명령을 받는 입장으로 바뀌었다. 우리는 감자만으로 만족할 필요가 없게 되었다. 잠깐 사이에 닭들이 솥에 들어가고 돼지 머릿수가 줄었다. 그리고 4년 만에 처음으로 신선한 우유를 실컷 먹을 수 있었다. 농장감독이 반대를 해 보려 했으나 입 닥치라는 명령을 받았다.

제임스와 나는 농장감독의 집을 한번 시찰하기로 했다. 훌륭한 나치 당원인 만큼 보여줄 만한 물건이 있을 것이 틀림없었다. 침실을 뒤지고 있을 때 그가 계단을 올라오는 소리가 들렸다.

우리가 침착하게 서랍을 하나씩 뒤져 나가는 꼴을 본 그는 우리에게 나가라고 고함을 쳤다. 제임스는 못 들은 척 선반으로 다가갔는데, 한 칸이 자물쇠로 잠겨 있었다. 잠깐 자물쇠를 만져보던 제임스는 독일인에게 돌아서서 열쇠를 달라고 했다. "이 날강도!" 독일인은 외치며 제임스에게 침을 뱉었다. 그 순간 무거운 발걸음소리가 계단에서 들려왔다.

문이 천천히 열리고 방 안으로 당당하게 걸어 들어온 것은 덩치 큰 러시아 병사였다. 최소한 6피트가 넘는 키에 모피 모자까지 쓰고 있으니 엄청나게 커 보였다. 양쪽 궁둥이에 특대형 권총을 차고 있었다. 제임스와 나를 보자 미소를 던졌지만, 독일인에게 눈길을 돌렸을 때는 미소가 사라져 있었다.

그는 독일어를 좀 할 줄 알아서 우리가 선반을 열고자 한다는 뜻을 알렸다. 그러자 그는 권총 하나를 뽑아 독일인의 머리에 총부리를 갖다댔다. 열쇠가 그렇게 잽싸게 튀어나오고 자물쇠가 그렇게 빨리 열리는 것을 생전 처음 보았다.

선반 안에는 엽권연, 권연, 파이프담배 등 담배가 잔뜩 들어 있었다. 이런 물품이 독일에서 얼마나 귀한 것이었는지 생각하면 농장감독이 훌륭한 나치 당원이었다는 것은 틀림없는 사실이었다. 이때는 농장감독 부인도 2층에서 나는 여러 사람의 기척을 듣고 올라와 있었다.

제임스와 나는 담배를 몽땅 꺼내 열쇠 담당 러시아인을 포함한 세 사람 몫으로 나누었다. 처음에 그는 우리가 찾은 것이니 우리 것이라면서 조금도 받지 않으려 했지만 우리는 노획품의 일부를 억지로 그의 주머니에 넣어주었다.

헤어지기에 앞서 그는 또 한 차례 우정을 보여주었다. 만약 저 독일인이 우리를 귀찮게 한 일이 있다면 당장 데리고 내려가서 쏘아죽이겠다는 것이었다. 독일인 부부는 겁에 질려 쓰러질 지경이었다. 이 호의는 사양하고 그와 함께 층계를 내려와 또 다른 보물을 찾으러 나섰다.

이 일이 있고 얼마 지나지 않았을 때 "불이야!" 소리가 들려왔다. 믿기 어려울 만큼 빠른 속도로 화염이 남작부인 저택의 내부를 휩쓸고 있었다. 굶주린 불길이 우아한 가구와 값비싼 장식물들에 덮치더니 잠시 후에는 집 전체가 맹렬한 기세로 타오르고 있었다. 계단이 무너지면서 그 위에 서 있던 고릴라가 마치 폼페이 최후의 날에 로마 백부장(百部長)이 쓰러지던 것처럼 천천히 앞으로 기울어지다가 아래층의 불길 속으로 곤두박질했다.

불의 원인은 수수께끼였다. 우리 짐작은 남작부인이 러시아군 손에 넘겨주느니 차라리 없애버린 것 아니냐는 것이었다. 얼마 지나지 않아 그 자리에 남아 있는 것은 한때 호화로운 저택이었던 건물의 그을린 뼈대뿐이었다.

출처 Norman Norris, in Michael Moynihan (ed.), *People at War*, David and Charles, 1974

168

베를린 함락

1945. 5. 1

클라우스 푸어만

편저자 주 | 4월 25일까지 러시아군은 베를린을 포위하고 엘베강에서 미국군과 합류했다. 히틀러는 독일 제12군에 베를린 구원을 명령해 놓고 4월 30일에 자살했다.

시내에는 공황상태가 절정에 달해 있다. 베를린 주둔군이 무더기로 탈주하다가 현장에서 사살되거나 가까운 나무에 목이 매달렸다. 나무에 매달린 시체 가슴에는 '나는 수령을 배반했다'고 적힌 팻말이 걸려 있었다. 늑대인간들은 '더러운 비겁자와 패배주의자들, 우리는 너희의 명단을 모두 가지고 있다'고 쓴 전단(傳單)을 이 집 저 집에 붙여놓았다.

SS 대원들은 지하철역에 몰려 들어가 피신하고 있던 사람들 중에서 인상이 마음에 안 드는 사람을 몇씩 뽑아내 그 자리에서 쏘아 죽였다.

우리 구역의 마귀두목은 몸이 작은 외발의 SS 지대장(支隊長)이었다. 그는 목발을 짚고 손에는 자동권총을 쥐고, 졸개들과 함께 거리를 휩쓸고 다녔다. 마음에 들지 않는 놈이 있으면 바로 쏘아 죽였다. 떼거리로 아무 지하실에나 들어가 남자들을 모두 끌어내 소총을 주면서 즉각 전방으로 가라고 명령했다. 망설이는 기색만 보이면 바로 쏘아 죽였다.

　길 몇 개만 건너면 바로 전방이었다. 우리 집에서 대각선으로 건너편 길모퉁이에는 왈로니아(벨기에 동남부 - 역자 주) SS 부대가 진을 치고 있었다. 거칠고 사나운 사람들, 잃을 것이 아무것도 없고 탄약이 다 떨어질 때까지 싸움을 그치지 않는 사람들이었다. 무장을 갖춘 히틀러 소년단원들이 블라소프 러시아 백군 병사들과 나란히 엎드려 있었다.

　지난 몇 달 동안의 공습으로 우리 마음은 어두워져 있었다. 그러나 이제 포탄이 우리 머리 위를 날아다니는 휘파람소리를 들으며 마음을 짓누르던 압력이 풀리기 시작했다. 이제 오래 걸릴 수가 없다. 왈로니아와 프랑스 SS 부대, 미치광이 같은 히틀러 소년단원들이 2센티미터 구경 대공포를 가지고 무슨 짓을 하던 종말은 다가오고 있다. 이제 우리에게 남은 일은 이 마지막 단계를 살아남는 것뿐이다.

　그런데 살아남는다는 것이 전혀 쉬운 일이 아니었다. 모든 것이 떨어졌다. 물을 구할 수 있는 곳은 길을 여럿 건넌 곳에 있는 한 집의 지하실이었다. 빵을 구하려면 꼴 보기 싫은 철모를 쓰고 빵집 앞에 수백 명이 늘어선 줄에 새벽 세시부터 끼어야 했다.

　러시아군의 포격이 5시에 시작되어 9시에서 10시까지 계속되었다. 빵집 앞의 대열은 벽에 바짝 붙어설 뿐, 줄에서 벗어날 생각을 하지 않았다. 여러 시간 줄 서 있어도 헛수고로 끝날 때가 많았다. 빵집 문턱을 밟아 보기도 전에 빵이 다 팔려버리는 것이었다. 나중에는 물을 반 동이씩 들고 오는 사람에게만 빵을 팔기도 했다.

　저공비행 하는 러시아군 경비행기의 기총사격으로 빵집 앞의 줄에서 자리를 지키고 있던 사람들이 숱하게 죽었다. 길거리에는 죽은 시체를 치우는 사람이 없어 그대로 구르고 있었다.

　재고품을 악착같이 지키고 있던 가게 주인들은 언제까지 그런 상태가 허용될지 모르는 상황이 되자 이제 물건을 팔기 시작했다. 너무 늦었다! 커피 한 봉지, 소시지 반 근을 사려다가 수천 명이 목숨을 잃었다. 대형 포탄의 집중사격을 맞은 한 시장 건물에서는 줄 서 있던 수백 명의 여자들이 한꺼번에 어육(魚肉)이 되기도 했다. 죽은 사람이고 다친 사람이고 한꺼번에 수레에 실어 옮겨간 뒤에도 살아남은 여자들은 다시 줄을 섰다. 인내심과 체념, 그리고 공포심을 가지고 그 초라한 쇼핑을 끝낼 때까지 줄을 서서 기다렸다.

수도를 옥죄는 집게가 좁혀지기 시작했다. 공습은 사라졌다. 전선(戰線)이 유동적으로 되었기 때문에 비행기에서 적군과 아군을 식별하기 어렵게 된 때문이었다.

느린 속도로, 그러나 확고한 기세로, T52 탱크가 프렌즐라우어 알레, 숀하우저 알레, 그리고 카이저 스트라세를 통해 밀고 들어왔다. 세 방면에서 시내를 향한 맹렬한 포격이 늦춤 없이 계속되었다. 그 포성 속에서도 기관총을 쏘아대는 소리와 탄환이 날아다니는 소리가 가까이서 또렷하게 들렸다.

이제 지하실을 떠나는 것이 일체 불가능하게 되었다. 그리고 이제 모든 언쟁과 시비가 사라지고 우리가 모두 한 마음이 되었다. 남자들은 거의 다 권총을 가지고 있었다. SS 순찰대의 눈에 띄지 않도록 우리는 지하실의 제일 먼 구석에 쪼그리고 앉았다. 우리 집을 '방어'해 주겠다고 들어오는 시민군이 있으면 즉각 고해성사를 들어 주기로 단단히 마음을 먹고 있었다.

러시아에서 2년간 군대생활을 해 본 우두머리 석공(石工)의 지휘에 따라 우리는 보급활동을 '조직'했다. 번갈아 나가 불과 빵을 구해 올 2~3인조의 명단을 작성했다. 철모도 구해 놓았다. 그리고 탱크 피해를 예방하기 위해 지하실 벽 밖에 산처럼 돌무더기를 쌓아 놓았다.

나치들은 매우 조용해졌다. 라디오 베를린에서는 4월 24일까지 군(軍)에서 발표하는 전황(戰況) 속보를 방송했지만 이제 아무도 그것을 곧이듣는 사람이 없었다. 괴벨스가 발행한《데어 판저베르 Der Panzerbär(the tank bear)》마지막 호에는 괴링의 실각과 '정부'의 플렌스부르크 이전(移轉) 기사가 실려 있었다.

지하실 밖에 나가는 횟수가 갈수록 뜸해지다 보니 지금이 낮인지 밤인지도 알기 어려울 때가 많이 있었다. 러시아군은 더 가까이 다가오고 있었다. 지하철 터널로는 화염방사기를 앞세워 진격해 왔고, 전방 저격수들은 우리 주변까지 자리를 잡고 있었다. 그들의 총소리가 앞집 벽에 메아리를 일으켰다.

탈진한 독일 병사들이 비틀거리며 들어와 물 한 모금을 간청하곤 했다. 사실 어린애 같은 병사들이었다. 흰 얼굴에 경련을 일으키고 있던 한 병사는 이렇게 말했다. "우리는 해낼 겁니다. 서북쪽으로 진격해 나갈 겁니다."

그러나 그의 눈은 본심을 드러내며 나를 절망적으로 쳐다보고 있었다. 그가 정말 말하고 싶은 것은 이런 것이었다. "나를 감춰주세요. 같이 있게 해주세요. 이제 안 되겠어요." 나도 도와주고 싶은 마음이 있었다. 그러나 어느 쪽도 입 밖에 내서 말할 수 없었다. 서로를 '패배주의자'라고 쏘아 죽이게 될 것이기 때문이었다.

우리 건물에 살던 노인 하나가 며칠 전에 파편을 맞고 과다출혈로 죽었다. 그 시체를 입구 가까이 놓아두었는데 냄새를 풍기기 시작했다. 우리는 시체를 수레에 싣고 불탄 학교 건물 자리에 '바인마이스터 스트라세 시체 보관소'란 팻말을 붙여 놓은 곳으로 가져갔다. 시체를 그곳에 두고 오는데, 같이 갔던 한 사람은 그 틈에 죽은 경관의 장화 한 켤레를 슬쩍했다.

북쪽 구역에서 도망 온 여자들이 나타나기 시작했는데, 우리 지하실에 있게 해 달라고 매달리는 사람도 있었다. 그들은 울면서 말하기를 러시아군이 모든 집을 약탈하고 있으며, 남자는 다 끌고 가고 여자는 보이는 대로 겁탈한다고 했다.

나는 화가 나서 소리쳤다. 괴벨스의 엉터리 선전(宣傳)에는 신물이 난다, 그런 선전은 먹혀들 때가 지났다고. 그런 소리를 하고 다니려면 다른 데로 가보라고 했다.

대포알과 총알이 사정없이 날아다니는 가운데 시민들은 이제 상점을 약탈하기 시작했다. 마지막 병사들이 멀리로 철수하고 있었다. 불타고 있는 도시의 폐허 이곳저곳에서 SS 대원들과 히틀러 소년단원들만이 악착같이 버티고 있었다.

군중들은 창고와 가게를 부수고 들어갔다. 총알이 공중을 휙휙 날아다니는 와중에 그들은 생선통조림 한 깡통, 담배 한 봉지를 차지하려고 악다구니를 쓰

1945년 5월 2일 베를린 전투에서 승리한 소련군이 독일의회 꼭대기에 올라 소련 깃발을 휘날리고 있다.

고 있었다.

5월 1일 아침 우리 아파트가 21센티미터 구경 포탄에 맞아 거의 완전히 부서졌다. 같은 날 물 가지러 나갔던 사람들이 러시아 병사들을 봤다고 했다. 그들의 위치는 확실하지 않았다. 그들은 아주 느린 속도로 각 가정을 하나씩 뒤져 나가는 전투를 하고 있었다. 대포 소리가 그치고 한참 있다가 2일 정오 무렵에는 우리 구역에서 소총 소리도 사라졌다. 우리는 지하실에서 기어 나왔다.

길모퉁이로부터 러시아 보병들이 천천히 다가오고 있었다. 철모를 쓰고, 허리띠와 장화에 수류탄을 매달고 있었다. SS 대원들은 사라졌다. 히틀러 소년단은 항복했다.

버니가 달려가 키가 작고 눈이 가는 시베리아 출신 병사의 목을 끌어안자 그는 적지 않게 놀라는 기색이었다. 나는 즉각 물을 가지러 동이 두 개를 들고 나섰지만 첫 번째 길모퉁이를 넘어설 수 없었다. 모든 사람을 그곳에서 붙잡아 대열을 이루게 하고는 동쪽을 향해 데려갔다.

알렉산더 광장을 조금 지나자 온 동네가 정신없이 혼란스러운 상황이었다. 자동권총을 찬 러시아 간호병들이 독일인들에게 빵을 나눠주고 있었다. 나는 이 혼란을 틈타 대열에서 빠져나와 무사히 집에 돌아왔다. 다른 사람들은 어디로 간 것인지 하느님이 아시겠지.

전투 병력이 한 차례 물결처럼 지나간 뒤를 이어 예비대와 보급대가 들어와 우리를 진짜 러시아식으로 '해방'시켜 주었다. 우리 골목 길모퉁이에서 두 명의 러시아 병사가, 울고 있는 나이든 아주머니에게 달려들더니, 기막혀 하는 군중이 훤히 보는 앞에서 강간하는 것을 보았다.

나는 얼른 집으로 달려왔다. 아직까지 버니에게는 아무 일 없었다. 우리는 부서진 아파트에 하나 남아 있는 방 앞을 돌무더기와 그을린 목재 따위로 가로막아 사람이 사는 곳인 줄 알아보지 못하게 해 놓았다.

구역 내의 모든 가게가 약탈당했다. 시장으로 부지런히 가고 있는데 보따리와 상자를 잔뜩 든 사람들이 떼거리로 몰려오는 것을 만났다. 군대 소유의 거대한 식품창고가 그곳에 있었는데, 러시아군이 그 문을 열어젖히고 독일인들을 들어오게 한 것이었다.

불빛이 전혀 없는 창고 안에서는 희한한 풍경이 펼쳐지고 있었다. 굶주린 사람들은 무엇이든 손에 넣기 위해 짐승처럼 달려들며 서로에게 소리 지르고 떠밀며 용을 쓰고 있었다. 나는 설탕 두 포대, 보존식품 몇 상자, 담배 60갑, 그리고 작은 커피봉지 하나를 손에 넣어 얼른 집에 가져다 놓고 더 가지러 다시 갔다.

두 번째 원정도 성공이었다. 국수, 버터, 그리고 커다란 정어리 깡통 하나를 찾아냈다. 그러나 이제 사태가 걷잡을 수 없게 되어 가고 있었다. 러시아 병사들은 자기네가 깔려죽는 것을 면하려고 군중 속에 대고 자동권총을 마구잡이로 쏘았고, 몇 사람이 죽었다.

이 아수라장을 어떻게 빠져나왔는지는 생각이 나지 않는다. 생각나는 것은 그 정신없는 난장판 속에서도 러시아 병사들은 한쪽 구석에서 여자들을 강간하고 있었다는 것이다.

그 사이에 버니는 나에게, 자기에게 무슨 일이 있더라도 가로막거나 나서지 않겠다는 약속을 맺게 했다. 우리 구역에서 아내를 지키려다가 총 맞아 죽은 사람들 이야기가 떠돌았기 때문이다.

어느 날 오후 러시아 병사 둘이 우리 아파트에 들어왔을 때 버니는 아기를 데리고 침대에 앉아 있었다. 그들은 버니를 한참 쳐다보았다. 마음이 그리 끌리지 않는 것이 분명했다. 우리는 씻은 지 보름쯤 되었고, 나는 버니에게 깨끗하게 하고 있지 말라고 주의를 늘 주었다. 더럽고 지저분해 보일수록 안전할 것이라고 나는 믿었기 때문이었다.

그러나 그 두 사내는 청결에 대해 그리 높은 수준을 고집하는 사람들이 아닌 모양이었다. 그들이 통상 하는 말 "이리와, 부인!"을 위협적인 어조로 내뱉더니 하나가 버니에게 다가갔다. 내가 나서려는 눈치를 보이자 다른 놈이 "가만!" 외치면서 자동권총을 내 가슴에 들이댔다. 절망에 빠진 나는 "도망쳐, 빨리!" 소리쳤지만, 그것은 물론 불가능한 일이었다. 버니는 아기를 조용히 내려놓고 말했다. "보지 말아 줘요, 여보." 나는 벽을 향해 돌아섰다.

첫 번째 놈이 욕심을 다 채우자 그들은 임무를 교대했다. 두 번째 놈은 줄창 러시아어로 뭔가 지껄이고 있었다. 마침내 다 끝났다. 그놈이 내 어깨를 툭툭 치며 말했다. "걱정 마! 루스키 군인 최고!"

출처　Claus Fuhrmann, in Louis Hagen, *Follow My Leader*, Allan Wingate, 1951

169

나가사키

1945. 8. 9

윌리엄 T. 로런스

편저자 주 | 히로시마 투하 사흘 후에 또 다시 투하된 나가사키 원폭은 3만 5,000명의 사람을 죽이고 1.8평방마일의 구역을 초토로 만들었다.

우리는 일본 본토에 폭탄을 투하하러 가고 있다. 우리 편대는 세 대의 특별히 설계한 B-29 슈퍼포트 기로 구성되어 있는데, 그중 두 대에는 폭탄이 탑재되어 있지 않다. 그러나 주기(主機) 밑에는 사흘 만에 투하될 두 번째 원자폭탄, 상황에 따라 2만 내지 4만 톤의 TNT에 맞먹을 폭발에너지를 발산할 원자폭탄이 매달려 있다.

몇 개의 목표가 선정되어 있다. 그중 하나가 나가사키. 규슈 서해안에 있는 공업과 해운의 도시 나가사키다.

나는 지난 이틀간 이 인조(人造)의 혜성이 조립되는 과정을 지켜보았고, 어젯밤 이것을 슈퍼포트 기에 장착하는 의식에 영광스럽게 참례한 소수의 과학자와 육-해군 대표들 틈에도 끼어 있었다. 의식이 진행되는 동안 이따금씩 큼직한 번갯불이 금방이라도 비가 쏟아질 것 같은 검은 하늘을 찢어놓고 있었다.

이 '발명품'은 눈으로 보기에 아름다운 것이다. 이것 하나를 설계하는 데 역사상 가장 집약된 지적 노력으로 평가되어 마땅한 인력이 천문학적 규모로 동원되었다. 하나의 과제 수행에 이만한 지력(智力)이 집중된 것은 유례가 없는 일이다.

이 원자폭탄은 사흘 전 히로시마에 투하되어 엄청난 결과를 가져온 폭탄과는 다른 종류의 것이다.

나는 폭탄의 원료가 폭탄 속에 들어가기 전에 본 일이 있다. 그 자체로는 취급하는 데 아무 위험이 없는 물질이다. 폭탄의 조립을 통해 만들어지는 특정한 조건 아래서만 이 물질이 에너지를 방출하고, 그럴 때도 전체 분량의 아주 작은 부분만이 실제로 사용된다. 그러나 이 작은 부분이 지구상에서 가장 큰 폭발을 만들어내는 것이다.

작전의 모든 세부사항을 철저히 점검하여 폭탄이 소기의 목적을 이룰 수 있도록 얼마나 세심한 주의를 기울이고 얼마나 많은 준비를 해 왔는지는 자정의 브리핑에서도 알아볼 수 있었다. 선정된 목표 도시들이 하나씩 정밀한 지도와 항공사진에 표시되었다. 항법, 고도, 날씨, 비상착륙지 등 항로의 모든 세부사항이 설명되었다. 알고 보니 해군에서는 '슈퍼덤보'와 '덤보'라는 이름의 구조함정과 잠수함을 목표도시들 주변의 여러 요충지에 배치하여 폭격기에 탔던 사람들이 탈출해야 할 경우 구출할 준비를 갖추고 있었다.

브리핑은 군목의 감동적인 기도로 마무리되었다. 우리는 식당으로 가서 폭격 출격 전에 흔히 하게 되는 이른 아침식사를 했다.

우리는 트럭의 대열을 타고 보급 건물로 가서 이번 출격에 필요한 특수 장비를 받았다. 구명동의, 낙하산, 구명보트, 산소마스크, 고공비행복, 비상 조끼 등이 들어 있었다. 그리고도 이륙까지 몇 시간이 남아 있었지만, 우리는 모두 비행장으로 가서 몇 명씩 둘러서거나 지프차에 앉아서 '제국', 이 일대에서 일본 본토를 가리키는바 '제국'을 향한 우리의 출격에 관해 다소 가벼운 기분으로 이야기를 나누고 있었다.

폭격대의 지휘관은 찰스 W. 스위니 소령, 25세로 매사추세츠 주 노스퀸시 시 해밀턴 애비뉴 124번지가 주소다. 원자폭탄을 매달고 갈 그의 주기는 '그레이트 아티스트'라는 이름을 가지고 있지만 그 이름이 은빛 동체에 표시되어 있지는 않다. 유별나게 긴 네 날개 프로펠러가 달린 동체에는 그 대신 '77'이라는 숫자가 표시되어 있는데, 그 숫자는 풋볼 선수 '빨갱이' 그레인지의 등번호라고 누군가가 말해줬다.

우리는 3시 50분에 이륙해 서북방으로 '제국'을 향해 일직선으로 날아갔다. 밤하늘은 구름이 끼고 비가 올 듯한 날씨였다. 별은 여기저기 구름 틈새로 조금밖에 보이지 않았다. 기상예보에 따르면 도중에 폭풍우를 지나겠지만 우리 비행의 마지막, 가장 중요한 단계는 쾌청한 날씨가 될 것이라고 하였다.

기지에서 출발한 지 한 시간쯤 되었을 때 폭풍우가 닥쳤다. 우리가 탄 큰 비행기는 우리를 둘러싼 심연 같은 암흑 속에서 몇 차례 툭툭 떨어져 내렸지만, 상용(商用)의 대형 여객기보다는 훨씬 반응이 점잖았다. 거대한 여객선이 파도를 타는 것처럼, 부딪치는 것이 아니라 미끄러지는 느낌이었다. 다만 이 경우 바람의 파도가 더 파고가 높고 미끄러지는 박자가 더 빠르다는 차이가 있었다.

항법실 꼭대기 창문으로 이상한, 음산한 빛이 새어 들어오는 것이 눈에 띄기에 내다보니 우리를 온통 둘러싼 어둠 속에 놀라운 현상이 일어나고 있는 것을 발견했다. 대형 프로펠러가 어쩌된 일인지 푸른빛을 뿜는 거대한 원반이 되어 있었다. 같은 푸른빛은 비행기 콧등의 플렉시글라스 창문과 웅장한 날개의 끄트머리에도 나타나고 있었다. 마치 우리가 푸른 불길에 싸인 마차를 타고 공간의 소용돌이 속을 날아가고 있는 것 같았다.

생각해 보니 프로펠러 날개 끝과 플라스틱 창문의 기전성(起電性) 물질에 정전기의 과부하가 일어난 것 같았다. 보이지는 않지만 우리 앞에서 날아가고 있는 비행기의 소중한 화물로 생각이 옮겨지며 걱정이 몰려들었다. 우리를 둘러싼 대기 속의 강한 전기현상이 그 화물을 터뜨려 버릴 위험이 조금이라도 있는 것은 아닐까?

이 걱정을 조종석에 태연하고 침착하게 앉아 있는 보크 대위에게 이야기했다. 그는 내 걱정을 즉각 가라앉혀 주었다.

"비행기에서 흔히 보는 현상입니다. 폭격에 나설 때 저도 여러 번 본 적이 있습니다. '성 엘모의 불'이라고 하지요."

우리는 밤하늘을 계속해서 날아갔다. 우리 비행기는 곧 폭풍우를 뚫고 나와 '제국'의 방향으로 다시 똑바로 순항하기 시작했다.

고도계를 보니 우리가 날아가고 있는 고도는 해발 1만 7,000피트였다. 온도계에는 바깥 기온이 섭씨 영하 33도 정도로 나타나 있었다. 우리가 들어 있는 밀폐된 공간의 온도는 쾌적하게 공기조절이 된 방 안과 같았고, 기압은 8,000피트 고도 수준에 맞춰져 있었다. 그러나 만일의 경우에 대비해서 산소마스크를 손쉬운 위치에 준비해 두라고 보크 대위가 주의를 주었다. 만일의 경우라 함은 기내 장비가 무슨 고장이든 고장을 일으키는 경우와 고공포화로 기체에 구멍이 뚫리는 경우 양쪽을 모두 말하는 것이라고 그는 설명했다.

동이 트는 기색은 다섯 시 조금 지나 나타나기 시작했다. 일리노이 주 후프스턴 출신의 커리 상사는 무선 연락을 받기 위해 이어폰을 줄곧 끼고 있었는데, 그 자신은 일체 발신을 하지 못하게 되어 있었다. 그가 자리에서 일어서며 창문을 내다보고 새벽을 맞이했다.

"날이 밝는 것이 반가워요." 그가 내게 말했다. "이 방에 밤중에 틀어박혀 있으려면 협소공포증 비슷한 느낌이 들거든요."

스무 살 나이보다도 더 어려 보이는 그는 전형적인 미국 청년이다. 그의 생각을 알아내는 데는 독심술이 따로 필요 없다.

"후프스턴에서 멀리도 왔구먼." 내가 무심히 말하고 있다.

"정말요." 비행기 밖의 어딘가에서 날아온 메시지를 부지런히 해독하면서 그가 대답한다.

"요 폭탄이 전쟁을 끝내 줄까요?" 긍정을 바라는 눈치로 그가 물었다.

"이 한 방으로 끝날 가능성이 아주 크지." 나는 그에게 안심을 주었다. "혹시 이 한 방으로 안 되더라도 한 방이나 두 방만 더 때리면 틀림없지. 이렇게 센 펀치에 오래 견뎌낼 나라는 이 세상에 없으니까." 이것은 나 자신의 생각이 아니었다. 몇 시간 전, 이륙에 앞서 사람들이 모두 말하고 있던 것이었다. 한 달 전 내가 뉴멕시코의 사막에서 본 것처럼 인간이 만든 이 불덩어리가 실제로 터지는 것을 본 사람에게는 이런 생각이 지나친 낙관으로 들리지 않았다.

5시 50분까지는 바깥이 아주 환해져 있었다. 주기(主機)가 보이지 않았지만 그런 상황에 대한 대비책이 마련되어 있다고 우리의 항법사 고드프리 중위가 가르쳐주었다. 규슈 동남쪽에 있는 작은 섬 야쿠시마 상공에서 9시 10분에 모이도록 집합장소가 정해져 있어서 먼저 도달한 비행기가 그곳을 선회하며 다른 비행기들을 기다리기로 했다는 것이다.

우리의 친절한 폭격사 레비 중위가 내게 건너와 비행기 콧등의 투명한 창문 앞에 있는 자기의 특등석에 나를 초청한다. 나는 초청을 반갑게 받아들인다. 태평양 상공 1만 7,000피트 높이에 있는 이 기막힌 관람석에서는 모든 방향, 수평, 수직을 막론하고 모든 방향으로 수백 마일까지 시야가 펼쳐져 있다. 그 고도에서는 밑에 있는 광대한 바다가 머리 위의 하늘과 합쳐져 하나의 거대한 공을 이루는 것처럼 보인다.

나는 이 천계(天界)의 안쪽에서 하얀 적층운의 산맥 위를 타고 넘으며 나 자신을 무한한 공간 속에 풀어놓고 있었다. 뒤에서 모터 소리가 들리기는 했지만, 그 소리는 주위를 온통 둘러싼 거대함 앞에서 보잘것없는 것이 되고, 머지않아 그 속에 녹아들고 만다.

어느 단계에 이르면 시간 또한 공간 속에 빨려들고, 그 안에 있는 사람은 억누르는 고독감으로 가득찬 영원한 순간들을 살고 있다. 마치 지구상의 모든 생명이 일순간에 모두 사라져 버리고, 나 하나만이 유일한 생존자로 살아 남아 행성 사이의 공간을 영원히 떠돌아다니는 것 같은 기분이다.

잠시 후 내 생각은 내가 참여한 이 작전으로 돌아온다. 흰 구름의 거대한 산들 저 너머 어딘가에 우리의 적국 일본이 있다. 우리를 위협하는 무기를 생산하는 그곳의 도시 하나가 앞으로 네 시간가량 뒤에는 인간이 만든 가장 위대한 무기에 의해 지도에서 지워지게 된다. 1초의 100만 분의 1의 10분의 1도 안 되는, 어떤 시계로도 잴 수 없는 짧은 순간 동안에 하늘에서 떨어진 회오리바람이 그 도시에 있는 수천 개의 건물과 수만 명의 주민들을 가루로 만들어 버릴 것이다.

그러나 지금 이 순간에는 목표로 선정된 몇 개의 도시 중 어느 것이 사라지게 될지 아무도 모르고 있다. 최후의 선택은 운명에 달려 있다. 일본 상공의 바람이 결정을 내려줄 것이다. 만일 두터운 구름을 우리의 일차 목표지 위에 데려다 놓는다면 그 도시는 살아남을 것이다. 적어도 오늘은. 그 도시의 주민들은 얼마나 고마운 운명의 바람이 자기네 머리 위로 지나갔는지 영원히 모를 것이다. 그러나 바로 그 바람이 다른 도시 하나에는 재앙을 가져다주는 것이다.

우리에 앞서 측후기(測候機)들이 바람의 상황을 파악하러 날아가고 있다. 목표시각 30분 전에 우리는 바람이 어떤 결정을 내렸는지 알게 될 것이다.

폭격고도를 향해 상승하기 시작한다고 보크 대위가 내게 일러준다.

그는 자기 오른쪽의 계기판 위에 있는 단추 몇 개를 조작하고 있고, 나는 흰 구름과 바다가 있는 아래쪽과 폭격수 계기판의 고도계를 번갈아 쳐다보고 있다. 우리가 목표로 한 고도에 도달한 것은 정각 아홉 시였다.

우리는 일본 본토에 가까운 일본 영해 상공에 와 있었다. 고드프리 중위가 자기 레이더스코프를 들여다보라고 내게 손짓을 했다. 내 앞에는 집합지점의 윤곽이 펼쳐져 있었다. 우리는 머지않아 우리의 주기를 만나고 우리 비행의 마지막 단계로 나아갈 것이었다.

우리는 9시 12분 야쿠시마에 도착했다. 소중한 짐을 매달고 있는 그레이트 아티스트는 우리 머리 위 4,000피트 위치에 있었다. 고드프리 중위와 커리 상사가 낙하산을 메는 것을 본 나는 그들을 따라 하기로 결정했다.

우리 비행기는 선회를 시작했다. 해안에 보이는 조그만 마을들은 우리를 아랑곳하지 않고 있었다. 우리는 선회를 계속하며 편대의 제3호기를 기다렸다.

우리가 해안선으로 방향을 잡고 날아가기 시작한 것은 9시 56분이었다. 측후기에서 받은 뒤 커리 상사가 이미 해독해 준 메시지에 의하면 우리 목표의 제1 후보와 제2 후보 모두가 잘 보인다고 했다.

우리가 선회를 꽤 한참 계속하고 있을 때 시커먼 연기 가닥이 흰 구름을 뚫고 우리를 향해 곧장 다가오는 것이 눈에 띄었다. 열다섯 발의 고사포가 연속으로 터졌지만 모두 너무 낮았다. 보크 대위가 기수를 돌렸다. 여덟 발의 폭발이 잠시 후에 있었고 바로 우리 고도에서 터졌지만 그때는 우리가 한참 왼쪽으로 와 있었다.

우리는 해협을 따라 남쪽으로(위치와 방향에 대한 필자의 기술에는 착오가 많은 것으로 보인다 – 역자 주) 비행하다가 11시 33분에 해안선을 가로지르고 100마일가량 서쪽에 있는 나가사키로 향했다. 여기서 우리는 다시 선회를 시작하고 구름의 틈새를 찾았다. 우리 작전의 목표에 도달한 것은 12시 1분이었다.

미리 약속해 둔 신호를 무선으로 받은 우리는 용접용 안경을 꺼내 쓰고 우리의 약 반 마일 앞에 있는 주기의 움직임을 긴장해서 바라보았다.

"간다!" 누군가 말했다. 그레이트 아티스트의 배로부터 검은 물체로 보이는 무언가가 아래로 떨어져 갔다.

보크 대위는 폭발에서 벗어나기 위해 기수를 크게 돌렸다. 그러나 우리 비행기가 반대 방향을 바라보고 있었는데도, 그리고 환한 대낮이었는데도, 우리 선실을 강렬한 빛으로 가득 채우고 우리가 낀 용접용 안경의 검은 장벽까지도 뚫고 들어온 거대한 섬광의 존재를 우리 모두 느끼지 않을 수 없었다.

섬광이 터진 후 우리는 안경을 벗었지만 빛은 아직도 남아 있었다. 온 하늘을 밝히는 청록색의 빛이었다. 거대한 폭풍이 우리 비행기를 후려치자 비행기는 코끝에서 발끝까지 부르르 떨렸다. 뒤를 이어 네 차례의 폭발이 꼬리를 이었는데, 한 번 폭발할 때마다 비행기가 모든 방향에서 대포알을 맞은 것처럼 울렸다.

우리 비행기 후미에 탄 관측자들은 지구의 뱃속에서 토해낸 것처럼 거대한 불의 공이 솟아오르고 엄청나게 큰 흰 연기의 도넛이 거듭거듭 펼쳐 나오는 것을 보았다. 그 뒤에는 1만 피트 높이의 거대한 자줏빛 불기둥이 엄청난 속도로 하늘에 솟아오르는 것을 보았다.

우리 비행기가 폭발의 방향으로 다시 기수를 돌렸을 때 자줏빛 불기둥은 우리와 같은 고도까지 올라와 있었다. 겨우 45초가 지난 때였다. 혜성이 외계에서 떨어져 내리는 것이 아니라 땅에서 솟아오르는 것 같은 그 광경, 흰 구름을 뚫고 하늘로 올라올수록 더욱 기세가 맹렬해지는 그 광경을 우리는 넋을 놓고 바라보았다. 그것은 생명체였다. 경이에 사로잡힌 우리의 눈앞에서 태어나고 있는 새로운 종의 생명체였다.

100만 년을 1초로 축약하여 진행하는 그 진화의 한 단계에서 그 생명체는 거대한 네모꼴 토템폴의 모습을 취했다. 바닥은 약 3마일 폭에서 꼭대기로 올라갈수록 가늘어지는 모양이었다. 그 아랫도리는 갈색이고 중간은 호박(琥珀)색이었으며 꼭대기는 흰색이었다. 이 살아있는 토템폴에 새겨진 수많은 기괴한 얼굴들은 대지를 향해 얼굴을 잔뜩 찌푸리고 있었다.

이제 이 생명체가 안정된 모습으로 자리 잡았다고 보이기 시작한 바로 그 시점에서, 그 꼭대기로부터 거대한 버섯구름이 솟아나와, 기둥의 전체 높이는 4만 5,000피트에 달하게 되었다. 버섯 꼭대기의 모자 부분은 기둥보다도 더 활력이 넘쳤다. 부드러워 보이는 거품이 맹렬하게 부글대고 끓어오르며 위쪽으로 뻗쳤다가 다시 아래쪽으로 쏟아지는 모습이었다. 마치 올드페이스풀 같은 대형 간헐온천 몇천 개를 하나로 합쳐놓은 것 같았다.

버섯 지붕이 꿈틀대는 원초적 맹렬성은 멍에의 구속을 벗어나려는 짐승의 몸부림과 같았다. 몇 초 후 지붕은 거대한 줄기로부터 떨어져 나가 엄청난 속도로 위를 향해 떠올라갔다. 그 올라가는 힘은 6만 피트 고도, 성층권에 이르기까지 지속되었다.

그러나 이 일이 일어나는 동안 기둥 꼭대기에서는 앞의 버섯보다는 작은 또 하나 버섯이 피어나오고 있었다. 머리를 잘라낸 괴물의 목에서 또 하나의 머리가 자라나는 것 같았다.

첫 번째 버섯은 창공 속으로 떠올라가면서 꽃 모양으로 변했다. 아래쪽으로 구부러져 나오는 거대한 꽃잎의 바깥 면은 유백(乳白)색이었고 안쪽 면은 장밋빛이었다. 우리가 200마일 거리에서 마지막으로 바라볼 때까지 그 모습을 하고 있었다. 여러 색깔로 끓어오르는 기둥 역시 그 거리에서 보였다. 무지개를 반죽해 놓은 거대한 산이 산고(産苦)를 겪고 있는 모습 같았다.

무지개들은 생명체로 보였다. 구름을 뚫고 아득하게 솟은 기둥의 꼭대기가 꿈틀대는 모습은 목 둘레에 털이 난 선사(先史)시대의 괴물처럼 보였다. 목 둘레의 부드러운 털은 모든 방향으로 눈길이 닿는 데까지 가득 펼쳐져 있었다.

———◇———

근대 들어 전쟁의 양상이 참혹해진 가장 큰 이유는 무기의 대형화에 있었다. 중세 이전의 전쟁에서는 양측 전투원이 맞서서 네가 당하느냐, 내가 당하느냐, 같은 조건에서 겨루는 것이 기본 양상이었다. 근대의 대형화된 무기는 공격하는 사람과 당하는 사람이 전혀 다른 처지에 서게 만들었다. 이런 양상이 극단화되어 이제는 공격하는 사람의 손가락 끝에 수많은 사람들의 생명과 재산이 걸려 있게 되었고, 공격하는 사람은 당하는 사람의 고통과 피해를 거의 이해하지 못하게 되었다.

원자폭탄은 1945년 당시 가장 대형화된 무기였다. 그 폭탄으로 도시 하나를 멸망시키는 작전에 참여한 한 사람이, 폭탄의 껍데기 모습에 그렇게 찬탄하면서 그로 인해 많은 사람들이 당할 고통과 피해에 대해서는 얼마나 무감각한지 여실하게 보여주는 글이다.

출처   William T. Laurence, *New York Times*, 9 September 1945

170

히로시마 방문

1945. 9. 9

마르셀 쥐노

편저자 주 | 히로시마에 투하된 원자탄으로 7만에서 8만 명의 사람이 죽고 그 밖의 7만 명 이상이 다쳤다.

라벤더 꽃의 푸른색 양탄자 같은 세도나이카이. 바다에는 수많은 반도와 섬들이 황색과 녹색으로 수를 놓은 것 같았다. 그 위를 날아가는 우리 눈에 후지 산의 벌거벗은 원뿔은 지평선 위로 보일 듯 말 듯했다……(생략)……

정오가 되어 갈 무렵 우리 아래의 땅에 거대한 흰 얼룩이 나타났다. 햇빛 아래 상아빛 가까운 색깔로 보이는 이 조그만 사막의 둘레는 휘어진 철 구조물과 잿더미들이 둘러싸고 있었다. 이것이 히로시마의 남아 있는 모습이었다……(생략)……

일본인 기자가 주요한 관청 건물들을 설명해 주었다. 철근콘크리트로 지은 그 건물들은 멀리 보이는 숲에 덮인 언덕들에 이르기까지 6마일에 걸쳐 펼쳐져 있던 나지막한 일본식 건물 지붕의 바다 위로 군림하고 있었던 것이다.

"이 도시는 많이 파괴되지 않은 상태였습니다." 그는 설명했다. "폭격의 피해가 적었던 편이지요. 소규모 공습이 두 차례 있었을 뿐입니다. 하나는 지난 3

월 19일에 미 해군 편대가 하나 온 것이었고, 또 하나는 4월 30일에 플라잉 포트리스(B29)가 한 대 온 것입니다."

"8월 6일 히로시마 상공에는 구름 한 점 없었고, 느끼기 어려울 정도로 약한 바람이 남쪽에서 불어오고 있었습니다. 시계(視界)는 거의 완벽해서 10마일 이상까지 바라볼 수 있었지요."

"아침 7시 9분에 공습경보가 울리고 네 대의 미국군 B29기가 나타났습니다. 도시의 북쪽에서 두 대가 방향을 돌리더니 남쪽으로 날아가 쇼호 바다(스오 나다(周防灘)를 가리키는 듯 – 역자 주) 쪽으로 사라졌습니다. 다른 두 대는 슈카이 부근을 선회하다가 남쪽으로 방향을 잡고 빙고 바다(붕고(豊後) 수도(水道)를 가리키는 듯 – 역자 주) 쪽으로 속도를 높여 날아갔습니다."

"7시 31분에 공습경보가 해제되었습니다. 이제 안전하다고 생각한 시민들은 방공호에서 나와 각자 볼 일을 보고 하루 일과를 시작했지요."

"갑자기 흰색과 핑크색이 어울린 눈부신 빛이 하늘에 나타나며 이상한 진동이 느껴졌고, 한순간 뒤 숨 막히는 열기와 함께 모든 것을 날려버리는 거센 바람이 뒤를 따랐습니다."

"불과 몇 초 안에 도시 중심부의 길과 정원에 있던 사람들은 밀려오는 끔찍한 열기 속에 숯덩이가 되어 버렸습니다. 많은 사람들은 그 순간 즉사하고, 다른 사람들은 땅바닥에 누워 꿈틀거리며 참을 수 없는 화상의 고통으로 처절한 비명을 지르고 있었습니다. 폭풍을 가로막고 서 있던 것들은 벽이고, 집이고, 공장이고, 어떤 건물이고 간에 모두 부서져 버리고 그 잔해가 회오리바람에 말려 공중으로 날아 올라갔습니다. 바람에 들어 올려졌다가 옆으로 내동댕이쳐지는 전차는 무게도 없고 뼈대도 없는 물체 같았고, 철로에서 내던져지는 열차는 장난감 같았습니다. 말, 개, 소 등 가축도 인간과 똑같은 운명을 겪었습니다. 살아 있는 모든 것이 형언할 수 없는 고통 속에 숯덩어리로 변해 갔습니다. 초목도 예외가 아니었습니다. 나무가 불꽃을 뿜으며 날아다니는가 하면 논의 벼는 푸른색을 잃었고, 땅 위의 풀은 마른 볏짚처럼 타올랐습니다."

"아무것도 살아남지 못하는 완벽한 죽음의 구역 밖에서도 집들이 부서지며 기둥과 기왓장, 대들보가 뒤섞여 날아다녔습니다. 폭심(爆心)으로부터 3마일 이내에 있던 가벼운 구조의 집들은 마분지로 만들었던 것처럼 모두 쓸려 나갔습니다. 그 안에 있던 사람들은 모두 죽거나 부상을 입었습니다. 기적적으로 위기를 벗어난 사람들도 불길에 둘러싸여 있었습니다. 용케 안전지대까지 빠져 나온 얼마 안 되는 사람들도 치명적인 감마선 노출로 인해 20일 내지 30일 후에 대부분 목숨을 잃었습니다. 철근콘크리트나 돌로 지은 건물 중에 무너지지 않은 것이 더러 있지만, 그 내부는 폭풍에 의해 모두 쑥밭이 되었습니다."

"폭발 후 약 30분이 지났을 때 히로시마 부근의 하늘에는 여전히 구름 한 점 없었지만 시내에는 가는 비가 내리기 시작해 5분가량 내렸지요. 그것은 과열된 공기가 갑자기 높은 고도까지 솟아올라가 그 안의 수분이 응축하여 비가 된 것이었습니다. 그 뒤에는 거센 바람이 불어와 대부분이 목조건물인 시가지의 화재를 맹렬한 속도로 확산시켰습니다."

"저녁 무렵에 불이 사그러들기 시작하더니 금방 꺼져 버렸습니다. 탈 것이 남아 있지 않았기 때문이었지요. 히로시마는 이렇게 해서 사라져 버렸습니다."

여기서 말을 끊은 일본인은 잠시 후 뭐라 형용할 수 없는, 그러나 절제된 것이 분명한 감정을 담은 한 마디만을 더 던졌다. "보세요."

그때 우리는 폭심지(爆心地)인 아이오이 다리(相生橋)에서 4마일 가까이 떨어진 곳에 와 있었는데, 벌써 우리 주변의 집들은 기왓장이 빠져나가고 길가의 풀은 누렇게 시들어 있었다. 폭심 3마일 거리까지 오자 집들이 부서져 있었다. 지붕이 무너지고 허물어진 벽 사이로 쓰러진 기둥이 불거져 나와 있었다. 그러나 여기까지는 통상적인 고성능 폭탄으로 파괴된 도시의 일반적인 모습과 크게 다르지 않다.

도시 중심부에서 2마일 반 거리에서는 모든 건물이 부서지고 불에 타 있었다. 기초의 흔적과 잔해의 무더기, 그리고 녹슬고 그슬린 철골만이 남아 있었다. 이것은 소이탄(燒夷彈)을 대량 투하한 뒤의 도쿄나 오사카, 고베의 풍경과 같았다.

폭심으로부터 4분의 3마일 반경 안에는 전혀 아무것도 남아 있지 않았다.

모든 것이 사라져 버렸다. 잔해와 휘어진 들보만이 여기저기 널려 있는 돌바닥의 황무지였다. 백열(白熱)의 불길이 모든 것을 쓸고 간 자리에 남아 수직으로 서 있는 것이라고는 한두 군데 돌벽 밑둥과 어색하게 받침 위에 서 있는 난로 몇 개뿐이었다.

우리는 차에서 나와 천천히 폐허를 헤치며 죽은 도시의 중심부를 향해 걸어갔다. 죽음의 도시 전체가 절대적인 침묵에 싸여 있었다.

출처 Marcel Junod, *Warrior Without Weapons*, Cape, 1951

171

열 명의 나치 전범 처형

1946. 10. 16

킹스베리 스미스

편저자 주 | 1946년 10월 1일 뉘른베르크 국제 군사법정은 216차의 공판 끝에 판결을 내렸다. 원래의 피고 24인 가운데 열두 명이(궐석재판을 받은 마르틴 보르만을 포함하여) 교수형을 선고받았다. 이 글의 필자인 〈인터내셔널 뉴스 서비스〉의 킹스베리 스미스 기자는 처형을 참관하도록 추첨에 의해 미국 언론사 대표로 뽑혔다.

헤르만 빌헬름 괴링은 다른 열 명의 나치 지도자들이 뉘른베르크 감옥에서 사형 집행을 당하기 직전에 자기 감방에서 자살을 행함으로써 연합군 사법부의 교수대를 조롱했다. 그는 감방 침상에 누워 동제(銅製) 탄피 속에 감춰뒀던 청산가리를 삼켰다.

치욕스러운 마지막 나날을 보낸 감방으로부터 35야드 거리 감옥 마당에 세워진 밝은 색깔의 조그만 체육관 안에서 교수대 발판 밑으로 떨어지도록 예정되어 있던 시간보다 두 시간 전에 나치 서열 제 2위였던 괴링은 죽어 있었다.

요아힘 폰 리벤트로프, 곧 아돌프 히틀러의 비운의 정권에서 외무상을 맡았던 그 인물이 괴링을 대신해 교수대를 향한 행렬의 선두를 맡게 되었다. 불과 두 시간 차이를 두고 행렬의 후미에서 마지막으로 이승을 떠날 사람은 홀란드와 오스트리아 총독을 지낸 아르투르 자이스 - 잉카르트였다.

막강한 권력을 쥐었던 두 인물 중간에 교수대가 기다리고 있던 사람들은 아래와 같은 순서였다. 빌헬름 카이텔 원수(元帥). 나치 비밀경찰 총수를 지낸 에른스트 칼텐브루너. 나치 문화의 해외 총사제(總司祭)였던 알프레드 로젠베르크. 폴란드 총독 한스 프랑크. 나치 내무상 빌헬름 프리크. 강제노동 총책 프리츠 소켈. 알프레드 요들 중장. 그리고 히틀러 제국에서 반(反)유대주의 선동을 지휘했던 율리우스 슈트라이허가 있었다.

교수대를 향하는 길에서 그들 중 대부분은 용감한 태도를 보였다. 반항적인 사람도 있었고, 체념한 사람도 있었고, 하느님에게 은총을 비는 사람도 있었다.

로젠베르크를 빼고 모든 사람이 교수대 위에서 짤막한 최후진술을 남겼다. 그러나 마지막 순간에 히틀러나 나치 이념을 들먹인 것은 슈트라이허 한 사람뿐이었다.

회벽에 더러 갈라진 자리가 보이는, 33피트 폭에 80피트 길이의 체육관 안에는 세 개의 교수대가 세워져 있었다. 불과 사흘 전에 미국군 경비대가 농구 경기를 가졌던 체육관이었다. 두 개의 교수대가 번갈아 사용될 것이었고, 하나는 만약의 경우에 쓸 예비용이었다. 죄수들은 한 번에 한 사람씩 처형하지만, 진행을 빨리 하기 위해 앞의 죄수가 아직 밧줄에 매달려 있는 상태에서 헌병들이 다음 죄수를 데려오기로 하고 있었다.

천년을 가겠다던 히틀러의 제국에서 한때 중요한 자리에 있던 열 명의 사형수는 열세 개의 나무 계단을 밟아 8피트 높이에 역시 8피트 사방의 단(壇) 위에 올라서게 되어 있었다.

밧줄은 두 개의 기둥에 가로 걸쳐진 횡목에서 늘어뜨려져 있었다. 사형수 한 사람 한 사람이 새 밧줄을 쓰게 되어 있었다.

발판이 열리면 죄수는 구조물 안으로 떨어져 보이지 않게 되어 있었다. 구조물 내부는 3면이 판자로 막혀 있고, 마지막 한 면은 검은색 커튼으로 가려져 있어서 목이 부러진 죄수의 마지막 발버둥은 아무도 보지 못하게 되어 있었다.

폰 리벤트로프는 뉘른베르크 시간으로 오전 1시 11분에 처형장으로 들어왔다.

그가 방에 들어오자 곧 두 명의 하사관이 그를 멈춰 세우고 양 옆으로 가서 팔을 하나씩 잡았다. 그를 뒤따라 들어온 또 한 명의 하사관은 그의 손목에서 수갑을 풀고 가죽 띠로 바꿔 묶었다.

원래는 사형수들이 감방에서 처형실까지 손을 묶지 않은 채 건너오게 할 계획이었다. 그러나 괴링의 자살 직후 모두에게 수갑이 채워졌다.

폰 리벤트로프는 마지막 순간까지 자제력을 잃는 모습을 보이지 않는 데 성공했다. 그는 두 위병 사이에 끼어 구조물 앞까지 침착하게 걸어갔다. 그러나 교수대 밑에 서 있던 장교가 형식상의 요건을 갖추기 위해 이름을 물을 때 처음에는 대답하지 않았다. 질문을 되풀이하자 "요아힘 폰 리벤트로프!" 거의 외치듯이 대답하고는 아무런 망설이는 기색 없이 계단을 올라갔다.

단 위에서 증인들을 향해 돌려 세워졌을 때 그는 이를 앙다물고 고개를 치켜들어 몸에 밴 위엄을 보이는 것 같았다. 마지막으로 남길 말이 있느냐고 묻자 독일어로 "하느님이시여, 독일을 보우하소서" 하고는 덧붙였다. "다른 말을 또 해도 됩니까?"

통역관이 고개를 끄덕이자 나치제국 외교의 마술사였던 그 사람은 크고 또렷한 목소리로 마지막 말을 남겼다. "내 마지막 소망은 독일이 그 존재를 실현하고 동방과 서방 사이에 이해(理解)가 이뤄지는 것입니다. 나는 세계평화를 기원합니다."

머리에 검은 두건이 씌워질 때 폰 리벤트로프는 앞을 똑바로 쳐다보고 있었다.

집행관이 밧줄을 걸고 레버를 당기자 폰 리벤트로프는 자신의 운명을 향해 떨어져 갔다.

처형 순서에서 폰 리벤트로프의 바로 다음인 카이텔 원수는 새로 만들어진 국제법의 원리에 따라 첫 번째로 처형당하는 군 지휘관이었다. 그 원리란 직업군인이 침략전쟁을 도발하는 죄나 인류에 대한 범죄를 허용한 죄에 대하여 상급자의 명령을 충실하게 따른 것이라는 이유로 면책(免責) 받지 못한다는 것이었다.

카이텔이 방에 들어온 것은 폰 리벤트로프 발밑의 발판이 열린 지 2분 후였고, 폰 리벤트로프의 몸이 아직 밧줄에 매달려 있을 때였다. 그러나 폰 리벤트로프의 몸은 첫 번째 구조물 안에 감춰져 있었고, 눈에 보이는 것은 팽팽하게 당겨진 밧줄뿐이었다.

카이텔은 폰 리벤트로프처럼 긴장된 모습이 아니었다. 손이 묶이는 동안 고개를 바짝 쳐들고 있던 그는 군인다운 절도를 보이며 교수대를 향해 단정하게 걸어갔다. 이름을 묻자 큰 소리로 대답하고, 교수대로 올라가는 그의 모습은 마치 독일군의 경례를 받기 위해 사열대에 올라가는 것과 같았다.

그의 양 옆에서 팔을 잡고 나란히 올라가는 위병들의 도움을 그가 필요로 하지 않는 것은 분명했다. 단 위에서 돌아섰을 때 그는 자랑스러운 프러시아 장교의 당당한 위엄을 띠고 사람들을 내려다보았다. 우렁차고 또렷한 목소리로 그가 마지막 남긴 말을 번역하면 다음과 같다. "나는 전능하신 주님께 독일 백성을 가엾이 여겨 주실 것을 청합니다. 200만 이상의 독일 군인이 나에 앞서 조국을 위한 죽음을 맞았습니다. 이제 나는 내 자식들의 뒤를 따릅니다. 모두 독일을 위해."

검은 장화를 신고 정복을 입은 카이텔의 몸이 발판 밑으로 사라진 후 증인들은 그가 재판정보다 교수대 위에서 더 훌륭한 용기를 보여주었다는 데 의견을 같이했다. 그는 재판정에서 자기 죄를 히틀러의 유령에게 떠넘기려 했다. 모든 것은 수령의 잘못이었고, 그 명령을 수행했을 뿐인 자신에게는 책임이 없다는 것이었다.

폰 리벤트로프와 카이텔의 몸이 각자의 밧줄 끝에 매달려 있는 동안 진행이 잠시 중단되었다. 처형 감독을 맡은 미국군 대령이 연합군 사령부의 미국 대표 장군에게 사람들이 담배를 피워도 괜찮을지 물어보았다. 긍정의 대답이 떨어지자마자 그 자리에 있던 30여 명 거의 모두의 입에 담배가 물렸다. 장교와 사병들은 불안한 표정으로 서성대거나 나직한 목소리로 이야기를 주고받았고,

기자들은 이 엽기적이면서도 역사적인 사건에 대한 기사를 맹렬히 써내려가고 있었다.

몇 분 후 미국군 군의관과 소련군 군의관이 청진기를 가지고 첫 번째 구조물로 다가가 커튼을 젖히고 그 안으로 사라졌다.

군의관들은 오전 1시 30분에 나와서 미국군 대령에게 무어라고 말했다. 대령은 긴장해서 바라보고 있는 공식 증인들을 향해 몸을 돌리고 말했다. "사망했습니다."

들것을 든 사병 둘이 금세 나타나 구조물 안으로 들어갔다. 집행관이 계단을 올라가 옆구리에 차고 있던 칼집에서 커다란 특공대식 칼을 뽑아 밧줄을 잘랐다.

아직도 두건을 쓴 채인 폰 리벤트로프의 늘어진 몸이 방 저쪽 끝으로 옮겨져 검은 커튼 뒤에 놓여졌다. 이 모두에 걸린 시간은 10분이 되지 않았다.

감독관 대령은 증인들에게 몸을 돌리고 말했다. "담배를 꺼 주십시오, 여러분." 또 한 명의 대령이 사형수 감방으로 건너가 다음 사람을 데려오기 위해 문을 나섰다. 에른스트 칼텐브루너였다. 그가 처형실에 들어온 것은 오전 1시 36분, 겹단추 코트 밑에 스웨터를 받쳐 입고 있었다. 옛날 결투의 흔적으로 깊은 칼자국이 남아 있는, 깡마르고 독살맞은 얼굴로 방을 둘러보는 라인하르트 하이드리히의 끔찍스러운 후계자에게서는 아직도 무서운 분위기가 풍겼다.

그가 교수대로 올라가기 위해 몸을 돌릴 때 입술을 한 차례 뺀 것은 불안감 때문으로 보였지만, 그의 걸음걸이는 든든했다. 이름을 묻는 질문에 그는 차분한 낮은 목소리로 답했다. 교수대 위에서 돌아선 그는 프란체스코회 복장을 한 미 육군 종군신부를 제일 먼저 바라보았다. 최후진술을 청하자 그는 말했다. "나는 따뜻한 마음으로 독일 국민과 내 조국을 사랑해 왔습니다. 나는 우리 국민의 법에 따라 내 의무를 수행해 왔으며 이번에 우리 국민이 군인 아닌 사람들의 영도(領導)를 받고 내가 알지 못하는 범죄들이 저질러진 사실을 유감스럽게 생각합니다."

루돌프 회스라는 이름을 가진 그의 부하 한 사람이 법정에서 자백한 바, 아우슈비츠 수용소에서 300만의 사람을 가스실에서 죽이도록 명령을 내렸다고 하는 바로 그 사람이 하는 말이었다!

검은 두건이 씌워질 때 아직도 낮은 목소리로 말을 계속하고 있던 칼텐브루너는 번역하면 이런 뜻이 될 독일 관용어를 말했다. "독일이여, 행운을 비오."

그의 발판은 오전 1시 39분에 열렸다.

카이텔 원수의 사망은 오전 1시 44분에 선언되었고 그의 시체는 3분 후에 치워졌다. 알프레드 로젠베르크를 위한 교수대가 준비되었다.

장내를 둘러보는 로젠베르크의 얼굴은 볼이 꺼지고 멍해 보였다. 안색은 창백한 갈색이었지만 불안한 기색은 없었고 침착한 걸음걸이로 교수대에 다가가 계단을 올랐다.

자기 이름을 말하고 남길 말이 있느냐는 물음에 "없다"고 대답한 외에 그는 한 마디 말도 하지 않았다. 확고한 무신론자로 알려진 그였는데, 개신교 목사 한 사람이 그를 교수대 위까지 따라 올라가 그의 곁에서 기도를 해주고 있었다.

로젠베르크는 한 차례 아무 표정 없이 목사를 돌아보았다. 90초 후 그의 몸은 밧줄 끝에 매달려 대롱거리고 있었다. 열 사람 중 가장 신속한 처형이었다.

오전 1시 52분 칼텐브루너의 사망이 선언될 때까지 진행이 잠깐 멈춰졌다.

죽음의 행진에서 다음 사람은 한스 프랑크였다. 사형수 중 얼굴에 미소를 띠고 처형장에 들어선 것은 그 한 사람뿐이었다.

불안한 기색으로 자주 침을 삼키기는 했지만, 체포된 뒤에 가톨릭으로 개종한 이 사람은 자신의 사악한 행적을 속죄할 수 있게 된 데서 마음의 평안을 찾은 것 같은 모습이었다.

그는 자기 이름을 얌전한 목소리로 대답하고, 마지막 남길 말을 묻자 거의 속삭이는 것 같은 목소리로 말했다. "수감 중 친절한 대우에 감사하며, 하느님께서 나를 은혜로 받아들여 주시기 바랍니다."

검은 두건이 머리에 씌워질 때 프랑크는 눈을 감으며 침을 삼켰다.

여섯 번째로 감방을 떠나 수갑을 차고 처형장으로 걸어온 것은 69세의 빌헬름 프리크였다. 그가 처형장에 들어선 것은 오전 2시 5분, 로젠베르크의 사망이 선언된 6분 후였다. 그때까지 들어온 중 제일 침착하지 못한 모습을 보이던 그는 마지막 계단에서 발을 헛디뎌 넘어질 뻔했다. 두건을 쓰고 발판 밑으로 떨어지기 전에 그가 남긴 말은 "영원한 독일 만세!"뿐이었다.

율리우스 슈트라이허의 극적인 등장은 오전 2시 12분에 있었다.

해진 양복 밑에 낡은 청색 셔츠를 꼭대기 단추까지 채워 받쳐 입고 넥타이는 매지 않은 (권좌에 있을 때 그는 사치스러운 옷차림으로 소문났었다) 이 못생기고 난쟁이 같은 사람은, 손에 채웠던 수갑을 치우는 동안 자기 앞에 위협적인 모습으로 솟아 있는 세 개의 목조 구조물을 힐끗 쳐다보았다. 그리고는 방 안을 둘러보았는데, 그의 눈길은 많지 않은 증인들이 모여 있는 곳에 잠깐 머물렀다.

이제 그의 양손은 뒤로 단단히 묶여 있었다. 두 명의 위병이 한 팔씩 잡고 그를 입구 왼쪽의 제1 교수대로 이끌었다. 계단 밑까지 6피트 거리를 그는 침착한 걸음걸이로 걸었지만 그의 얼굴은 씰룩거리고 있었다.

본인 확인의 형식적 절차를 위해 계단 밑에서 위병들이 그를 세웠을 때 그는 째지는 목소리로 외쳤다. "하일(Heil) 히틀러!"

비명 같은 이 외침소리에 나는 등골이 서늘했다.

그 소리의 여운이 가라앉을 때 계단 옆에 서 있던 미국군 대령이 날카롭게 말했다. "이름을 물으시오." 통역이 질문하자 슈트라이허는 소리 질렀다. "내 이름 다 알지 않소!"

통역이 질문을 되풀이하자 사형수는 외쳤다. "율리우스 슈트라이허!"

단 위에 올라서자 슈트라이허는 또 외쳤다. "이제 모든 것이 주님께!" 그는 두 발짝 떠밀려 밧줄 아래 죽음의 자리에 섰다. 처형관은 밧줄을 나무 난간에 걸쳐 치워놓고 있었다.

증인들을 바라보도록 돌려 세워진 슈트라이허는 눈을 휘번득이며 그들을 바라보다가 갑자기 소리를 질렀다. "푸림 축제 1946년도!" [푸림(Purim)은 유대인의 봄철 축제인데, 구약에 나오는 유대인의 박해자 하만의 처형을 기념하는 것이다.]

교수대 옆에 서 있던 미국군 장교가 말했다. "남길 말이 있는지 물으시오."

통역관이 질문하자 슈트라이허는 외쳤다. "너희를 볼셰비키들이 목 매달 날이 있을 거다!"

검은 두건이 머리 위에 다가왔을 때 슈트라이허는 말했다. "주께서 나와 함께 하신다."

씌워진 두건을 매만지는 동안 두건 안에서 목소리가 새어나왔다. "사랑하는 아내 아델레!"

그 순간 발판이 요란한 소리를 내며 열렸다. 그는 발버둥치며 떨어져 내려갔다. 밧줄이 팽팽해진 뒤 밑에서 마구 요동치는 듯 줄이 흔들렸고, 구조물의 보이지 않는 내부에서 신음소리가 들렸다. 결국 단 밑에 내려와 있던 처형관이 검은 커튼을 젖히고 안으로 들어갔다. 안에서 무슨 일이 일어났는지 신음소리가 그치고 밧줄의 흔들림이 멈췄다. 이 일이 있은 뒤 처형관에게 무엇을 했는지 물어볼 마음은 들지 않았지만 짐작컨대 버둥대는 몸을 붙잡아 밑으로 끌어당겼을 것 같다. 슈트라이허가 목 졸려 죽었다는 데는 우리 모두 이의가 없었다.

이제 오전 2시 20분에 사망이 선언된 프리크의 시체가 치워진 뒤, 프리츠 소켈이 자신의 운명과 대면하는 자리로 끌려왔다.

스웨터를 입고 코트는 걸치지 않은 사나운 눈길의 소켈은 슈트라이허 다음으로 가장 반항적인 태도를 보였다.

신약(新約)시대 이후 역사상 유례가 없었던 대규모의 노예제도로 수백만의 사람을 옭아맸던 사람이 여기 서 있었다. 교수대 단 위에서 방 안을 둘러보던 그가 갑자기 소리쳤다. "나는 죄 없이 죽는다. 판결은 엉터리다. 하느님, 독일을 보우하사 독일을 다시 위대하게 만드소서. 독일 만세! 하느님, 내 식구들을 보우하소서."

발판은 오전 2시 26분에 열렸고, 밧줄이 그 몸의 무게로 팽팽해진 뒤에 슈트라이허의 경우와 마찬가지로 요란한 신음소리가 교수대 구멍 속에서 퍼져 나왔다.

죽음의 행진에서 아홉 번째 사람은 알프레드 요들이었다. 독일군 정복의 코트 칼라 뒤쪽이 반쯤 세워져 있는 것으로 보아 황급하게 걸쳐 입은 것으로 보이는 요들은, 음울한 죽음의 방에 들어오며 불안한 기색을 뚜렷이 드러내 보였다. 그는 쉴 새 없이 입술을 빨았다. 카이텔의 당당한 걸음걸이와 전연 다른 걸음으로 교수대 계단을 올라가는 그의 모습은 움츠리고 초라한 느낌을 주었다. 그러나 지상에서 마지막 짤막한 말을 남기는 그의 목소리는 차분했다. "독일이여, 나의 인사를 받아 주오."

오전 2시 34분에 요들의 몸은 교수대의 검은 구멍으로 빠져 들어갔다. 요들과 소켈의 몸은 잠시 함께 매달려 있다가 6분 후 소켈의 사망이 선언되고 시체가 옮겨졌다.

히틀러가 홀란드와 오스트리아의 통치를 맡겼던 체코슬로바키아 출신의 자이스-잉카르트가 이 유례없는 무대의 마지막 출연자였다. 오전 2시 38분 30초에 방에 들어선 그는 만화에서 그의 얼굴을 쉽게 특징지어 준 안경을 끼고 있었다.

불편한 왼발을 절며 교수대로 걸어가는 동안 그는 눈에 띄게 불안감을 드러내며 주위를 둘러보았다. 그는 위병들의 도움을 받으며 천천히 계단을 올라갔다.

마지막 말을 남기는 그의 목소리는 나직하지만 열정을 띤 것이었다. "나는 이 처형이 제2차 세계대전의 비극에서 마지막 장이 되기 바라며, 세계의 사람들이 서로의 사이에 평화와 이해가 필요하다는 교훈을 이 전쟁에서 얻기 바랍니다. 나는 독일을 믿습니다."

그가 죽음을 향해 떨어져 내려간 시각은 오전 2시 45분이었다.

요들과 자이스-잉카르트의 몸이 매달려 있는 채 사망의 공식 선언을 기다리고 있는 동안 체육관의 문이 열리고 자살한 괴링의 시체를 담은 들것을 들고 위병들이 들어섰다.

괴링은 죽음을 향한 나치 두령들의 행진에 자신을 앞장세우려는 연합군 사령부의 계획을 수포로 돌리는 데 성공했다. 그러나 연합군 사령부 대표들은 괴링이 죽은 몸으로라도 교수대 밑에서 자기 자리를 지키도록 만들지 않고는 견딜 수 없었던 것이다.

들것을 가져온 위병들은 제1 교수대와 제2 교수대 사이에 들것을 놓았다. 괴링의 벌거벗은 큼직한 발이 카키색 미 육군 군용 담요 끝에서 삐져나와 있었다. 푸른색 비단옷에 싸인 팔 하나는 옆으로 건들거리고 있었다.

진행을 맡은 대령이 담요를 벗기도록 명령했다. 괴링이 틀림없이 죽었다는 사실을 증인들과 연합국 기자들에게 확인시키려는 것이었다. 괴링이 탈주했다는 헛소문이 조금이라도 퍼지는 것을 군 당국은 결코 원치 않았다.

담요를 벗기자 드러난 괴링의 몸은 검은 비단 잠옷을 입고 그 위에 푸른색 셔츠를 걸치고 있었다. 셔츠가 흠뻑 젖어 있는 것은 감옥 의사들이 그를 되살리려고 노력한 흔적으로 생각되었다.

20세기 정치사에서 희대의 사기꾼으로 꼽힐 이 사람의 얼굴은 마지막 순간의 고통과 궁극적 반항의 표시가 어울려 아직도 일그러져 있었다.

그들은 괴링의 시체를 얼른 도로 덮었다. 마치 보르지아 가의 시대에서 뛰쳐나온 인물처럼 피와 아름다움 속에 파묻혀 살던 이 나치 괴수는 검은색 커튼을 지나 역사의 어두운 페이지 속으로 옮겨졌다.

출처　Kingsbury Smith, in Clark Kinnaird (ed.), *It Happened in 1946*, 1947

172

호텔에서 내려다 본 스탈린그라드

1949

존 스타인벡

우리가 묵을 호텔, 새로 수리한 인투어리스트 호텔이 길 건너편에 있었다. 우리는 큰 방 둘을 얻었다. 창밖으로 보이는 일대는 부서진 벽돌과 콘크리트, 으깨진 회가 쌓여 있는 폐허였고, 파괴된 장소면 꼭 자라는 것으로 보이는 이상한 꺼먼 잡초가 자라고 있었다.

스탈린그라드에 머무는 동안 이 넓은 폐허에 갈수록 마음을 붙이게 된 것은 그곳에 사람이 있기 때문이었다. 돌무더기 밑에 지하실과 구덩이들이 있었고 적지 않은 수의 사람들이 거기 살고 있었다. 스탈린그라드는 큰 도시로 아파트가 많이 있었는데, 지금은 외곽의 새 아파트밖에 없고, 사람들은 어디선가 살아야 한다. 그래서 아파트가 있던 건물의 지하실에 살고 있는 사람이 많은 것이다.

호텔방에서 내다보고 있노라면 큼직한 돌무더기 뒤에서 갑자기 소녀 하나가 나타나는데, 출근하러 나온 길인 듯 머리에 마무리 빗질을 하고 있다. 깨끗한 옷으로 깔끔하게 차려입은 소녀가 잡초덤불을 헤치며 직장으로 향하는 것이다. 어떻게 그렇게 살 수 있는지 도저히 이해가 가지 않는다. 땅 밑에 살면서 청결함과 자존심, 그리고 여성다움까지도 잃지 않고 지낼 수 있는 비결이 무엇인지.

다른 구멍에서 나온 아주머니들은 장에 가는 길인 듯, 머리에는 보자기를 쓰고 팔에는 장바구니를 끼고 있다. 현대인의 생활에 대한 기이하고도 영웅적인 모방이라고 생각되었다.

조금 으스스한 예외가 하나 있었다. 호텔 바로 뒤, 우리 창문에서 내려다보이는 자리에 조그만 쓰레기더미가 하나 있었다. 참외껍질, 뼈다귀, 감자껍질 따위를 버리는 곳이었다. 거기서 몇 야드 떨어진 곳에 들쥐 굴 어귀처럼 땅이 조금 볼록한 곳이 있었다.

매일 아침 일찍 이 구멍에서 여자아이 하나가 기어 나왔다. 다리가 길고 맨발이었으며, 가느다란 팔에는 힘줄이 드러나 보였고 머리카락은 지저분하게 헝클어져 있었다. 몇 년을 씻지 않았는지 살갗이 아주 시커멨다. 그런데 고개를 쳐들 때 보니 세상에서 가장 아름다운 얼굴의 하나였다. 눈은 여우 눈처럼 교활한 빛을 띠었는데, 사람의 눈이 아니었다. 균형이 잘 잡힌 얼굴은 백치스러운 것이 아니었다. 도시에서 벌어진 전투의 공포감 속에서 뭔가가 끊어져 버리고 망각의 편안함에 빠져든 것이었다.

아이는 쪼그리고 앉아 참외껍질을 주워 먹고, 다른 사람이 국을 끓이고 버린 뼈다귀를 빨았다. 배가 부를 때까지 보통 두 시간가량 거기 있었다. 그런 다음 잡초 덤불 속으로 들어가 햇볕을 받으며 잠이 든다. 얼굴은 깎아놓은 듯한 아름다움 그 자체였고, 긴 다리로 걷는 걸음걸이에는 야수와 같은 우아함이 배어 있었다.

주변의 지하실에 사는 사람들은 그 아이에게 말을 거는 일이 거의 없었다. 그러나 어느 날 아침 다른 구멍에서 나온 여자가 아이에게 빵 반 덩어리를 주는 것을 보았다. 여자아이는 거의 으르렁대는 기세로 빵을 낚아채 가슴에 꼭 끌어안았다. 야생으로 돌아간 개와 같은 눈길로 빵을 준 여인을 노려보고, 여인이 자기 지하실로 돌아가 사라질 때까지 의심쩍은 눈초리를 거두지 않았다.

그리고는 돌아서서 빵 덩어리에 얼굴을 파묻었는데, 빵 위로 내다보는 아이의 눈길은 짐승의 눈처럼 번들거리며 마구 흔들리고 있었다. 빵을 씹고 있는 동안 낡아빠진 더러운 숄의 한 자락이 지저분한 가슴팍에서 미끄러져 떨어졌는데, 무심결에 숄 자락을 잡아 가슴을 덮고 제자리에 맞춰 놓는 손길에서는 가슴이 저릴 정도의 여성다움이 풍겨 나왔다.

이런 사람들이 얼마나 많이 있을까 우리는 생각해 보았다. 20세기의 생활을 견뎌내지 못하게 된 사람들, 그러나 산 속으로 들어가는 대신 인간 역사의 오래된 언덕들 사이로, 쾌락과 고통, 그리고 자기보존의 해묵은 황무지로 돌아간 사람들. 오랫동안 꿈에 나올 얼굴이었다.

출처   John Steinbeck, *A Russian Journal*, Heinemann, 1949

한국전쟁 1

1950. 10. 17

남찬잔 부근의 민간인 희생

레지널드 톰슨

편저자 주 | 한국전쟁은 1950년 6월 소련의 사주를 받은 북한이 38선을 넘어 남한을 공격함으로써 시작되었다. 유엔이 남한 편에서 참전하였고 중화인민공화국은 북한을 도와주었다. 500만가량의 사람들이 죽은 후 1953년 7월 27일에 당시 남북간의 경계선을 고정시키는 정전협정으로 전쟁이 끝났다.

우리는 아질 씨 가족과 함께 갔다. 길은 헐벗은 논 사이를 달리다가 깊은 도랑을 건너는 다리에서 언덕굽이를 에둘러 구부러져 홍소리(里)로 향했다.

먼저 전쟁의 비극부터 적겠다. 카빈총의 째지는 소리와 한두 차례 자동화기를 쏟아 붓는 소리가 오른쪽 멀리 어디에선가 들려왔고, 농사꾼 여인 하나가 길가의 도랑에 거꾸러지는데, 아기 둘이 그녀의 몸에 기어오르고 있었다. 나는 누워 있는 여인의 모습을 사진에 담았다. 평화로운, 잠들어 있는 것 같은 모습이었다. 그러나 죽어 있는 것이었다.

한 아기는 여인의 배 위에 앉아 조그만 손을 뻗쳐 여인의 입술을 만지고 잡아당기다가 차츰 불안해진 듯 괴로운 비명을 지르기 시작했다. 아직도 따뜻한, 젖이 차 있는 여인의 가슴에 매달려 젖꼭지를 빨아 여인을 죽음으로부터 깨워

797

내려 하면서도 아기는 알고 있는 것이었다. 또 한 아이는 죽은 엄마의 발치에 우울한 모습으로 무감각하게 앉아 있었다.

누군가가 아이들에게 사과를 주어 주의를 돌리려 했다. 그러나 아무것도 아이들의 천진한 슬픔을 움직일 수 없었다. 전쟁의 잊을 수 없는 의미를 상기시키며 우리 모두를 못 견디게 만드는 광경이었다. 의무대 트럭이 도착하여 사병 하나가 두 아이를 안아 고아(孤兒)로서 그들 인생의 첫 발길을 떼어주었고 여인은 혼자 도랑 속에 남아 있었다.

───────◇◇◇───────

'남찬잔'은 황해도 평산군 남천읍을 말하는 것 같다. 본문 중 나오는 '홍소리'는 남천에서 경의선을 따라 60킬로미터가량 서북방에 있는 서흥군 홍수리를 말하는 것 같다.

출처   Reginald Thompson, *Cry Korea*, London, MacDonald, 1951

174

한국전쟁 2

1950. 11. 27~28

청천강에서의 미국군 후퇴

레지널드 톰슨

편저자 주 | 맥아더의 야심적인 인천 상륙으로 북한군의 보급선을 끊은 후 38
선을 넘으면 개입하지 않을 수 없다고 하는 중국의 경고를 무릅쓰고 미국군은
북쪽으로 진격했다. 1950년 10월 25일 18만의 중국 '의용군'이 전쟁에 뛰어들
었고, 12월 15일까지 연합군은 38선 부근까지 격퇴되었다.

술래잡기 같은 전쟁이었다. 험악한 산악이 펼쳐진 복잡한 지형 속에서 적군
은 자유롭게 돌아다니며, 낮 동안은 미국군이 휘두르는 주먹을 힘들이지 않고
피해 다니다가 밤이 되면 어둠에 시야가 가린 미국군을 맹렬한 기세로, 그리고
기막힌 절도를 가지고 덮쳤다. 중국군은 표적이 30야드 안에 들어오기 전에 총
을 쏘는 일이 없었다.

미국군은 엄청난 분량의 쓸데없는 무기를 가지고 길에 매달려 있었다. 대포
들은 뒤를 향해 굴러가고 있었다. 웅장한 대열들은 뒤로 돌려세워져 있었다. 갈
수록 좁아지는 길 위에 100마일에 걸쳐 거대한 차량들이 꼬리를 물고 있었다.

청천강 건너편으로부터 25사단이 건너오고 있었고, 스티븐스 대령의 후위
대(後衛隊)가 박천의 교두보와 신안주로 향하는 길 주변에 투입되었다. 그러나

적의 공격은 별로 없었다. 다만 급류를 앞에 둔 절박한 불안감만이 인간의 미약한 마음의 댐을 터뜨리고 8군 전체를 휩쓸고 있는 것이었다.

수천수만 개의 횃불과 모닥불에서 솟는 연기가 달의 모습을 지워버리고 고생하는 피난민들의 맥 빠진 모습을 실루엣으로 보여주고 있었다. 어떤 고대 벽화와도 같은 그 모습, 끝없이 되풀이되는 민중의 역할, 인간의 이야기는 터벅터벅 이어져 간다.

밤이 된들 휴식도 취침도 없었다. 경보가 정신없이 울리면 5초 내에 공격이 들어왔다. 공격군의 열 명 중 일곱은 수류탄을 말 그대로 몸에 칭칭 감고 있었고, 셋은 자동화기를 휘두르고 있었다.

27일 밤, 강 건너의 선발(先發) 포병대가 공격을 당했다. 포병대는 강을 건너 후퇴하려 했는데, 중국군은 미국군의 후방에 기관총을 안치해 놓고 강독에서 기다리고 있었다. 바주카포가 미국군 탱크 하나에 명중했고, 불타는 탱크의 참혹한 불빛을 받으며 포병대는 기를 쓰고 후퇴했다. 다른 탱크들이 병력을 싣고 얼어붙은 강을 건넜다.

지프차는 땅 위에 얼어붙어 꼼짝을 하지 않았고, 도하장(渡河場)에 몰려드는 장병들의 거추장스러운 발싸개는 얼어붙어 커다란 얼음덩어리가 되었다. 그러는 동안 적군 기관총의 껄끄러운 소리는 납과 같은 공포를 밤새도록 토해냈다.

부지휘관은 강을 건너자마자 탱크 하나를 집어타고 우박처럼 쏟아지는 포화를 뚫고 더 많은 부하들을 구하기 위해 뒤로 돌아갔다. 수류탄 하나가 그의 철모 위에서 터졌는데 기적과도 같이 그 사람은 어지러움을 느끼면서도 가까스로 일어나 동료 열 사람과 함께 탱크에 다시 타고 돌아왔다. 다른 사람들은 등에 부상을 입었다.

군사학적인 관점에서 본다면 한 마디로 엉망진창이었다. 버티면서 공격에 대응한다든가, 낮 동안 (적들은 낮에 움직이지 않으므로) 잃었던 땅을 되찾거나 오히려 진격해 나간다든가 하는 이야기는 어디서도 나온 적이 없었다. 훈련 받고 규율 있는 군대만이 그런 일을 할 수 있다.

그 사내들의 행동과 처신은 누구도 부럽지 않을 만큼 영웅적이었지만, 공격

1950년 9월 15일 유엔군은 맥아더 장국의 지휘 아래 인천에 상륙했다. 맥아더 장군은 북한군의 병참선
과 배후를 공격하는 작전을 통해 한국전쟁의 전세를 뒤바꾸었다.

당할 때의 태도는 언제나, 아주 노골적으로, "야, 튀고 보자!"였다. 그리고 그렇게 행동했다. 많은 경우 버티기 위해서는 희생이 따랐을 텐데, 그러기 위해서는 고된 훈련, 우수한 장교와 하사관, 사격 계획, 엄격한 규율이 필요했을 것이다. 그런 것들이 그 사내들에게는 없었다.

밤에는 괴기한 황무지였던 곳인데도 낮에는 돌아다닐 수 있다는 것이 기묘한 일이었다. 마치 그림자와 유령과 죽은자들의 세계처럼 느껴졌다. 황량한 장관이라 할 청천강의 쓸쓸한 강변에서 뿔같이 솟고 줄기줄기 뻗어나간 불타는 산들이 둘러서 있는 것을 바라보는 것은 무시무시한 경치였다. 미친 듯이 널려져 있는 산들은 마치 바다가 폭풍우 속의 어느 순간에 갑자기 굳어져 버린 것 같았다.

"우리가 샌드위치 속의 고기조각이 된 것 같아." 한 사병이 말했다. "중국 애들이 빵이고." 전에는 몰랐던 미국인들이 가진 침착성과 유머를 여기서 볼 수 있었다.

전체 사회의 한가운데, 중류층이 있어야 할 곳이 비어 뻥 뚫려 있는 것을 여기서는 분명히 볼 수 있었다. 꼭대기에 저들 상류층 고급장교들이 있었고, 밑바닥에도 저들 상류층 사람들이 있었다. 그러나 장교와 공무원을 비롯해 배경과 교육을 갖춘 각계각층의 지식인들을 배출할 그 계층이 여기에는 존재하지 않았다.

"우리가 압록강에 얼찐거리는 걸 중국놈들이 좋아하지 않나봐." 피로에 지친 분대를 인솔하고 탈것을 찾아가고 있던 한 하사관의 말이었다. 그 말에는 분노의 기색이 조금도 깃들어 있지 않았다. 그에게는 '오케이'였던 것이다. 압록강을 가지고 싶으면 가지라지. 한국전쟁은 이미 끝났다는 것을 그들은 모두 알고 있었다.

출처 Reginald Thompson, *Cry Korea*, London, MacDonald, 1951

175

한국전쟁 3

1950. 12

블레델 신부와 피난민 아이들

르네 커트포스

동이 틀 무렵 블레델 신부는 서울 한 고아원의 위층에 있는 온기 없는 방에서 옷을 입었다. 고아원으로 쓰고 있는 학교 건물의 모퉁이 모퉁이를 시베리아 바람이 사납게 훑어내고 있으므로 그는 파카 밑에 스웨터를 하나 더 껴입었다. 학교는 그가 한국 정부를 망신주어 빌려낸 것이었다. 대야 속의 물은 꽁꽁 얼어 있었다. 그의 쉰네 번째이며 마지막이 될 오늘의 '새벽 순찰'은 각별히 힘든 것이 될 모양이었다.

정문으로 향하는 복도의 얼어붙은 돌바닥 위에 그의 목 긴 구두가 따각대는 소리를 냈다. 트럭이 기다리고 있었고, 눈 덮인 자갈바닥 위에는 황회색 여명을 받으며 두 명의 한국인 보모가 평소와 같이 임무 수행 준비를 하고 서 있었다. 머리를 땋아 내린 나이 어린 보모들의 동그스레한 얼굴은 암소의 얼굴처럼 순하고 착해 보였다.

보모들과 함께 트럭에 올라탄 신부는 기사에게 지시를 내렸다. 대학로를 내려가다가 전찻길을 따라 남대문의 성채(城砦)처럼 웅장하고 엄숙한 모습을 지나고, 암시장 골목을 통과하여 강을 향해 내려갔다. 아직도 조용한 이 도시에서는 제일 부지런한 피난민들이 이제 움직이기 시작해, 보따리와 옷가지를 수습하며 오늘의 행정(行程)을 준비하고 있었다.

강변로에 도착할 무렵 신부는 바람에 대한 반응의 통상적인 첫 단계를 넘어서 있었다. 첫 단계에서는 이렇게 지독한 놈이 어디 있나 하는 분노가 날마다 더해진다. 그러나 지금은 지붕 없는 트럭의 좌석에 편안히 기대 앉아 면도날 같은 바람이 아무 힘 들이지 않고 자신의 뼈까지 저며내는 솜씨에 찬탄하고 있다.

강변로에서 갈라지는 좁고 지저분한 골목 하나가 있다. 썩은 지푸라기와 온갖 쓰레기가 널려 있어 추위 덕분이 아니라면 악취가 대단했을 이 길은 한강 철교의 교각 아래로 이어진다.

이 골목 입구에서 서울의 빈민가 주민 한 사람이 트럭을 기다리고 있었다. 불과 스물여덟의 나이에 이미 지치고 맥 빠지고 늙어버린 이 여자는 신부의 정보원 중 한 명으로, 보모들에게 쓸 만한 정보를 제공했을 때는 500원, 1실링에 해당하는 보수를 받는다. 그 여자는 이 돈을 얻기 위해 동틀 때 일어나 반 시간 동안 트럭을 기다린 것이었다.

골목의 쓰레기 위에서 끽끽대던 트럭 바퀴는 골목을 빠져나간 뒤 모랫길을 내려가다가 두 번째 교각 옆에 멈춰 섰다. 교각의 저쪽은 판자로 담을 쌓아 놓았고, 담 앞에는 지저분한 가마니가 쌓여 있었다. 가마니에는 흙이 잔뜩 붙어 있고 얼어서 판자처럼 단단했다. 신부가 가마니를 네 겹 벗겨내자 끔찍한 광경이 드러났다.

어린아이였다. 거의 벌거벗은 몸에 오물만이 잔뜩 덮여 있었다. 아이는 가마니 틈에 헤쳐 낸 보금자리 속에 자기가 배설한 오물 위에서 누워 있었다. 팔꿈치를 짚고 일어날 기력조차 없었지만, 갈라진 입술을 말아 올리고 피 흐르는 잇몸을 드러내며 성난 고양이 새끼처럼 신부를 향해 으르렁대고 침을 뱉을 기운은 있었다. 목은 빗자루 손잡이보다 많이 굵지 않았고, 굶주린 아이들 특유의 엄청난 올챙이배였다. 빈약한 목과 튀어나온 큰 눈을 보면 둥지 안의 새끼병아리가 겁먹은 모습과 같았다.

신부가 조심스레 팔에 안아 트럭으로 데려오는 동안 이 끔찍스러운 존재는 아무 소리를 내지 않으면서도 할퀴고 깨물려는 미약한 시도를 계속했다. 아이를 넘겨받은 보모들은 담요로 덮어주고 따뜻한 우유를 보온병에서 따라 먹이려 애썼다. 그러자 신부는 트럭 기사에게 또 하나의 주소를 일러주었고, '새벽 순찰'은 두 번째 목표지를 향해 출발했다.

오전 11시에 신부가 고아원에 돌아올 때는 트럭이 가득 차 있었다.

"그들이 바로 전쟁의 진짜 희생자들입니다." 조심스럽고 수줍은, 감정을 드러내지 않는 말씨로 신부가 말했다. "그들 중 열에 아홉은 피난민 대오(隊伍)에서 잃어버리거나 버림받은 아이들입니다. 친척이 아니면 아무도 입양을 받지 않지요. 이 고아원에만도 800명의 아이들이 있습니다. 대개의 아이들은 얼마 안 있어 회복이 되지만, 몸이 회복된 뒤에도 말 없는 아이들이 되는 경우가 적지 않습니다. 여기 온 뒤 지금까지 세 달 동안 '응', '아니' 외에 아무 말도 하지 않는 사내아이도 하나 있습니다."

출처　René Cutforth, *Korean Reporter*, Allan Wingate, 1952

176

토끼사냥

1952. 11. 3

조 애컬리

빅터와 나는 토끼사냥 산책길에 열 살 된 꼬마 버나드를 데려갔다. 아버지가 횡령죄로 몇 해 동안 감옥살이를 하고 있는 버나드는 커다란 파란 눈을 가진, 성질이 특이한 아이인데, 조금 편안치 않은 느낌을 주는 아이다. 자기를 데려가 달라고 간청했다. 전투적인 복장이었다. 거친 삼베로 만든 인디언 바지에 고무장화, 그리고 쇠막대기 하나를 들고는 그것이 총이라고 했다.

얼마 걷지 않았을 때 호텔에서 키우는 트립이라는 개가 가시나무 덤불 속에 있는 토끼를 한 마리 찾아 죽였다. 죽이는 데 시간이 좀 걸렸다. 개가 토끼를 따라 들어간 덤불이 매우 빽빽해서 토끼에게 제대로 달려들 수 없기 때문이었다. 원래 죽이는 데는 솜씨가 없는 편이라고 들었다. 찾는 데는 솜씨가 아주 좋지만. 그래서 토끼는 끝없이 비명을 질러댔다.

그 광경을 바라보는 버나드에게 대단히 흥미로운 반응이 일어났다. 히스테리 발작에 가까웠다. 충격을 견뎌내기 힘든 것 같았다. "아니, 아니. 아, 저 봐, 저 봐. 내가, 내가. 그래, 그래. 아, 그만, 그만." 온갖 감탄사가 연속으로 쏟아져 나왔다. 덤불 속으로 뛰어들려 하다가 펄쩍펄쩍 뛰고, 울먹거리기 시작하다가 울음을 삼켜버리고, 이따금씩 내 얼굴을 돌아보며 애매한 미소를 띠다가, 다시 덤불로 달려들곤 했다. 1분이 안 되는 사이에 일어난 일이었다.

빅터는 아이를 아주 잘 다뤘다. 처신을 똑바로 하라고 엄하게 타이르며 똑바로 못하면 집에 돌려보내겠다고 했다. 그리고 토끼를, 피를 흘리고 있지만 아직 살아 있는 토끼를 덤불 밑에서 끄집어내, 한 차례 손으로 때려 죽였다. 그런 다음 아이에게 말했다. 바보같이 굴지 말라고. 토끼는 해로운 동물이니까 죽여야 하는 것이고, 사냥에 따라오고 싶으면 그런 데 익숙해져야 한다고. 마음을 가라앉힌 버나드는 자기가 죽은 토끼를 들고 가게 해달라고 했다. 그러나 걸어가다가 이따금씩 말했다. "이놈이 울었어. 이놈 우는 소릴 들었어."

한참 가다가, 아이가 손으로 토끼 다리를 쥐고 걷는 것이 불편해 보였기 때문에, 개줄로 묶어서 어깨에 걸쳐 메도록 하기로 했다. 묶기 전에 빅터가 토끼 귀를 잡고 흔들어서 내장을 털어냈다. 그런 다음 개줄로 토끼 다리를 묶었다. 매듭을 단단히 묶고 있을 때 불쌍한 꼬마 버나드가 소리쳤다. "살살 묶어요, 살살!" 토끼가 아직도 고통을 당하고 있다고 순간적으로 생각되었던 모양이다. 그리고는 금세 잊어버린 듯, 대단한 사냥꾼이 되어 쇠막대기로 토끼와 새를 연신 잡는 시늉을 했다.

해로운 동물이니 뭐니 해도 살육의 장면은 당연히 역겨운 것일 수밖에 없다. 나 자신 또한 싫어하는 일이지만, 살다 보니 그 참혹성에 면역이 되어 있다. 꼬마 버나드는 이 조그만 사건을 평생 잊지 못할 것이다(그 아이는 토끼사냥을 가고 싶어하면서 또 한편으로는 늘 자기 토끼를 기르고 싶어했다). 이 경험이 아이의 인생에 영향을 끼치는 바가 있을지, 있다면 그것이 좋은 쪽일지 나쁜 쪽일지, 누가 짐작할 수 있을 것인가. 그러나 아이에게 끔찍한 충격을 주었다는 것은 분명한 일이다.

그리고 '해로운 동물'이라니! 인간은 어찌 그리도 오만한가. 이 지구가 인간의 소유물이란 말인가? 입장을 바꿔서 보면 토끼에게는 인간이 '해로운 동물'일 수 있지 않은가? 그리고 사실에 있어서 생명의 세계 전체에 대한 위협으로 볼 때 인간이 토끼보다 더 해로운 존재가 아닌가?

편저자가 서문에서 이야기하듯 한 사내아이가 살해의 행위에 길들여지는 '순결의 상실' 과정은 매우 중요한 역사 현상이다. 인류는 문명을 건설한 후 자연 상태의 진화와는 비교도 되지 않게 빠른 속도의 '문화적 진화' 과정에 들어섰다고 한다. 문명 이전의 인류에게는 적응하기 어려웠던 많은 상황에 적응하면서 인간의 자연스러운 본성에 맞지 않는 여러 가지 태도를 취할 수 있게 된 것은 문화적 진화 덕분이라는 것이다.

'순결의 상실'을 겪지 않은 아이들이 일반적으로 살해의 행위를 꺼리는 것을 보면, 문명 성립 이전의 인류가 공격적 육식동물이 아니었다는 추정이 확실히 옳은 것 같다.

출처   J. R. Ackerley, *My Sister and Myself: the Diaries of J. R. Ackerley*, Francis King (ed.), Hutchinson, 1982

177

베트남전쟁 1

1965

베트남 병사의 희생

개빈 영

편저자 주 | 베트남전쟁(1955~75)은 1965년에 급격하게 확대되었다. 공산 게릴라의 남 베트남 장악이 급박한 일로 보였다. 미국은 이에 대한 대응으로 이 해가 끝날 때까지 1만 8,000명의 미군을 베트남에 보냈다.

1965년, 미국군 병력이 대규모로 파견되기 전까지 베트남군은 총체적 붕괴를 향해 곤두박질치고 있는 것처럼 보였다. 매주 한두 개 대대가 괴멸되었고, 대부분의 전투 장소는 사이공에 아주 가까운 곳이었다.

어느 날 나는 사이공을 떠나 그 남쪽 강가에 있는 도시 미토로 가보았다. 버스에는 베트남 군인과 민간인이 가득 타고 있었고 좌석 밑에도 짐 보따리와 닭 같은 것들이 꼭꼭 채워져 있었다.

버스는 모래주머니와 철조망으로 요새처럼 만든 교량을 몇 개 지나갔고, 때로는 군인들이 차를 세우고 승객들을 둘러보았다. 뒤에 앉은 베트남인 둘이 내 어깨 넘어 고개를 내밀고 웃으며 농담을 건넸다. "베트콩 안 무서워? 베트콩이 탔는지도 몰라."

다음날 나는 라이츠 쌍안경을 목에 걸고 메콩강 삼각주의 논둑길을 일렬종

북베트남을 폭격 중인 미국 B-66 폭격기와 이를 호위하고 있는 네 대의 F-105 전폭기.

대로 행군하는 베트남 병사들 틈에 끼어 있었다. 그 부대는 7~8 평방마일 면적의 숲과 논, 물소와 마을들이 산재하는 지역으로부터 베트콩을 소탕하기 위해 끌어 모은 군대의 일부였다.

길이 좀 넓어지자 일렬종대가 풀렸고, 나는 앞에서 걷던 나이 어린 베트남 병사와 나란히 걷게 되었다. 그는 병정놀이 하는 어린아이같이 보였다. 철모는 우스꽝스럽게 컸고, 미제 칼빈총은 너무 길고 무거워 보였다. 탁한 녹색 전투복 밑으로 놀랍도록 가냘픈 몸매가 드러나 보였다. 전투복의 겨드랑이와 등판 가운데는 초승달 모양으로 땀자국이 꺼멓게 나타나 있었다. 그가 내 양가죽 장화를 가리키며 부러운 듯이 말했다.

"너, 신발, 최고."

"너 줄까?"

"안돼. 너, 무지 커. 나, 작아." 잠시 후 나를 다시 쳐다보았다.

"집, 미국?"

"영국."

"나, 집, 냐짱. 너, 봤어, 냐짱?"

그때까지 가본 일이 없는 곳이었다. 나중에 알고 보니 남중국해에 면해 있는 아름다운 조그만 도시였다. 훌륭한 모래사장들이 있었고, 당시에는 신선한 바닷가재를 해주는 프랑스 식당이 하나 있었다.

"물고기 많이 잡아, 냐짱에." 병사가 미소지으며 말했다.

당시까지 베트남인을 많이 만나보지 못했던 나는 그를 흥미롭게 살펴보았다. 튀어나온 광대뼈의 섬세한 곡선이 장미봉오리 같은 입까지 미끄러져 떨어지는 그 중간에 수염 비슷한 것은 전연 보이지 않았다. 많아야 열아홉 살이나 되었을까?

비가 내리기 시작했고, 새로 얻은 친구 등판의 젖은 자국은 철모에서 떨어지는 물방울을 받으며 빠르게 자라났다. 그는 어깨의 칼빈총 총신에 빗물이 들어가지 않도록 뒤집어 멘 다음 내 소매에 손 하나를 올려놓으며 미소를 띠고 나를 쳐다보았다.

"너, 최고, 친구. 와, 냐짱, 오케이?"

"나, 가, 냐짱."

하사관 하나가 신경질적으로 팔을 흔들고는 입술에 손가락을 대 보였다. 이제 우리는 아무 말 없이 빗방울 소리와 이따금 나는 쇠붙이 부딪치는 소리나 기침소리만을 들으며 나무가 한 줄로 서 있는 곳에 다가가고 있었다.

포탄이 터졌을 때 내 느낌은 공중에서 뭔가가 떨어진 것이 아니라 땅속에서 조그만 화산 하나가 분출한 것 같았다. 장화를 통해 발바닥에 큰 진동을 느끼는가 하는 순간, 나는 폭발풍(爆發風)에 쓸려 땅바닥에 나동그라졌다.

나는 누운 채 포탄이 더 터질 것을 기다렸지만, 이것은 계획적인 매복은커녕 지속적인 공격도 아니었다. 멀리 떨어진 곳에서 포탄 하나가 더 터지고는 무거운 정적만이 남았다.

나는 가슴이 쾅쾅 뛰고 손이 떨렸다. 그때 가까이에서 사람의 소리가, 반은 흐느끼는 듯하고 반은 헐떡이는 것 같은 소리가 들려왔다. 철모 하나가 버려진 조개껍질처럼 땅바닥에 떨어져 있었고, 그 곁에 냐짱 출신의 내 친구가 한 손으로는 자기 배를 틀어쥐고, 다른 한 손으로는 땅을 짚고 일어서려 애를 쓰고 있었다. 나는 그에게 건너갔다.

나는 왼손으로 그의 어깨를 감아 내 무릎에 기대도록 했지만 그 다음에 어떻게 해야 할지 알 수 없었다. 그의 눈은 감겨 있었고, 빗물이 그의 머리카락을 적신 뒤 얼굴과 목으로 흘러내리고 있었다.

끔찍한 냄새를 느꼈다. 젖은 셔츠자락을 헤치고 보니 가슴뼈 아래쪽이 꺼멓게 번들거리며 엉망진창이 되어 있었다. 찢어진 옷 조각들이 빗물, 피, 체액, 그리고 금속 파편으로 찢어진 뱃속에서 나올 수 있는 모든 것에 젖어 시커멓게 엉켜 있었다.

눈꺼풀이 깜박대다가 열리고 그가 미간을 찌푸렸다. "아파, 나." 맥없는 목소리였다.

그는 죽어가고 있었다. 아무 소용도 없이 그의 얼굴에서 빗물을 닦아내려 애쓰고 있던 내 오른손을 그가 더듬어 찾더니 따뜻하고 축축한 엉망진창 위에 갖다대고 지긋이 눌렀다. 나는 아무런 역겨움도 느끼지 않았다. 그와 나 둘이 힘을 합치면 그를 지켜낼 수 있다는 생각에 나는 사로잡혀 있었다.

"아파, 나." 그가 다시 속삭였다. 반달 모양의 섬세한 눈꺼풀 안쪽 모퉁이에 물방울 하나가 맺혀 있었다. 빗방울이었을까? 눈물이었을까?

잠시 후 사람들이 와서 조심스럽게 그를 데려갔다. 그의 몸은 늘어지고, 머리는 마치 목의 받침대가 꺾인 것처럼 뒤로 젖혀져 있었다.

뒤에 남은 나의 손과 옷에서는 도살장의 악취와 같은 냄새가 남아 있었다. 목에 걸었던 쌍안경 줄이 끊어져 렌즈가 피와 체액으로 범벅이 되어 있었다. 렌즈 안에까지 무엇이 들어갔는지, 나중에 아무리 잘 닦아도 전에는 없던 얼룩과 반점이 그대로 남아 있었다.

출처   Gavin Young, *Slow Boats to China*, Hutchinson, 1981

178

베트남전쟁 2

1967. 8. 23

인민의 마음을 얻는 작전, 남 베트남 투일롱

존 필거

편저자 주 | 1966년 여름 미군은 '평화 회복' 작전을 개시했다. 마을들을 고립시켜 게릴라로부터 보호하고 광범한 지역에 고엽제를 뿌려 베트콩의 은신을 어렵게 만든다는 작전이었다.

멜빌 머렐 상사가 속한 미 해병 소대가 다낭 서쪽의 투일롱 마을에 헬리콥터로 투입되었을 때, 소대의 임무는 "평화 회복 작전 지침서 233페이지에 설명되어 있는 것과 같은 기본 자유"를 전파하고, 같은 책 86페이지에 명시된 것과 같은 방법으로 주민의 신뢰와 호감을 확보하라는 것이었다. 그러나 마을에 들어온 그들은 아무도 볼 수 없다. 어린아이는커녕 닭 한 마리 보이지 않는다. 부대가 하늘에서 내려오는 것을 본 주민들은 대부분 논으로 나가버리거나 집의 그늘 밑에 가만히 숨어 있었던 것이다.

"여러분, 나오세요. 우리는 친굽니다." 머렐 상사가 확성기로 외친다, 영어로.

"나오라니까요, 다들. 쌀과 사탕, 그리고 칫솔을 주려고 가져왔어요." 그는 무더운 침묵 속에 계속 외친다.

"이봐요, 당신네가 나와서 우리를 만나지 않으면 우리가 쳐들어가서 만날 거요." 자기 딴에는 농담이다. 사병들이 하는 식의 농담이다.

그래서 투일롱 주민들은 나와서 줄을 선다. 미국산 '엉클 벤'표 '기적의 쌀', 허쉬 초콜릿, 네 가지 색상으로 나온 7,000개의 칫솔, '슈퍼맨' 따위 아이들 만화 등이 든 보따리를 받으러 줄을 선다. 그리고 거의 감동적이라 할 만한 간략한 예식을 통해 전지로 작동하는 노란색 휴대용 수세식 변기 네 개를 촌장이 받는다.

"이런 것을 여러분이 필요로 한다면 이것을 가져온 곳에는 얼마든지 더 있습니다." 머렐 상사가 말한다.

선물 증여(贈與)가 끝나고 아이들이 즐겁게 뛰놀 때 머렐 상사는 일지에 적는다. "처음에 그들은 우리가 돕기 위해 이곳에 왔다는 것을 이해하지 못하는 것 같았다. 그러나 그렇지 않다는 것을 설득하였고, 이제 그들은 안정되었고 우리 편이 되었다. 힘과 인도주의를 겸비한 우리의 자세를 그들이 존중하게 되었다고 나는 믿는다. 대령님께서 만족하실 것으로 나는 믿는다."

나와 함께 투일롱에 온 해병대는 CAC(Combined Action Company)부대라고 부른다. 민사(民事)와 작전을 겸한다는 뜻이다.

CAC부대는 먼저 한 마을에 들어가 참호와 부비트랩, 철조망을 설치하여 마을을 '보호'한다. 주민들이 보호해 달라고 부탁했는지 여부는 관계없다. 다음에는 그 마을이 '우호적'이라 선포하고 "평화 회복 작전 지침서 233페이지에 설명되어 있는 것과 같은 기본 자유"를 남녀노소 가리지 않고 주민 모두에게 전파한다.

그러나 문제가 있다. 미 해병들은 베트남인과 싸우는 데 익숙하지, 그들에게 기본 자유를 전파하고 그들의 마음을 얻는 데 익숙하지 않다. "이것 한 가지는 걔들한테 분명히 합니다." 머렐 상사는 말한다. "시키는 대로 움직여야 한다는 것. 나는 늘 말하지요. 총 쥔 놈 하는 말이 늘 옳은 말이라고."

1주일 후 투일롱에서.

리처드 트루볼 대령이 도착했다. 머렐 상사가 너스레를 떤다. "아이고, 대령님, 이렇게 반가울 수가!"

"여기는 어떻게 되어 가나, 머렐 상사? 위생 계획도 잘 진척되고? 칫솔과 변기가 효과를 많이 일으키는가?"

"그러문입쇼, 대령님. 칫솔은 정말 잘 먹혀들었습니다요. 그런데 이 사람들을 욕실에 가게 하는 거가 좀…… 이 사람들은 수천 년 동안 다른 식으로 해 왔기 때문에 그 식을 더 좋아하는 것 같습니다요."

대령은 생각에 잠긴다.

"포기하지 말게, 머렐 상사. 내가 목요일 날 휴대용 샤워기를 하나 보내줄게."

"넵, 대령님!"

출처 John Pilger, *The Last Day*, London, Syndication International, 1975

179

베트남전쟁 3

1968. 3. 16

미 11보병여단 C중대의 밀라이 진압

《타임》특파원

편저자 주 | 밀라이 학살의 소식은 1969년 11월에야 알려졌다. 이 사건에 대한 미 육군의 수사는 1968년 9월부터 진행되고 있었다. 윌리엄 캘리 중위는 109명의 베트남 민간인을 살해한 죄로 군사재판을 받았다.

제프리 라크로스 중위가 지휘하는 소대의 분대장 웨스트는 캘리 소대의 뒤를 이어 밀라이에 들어갔다. "모두 다 총질을 하고 있었다." 웨스트는 말했다. "오두막집 몇 채에는 누가 불을 질러 놓았다. 신참 사병 중에는 어린애들을 쏘고 있는 놈들이 있었다." 그의 말로는 그 혼란 속에서 남자 여자를 구별하는 것도 쉽지 않았다. 똑같이 헐렁한 검은 옷을 입고 똑같은 원뿔 모양 모자를 썼기 때문이다. 그는 분대원들을 데리고 여자와 아이들을 모아놓는 일을 도왔다.

분대원 하나가 "나는 이 사람들을 쏠 수 없다"고 항의하자 웨스트는 그에게 한 무리 사람들을 메디나 대위에게 데려다주라고 시켰다. 마을에서 나오는 길에 웨스트는 죽은 민간인과 죽어가는 민간인들이 그득한 도랑을 본 기억을 이야기한다. 그의 소대가 지나가는 옆에서 팔과 다리 양쪽에 부상을 입은 아이가 울고 있었는데, 한 사병이 "쟤는 어떡하지?" 하고 묻는 소리가 들리더니 총소리가 나고 아이가 쓰러졌다. "그 아이는 아무 짓도 안했는데. 무기도 들지 않고 있었는데." 웨스트는 말했다.

캘리 소대의 뒤를 따라간 부대 속에는 22세의 바나도 심슨 일병도 있었다. 그의 말은 이렇다. "마을에 들어간 자들은 모두 살기가 등등해 있었다. 많은 동료들을 잃은 뒤였고 그 마을은 베트콩 기지였으니까. 우리는 그곳 사람들을 베트콩 아니면 베트콩 협조자로 여겼다."

그의 소대는 왼쪽 방향에서 접근했다. "내가 마을에 도착했을 때 여자 하나, 남자 하나와 애 하나가 마을로부터 몇 채의 오두막집이 있는 쪽으로 달아나고 있었다. 나는 그들의 말로 서라고 했는데 그들은 서지 않았고, 그런 경우 쏘아 죽이라는 명령을 받고 있었기 때문에 나는 그렇게 했다. 그것이 내가 한 짓이다. 나는 그들, 여자와 아이를 쏘았다. 아이는 두 살 정도로 보였다."

캘리 소대의 일원이던 22세의 폴 데이비드 미앨도는 상세한 진술을 남겼다……(생략)…… 미앨도와 그 동료들은 마을을 가로질러 다니며 남자들, 여자들, 아이들을 마을 가운데로 몰아들였다고 그는 말한다. "하나의 조그만 섬처럼."

"캘리 중위가 건너와서 말했죠. '쟤네들 어떻게 하는 건지 너희들 알지?' 내가 안다고 대답했죠. 중위는 딴 데로 갔다가 10분쯤 후에 다시 와서 '왜 쟤들을 아직 안 죽였지?' 하는 겁니다. 그래서 내가 대답하기를 우리에게 그들을 죽이라고 한 것이 아니라 지키고 있으라고 한 것으로 생각했다고 했습니다. 그가 '죽이란 말이야' 하고는 그들에게 총을 쏘기 시작하고 우리에게도 쏘라고 했습니다. 나는 네 탄창(68발)가량을 쏟아 부었습니다. 내 총에 죽은 사람이 열이나 열다섯 정도 될 겁니다."

"그리고 우리는 사람들을 더 찾기 시작해서 일곱이나 여덟 정도 모았을 때 그들을 오두막 하나에 몰아넣고 수류탄을 던져 넣었습니다. 다음에는 70에서 75명 정도를 절벽 가에 모아 놓은 적이 있었는데 우리도 합류했습니다. 그때 캘리 중위가 '미앨도, 우리 할 일이 또 있지' 하고 내게 말하더니 사람들을 절벽 밖으로 떠밀고 총으로 쏘기 시작했습니다. 우리는 그 사람들을 모두 떠밀고 그 위에 자동화기를 퍼부었습니다."

제이 로버츠 이병의 증언을 들으면, 날뛰는 미국군들의 마음에서 가장 큰 욕망은 사람을 죽이는 것이었지만, 그것이 유일한 욕망은 아니었던 모양이다.

로버츠는 《라이프》 기자에게 이렇게 말했다. "마을 바로 바깥에 큼직한 시체 무더기가 하나 있었지요. 아주 조그만 아이 하나, 러닝 하나밖에 아무것도 걸치지 않은 아이 하나가 이 무더기로 다가와 시체 하나의 손을 잡고 있었습니다. 내 뒤에 있던 사병 하나가 30미터 거리에서 '앉아쏴' 자세를 하더니 한 방에 아이를 날려 버렸습니다."

로버츠는 군인들이 여자 한 무리를 몰고 가는 광경도 본 일이 있는데, 그 중의 하나는 열서너 살 되어 보이는 검은 옷을 입은 아이였다. "병사 하나가 그 아이를 붙잡아 여럿이 함께 옷을 벗기기 시작했습니다. '애가 뭘로 만든 앤지 한 번 보자.' 한 놈이 말하자 또 한 놈이 '베트콩 갈보 같애' 하고, 또 다른 한 놈은 '난 꼴려' 했습니다. 시체와 불타는 집이 온통 널려 있는 가운데서 아이를 발가 벗기려 하는데, 아이의 어머니는 아이를 구하려고 병사들에게 겨우 손톱을 무기로 달려들고 있었지요."

로버츠의 증언은 계속된다. "또 한 명의 베트남 여자는 자기네 안전을 생각해서 오히려 그 어머니에게 대들지 말라고 말리고 있었지요. 병사 한 놈이 어머니를 걷어차고 또 한 놈이 손으로 몇 대 때렸습니다. 헤이벌[사진사]이 뛰어와 여자들 사진을 찍었습니다. 사진에 보면 여자아이가 어머니 뒤에 숨어서 윗도리 단추를 채우려 애쓰는 모습이 나오죠. 히히덕대던 병사들은 그 자리를 떠나 돌아서서 아무 일도 없던 척했습니다. 그때 한 놈이 '이제 저것들을 어떡하나?' 묻자 또 한 놈이 '없애 버리지, 뭐' 하고 대답했습니다. M60 터지는 소리와 경기관총 쏘는 소리가 들리더니, 우리가 그쪽으로 돌아섰을 때는 모두, 데리고 있던 어린아이들까지 모두 죽어 있었습니다."

출처 *Time Magazine*, 5 December 1969

180

참전용사 행진, 워싱턴 DC

1971. 4. 25

존 필거

편저자 주 | 1970년 베트콩 기지를 파괴하기 위한 미군의 캄보디아 침공은 전세계의 베트남전 반대 시위를 격화시켰다. 전쟁은 1975년 남베트남 정부가 항복하여 사이공이 저항 없이 함락될 때까지 계속되었다.

"진실이 드러났소! 미키 마우스는 죽었소! 좋은 놈들이라는 것이 사실은 나쁜 놈들이 가장(假裝)한 것이었소!" 연사는 뉴욕에서 온 윌리엄 와이먼이다. 열아홉 살의 와이먼은 다리가 없다. 그는 미 의회 의사당 계단 위에 놓인 휠체어에, 30만 군중의 일원으로 앉아있다. 미국 역사상 최대의 시위집회다.

그는 베트남전 참전용사들 수백 명과 함께 떼어낸 훈장과 수장을 개똥이라고 부르며 의사당 계단을 향해 집어던졌다.

이제 그는 그를 동정하여 둘러싸고 있는 사람들에게 말하고 있다. "다리를 잃기 전까지 나는 사람을 죽이고 또 죽이고 끝없이 죽였습니다. 우리 모두 그랬어요. 맙소사, 나를 위해 슬퍼하지 마세요."

참전용사들은 꼬박 한 주일 동안 워싱턴에 머무르고 있다. 이 나라에서 젊은 병사들이 자기네가 참전한 전쟁, 지금도 계속되고 있는 전쟁을 반대하고 나서는 것은 처음 있는 일이다. 그들은 평범한 미국인 남녀들을 길에서 멈춰 세우고 참혹한 전쟁과 자기네들이 한 짓을 열심히 이야기해 주었다.

목발을 짚은 일개 대대가 국방성까지 비틀거리며 행진해 가서 자기네를 잡아 넣으라고 하자 위트 있는 준장 한 사람이 말했다. "미안합니다. 여기서는 미국군 포로를 받지 않습니다."

구축함 조타수였던 데일 그레나더는 확성기로 소리치며 베트남의 한 마을을 파괴하는 일에 가담했던 이야기를 퇴근하는 행인들에게 들려주고 있다.

"들어보세요, 여러분……(생략)…… 마을이 통째로 불타고 있는데 사람들이 들판으로 도망가고 있다고 정찰기에서 알려주는 거예요. 그래서 집속탄(集束彈)으로 바꿔서 사냥질을 하다가 나중에는 네이팜탄을 퍼붓고 사람들 타죽는 구경을 했답니다."

지금 워싱턴에서 참전용사 시위대의 존재는 미국인의 정서에 큰 혼란을 일으키고 있다. 의사당에 동원된 경찰의 경사 한 사람은 말한다. "젠장, 저 사람들에게 손을 대느니 내 경찰배지를 떼어 던지겠소." 지나가고 있던 사업가 한 사람은 가던 길을 그만두고 빌 로이비를 위해 길 터주는 일에 열중하고 있다.

빌은 육군병원에서 2년을 지냈고, 목발 없이는 움직일 수 없는 사람이다. 붉은 야구 모자를 쓴 할아버지와 푸른색으로 머리 염색을 한 할머니는 봄철의 워싱턴을 구경하러 조지아에서 온 사람들인데, 지금은 베트남에서 아들을 잃은 아주머니와 나란히 행진하고 있다. '미국혁명의 딸들'은 내일이라도 신이 나서 지구를 폭파해 버릴 수 있는 극우파 여성단체인데, 마침 워싱턴에서 집회를 열고 있던 위세당당한 아주머니들이 행진 대열이 지나가는 옆에서 꼼짝 못하고 서서 거의, 정말 거의, 울음을 터뜨릴 지경이 되어 있다.

행진 가운데 캘리포니아에서 온 잭 솔이 미소 짓는 리처드 닉슨의 기괴한 가면을 쓰고 있다. 누가 장난으로 잭에게 진짜 얼굴을 보여 달라고 하자, 그는 가면을 벗고 막 황산을 뒤집어쓴 것 같은 얼굴을 보이며 말한다. "평화!"

출처 John Pilger, *The Last Day*, London, Syndication International, 1975

181

차틸라 학살

1982. 9. 16~17

로버트 피스크

편저자 주 | 이스라엘군은 6월 6일 남부 레바논을 침략했고, 팔레스타인 해방군은 8월 말 미군의 감독 아래 시리아로 철수했다. 그 후 이스라엘은 차브라와 차틸라의 난민수용소 운영을 레바논 민병대에게 맡겼다. 하다드 소령은 레바논군에서 파면당한 장교였다.

길에도, 골목에도, 뒷마당에도, 부서진 방 안에도, 무너진 돌더미 밑에도, 쓰레기통 뚜껑 위에도, 없는 곳이 없었다. 살인자들, 이스라엘이 '테러리스트 소탕'을 위해 열아홉 시간 전에 투입했던 기독교 민병대원들이 막 떠난 뒤였다. 땅 위의 피가 아직 마르지 않은 곳도 있었다. 100구까지 시체를 헤아린 뒤 헤아리기를 그만두었다.

차틸라의 팔레스타인인 학살이 끝난 스물네 시간 뒤까지도 희생자 수를 확실하게 아는 사람이 아무도 없었다. 어느 골목길에 들어가 보아도 남녀노소의 시체가 기관총이나 칼에 맞아 죽은 자리에 끔찍한 모습으로 마구 널려 있었다.

돌무더기 사이의 틈새마다 더 많은 시체가 있었다. 한 팔레스타인 병원의 환자들은 총잡이들이 의사들을 몰아낸 후 그냥 몽땅 없어졌다. 서둘러 판 떼무덤 흔적도 보였다. 여기서 죽은 사람이 아마 1,000명은 될 것이다. 1,500까지 될 지도 모른다.

금요일 밤에서 토요일 아침까지 차틸라에서 벌어진 상황의 전모는 영원히 밝혀지지 못할지도 모른다. 목격자들은 죽어버렸거나, 아니면 자기 범죄를 드러내고 싶어 하지 않을 것이기 때문이다.

분명한 사실은 금요일 저녁 여섯 시에 우익 기독교 팔랑헤 민병대와 사드 하다드 소령이 이끄는 남부 레바논의 반란군 제복을 입고 배지를 단 총잡이들이 트럭 여러 대를 타고 수용소 남쪽 문으로 들어가는 것을 기자들이 목격했다는 것이다.

수용소 안에서는 불길이 여기저기 솟아오르고 격렬한 총성이 들렸다. 이스라엘 보병과 기갑부대는 수용소 외곽을 지키고 서 있으면서 레바논 침략 이래 자기네 협력자였던 총잡이들이 들어가는 것을 가로막으려 하지 않았다.

나중에 이스라엘 외무부 대변인은 이스라엘 측에서 수용소 안에 있다고 주장해 온 2,000명의 팔레스타인 "테러리스트" 중 일부를 색출하기 위해 민병대를 들여보낸 것이라고 주장했다. 기자들은 들어가지 못하도록 저지당했다.

다음날 아침 열 시에 우리가 수용소 안에서 본 광경은 필설(筆舌)로 형용할 수 없는 것이다. 소설 안에나 그리던지, 아니면 의학 보고서의 차가운 문체(文體)로 전할 수밖에 없다.

그러나 구체적인 내용을 전해 놓아야 한다. 한 주일 두 주일 시간이 가는 동안 민병대와 군대와 정부들이 이곳에서 팔레스타인 민간인들이 당한 참변의 책임을 놓고 떠넘기기를 하는 와중에서 사실로 둔갑할 것이기 때문이다. 이곳은 레바논이 아닌가.

수용소의 남쪽 문 바로 안쪽은 콘크리트로 지은 단층집이 많이 있는 곳이었다. 그런데 우리가 차틸라 입구의 진흙길을 걸어 들어가며 보니 이 집들이 모두 폭파되어 무너져 있었다. 한 길에는 탄약상자가 널려져 있었고 무너진 콘크리트더미 위에는 파리떼가 새까맣게 몰려 있었다. 입구에서 50야드도 되지 않는 곳에서 오른쪽 골목 안에 시체더미가 하나 있었다.

여남은 명의 젊은이들 시체가 죽음의 고통 속에 팔다리가 뒤얽힌 채 쌓여 있었다. 모두 오른쪽이나 왼쪽 뺨에 근접사격을 당해 탄환이 뇌에 박히면서 살갗을 찢어낸 자국이 귀까지 이어져 있었다. 목 왼쪽에 선명한 주홍색 흉터가 남아있는 시체도 몇 있었다. 거세(去勢)당한 시체도 하나 있었다. 모두 눈을 부릅뜨고 있었고, 파리떼는 이제 막 모이기 시작하고 있었다. 가장 어린 사람은 열두어 살 정도로 보였다.

한 길의 건너편 돌무더기 틈으로 올라간 곳에는 여자 다섯과 아이들 몇의 시체가 널려 있었다. 여자들은 중년의 나이였고, 시체들은 돌무더기 위에 걸쳐져 있었다. 하늘을 향해 누워 있는 시체 하나는 옷이 찢겨져 있었는데 그 뒤로 조그만 여자아이의 머리가 비집고 나와 있었다. 곱슬진 검은 머리를 짧게 깎은 여자아이의 눈이 우리를 쳐다보고 있었고 이마를 찌푸리고 있었다. 죽어 있었다.

아이 또 하나는 길 위에 버려진 꽃처럼 뒹굴고 있었고 흰 옷은 흙과 먼지로 얼룩져 있었다. 세 살도 안 되어 보였다. 아이의 뒤통수가 총알에 날아가 있었다. 여자 하나 역시 조그만 아기를 데리고 있었다. 여자의 가슴을 꿰뚫은 총알이 아기까지 한꺼번에 죽인 것이었다.

우리 오른쪽으로 콘크리트와 진흙으로 쌓은 조그만 바리케이드 같은 것이 보였다. 그러나 다가가 보니 사람의 팔 같은 것이 그 표면에 보였다. 커다란 돌멩이로 보았던 것이 사실은 몸통의 한 부분이었다. 마치 불도저로 시체들을 길 옆에 몰아붙여 놓은 것 같았다. 그리고 사실이 그러했다. 바로 저 밑에, 운전석이 비어있는 불도저 한 대가 죄지은 사람처럼 서 있었다.

흙과 시체로 이뤄진 이 담장 건너편에 나직한 붉은 돌담 앞으로 자루처럼 보이는 것들이 한 무더기 널려 있었다. 그리로 가기 위해 담장을 넘으면서 담장 속의 시체를 밟지 않도록 무척 조심해야 했다.

낮은 돌담 앞에는 젊은이들과 소년들이 한 줄로 엎어져 있었다. 격식 갖춘 총살로 벽을 향해 서서 등에 총을 맞은 시체들이 쓰러진 자리에 애처롭고도 처참한 자세로 버려져 있는 것이었다. 총살의 벽과 시체의 줄이 뭔가 전에 본 것을 연상시키는 것 같았는데, 조금 지난 뒤에야 우리는 깨달았다. 2차대전 중 유럽의 추축국(樞軸國) 점령지에서 있었던 낡은 처형 사진과 얼마나 비슷한 것인지. 그곳의 시체는 열다섯 구쯤 되는 것 같았다. 더러는 포개져 있었다……(생략)……

언제나 마찬가지였다. 부서지지 않은 조그만 집 하나에 작은 마당으로 들어가는 갈색 철문이 있었다. 뭔가 직감에 따라 그 문을 밀어 열었다. 살인자들이 금방 떠난 곳이었다. 젊은 여자 하나가 땅 위에 누워있었다. 열기 속에 일광욕을 하는 것처럼 누워 있었고 등에서 흐르는 피는 아직도 축축했다. 두 발을 모으고 팔을 펼친 채 누워 있는 여인의 표정은 마치 마지막 순간에 자신의 구세주를 만난 듯했다. 아름다운 얼굴에 눈을 감은 모습이 마돈나와도 같았다. 가슴 위의 조그만 구멍과 바닥을 가로지른 핏자국만이 여인의 죽음을 말해주었다.

수용소 안에서는 전투가 있었다. 사브라 모스크 부근의 길은 탄약상자와 탄피로 덮여 있었고, 장비 중에는 팔레스타인인들이 사용하는 소련 제품이 있었다.

이곳에 게릴라가 있었던 것은 분명한 일이었다. 그러나 이쪽 길의 한 복판에 떨어져 있는 것은 놀랍게도 실제 크기의 나무로 똑같이 깎아 만든 칼라슈니코프 소총이었다. 총대가 부러져 있었다. 모조품이었던 것이다……(생략)……

장갑차 위에 설치한 태노이 스피커로 이스라엘 장교의 목소리가 흘러나와 차틸라 수용소에 퍼지고 있었다. 인정미 없는 목소리로 그는 소리치고 있었다. "길거리에 나오지 마시오. 우리는 테러리스트를 수색하고 있습니다. 길거리에 나오지 마시오. 발포합니다."

한 시간 뒤, 차틸라에서 멀리 떨어진 갈레리에 세마안에서 누군가가 정말로 군인들에게 사격을 가했고, 나는 이스라엘군 소령 한 사람과 나란히 도랑에 엎드려 있었다. 이스라엘군은 길 옆의 무너진 건물 하나에 엄청난 사격을 퍼부어 부서진 건물 조각이 과자조각처럼 흩날리는 것이 보였다. 나는 소령과 15분 동안 도랑에 엎드려 있었다. 그가 차틸라에 관해 물었고 나는 본 대로 대답했다.

그러자 그가 말했다.

"한 가지 말해 주겠소. 하다드 부대는 우리와 함께 들어가게 되어 있었던 거요. 어제 그 치들 둘을 쏘지 않을 수 없었소. 하나는 죽이고 하나는 부상을 입혔소. 그밖에 두 명을 연행했소. 나쁜 짓을 하던 놈들이오. 그것만 말해 주겠소." 차틸라에서 있었던 일이오? 당신 자신이 그곳에 있었소? 나는 거듭 물었지만 그는 더 이상 말하지 않았다.

소령의 무전병이 우리 뒤에 엎드려 있다가 내 옆으로 기어왔다. 아주 젊은 사람이었다. 그가 자기 가슴을 가리키며 말했다. "우리 이스라엘 사람들은 그런 짓 안 해요. 기독교인들 짓이에요."

출처   Robert Fisk, *The Times*, 20 September 1982

동시대의 기록, 후대의 사료

"공자 말씀에……" 하고 누가 이야기를 시작하면 나부터 고리타분한 이야기를 예상하고 귓문이 좁아지기 마련이다. 그러나 이 이야기는 어쩔 수 없이 그렇게 시작해야겠다.

"적기만 하고 짓지 않는다[述而不作]"는 공자 말씀이 있다. 노(魯)나라 역사로서 『춘추(春秋)』를 편찬하는 자세를 말한 것이다. 있었던 일을 그대로 적을 뿐이지, 적는 사람의 주관을 개입시키지 않는다는 것이다.

역사 서술에 역사가의 주관이 완전히 배제될 수 있겠는가? 『춘추』가 후세에 두고두고 훌륭한 글로 숭앙받은 것은 『춘추대의(春秋大義)』 때문이다. 편찬자의 주관이 적극적으로 나타난 책이라는 것이다.

여기에 하나의 역설이 있다. 공자는 『춘추』에 자신의 뜻을 극히 절제된 형태로 아껴서 표현했다. 그래서 그 뜻이 큰 힘을 가질 수 있었던 것이다. "작은 말에 큰 뜻을 담는다[微言大義]"는 말은 이 역설을 가리키는 것이다.

이 '술이부작'의 자세는 사마천(司馬遷)의 『사기(史記)』에서 사마광(司馬光)의 『자치통감(資治通鑑)』을 거쳐 조익(趙翼)의 『이십이사차기(二十二史箚記)』에 이르기까지 중국에서 역사서술의 큰 전통으로 근세까지 이어졌다. 이 전통은 서

술 당시의 기준으로 재단되지 않은, 사건 당시의 상황을 있는 그대로 보여주는 미덕을 가진 것이었다.

　오늘날의 사람들에게 익숙한 역사는 근대 유럽에서 발달한 '근대역사학'이다. 근대역사학에도 여러 갈래의 흐름이 있지만 적극적 해석을 요구한다는 점에서는 같은 경향을 보여 왔다. 종래의 '사관(史觀)'이 문명의 상황을 반영하는 것이었음에 반해, 근대의 사관은 정치적 입장을 반영하는 것이 되었고, 정치적 입장의 대립을 반영하는 사관의 대립이 일어났다. 이 대립으로부터 역사를 적극적, 투쟁적으로 해석할 필요가 나타난 것이다.

　그래서 근대역사학은 문명 활동이 아닌 정치 활동이 되었다. 민족 간의 대립, 계급 간의 대립을 뒷받침하는 목적의 역사 연구와 서술만이 국가와 사회의 지원을 받아 하나의 방대한 '역사 산업'으로 발전한 것이 근대역사학이다.

　정치적 메시지, 특히 대립 지향의 메시지를 뽑아내는 것이 역사학의 사명이 되었다. '술이부작'의 비정치적 역사 서술은 생산성 없는 호고(好古)의 취미로 매도당했다. 조그만 사실에서 큰 메시지를 뽑아내려 드는 이런 경향은 '큰 말에 작은 뜻을 담는(大言微意)' 추세라 할 것이다.

　원자탄이 가져온 참화를 보고 아인슈타인과 같은 과학자들이 고뇌를 겪었다고 한다. 근대역사학이 인간의 갈등을 키우는 데 활용되어 온갖 전쟁의 배경을 만들어준 것을 놓고 역사가들은 더 큰 고뇌를 겪어야 할 것이다. 우리 민족이 이웃 민족보다 우월하므로 마땅히 그를 지배할 '사명'을 가지고 있다는 신념, 역사 발전의 '법칙'에 따라 앞으로 세계를 지배할 계급을 우리가 형성해야겠다는 결의, 이로부터 빚어진 참극의 규모에 비하면 원자탄은 하나의 장난감에 불과하다.

　"손가락을 보지 말고 손가락이 가리키는 달을 보라"고들 말한다. 좋은 이야기다. 그러나 근-현대 세계에서 역사학이 맡아 온 역할을 생각하면 이 말을 뒤집어 하고 싶다. "달을 보지 말고 그를 가리키는 손가락을 보라."

　역사 사실을 손가락에, 역사관을 달에 비유해 말하는 것이다. 정치적 필요에 의해 선택된 역사관을 뒷받침하는 목적이 아니라면 역사적 사실을 바라볼 필요조차 없다는 것이 근대역사학의 분위기였다. 언제 어디서나 정치적 목적에 부합하는 역사의 연구와 교육만이 사회의 지원을 받았고 그 반대의 경우는 억압을 받았다.

그 결과는 우리 모두가 함께 겪어온 것이다. 우리가 학교에서 배운 역사라는 것은 민족을 자랑스럽게 생각하고(한국사) 자유민주주의의 궁극적 승리를 믿도록(세계사) 강요하는 내용뿐, 인간의 사회가 어떤 속성을 가진 것인지 진지하게 보여주는 것이 없었다. 다른 나라 경우도 지키는 내용과 막는 대상이 무엇이냐 차이가 있을 뿐, 절대적 '신념'과 '결의'로 울타리를 쳐서 사람들의 관점을 편협한 방향으로 묶어놓고 외부와의 대화를 단절시키는 역할을 역사교육이 맡아왔다.

손가락을 무시하고 달만 쳐다보라는 구호는 파시스트와 근본주의자들에게 너무 많이 이용당해 왔다. 손가락이 왜 달을 가리키는지, 그 구체적 사연을 살피지 못하게 해온 것이다. 그러나 이제 세계는 다른 자세를 모색해 볼 계기를 맞고 있다.

좋든 싫든 세계화의 시대로 접어들고 있다. 근대 세계의 양대 모순 중 '계급 모순'은 장래가 아직 불투명하지만 '민족 모순'은 해소되어 가는 것이 분명하다. '문명의 충돌'이라는 이름으로 변형된 민족 모순을 말하는 사람들도 있기는 하지만, 인류 공동의 배경으로 하나의 문명을 인정해 가는 추세 또한 분명하다.

민족 모순의 해소가 배타적 역사관과 역사 서술에서 벗어날 계기를 제공하고 있다. 중국과의 '역사 전쟁', 일본 극우파의 '역사 왜곡', 동아시아 지역에서만 해도 국제관계의 발전에 배타적 역사관이 걸림돌이 되고 있는 사례들이다. 누가 옳고 누가 그르고 따지기에 앞서, 냉전의 논리가 더 이상 우리의 갈 길을 정해 주지 않는 새로운 상황을 다 함께 맞고 있다는 것을 인식해야 한다.

많은 학자들이 연구와 교육의 새로운 방향을 모색하고 있다. 그러나 근대역사학의 집단식중독에서 사람들이 벗어날 수 있는 효과적 처방이 나오는 데는 시간이 걸릴 것이다. 이런 상황에서 『역사의 원전』 같은 책이 치료의 좋은 출발점이 될 것이다.

『역사의 원전』에는 수백 개 역사적 사건에 대한 당시 사람들의 기록이 담겨 있다. 대부분은 전쟁 등 인간의 갈등을 보여주는 것이다. '정의로운 전쟁'이니 '필연의 추세'니 하는 후세 사람들의 정치적 관점에 오염되지 않은 당시 사람들이 본 대로의 역사적 사실을 보여준다.

물론 당시 사람의 기록이라 해서 편견에 전혀 물들지 않은, 순도 100퍼센트의 객관적 사실은 아니다. 어떤 기록이든 의도가 있고 소재에서부터 표현에 이르기까지 모두 그 의도에 영향 받는다. 갈등의 자기편을 정당화하기 위해 뒤틀린 기록, 필자의 이념을 부각시키기 위해 선택된 표현, 이 모든 것을 꿰뚫고 사실을 제대로 이해하기 위해서는 달을 가리키는 그 손가락이 누구의 손가락이며 무슨 목적으로 손가락을 처든 것인지 이해해야 한다.

오늘날의 교실에서 주어지는 역사관에 비해 당시 사람들의 의도는 알아보기가 쉽다. 그 의도에 우리가 세뇌되어 있지 않기 때문이다. 더욱이 근세 이전의 역사관은 복잡한 정치적 맥락이 뒤얽힌 오늘날의 역사관보다 소박한 것이었기 때문에 알아보기 쉽다. 이 책에 실린 하나하나의 기록을 읽으며, 기록된 사실을 이해하는 것을 넘어 기록자의 의도를 읽을 수 있다면, 물고기를 얻는 데 그치지 않고 물고기 잡는 방법을 배우는 소득이 될 것이다.

이 책의 원서는 『역사의 목격자 Eyewitness to History』라는 제목으로 출간되었고, 또 영국 페이버 총서 중 『르포르타주 선집 The Faber Book of Reportage』이라는 제목으로 나온 것이다. 이 번역판 제목을 『역사의 원전(原典)』이라 붙이는 것은 여기 담긴 글들의 사료로서의 성격을 부각시키고, 달을 가리키는 손가락으로서 사료의 중요성을 강조하는 뜻이다.

이 책에는 편지, 일기, 보고서, 신문과 잡지의 기사 등 여러 종류의 글이 들어 있지만, 어떤 일을 가까이서 겪은 사람이 다른 사람에게 자기가 파악한 바를 전달해 준다는 보도문(報道文), 즉 르포르타주의 성격을 함께 가진 것들이다.

같은 시대 사람들에게 보도문의 역할을 수행한 이 글들이 후세 사람들에게는 사료가 되는 것이다.

이 책을 옮김에 있어서 좁은 의미의 단순한 번역으로는 만족할 수 없다는 판단을 했다. 두 가지 이유다. 첫째는 원서가 대상으로 한 서양 독자들, 특히 영국 독자들에 비해 한국 독자들에게는 익숙하게 알려지지 않은 사실이 많이 실려 있다는 문제이고, 둘째는 사료 소개에 그치지 않고 '사료 비판', 즉 달보다 손가락을 잘 들여다보는 길을 한국 독자들에게 더 적극적으로 제시해 드리고 싶었던 바람이다.

그래서 소개된 사건들의 맥락과 기록자의 입장을 파악하는 데 도움이 되도록 필요한 곳에 해설을 붙였다. 원래의 편저자 캐리 교수도 더러 짧은 해설을 붙여 놓았지만, 대다수 한국 독자에게 도움이 되기에는 분량이 모자라고 방향이 맞지 않는 것도 많으므로 모두 없애고, 편역자의 해설로 대신했다. 기사 뒤에 해설을 붙이되, 캐리 교수의 해설은 기사 윗부분에 '편저자 주'를 달거나, [ ] 안에 넣었다.

그리고 해설을 붙여도 맥락과 의미를 밝히기 힘든 글을 빠뜨리고 한국 독자들이 쉽게 이해할 수 있는 범위의 자료만을 뽑아 옮겼다. 서양 독자, 특히 영국 독자들에게는 흥미를 끌고 쉽게 파악되는 사건이지만 한국 일반 독자들에게는 적합지 않은 기사들이 꽤 있었다. 그래서 꼭지 수로는 원서의 약 60퍼센트, 내용 분량으로는 약 70퍼센트가 이 책으로 옮겨졌다.

번역문체는 사료의 엄밀성을 살리기보다 일반 독자들이 쉽게 읽을 수 있는 쪽으로 노력했다. 더 엄밀한 내용을 검토하고 싶은 분들은 원서를 찾아보시고, 학술적 차원에서 인용하려는 분들은 기사와 해설 뒤에 붙어 있는 출처를 찾아 검토하시기 바란다. 이 정도로 그냥 훑어볼 만하다고 여기는 분들에게는 즐거운 시간 되시기 바란다.

김기협

역사의 원전

초판 1쇄 발행 · 2021년 10월 31일

엮은이 · 존 캐리
해설 및 옮긴이 · 김기협

펴낸곳 · (주)바다출판사
발행인 · 김인호
주소 · 서울시 마포구 어울마당로5길 17 5층
전화 · 02-322-3885(편집) 02-322-3575(마케팅)
팩스 · 02-322-3858
이메일 · badabooks@daum.net
홈페이지 · www.badabooks.co.kr

ISBN 979-11-6689-036-9 03900